中国节庆会展旅游商务手册

《中国节庆会展旅游商务手册》
编写组 编

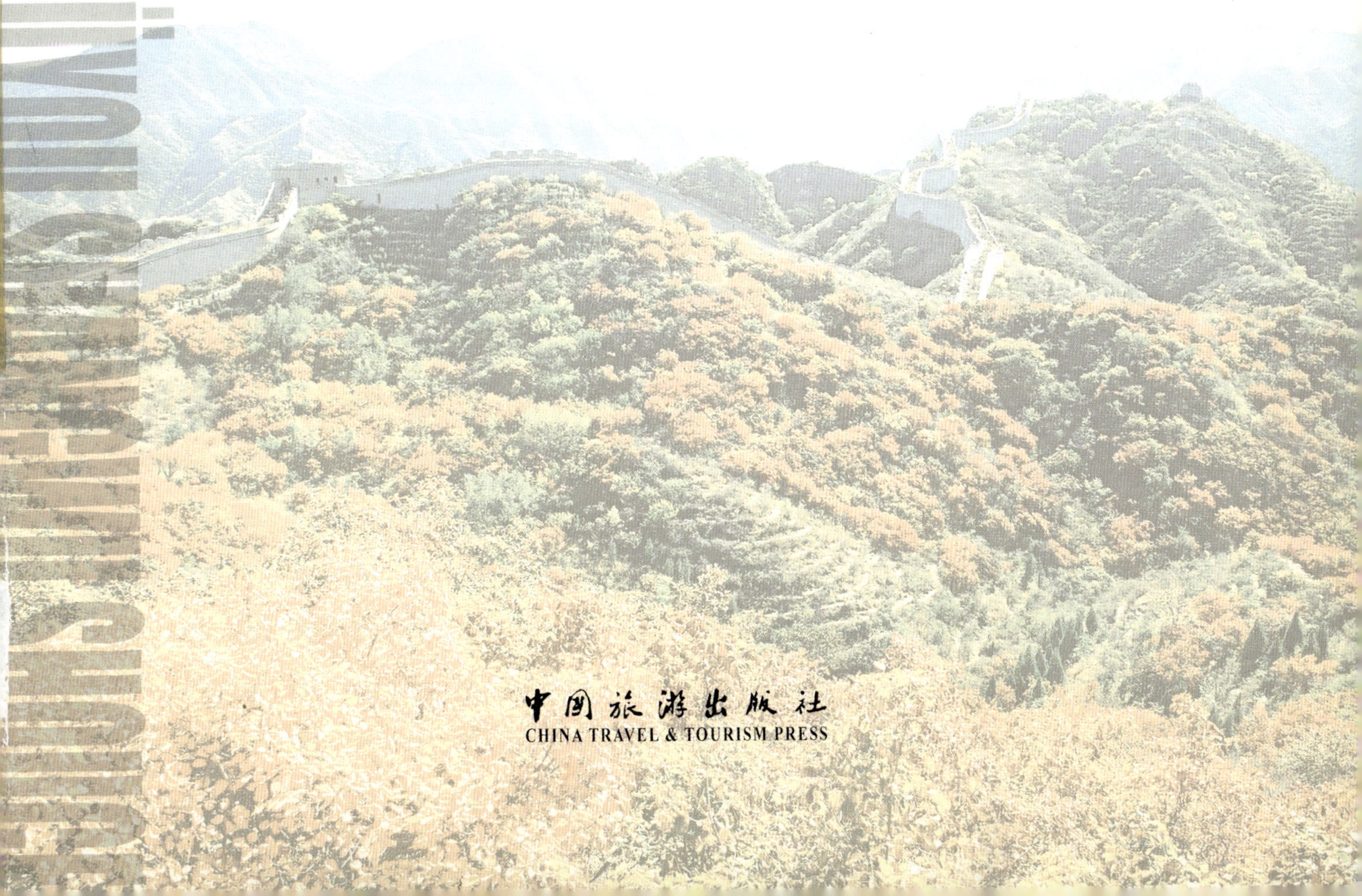

中国旅游出版社
CHINA TRAVEL & TOURISM PRESS

相信品牌的力量

GLOBAL TRAVEL 环旅 To 360

环旅诚邀您加盟旅游创业平台

 品牌授权
认同"环旅"经营理念及模式
具备合法的企业及旅行社经营资质
拥有良好的管理团队

 门店加盟
认同"环旅"经营理念及模式
具备旅游或相关行业从业经验
拥有一定的创业企图心

 OFFICE加盟
认同"环旅"经营理念及模式
具备旅游或相关行业从业经验
拥有一定的创业企图心

 合伙人
认同"环旅"经营理念及模式
无不良记录并具备一定的销售能力
拥有一定的创业企图心

 同业加盟
认同"环旅"经营理念及模式
具备合法的企业及旅行社经营资质
具有较强的产品供应能力

加盟热线：400 880 5888   手机：13916513388

环旅国际控股有限公司　　环旅(上海)国际旅行社有限公司

中国总部地址：上海市宜山路333号汇鑫国际7D　　网址：www.to360.cn　　邮箱：51@to360.com

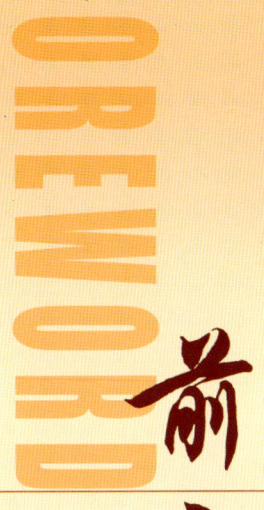

《中国节庆会展旅游商务手册》汇集了来自全国各省、市、区的重点节庆和商务会展及国家文化重点项目名录——旅游演出类活动。走过、路过，决不能错过。如果有时间，你可从传统旅游活动的参与过程中收获一份新意，在各地区，各民族举办的节庆活动和文化演出中感受不同的民族风情以及在商务活动中了解更多的会展信息。

全书内容共分为三大部分。第一部分重点推出各地有代表性的节庆活动和商展以及国家文化重点项目名录——旅游演出类活动，设有"著名文化·节会旅游目的地"、"中国极具影响力的旅游节庆"、"中国极具影响力的节会活动"、"精品旅游节会集萃"、"中国会展名城"、"著名旅游演艺品牌"、"节会论坛"等栏目。该部分图片精致、设计完美，使读者一目了然，达到了宣传中国旅游节、会、演出活动品牌和形象的目的。第二部分为全书的具体内容，将全国各省、市、区的"经典节庆"按行政区划和举办时间的顺序一一罗列，详尽的资讯使读者和商家有据可查。第三部分是2012年全国各省、市、区计划举办的重点节庆活动，按地级市划分后再按时间排列。

举办各种旅游节庆和商务会展及文化旅游演出活动对发展当地旅游文化产业有着深远的意义。本书自出版以来，得到了社会各界人士的关注，普遍认为有较强的实用性和参考性。

在本书出版之前，我们对书中介绍的旅游活动涉及的电话、举办时间等实用信息一一进行了核对，也尽其所能努力地保证本书的所有信息是准确的、及时更新的。但由于此类信息经常变动以及出版周期的原因，使用者应以实际情况为准。如若本书收录的内容不很全面，我们将在下年度出版时予以补正，敬请谅解。希望此书能够对读者和企业商界有所借鉴和帮助。欢迎致电：010-85166731。

编　者

插页目录 CONTENTS OF INSETS

封　　面：中国徐霞客国际旅游节
封　　二：四川·自贡灯会
封　　底：大连步云山温泉生态度假区
前言对页：环旅国际旅游
正文目录对页：澳门
封　　三：广西节庆之旅
最后彩页：三亚大小洞天
　　　　　四平市铁东区

著名文化·节会旅游目的地

广东 · 德庆 ··· 1
2011中国四川国际文化旅游节 ······························ 2
常州春秋淹城旅游区 ·· 7
大明宫国家遗址公园 ·· 8
中国优秀旅游城市　国家历史文化名城 —— 南阳 ······ 16
腾冲火山热海文化旅游节 · 中国腾冲翡翠
博览会和卞和杯玉雕作品大赛 ································ 18
京南旅游名镇 —— 庞各庄 ····································· 19
天津 · 精武镇 ·· 20
台儿庄古城 ·· 27
广东新兴 · 中国禅都 ··· 29
成都十景 · 新十景 ··· 33
中国 · 黑龙江鹤岗国际界江旅游节 ······················ 39
高原蓝宝石　梦幻青海湖 ······································ 45

中国极具影响力的节会活动

中国开渔节 ·· 6
中国景德镇国际陶瓷博览会 ·································· 14

中国极具影响力的旅游节庆

中国旅游产业博览会（天津市）··························· 3
沈阳棋盘山国际风景旅游开发区重大节庆活动 ··· 4
中国宁夏国际自驾车旅游节 ·································· 5
新疆旅游节庆 ·· 9
中国长江三峡国际旅游节（湖北·宜昌市）······· 10
中国潍坊滨海经济开发区 · 国际风筝冲浪比赛 ··· 11
青岛国际啤酒节 ·· 12
江苏 · 句容（句容茅山旅游文化节系列活动）····· 21
江苏 · 江阴水韵月城生态旅游节 ···························· 22

苏州工业园区金鸡湖商务旅游节 ························· 23
中国（温州）网络旅游节·中国山水诗文化旅游节 ····· 25
绵阳 ·· 32
石林（石林火把节）··· 36
中国长江纤夫国际文化旅游节 ······························ 37
中国（奉化）雪窦山弥勒文化节 ························· 38

中国极具影响力旅游景区节会

北京温都水城 ·· 28
江苏 · 甪直 ··· 42

著名旅游演艺品牌

蜀风雅韵 ·· 34
梦幻腾冲 ·· 35

优秀旅游景区节会

成都金沙太阳节 ·· 41

中国会展名城

成都市博览局 ·· 17
魅力泉州 ·· 40
澳门 ·· 46

品牌会展酒店

上海国际会议中心 ·· 15

精品旅游节会集翠

中国 · 大连（安波）国际温泉滑雪节 ·················· 13
苏州工业园区唯亭镇
（唯唯亭亭阳澄湖大闸蟹开捕节）······················ 24
美丽群岛　自在舟山（舟山精品节庆活动）····· 26
广西平天山国家森林公园（贵港市平天山登山节）····· 30
重庆加勒比海水世界 ·· 31

节会论坛

上海旅游节 ·· 43
欢庆中国旅游日　跟着霞客去远行 ······················ 44

点朱砂启智　为先师孔圣通唱献礼　德庆祭孔场面

德庆

广东德庆县旅游知名度和影响力不断提升，年均接待游客320万人次，旅游产业成为全省山区排头兵，被评为"广东省旅游强县"、"广东省旅游特色县"、"广东美食旅游之乡"、"广东县域旅游综合竞争力十强县"、"中国十大休闲胜地"、"中国极具投资价值旅游县"。近年来，该县着力整合提升"龙母生辰诞"、"龙母得道诞"、"龙母感恩节"、"孔庙春（秋）祭孔大典"等系列活动，重点打造具有重要影响力的"龙母文化节"和"德庆孔子文化节"两大标志性节庆活动，成效显著。

德庆孔庙千年华诞

德庆孔庙1011年始建，2011年，迎来了它千年华诞，历经千年风霜，是岭南庙的核心功能——弘扬儒学文化。春秋两季祭孔大典，学龄儿童开笔礼、初一、十五拜孔子礼、中国科举文化展、孔氏岭南溯源展……依托悠久的孔文化传统，学宫常年开展形式各异、文化感厚重的德育教育活动，始终保持着学人之祖的本色。

德庆孔庙，又名德庆学宫，位于德庆县德城镇。德庆学宫现占地面积1万多平方米，以南北为中轴，分左、中、右三路建筑群，集殿、坛、阁、祠、堂、园、庑以及池、桥各式建筑于一身，建筑艺术精湛，风格独特，为岭南仅有。1962年，德庆孔庙被广东省政府评为省级重点文物保护单位，1996年11月，国务院公布为全国重点文物保护单位。

庄严肃穆的大成殿，是德庆学宫内最重要的建筑，是岭南唯一现存的宋元两代木结构古建筑，历经七百多年，大成殿看尽时代变迁、风霜雨露仍巍然晶立，被当代建筑学家称之为"国之瑰宝"。

2009年，德庆孔庙获得了"全国AAAA级旅游景区"称号，2010年，德庆孔庙被广东省文化厅、广东省旅游局联合评为"广东省文化旅游示范单位"。2011年旅游主题为"中华文化游"，德庆县以举办孔庙千年华诞系列活动为切入点，借"文化活动"搭台，让"旅游产业"唱戏，依托浓厚的儒家文化氛围，加强宣传策划，推出系列文化旅游产品，做好旅游服务接待工作，将文化与旅游融合发展，使德庆孔庙成为德庆旅游的重要接待景区，成为远近闻名的文化旅游胜地。

我国第三批国家级非物质文化遗产——悦城"龙母诞"

悦城龙母祖庙坐落在广东省德庆县悦城镇，是供奉龙母娘娘的庙宇。龙母姓温、秦时人。自小能预知祸福，且乐善好助，人称神女。传说一天，温氏在西江边濯洗时偶拾到一大卵，孵出五只小动物，能为温氏捕鱼。长大后五物竟变成头角峥嵘、身皆鳞甲的五条真龙。温氏让他们施云播雨，保境安民。人们便称温氏为龙母。后来龙母仙逝，五龙悲痛欲绝，化作五秀才，将龙母葬于北岸的珠山下。后人感于五龙的孝心，就此建庙，名曰"孝通庙"，后改为"龙母祖庙"。

龙母祖庙，系集两广能工巧匠，运作七年才完成。它与广州陈家祠、佛山祖庙合称为岭南建筑三瑰宝。烟火经年不衰，为百粤龙的子孙朝拜龙的母亲的圣地。

悦城"龙母诞"庙会活动有2000多年的历史，活动时间集中在每年的龙母生辰诞（农历五月初一至初八）和得道诞（农历八月初一至初八）。"龙母诞"庙会活动围绕龙母信仰表现孝亲、图腾崇拜、祖先崇拜等主题。主要内容有万民朝圣贺诞、龙母沐浴、龙母更衣、慈龙孝子祭母、济物放生教化等。悦城"龙母诞"庙会传承了"母仪龙德"精神，弘扬的"母仪龙德"是"龙母文化"的集中表现。官与民祭祀并存的悠久传统是悦城龙母祖庙庙会的基本格局，体现了"四海朝宗"的民族亲和力。

咨询电话：0758—7781728

龙母诞盛况　　德庆龙母祖庙　　龙母诞隆重的祭祀仪式

2011中国四川国际文化旅游节
Sichuan International Tourism Festival

向祖国人民汇报

四川更加美丽

向世界发出邀请

2011中国四川国际文化旅游节

由国家旅游局、四川省人民政府共同举办的2011中国四川国际文化旅游节以"先导产业富民生，科学重建更美丽"为主题，为期一个月（4月15日至5月15日）。主体活动从4月18日开始至24日圆满结束，共举办了省领导会见国内外嘉宾及欢迎晚宴、开幕式及灾后文化旅游成果展示，灾后旅游恢复重建成果考察（阿坝州汶川县、茂县，绵阳市北川县、德阳绵竹市等）、全球旅游业界捐资兴建绵竹九龙游

四川省旅游局

向世界人民展示
四川更加豪迈

　　客接待中心落成典礼、灾后旅游恢复重建与发展振兴国际论坛、会后精品线路考察等8项主要活动，推出了以"美好家园、魅力小镇"为主题的60条灾区新貌旅游精品线路，21个市州共举办了70项配套旅游节庆活动。

　　2011中国四川国际文化旅游节，通过多层次、多角度、多方式，向海内外充分展示四川灾区由满目疮痍到焕然一新、由悲壮走向豪迈的伟大奇迹，展示了"崛起灾难、顽强拼搏"的巴蜀精神，展现了四川人民知恩感恩的品德和心灵，发挥旅游作为灾后重建先导产业和优势产业的作用。

http://www.sichuan.travel

2011中国旅游产业博览会
China Tourism Industries Exposition

主题更突出 市场更专业 商品更丰富 活动更精彩 影响更广泛

主办单位：国家旅游局　天津市人民政府
支持单位：联合国世界旅游组织
时　间：2011年9月1日-4日
地　点：天津梅江会展中心

中国旅游产业博览会围绕着促进旅游装备制造业发展的目标，为世界各国和全国各地旅游业界搭建一个推广展示、洽谈采购和交流合作的平台。设7个展区：

N1馆：
露营旅游与科技装备展区

展示国际旅游装备、旅游环保节能设备、旅游电子信息设备、户外旅游装备、旅游房车、环保木屋、旅游观光车辆七大类旅游设施设备。

招展单位：中国技术市场协会
　　　　　北京中展朗天科技会展有限公司
电　　话：010-87785335/36/37/38/39

N2馆：
中国北方旅游交易会展区

展示北方十省市区，以及全国其他省市和港、澳、台地区及国外的特色旅游商品、推介旅游新项目、通用航空产品、酒店设备用品、高尔夫球用品等商品。

招展单位：北京瑞来森会展服务公司
电　　话：010-85866611/6622

N3馆：
日本特色旅游展区

展示日本各区域旅游形象、旅游食品、旅游纪念品、酒店及酒店用品、休闲度假产品、赴日研修项目、文化交流表演等。

招展单位：NPO法人和食文化
　　　　　とおもてなし促進機構

N5馆：
国际旅游奢侈品展区

展示顶级奢侈品、顶级服务项目、时尚商品以及各种摄影器材。

招展单位：天津星港会展策划有限公司
　　　　　天津华亚世通会展服务有限公司
电　　话：022-23150777、23252568-602

N4馆：
精品书画艺术展区

展示油画、国画、版画、水粉画、漆画、书法作品及书法用品。

招展单位：北京国联视讯信息技术股份
　　　　　有限公司
电　　话：010-58950872

旅游产业的盛会 合作共赢的舞台
A Grand Gathering of the Tourism Industry
A Stage of Cooperation & Mutual Benefits

N6馆：
游艇及水上游乐设施展区

展示国内外游船、游艇、高速水上滑道设备、水上竞技拓展设备、漂流设备、造浪设备以及水上游乐和水上救护设施设备等。

招展单位：天津市创想未来会展有限公司
电　　话：022-28131166、28360734

N7馆：
涉外生活服务体验展区

展示外国人在津开设的餐饮、旅游、卖场、医疗、教育等服务设施。

招展单位：今晚传媒集团《今日天津》杂志社
　　　　　天津市风华广告有限公司
电　　话：022-58852812

室外展区：旅游景区设施设备展区

展示城市家具、仿真植物、景区垃圾桶、环保厕所、门禁设备、各种旅游标志标牌、景区电瓶车等旅游景区设施设备。

招展单位：北京国联视讯信息技术股份有限公司
　　　　　天津华亚世通会展服务有限公司
电　　话：010-58950872
　　　　　022-23252568-602

同期举办重点活动

旅游产业发展热点问题研讨
☆2011中国旅游产业与科技创新发展论坛
☆低空旅游发展研讨会
☆国际房车露营地标准研讨会

国际合作与区域会议
☆与世界旅游组织合作举办亚太地区国家旅游官员培训班
☆第四届"9+10"区域旅游合作会议

签约仪式和招商推介会
☆举行天津市政府与联合国世界旅游组织合作签约仪式
☆举行旅游装备设施设备签约仪式
☆中国旅游产业园项目推介招商会
☆旅游装备新产品推介说明会、采购洽谈会、旅游线路推介会等

主题赛事
☆中国旅游拍客大赛
☆天津市第二届旅游纪念品大赛

精彩表演和活动
☆水上救护表演
☆地方特色节目展演
☆旅游活动嘉年华

中国旅游产业博览会组委会办公室
电话：022-28371235　28208172
WWW..CTIF.TRAVEL

沈阳棋盘山国际风景旅

中国·沈阳国际郁金香花展

中国·沈阳国际郁金香花展

沈阳世博园是国家5A级景区，园内有76个国家和城市的展园，24个专类展园。沈阳国际郁金香花展于每年4月下旬至5月中旬在这里举办。展出面积达7万多平方米，共栽植展示郁金香100多个品种200多万株，展出面积、品种及数量都堪称全国一流。7、8月份的百合花展风姿俏丽；9、10月份的金秋菊展美丽绝伦，各种花展交相错落，构成了世博园最令人动心的风景。

中国·沈阳国际冰雪节

棋盘山冰雪大世界是中国沈阳国际冰雪节的主会场，坐落在国家首批4A级旅游区内，是全国规模较大、功能完善、内容丰富的冰雪主题乐园。

滑雪场拥有五条雪道，规模之大、档次之高被称为中国著名的旅游滑雪场。巨大的雪雕在夜晚灯光的映照下更显辉煌梦幻；雪山冲浪、冰雪大滑梯、雪上摩托等带来前所未有的速度快感及疯狂体验；在雪雕、冰雕、高山竞技滑雪、冰上娱乐、雪地狂欢中，真正玩尽缤纷冰雪赏心乐事。棋盘山冰雪大世界冰雪娱乐项目齐全，堪称东北冰雪旅游起点站。

中国·沈阳盛京灯会、关东庙会

关东影视城位于国家文化产业示范区、国家4A级景区——沈阳棋盘山国际风景旅游开发区内，由一百七十七栋实体建筑组成，荟萃了老沈阳城的建筑精华，再现了上个世纪二三十年代的关东风貌。

关东影视城是东北地区集影视拍摄、休闲度假、文化产业为一体的综合性文化产业园区，也是一处演绎关东风情的特色主题游乐园。

咨询电话：024-88050035

中国极具影响力的旅游节庆

中国·沈阳国际郁金香花展

游开发区重大节庆活动

中国·沈阳国际冰雪节

中国·沈阳盛京灯会、关东庙会

世界各地车迷向往的胜地，中国机车文化的会聚地！

中国宁夏国际自驾车旅游节
CHINA NINGXIA INTERNATIONAL SRLF-DRIVING TOUR FESTIVAL

活 动 介 绍

中国宁夏国际自驾车旅游节是经宁夏回族自治区人民政府批准，由宁夏回族自治区旅游局等单位联合主办的大型国际机车文化盛会。活动以"畅游塞上江南，品味神奇宁夏"为主题，旨在以自驾车旅游、机车竞技运动和机车文化活动的举办，弘扬中国机车文化，促进宁夏旅游事业的发展。

宁夏，中国西部一块神奇的土地。巍峨雄壮的贺兰山脉和神奇独特的六盘山胜景南北相望；祖国的母亲河——黄河，纵贯宁夏南北；蔚蓝的湖泊、碧绿的草原，星罗棋布；戈壁丘陵相得益彰；沟壑峡谷交错纵横；大漠金沙浩瀚神奇。这些元素形成独特的地形地貌，构架出了中国乃至亚洲最大的天然机车大赛场。加之宁夏丰富多彩的自然景观、独特的民族风情和悠久的历史文化底蕴，使得宁夏在机车竞技运动、自驾车旅游等机车文化领域的发展成果显著。

中国宁夏国际自驾车旅游节既是一个社会公益活动，又是一个代表着中国机车行业文化，代表着宁夏地域特点和区域形象的品牌工程，也为我国的大型企业搭建了一个弘扬企业文化、回馈社会的大舞台。因此，中国宁夏国际自驾车旅游节的成长与发展，需要社会各界的共同培育、大力支持和广泛的参与。"政府搭台，企业唱戏"，我们诚挚邀请社会各界有识之士加盟主办、联合承办。

机车文化唱响塞上江南

CHFF 中国开渔节
CHINA FISHING FESTIVAL

第十三届开渔节开幕式

"桥海之夜"大型主题晚会

祭海典礼

中国（象山）开渔节创办于1998年，经过13年的"精雕细琢"，开渔节已经成为国内外极具影响的文化大节和旅游大节，且跻身国家十大民俗节庆活动行列。并先后荣获"新中国成立60周年受关注的十大节庆"、"改革开放30年影响中国节庆产业进程30节"、"全国节庆活动百强暨2008中国十大魅力节庆"等称号，被人民网评为"改革开放30周年30个受观众欢迎的节庆"之一。

中国极具影响力的节会活动

中国开渔节办公室：
地址：浙江象山县丹城丹南路530号
电话：0574－65767231 65767201
传真：0574－65731706
e-mail：xskyj@126.com
http://www.fisheryday.com

保护海洋 感恩海洋
善待海洋就是善待人类自己

中国海洋论坛

挂渔灯

海边垂钓

中国开渔节的活动主题是"保护海洋 感恩海洋",口号是"善待海洋就是善待人类自己",核心文化渔文化、仪式、论坛、文体、经贸和旅游五大板块是开渔节的主体活动内容。其中仪式主要有祭海仪式、开船仪式、蓝色海洋保护志愿者行动、妈祖巡安仪式;论坛主要是以中国海洋论坛为主,经过六届的打造,中国海洋论坛已经成为我国海洋界讨论海洋经济和海洋事业发展的一个专业性论坛;文体活动方面着力于精心打造开幕式暨主题文艺晚会,《同一首歌》、《电影爱象山》、环球皇后总决赛、九分钟原创电影大赛纷纷走进象山,引起了较大的轰动效应;经贸类主要是借助开渔节这个平台进行招商引资,每年的经贸招商工作都令人振奋;旅游主要以"开渔之旅"、"海鲜之旅"为主打品牌,与各大旅行社合作,组织游客参加开渔节活动。第十三届开渔节活动期间,在上海世博园内举办了"开渔之旅"启动仪式,共接待的中外游客总人数达到了10余万人次。同时,海鲜餐饮在开渔节期间也得到了极大地推动,依助海鲜旅游节,以"美食、美景、美女"为主题积极对外宣传和推广象山海鲜餐饮,打出了"十六碗"等海鲜餐饮品牌。2008年12月,在上海举行了海鲜节,着重推广象山海鲜特色产品和海鲜餐饮企业,使象山海鲜名扬沪杭甬。

滨海旅游

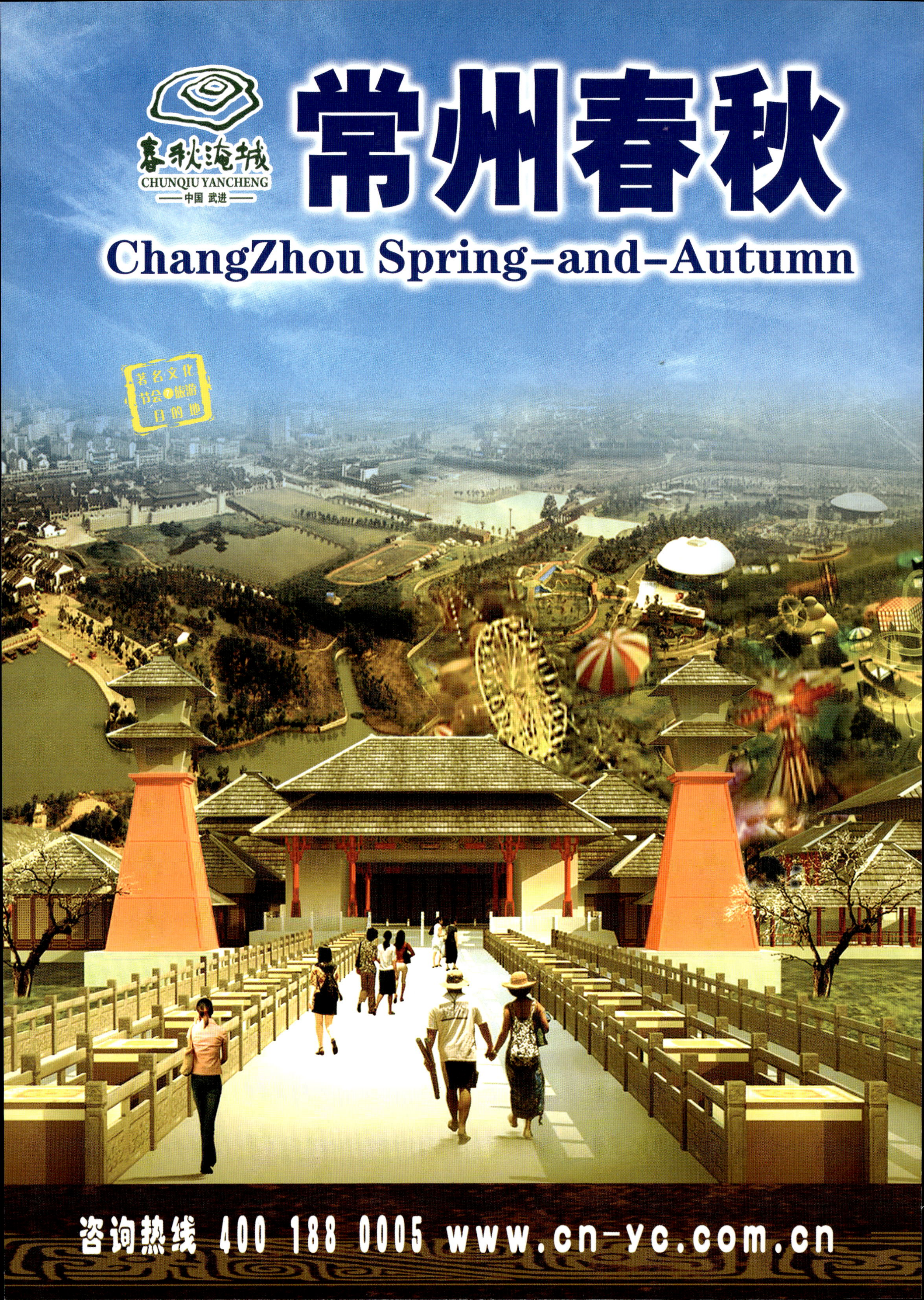
春秋淹城
CHUNQIU YANCHENG
中国 武进
常州春秋
ChangZhou Spring-and-Autumn
著名文化
节会 旅游
目的地
咨询热线 400 188 0005 www.cn-yc.com.cn

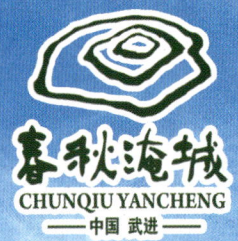

保护发展文化遗产 共享考古遗址公园成果
——国家考古遗址公园联盟在西安启动

考古遗址公园是目前国际上大遗址保护中比较成功的模式。2010年11月，国家文化局为首批12家考古遗址公园授牌，考古遗址公园成为我国大遗址保护的里程碑。为加快探索我国大遗址保护发展的步伐，构建东方大遗址保护和发展的高端平台，大明宫国家遗址公园、圆明园遗址、金沙遗址、周口店遗址等四家机构联合发起成立"国家考古遗址公园联盟"行动。

6月11日，第六个中国文化遗产日当天，我国首批12家考古遗址公园的负责人汇聚西安大明宫国家遗址公园发表宣言，倡议联盟成员在共享创新成果的基础上，积蓄力量和资源，实现我国考古遗址公园科学发展、持续发展、传承文明、服务人类的目标。

来自西安各高校的千名大明宫基金会志愿者拼出"大明宫"字样

各位代表，女士们，先生们：

"国家考古遗址公园"授牌刚刚过去半年，在第六个文化遗产日，获得这一称号的12家考古遗址公园以开拓创新的精神，积极负责的态度，在充分酝酿的基础上召开第一次联席会议，并议定成立"国家考古遗址公园联盟"，进一步促进国家考古遗址公园发展和完善，增进合作与友谊，共享"国家考古遗址公园"这一崭新模式下的共有资源和已有成果。这不仅是我国大遗址保护工作，更是我国文化遗产保护领域的一件盛事。国家文物局向这次会议的召开和联盟的成立表示热烈祝贺！

国家考古遗址公园是一个新兴事物，需要我们在实践中探索道路，在工作中总结经验。国家考古遗址公园联盟的成立，必将有力促进不同区域间遗产保护的交流与合作；必将大大提升大遗址考古、研究、保护、展示、利用工作的水平；必将有效构建起国家考古遗址公园灵活、高效、规范的管理体制与机制；必将全面推动大遗址保护深入社会生活和民众生活。

衷心希望12家国家考古遗址公园能通过"联盟"这一平台，进一步加强沟通与联系，多渠道、多形式地开展合作，充分发挥联盟的地域优势、资源优势、技术优势和人才优势，提倡创新，勇于实践，深代研究，分享经验，共同进步，让广大民众参与到文化遗产保护工作中，切实分享到大遗址保护和国家考古遗址公园建设的成果，为谋求历史文化遗产与城市的和谐共生，为发挥大遗址对地方经济、民生发展的促进作用、为实现文化遗产保护事业的可持续发展作出更大贡献！大遗址保护和国家考古遗址公园建设的明天一定会更加美好！

国家文物局贺
2011年6月11日

国家考古遗址公园宣言
（2011年6月 西安）

我们，作为首批国家考古遗址公园的代表，为了"考古遗址公园科学发展、持续发展、传承文明、服务人类"的共同目标，相聚于西安大明宫国家考古遗址公园。我们认为，这是一个全球文化不断融合演进的时代，文化遗产是这个时代保持我们文化身份、凝聚我们民族情感的珍贵财富。

我们注意到这是中国历史上城市化发展最快的时代，大遗址在城市的扩张中正在面临严峻挑战。我们也注意到人类在大遗址的长期探索中，已经贡献了很多行之有效遗产保护理念，推动了世界各国遗产保护事业的长足发展。我们欣喜地看到几年来在国家文物局和各地方政府的支持和领导下，中国考古遗址公园的探索正在结出丰硕的果实，大遗址正在成为最有文化品位的空间。

为进一步促进国家考古遗址公园的发展和完善，增进国家考古遗址公园之间的友谊与合作，凝聚智慧，共享"国家考古遗址公园"这一崭新模式下的创新成果，我们达成以下共识：

1. 我们是致力于考古遗址保护和利用的文化组织，我们之间的交流将推动考古遗址保护领域的学术发展并力求产生积极的社会影响。

2. 我们致力于建设全民共有、全民共享的人类精神家园，系统化、人性化的展示设计形成了开放和直观的考古科学殿堂，引导公众走近遗址，热爱遗址。

3. 我们遵守国际社会已经形成的关于遗产保护和利用的相关宪章，遵照《国家考古遗址公园管理办法》（试行）开展工作。

4. 我们的努力旨在确保遗址本体的安全与遗址的历史信息和价值的永续传承，我们的联合将为遗址公园建设妥善处理考古与保护设施建设的关系提供支撑。

5. 我们将深入开展遗址保护、遗址展示、遗址文化传播、教育等领域的学术交流，力争形成富有中国特色的大遗址保护理念。

6. 我们坚信考古遗址公园作为一种大遗址保护的创新模式必将在中国产生良好的社会影响，形成长远的社会效益，并将为所在区域经济社会发展提供新的动力。

国家考古遗址公园联盟各成员单位、各位代表：

欣闻首届国家考古遗址公园联席会议于大明宫国家遗址公园召开，谨致以热烈的欢迎与衷心的祝贺。

国家考古遗址公园作为一种创新模式，积极探索大遗址保护与合理利用新途径，在全国大遗址保护工作中获得了越来越多的支持。

本届国家考古遗址公园联席会议在古都西安的大明宫国家遗址公园召开，既是一次难得的相聚，也体现了对西安文化遗产事业的支持和鼓励。

保护、传承和发扬历史文化遗产是西安市长期以来坚持的重要工作和使命，我们高度重视文化遗产事业，由衷地希望通过本届国家考古遗址公园联席会议，为西安提供有借鉴意义的经验、办法。希望大明宫国家考古遗址公园在文化遗产保护和发展的事业中继续发挥积极作用，也希望国家考古遗址公园联盟各成员，合作创新，共同为中国文化遗产事业作出更大贡献。

谢谢大家！

西安市政府贺
2011年6月11日

国家考古遗址公园联盟启动仪式
暨大明宫遗址保护表彰会

联盟组成单位： 鸿山国家考古遗址公园　周口店国家考古遗址公园　殷墟国家考古遗址公园　集安高句丽国家考古遗址公园
良渚国家考古遗址公园　金沙国家考古遗址公园　三星堆国家考古遗址公园　隋唐洛阳城国家考古遗址公园
阳陵国家考古遗址公园　秦始皇陵国家考古遗址公园　圆明园国家考古遗址公园　大明宫国家考古遗址公园

联盟成员单位寄语

- 要在遗址保护的基础上，探索最先进的理念，最前沿的科技，最适宜的模式，还要最贴近民生
  ——鸿山遗址博物馆馆长胡晓明

- 保护远古家园，共创美好生活
  ——周口店北京人遗址管理处常务副主任董翠平

- 殷墟不虚，要把大遗址保护工作做得更扎实
  ——安阳殷墟管理处主任杜九明

- 让国家考古遗址公园永远惠及民生
  ——集安市文物局局长崔明

- 良渚有五千年历史，要让良渚遗址再活五千年
  ——杭州良渚遗址管理区管委会党工委委员姚建华

- 愿国家考古遗址公园更好地走向世界
  ——金沙遗址博物馆副馆长姚菲

- 积极探索，努力建设好、管理好三星堆国家考古遗址公园
  ——三星堆研究院院长肖先进

- 走进古都看古城
  ——洛阳市文物局大遗址保护办公室主任李永强

- 保护利用为本，彰显三秦文明
  ——汉阳陵博物馆馆长晏新志

- 保护世界文化遗产是人类的责任，作为遗产单位有责任做好保护、传承与发展，为遗址保护起到积极带头作用
  ——秦始皇帝陵博物院副院长杨延临

- 从文化遗产中提取精神力量，要"精研于学，神聚于心"，建设学习型、研究型、创新型的文化遗产
  ——圆明园管理处主任陈名杰

- 讲神秘故事，拓光明未来
  ——大明宫遗址保护办主任周冰

联盟倡议书

我们，首批12家国家考古遗址公园，为进一步促进国家考古遗址公园的科学发展，增进国家考古遗址公园之间的交流和合作，共享"国家考古遗址公园"新模式下的共有资源和探索创新成果，以国家考古遗址公园联盟的名义。

倡议：

1、遵从国家文物局的政策指导和监督管理，共同向全社会提供考古教育、知识普及、培训、文化服务和旅游服务。

2、国家考古遗址公园联盟今后拟在同一时间，或次第联合举办多家参与的"全民考古节"、"文化节"、"艺术节"。

3、国家考古遗址公园联盟在各考古遗址公园实行"异地通票制"或"异票优惠制"。

4、国家考古遗址公园联盟在各考古遗址公园设立公众免费开放日，并逐步增加每年免费开放的天数。

5、国家考古遗址公园联盟内部成员之间在谋求国内外社会力量支持上相互提供帮助。

6、设计共用标志，以利国家考古遗址公园联盟所有成员在今后宣传推广中使用。

在国家考古遗址公园联盟启动仪式及遗址公园建设表彰会上的讲话

刘云辉

各位领导、各位来宾、女士们、先生们：

大家下午好！

在第六个中国文化遗产日到来之际，首批获得"国家考古遗址公园"的12家单位的代表齐聚大明宫国家遗址公园，召开第一次联席会议，并宣告成立"国家考古遗址公园联盟"，我谨代表陕西省文物局对联盟的成立表示热烈的祝贺！

国家考古遗址公园联盟的成立有利于促进和增强不同区域之间遗址保护工作的交流合作和资源共享，有利于凝聚力量，增强大遗址保护的社会影响和话语权力，有利于大遗址的整体保护和可持续发展。

陕西是我国大遗址分布密集的地区之一，首批获得国家考古遗址公园称号的12家中，就有3家是陕西的单位。这一方面是国家文物局对陕西大遗址保护工作的肯定，另一方面也是对陕西大遗址工作寄予的更殷切的希望。陕西的国家考古遗址公园将和兄弟省市的联盟单位一起，继续肩负起重要的历史使命，为大遗址保护事业再出新理念，再获新成果！

最后，预祝本次活动取得圆满成功！祝国家考古遗址公园联盟实现互惠共赢、突破发展！

谢谢大家！

一首旋律优美的四季歌

春天，浪漫新疆，绝色天香，南疆看果花，北疆看山花。
夏天，"早穿棉袄午穿纱，围着火炉吃西瓜"，一天有四季的感受，是生态旅游的黄金时期。
秋天，金色新疆，胡杨的盛会。
冬天，雪域新疆，冰雪的世界。

中国新疆国际旅游节

时间：每年6月下旬
主办：国家旅游局、新疆维吾尔自治区人民政府
承办：新疆维吾尔自治区旅游局、举办地、州、市人民政府

中国新疆国际旅游节是新疆维吾尔自治区人民政府确定的三大旅游节庆活动之一，是展示新疆政通人和、繁荣稳定新形象重大旅游节庆活动。通过七届国际旅游节的举办，新疆旅游资源不断整合开发，旅游产品不断丰富，"中国西部旅游胜地"的形象不断树立，加深了新疆与世界各国人民感情交流，推动了旅游经贸合作，是新疆经济平稳快速发展的重要助推器。

中国新疆国际旅游节已成为广交天下宾朋，谋求共同发展，增进与世界各国朋友的旅游经贸交流与合作的平台和窗口。我们诚挚邀请更多的世界各国友好人士亲临新疆，亲身领略新疆悠久的历史文化和壮美的自然风光，亲自感受新疆大地的风采神韵和蓬勃生机！

金色新疆·胡杨盛会
——中国新疆国际摄影节暨国际胡杨节

时间：每年10月
主办：新疆维吾尔自治区旅游局、中国新闻摄影学会
承办：各地、州、市旅游局

中国极具影响力的旅游节庆

"金色新疆 胡杨盛会"——中国新疆国际摄影节是新疆旅游秋冬季节转换期重要的资源链接纽带。是以观光旅游摄影为载体的具有浓郁地域特色的重要旅游节庆。

世界上90%的胡杨在中国，中国90%的胡杨在新疆。以胡杨为载体的中国新疆旅游摄影节为海内外众多旅游摄影爱好者提供了展示作品风采的良平台，是孕育旅游摄影家梦想的摇篮。温家宝总理曾这样高度概括和评价胡杨精神："胡杨一千年不死，死了一千年不倒，倒了一千年不朽。我们要发扬这种不屈不挠的胡杨精神，一代一代地传下去。"相信各位游客在亲近胡杨、领略沙漠、体验民俗的同时，更能领悟生命之树的精彩和新疆秋季旅游的多姿多彩。

中国新疆冰雪旅游节

时间：每年11月中、下旬
主办：国家旅游局、新疆维吾尔自治区人民政府
承办：新疆维吾尔自治区旅游局、举办地、州、市人民政府

为把新疆打造为"四季皆宜"的旅游目的地，新疆维吾尔自治区旅游局于2006年起开始举办新疆冬季旅游产业博览会（以下简称冬博会）。冬博会的成功举办，整合、推广和宣传了新疆冰雪旅游资源，拓展了丝绸之路和民俗旅游产品内涵，促进了新疆旅游企业与国内外同行之间的学习、交流与合作，成为实现新疆冬季旅游由"兴"转"旺"的重要助推器。随着新疆冬季旅游产业的迅猛发展和冬博会的日益成熟，2008年，冬博会更名为中国新疆冬季冰雪旅游节，并由国家旅游局与自治区人民政府共同举办，正式升级为国家重点旅游节。

中国新疆冰雪旅游节是中国西部大型的冬季旅游节庆会展，是促进中国西部冬季旅游产业发展的重要平台。2010年举办的第五届中国新疆冰雪旅游节举办了多个冬季旅游高峰论坛、冬季旅游产业博览会、冬季旅游投资签约洽谈会，安排100余名中外旅行商对新疆冬季旅游线路进行考察，同时新疆各地州市还举办了10余项配合节庆活动。引起了中外媒体、冬季旅游爱好者的广泛关注。中国新疆冰雪旅游节已日益成为我国向中亚地区展示旅游形象的窗口。

中国新疆特种旅游节
——2011年千车万人穿越塔克拉玛干沙漠活动

主办：共青团新疆维吾尔自治区委员会、新疆维吾尔自治区旅游局、
新疆巴音郭楞蒙古自治州人民政府、中青旅控股股份有限公司
承办：中青旅新疆国际旅行社有限责任公司、巴音郭楞蒙古自治州旅游局、
乌鲁木齐市人民政府、且末县人民政府、若羌县人民政府

新疆，世人眼中神秘而美丽的地方，历史悠久，民族风情浓郁，在这里，有世界著名的流动沙漠——塔克拉玛干沙漠。传说这片浩渺的沙漠中埋藏着开启世界文明的钥匙。在这里，有长552公里、世界上流动沙漠中较长的公路塔里木沙漠公路。历史文明和当今人类的智慧赋予这个面积33.7万平方公里的浩瀚沙漠新的含义。

2010年，以塔克拉玛干沙漠为中心的"千车万人穿越塔克拉玛干大沙漠"活动成功举办。2011年，乘着将该活动继续推广宣传的目标，继续以沙漠为背景，以沙漠公路为纽带，以沙漠文明为衬托，结合自驾车、户外探险等形式，开展"千车万人穿越塔克拉玛干大沙漠"活动。

第二届中国长江三峡国际旅游节
THE 2ND YANGTZE THREE GORGES INTERNATIONAL TOURISM FESTIVAL, CHINA

三峡大坝（国家 5A 级景区）

三峡人家（国家 5A 级景区）

西陵峡口（国家 4A 级景区）

清江画廊（国家 4A 级景区）

中国极具影响力的旅游节庆

宜昌，是世界历史文化名人屈原和中国古代民族团结使者王昭君的故里，是举世瞩目的三峡工程所在地。全市共辖5县3市5区，国土面积2.1万平方公里，总人口415万。

宜昌是中国优秀旅游城市，旅游资源富集，品位较高。目前，全市拥有各类旅游资源747处，对外开放重点景区49处。其中，国家5A级景区2处、4A级景区9处、3A级景区14处、国家工农业旅游示范点5处。

宜昌旅游经济快速增长，产业规模不断壮大，旅游功能日臻完善。目前，全市拥有星级饭店66家，其中四星级11家，三星级36家；旅行社114家；星级游轮14艘，豪华旅游车辆400多台；持证导游2600名，景区导游298名；旅游从业人员达到26.7万人。

宜昌旅游业正在努力打造城市品牌、产品品牌、节庆品牌和企业品牌，建设鄂西生态文化旅游圈核心城市、三峡国际旅游目的地和世界水电旅游名城。

世界的长江　壮美的三峡

中国·湖北
宜昌市旅游局

中国潍坊滨海国际风筝冲浪比赛

  中国潍坊滨海国际风筝冲浪邀请赛定于每年 8 月 20 日在潍坊滨海旅游度假区举办。潍坊滨海经济技术开发区陆域面积 677 平方公里，人口 15 万，是国务院批准的国家经济技术开发区。潍坊滨海经济技术开发区抢抓黄河三角洲高效生态经济区与山东半岛蓝色经济区两大国家战略机遇，积极发挥区位优势，加快推进滨海新城建设，先后被确定为国家科技兴贸创新基地、国家生态工业示范园区、全国科技兴海示范区、山东省科学发展园区和循环经济示范区。

  为打造现代化、国际化高效生态滨海新城，潍坊滨海经济技术开发区面向全球公开招标，确定出"一城四园"的规划布局。

  一城即 150 平方公里滨海水城，包括科教创新区、中央商务区、高档商住区、旅游度假四部分。

  以"希望城"的理念建设科教创新区，规划面积 50 平方公里，建成后可容纳 50 所职教院校及科研院所，人口达 50 万，成为集职业教育、科研开发、产业孵化于一体的产学研园区，打造环渤海地区极具竞争力的蓝色高端产业科教基地和黄河三角洲地区职教中心。

  以"太阳城"的理念建设中央商务区，规划面积 6 平方公里，成为商务、办公、金融、会展为主的现代服务业聚集区。

  以"幸福城"的理念建设高档商住区，规划面积 34 平方公里，重点建设滨海生态城和国际影视城，通过改善生态环境，打造"依河拥海"的滨海生态宜居区，达到人与自然的和谐共处。

  以"欢乐海"的理念建设旅游度假区，规划面积 50 平方公里，开发风筝冲浪、海上龙舟、观光游艇、海洋文化体验等浅滩旅游项目，打造山东"蓝色逍遥游"品牌和国内知名的滨海休闲旅游目的地。

  四园包括先进制造业产业园、临港产业园、绿色能源产业园、海港物流园。

  为提高潍坊滨海的知名度、美誉度，加快潍坊滨海新城的开发建设，潍坊滨海新区举全区之力，成功举办了两届中国潍坊滨海国际风筝冲浪邀请赛。该项赛事是由国家体育总局社会体育指导中心批准，潍坊滨海经济技术开发区管委会筹办。为举办此项活动，潍坊滨海欢乐海经国家体育总局社会体育指导中心批准成立"中国潍坊滨海国际风筝冲浪基地"。

  自 2009 年第一届国际风筝冲浪邀请赛举办以来，中国潍坊滨海国际风筝冲浪邀请赛的举办，引起了社会的高度关注，来自美国、英国、德国、俄罗斯等国家和地区的运动员，聚集滨海欢乐海，通过自由式花样、竞速、摩托艇表演等方式展示运动员精湛的技艺，吸引了潍坊市乃至省内各地的万名观众；活动期间举办的各具特色的文艺活动，为此项国际赛事增添了祥和、欢乐的内容与色彩，为观众带来耳目一新的视觉盛宴。中央电视台、新华社、中新社、山东电视台等几十家媒体聚焦滨海，向全球传播潍坊滨海特色文化及国际风筝冲浪邀请赛的精彩时刻。

  在各界朋友的支持下，2011 年中国潍坊滨海国际风筝冲浪公开赛暨第三届中国潍坊滨海国际风筝冲浪邀请赛已于 8 月 22 日顺利拉下帷幕。本届赛事历时 3 天，其间举办了风筝冲浪比赛开幕式、户外休闲运动产品展销会、钓鱼比赛、沙雕展、沙滩女孩评选等活动。来自 30 多个国家和地区的 50 多名运动员参加这一新颖的赛事活动。

  中国潍坊滨海国际风筝冲浪邀请赛声势浩大、影响广泛，我们借助中国潍坊滨海国际风筝冲浪邀请赛搭建的平台，极大地提高了潍坊滨海的知名度，大力推动风筝冲浪运动的普及与发展，成功打造了世界一流的体育旅游品牌赛事，成为体现潍坊滨海国际影响力的城市新名片。

  在中国潍坊滨海国际风筝冲浪邀请赛的带动下，滨海欢乐海的规划建设在突飞猛进，国际影城、威尼斯水城、奥威斯酒店等高端旅游项目正在稳步推进，随着滨海旅游业的快速发展，潍坊滨海逐渐告别"临海不见海"的局面，成为"河海相接，综合开发"的国际化旅游度假区。

咨询电话：0536—7573399
网　　址：www.wfbinhai.gov.cn

青岛国际啤酒节
Qingdao International Beer Festival

激情炫动四海
Passion Excites The World

中国极具影响力的旅游节庆

　　啤酒节始创于1991年，由国家有关部委和青岛市人民政府共同主办，青岛市崂山区人民政府承办，是融旅游休闲、文化娱乐、经贸展示于一体的国家大型节庆活动，每年8月中旬的第一个周六开幕，为期16天。啤酒节是国内规模较大的酒类狂欢活动，在国内外具有较广泛的知名度和影响力，被誉为亚洲最大的啤酒盛会。

　　啤酒节以"青岛与世界干杯！"为主题，通过举办开幕式、啤酒品饮、嘉年华娱乐、艺术巡游、饮酒大赛、经贸展示、闭幕式晚会等活动，营造浓郁热烈的喜庆氛围。节日期间，青岛的大街小巷装饰一新，举城狂欢。占地近400亩、拥有40余项世界先进大型娱乐设施的啤酒城更是酒香四溢、激情荡漾。节日每年都吸引近50个世界知名啤酒品牌参节，也引来300多万海内外游客相聚狂欢。

　　2006至2010年，啤酒节五度荣膺中国节庆产业年会"中国十大节庆活动"称号，并位列榜首。2008至2009年，啤酒节蝉联中华文化促进会组织评选的"节庆中华十佳奖"。2009年啤酒节荣获人民网"年度受关注的十大节庆"称号，并位列榜首。2010年，在全国休闲标准化技术委员会、中国旅游协会休闲度假分会联合主办的颁奖典礼上，啤酒节荣获"休闲节会创新奖"和"休闲、旅游营销创新奖"；在商务部国际经贸研究院和中国会展经济研究院共同主办的首届中国会展业年会暨北京国际会展产业高峰论坛上，啤酒节获得"2010年度中国十佳节庆活动"荣誉。2011年5月，由人民网主办、中华节庆研究会协办的第二届中国节庆创新论坛暨2011中国品牌节会颁奖盛典活动在北京举行，青岛国际啤酒节荣获"2011年度中国十大品牌节庆"殊荣，并位列榜首。

青岛市啤酒节办公室
QINGDAO MUNICIPAL BEER FESTIVAL OFFICE

电话（Tel）：86-532-88891214
传真（Fax）：86-532-88893990
E-mail：qdbeer@126.com

公主亮相　节旗飘扬　节歌唱响
中国·大连（安波）国际温泉滑雪节

2010年12月18日上午10时，2010中国·大连（安波）国际温泉滑雪节盛装启幕。大连市及各县区市分管旅游工作领导、中外游客3000余人参加了开幕式。开幕式上，举行了精彩文艺演出和滑雪表演。与会领导和嘉宾还为评选出的"靓丽安波公主"、"智慧安波公主"、"才艺安波公主"和"安波公主形象大使"颁发了证书和奖杯。

为了打造品牌，扩大影响，增进吸引力，本届滑雪节前期还举办了"昌海全福"杯安波公主选拔大赛和征集节歌、节旗活动。安波公主选拔大赛和征集节歌、节旗活动，使今年的温泉滑雪节提前升温。本届温泉滑雪节，共举办大众高山滑雪积分排名赛、"铭湖温泉杯"市民雪雕大赛、温泉文化论坛、市民滑雪大赛、"元旦撞钟辞旧岁、帽山祈福迎新年"主题祈福活动、"鸿缘杯"旅游产品书法绘画展八大系列、40余个冬季旅游产品。同时还举办了安波"招牌菜"大赛、"欢乐农家过大年"和"赶大集，购年货"等系列活动，组织游客吃农家饭、住农家屋、体验农民欢欢喜喜过大年的喜庆气氛。

温泉滑雪节为普兰店市积累了举办冬季节庆活动的经验，带旺了大连冬季旅游市场，对大连市的乡村旅游工程起到了极大的推动作用。本届温泉滑雪节除了在安波设主会场外，还在全市其他冬季旅游基地设立了分会场，形成全面开花的良好态势。

已成功举办三届的中国·大连（安波）国际温泉滑雪节成为大连旅游的一张亮丽名片，搅热了大连冬季旅游市场，有效地促进了大连冬季旅游"淡季小淡"。历届中国·大连（安波）国际温泉滑雪节的举办，不仅很好地整合了普兰店市冬季的旅游产品，同时对于进一步搅热普兰店市冬季旅游市场，打造大连冬季"温泉＋滑雪＋购物"旅游品牌，进一步拓展普兰店市冬季旅游客源市场发挥了积极的作用。历届滑雪节期间，游客和旅游收入都在以17％和21％的速度增长。

中国景德镇国际陶瓷博览会
CHINA JINGDEZHEN INTERNATIONAL CERAMIC FAIR

10月18日-22日　OCT.18-22

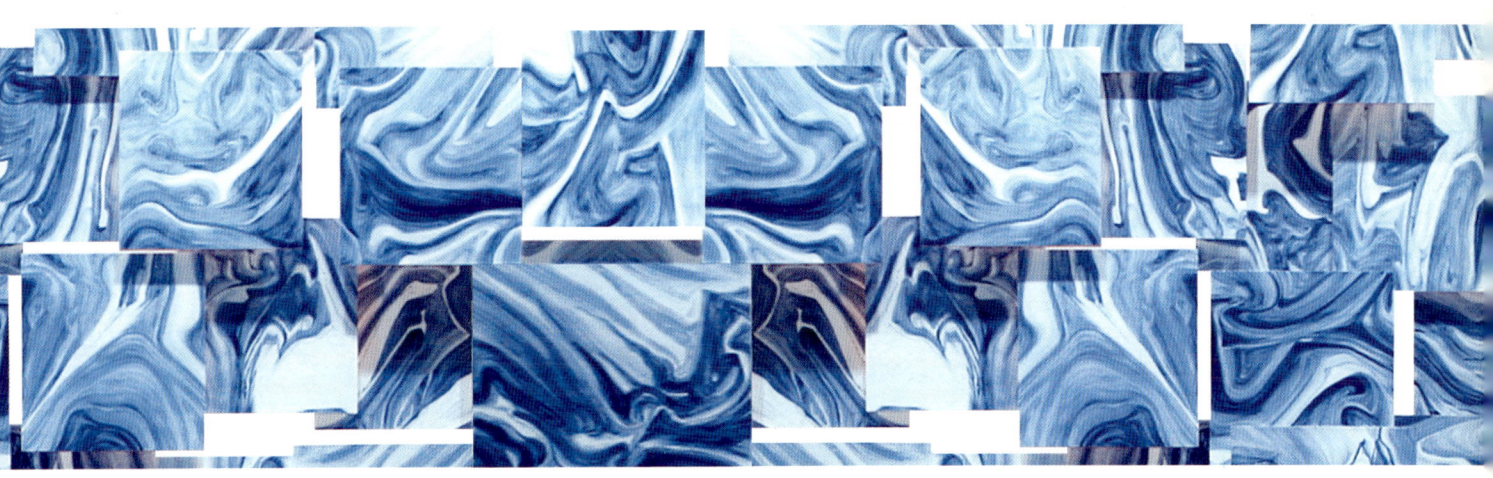

主 办

中华人民共和国商务部

中国轻工业联合会

中国国际贸易促进委员会

江西省人民政府

SPONSORS

MINISTRY OF COMMERCE OF THE PEOPLE'S REPUBLIC OF CHINA

CHINA NATIONAL LIGHT INDUSTRY COUNCIL

CHINA COUNCIL FOR THE PROMOTION OF INTERNATIONAL TRADE

JIANGXI PROVINCIAL PEOPLE'S GOVERNMENT

电话（TEL）：0798-8562798 8561961　　传真（FAX）：0798-8562779
网址（WEBSITE）：WWW.CHINAICF.CN　电子邮箱（E-MAIL）：JDZ@CHINAICF.CN
地址（ADD）：江西省景德镇市石洪路1号景德镇国际陶瓷博览会执委会办公室　邮编（ZIP CODE）：333000
NO.1 OF SHIHONG ROAD, JINGDEZHEN CITY, JIANGXI PROVINCE, CHINA
EXECUTIVE COMMITTEE OFFICE OF JINGDEZHEN INTERNATIONAL CERAMIC FAIR

上海国际会议中心
Shanghai International Convention Center

上海国际会议中心地处陆家嘴金融贸易中心，毗邻东方明珠电视塔，与外滩万国建筑群隔江相望，交通设施方便快捷，地理位置得天独厚，于1999年8月落成并正式对外营业。

上海国际会议中心以举办大型国际会议、商务论坛而蜚声海内外。

酒店设施先进、舒适，是一家拥有273间临江景观豪华客房，集住宿餐饮、会议展览、旅游娱乐为一体的五星级酒店。拥有28个大小不等、风格迥异的多功能会议厅，其中包括一次可容纳3000多人的无柱型多功能宴会厅，并有配备齐全的先进高科技影音系统及多达10余种语言的同声传译设备，会议场馆与专业化的会务服务都将展示您每次跨越成功的风采。国家高技主理、资深员工完美服务的国宴和配套完善的婚宴享誉沪上，东南亚和小南国餐厅等多菜系美食共绘浦江美丽风光。

上海国际会议中心出色地完成了1999年"财富"全球论坛年会，2001年APEC亚太经合组织领导人峰会及系列会议，2002年第35届亚洲发展银行年会、中俄总理第七次会晤，2006年上海合作组织成员国元首理事会会议，2007年非洲开发银行集团理事会年会及中国2010年上海世界博览会欢迎宴会等国内外重要会议及政要接待任务，备受各方赞誉。

上海国际会议中心承接中外各类会议，以优质服务成为业内精品典范。

地址：中国上海浦东滨江大道2727号　邮编：200120　Address：2727 Riverside Avenue Pudong, Shanghai 200120, China
电话／Tel：(86-21)50370000　传真／Fax：(86-21)50370999

汉画馆 丹江口水库 武侯祠 内乡县衙 中国西峡恐龙遗迹园

中国优秀旅游城市　南　阳　国家历史文化名城

　　南阳古称宛，位于河南省西南部、豫鄂陕三省交界处，为三面环山、南部开口的盆地，因地处伏牛山以南，汉水以北而得名。

　　南阳历史悠久，文化璀璨，山水独特，交通便利，是国务院命名的历史文化名城。早在50万年前，与北京猿人同时代的南召猿人，就在这里繁衍生息；西汉时为全国六大都会之一；东汉时期为光武帝刘秀的发迹之地，故有"南都"、"帝乡"之称。现拥有全国重点文物保护单位13处，省级重点文物保护单位94处。南阳人杰地灵，人才辈出，历史上曾孕育出"科圣"张衡、"医圣"张仲景、"商圣"范蠡及"智圣"诸葛亮，更滋养了哲学家冯友兰、军事家彭雪枫、文学家姚雪垠、科技发明家王永民、作家二月河等当代名人。

　　南阳文化旅游产业快速发展，现有4A级景区6处。南阳伏牛山被联合国教科文组织评为世界地质公园。宝天曼生态良好，物种丰富，是"世界人与自然生物圈保护区"。丹江口水库水量充沛，水质优良，是举世瞩目的南水北调中线工程水源地所在地。位于西峡县的恐龙蛋化石群规模大、种类全，被誉为世界第九大发现。千里淮河发源地、中国革命根据地桐柏山、道教圣地五朵山、真武顶钟灵毓秀，如诗如画。国家白河湿地公园在南阳市中心城区形成碧波荡漾的万亩水面，与城北的独山森林公园相呼应，使城市更具山水相连的鲜明特色。

　　南阳地处承东启西、连南贯北的优越地理位置。焦枝铁路纵贯南北，宁西铁路横穿东西，许平南襄、沪陕高速公路两个"十字"形重要通道为市域城镇与产业发展轴，南阳机场是河南三大航空港之一，国家东西、南北通信光缆干线在南阳交会。

网址：www.hnnyta.com　　　　　旅游咨询电话：0377-12301

著名文化节会16旅游目的地

花洲书院 社旗山陕会馆 张衡博物馆 南阳府衙 医圣祠 老界岭

2010年3月中糖公司宣布春季全国糖酒会定点成都　　　　第七届中国国际美食旅游节

成都市博览局以建设世界现代田园城市和"统筹城乡、四位一体"科学发展战略部署为指导，深入实施"品牌化、专业化、国际化"会展发展战略，实现了会展经济又好又快发展，荣获了中国会展名城等荣誉称号，在推动产业高端和高端产业、营销城市、拉动经济方面发挥了显著作用。

一、会展综合实力显著增强

2010年，成都共举行各类会展节庆活动382个，展览总面积190万平方米，会议总面积345万平方米。会展业直接收入32.1亿元，拉动消费272.87亿元。

继2010年荣获中国会展名城称号后，成都市陆续荣获2009-2010年度十大品牌会展城市、中国会展之星·极佳城市奖、中国极佳绿色会议城市、中国十佳品牌会展城市、会展十年管理大奖、中国十大魅力会议目的地城市等奖项。

二、实施优势主导战略，加强会展软实力建设

着重抓好"四个结合"，并将其作为发展的主线：即保持快速发展和实施可持续发展有机结合，服务"产业高端、高端产业"和转变会展业发展方式有机结合，优化办展办会机制和会展市场主体建设有机结合，国内全面营销和国际专业推广有机结合。全面提升会展业的整体实力，大力推进"会展推广工程"、"会展配套工程"、"会展品牌工程"、"会展名企工程"、"会展文化工程"、"会展人才工程"六个工程，努力打造"硬件设施、服务机制、品牌项目、龙头企业、综合影响"五个全国一流，全面加快"辐射全国、面向世界的会展之都"建设步伐。

三、以展会为载体，实现会展业"十二五"良好开局

"十二五"时期，成都会展业发展将牢牢抓住国家扩大内需、新一轮西部大开发、"世界现代田园城市"建设、国家服务业综合改革试点和国际旅游综合配套改革试点的战略机遇，更好地发挥会展业的平台和催化作用。

"十二五"开局之年，成都会展业继续保持良好的发展势头，2011年主要会展活动有：春季糖酒会、第9届中国国际软件合作洽谈会、第65届全国药品交易会暨第66届原料会、中国红十字会汶川地震三周年系列活动、第7届海峡两岸经贸文化论坛、第28届中国国际体育用品博览会、2011香港时尚购物展、第3届中国成都国际非物质文化遗产节、2011成都家居、休闲用品及礼品展览会、中国企业500强发布暨中国大企业高峰会、第4届中国商标节、第14届成都国际汽车展览会、2011全球汽车论坛、第7届泛珠三角省会城市市长论坛、第4届中国国际循环经济产业博览会、第12届中国国际西部博览会、第9届中国国际农产品交易会、第5届中国中小企业节等。

世界翡翠 运源腾冲

——中国腾冲翡翠博览会和卞和杯玉雕作品大赛

著名文化节会旅游目的地

腾冲是一座有着600年翡翠加工历史的"翡翠城"。腾冲人发现了翡翠，并首开翡翠加工贸易先河，凭借靠近缅甸翡翠原产地的优势，腾冲自古以来就是东南亚珠宝玉石集散地。1896年英国在腾冲设立领事馆，1902年清政府设立"腾越海关"，繁盛时期每天来往于缅甸腾冲的马匹达到1万多匹。600多年的翡翠史，带来的是腾冲的商贸繁荣，书写的是"琥珀牌坊玉石桥"、繁华百宝街和翡翠大王的传奇故事，树立的是"腾越翡翠无假货"的良好口碑。2005年腾冲被亚洲珠宝联合会授予"中国翡翠名城"称号。腾冲县委县政府大力发展"翡翠"产业，积极为翡翠企业搭建平台，连续举办了11届中国云南腾冲火山热海文化旅游节，2010年开始举办中国腾冲翡翠博览会和卞和杯玉雕作品大赛，让人们再次领略到腾冲深厚的翡翠文化。博览会期间，参会名家汇集、观点新颖、针对性强；翡翠精品赏析档次高、定位准；翡翠展销货品丰富、文化展示品位高、内容全面；参赛、精品赏析作品档次高，艺术风格齐全，全面展现出了"腾越翡翠"的品牌形象。

摄影 刘正凡

摄影 刘正凡

摄影 刘正凡

京南旅游名镇 庞各庄

庞各庄镇位于大兴区黄村卫星城正南10公里处，距市区南三环仅20公里，行政管辖面积109.28平方公里，53个行政村。京开高速、京九铁路在镇域内南北纵穿，交通便利。1995年被评为"中国西瓜之乡"；1996年被建设部列为"小城镇建设试点镇"；1997年被北京市人民政府农林办公室批准为"北京市小城镇建设试点镇"；2004年被评为"全国环境优美镇"；2005年被评为"首都绿化美化园林小城镇"；2009年被评为"全国特色旅游景观示范镇"。

旅游产业发展情况

近几年来，庞各庄镇确定了大力发展"农业观光旅游、文化休闲旅游、体育休闲旅游"的发展思路。通过全镇不懈努力庞各庄镇在旅游产业发展中，已完成了餐饮、交通、娱乐、休闲等一系列配套设施建设，目前拥有五星级的龙熙温泉度假酒店一家，三星级餐馆2家，观光园区23家，龙熙顺景高尔夫俱乐部、中国网球学校、北京乒乓球训练基地球类体育休闲基地3家，105户民俗旅游接待户，3600多人从事旅游业接待和经营工作，同时庞各庄镇在旅游产业发展定位、发展措施、发展效果等方面均取得显著成效。

农业观光旅游

庞各庄镇依托3万亩西瓜种植资源，在庞安路建设4.8公里都市型现代农业走廊，成为大兴区重要的农业观光旅游核心区之一。农业走廊中重点建设高标准采摘体验农业设施，建成以色列式大棚300栋，展示新品种、新技术，有效强化产业基础。创意农业观光园区是庞各庄镇一大特色，已建成乐平御瓜园和老宋瓜艺苑，其中乐平御瓜园突出西瓜种植历史文化，老宋瓜艺苑以西瓜趣味种植为特色，成为代表首都农业观光发展水平的璀璨明珠。目前正在全力打造的赤道风草莓采摘园、富兴农南方水果观光园、航天之光科技园三个创意农业观光园区，将成为游客旅游采摘的特色旅游目的地。

文化休闲旅游

庞各庄镇充分发挥西瓜、梨、甘薯悠久的历史文化优势，每年均推出春季梨花文化节、夏季西瓜节、秋季采摘节，这三个旅游文化特定节庆活动目前已成为大兴区乃至北京市重要的旅游活动。梨花节已连续成功举办了十七届，以突出体现梨文化为宗旨，相应组织踏青、赏花、体验农家为主要活动内容，多年来成为大兴区春季旅游的启动式。梨花节期间，以花为媒，增强各项活动的创新性、趣味性。其中梨花庄园每天平均接待1500人游客团队。西瓜节多年来我们紧紧围绕"以瓜为媒、广交朋友、宣传大兴、发展经济"的办节宗旨，坚持"以文化立形象、以情结聚人气、以展示育商机"的办节理念，在充分展示大兴特色农产品的同时大力宣传西瓜文化。目前，大兴西瓜已成为中国知名品牌。在接待服务方面，我们精选了10个精品观光采摘园和10户特色民俗旅游接待户，做好采摘餐饮等接待工作。西瓜节期间，老宋瓜艺苑每天接待人数达5000余人。收获喜悦，亲近自然的美好意境充分发挥展示得淋漓尽致。节日期间我们组织的刨花生、刨甘薯趣味赛，自驾车金秋游梨乡等活动得到了游客的积极响应。每年采摘节期间接待游客在8万人左右，旅游收入近400万元。

体育休闲旅游

庞各庄镇旅游资源丰富，现有龙熙顺景高尔夫俱乐部、中国网球学校、北京乒乓球训练基地，已成为广大游客体验体育休闲活动的旅游目的地。我们将再创优势，将庞各庄镇打造成国际一流的体育会展中心。

民俗旅游

庞各庄镇市级民俗旅游村——梨花村，2009年结合中国古梨文化园资源背景及民俗旅游发展优势，对民俗旅游户进行改造，完善旅游标志，建设民俗旅游接待中心，北方传统农具陈列馆、停车场、街道绿化、文化墙制作等综合提升工程。2009年采摘节期间，梨花村民俗旅游接待得到了广大游客的认同，同年被评为北京市优美的乡村。

在特色餐饮发展方面，庞各庄镇着力提升已具有民族特色的薛营"羊盘街"，在规划建设上突出民族理念，在经营接待中体现民族文化，现已成为我镇集特色餐饮、民俗旅游为一体的文化商业街。

霍元甲的故乡
天津·精武镇

精武门·中华武林园

著名文化节会㉑旅游目的地

精武门·中华武林园位于天津市西青区精武镇小南河村，这里是一代宗师霍元甲先生的故乡，也是尚武精神的发源地。整个园区占地3880亩，共分为七大组团：精武主题组团、精武民俗文化组团、精武总部组团、精武度假组团、精武研究教育组团、民俗文化（影视基地）组团和生态居住组团，力争打造成集国内外武术文化交流、旅游度假、爱国主义教育基地、影视基地十一体的世界精武文化中心。

精武门·中华武林园一期精武主题组团于2010年建成并对外开放，包括霍元甲陵园和霍元甲纪念馆。霍元甲陵园在原址上扩建，占地110亩，包括观武亭、广场、山门、大殿、牌坊、陵墓等，供各国精武友人和各届人士前来恭仰祭拜；霍元甲纪念馆占地25亩，太极图结构，下由一八卦形底座高高托起，馆内巧妙运用声、光、电等现代化手段，全面系统地展示霍元甲的传奇一生和精武会创建发展历程。广场占地107亩，能同时容纳几千人，用来举办大型团体操表演、武术表演和大型庆典活动。自2010年11月景区开放以来，已接待慕名而来的中外游客数万人次。

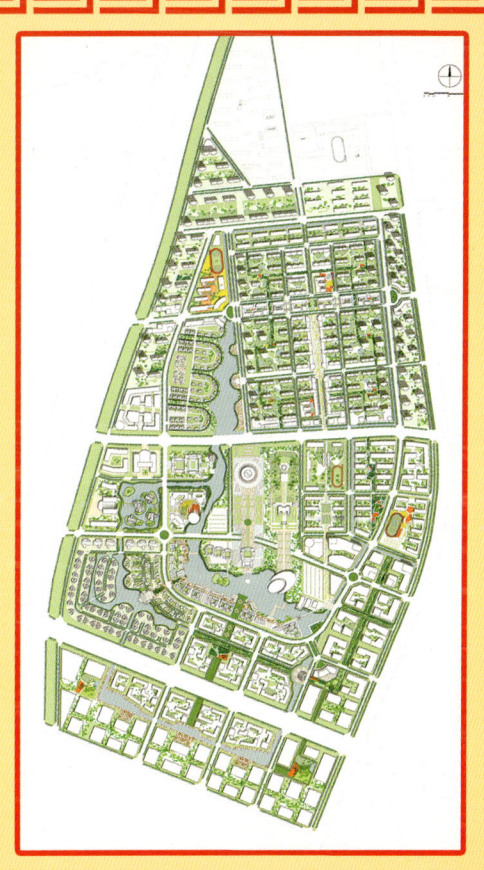

养生养心之福地

江苏·句容

山灵水秀，古韵今晖。距江苏南京东郊40公里处，坐落着一座拥有2000多年历史的文化名城——句容。它发源了悠悠秦淮，连承着巍巍钟山；2000多年来，悠悠浩深的历史文化、神韵万千的名胜古迹，像一部永不完稿的诗集，让你永远无法参透……

中国·句容茅山旅游文化节

为充分展示句容独有的旅游资源，由句容市人民政府主办的中国·句容茅山旅游文化节已连续举办了11届，具体以句容旅游特色产品为核心，以句容的福地养生为内涵，通过四季特色活动，来宣传和展示魅力句容、和谐句容，向世人展示了"一句容天下"的句容新形象，提升了城市的文化品位，真正为八方游客打造了一个"永不落幕"的品牌旅游节。

中国首届"茅山情"红色旅游文化节

中国首届"茅山情"红色旅游文化节暨第十一届中国·句容茅山旅游文化节于2011年4月12日在苏南抗战胜利纪念碑广场盛大开幕，本次举办中国首届"茅山情"红色旅游文化节，旨在以红色旅游为载体，以茅山为连接点，联合全国"六大山地"抗日根据地，构筑特有的红色旅游载体。活动当天全国红色旅游办公室、省政府、省旅游局的有关领导，新四军老战士代表以及省内外媒体、嘉宾近千人参加开幕式。

"句容·茅山杯"全国象棋冠军邀请赛

"句容·茅山杯"全国象棋冠军邀请赛是中国象棋协会和句容市政府联合打造的一个具有全国影响力的赛事，每年一次，已经连续成功举办三届，成为全国棋类重大赛事活动，也形成了句容市文化旅游推介句容的一大亮点。每届赛事都是全国棋王云集，其中包括胡荣华、卫冕冠军柳大华等数10名棋王和棋后悉数参战角逐，充分展现了名赛、名人、名山和名景的叠加效应。

中国句容宝华山泡山节

近年来，宝华山推出的"泡山节"，成为句容一年一度的重要节庆活动之一，现已成功举办了五届。每届泡山节，一个主题定位，在每年春季开幕，并以此为起点，结合景区的旅游资源与不同时节的旅游特征举办不同的主题活动，从而带动和引导更多人加入到"泡山族"的行列中来。历届宝华山泡山节已与在南京、镇江地区较有影响力的媒体、名嘴、知名歌手、民间艺人、高校学生等社会各界人士合作，使越来越多的人开始熟知宝华山、成为"泡山族"。

茅山旅游文化节

"茅山情"红色旅游文化节

全国象棋冠军邀请赛

宝华山泡山节

中国极具影响力的旅游节庆

水韵月城 生态旅游节

　　水韵月城生态旅游节是江阴市月城镇依托江南良好的水生态环境和丰富的水生态资源举办的以水为主题的生态旅游节，自2010年举办以来连续举办两届。

　　两届旅游节期间，分别举办了首届中华龙舟大赛、螺蛳美食节、垂钓精英赛、信鸽比赛、生态绿道开通、农夫果园开园等活动。其中，首届中华龙舟大赛由中央电视台体育频道进行了全程直播，国内外诸多媒体争相报道，特别是《人民日报》更是以《小镇承办中华龙舟大赛》为标题进行了专题报道。

　　两届水韵月城生态旅游节的成功举办，在苏南地区产生了巨大的反响，成为展示江南水乡风貌和文化内涵的重要节庆品牌。

中国极具影响力的旅游节庆

农夫果园庆丰收

竹荪鲜汤肥螺

螺蛳美食做文章

子牙垂钓竞技能

生态绿道展风貌

龙舟竞渡勇争先

2011金鸡湖商务旅游节圆满落幕！

中国极具影响力的旅游节庆23

苏州工业园区金鸡湖景区是江苏省规模宏大的开放式城市湖泊公园，全国著名的商务旅游景区。景区以时尚秀美的金鸡湖为核心，设立了各具特色的文化会展、时尚购物、休闲美食、城市观光、中央水景五大功能区，把城市和景区无缝连接，让商务和旅游水乳交融，诠释着当代世界商务旅游的新概念。

2011年3月27日至5月2日，金鸡湖景区隆重举办了"2011金鸡湖商务旅游节"，以全国性的媒体推广会及启动仪式拉开活动帷幕，随后进行了幸福桃花季、彩船巡演、赛博会、金鸡湖游艇展示秀、圆融时代广场购物节、中茵国际美食汇等活动。仅"五一"期间，景区接待游客约70万人次，同比翻一番，增长幅度位列苏州市4A级旅游景区前茅。2011金鸡湖商务旅游节精彩不断、好戏连台，在这个春天，向上世界送上特别的礼物！

国家商务旅游示范区　　国家AAAA级景区　　全国服务电话：4007-558-558　　www.sipjjl.com

苏州工业园区唯亭镇

来这里享受阳澄湖大闸蟹、生态居家、休闲假日吧!

　　唯亭镇是江苏省苏州工业园区的北部城市副中心,位于苏州市中心城区规划范围内东北部,东与昆山接壤,西靠苏州市区。全镇常住人口超过20万,户籍人口6万;行政管辖面积80平方公里,包含36平方公里阳澄湖水面。

　　唯亭镇以"以蟹产业带动休闲产业、提升休闲产业、壮大休闲产业"为发展目标,把发展休闲产业作为提升城市经济的重要内容,坚持"观光、旅游、度假、会务、休养、健身、娱乐、美食"八大特色项目互动并举,努力打造具有唯亭个性特色的休闲产业带和具有品牌优势的休闲产业链。目前,唯亭区域已经成为阳澄湖沿线设施齐全、环境良好的休闲场所和开展团体性、家庭型活动的热点区域。

　　感悟千年文化。置身唯亭,如同进入一个历史博物馆,这里有历经6000多年风雨的草鞋山文化遗址,将向您展示苏州发源地的遗迹,万佛庄严的重元寺,让您再次领略历史文化的积淀和久远,感受千年东方文明的历史变迁。

　　走进自然怀抱。独拥生态自然景色,尊享青剑湖、阳澄湖两湖风光,无论是晨曦那一抹天水一线的鱼肚白,还是夕阳下晕泛起的无尽霞光,都让您瞬间忘掉尘世间的喧嚣与烦忧,回归大自然怀抱,体验久违的灵空之气、芳草之香。

　　引领运动时尚。工作繁忙之余,带上您的爱犬置身阳澄湖体育公园,尽享大自然乐趣,或骑自行车进行环湖之旅,或与亲朋放上半晌风筝再悠然地开始趣味烧烤,临近傍晚,还可共赏万千变化的晚霞,休闲运动让您在湖光水色中一展矫健身手、尽情放松身心。

　　尝尽阳澄美味。阳澄美味,独尊大闸蟹,蟹味鲜美,分享乡村野趣,欢乐自主捕捞。更有浦田生态有机农场、五星级农家乐——阳澄农庄、浅水湾商业街等各式餐饮。

青剑湖 青剑湖周边已形成一个集观光旅游、商务休闲、生态居住为一体的综合性新城。

重元寺 阳澄半岛上的重元寺,始建于1500多年前的魏晋南北朝时期,与苏州的寒山寺同时代产生,是江南宗教文化的代表性寺庙和苏州城东最大的宗教庙宇。

城际车站 苏州园区站又称沪宁高铁园区站,位于中新苏州工业园区唯亭镇至和西路,苏州站东10公里处,是沪宁城际高速铁路苏州段六站之一,也是设计流量仅次于上海和南京的沪宁高铁第三大站,承担沪宁城际铁路与通苏嘉城际铁路的换乘功能。

体育公园 110万平方米的唯亭阳澄湖滨生态体育公园,集生态湿地、环境保护、休闲健身等多重功能于一体,是阳澄湖畔的绿色大乐园和生态大氧吧。

草鞋山 唯亭草鞋山文化遗址有6000多年历史,是迄今为止中国境内发现原始社会稻田文明的最早遗迹。

唯唯亭亭大闸蟹 唯亭是正宗大闸蟹的主产区,网围养殖面积达1万余亩,占整个湖区网围总面积超40%;年产"唯唯亭亭"牌优质大闸蟹超2000吨,占阳澄湖蟹类总产量超50%。"游阳澄唯亭,品蟹中极蟹"更逐步成为苏州上海地区的金秋休闲时尚。电话:0512-62890789

中国（温州）网络旅游节

近年来，温州市高度重视旅游业的发展，实施"大旅游、大产业、大提升"的战略，使温州逐步成为时尚之都、水韵之城、财富之市、风情之港。"魅力山江海"、"五彩瓯之南"、"激情夜温州"、"经济探秘游"、"非公党建考察游"等特色旅游产品正在使温州成为中国颇具山水情怀的商务旅游目的地城市。

2008年温州开全国先河，举办了首届中国（温州）旅游节，首次将旅游节庆和网络进行嫁接，在全国特别是业内造成了很好的影响，是旅游信息化的一大创新。

2010年，成功举办了第三届中国（温州）网络旅游节，实现了政府引导、旅游、科技、市场的联合，形成了一种"超前谋划、雷厉风行、攻坚克难、善于创新、吃苦耐劳、团结协作"的节会精神，成为我们干事创业的宝贵财富。

2011年的中国（温州）第四届网络旅游节，在凸显旅游信息化的基础上，强调了节庆的新颖性、表演性、参与性。旅游节以"网聚高端智慧，共谋数字旅游"为主题，精心策划了三大活动和四项配套活动。旅游节成功运用了先进的信息技术，实现了论坛传播网络化，节庆会务信息化，商务活动电子化，旅游推介数字化。全面提升温州旅游信息化水平，创新旅游营销模式，是将旅游业打造成为国民经济的战略性支柱产业和人民群众更加满意的现代服务业的一次有力推动，在全国旅游业内有了很大的反响，正成为国内旅游信息化展示的新平台，同时得到了高度肯定。

今年，在前三届旅游节成功举办的基础上，要在市场化的基础上，做大做强网络旅游节这一平台，使之能够成为全国旅游信息化先进技术的展示平台，成为旅游与互联网融合前沿理论的发布平台，成为旅游人与信息工作者共同的交流平台。因此，本届中国（网络）旅游节具有以下几个方面的特点。

一、旅游节主办单位的层次高，公信力强。本次旅游节得到了国家旅游局、国家工信部的高度支持，由国家旅游局信息中心、中国互联网协会、浙江省旅游局、温州市人民政府作为本次旅游节的主办方。由于主办方的专业度和公信度高，因此，本次网络旅游节的规模和档次大大超过前几届。

二、旅游节的参加单位与人员更专业，更广泛。本次旅游节广泛邀请全国旅游行业中从事信息化工作的单位、人员，有意推进本地、本单位旅游信息化的政府部门以及旅游景区、饭店、旅行社等旅游企事业单位，掌握旅游信息化前沿技术的信息技术企事业单位。并邀请国内外知名研究互联网与旅游的专家学者讲课传经。

三、本次旅游节运作的方式开放度高，市场化强。本次旅游节的运作单位，采用公开招投标的形式确定。主办方通过审查招标单位提供的方案来确定实施单位。实施单位通过市场化的手段本次旅游节的影响和效果放到最大。

四、本次旅游节的要求标准高，效果好。本次网络旅游节的目标就是把中国（温州）网络旅游节办成全国知名的品牌，办成旅游信息化的"广交会"。要让国人一看到网络、旅游这两个关键词就想到温州的中国（温州）网络旅游节。要让旅游业内人士只要想到网络，想到信息化工作，第一个想到的就是去参加中国（温州）网络旅游节；要让信息技术开发人员，一有新的旅游信息化技术应用，就第一个想到要到中国（温州）网络旅游节来展示。

第四届中国（温州）网络旅游节

活动时间：2011年11月初
活动地点：温州
主办单位：中国互联网协会、国家旅游局信息中心
浙江省旅游局、温州市人民政府
承办单位：中国温州网络旅游节组委会

中国山水诗文化旅游节

举办时间：2011年9月至11月
主办单位：山水诗歌协会、温州市旅游局
举办地点：江心屿或温州其他地区

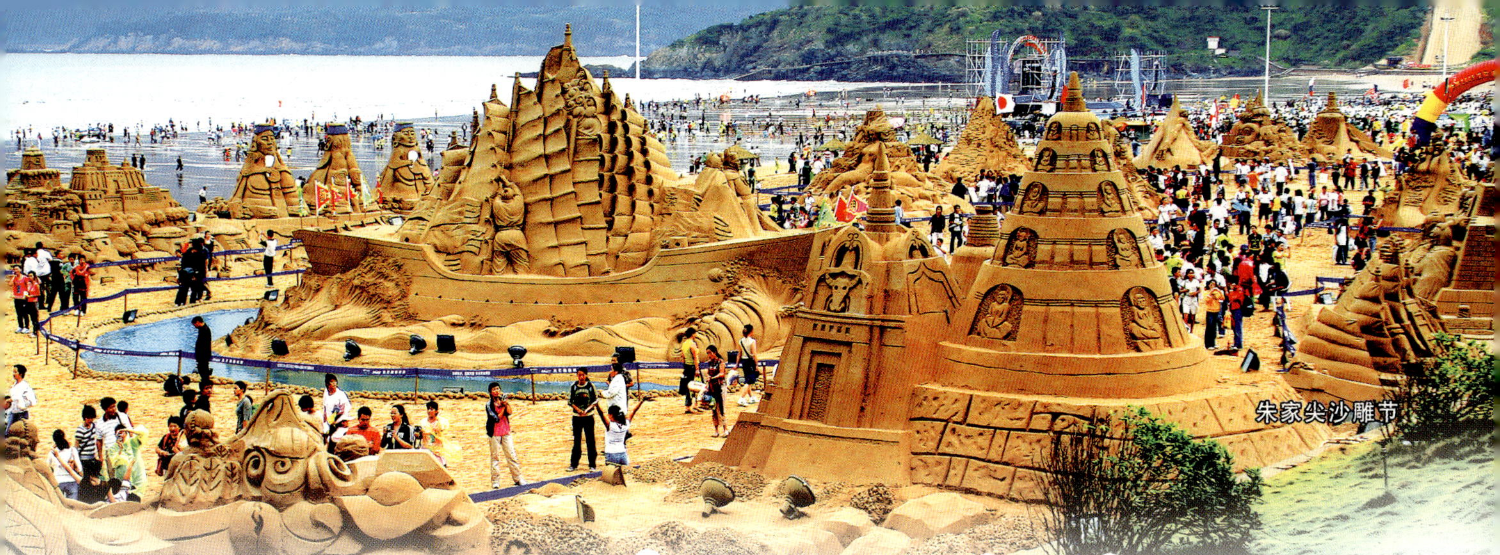

朱家尖沙雕节

美丽群岛　自在舟山

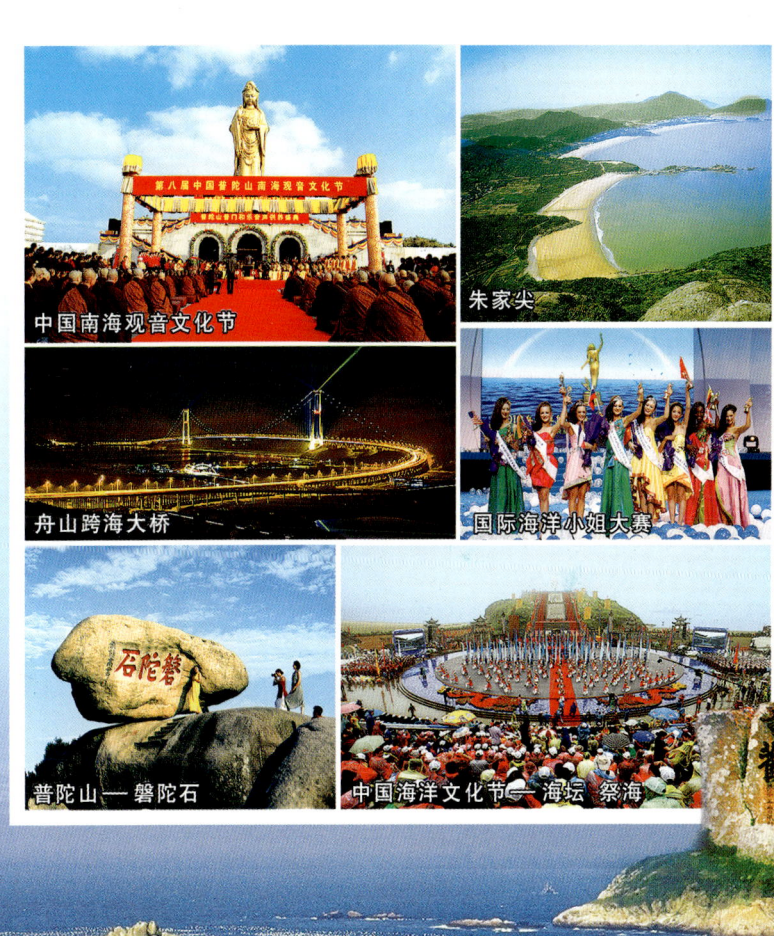

舟山群岛位于我国东南沿海，中国大陆海岸线的中心，是中国第一大群岛。全市区域总面积 2.22 万平方公里，其中海域面积 2.08 万平方公里，陆地面积 1440 平方公里。舟山市是以群岛设立的地级市，共有岛屿 1390 座，下辖定海区、普陀区、岱山县、嵊泗县二县二区，人口 100 万。2011 年 6 月 30 日被国务院批准设立舟山群岛新区。

舟山群岛拥有普陀山、嵊泗列岛 2 个国家风景名胜区，岱山、桃花岛 2 个省风景名胜区，以及各类景观景点 1000 余处。围绕＂海＂、＂佛＂两大主题，推出了大众海钓游、海鲜美食游、度假会展游、海洋文化游、群岛海上游、岛村渔家游、禅修体验游、佛教文化游八大类旅游精品。以中国海洋文化节、普陀山南海观音文化节、中国国际沙雕节为代表的节庆体系日臻成熟、影响广泛。

舟山市先后荣获＂中国优秀旅游城市＂、＂中国旅游竞争力百强城市＂、＂中国十大节庆城市＂、＂中国十大特色休闲城市＂和＂中国渔都＂、＂中国海鲜之都＂等称号，是全国独特的港口宜居城市。

中国南海观音文化节

朱家尖

舟山跨海大桥

国际海洋小姐大赛

普陀山—磐陀石

中国海洋文化节—海坛 祭海

精品旅游·节会集萃

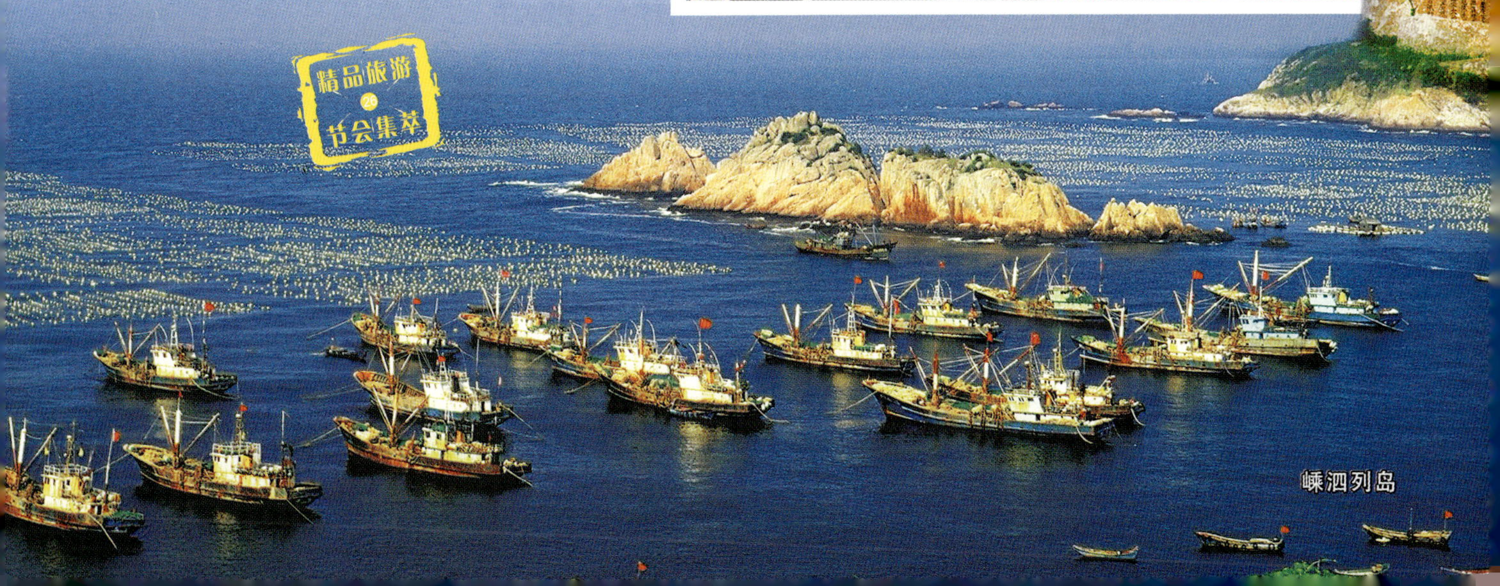

嵊泗列岛

天下第一庄
台儿庄古城

国家AAAA级旅游景区

- 中国二战纪念城
- 运河文化的活化石
- 中国民居建筑的博物馆
- 东方古水城
- 全国海峡两岸交流基地
- 十大齐鲁文化新地标榜首

著名文化节会@旅游目的地

　　台儿庄古城，是一座二战遗存众多的抗战名城，被世人誉为"中华民族扬威不屈之地"；是古运河畔一座南北交融、中西合璧的文化名城，八大建筑风格融为一体，七十二座庙宇汇于一城；是京杭大运河上一座古码头、古驳岸等水工遗存完整的运河古城，城内留存有3公里明清时期的古运河，被世界旅游专家称为"活着的运河"；是中国一座东方古水城，拥有7公里古水街水巷，可以舟楫摇曳、遍游全城。

　　台儿庄，形成于汉，发展于元，繁荣于明清。据《峄县志》记载："台（儿）庄跨漕渠，当南北孔道，商旅所萃，居民饶给，村镇之大，甲于一邑，被乾隆称为'天下第一庄'"，呈现出"商贾迤逦，一河渔火，歌声十里，夜不罢市"的繁荣景象。1938年春发生的台儿庄大战，使这座古城化为废墟。2008年，枣庄市决定重建台儿庄古城。

　　台儿庄古城，规划面积2平方公里，包括11个功能分区、八大景区和29个景点。按照"大战故地、运河古城、江北水乡、时尚生活"的定位，遵循"存古、复古、创古"的理念，将保存下来的大战遗址、古城墙、古码头、古民居、古街巷、古商埠、古庙宇、古会馆等历史遗产科学地进行修复。台儿庄古城集"运河文化"和"大战文化"为一城，融"齐鲁豪情"和"江南韵致"为一域，是极具人文魅力的旅游目的地，是沿运独有、世界知名的旅游休闲度假区。

📞 山东·台儿庄古城　咨询电话：0632—6679319/6658866　www.tezgc.com

赛事活动　　　　　　　　　节日庆典　　　　　　　　　商务会展

温都水城打造节庆会展基地

温都水城由北京宏福集团投资建设，拥有水城国际酒店、宏福酒店、湖湾酒店、湖湾酒店西区、红楼岛商务区以及水空间、温泉养生会馆、会议中心、多功能场馆、文化广场等服务设施，建筑总面积55万平方米。具有承接三千人宴会、上万人商务会议、文化活动及休闲娱乐的保障能力。是国家AAAA级旅游景区，列入中央及北京市政府机关、事业单位会议定点采购名录。先后获得中国优秀诚信企业、中国饭店系统AAAA级信用企业、中国优秀会展中心、中国自主创新绿色贡献奖等殊荣。先后举办了第六届和第八届北京国际旅游文化节（温都水城分会场）、郑家庄皇城开城大典、昌平温泉节文化开幕式、第八届全国村长论坛、欢乐中国行、红楼梦中人全国选秀，龙的传人全球电视选拔赛、世界亚裔小姐选美大赛、北京奥运会颁奖礼仪培训以及音乐现场、影视新片首映礼等极具影响力的大型节庆、文化活动。2010年共承接节庆会展4300多个。

温都水城将以更优质的服务，盛情欢迎各界朋友光临。

垂询热线：　　　（010）81788888
销　售　部：　　（010）81781111
旅游车务：　　　（010）81785859
地址：北京市昌平区北七家镇郑各庄村　　邮编：102209
网址：http://www.wendushuicheng.com

六祖手植千年古荔

六祖惠能像

龙山国恩寺

佛手岭瀑布

文化广场

广东新兴·中国禅都

著名文化节会及旅游目的地

新兴县位于广东省中部偏西，距省会广州130多公里。

新兴县是中国禅宗六祖惠能的故乡，县内的龙山国恩寺是六祖惠能的故居和圆寂之所，也是《六祖法宝坛经》的辑录完成之地。新兴，是中国禅宗文化发祥地之一。

新兴县人杰地灵、物华天宝，旅游资源非常丰富，拥有名人、名山、名寺和一批环境优美的旅游景区。名人，有禅宗六祖惠能，他与孔子和老子并称为"东方三圣人"；名寺，有享有"岭南圣域"之称的国恩寺；名泉，有国内罕见的"硫氢化物温泉"。此外，还有神仙谷、藏佛坑、佛手岭、天露山等众多的生态旅游景区。

禅宗文化，是六祖惠能留给世人宝贵的文化遗产；新兴温泉与优美的生态环境，则是上天赐予新兴宝贵的自然财富。

新兴县充分发挥得天独厚的禅宗文化、温泉与生态资源，做大做强特色旅游产业，新兴县与中国社会科学院和广州市城市规划设计院的专家一起共同论证、规划、建设"六祖惠能文化博览园"、"禅宗文化创意产业园"。

六祖惠能文化博览园是一个大型的禅宗文化景区，中心区规划、建设六大标志性建筑：一寺（国恩寺）、一宅（六祖故居）、一坛（六祖坛）、一塔（舍利塔）、一宫（东方禅宫）、一门（五门牌坊）。

新兴县以禅宗文化统领温泉和自然生态旅游资源开发，推动文化与旅游发展相融合、人文旅游与生态旅游相融合，努力把新兴建设成为国内外游客必须一游的禅宗文化探源体验之旅终端地、珠三角休闲基地和影响国内外、辐射东南亚的知名旅游和朝圣基地。新兴县要打造"中国禅都"，要将禅宗文化推向全中国、推向全世界。

新兴县以美好环境与和谐社会共同缔造为路径，以建设文化强县为重点，加快转变经济发展方式，积极探索"文化崛起、绿色增长、城乡统筹、共建共享"的县域科学发展新模式，大力实施"文化引领、优势集聚、特色主导、服务均等"四大发展战略，努力建设文化名邑、禅宗之都；西环花园、生态之域；创业福地、富庶之县；田园城乡、和美之境。

广西平天山国家森林公园

避暑　休闲　疗养　观光　度假

广西平天山国家森林公园属贵港市平天山林场管辖范围内,是林场的一个组织部分,与林场实行"一套人马,两块牌子"的管理方式。贵港市平天山林场是贵港市林业局直属的国有林场,地处平天山,林场现经营土地总面积5082.3公顷(约7.6万亩),有林地面积为3473.3公顷,拥有森林蓄积量为39.8万立方米;林场现有职工201人,其中在职人员126人,党员40人,离退休人员75人,各类专业技术人员30人;林场拥有林业木材加工中转站、松香厂及旅游服务三大产业,而旅游服务业是平天山林场的朝阳产业。"十一五"期间贵港市平天山林场实现年平均收入4000多万元。

广西平天山国家森林公园位于广西贵港市区以北20公里,距国道324线(南梧二级公路)8公里,距209国道15公里,总面积1676.2公顷。公园内幽雅静谧,负氧离子丰富,素有"自然空调,森林氧吧"之称,是集避暑、休闲、疗养、观光、度假的理想去处!主峰大平天海拔为1157.8米,为桂东南第二高峰,山顶3500多亩连片的高山大草甸,为广西著名的高山大草甸。平天山雄踞郁江北岸,为贵港境内制高点,是观赏日出及远眺郁江平原的极佳观景点。

公园东托大平天山,怀抱仙人谷,为了提升公园的品位与档次,公园一直在不断地完善基础设施和配套设施建设,扩大接待能力,优化旅游环境。目前建设有广西最大的生态烧烤谷、山泉游泳池、拓展乐园、游客服务中心、二星级宾馆、休闲广场、大平天登山步道、仙人谷步道、生态停车场、覆盖休闲广场及烧烤场的背景音乐、观景休闲凉亭、文化长廊、在建高山漂流等旅游设施。

作为平天山国家森林公园的一张旅游名片,每年9月的平天山登山节已成功举办了四届,凭借其雄、奇、险、秀、幽的山形地貌,吸引了越来越多来自各地游客的喜爱与参与,也取得了良好的社会效应,对扩大平天山国家森林公园在区内外的知名度起到了积极的推动作用,公园正按照国家AAAA级旅游区的开发建设步伐不断迈进,将逐渐发展成为区内外休闲度假的又一个国家级旅游景区。

广西平天山国家森林公园热忱欢迎海内外广大游客前来旅游观光!欢迎社会团体、个人前来投资建设。

地址:广西贵港市西北郊
电话:0775-4250037(办公室) 0775-4250078(旅游服务中心)
传真:0775-4250048　邮箱:pingtianshan@163.com
网址:0775.gg163.net

绵阳

被誉为智慧之城的绵阳，是一块神奇的沃土，秀美的山川和大地孕育了流韵千古的人文艺术奇葩——巍峨羌山的尔玛情韵，夺博河畔的白马古风，禹羌文化、嫘祖文化、李白文化、文昌文化，三国文化，都迸发出智慧的光芒；绵阳是一座读书之城，李白铁杵磨针，欧阳修画荻学书，扬雄西山苦读，文昌宫魁星点斗，这些求学教化的经典传奇故事就发源于绵阳；绵阳拥有丰厚的历史底蕴和人文旅游资源，绵阳还是一座科技之城，重温共和国成长的岁月，两弹元勋邓稼先和他的团队不辱国家使命，在绵阳大山深处，默默奉献，他们的功绩彪炳史册。因此绵阳的科工旅游在全国也是独树一帜。5.12特大地震虽然对绵阳旅游造成巨大的破坏，对周边市地的旅游资源和产品也产生重大损失和影响，但是，地震也给灾区和绵阳形成一些新的重大旅游资源，如家喻户晓的地震遗址遗迹、伟大的抗震救灾精神和灾后重建形成的以北川新县城为突出代表的新城镇群落，这些重大的新生旅游资源不仅彻底改变了绵阳旅游资源的结构体系，而且对绵阳周边的旅游资源竞争格局产生重大影响。依托北川地震遗址、地震纪念馆和灾后重建新貌所形成的旅游线将成为全国最热点的旅游线路之一，对绵阳的旅游发展，乃至全市社会经济发展将产生重大影响。

报恩寺

窦团山

王朗

中国极具影响力的旅游节庆

北川巴拿恰开街仪式

富乐山

七曲山

九皇山

七曲山大庙景区

药王谷

李白故里碑林

成都最亮的旅游名片

成都十景·新十景

　　为了充分展示成都独特的人文自然魅力，提升成都历史文化景点和自然景观的知名度和影响力，促进文化旅游产业快速发展，2011年成都市评选出了"成都十景"和"成都新十景"，成为代表成都最亮的旅游名片。

　　成都十景：武侯祠博物馆、青城山景区、都江堰景区、杜甫草堂博物馆、望江楼、西岭雪山、青羊宫、文殊院、宝光寺、天台山。

　　成都新十景：成都大熊猫繁育研究基地、金沙遗址博物馆、黄龙溪古镇、锦里、宽窄巷子、安仁·中国博物馆小镇、平乐古镇、三圣花乡·五朵金花、国色天乡、成都欢乐谷。

更多详情请查看：成都旅游商务网www.chengdu.travel　成都旅游政务网www.cdta.gov.cn

蜀风雅韵

成都千古民俗　獨家西蜀梨園　民間絕藝呈現　經典戲曲表演

著名旅游演艺品牌

《蜀风雅韵》始创于1998年，立足天府之国，面向海内外宾客，全方位展现地道西蜀民间绝艺和经典戏曲。是一家集中国传统艺术表演、民间特色绝技表演和戏曲、戏剧用品于一体的大型多功能梨园胜地。被国家文化部、国家旅游局共同列入《国家文化旅游重点项目名录——旅游演出类》。

《蜀风雅韵》——精品楼，以其华丽典雅舒适的环境，彰显客人尊贵礼遇！专人专时专场的传统堂会再现，更是独具匠心！

《蜀风雅韵》——老戏台，返璞归真的环境和布局，使西蜀梨园韵味十足，每晚高朋满座，掌声雷动，精彩纷呈！

《蜀风雅韵》的锣鼓琴笛，不着一字而尽显风流；吹拉弹唱，曲牌菁华一时俱来：生、旦、净、末、丑悉数登场，昆、高、胡、弹、戏纷至沓来。这里有地道的川剧绝活——变脸、吐火、变衣秀，还有滚灯、手影戏驰名中华；更有杖头木偶鬼斧神工、技艺精妙，鼓乐齐鸣荡气回肠，传统声韵余音绕梁。

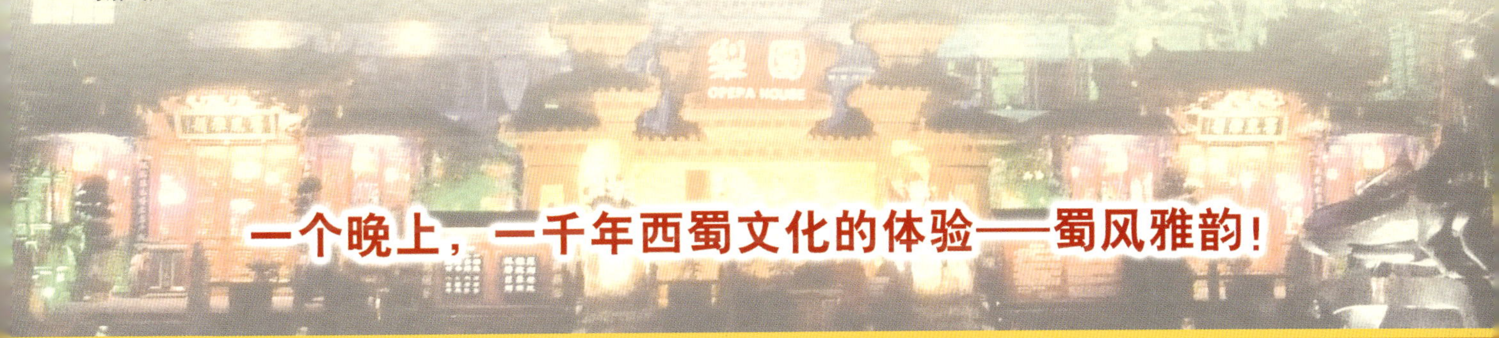

一个晚上，一千年西蜀文化的体验——蜀风雅韵！

老戏台

堂会

精品楼

地址：成都市青羊区琴台路132　预订电话：028-87764530（老戏台）028-86111025（精品楼）　传真：028-87767983　官方网址：www.shufengyayun.com

大投入／大创意／大制作／腾冲文化新形象／腾冲宣传新窗口／腾冲旅游新品牌

梦幻腾冲

大型新概念  情景舞蹈诗

如此庞大边境风情歌舞，有几人看过
如此辉煌饕餮艺术大作，有几人感受过
马帮赌石抗战、火山和顺美人
全能立体舞台、迷离壮丽灯光
豪情演艺，涤荡人心
奇俗妙趣，耳目一新
一个激情撞击之夜、梦幻之夜
做好准备，来吧
感悟腾越大地精髓
体验难忘震撼历程……

云南省歌舞剧院梦幻腾冲文化发展有限公司

订票电话：（0875）5151819　　地　址：腾冲县政府旁梦幻腾冲大剧院
票　价：至尊VIP 480元　VIP 280元　甲票160元　乙票120元　演出时间：每晚8：00

石　林

中国极具影响力的旅游节庆

石林风景名胜区位于云南省昆明市东南78公里的石林彝族自治县境内。这里冬无严寒、夏无酷暑、干湿分明、四季如春；这里奇石耸立、飞瀑流长、物华天宝、风情醉人；是世界喀斯特的精华，中国阿诗玛的故乡，是闻名中外的消暑避寒和旅游度假胜地。

石林风景名胜区于1931年建园，经过80年的建设和发展，现已成为世界自然遗产、世界地质公园、国家重点风景名胜区、国家AAAAA级旅游景区、国家地质公园，多次被评为"全国风景名胜区先进单位"、"全国旅游行业先进单位"，是"全国文明风景旅游区示范点"和"全国保护旅游消费者权益示范单位"，"云南省爱国主义教育基地、科普教育基地"。

石林喀斯特地貌奇观分布范围广袤，气势恢弘，类型多样，构景丰富，面积达1100多平方公里，石林风景名胜区保护面积350平方公里，景区景点众多，有石林风景区（中心景区）、乃古石林风景区、大叠水风景区、长湖风景区、圭山国家森林公园等。景区范围内有浩如林海的奇峰异石、钟乳密布的溶蚀洞穴、玲珑秀丽的高原湖泊，落差90多米的断崖飞瀑……大自然鬼斧神工、千奇百怪的岩石造型，像千军万马、似古堡幽城、如飞禽走兽、似人间万物，惟妙惟肖，栩栩如生，构成了一幅神韵流动，气势雄伟、蔚为大观、集天下石林特征的喀斯特地貌精品全景图，令人叹为观止、流连忘返。

云南石林以其独有的地质科学价值享誉世界，集中了全球二十余处喀斯特地貌形态，构筑了闻名遐迩的"世界喀斯特地貌博物馆"。云南石林喀斯特无论是类型分布的多样性、溶岩发育的独特性、地质演化的复杂性、岩石机理的美学性还是人文风情的融合性、入内观赏的通达性等等方面，在世界同等喀斯特地区都首屈一指，尤其是石林部分区域为石灰岩与玄武岩交叠覆盖演化而成，更是世界罕见。

石林既是自然的风景，也是人文的风景。世代居住在石林地区的彝族撒尼人，个个都是天生的歌唱家、舞蹈家。劳作是歌，生活是舞，他们在奇峰异石之间，在彩云深处，创造了与石林一样惊奇、感动、举世闻名的"阿诗玛"民族文化。他们祭祀、劳作、恋爱、狂欢，每时每刻都创造着生活的艺术和诗意：其系统的语言文字、内涵丰富的诗文传说、绚丽斑斓的民族服饰、火热豪放的民族歌舞、古朴粗犷的摔跤竞技、风格奇特的婚丧嫁娶，无不体现出古老民族的文化韵味和地域特征。

石林彝族撒尼人的文化结晶《阿诗玛》早已成为中国诗歌、电影、舞蹈的经典，《远方的客人请您留下来》唱响神州大地，被定为云南旅游代表歌曲。被誉为"东方狂欢节"的彝族传统火把节，是西南地区隆重和盛大的民族传统节日，是石林旅游出彩的文化品牌，被国际节庆协会评为"IFEA中国极具发展潜力的十大节庆活动"之一。热情奔放的大三弦与千万支火把一起舞动，让千百万中外游客激情燃烧、如痴如醉、终生难忘。石林彝族自治县是"全国文化先进县"，"全国艺术教育先进县"，被誉为"歌舞之乡"、"摔跤之乡"、"现代民族民间绘画之乡"，旅游文化产业生机勃勃、方兴未艾。

湖北·巴东

中国三峡纤夫国际文化旅游节

世界纤夫在哪里　三峡巴东神农溪

2011年4月18日，由恩施州人民政府、湖北省旅游局主办，巴东县人民政府、恩施州旅游委员会承办，北京市旅游发展委员会协办的第三届巴东.中国三峡纤夫国际文化旅游节在国家AAAAA级旅游景区——神农溪畔拉开序幕。北京市委副秘书长秦刚、著名特型演员卢奇、恩施州人民政府副州长董永祥、湖北省旅游局副局长陆令寿、巴东县委书记李洪敏、湖北省委宣传部副巡视员刘连宏、恩施州旅游委员会主任杨跃红等出席开幕式。来自上海、北京、河南、成都、武汉、美国、新加坡、法国、英国、荷兰、中国香港等地数以千计的宾朋和客商相约在壮丽的长江之滨，相聚在美丽的纤夫之乡，感受纤夫文化的独特魅力。

在热烈的掌声中，恩施州人民政府副州长董永祥宣布"第三届巴东.中国三峡纤夫国际文化旅游节"开幕。巴东县委书记李洪敏代表县委、县人大、县政府、县政协和全县50万人民向参加活动的领导和嘉宾表示热烈的欢迎和诚挚的问候！

巴东的纤夫文化由来已久、影响深远，纤夫文化已成为巴东极具代表性、亮丽的文化名片。依托神农溪景区优美的自然景致和深厚的纤夫历史文化底蕴，从2009年起，巴东县委、县政府每年举办"中国三峡纤夫国际文化旅游节"，至今已经连续成功举办了三届，在国内外产生了广泛的影响力，巴东旅游人数成两位数增长。统计显示，巴东县2010年共接待中外游客281.8万人次，其中入境游28.6万人次，实现旅游直接收入2.8亿元，综合收入7亿元，占到了GDP的12%。

本届纤夫节以六大主体活动为内涵，以传承纤夫文化、打造节庆品牌、推介魅力巴东、促进巴东旅游为主体，以中外游客为主、邀请嘉宾为辅的组织形式，以旅游推介、商务活动为重点。开幕前一天，巴东大型招商引资项目——支井河水电开发项目奠基，该项目以发电为主，兼顾防洪、旅游、养殖等综合效益，总投资3.54亿元，总装机4.7万千瓦，年平均发电量1.5亿千瓦时。开幕节当天，北京市政府援建的巴东影视文化中心开工；巴东与北京红色世纪影视文化传播有限公司联手打造的巴东古城文化旅游产业园项目一期工程——巴楚新时代文化广场建设启动，并签订了项目二期开发合作协议，同时宣布电影《情漫巴东港》的筹拍计划。

随着沪渝高速、宜万铁路的建设开通和沪蓉高速的即将贯通，巴东已步入高速发展时代，发展中的巴东期待更多的合作，热情好客的巴东人民欢迎社会各界人士常来常住。湖北省将跨越式发展写在了"十二五"的大旗上，巴东县作为湖北"两圈一带"发展战略的重要节点，既是湖北鄂西生态文化旅游圈的核心景区之一，又是湖北长江经济带的"桥头堡"，巴东县委、县政府和全县人民吹响了建设"中国旅游强县"、三峡库区"生态明珠县"、"鄂西生态文化旅游休闲名城"的号角，巴东文化旅游产业迎来了新的发展机遇。

美丽的神农溪上，声声号子"喊"出了巴东旅游的精彩，条条纤绳"拉"出了巴东旅游的春天。巴东，将努力争创"中国旅游强县"，真正把旅游业培育成战略性支柱产业。

慈行天下　和乐人间
中国（奉化）雪窦山弥勒文化节

中国极（奉化）雪窦山弥勒文化节创办于2008年，已经连续成功举办4届。先后荣获"全国节庆活动百强暨2008中国十大极具发展潜力节庆"、"改革开放30周年中国极具影响力的节庆活动"之一、"中国十大品牌节庆"、"节庆中华奖——文化传承奖"等荣誉称号。

9月19日到9月22日，以"慈行天下　和乐人间"为主题的2011中国（奉化）雪窦山弥勒文化节在奉化顺利举行。本届弥勒文化节举办了"开幕式暨应梦雪窦人间弥勒大型实景音乐盛典"、雪窦寺"兜率三圣"佛像开光法会、岳林禅寺千人供斋法会、中塔禅寺恭迎佛祖真身舍利祈福大法、奉化旅游形象代言人签约暨旅游宣传片首发仪式、第二届中国未来城市发展溪口论坛、"同根同源共享成长"——2011两岸青年成人礼。

经过多年的筹划和运作，奉化正努力打造弥勒信仰朝拜中心、弥勒文化研究交流中心和弥勒文化观光旅游中心，向全世界推出以和乐文化为代表的奉化城市名片，实现城市品牌的大传播和区域特质文化的大繁荣，从而大力推进中国五大佛教名山和海内外著名旅游城市建设。

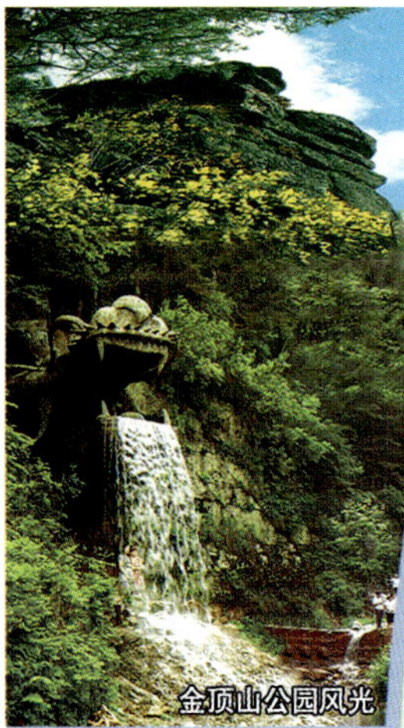

中国·黑龙江鹤岗国际界江旅游节

2010年，首届中国·黑龙江鹤岗国际界江旅游节成功举办，对鹤岗的城市形象宣传、旅游产业发展起到了很好的推动作用。为进一步加快城市创新转型步伐，推动鹤岗市旅游业跳跃式大发展。2011年，第二届中国黑龙江鹤岗国际界江旅游节的帷幕又拉开了。

为相约边城鹤岗，牵手龙江三峡，巩固鹤岗界江游龙头地位，扩大影响，打造国际知名品牌，加强中俄旅游文化的交流，加强与各界朋友的交流，通过旅游业的发展，提升城市形象与品牌，激发百姓爱家乡的热情。第二届旅游节的内容更加丰富多彩，中国·萝北中俄国际戏水狂欢节、中俄界江名山滚冰节、七鳗节、边疆黑土美食啤酒节等，也是2011年里的重头戏。

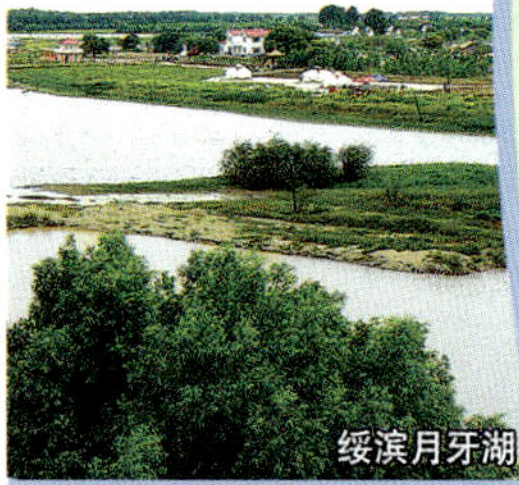

金顶山公园风光
嘟噜河湿地九曲湾
名山旅游集合区
绥滨月牙湖
鹤北联营红松原始生态林 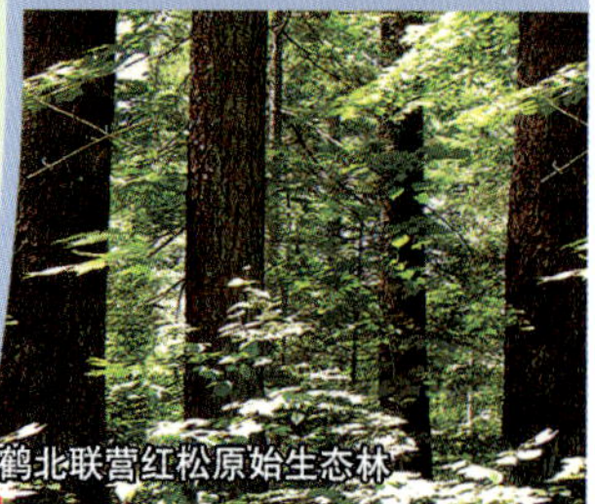
龙江三峡金满峡

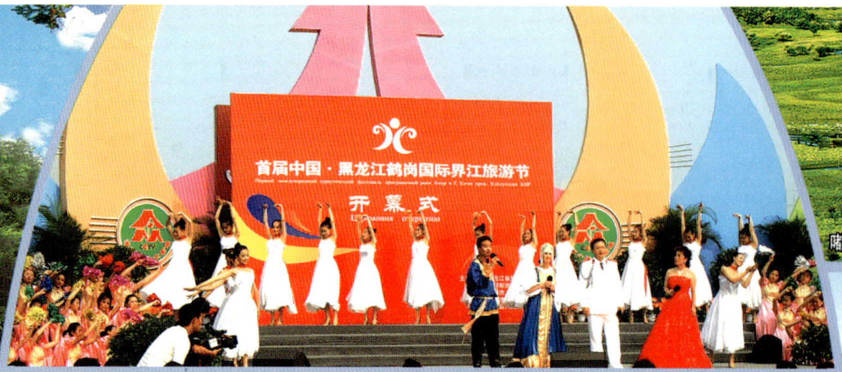

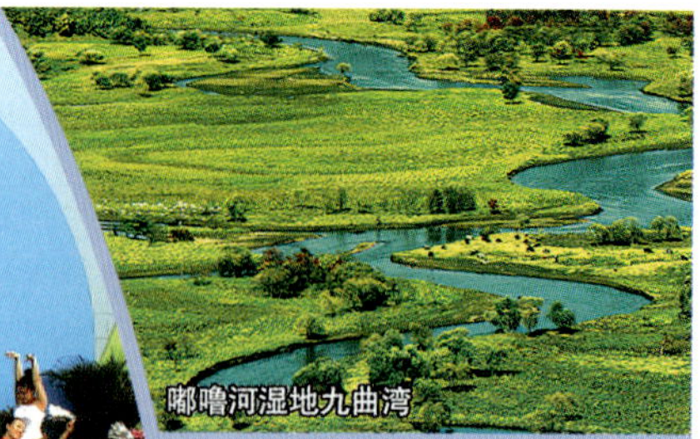

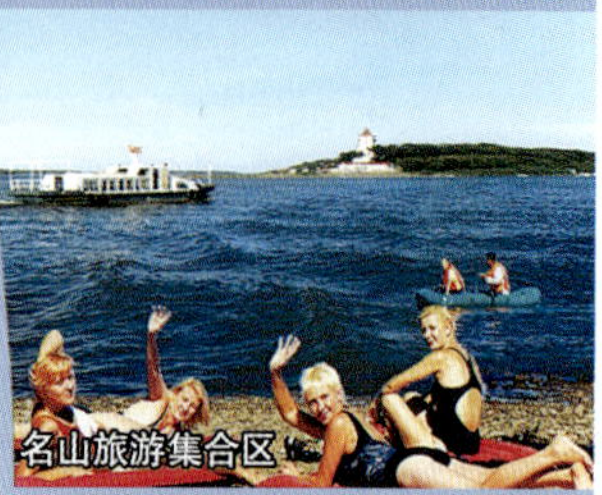

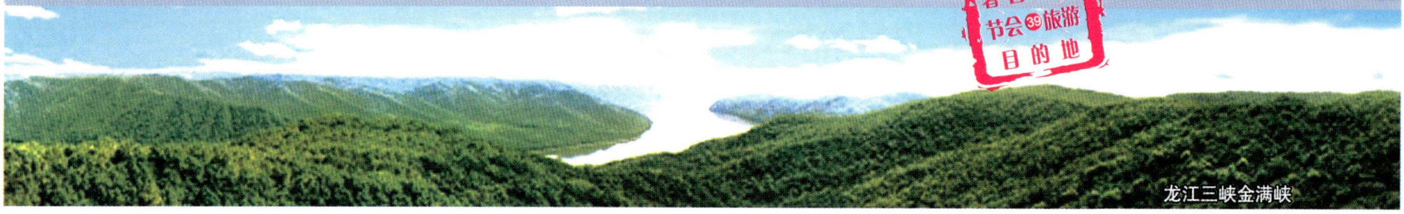

多元文化宝库 **泉州** 海峡西岸名城

泉州地处福建东南沿海，与宝岛台湾隔海相望，面积11015平方公里，人口约800万。泉州山海兼备、碧海白沙、山川秀美、千年古城、海上丝路、宗教大观、惠女风情、引人入胜。全市拥有世界人类非文化遗产代表作1项、国家级非物质文化遗产代表作25项、全国重点文物保护单位20处、省级重点文物保护单位60处、国家AAAA级旅游景区6处、国家地质公园2处、国家重点风景名胜区和国家森林公园各1处。众多高星级酒店和优质服务的旅行社让来泉州的旅行者有宾至如归的感受。

文化泉州热诚欢迎四方宾朋的光临
泉州市旅游局官方网站：www.qztour.com/

惠安女——风姿绰约，神秘迷人，自古以"勤劳俭朴、吃苦耐劳"的美德而著称于世。惠安女服饰独具特色，具个性色彩和视觉冲击，"黄斗笠、花头巾、短上衣、宽筒裤、银腰链"，焕发出一种青春的活力。

开元寺——全国重点文物保护单位、国家AAAA级旅游景区、全国重点佛教寺院。始建于唐垂拱二年（公元686年），其规模宏大、构筑壮观、景色优美，主要古迹有唐代的"桑莲古迹"、北宋的"甘露戒坛"、南宋的"东西双塔"和明代重建的"大雄宝殿（百柱殿）"等。东西双塔是我国古代石构建筑的瑰宝，历史文化名城泉州的标志。

老君岩——全国重点文物保护单位。位于国家级重点风景名胜区、国家AAAA级旅游景区清源山风景名胜区主景区内，是我国现存年代久、雕刻技艺绝的道教石雕造像。

金沙遗址博物馆
JINSHA SITE MUSEUM
www.jinshasitemuseum.com

优秀旅游 41 景区节会

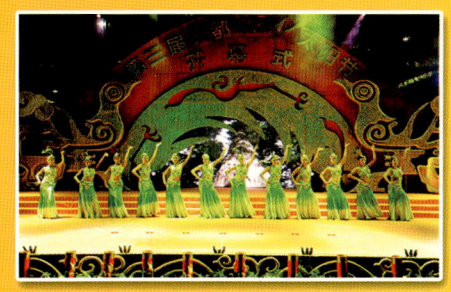

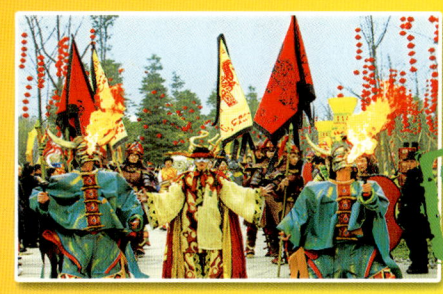

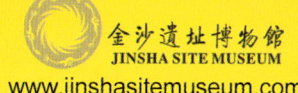

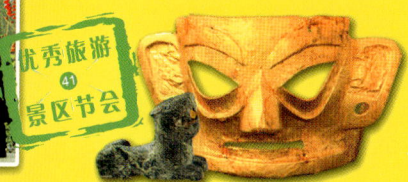

成都金沙太阳节 邀您来"晒"幸福

举办地点：金沙遗址博物馆
举办时间：春节期间

"成都金沙太阳节"是由成都市人民政府主办，成都市文化局、青羊区人民政府、金牛区人民政府承办，成都博物院金沙遗址博物馆协办的节庆文化活动，是以主题灯会、特色演艺、金沙大巡游、互动游戏、美食休闲、华彩焰火为载体的新春文化盛会。成都金沙太阳节有着深厚的金沙文化底蕴，也是远古太阳崇拜文化的生动再现。

中外太阳崇拜的传说

日出日落，四季更替，太阳赐予万物生机与活力，带给人类幸福与希望，对太阳的崇拜成为人类最直接和最原始的信仰。古希腊神话中的阿波罗是太阳神的化身，玛雅文化有巍峨的太阳神庙，中国古代也有"夸父追日"、"后羿射日"等有关太阳的传说，古蜀文化遗址出土的铜太阳形器、青铜神树充分表达了古蜀先民对太阳的崇奉和信仰。

金沙的太阳崇拜文化

对太阳的崇奉在金沙遗址呈现得既清晰又突出，"太阳神鸟"金饰是中国古代太阳崇拜和太阳神话的最好实物记录。四只神鸟围绕着十二道内敛的太阳芒饰循环往复、生生不息地飞翔，与上古神话《山海经》中"金乌负日"的传说相映证，表达了远古先民对太阳孜孜不倦的追求和对光明的向往。头戴太阳帽饰的青铜立人更是俨如太阳神的化身出现在祭祀活动中，也是古蜀人祭日迎日活动的具体体现。此外，在金沙发现的祭台很可能就是金沙先民举行祭日仪式的场所。

吉祥寓意催生金沙太阳节

3000 年前的古蜀金沙，太阳神是众神之主，象征着阳光、和谐与希望，3000 年后的金沙，太阳神鸟成为中国文化遗产的标志。我们以弘扬历史文化、传承古蜀文明、展示金沙文化为宗旨，举办特色新春文化活动——"成都金沙太阳节"，以别具一格的形式让游人体验神秘的金沙文化，祈福人们幸福安康。

成都金沙太阳节欢迎您的到来！

咨询电话：028-87303511 87303522 87303533 公交路线：5 路、7 路、82 路、83 路、96 路、111 路、311 路、401 路、502 路、503A 路、旅游观光专线 901 路

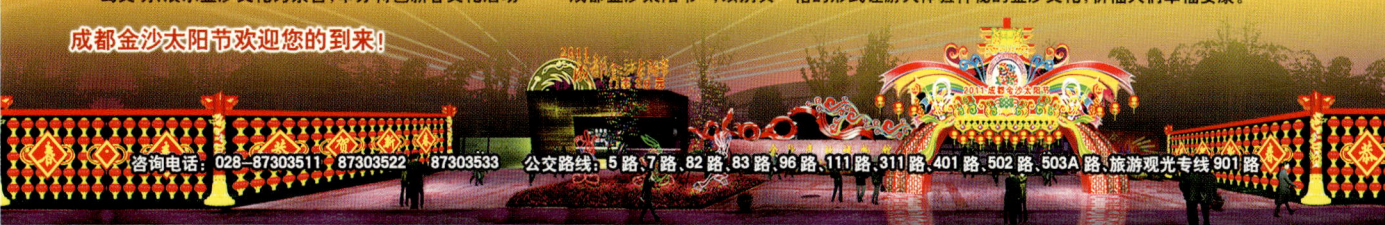

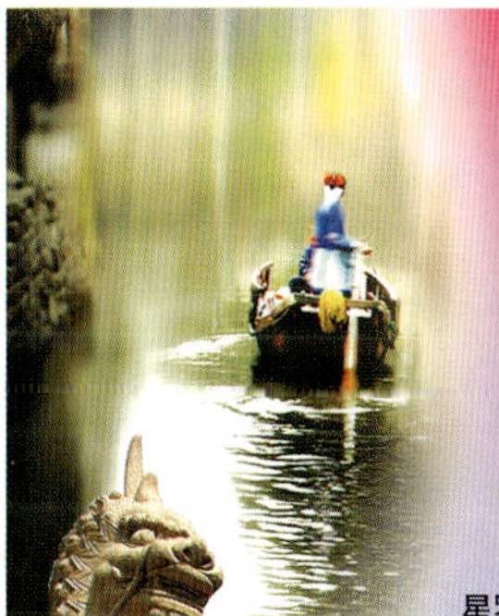

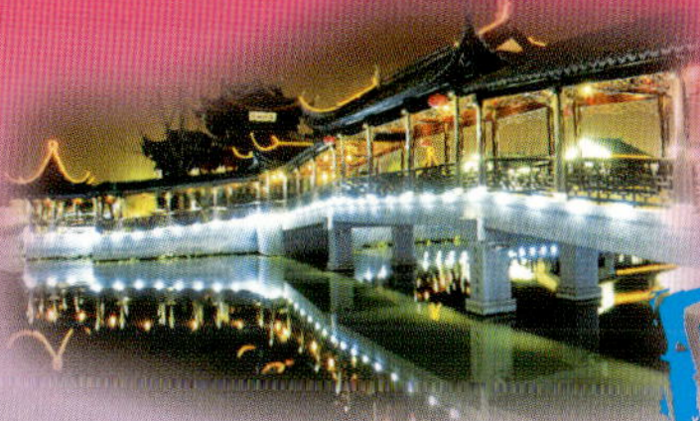

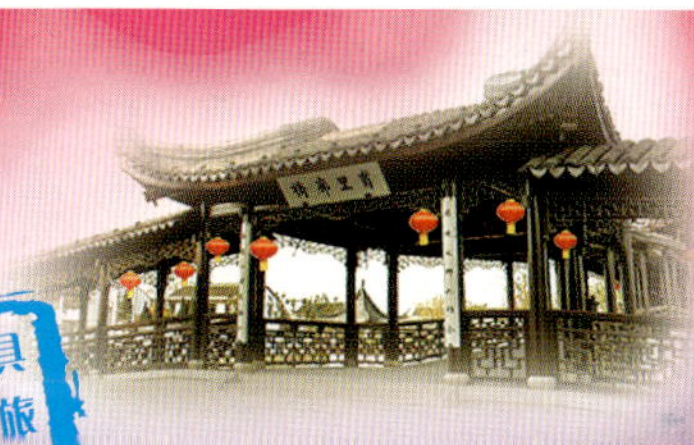

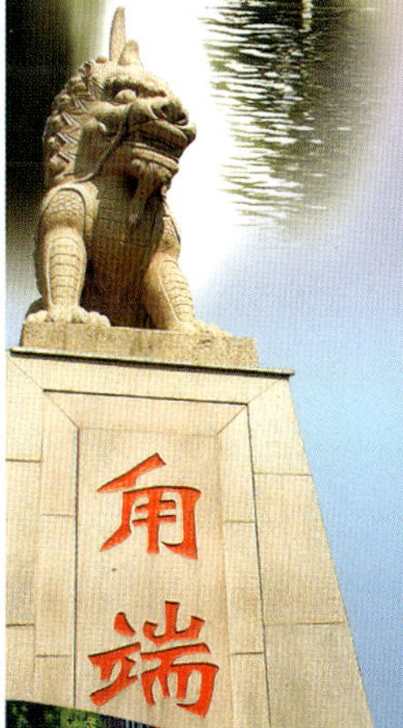

中国极具影响 42 力旅游景区节会

2011 中华文化旅游年

LUZHI FASHION CULTURE

★世界文化遗产预备清单 ★中国十大历史文化名镇 ★国家AAAA级旅游区
★太湖国家级风景名胜区 ★全国环境优美镇 ★中华文化示范基地

THE FIRST ANCIENT TOWN IN CHINA

神州水乡名镇

甪直

甪直镇位于苏州市东部，古名甫里，是太湖流域保存完好的水乡古镇，镇外湖、荡、潭、池星罗棋布，它北枕吴淞江，南抱澄湖，镇内地势平坦，河网交织，土地肥沃，是典型的江南水乡。

甪直具有 2500 多年的悠久历史，文化底蕴深厚，名胜古迹众多。甪直聚水为镇，流水与桥梁交相辉映，总长 5.6 公里的河道上最盛时有宋、元、明、清各式古桥"七十二座半"，现存 41 座。这些桥大小、形式、风格各异，被桥梁专家茅以升誉为"中国古代桥梁的博物馆"。

甪直古镇是太湖风景区的主要景点之一、是世界文化遗产预备地、是国家 AAAA 级旅游区、中国十大历史文化名镇，2010 年长三角世博体验之旅示范点，荣获"2010 品牌中国十大品牌景区"称号。

甪直的水乡妇女服饰历史悠久，世代相传，它给人的印象是鲜艳悦目而不刺眼，色彩和谐而不单调，棱角分明，飘逸洒脱，故有"苏州少数民族"之美称，是首批国家非物质文化遗产。为了传承并保护甪直的水乡服饰文化，甪直镇成功举办了八届"中国苏州·甪直水乡服饰文化国际旅游节"，已将其成功打造成为独具特色的服饰文化旅游品牌。旅游节期间有水乡服饰表演、民俗表演、民间手工艺表演和金秋美食节等活动。

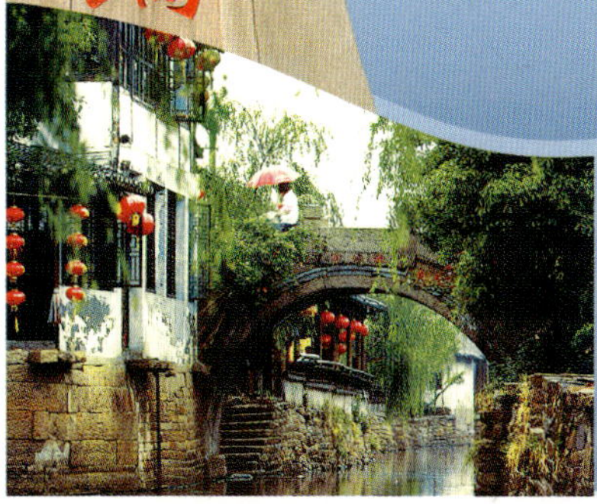

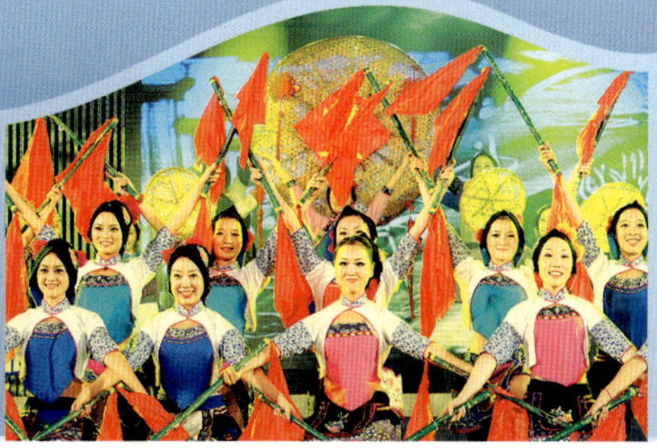

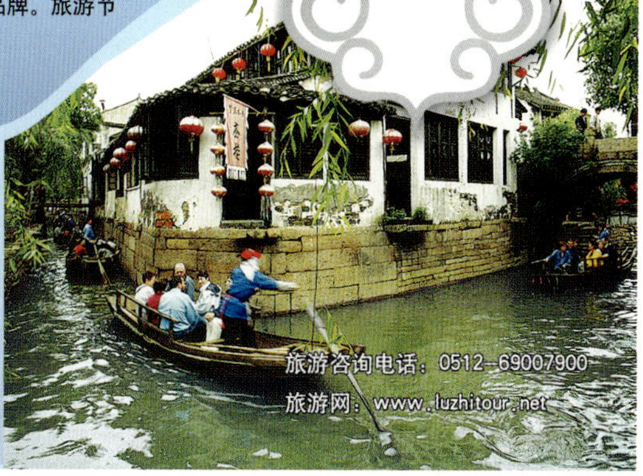

旅游咨询电话：0512-69007900
旅游网：www.luzhitour.net

上海旅游节

上海旅游节是上海每年大规模的旅游节庆活动，于每年9月中旬的第一个周六至10月6日举行，自1990年以来已成功举办了21届。上海旅游节以"人民大众的节日"为定位，以"走进美好与欢乐"为主题，通过丰富多彩、各具特色的节庆活动，向海内外集中展示上海的都市风光、都市文化和都市人文。2011年的活动于9月10日至10月6日举行。

2011年上海旅游节的特点

突出宣传"经典上海"
2011年上海旅游节突出宣传"经典上海"，充分放大"后世博"效应。通过精心设计的上海旅游节的推广活动，着重宣传经典上海的概念，渲染美好与欢乐的城市氛围，敞开热情的胸怀欢迎千千万万海内外游客的光临。

集中展现"城市庆典"
2011年上海旅游节成为集中展示全国乃至世界各地庆典活动的平台。通过各国和各省市参展花车和表演团体，向广大市民和海内外游客集中展示海内外的各种城市节日、文化盛典、体育盛事等，将全世界的精彩会聚申城。

深度挖掘"城市文化"
2011年上海旅游节紧扣国家旅游局"2011中华文化游"的主题，深度挖掘上海城市文化的精髓，为上海市民和旅游者提供丰富多彩的文化旅游盛宴，进一步提升上海旅游节庆活动的文化内涵。

主要板块

第一板块：开幕仪式
时间：9月10日9时
地点：上海国际时尚中心（原国棉十七厂）

第二板块：城市经典
★开幕大巡游
时间：9月10日19时30分
地点：淮海路（西藏路—陕西路）

★花车巡游暨评比大奖赛
时间：9月11日-10月6日
地点：全市各区县

★浦江彩船大巡游
时间：9月下旬
地点：黄浦江

★上海国际音乐烟花节暨上海旅游节闭幕式
时间：9月30日-10月6日
地点：世纪公园

★扬子江德国啤酒节
时间：9月14日-24日
地点：扬子江万丽大酒店

★上海玫瑰婚典
时间：10月5日
地点：淮海路

★九子大赛
时间：9月11日
地点：九子公园

第三板块：都市精品
★旅游企业大型联合优惠活动
时间：9月13日-20日（旅游景区、浦江游览）
10月1日-7日（本市各宾馆）

★上海旅游纪念品（礼品）博览会
时间：9月24日-26日
地点：上海展览中心西二厅

★上海旅游节摄影大赛
时间：9月10日-10月6日
地点：全市范围

★上海旅游美食节
时间：9月中旬至10月
地点：全市各饭店、宾馆

★街舞大赛
时间：9月
地点：桂林公园

★印象衡山路
时间：9月至10月
地点：衡山路

★"小主人欢乐游"——上海动物园奇妙夜
时间：9月
地点：上海动物园

★2011年茶乡美食节
时间：9月
地点：大宁国际商业广场

★四川北路欢乐节
时间：9月
地点：鲁迅公园或虹口足球场

★都市森林狂欢节
时间：10月1日-7日
地点：共青森林公园

★南京路欢乐周
时间：9月11日-17日
地点：南京路步行街

★豫园中国日（节）
时间：9月7日-30日
地点：豫园商城

★德国周
时间：9月
地点：大上海时代广场

★上海弄堂风情游
时间：9月10日-10月6日
地点：静安区特色弄堂

★都市咖啡文化展示周暨咖啡师比赛
时间：9月15日-19日
地点：吴江路休闲街

★第二届美兰湖音乐节
时间：9月至10月
地点：罗店北欧新镇

★上海国际钢雕艺术节
时间：9月中旬至10月上旬
地点：上海国际节能环保园

★"金秋放灯，城隍故里"中秋放灯活动
时间：9月中旬
地点：召稼楼

★2011上海南翔小笼文化展
时间：9月下旬至10月上旬
地点：南翔老街、古猗园

★2011安亭汽车文化之旅欢乐周
时间：10月1日-7日
地点：安亭国际汽车城

★2011上海孔子文化节
时间：9月下旬
地点：嘉定州桥景区

★第七届"吴根越角"枫泾水乡婚典
时间：9月27日
地点：枫泾古镇

★第十四届旅游风筝会
时间：9月下旬至10月上旬
地点：海湾旅游区、森林公园等

★第九届"上海之根"文化旅游节（秋季寻根）
时间：9月中旬至10月
地点：松江区

★上海淀山湖旅游节
时间：9月至10月
地点：青浦

★崇明森林旅游节
时间：9月上旬至10月上旬
地点：崇明

欢庆中国旅游日　跟着霞客去远行
徐霞客故里隆重举行"第六届中国徐霞客国际旅游节"

2011年3月26日至30日，千古奇人、中华游圣徐霞客的故里江阴市嘉宾云集。由国家旅游局支持，无锡市人民政府、江苏省旅游局、中国旅游协会、中国旅游报社主办，江阴市人民政府、无锡市旅游局承办的"第六届中国徐霞客国际旅游节"隆重举行。

中国徐霞客国际旅游节作为"徐霞客故里——幸福江阴"的年度重大节庆活动之一，已成功举办了五届。2011年的国际旅游节既是江阴多年举办的中国徐霞客国际旅游节活动的延续，也是积极响应和策应"中国旅游日"的发布；同时为了进一步扩大徐霞客故里、幸福江阴的美誉度和影响力。

本届旅游节以"走进徐霞客故里，体验幸福江阴之旅"为主题，共有旅游节开幕式、中国旅游产业发展论坛暨中国旅游产业发展高峰论坛永久落户江阴发布仪式、中国（江阴）徐霞客国际学术研讨会、驻华使节"向世界说明中国"主题活动之"最值得驻华大使馆向世界推荐的中国旅游文化发源地——江阴"授牌活动、海峡两岸纪念徐霞客朝圣公祭活动、旅游记者体验幸福活动、"徐霞客故里，最幸福旖旎——江阴十大美丽村庄"评选揭晓及颁奖典礼、"徐霞客故乡行"江阴—宁海旅游互动活动、"走徐霞客出游路，行十八岁成人礼"绿色行活动、江阴市民游园活动十大主题活动组成，向世人充分展示幸福江阴的建设成果、游圣故里的独特魅力。

2011年5月19日，国务院将中华游圣——徐霞客撰写的千古奇书《徐霞客游记》开篇日正式确定为中国旅游日，徐霞客故里——"幸福之城"江阴人民欢欣鼓舞，倍感自豪。公元1607年3月29日，22岁的江阴人徐霞客正是从家乡江阴马镇的胜水桥畔出发，开始了他历时30余年"问迹于名山大川"的瑰丽遐征。400多年后的今天，江阴人民更是为塑造和提升徐霞客精神不遗余力。

传承徐霞客精神，江阴敢为人先。江阴作为无锡"一体两翼"的重要一翼，把徐霞客精神融入城市文脉，凝练升华为"人心齐、民性刚、敢攀登、创一流"的江阴精神，以占全国万分之一的土地、千分之一的人口，创造了超过全国二百五十分之一的生产总值、百分之一的上市公司，在全国县域经济基本竞争力排名中实现"八连冠"，被中央调研组誉为"科学发展的先行者"。

弘扬徐霞客文化，江阴屡创新篇。从1991年起，尤其是近几年的每年3月29日，江阴均举办一届规模盛大的徐霞客文化旅游节；新世纪以来，特别是近几年来，先后建成了徐霞客文化仰圣园、徐霞客碑刻文化园、徐霞客旅游博览园、徐霞客大道等一系列重点工程；开展了以徐霞客为主题的朝圣公祭、电影电视、体育文化等一系列活动。特别是以徐霞客旅游为主题，将南部地区200平方公里规划为不开发区域，加快提升城市能级、发展特色旅游、彰显城市品质，全力打造现代化城市发展新格局。

塑造徐霞客品牌，江阴积极努力。在国务院《关于加快发展旅游业的意见》精神指示下，江阴从巩固弘扬放大游圣徐霞客品牌着手，努力把旅游业打造成为江阴经济转型的新龙头，旅游业发展取得了显著成效，主要表现为"七个一"：形成了一个共识（"城市即旅游，旅游即城市"）；叫响了一个口号（"走进徐霞客故里，体验幸福江阴之旅"）；制定了一个意见（《关于加快江阴市旅游业发展的若干意见》）；树立了一面旗帜（天下第一村——华西村）；打造了一批新景点（徐霞客旅游博览园、徐霞客湿地公园、青阳观音文化博览园、长泾老街、海澜国际马术俱乐部等景点）；强化了一支队伍（全市旅游工作领导小组各成员单位为核心的旅游业发展队伍）；实现了一个目标（2010年接待游园人数超过1500万人次，增长16.5%；旅行社地接人数120万人次，增长37.52%；旅游总收入125亿元，增长27.17%，旅游增加值61.76亿元；增长25.71%）。充分发挥了旅游业对于整个城市发展的品牌效应、拉动作用和贡献份额，推进了城市全面协调可持续发展。

中国旅游日的设立，是我国旅游业发展史上新的里程碑，是党和国家高度重视旅游业发展的又一重要标志，也是加速推进大众旅游发展的一个强烈信号。霞客故里人民将积极响应中国旅游日的设立，进一步弘扬徐霞客精神，塑造徐霞客品牌，不断提升"徐霞客故里"的城市美誉度和影响力。"十二五"期间，进一步确立"城市即旅游，旅游即城市"的一体化策略，不断创新旅游业发展理念，加快转变旅游业发展方式，丰富旅游产品与服务的供给，切实提高旅游服务质量，做大做强做优旅游业，为打造中国旅游强国、江苏旅游强省，为树立发达地区发展旅游业的先导区和示范区作出新贡献！

中国秀美的湖——青海湖

　　青海湖是青藏高原生物多样性宝库，是国际重要湿地、国家自然保护区、国家重点风景名胜区、国家4A级旅游景区，被誉为"国家旅游名片"。青海湖的湖面面积是4500平方公里，湖水容量743亿立方米。湖水最深处有27米，平均水深16米，湖面海拔是3196米，东西长106公里，南北宽63公里，环湖周长360公里。由于这里地势高，气候十分凉爽，即使是烈日炎炎的盛夏，平均气温也只有15℃左右，是理想的避暑消夏胜地。青海湖历史文化悠久，自然风光优美，是镶嵌在青藏高原上的一颗璀璨明珠。

　　碧水共长天一色，水鸟伴湖鱼起舞，雪山同飞云相融。青海湖在博大壮丽中不失俊秀温柔，磅礴奔放中不失含蓄委婉。万鸟翔集的鸟岛，风情万种的金银滩，悠远沧桑的三角城遗址，一望无际的油菜花海，缥缈神秘的海心山，多姿多彩的二郎剑、仙女湾、金沙湾、沙岛景区、"原子城"等诸多国家风景名胜，使青海湖成为名副其实的旅游者的天堂。青海湖水天一色、碧波万顷的自然景观，缥缈苍茫之中透着一种如同孕育了它的青藏高原一样的磅礴气势。位于被誉为"地球上的最后净土"青藏高原之上的青海湖，所展现出的高原纯朴之美、原生态之美更加耀眼，这也使得青海湖有了"地球上的最后净水"的美称。在中国大大小小众多湖泊中，青海湖不仅俊俏，不仅秀美，而且绝对是博大神奇。博大神奇之美，是青海湖成湖的独特历史，青海湖所处的独有地理位置所铸就、所赋予的，是其他任何地方的景观不可比拟的。成湖历史有上百万年的青海湖，既拥有世界领域不可复制的自然景观，也有着传承悠久、丰富多彩的民族文化资源，还流传着许多动人的神话故事。

　　除了自然资源禀赋独特，从地理位置和历史发展轨迹上看，青海湖地处农耕区和牧业区、中原文化和吐蕃文化、黄土高原和青藏高原的交汇处；中外闻名的古丝绸之路青海道经青海湖北岸，延续了中国自汉朝以来的中西方文化交流。更有唐蕃古道以青海段为著名。如今在青海湖畔依然可见西海郡的遗址、吐谷浑国都的残垣，古战场的痕迹……这些都处处显示着青海湖曾经拥有的荣耀和神圣，以及其厚重的历史文化的积淀。另外，在昆仑神话中，青海湖是西王母的瑶池，老百姓将青海湖视为"圣湖"、"神水"，这些为充满梦幻色彩的青海湖又平添了无限传奇色彩。

　　拥有东方气质的青海湖纯洁美丽、蕴涵深远，草原的美丽、湖的浩瀚与沉静交织在一起，使青海湖显得更加博大、壮阔。青海湖优美的自然风光、浓郁的民族风情、历史文化底蕴深厚，是您体会宁静、品味自然，观光、度假、考察的理想之地。

　　青海湖是青海的，是中国的，也是世界的。欢迎四海宾客踏上青藏高原，领略青海湖波澜壮阔的独特魅力，感受青海大气磅礴的壮丽之美。

青海湖景区保护利用管理局旅游管理处：0971-8212516　青海湖旅游集团市场部：0974-8519680　青海湖国际旅行社：0971-6127868

高原蓝宝石 梦幻青海湖

环青海湖国际公路自行车赛

环青海湖国际公路自行车赛已发展成为我国自行车运动的精品赛事,同时也是亚洲大规模、高级别的赛事,得到了国际社会和世界各国运动员的广泛认同和各个媒体的高度关注。环青海湖国际公路自行车赛成功举办十年来,充分展示了大美青海独特而壮美的自然景观、悠久的历史文化,带动了青海省体育、旅游和第三产业的发展,丰富了青海人民群众的生活,成为全省各族人民的节日和青海省对外开放与交流的盛会。

环青海湖国际公路自行车赛以大美青海极具有代表性王牌景区——青海湖来命名,表明了高原地域性和挑战性特色,确立了亚洲极具影响力的国际自行车赛事地位;青海湖景区借助环湖赛这一优良的宣传平台,有力地提升了知名度、影响力和美誉度。二者相互借势、相得益彰,共同成为青海省对外宣传的两张"金名片"。

青海湖国际诗歌节

青海湖国际诗歌节是世界七大诗歌节之一,也是在欧洲和美洲之外举办的世界性诗歌节,被誉为"东方的创举"。青海省自然、人文、历史资源得天独厚,有着"诗意青海"的美誉。青海湖更是以其多姿多彩、震撼人心的旅游资源被人们视为"诗歌创作的源泉"。以"人与自然,和谐世界"为主题的青海湖国际诗歌节的举办,超越诗歌的界限,打开了青海通向世界的又一扇门扉。进一步激发诗歌作者的创作热情,运用诗的语言,立足青海高原人与自然的和谐背景,表现青海的历史变迁和日新月异的发展风貌,表现世界人民追求和平与发展的时代主题。用诗歌的载体传扬大美青海,深化人们对高原文化的认识,永久记载"青海湖国际诗歌节",以诗歌艺术的形式赋予青海更多的文化内涵,推动和谐青海、文化青海建设。

青海湖国际雕塑与大地艺术节

青海湖国际雕塑与大地艺术节是目前国内以雕塑和大地艺术为主题的节庆活动。"梦幻青海湖·激情在沙岛——2011青海湖国际雕塑与大地艺术节"于2011年6月5日在美丽的青海湖沙岛景区开幕,本届艺术节紧紧围绕"中国文化游"主题年、"生态青海湖、文化青海湖"和沙岛主题文化公园建设,贯彻"绿色发展、和谐发展"理念,以"梦幻青海湖·激情在沙岛"为主题,以沙雕、雕塑和大地艺术、作品为载体,进一步突出沙岛景区作为"解放人的地方"这一形象定位,展现青海自然美、人文美、生态和谐美,提升景区知名度,塑造品牌形象,促进青海湖景区旅游业持续健康发展。

门票价格 二郎剑景区:旺季100元,淡季50元 鸟岛景区:旺季100元,淡季60元 沙岛景区:旺季70元,淡季35元 网址:www.qhh.gov.cn

品味时刻

从各地美食精华，至独一无二的澳门地道菜式，
令您的味蕾体验一场缤纷飨宴。

感受澳门
动容时刻

澳门特别行政区政府旅游局
www.macautourism.gov.mo

目录 Contents

北京 BEIJING
节庆文化活动 ······················· 1
商务会展 ····························· 14

天津 TIANJIN
节庆文化活动 ······················· 23
商务会展 ····························· 27

河北 HEBEI
节庆文化活动 ······················· 29
商务会展 ····························· 37

山西 SHANXI
节庆文化活动 ······················· 40
商务会展 ····························· 44

内蒙古 NEIMENGGU
节庆文化活动 ······················· 47
商务会展 ····························· 58

辽宁 LIAONING
节庆文化活动 ······················· 61
商务会展 ····························· 69

吉林 JILIN
节庆文化活动 ······················· 74
商务会展 ····························· 77

黑龙江 HEILONGJIANG
节庆文化活动 ······················· 81
商务会展 ····························· 85

上海 SHANGHAI
节庆文化活动 ······················· 88
商务会展 ····························· 93

江苏 JIANGSU
节庆文化活动 ······················· 99
商务会展 ····························· 113

浙江 ZHEJIANG
节庆文化活动 ······················· 117
商务会展 ····························· 132

安徽 ANHUI
节庆文化活动 ······················· 136
商务会展 ····························· 143

福建 FUJIAN
节庆文化活动 ······················· 145
商务会展 ····························· 150

江西 JIANGXI
节庆文化活动 ······················· 154
商务会展 ····························· 156

山东 SHANDONG
节庆文化活动 ······················· 159
商务会展 ····························· 171

河南 HENAN
节庆文化活动 ······················· 176
商务会展 ····························· 184

湖北 HUBEI
节庆文化活动 ······················· 188
商务会展 ····························· 191

湖南 HUNAN
节庆文化活动 ······················· 193
商务会展 ····························· 198

广东 GUANGDONG
节庆文化活动 …………………………… 201
商务会展 ………………………………… 207

广西 GUANGXI
节庆文化活动 …………………………… 211
商务会展 ………………………………… 219

海南 HAINAN
节庆文化活动 …………………………… 222
商务会展 ………………………………… 225

重庆 CHONGQING
节庆文化活动 …………………………… 227
商务会展 ………………………………… 233

四川 SICHUAN
节庆文化活动 …………………………… 236
商务会展 ………………………………… 248

贵州 GUIZHOU
节庆文化活动 …………………………… 252
商务会展 ………………………………… 257

云南 YUNNAN
节庆文化活动 …………………………… 259
商务会展 ………………………………… 270

西藏 XIZANG
节庆文化活动 …………………………… 273
商务会展 ………………………………… 277

陕西 SHAANXI
节庆文化活动 …………………………… 278
商务会展 ………………………………… 282

甘肃 GANSU
节庆文化活动 …………………………… 286
商务会展 ………………………………… 290

青海 QINGHAI
节庆文化活动 …………………………… 292
商务会展 ………………………………… 295

宁夏 NINGXIA
节庆文化活动 …………………………… 296
商务会展 ………………………………… 298

新疆 XINJIANG
节庆文化活动 …………………………… 300
商务会展 ………………………………… 304

香港 XIANGGANG
节庆文化活动 …………………………… 306
商务会展 ………………………………… 308

澳门 AOMEN
节庆文化活动 …………………………… 310
商务会展 ………………………………… 312

台湾 TAIWAN
节庆文化活动 …………………………… 314
商务会展 ………………………………… 317

2012年各省、市、区节庆活动 …………… 319

北京

节庆文化活动

◎ 北京怀柔圣泉山第三届孝文化节

时间：2011年1月
地点：北京圣泉山旅游风景区
主办单位：怀柔区精神文明办、桥梓镇人民政府、北京圣泉山旅游风景区

以"百善孝为先，天下圣泉山"为主题，以"小孝孝父母，大孝孝国家；人无小孝无爱，人无大孝不忠"为宗旨，以举办孝文化系列敬老爱老活动为主线开展各项活动。

◎ 慕田峪长城元旦观日出活动

时间：2011年1月
地点：怀柔区慕田峪长城

可登长城，观日出，观看舞龙、舞狮表演。

◎ 云居寺撞钟敬香祈福迎祥

时间：2011年1月至2月
地点：房山区云居寺

组织敬第一炷香、撞第一响钟、免费参观云居寺等活动。

◎ 平谷国际冰雪节

时间：2011年1月至2月
地点：平谷区渔阳国际滑雪场
主办单位：平谷区人民政府
承办单位：渔阳国际滑雪场

本届冰雪节以"狂欢滑雪、体验民俗"为主题，真正为京津唐市民打造一个激情无限、韵味无穷的冰雪嘉年华。活动期间邀请乐队进行现场演出，举行欢乐抢位PK、气球接力比赛和惊喜大抽奖等活动，为广大滑雪爱好者营造一个雪地乐园；推出的雪地夺宝奇兵活动包括雪上娱乐、网络游戏、滑雪技巧、寻宝等精彩活动。

◎ 龙庆峡冰灯节

时间：2011年1月至2月
地点：延庆县龙庆峡景区
主办单位：北京市旅游发展委员会、延庆县人民政府

本届冰灯节以"冰雪龙庆峡"为主题。观赏面积达20万平方米，分为彩灯区、雪雕区、冰展区等。共有350余件冰灯作品、100余件雪雕作品、1000余件花灯作品。

◎ 第二十五届延庆冰雪欢乐节

时间：2011年1月至2月
地点：延庆县龙庆峡、石京龙滑雪场等
主办单位：北京市旅游发展委员会、延庆县人民政府

本届冰雪节以"休闲延庆，欢乐冰雪"为主题，以"赏冰灯、戏冰雪、泡温泉、品民俗、度除夕"为特色内容，并开展丰富多彩的旅游、文化和体育活动。

◎ 第三届奥林匹克公园冰雪嘉年华

时间：2011年1月至3月
地点：朝阳区国家奥林匹克体育中心

以运动为主题，让大家在满肚子油水的春节期间享受一下健身之乐。在此，游客可欣赏摇滚音乐，参加主办方精心打造的各种冰雪系列、极地动物秀等活动。

◎ 第三届黑龙潭冰雪奇观艺术节

时间：2011年1月至3月
地点：密云县黑龙潭风景名胜区
主办单位：黑龙潭风景名胜区
承办单位：密云县旅游局、石城镇人民政府

体验冰雪活动乐趣、欣赏高雅洁净的冰雪艺术作品，并可在冰雪娱乐区体验滑冰、打雪仗、坐冰滑梯、坐狗拉爬犁等游乐项目。

◎ 第四届香山草莓文化旅游节

时间：2011年1月至5月
地点：海淀区御香农业观光园
主办单位：海淀区旅游局、海淀区农林委、海淀区科委、四季青镇人民政府
承办单位：香山村、北京一品香山农产品销售有限公司

本届草莓节以"乡村游，体验新农村"为主题，以香山绿色果品观光采摘园和香山御香观光采摘园为核心采摘点，把近几年精心种植研发的精品草莓呈现给广大游客。推出采摘红颜、章姬、天香等优质草莓，独创蜜蜂授粉、初期用牛奶施肥的种植方法，让草莓口感鲜嫩，唇齿留香。同时可以通过科普长廊了解草莓的种植流程以及草莓的相关知识。

◎ 东城区室内文化庙会

时间：2011年2月
地点：东城区文化馆

北京最大的室内庙会在东城区文化馆如期举办，在这里展示东城区的33项非物质文化遗产项目，举办广场舞蹈大赛、迎春舞会、猜灯谜、少儿知识竞赛、少儿图书会等活动。

◎ 第二十六届地坛庙会

时间：2011年2月
地点：东城区地坛公园

在保留原有特色的基础上，充分发掘传统庙会的文化内涵，把民俗文化和民族特色相融合，把民间艺术和美食文化相融合，为游人营造出一个喜迎新春、欢度年节的场景。其中仿清祭地表演是地坛庙会独有的传统节目。

◎ 第二十八届龙潭庙会

时间：2011年2月
地点：东城区龙潭湖公园

本届庙会增加不少新的亮点，使游客体验丰富的文化活动、体育活动、科普活动、民俗活动、志愿公益活动等，营造欢乐、祥和、喜庆的节日气氛。

◎ 天坛文化周

时间：2011年2月
地点：东城区天坛公园

文化周推出祭天乐舞、祭天仪仗展演，人们可以一睹昔日皇宫祭天的盛大场面，感受喜庆祥和的节日气氛。

◎ 第十六届北京大观园红楼庙会

时间：2011年2月
地点：西城区北京大观园

举办"元妃省亲"、"宝黛成婚"、"贾母贺寿"、十二钗才艺、木版年画展、火花展、科普知识、红楼美食、高空艺术表演、东北二人转、河南盘鼓、内蒙古民族歌舞、沧州杂技、"黑祥子"人体雕塑等活动。

◎ 厂甸民俗文化庙会

时间：2011年2月
地点：西城区南新华街

厂甸庙会已有400多年的历史，始于明代嘉靖，兴于清代康熙，盛于乾隆。一向以书籍、古玩、字画等文化特色为主题，辅以传统工艺展示、京味小吃等形式，为游客提供了休闲、娱乐的好去处。

◎ 北海公园第八届迎春祈福文化活动

时间：2011年2月
地点：西城区北海公园

1. 皇帝巡游、赐福；2. 格格才艺大展示、千米红毯走红运；3. 民间游艺嘉年华；4. 唐卡及金属工艺品精品展；5. 异域民俗特色展、全国各地特色小吃展。

◎ 前门上元灯会

时间：2011年2月
地点：西城区前门大街

在大栅栏西街、大栅栏商业街布置造型灯笼，主体样式为宫灯造型，两条主街两旁的商家都挂上灯笼，别具特色。"正月十五闹花灯"自100多年前就是前门大栅栏的传统民俗。

◎ 潘家园第三届春节庙会

时间：2011年2月
地点：朝阳区潘家园旧货市场

举办工艺品展示、年货销售、曲艺表演以及互动游戏等活动。展示项目包括古玩艺术品、收藏品、地方各具特色的民间工艺品等。中幡、拉洋片、变脸、魔术、双簧、相声、天桥绝活等老北京传统的民俗表演也被搬上庙会舞台。

◎ 北京朝阳国际风情节

时间：2011年2月
地点：朝阳区朝阳公园

每年给北京市民带来异国风味的"洋庙会"在春节期间如期举行。本届风情节有来自世界各地美食和特色展示，以及100多名国外艺术家表演民俗节目。

◎ 第十届北京民俗文化节暨第十三届东岳庙春节文化庙会

时间：2011年2月
地点：朝阳区东岳庙
主办单位：中国民俗协会、朝阳区人民政府

东岳庙庙会是北京最古老的庙会之一，早在元代就已兴起，明清时达到顶峰。本届庙会有免费送春联、道教文化展、民俗知识讲座、老北京传统游艺活动。

◎ 北京莲花池庙会

时间：2011年2月
地点：丰台区莲花池公园

除展示传统的民间特色产品、品尝迥异风味小吃外，还可欣赏到歌舞、戏曲、民间花会、奇人绝技、陕北地方特色二人台等表演。丰富多彩的文化活动等市井元素，还使广大市民在品味古老文化的同时，感受现代文明的发展，体会改革开放以来人民生活的变化以及民俗风情的变迁，让庙会活动呈现一幅现代民俗画卷。

◎ 圆明园皇家庙会

时间：2011年2月
地点：海淀区圆明园公园

庙会的起源可一直追溯到古老的社祭活动。在清朝鼎盛时期，圆明园曾是春节前后的热闹之地，宴赏各王公大臣及外国使节的活动必不可少。庙会围绕着皇家的衣、食、用、玩、学、行等方面开展系列活动。宫廷斗鸡、皇家皮影戏等传统活动一一上演，此外还有中华奇人进行的绝技演出。

◎ 凤凰岭龙泉寺庙会

时间：2011年2月
地点：海淀区凤凰岭自然风景公园

举办法会活动，还有太平鼓、跑驴、小车会等具有当地特色的民间花会表演。

◎ 颐和园苏州街宫市

时间：2011年2月
地点：海淀区颐和园苏州街

苏州街宫市历史悠久，最早形成于清乾隆年间，是清朝的皇室庙会。苏州街宫市再现原有的"清味、京味、南味"，火红的宫灯、五彩的年画、威风凛凛的龙旗与琳琅满目的春联、窗花将苏州街装点得多姿多彩。通过丰富的活动、表演把游人带回到清代京都的喧闹街市之中。

◎ 第七届北京兰花展

时间：2011年2月
地点：海淀区北京植物园温室

举办国内外珍贵兰花展、青少年植物科普活动和兔年生肖植物展等活动。

◎ 千人饺子宴

时间：2011年2月
地点：大兴区留民营村

留民营村的千人饺子宴始于1980年，至今已是第三十一届。游客出席千人饺子宴的同时，可欣赏到特色的民俗文艺表演和娱乐项目。

◎ 第四届怀北泼雪节

时间：2011年2月
地点：怀柔区怀北国际滑雪场

可在滑雪、戏雪等娱乐区参与多项体育、健身、娱乐活动。

◎ 红螺寺庙会

时间：2011年2月
地点：怀柔区红螺寺景区

本届庙会安排了中幡、舞狮、威风锣鼓、杂技表演、送"福"字、打金钱眼、看拉洋片等传统活动。游客可以礼佛拜祖，在新年之际祈福纳祥，过一个"平安、吉祥、喜庆"的大年。

◎ 怀柔区琉璃庙镇百年"敛巧饭"活动

时间：2011年2月
地点：怀柔区琉璃庙镇杨树下村

在琉璃庙镇杨树下村，一直流传着正月十六吃"敛巧饭"的习俗，至今已有几百年的历史。作为当地村民"感恩"的方式，每年的正月十六，由少女敛饭敬"神鸟"。"敛巧饭"民俗已被列入《国家级非物质文化遗产名录》。本届活动首次对游客开放炉灶，使其充分体验民俗的乐趣。除此之外，游客还可以观看"敛巧饭"祭拜表演，品尝"敛巧饭"，参加唱大戏和小车会、扭秧歌等表演，参与斗鸡、斗羊等趣味竞技比赛。

◎ 迎春节平谷首届灯彩文化节

时间：2011年2月
地点：平谷区王辛庄镇

文化节上，四周悬挂大红灯笼4000余盏，摆放"玉兔送福、傲虎神威、牛童送福桃"等大型传统灯彩和造型灯彩。

◎ 中国乐谷首届欢乐节

时间：2011年2月
地点：平谷区

本届欢乐节是去年"平谷花会秧歌大拜年"活动的继承与升级，活动内容除延续了往年的秧歌、舞龙舞狮、小车会、独轮车、高跷、旱船等表演形式，还专门邀请了国外表演队伍和外省市特色表演队伍参加。

◎ 北京国际雕塑公园第三届新春文化庙会

时间：2011年2月
地点：石景山区北京国际雕塑公园

该庙会以"百姓的庙会，百姓的乐子，百姓的红火年"为主题，把木偶、马戏等融入其中。此外，还有旱船、舞狮、摔跤、戏曲等表演。

◎ 第十一届北京洋庙会

时间：2011年2月
地点：石景山区石景山游乐园

本届庙会以"逛洋景儿、听洋曲儿、品洋味儿"为主题，将中国传统庙会与现代娱乐完美结合，充分展示异国风情和文化。本届的活动内容有：平安树祈福活动；五洲风情花车行进表演；欧洲艺术团精彩演出；异域风情洋小吃一条街；国际一流的游艺狂欢活动；冰雪大世界、冰雕艺术展；有奖竞技欧洲嘉年华活动等。

◎ "敲古钟迎新年"祈福纳祥活动

时间：2011年2月
地点：门头沟区戒台寺景区

敲古钟迎新年；请"福包"、"吉祥条"、"吉祥牌"；在千年古树旁许愿；赏十大奇松；观京城万家灯火等活动。

◎ 门头沟区首届大台幡会民俗节

时间：2011年2月
地点：门头沟区千军台村、庄户村
主办单位：大台地区文物保护协会

千军台村、庄户村的联村古幡会有着上千年的历史，曾被明朝皇帝敕封"宛平县千军台庄户朝顶进香会"，并赐得银锤铁铜。每年正月十五、十六，两村都要举行走会。走会有大幡、大旗数十面，音乐班、吉祥会、地秧歌、大鼓锅子会、娘娘驾等数个传统花会。其中被音乐专家称作"民族民间音乐活化石"的古幡乐是幡会的重要组成部分，在幡会走会时演奏祭祀音乐。

◎ 小汤山红栌温泉花灯节

时间：2011年2月
地点：昌平区红栌山庄中心广场
主办单位：昌平区旅游局、昌平区小汤山镇人民政府
承办单位：红栌温泉山庄有限责任公司

本届红栌温泉花灯节最大的特点在于重点突出了传统新年的特色活动和表演。在红栌花灯节上，游客不仅可以品尝到丰富的养生美食，还可以看到舞龙、舞狮等精彩的表演。

◎ 顺义区杨各庄药王节庙会

时间：2011年2月
地点：顺义区杨镇府前街及文化广场
主办单位：顺义区人民政府

通过在庙会上进行非遗项目杨镇龙灯、曾庄大鼓的展演，加大非物质文化遗产保护工作的传承与宣传力度。在活动中，原汁原味的传统花会展演，给春节营造了更加浓烈的"年"味。

◎ 通州区"三教庙"春节文化庙会

时间：2011年2月
地点：通州区

该庙会以"三庙一塔"的历史文化底蕴和人文景观为背景，以通州区非遗展览、通州名人奇石及书画展示、漕运文化展、通州老照片展、老通州民俗风情长廊展、运河出土文物展等11项展览为重头戏，结合了通州的历史文化发展和新城建设等热点内容。

◎ 北京平谷首届赏石节暨第一届全国观赏石博览会

时间：2011年3月
地点：平谷区奇石城

北京平谷奇石资源丰富，种类繁多，是金海石、轩辕石的发源地，同时北京平谷被誉为"中国观赏石之乡"。届时，举办奇石收藏与拍卖研讨会等活动。

◎ 第四届北京明城墙梅花文化节

时间：2011年3月至4月
地点：西城区明城墙遗址公园

以"赏梅花古楼新春，品城垣悠久文化"为主题，通过摄影比赛、植物认养等活动，倡导低碳生活。还举办具有梅花特色产品及非物质文化遗产工艺品展卖，深度挖掘梅花文化的内涵。

◎ 第二十三届玉渊潭樱花文化节

时间：2011年3月至4月
地点：海淀区玉渊潭公园
主办单位：玉渊潭公园

一年一度的樱花节，已成为北京市民春季踏青、赏花的必到之所，认养樱花树，培养感情，栽培绿色，种下自己的美好心愿。配合活动的举办，还开展赏樱花展、踏青游、荡舟、体验民俗、摄影比赛等活动。

◎ 凤凰岭自然风景公园第十一届杏花节

时间：2011年3月至4月
地点：海淀区凤凰岭自然风景公园、车耳营民俗村

杏花节期间，公园内举行各种庆祝活动，包括杏花节启动仪式、龙泉寺系列法会、赏花踏青、绿化植树、杏花摄影作品展、文化表演等内容，为广大游客朋友奉上春季凤凰岭旅游飨宴。

◎ 北京国际雕塑公园玉兰节

时间：2011年3月至4月
地点：石景山区国际雕塑公园

玉兰节突出"赏花交友"的主题，精心准备多项活动，包括"踏青交友赏玉兰"交友活动、"认养自己的玉兰树"活动、花卉苗木展等，游客在踏青赏花的同时，可以获取更多的观花体验。

◎ 首届养生植树节

时间：2011年3月至5月
地点：怀柔区响水湖景区

游客可到响水湖景区植树健体，踏青赏花，登高观景。劳作之余，还可走进养生谷尽情鉴赏镌刻在石壁上的名医养生名言，品味百种中草药苗带给您的芳香，吸允大自然赏赐的新鲜空气，品尝养生专家调配的养生套餐。

◎ 百望山山花节

时间：2011年3月至5月
地点：海淀区百望山森林公园

登山踏青，森林步道中观赏杏花、桃花、栾树花、蔷薇花等山花，品尝山吧烧烤、时令小吃。

◎ 第八届北京小汤山温泉文化节

时间：2011年3月至5月
地点：昌平区小汤山镇、龙脉温泉度假村等地
主办单位：昌平区人民政府、北京市旅游发展委员会、北京市文化局、北京市国土资源局

小汤山镇拥有丰富的温泉资源。本届文化节以"春·泉"为主题，以度假旅游、康复疗养、休闲保健、农业观光为主题开展多项活动。

4月

◎ 蟠桃宫庙会

时间：2011年4月
地点：西城区明城墙遗址公园
主办单位：西城区东花市街道办事处

相传，农历"三月三"是王母娘娘的寿日，是开蟠桃会的日子。本届庙会"七仙女"和"孙悟空"们的表演拉开了"蟠桃圣会"的序幕。蟠桃宫庙会持续3天，有传统的花会、戏曲、歌舞表演等活动。

◎ 第三届丰台踏青节

时间：2011年4月
地点：丰台区北宫国家森林公园
主办单位：丰台区旅游局

踏青节期间，有六大活动区域供游客游玩："风筝区"——我心飞翔、"秋千区"——春运舞动、"野餐区"——乐享自然、"赏花区"——春花叠雪、"祈福区"——鸣锣祈福、"签名区"——共创低碳生活。绿意盎然、花团锦簇的美景让游客们置身自然，乐享氧吧，游在其中。

◎ 第三届千灵山登山健身节

时间：2011年4月至5月
地点：丰台区王佐镇千灵山风景区

推出低碳出行，骑自行车免票入园；登千灵之巅，击佛鼓祈福；系挂祈福条为亲朋好友带来平安祝福；"浴佛节"；"我爱上千灵山"铭刻精彩瞬间的大型摄影展等活动。

◎ 鹫峰国家森林公园梅花节

时间：2011年4月
地点：海淀区鹫峰国家森林公园

4月，梅花逐渐进入盛花期，除此之外，公园内山桃花、杏花、连翘、牡丹、玉兰、栾树花等各种不同的花也在相继绽放。游客在登山、踏青之余，还可享受地道的农家饭、纯正的山野菜和粗粮小吃等。

◎ 大觉寺玉兰节

时间：2011年4月
地点：海淀区大觉寺

举办茶艺表演和古筝等民乐表演，并为游客提供寺内茶师炒制的江南明前春茶，使游客在赏花、品茗的同时，感受传统文化与大自然结合的独特魅力。

◎ 鹫峰生态文化节

时间：2011年4月至5月
地点：海淀区鹫峰国家森林公园

登山健身，观山桃花、杏花、千亩槐花、富贵牡丹以及国际梅园内近百种梅花，品特色民俗佳肴，在秀峰古刹品茶，参与丛林定向越野、拓展训练等时尚运动。

◎ 第二十三届北京桃花节暨第八届世界名花展

时间：2011年4月至5月
地点：海淀区北京植物园

以"都市桃花源"为主题，不仅有绚丽多彩的自然景观，还有丰富多彩的文化活动。如清明主题文化展，分别以春分、清明、谷雨3个传统的节气，开展节日知识、相关诗歌、民俗传说等活动，并从科普的角度诠释传统文化。同时在热带展览温室还举办热带珍奇植物展、盆景园内举办盆景奇石展等多项专类活动，使游客共同感受春天的温暖。

◎ 圆明园第十五届踏青节

时间：2011年4月至5月
地点：海淀区圆明园遗址公园
主办单位：海淀区圆明园管理处

游客可以欣赏美丽的牡丹、芍药、桃花、二月兰等；可以近距离地看到飞临圆明园赏春的天鹅群；欣赏北京市风筝协会来园进行放飞表演；欣赏清明诗词传统文化的魅力。

◎ 香山山花节

时间：2011年4月至5月
地点：海淀区香山公园

以"赏山花佳卉 享健康生活"为主题。在原有山花烂漫、登高赏春等特色的基础上，融入自然养生、爱国主义教育等活动内涵。

◎ 潭柘寺玉兰节

时间：2011年4月
地点：门头沟区潭柘寺

玉兰节期间，游客不仅能看到"禅院花开、福满潭柘"的胜景，还可以欣赏到潭柘寺禅茶茶艺表演，并品尝到潭柘寺"福缘包子"、"潭柘素饼"等精美素食小吃。

◎ 琉璃河第四届梨花文化周

时间：2011年4月
地点：房山区琉璃河镇

琉璃河镇自古就有"京南梨乡"之称。其间，举办健身讲座、赏花、农业产品展示、书法笔会、文艺演出、摄影比赛、旅游推介等活动。

◎ 第十八届庞各庄梨花文化节

时间：2011年4月
地点：大兴区庞各庄镇
主办单位：庞各庄镇人民政府、大兴区农村工作委员会、大兴区旅游局、大兴区文化委员会

活动期间，庞各庄镇以"梨文化"为主题，在梨花掩映的梨园里，推出文艺演出、摄影交流、赛诗会、摔跤比赛等文娱活动，让游客在尽情享受梨园雪海的同时，感受梨乡丰厚的文化底蕴。

◎ 慕田峪长城国际文化节

时间：2011年4月
地点：怀柔区慕田峪长城

在一周的交流活动中，举办长城文化专题研讨会和春季赏花游园会等活动。

◎ 幽谷神潭第四届杏花节

时间：2011年4月至5月
地点：怀柔区幽谷神潭景区

杏花节期间，游客可登上幽谷神潭，走进花的世界，观赏漫山遍野的杏花，还可品尝以杏花为主的特色杏花宴：杏花饼、杏花粥、杏花摊鸡蛋等。

◎ 北京圣泉山第四届（国际）健身旅游文化节

时间：2011年4月至5月
地点：怀柔区圣泉山景区
主办单位：怀柔区旅游局、桥梓镇人民政府
承办单位：北京圣泉山旅游开发有限公司

举办拔河、托网球迎面接力跑、运篮球投篮接力、跳绳、踢毽子等丰富多彩的体育活动。

◎ 2011皇城文化国际旅游节

时间：2011年4月至5月
地点：东城区天坛公园
主办单位：北京市旅游发展委员会、北京市公园管理中心、东城区人民政府

开展丰富多彩的推介、营销及旅游文化活动。

◎ 第十届中国园林茶文化节

时间：2011年4月至5月
地点：石景山区八大处公园
主办单位：石景山区人民政府、中国茶叶流通协会、中国国际茶文化研究会

本届文化节上推出黄岑缘茶文化展、盛大开幕式、茶歌茶舞表演、茶文化讲座、园林茶文化经济论坛、名特优茶产品展卖、龙泉开井及御水泡春茶等活动。

◎ 郁金香旅游文化节

时间：2011年4月至5月
地点：顺义区北京国际鲜花港

这是国内规模较大、档次较高、品种较全的以郁金香为主题的花事盛会。其间，市民可以欣赏到难得一见的郁金香花海奇观。本届文化节分室外和室内两大展区，展示巴塞罗那、羞色美人、堂吉诃德等名贵品种以及在国内较为罕见的风信子、花毛茛等球根花卉，辅以

特色无土栽培技术、盆器苗技术展示。

◎ 第十三届平谷国际桃花节

时间：2011年4月至5月
地点：平谷区桃花海、小金山、行宫、大岭、桃花源等观赏区

一年一度的平谷桃花节是京津冀春季旅游的著名品牌，是中国十大地方节庆之一。在桃花节中，游客可享受桃花的激情与浪漫，品尝色、香、味、意、形兼具特色和文化品位的桃花盛宴，参与主办方精心打造的各种活动。

◎ 丫髻山道教文化节暨丫髻山传统文化庙会

时间：2011年4月至5月
地点：平谷区丫髻山景区

具有千年历史的道教圣地丫髻山，清康熙、乾隆、道光等皇帝都曾驾临。本届活动以"和谐丫髻山，乐谷桃花园"为主题，游客欣赏艳美桃花之余，更能零距离观看300年前皇帝祈福进香仪式、道教文化展、民俗文化演出，并能品尝素食斋民俗小吃。

◎ 北京密云农耕文化节

时间：2011年4月至6月
地点：密云县

推出观赏宫灯制作、品尝风味小吃、参与播种比赛等活动。

◎ 第十届延庆杏花节

时间：2011年4月至6月
地点：延庆县新庄堡及其他景区
主办单位：延庆县人民政府

本届杏花节以"休闲延庆，踏青赏花"为主题，推出踏青赏花游、登山健身游、森林湿地游、植树种绿游、民俗文化游等一系列春季旅游活动。

5月

◎ 丰台区第三届宛平奇石文化节

时间：2011年5月
地点：丰台区宛平城

位于丰台区的宛平城，目前是北京奇石文化集中的著名景点。奇石节期间开展赏玩、淘宝、赌石、赏石魁、赠书法等活动。

◎ 石景山区科技周暨石景山区科普节

时间：2011年5月
地点：石景山区国际雕塑公园

通过主题展览、科普宣传、文艺表演和科技产品体验等活动方式，为广大市民提供了一个切身感受"科技提高生活品质、产品服务惠及民生"的这样一个平台。

◎ 第十九届妙峰山传统民俗庙会

时间：2011年5月
地点：门头沟区妙峰山风景区
主办单位：门头沟区人民政府

妙峰山传统庙会已经有400多年的历史了。本届庙会延续传统庙会的风俗，以充分展示民俗文化为特征。其间，有百余档传统民间花会和民间文艺表演，有摄影大赛，有形式多样的祈福活动等。

◎ 云居寺四月初八浴佛节大法会

时间：2011年5月
地点：房山区云居寺

农历四月初八佛诞节（释迦牟尼诞辰），是佛教最大的节日，历史悠久。届时，全寺僧侣集聚大殿供佛、诵经、以香汤沐浴释迦牟尼像等。另外还有常年开设的参与项目，如悬挂同心锁、打金钱眼、投吉祥包、认养结缘树、放生等活动。

◎ 第二届花田音乐节

时间：2011年5月
地点：房山区长沟镇

音乐节上为游客准备了免费啤酒、野味烧烤、嘉年华游戏等休闲项目。还邀请了捣蛋鬼、早班车、阿凡提等乐队进行表演。

◎ 2011春季北京国际长走大会暨第十七届房山旅游文化节

时间：2011年5月至11月
地点：房山区

举办"一路风景·E路拍"房山旅游拍客作品大赛、"穿越绿谷、我心飞翔"房山北线自驾游系列活动、房山区旅游商品和旅游纪念品设计大赛等活动。

◎ 草莓音乐节
时间：2011年5月
地点：通州区通州运河公园

中外乐队或演员演奏爵士乐、布鲁斯音乐、摇滚乐、乡村民谣、电子实验音乐、DJ舞曲及举办电声乐器的琴友交流会。场内设置各类文化展区、餐饮售卖区、"草莓镇"及媒体区，"草莓镇"内设有环保物品展、瑜伽表演、茶艺表演、书法等休闲娱乐生活展示等活动。

◎ 槐花节
时间：2011年5月
地点：顺义区北京顺鑫绿色度假村

树上探险、观赏槐树花、品槐花宴、购槐花食品及采摘槐花。

◎ 大兴安定桑葚文化节
时间：2011年5月
地点：大兴区安定镇御林古桑园

开展桑葚采摘、休闲旅游等文化活动，是融旅游、观光、休闲为一体，展现古桑园独特魅力的节庆活动。

◎ 第二十三届北京大兴西瓜节
时间：2011年5月
地点：大兴区有关各镇
主办单位：大兴区人民政府
承办单位：大兴区农委、大兴区旅游局、庞各庄镇人民政府、北京庞各庄乐平农产品有限公司

北京大兴西瓜节已成为国内知名节庆活动。其间，举办全国西甜瓜擂台赛、西瓜节开幕式、欢乐瓜乡自驾游、西瓜节趣味狂欢等系列活动。

◎ 第五届国际时尚文化节
时间：2011年5月至6月
地点：朝阳区北京欢乐谷

至尊魔幻、炫彩动漫、动感极限、炫酷街舞、亲子体验、时尚足球、巅峰游乐、时尚之夜等活动精彩亮相。

◎ 第八届海淀文化节
时间：2011年5月至6月
地点：海淀区
主办单位：中共海淀区委、海淀区人民政府
承办单位：海淀区文化委员会

举办第八届北京海淀文化节，既是一次对中国共产党成立90年成就的歌颂，又是一次对海淀发展历程的回顾和展望，更是一次海淀区委、区政府向党的生日致敬。有电影展映月、星火工程演出、非遗展览展示周、书画摄影展、文化广场欢乐行等活动。

◎ 海淀樱桃采摘节
时间：2011年5月至6月
地点：海淀区四季青镇、苏家坨镇、温泉镇、西北旺镇、上庄镇

樱桃采摘，部分采摘园提供民俗餐饮。

◎ 第三届北京月季文化节
时间：2011年5月至6月
地点：海淀区北京植物园

通过举办切花月季展、月季造型展、月季科普展、插花比赛、花艺大师表演、月季摄影大赛、月季产业发展论坛等多项丰富多彩的活动，展示月季的丰富品种，介绍多样的月季应用，普及深厚的月季文化。

◎ 2011妙峰山高山玫瑰节
时间：2011年6月
地点：门头沟区妙峰山景区
主办单位：北京市旅游发展委员会、门头沟区人民政府

6月的妙峰山，玫瑰花似海，香飘彩云间，由于妙峰山海拔高，昼夜温差大，土质肥沃，非常有利于玫瑰花生长，也是游人观赏玫瑰花的最佳时节。活动期间，有精彩的拉丁舞、萨克斯演奏等文艺演出供游人欣赏。

◎ 青龙湖龙舟邀请赛
时间：2011年6月
地点：房山区青龙湖公园

每年的龙舟大赛吸引了全国各省市数十支代表队参加。大赛期间，安排有露天电影、沙滩运动、端午食粽赏戏、民间花会等活动。

◎ 2011通州樱桃文化节
时间：2011年6月
地点：通州区

来自京东的精品樱桃，第一次亮相王府井街头，启动了文化节开幕仪式。樱桃节期间，游客们可充分享受在通州万亩樱桃园里观光、采摘的乐趣。

◎ 圣泉山景区第四届端午文化节

时间：2011年6月
地点：怀柔区圣泉山景区

举办百名乐手奏响悠悠端午情、"端午节"知识问答、包粽子比赛、细绳编织五彩梦、忆往昔追溯天真童趣、智勇闯关等活动。

◎ 北京怀柔栗花节

时间：2011年6月
地点：怀柔区九渡河镇西水峪景区

围绕板栗的食疗养生、历史文化、科技管理、历史故事展开系列活动，邀请了老中医、文化名人、板栗专家及老人，进行座谈。此外，还推出了穿越栗林、赏栗花、品尝栗仁宴、游精品旅游线路等多项旅游文化活动。

◎ 怀柔汤河川满族民俗风情节

时间：2011年6月
地点：怀柔区喇叭沟门八旗文化广场

举办文化知识有奖问答、满族体育运动会、满族秧歌大赛、土特产展卖、文艺演出以及旅游咨询等活动。

◎ 第六届北京延庆端午文化节

时间：2011年6月
地点：延庆县
主办单位：北京市文化局、北京人民广播电台、延庆县人民政府
承办单位：北京文化艺术活动中心、延庆县委宣传部、延庆县文化委员会、延庆县体育局

"过端午，去延庆"已经成为北京市传统文化的品牌节庆活动。本届文化节举办传统的赛龙舟、包粽子、咏古诗、走邮驿之路等活动。

◎ 首届房山圣莲山老子文化节

时间：2011年6月至7月
地点：房山区圣莲山景区

6月的圣莲山草木青葱，巍峨俊秀，古树参天。活动以"走进圣莲 怀抱自然"为主题，举办道德圣火传递活动、开光法会暨世界道教学院揭牌仪式、老子思想讲坛暨圣莲论道、道家养生讲座暨圣莲静修等活动。

◎ 第十届北寨红杏采摘节

时间：2011年6月至7月
地点：平谷区北寨村

游客不仅可以采摘红杏，还可以参加徒步比赛、农事体验等活动。

◎ 第十届什刹海旅游节

时间：2011年6月至8月
地点：西城区什刹海
主办单位：北京市旅游发展委员会、西城区人民政府
承办单位：西城区旅游局、西城区体育局、西城区旅游行业协会、西城区饮食行业协会、什刹海街道办事处、什刹海商会、首都之窗运行管理中心

推出了一系列展现北京传统文化及民俗特色的创意旅游项目，如品美食赏美景活动，走进胡同四合院体验百姓生活的"老北京深度之旅"，一街看尽700年的"古都皇城之旅"，以及"走进胡同人家"等特色之旅，使中外宾客充分体验古都北京的文化内涵。

◎ 第三届北京海洋沙滩狂欢节

时间：2011年6月至8月
地点：朝阳区朝阳公园

本届海沙节在奥运沙排场地以及独一无二的湖景泳池中规划出了主题区、沙滩区、戏水区和展售区等多个功能区域。有巴西歌舞表演、九宫格射门游戏、动物表演、海沙巡游、幸运大搜索等活动。

◎ 第二十届北京燕京啤酒节

时间：2011年6月至8月
地点：顺义区

以酒为媒广交朋友，展示啤酒文化。活动期间推出啤酒节开幕仪式、大型晚会、招商推介暨合作项目签约仪式、顺义区品牌经济论坛等。其中的文化活动包括交谊舞比赛及表演。旅游活动包括在大型旅游景区（点）设立啤酒屋，宣传啤酒文化。商业活动包括在各大商场举办商品促销活动。

◎ 第三届金隅蟒山啤酒节

时间：2011年6月至8月
地点：昌平区蟒山森林公园

喝啤酒，享受烧烤美食，观看户外电影，参与露天

晚会是啤酒节的主要活动。

◎ 2011中关村科教旅游节

时间：2011年6月至9月
地点：海淀区
主办单位：海淀区人民政府、北京市旅游发展委员会

开展历史文化古迹、动感科普场馆、自然山水景观、知名高校名企游等具体活动。

◎ 首届国际龙文化节

时间：2011年6月至9月
地点：延庆县八达岭长城景区

以"龙腾九塞 舞动神州"为主题，以"龙醒、龙啸、龙腾"3个环节，开展包括"八达岭"杯全国舞龙赛、全国民俗文化展演、八达岭长城漂流瓶全球友谊之旅等一系列丰富多彩的文化活动。

◎ 第十六届北京延庆消夏避暑节

时间：2011年6月至9月
地点：延庆县各景区

避暑节期间，除延庆境内的各旅游景点正常开放外，还举办众多的文化体育活动，如中国国际友好文化节、国际铁人三项赛、中国民间艺术节等大型全国和国际性活动。延庆成为京城百姓夏季消暑纳凉、休闲娱乐的好去处。

◎ 第三届北京市旅游山会——代马依风走京西古道行走活动

时间：2011年7月
地点：门头沟区妙峰山景区
主办单位：北京市旅游发展委员会、门头沟区人民政府
承办单位：门头沟区旅游局、北京京西风光旅游开发股份有限公司、北京"上方印"乡村旅游文化发展有限公司

以代马依风走京西为主题，开展围绕古道沿线的"古村落"、"古寺庙"、"古桥"、"驿路风光"等系列活动。

◎ 灵山藏族风情节

时间：2011年7月至9月
地点：门头沟区灵山风景区

以游览高原风光、体验藏族风情为主题开展活动，并按不同小主题划分歌舞狂欢周、饕餮藏宴周、竞技体验周和圣赞赐福周4个阶段。其间，可欣赏藏族风情歌舞表演、锅庄舞会，品尝糌粑、酥油茶、手抓肉、烧烤、奶条等藏族传统食品，参观手工艺制品展览。

◎ 北海公园第十五届荷花文化节

时间：2011年7月至8月
地点：西城区北海公园

北海赏荷的历史由来已久，辽代就有北海植荷的记载。除观赏荷花外，主办方还推出了泛舟、戏水、赏荷、摇橹船等新项目。

◎ 首届北京国际啤酒节

时间：2011年7月至8月
地点：朝阳区蟹岛绿色生态度假村

首都市民不出国门就能品味原汁原味的德国现酿啤酒，感受慕尼黑啤酒节盛况，同时还有各种活动举办，如摄影大赛、畅饮大赛等。

◎ 第十一届莲花池公园荷花节

时间：2011年7月至8月
地点：丰台区莲花池公园

游客可以荡舟湖上观赏莲花池湖中1.5万平方米的红莲和太空莲竞相开放的胜景，在园内近距离观赏7000余盆、300余种的盆栽荷花。

◎ 圆明园荷花节

时间：2011年7月至8月
地点：海淀区圆明园遗址公园

欣赏荷花胜景，体验荷花文化。

◎ 葡萄采摘节

时间：2011年7月至10月
地点：通州区张家湾、台湖镇、漷县镇

可欣赏田园风光、了解农业新技术、享受采摘葡萄的乐趣。

◎ 第七届中国怀柔虹鳟鱼美食节

时间：2011年7月至10月
地点：怀柔区各景点
主办单位：怀柔区旅游局、怀柔区旅游行业协会

在300多处垂钓、烧烤点尽情享受虹鳟鱼美餐，晚间参加篝火晚会、欣赏文艺演出等。

◎ 第二届北京前门历史文化节

时间：2011年8月
地点：东城区前门大街

前门历史文化展示区是北京最具文化底蕴的历史文化保护区，是北京最具代表性的老字号商业聚集区。本届文化节以"古韵前门，焕发青春"为主题，通过举办前门"叫卖秀"、中华老字号发展前门论坛、天街亮宝会、音乐剧《爱上邓丽君》歌曲演唱会、名家画前门等系列活动，展现新东城首都文化中心区、世界城市窗口区的魅力，树立前门历史文化展示区新形象。

◎ 第六届北京公园节

时间：2011年8月至10月
地点：东城区天坛祈丰展览（开幕）
主办单位：北京市公园管理中心、北京市公园绿地协会

以"都市绿洲·盛世园林"为主题，通过举办高峰论坛、主题沙龙、大型文化活动、历史名园展览等活动，更好地宣传北京历史和文化。

◎ 第五届中国品牌节

时间：2011年8月
地点：西城区北京人民大会堂
主办单位：中国国际贸易促进委员会、品牌中国产业联盟

以"诚信与创新"为主题，是对"中国制造"时代到"中国创造"时代中国自主品牌的一次大总结和大盘点。其间，隆重揭晓"品牌中国华谱奖"和"品牌中国金谱奖"两项大奖以及举办"品牌中国总评榜"评选活动。

◎ 第十一届大兴采育葡萄文化节

时间：2011年8月至9月
地点：大兴区采育镇

举办果品采摘、中国葡萄产业发展探讨会、葡萄酒品尝及各种民俗活动。

◎ 2011第二届王府井国际品牌节

时间：2011年9月
地点：东城区王府井商业街
主办单位：北京市商务委员会、北京市人民政府外事办公室、北京市文化局、北京市投资促进局、中国国际贸易促进委员会北京分会、东城区人民政府

围绕"国际品牌 世界城市"这一主题，开展主题论坛、国际商业名街品牌塑造对话会、"品牌文化"展览等多项活动。

◎ 第十三届北京国际旅游节

时间：2011年9月
地点：东城区前门大街等
主办单位：北京市人民政府、国家旅游局
承办单位：北京市旅游发展委员会

北京国际旅游节已连续成功举办了12届。本届旅游节以"美丽北京，欢乐之旅"为主题，全面展示北京历史和文化以及旅游新形象。来自各个国家和地区、北京市各区县及区域旅游合作部分省市的花车、表演团队近3000名演职人员参加了开幕式演出及盛装行进表演。是一场国际性的旅游盛会。

◎ 北京孔庙国子监国学文化节

时间：2011年9月至10月
地点：东城区国子监街

文化节期间，有东城区非物质文化遗产展示、国学高峰论坛、海峡两岸师生联合祭祀孔子等系列活动。

◎ 庞各庄金秋采摘节

时间：2011年9月
地点：大兴区

举办观光采摘、参观航天科普教育基地、趣味比赛、文化表演等活动。

◎ 2011北京马连道茶叶节

时间：2011年9月
地点：西城区马连道茶叶一条街
主办单位：西城区人民政府

举办中国茶产业可持续发展马连道国际交流会、"马连道杯"茶艺表演大赛、茶叶知名品牌推介会等活动。

◎ 北京八大处重阳游山会

时间：2011年9月至10月
地点：石景山区八大处公园

本节庆活动是石景山区重大品牌节庆活动之一，传承重阳传统和休闲健身文化，融合现代娱乐、佛教文化、现代艺术、休闲体育等元素，成为北京秋日非常吸引游客的休闲活动。

◎ "颐和秋韵"桂花展

时间：2011年9月至10月
地点：海淀区颐和园景区
主办单位：颐和园管理处

随着颐和园内桂花吐露的芬芳，"颐和秋韵"桂花展又拉开了序幕。展出桂宫探奇、桂火菊忠、桂轮六霞三大主题花坛。在科普与美食活动中使游人了解桂花的品种、习性、趣闻、诗词等知识，还可品尝桂花糕点、桂花茶。

◎ 凤凰岭养生文化节

时间：2011年9月至10月
地点：海淀区凤凰岭自然风景公园

了解养生知识、道教文化知识，欣赏气功表演，欣赏道教音乐会、书画展，观赏红叶，体验登山健身等活动。

◎ 通州金秋采摘节

时间：2011年9月至10月
地点：通州区台湖第五生产队

金秋时节，来这里可领略农业科技种养成果，享受稻蟹捕捉乐趣。

◎ 桥梓镇大枣节

时间：2011年9月至10月
地点：怀柔区桥梓镇百果园区

活动期间推出游园会、优质大枣果品展示、枣树王及枣王评比、摄影大赛等活动。

◎ 平谷金秋采摘节

时间：2011年9月至10月
地点：平谷区各大景区、采摘区

品蟠桃摘梨枣、访古刹探峡谷、赏秋花观溶洞、骑赛马看斗犬、景区观赏及野味烧烤等。

◎ 云蒙山山珍野果采摘节

时间：2011年9月至10月
地点：密云县云蒙山国家森林公园

山珍野果采摘、品尝等活动。

◎ 延庆金秋采摘节暨张山营镇葡萄文化节

时间：2011年9月至10月
地点：延庆县

除采摘葡萄外，还推出体育和户外运动、传统文化、民俗体验、生态观光等有影响力的精品旅游文化活动。马球公开赛、延庆赛车文化节、千家店百里山水画廊自行车骑游赛、探戈坞红叶节、八达岭水关长城金秋游园会、西王化营彩薯文化节等系列活动成为金秋畅游的重要看点。

◎ 张坊金秋采摘节

时间：2011年9月至11月
地点：房山区张坊镇

张坊是磨盘柿之乡。采摘节期间推出了丰富多彩的"中国磨盘柿"柿子王擂台赛、"柿乡秋色"摄影大赛、农民文艺演出、品味民俗赏大戏、科普展览猜灯谜、娱乐休闲游张坊、商贸洽谈等多项活动。

◎ "红叶·古长城"生态文化节

时间：2011年9月至11月
地点：延庆县八达岭国家森林公园

推出的活动有：提供100株古长城旁的红叶树供情侣认养，并在树上悬挂雕刻情侣姓名的"永结同心牌"；预约到景区内以古长城、红叶为背景拍摄婚纱外景照的前10对新人提供免场地费；为户外登山交友相亲活动举办单位提供专门场地服务。

10月

◎ 北京欢乐谷万圣节

时间：2011年10月
地点：朝阳区北京欢乐谷

万圣狂欢大巡游、"鬼怪精灵"大聚会、万圣互动游戏缤纷上演，给游客带来了梦幻惊悚的别样狂欢感受。

◎ 北京朝阳国际旅游文化节

时间：2011年10月
地点：朝阳区北京朝阳公园

北京朝阳国际旅游文化节是北京大型节庆活动、品牌活动之一。与往年活动相比，今年的内容更为丰富多彩，活动中除了传统意义上的各国风情表演外，还全方位、多种形式地展示北京旅游资源的丰盛和独特。

◎ 卢沟晓月中秋庙会

时间：2011年10月
地点：丰台区卢沟桥文化旅游区

中秋月圆时，卢沟桥畔、宛平古城再现了老北京民俗文化胜景。庙会传统节目包括清代宫廷仪仗盛装游行表演、清代八旗兵演炮表演、市井民俗表演、文艺走街表演、舞狮大会、《老北京印象》演出、特色文化展览等内容。

◎ 大西山金秋旅游登山节

时间：2011年10月
地点：海淀区
主办单位：海淀区人民政府
承办单位：海淀区旅游局、苏家坨镇人民政府

整合大西山金秋特色旅游产品、挖掘蕴涵的历史文化、结合时尚健康的旅游理念和生活方式，推出开幕式暨西山登山活动、中外大学生趣味自行车赛、乐活乡村之旅、永无止境之旅、畅游银杏之旅、养生文化之旅以及闭幕式暨大西山旅游文化论坛等系列主题活动。

◎ 香山红叶节

时间：2011年10月至11月
地点：海淀区香山公园

深秋时节，去香山公园观赏红叶，体会浓浓的秋色意境早已成为游人司空见惯的事情。在东南山坡上，10万余株黄栌树叶焕丹红，如火如荼，极为壮观。香山红叶节至今已举办多年，每年活动都以不同的形式展现它的风采。红叶将香山层林尽染，赋予它独特的文化意境和魅力。

◎ 2011北京西城宣南文化节

时间：2011年10月至11月
地点：西城区

举办开幕式、文艺演出、发展论坛、主题活动、展览展示等活动。

◎ 上方山金秋红叶节

时间：2011年10月至11月
地点：房山区上方山国家森林公园

每年的10月至11月是欣赏上方山红叶的最佳时节，游客可参加登山赏红叶、绘画、摄影、看天坑、听古琴等活动。

◎ 昌平苹果文化节

时间：2011年10月至11月
地点：昌平区崔村镇

在苹果文化节期间可进行苹果采摘、品尝苹果，体验乡村野趣。

商务会展

1月

◎ 北京图书订货会

时间：2011年1月
地点：北京国际展览中心
主办单位：新闻出版总署、中国书刊发行业协会、中国出版工作者协会

全国几百家出版社展出新版图书，举办招商、订货等活动。

第十二届中国汽车用品暨改装汽车展览会

时间：2011年2月
地点：北京国际展览中心（新馆）
主办单位：雅森国际展览有限公司

车用养护用品、汽车香水、汽车影音设备、汽车安全防盗、汽车电器及照明用品、汽车导航及配套服务、野营应急用品及改装技术等。

第二十一届中国国际游乐设施设备博览会

时间：2011年3月
地点：北京展览馆
主办单位：中国游艺机游乐园协会

1.大中小型游艺机及游乐设施：机械类、嘉年华类、过山车、摩天轮、碰碰车、旋转木马、卡丁车。2.水上游乐设施：各种游船、游艇、水景喷泉、漂流设备。3.康体及文化娱乐产品：游戏机、投币机、电子游戏机及外设、模拟机；小型儿童玩具及科技游乐项目；儿童乐园、气模、儿童游戏架；休闲设施：保龄球、台球；健身器材；室内外各种娱乐设施等。

第十一届中国国际供热、通风及空调产品与技术博览会

时间：2011年3月
地点：北京国际展览中心
主办单位：中国国际贸易促进委员会建设行业分会、中国建筑学会暖通空调分会、中国建筑金属结构协会采暖散热器委员会、中国建筑金属结构协会给水排水分会
承办单位：北京中装泰格尔展览有限公司

供热、采暖设备展区、室内环境、空调通风设备、泵阀排水管道。

北京建材展览会第十八届国际建筑装饰及材料展览会

时间：2011年3月
地点：北京国际展览中心（新馆）
主办单位：中国国际贸易促进委员会、中国建筑装饰协会、中国国际展览中心集团公司
承办单位：北京中装华港建筑科技展览有限公司

各类卫浴洁具设备及配件、建筑与卫生陶瓷、整体厨房、橱柜、厨房设施及配件、整体衣柜、书柜、移动门等。

第十届中国（北京）国际墙纸布艺展览

时间：2011年3月
地点：北京国际展览中心（新馆）
主办单位：中国国际贸易促进委员会、中国建筑装饰协会、中国国际展览中心集团公司
承办单位：北京中装华港建筑科技展览有限公司

展出壁纸系列产品、地毯系列产品及其他。

中国（北京）国际婚博会

时间：2011年3月
地点：北京展览馆

推出婚纱摄影、2011名牌餐饮婚宴、2011结婚时尚家居家装展、婚庆用品展、婚庆婚礼服务、新婚购车展、新婚生活节等活动。

第十一届中国国际石油石化技术装备展览会

时间：2011年3月
地点：北京国际展览中心（新馆）
主办单位：北京振威展览有限公司、中国石油化工设备工业协会

展出各种管、管道原材料；各种金属、非金属管产品及管件；各种管道生产设备；加工机械及辅助设备；测控技术及设备等。同期还举办"国际石油石化装备产业发展论坛"，聚集了中国石油石化领域相关政府部门、国外知名石油公司、国际行业机构、装备制造公司、油服公司、工程公司等行业人士，讨论当前石油石化装备产业结构调整与升级、节能降耗、钻采技术创新等一系列亟待解决的问题。

第十九届中国国际广播电视信息网络展览会

时间：2011年3月
地点：北京国际展览中心

摄录编设备、制作设备、影视灯光音响设备、数字电影制作放映设备、系统管理、播控设备、有线电视传输网络设备、卫星发射传送接收系统等。

◎ 第二十三届国际医疗仪器设备展览会

时间：2011年3月
地点：北京国家会议中心
主办单位：中国人民解放军后勤卫生部、中国国际贸易中心股份有限公司、中国惠通（集团）总公司、杜塞尔多夫展览（中国）有限公司

手术器械、医用X光射线设备及附属设备、装备；医用电子设备；医用软件及信息处理系统等。

◎ 中国国际服装服饰博览会

时间：2011年3月
地点：北京国际展览中心（新馆）
主办单位：中国服装协会、中国国际贸易中心股份有限公司、中国国际贸易促进委员会纺织行业分会

正装、商务休闲装、时尚休闲装、运动装、箱包服饰、内衣等。

◎ 第二十二届中国国际礼品、赠品及家庭用品展览会

时间：2011年3月
地点：北京国际展览中心
主办单位：励展华博展览（深圳）有限公司

各种礼品、促销品、工艺品、陶瓷、家庭用品、钟表、文具、电子产品、旅游及运动用品。

◎ 第十届中国北京国际门业展览会

时间：2011年3月
地点：北京国际展览中心

1.装饰工艺门：实木门、复合门等；2.车库门：摇控车库门、车库门开门机等；3.防撬安全门：防撬门、防火门、金属门、金库门等；4.自动门：自动旋转门、自动平开门等；5.工业门：大型厂房门、工业门开门机等；6.门窗五金及配件：闭门器、地弹簧、玻璃门夹等；7.门控门禁技术及设备：门业新材料、居室门等。

◎ 中国高尔夫球博览会

时间：2011年3月
地点：北京国家会议中心
主办单位：中国高尔夫球协会、中展联合高尔夫运动发展（北京）有限公司

有众多企业和高尔夫系列产品参展。同时举办亚洲高尔夫运动论坛等活动。

◎ 中国房车露营大会

时间：2011年3月
地点：北京房车博览中心
主办单位：中国房车露营联盟、中央休闲购物区（长阳核心区）管理委员会、北京房山区旅游局
承办单位：北京房车博览中心

由房车露营展览会和房车露营两大部分组成，是国内房车露营界的首次大会。此外还有论坛、歌舞表演等配套活动。

◎ 第十七届中国国际纺织面料及辅料（春夏）博览会

时间：2011年3月至4月
地点：北京国际展览中心
主办单位：中国纺织工业协会
承办单位：中国国际贸易促进委员会纺织行业分会、法兰克福展览（香港）有限公司、中国纺织信息中心

本届展会涵盖棉、麻、丝、毛、化纤、针织、绣花、蕾丝等纺织用品展览及计算机辅助设计等相关产业链产品和辅助行业。

◎ 中国（北京）国际环卫暨清洁设备技术展览会

时间：2011年4月
地点：全国农业展览馆

环保类、环卫类、清洁类、环保设备咨询机构参展。

◎ 第九届中国国际科学仪器及实验室装备展览会

时间：2011年4月
地点：北京展览馆
主办单位：中国仪器仪表行业协会
承办单位：北京朗普展览有限公司

科学仪器及实验室装备展示中有色谱仪、光谱仪、质谱仪、波谱仪、能谱仪、X射线仪器、气体分析仪、过程分析仪、粒度分析仪等展示。

◎ 第十二届中国国际市容环卫设备展览会

时间：2011 年 4 月
地点：全国农业展览馆（新馆）
主办单位：中国环保机械行业协会、中国环境科学学会环境工程分会、中国环境科学学会大气环境分会
承办单位：北京企发展览服务有限公司

1. 各类城市道路、高速公路冲洗设备与车辆；2. 车辆清洗专用设备及用品；3. 免冲洗公共厕所、节水厕所、环保移动公厕等设施配套产品及新型轻体房；4. 城市生活垃圾的收集、转运、分拣、填埋、焚烧、防渗处理等设备与机械；5. 环卫专用机械、设备；6. 各类粉碎混合造粒干燥除尘、输送和筛分单元及成套设备；7. 城市废水、污水处理设备与技术；8. 大型建筑物外墙清洗及保养设备等。

◎ 第九届北京国际社会公共安全产品与技术设备展览会

时间：2011 年 4 月
地点：全国农业展览馆（新馆）

监视监控防范系统；应急指挥系统；安全报警系统；出入口控制系统；刑事技术与器材；指纹、虹膜等生物识别技术；停车场管理系统；防暴安全检查器材；防雷技术及相关产品；人体安全防护设备；车辆防盗防劫报警系统；反恐装备器材与技术产品；道路交通安全相关配套产品；警用防护装备、警用商务车、防弹运钞车等。

◎ 第十二届（春季）中国国际管道展览会

时间：2011 年 4 月
地点：全国农业展览馆（新馆）
主办单位：中国城市燃气学会、中国土木工程学会城市燃气分会、中国土木工程学会水工业分会、工业给水排水委员会
承办单位：北京企发展览服务有限公司

管道类；管材类；生产及检测设备类；原材料、模具类等。

◎ 2011 艺术北京博览会

时间：2011 年 4 月至 5 月
地点：全国农业展览馆

"艺术北京"是北京市大型国际文化活动，也是北京市文化创意产业的高端项目，深受国际艺术界瞩目。北京文化的内涵在这里深层次地展现。

◎ 第八届北京烘焙展览会

时间：2011 年 4 月
地点：北京国际展览中心

食品、糕点、面包等原料，生产设备器具、工具等。

◎ 北京春季房地产展示交易会

时间：2011 年 4 月
地点：北京国际贸易中心

有上百个精品楼盘、多家品牌地产企业、百余个海外优质项目参展。另外，还推出 20 余场主题和赠送活动。

◎ 2011 中国国际医药生物产业展览会

时间：2011 年 4 月
地点：北京国际展览中心

医药生物产品及技术、生物技术发展论坛等内容。

◎ 第八届中国北京国际食品加工与包装设备展览会

时间：2011 年 4 月
地点：北京国际展览中心
主办单位：中国食品工业协会

展会吸引了 30 多个国家和地区的食品技术、加工、生产、包装企业与代理商参展，展示了他们在国内外领先水平的各种食品、加工技术及包装设备。

◎ 第三届中国国际新能源产业博览会

时间：2011 年 4 月
地点：北京国际展览中心
主办单位：中国高科技产业化研究会、中国国际贸易促进委员会建设行业分会、国家太阳能光伏产品质量监督检验中心、中国农村能源行业协会、中国可再生能源学会光伏专业委员会、中国可再生能源学会生物质能专业委员会、中国建筑金属结构协会光电建筑应用委员会、中国国际商会
承办单位：北京市新能源与可再生能源协会、北京泰格尔展览有限公司

展会设置光伏四新展区、风能展区、生物质能展区、新能源能效管理展区、节能及新能源汽车展区、其他新能源展区和公共展区。

◎ 第十四届北京酒店设备用品展览会

时间：2011年4月
地点：北京国际展览中心
承办单位：广东佛兴展览服务有限公司

1.厨房和厨具器具、食品机械、烘烤设备、自助餐设备、冷冻冷藏设备、制冰机、中西餐具、陶瓷制品、饮料机、咖啡机等；2.抛光机、吸水机、吹风机、吸尘器、清洁机、洗涤机、石材护理设备、空气清新机、洗衣房设备等；3.卫生洁具、浴缸、浴盆、客房用品、针棉纺织用品、服务用车等；4.酒店配套家具、酒店超市设备、酒店制冷暖通设备等；5.酒店消防防火设备、电视监控系统、防盗系统、门类控制系统等；6.酒店电器设备：空中升降台、床头控制板、灯具灯饰等；7.酒店休闲设备：健身器材、泳池设备、桑拿设备、全自动麻将桌、酒店制服等。

◎ 第十八届中国国际美容美发化妆用品（春季）博览会

时间：2011年4月
地点：北京国际展览中心

美容美发用品、护肤品、日化洗涤产品、保健用品类等；美体仪器设备和机构、医疗美容临床医学；美容美发用品原料、日化原料；生产设备及包装：包装机械、包装容器、化妆品生产设备等。

◎ 2011北京国际汽车展览会

时间：2011年4月
地点：北京国际展览中心
主办单位：中国汽车工业联合会
承办单位：厦门佰利国际展览有限公司

在主办方安排的看车环节中可使游客在这一新车发布平台，第一时间亲密接触上市新车；在购车环节中主办方每天发放大礼包；在玩车环节中有百款改装车比拼。此外还有名家现场进行新车艺术彩绘表演。

◎ 第十八届北京国际广告新媒体、新技术、新设备、新材料展示交易会

时间：2011年4月
地点：北京国家会议中心
主办单位：中国对外贸易经济合作企业协会、中国电子国际展览广告有限责任公司

广告与数码影像制作设备、广告制作材料、标志系统、展览展示系统。

◎ 第八届中艺博国际画廊博览会

时间：2011年4月
地点：北京国际贸易中心

亚洲青年艺术家个人展、国际艺术家展、非营利性艺术机构展览、视频和电影展览。

◎ 2011中国出境旅游交易会

时间：2011年4月
地点：北京国际贸易中心

中国出境旅游交易会是以出境游为主题的专业会展，致力于为全球国际旅游目的地与中国出境旅游运营商、出境旅行社和寻求购买海外商务及奖励旅游产品的专业人士建立直接商务联系而打造的年度性交流平台。

◎ 第十二届美化家居展览会

时间：2011年5月
地点：北京展览馆
主办单位：北京市建筑装饰协会

举办高峰论坛，对行业发展趋势给予指导；开展咨询和答疑，行业专家与百姓面对面，解答用户提出的家居装修中存在的问题，宣传相关政策法规、专业知识，处理用户反映的问题等。

◎ 第十四届中国北京国际科技产业博览会

时间：2011年5月
地点：北京国际展览中心
主办单位：科学技术部、商务部、教育部、工业和信息化部、中国国际贸易促进委员会、国家知识产权局、北京市人民政府等

展会设置水处理展区、固体废弃物处理展区、烟气净化展区、噪声控制展区和环境标志类产品区。

◎ 2011中国（北京）国际体育用品博览会

时间：2011年6月
地点：全国农业展览馆（新馆）
主办单位：中国休闲娱乐产业协会
承办单位：北京斯图加特国际会展有限公司

健身器械和器材；运动场馆器材；运动服装、鞋、帽，户外装备及器材；滑雪运动器材设备；竞赛器材等。

◎ 第十六届中国国际建筑建材贸易博览会

时间：2011年6月
地点：国家会议中心
主办单位：中国建筑材料联合会、中国国际贸易促进委员会建筑材料分会、国家建筑材料展贸中心

各种进出口建筑材料展销、订货。

◎ 北京国际旅游博览会

时间：2011年6月
地点：国家会议中心
主办单位：北京市旅游发展委员会

专业交易和公众展卖采用分时的方式进行。组织北京组团旅行社、主题公园、演出、剧院、饭店、景区等著名旅游企业在现场特价销售旅游产品，组织在京的全球知名企业、北京各大专院校及研究院所、北京写字楼白领、北京中高档社区居民等近10万名目标观众到现场参观、采购旅游产品。

◎ 第八届中国北京国际钢管工业展览会

时间：2011年6月
地点：北京国际展览中心
主办单位：中国国际管材协会、中国设备管理协会、中国河北钢管行业协会、中国北京金属流通协会、北京海闻展览有限公司

1. 钢管产品：大口径输油管、输气管、无缝钢管、焊管、供水管等；2. 钢管设备：不锈钢焊管机组、冷弯成型系列焊管机组、高频焊管机组、热镀锌机组、剪切对焊机组、螺旋焊管机组及大口径直缝弧焊管机组等成套设备等。

◎ 2011中国北京国际节能环保展览会

时间：2011年6月
地点：北京展览馆
主办单位：国家发展和改革委员会、北京市人民政府
承办单位：北京市发展和改革委员会、国家发展和改革委员会环资司、北京市委宣传部、北京市政府办公厅、北京市科委、北京市公安局、北京市财政局、北京市建委、北京市市政管委、北京市农委、北京市商务局、北京市环保局、北京市水务局、北京市工促局、北京市农业局、北京市外事办、北京市投资促进局、北京市外宣办、西城区人民政府

政府节能减排工作展示、《节能能源法》宣传、节能节水、环境保护和生态文明、循环经济与资源综合利用、节能管理服务、国外节能环保先进产品和技术等。

◎ 第十三届中国国际建筑玻璃幕墙、木门、自动门、锁具及设施展览会

时间：2011年6月
地点：北京展览馆

1. 装饰工艺门：实木门、复合门、模压门等；2. 车库门：遥控车库门、车库门开门机、车库门各型门板等；3. 防撬安全门：防撬门、防火门等；4. 自动门：自动旋转门、自动推拉门等；5. 门窗五金及配件：闭门器、地弹簧、玻璃门夹等；6. 门控门禁技术及设备：门业新材料、居室门、先进加工技术及设备等。

◎ 北京国际教育博览会

时间：2011年6月
地点：北京国际展览中心
主办单位：北京市教育委员会
承办单位：国际教育交流中心

博览会秉承"开放、合作、发展"的主题，包括国际教育展，国际职业教育、培训及就业展，国际语言教育及推介展，国际奥林匹克教育成果展，首都教育之窗、教育技术设备及图书音像展等主要内容。同时还举行国际教育学术论坛、中外教育合作项目洽谈会和一系列文化活动。

◎ 第八届中国北京国际冶金工业博览会

时间：2011年8月
地点：北京国际展览中心
主办单位：中国北京金属学会、中国北京金属材料流通协会、北京机械工程学会、中国设备管理协会、北京海闻展览有限公司

1. 冶金、钢铁及有色金属；2. 耐火材料：原料及处理设备、生产加工技术及设备、各种耐火材料产品；3. 用于冶金、热加工、机械加工、耐火材料生产等方面的电动设备、电子检测及控制装置、数据处理技术及仪器仪表等。

◎ 第十八届北京国际图书博览会

时间：2011年8月至9月
地点：北京国际展览中心
主办单位：新闻出版总署、国务院新闻办公室、教育部、科学技术部、文化部、中国出版者协会、中国作家协会、北京市人民政府
承办单位：中国出版集团公司中国图书进出口（集团）总公司

本届图博会活动丰富，开展以北京国际出版论坛、印刷技术高峰论坛、图书版权贸易等活动。

◎ 第八届中国（北京）国际不锈钢、特殊钢工业展览会

时间：2011年8月
地点：北京国际展览中心（新馆）
主办单位：中国北京金属材料流通协会、中钢协冷弯型钢协会、中国北京机械工程学会、北京海闻展览有限公司

1.不锈钢原料及原料加工设备；2.特殊钢生产技术、材料及设备；3.企业形象展示；4.科研机构、行业协会、学会及技术期刊，出版物等其他媒体。

◎ 第十四届北京国际艺术博览会

时间：2011年8月
地点：北京国际贸易中心
主办单位：石景山区人民政府
承办单位：北京艺博嫦娥国际会展中心
协办单位：中共中央统战部、北京市人民政府

本届博览会以"艺术创意、点亮生活"为主题，吸引了来自国内及亚太、欧美等地区的百余家艺术机构和实力派画廊参展，众多画廊带来的著名艺术大师作品纷纷亮相，如罗丹的雕塑《思想者》、雷诺阿的《枫丹白露景色》、德加的《站立的女人》、张大千的《荷花四条屏》等。

◎ 北京国际酒店用品展览会

时间：2011年8月
地点：北京国家会议中心
主办单位：中国旅游饭店业协会、中国旅游报社、上海博华国际展览有限公司
承办单位：上海博华国际展览有限公司

论坛、酒店餐饮技术PK赛、体验房展示、十佳酒店用品供应商颁奖、采购配对会、品酒会等。

◎ 北京国际商务及会奖旅游展

时间：2011年8月至9月
地点：国家会议中心
主办单位：国家旅游局、北京市人民政府
承办单位：北京市旅游发展委员会、励展旅游集团

此次展会汇集国内外众多供应商、千余名观众以及专业买家，共同搭建一个提供最佳商业机会、最佳的沟通网络、最专业的教育平台。

9月

◎ 北京园林景观建造木屋木结构屋顶绿化展览会

时间：2011年9月
地点：北京国际贸易中心
主办单位：住房和城乡建设部
承办单位：住房和城乡建设部住宅产业化促进中心、中国建筑文化中心、中国房地产业协会、北京市住房和城乡建设委员会

屋顶绿化的屋面系统工程、保温隔热材料、管理养护及其配套材料等。

◎ 第五届中国北京国际风力发电技术及设备展览会

时间：2011年9月
地点：北京国际展览中心
主办单位：中国空气动力学会风能空气动力学专业委员会、中国能源协会、北京电工技术学会、中国机电产品流通协会

风力发电机、配套设备与技术及展览。

◎ 第六届中国（北京）国际太阳能产品及光伏工程展览会

时间：2011年9月
地点：北京国际展览中心
主办单位：中国能源协会、亚洲太阳能协会、德国欧中经济技术交流促进会、中国电工技术学会
承办单位：北京远洋腾达国际展览有限公司

太阳能光伏产品、太阳能光电产品、太阳能热发电系统、太阳能热利用产品、太阳能工程等。

◎ 第十届中国国际住宅产业博览会

时间：2011年9月
地点：北京国际展览中心
主办单位：住房和城乡建设部
承办单位：住房和城乡建设部住宅产业化促进中心、中国建筑文化中心、中国房地产业协会、北京市住房和城乡建设委员会
承办单位：中国建筑文化中心、北京中建文博展览有限公司

住宅产业高峰论坛；住宅与城市可持续发展国际研讨会；首届"广厦奖"信息发布及颁奖晚会；"十大重点推广技术与产品"信息发布与推介；房地产开发企业合作伙伴投标会；住宅产业化新技术、新材料、新产品推介研讨会。

◎ 北京园林景观展览会暨第十届中国国际园林景观建造与配套设施展览会

时间：2011年9月
地点：北京展览馆
主办单位：中国建筑文化中心、住房和城乡建设部住宅产业化促进中心、中国房地产业协会、北京市住房和城乡建设委员会
承办单位：北京中建文博展览有限公司

景观主题艺术展、景观建筑材料展、户外家具及相关休闲用品展、花卉园艺产品展。

◎ 第七届中国国际管道展览会

时间：2011年9月
地点：北京展览馆
主办单位：中国石油大然气管道局、中国石油管道建设项目经理部、中国石油天然气管道分公司、中国石油天然气西气东输管道分公司、中国石油天然气西部管道有限公司

来自全球40多个国家的知名管道承包商、设备商、服务商等该协会的会员嘉宾齐聚北京，开展技术交流以及展览等社交活动。

◎ 北京国际风能大会暨展览会

时间：2011年10月
地点：北京国际展览中心（新馆）
主办单位：中国资源综合利用协会、可再生能源专业委员会、中国可再生能源学会风能专业委员会、全球风能理事会
承办单位：北京赛迪会展有限公司

风力发电机组、配套设备与技术、技术咨询与服务。

◎ 第六届中国（北京）国际文化创意产业博览会

时间：2011年10月
地点：北京国际展览中心
主办单位：文化部、国家广播电影电视总局、新闻出版总署、北京市人民政府
承办单位：中国国际贸易促进委员会北京分会

1.创意礼品交易专区：工艺品、电子电器、家居装饰品、时尚饰品；2.文化礼品交易专区：纪念品、广告礼品、办公用品、商务礼品；3.旅游商品交易专区：旅游装备、节庆用品、民族手工艺品；4.收藏品交易展区：钱币、古玩、陶瓷、根雕、仿古家具。

◎ 2011中国（北京）国际洁净展

时间：2011年10月
地点：全国农业展览馆
主办单位：中国国际经济技术交流中心、中国电子学会洁净技术分会、中国制冷空调工业协会洁净室技术委员会

分电子洁净区、医疗洁净区、手术室/ICU区。

◎ 中国国际茶业博览会

时间：2011年10月
地点：北京国际展览中心
主办单位：北京中华茶艺协会
承办单位：北京环球博威国际展览有限公司

茶及茶饮料展示包括普洱茶、铁观音、碧螺春、龙井、毛尖、大红袍、乌龙茶等；茶具、茶叶包装设计、茶机械及附属设备。

◎ 2011中国水博览会

时间：2011年10月
地点：北京展览馆
主办单位：中国水利学会、法兰克福展览（上海）有限公司
承办单位：北京江河博华会展有限公司、法兰克福展览（上海）有限公司

展品范围包括饮水安全、防洪防旱、节水设备和技术、水处理技术和设备、给排水设备和技术、灌溉、水信息化、水利水电设备和技术、仪器仪表等。

◎ 北京国际调味品、食品配料及食品添加剂产业博览会

时间：2011年11月
地点：全国农业展览馆
主办单位：永红国际展览（北京）有限公司
承办单位：黑龙江省调味品工业协会、陕西省供货商企业协会

调味品系列、调味油系列、调味汁系列、食品添加剂及食品配料等产品。

◎ 2011中国北京国际缝制设备展暨2011中国北京国际制衣工业展览会

时间：2011年11月
地点：北京国际展览中心

缝前设备、缝纫设备、缝后设备、刺绣设备、配送及物流系统、缝制设备零部件、激光设备等，以及信息及技术服务咨询。

◎ 北京国际红木古典家具展览会

时间：2011年12月
地点：北京国际展览中心
主办单位：中华全国工商联古玩业商会、中国传统家具研究会、中国企业家收藏协会
承办单位：北京华港展览有限公司、北京环球博威国际展览有限公司

1.古典家具展区：红木家具、古典家具、紫檀木家具、黄花梨木家具、亚洲及欧洲式仿古家具、家饰品、艺术品等；2.仿古装饰展区：各种仿古漆器、传统木雕、木器、根雕、地毯、瓷器、仿古油画、灯饰、雕刻品等；3.其他：民间工艺品、古玩、收藏品、拍卖品等。

天津

节庆文化活动

◎ 天后宫辛卯年春祭大典

时间：2011年1月
地点：南开区天后宫
主办单位：天津天后宫管理委员会、天津市妈祖文化促进会、海河楼古文化街开发经营有限公司、天津市鼓楼龙城投资发展有限公司、天津市莆田商会

以"弘扬妈祖精神，祈福国泰民安，同沐妈祖灵光，共享和谐盛世"为主题。春祭大典在每年农历腊月二十三日举办，成为天津百姓新年民俗的盛事。

◎ 天津沙窝萝卜旅游文化节

时间：2011年1月
地点：西青区小沙窝
主办单位：辛口镇人民政府

小沙窝村历史悠久、人杰地灵，不但萝卜历史几百年，各种精品蔬菜繁多，这里是"诚信之地、生态家园"。文化节举办开幕式及新闻发布会、专家推介会、萝卜评比、现场签售、高新农产品现场拍卖、萝卜采摘、农产品展卖和民俗文化表演、大型文化演出、知名书画家现场书画表演及作品展卖、大花蕙兰论坛暨名品展。

◎ 第八届杨柳青民俗文化旅游节

时间：2011年1月至2月
地点：西青区杨柳青镇各景区
主办单位：天津市旅游局、西青区人民政府
承办单位：西青区旅游局

元宵大型秧歌花会、大型灯展、大型焰火晚会、民俗堂会、热带风情游、御河夜景游、仿古马车游、年俗用品展卖、闭幕式演出等十几项丰富多彩的民俗生态旅游活动。

◎ 杨柳青木版年画节

时间：2011年1月至2月
地点：西青区杨柳青镇
主办单位：中国民间文艺家协会、天津市文广局、天津市旅游局、西青区人民政府

以"传承年画艺术，弘扬民族文化"为主题，陆续举办中国木版年画展示、中国年画传承与发展论坛、杨柳青大院文化区开街仪式、主题参观等活动。

◎ 第三届温泉康体旅游节

时间：2011年1月至2月
地点：宝坻区京津新城
主办单位：天津市旅游局、宝坻区人民政府

包括开幕式暨"2011畅游宝坻"旅游推介会、温泉古玉健身大礼包、"魅力新城·和谐周良"迎新年书画展、"相约在冬季"果蔬采摘节、"生态黄庄邀您来过年"民俗体验活动、新春文化体验之旅六大板块的活动内容。

◎ 天津天后宫传统文化庙会

时间：2011年2月
地点：南开区天津民俗博物馆

春祭、传统灯节。

◎ 第四届新春万民赛灯会

时间：2011年2月
地点：南开区老城博物馆
主办单位：南开区文化和旅游局、南开区团委
承办单位：天津市老城博物馆

赛灯会期间，广大市民和游客不仅能欣赏到精美的彩灯，而且可以参与妙趣横生的有奖猜灯谜活动，同时主办方还准备了象征团圆与幸福的元宵供大家品尝。此次活动的协办单位民间工艺美术协会也组织了众多的民间艺人现场献上书画、剪纸、鱼骨画创作，工艺刺绣、捏面人等精彩的民俗表演。

◎ 第二届荷兰郁金香文化旅游节

时间：2011年2月
地点：西青区天津热带植物观光园、中北冰雕乐园、曹庄花卉市场

在天津热带植物园里五彩缤纷的郁金香、巨型木鞋、悠悠风车，述说着独特的荷兰文化。在中北冰雕乐园可观赏"冰"纷极地风光、进入因纽特人雪屋，做一回因纽特人。在曹庄花卉市场可观赏名贵花卉，感受春天的气息。

◎ 天津热带植物观光园热带风情旅游节

时间：2011年2月
地点：西青区天津热带植物观光园

市民可以走进热带丛林，感受温暖，还能欣赏到佤族部落节日狂欢以及上刀山、下火海等佤族绝技。此外，曹庄花卉市场、宠物市场和观赏鱼市场的元旦活动同样精彩。

◎ 杨柳青元宵节大型灯展

时间：2011年2月至3月
地点：西青区杨柳青镇

特色彩灯布置在街道两侧，供群众和游人观赏，体验浓郁的灯节民俗风情。

◎ 独乐寺庙会

时间：2011年2月
地点：蓟县独乐寺、渔阳古街、鼓楼广场
主办单位：天津市旅游局、蓟县人民政府
承办单位：蓟县县委宣传部、蓟县旅游经济委员会、蓟县文化局

开幕式、观音赐福、佛事活动、蓟县民间花会表演、京东大鼓、少林功夫、吴桥杂技、东北二人转、民间艺术表演、蓟县土特产及地方风味小吃展示等。

◎ 2011红桥区运河桃花节

时间：2011年3月至4月
地点：红桥区北运河畔桃花园、北洋园

桃花堤坐落在红桥区北部、北运河南岸，占地约1.2万平方米，自古以来自然景色优美，人文底蕴深厚，为津门胜景之一。桃花节期间，各种民间文艺演出、书画表演与展览、盆景展均汇集于此，自然景观与文化景观融为一体，相得益彰。

◎ 第三届曹庄花卉生态旅游节

时间：2011年3月至9月
地点：西青区

举办"亮丽花乡 精彩瞬间"——"花乡印象"婚纱摄影展、"以茶会友寄相思"——清明品茗文化节、"花海寻芳"——迎五四青年节联谊活动、"王者归来，牡丹盛会"——曹庄花卉"牡丹花会"活动、"小玩童、大才艺"——迎"六一"少儿才艺展示周、"迎七一，贺园庆"科普知识竞赛、"从南极冰山到热带雨林"暑期夏令营系列活动、"红色记忆"盛典暨花卉节闭幕式等。

◎ 第十四届碧桃节

时间：2011年4月
地点：南开区长虹公园

有赏桃、摄影大赛等活动。

◎ 大柳滩桃花节

时间：2011年4月
地点：西青区大柳滩村

在桃花节期间，村民们载歌载舞，以花会友，吸引了不少市民踏青赏花。而春到大柳滩赏桃花、住农家小院，秋到大柳滩采摘瓜果、品山野美味，也逐渐成为津郊生态游、农家游的一大品牌。

◎ 天津第四届汽车文化节

时间：2011年4月至5月
地点：西青区天津梅江会展中心
主办单位：天津市商务委员会
承办单位：天津市汽车流通行业协会、天津市浩物机电汽车贸易有限公司、天津永濠集团投资公司、中乒投资集团有限公司、中国农业机械华北集团有限公司、天津一汽汽车销售有限公司、环渤海汽车城、天津北方汽车交易市场有限公司、天津一商集团旧机动车交易市场

众多汽车品牌，包括国产品牌、合资品牌、进口品牌近百个品牌参展。

◎ 天津蓟州梨园情旅游文化节

时间：2011年4月至5月
地点：蓟县下营镇团山子梨园
主办单位：天津市旅游局、蓟县人民政府
承办单位：蓟县旅游经济委员会、下营镇人民政府

推出京津戏曲票友联谊会、旅游摄影展、自行车爬坡大赛、蓟北踏青活动等。梨木台杜鹃花节和八仙山赏花节也在此期间开幕，广大游客不但可以欣赏到优美的自然风光，还可以体味浓郁的地方民俗风情。

◎ 天后诞辰1051周年系列纪念活动

时间：2011年5月
地点：南开区天后宫
主办单位：天后宫管理委员会、天津市妈祖文化促进会

妈祖诞辰祭典、天后出巡散福花会踩街表演、妈祖文化艺术展等。

◎ 大悲院文化旅游庙会

时间：2011年5月
地点：河北区大悲院商贸旅游区
主办单位：天津市旅游局、河北区人民政府
承办单位：河北区旅游局、大悲院管委会

文艺演出，民俗游戏表演，天津卫商业叫卖展示，天津京剧院亲民互动演出，民间舞狮表演，旅游纪念品、民间工艺品、小商品及特色食品展卖，传统老字号展示等。

◎ 意大利风情旅游节

时间：2011年5月
地点：河北区意式风情区（马可·波罗广场）

意大利音乐表演团体与天津市艺术家共同表演意式歌剧、意式风情区珍贵历史图片展、欧洲油画高仿真精品展、特色旅游纪念品展、人体行为艺术展、品尝意式美食、意大利世界品牌红酒及啤酒展销等。

◎ 黄崖关长城国际马拉松旅游活动

时间：2011年5月
地点：蓟县黄崖关长城景区
主办单位：天津市旅游局、蓟县人民政府
承办单位：蓟县旅游局、黄崖关长城风景游览区管理局

传统马拉松比赛、登长城、穿村庄、戏溪水等活动。

◎ 第一届天津河东—温州泰顺"三杯香"茶文化节

时间：2011年6月
地点：河东区
主办单位：天津市河东区人民政府、浙江省泰顺县人民政府

泰顺县是全国百个重点茶叶生产和出口基地县之一，被国家命名为"中国茶叶之乡"。泰顺的产茶历史悠久，茶文化传统源远流长，以香高味醇，经久耐泡得名的"三杯香"更是享誉国内外，在国际国内权威茶叶评比中屡获大奖。此次茶文化节的举办，是天津市河东区与温州市泰顺县在经济与文化层面上的一次成功合作，有茶叶展销、茶业论坛等活动。

◎ 第二届滨海新区天津港湾旅游文化节

时间：2011年6月至10月
地点：滨海新区东疆湾景区

举办导游大赛、少儿夏令营、沙滩摇滚音乐会、模特大赛、焰火晚会等丰富多彩的文化活动。

7月

◎ 第十一届国际啤酒节

时间：2011年7月
地点：河东区
主办单位：中国商业联合会、河东区人民政府

本届啤酒节以"啤酒的世界 百姓的饮品"为主题，精心设计了啤酒厂商展区、美食小吃展卖棚亭、文化长廊、国际饮品区和时尚购物区。

◎ 天津之夏——欢乐嘉年华

时间：2011年7月至8月
地点：全市商业步行街、购物中心、百货商场、超市、专卖店、餐饮酒家、饭店、景区、文化娱乐等重点消费场所

相继推出国际啤酒节、民俗旅游消夏夜市、老字号商品展销月、天津滨海汉沽葡萄酒文化旅游节、天津美酒美食节等活动。

◎ 第四届七里海文化旅游节

时间：2011年7月至10月
地点：宁河县七里海

其中包括"风光秀美七里海"大型摄影作品展、"璀璨明珠——七里海"有奖征文、第二届七里海湿地河蟹节、首届七里海葡萄节、古镇芦台首届美食节、"古海岸湿地·七里海"系列活动、组织七里海生态旅游等。

8月

◎ 天津滨海汉沽葡萄文化旅游节

时间：2011年8月至10月
地点：滨海新区

新闻发布会、开幕式、闭幕式及葡萄采摘、吃葡萄比赛、自酿酒、参观酒文化博物馆等系列活动。

9月

◎ 中国天津渔阳金秋旅游节

时间：2011年9月
地点：蓟县各景区
主办单位：天津市旅游局、蓟县人民政府
承办单位：蓟县旅游经济委员会

开幕式演出、旅游摄影展、渔阳菊花节、满族采摘节、地方风味小吃节、名优果品展销、梨园春戏曲演唱会、农家乐文艺表演等。

◎ 中国·天津五大道旅游节

时间：2011年9月至10月
地点：和平区天津五大道旅游区

开幕式及广场演出、欧式风情花车巡游、欧洲经典影片回顾、五大道美食节、闭幕式。

◎ 首届中国国际邮轮旅游节暨2011中国邮轮产业发展大会

时间：2011年10月
地点：河西区天津梅江会展中心

国际邮轮世界论坛、展示等活动。

◎ 中国古玉文化旅游节

时间：2011年9月至10月
地点：宝坻区京津新城

旅游节开幕式、中国古玉博览会、古玉展销会、玉文化高端论坛。

10月

◎ 金秋杨柳青民俗旅游节

时间：2011年10月
地点：西青区杨柳青镇
主办单位：天津市旅游局、西青区人民政府
承办单位：西青区旅游局

花会展演、堂会演出、民间音乐吹奏会、风筝放飞表演、民间个人工艺品和书画展览、民间小吃一条街展

卖活动、仿古马车巡游、有奖猜谜活动、旅游推介会等活动。

◎ 盘山第四届冰雪旅游节

时间：2011年12月至2012年2月
地点：蓟县盘山滑雪场、玉龙滑雪场、蓟州国际滑雪场

举行开幕式、文艺演出、滑雪表演、打雪仗、堆雪人等娱乐活动。

商务会展

◎ 环渤海天津第十五届电子工业展览会

时间：2011年3月
地点：天津梅江国际展览中心
主办单位：天津市电子学会、天津世嘉展览服务有限公司

电子元器组件；集成电路；手机、IT数码产品、组件、零部件；连接器与线缆；电子化工产品与电子材料。

◎ 2011中国（天津）国际客车及零部件展

时间：2011年3月
地点：天津梅江国际会展中心

城市公交客车、节能和新能源客车、旅游客车、客车底盘、城市公交专用车辆设备、客车零部件和新能源客车零部件、公交信息化设施等。

◎ 第十五届天津国际工控自动化及仪器仪表展览会

时间：2011年3月
地点：天津梅江国际展览中心
主办单位：天津世嘉展览服务有限公司

控制系统、仪器仪表、仪表材料元器件及附件、工业机器人及相关技术、自动化及IT解决方案、动力传动。

◎ 第十一届中国北方国际自行车展览会

时间：2011年3月至4月
地点：天津滨海国际会展中心
主办单位：天津市自行车行业协会、天津市自行车业商会
承办单位：天津华轮展览有限公司、天津国展中心股份有限公司

自行车、电动车、零配件、设备、材料、专业媒体、相关运动休闲用品等。

◎ 第八届中国天津国际涂装、电镀及表面处理展览会

时间：2011年4月
地点：天津国际展览中心

涂装设备及生产线、机械式及化学处理；电镀工艺及镀液表面处理、精饰设备及工程热喷涂技术及设备控制、分析及测量仪器。

◎ 第八届天津国际手机产业展览会

时间：2011年6月
地点：天津滨海国际会展中心

分运营商和移动终端展区、核心模组展区、供应商展区；制造产业区。

◎ 第七届中国国际金属加工技术设备展览会

时间：2011年8月
地点：天津滨海国际会展中心
主办单位：中国机械工业联合会、中国有色金属加工工业协会、中国国际贸易促进委员会机械行业分会、振威展览集团

金属模具及模具制品、模具标准件；加工中心，数控铣、镗、车、钻等模具；各类电加工机床、雕刻机；三坐标测量机及其他测量设备等；压铸机、各类压力机床及试模设备；塑料机械及橡胶机械；模具材料、冶金制品；各类模具生产用的辅料、辅助设备，包括抛光、研磨、装配夹具等；工具、刃具及其他产品。

◎ 中国天津国际动力传动与控制技术展览会

时间：2011年8月
地点：天津滨海国际会展中心
主办单位：中国国际贸易促进委员会机械行业分会、滨海新区人民政府、天津仪器仪表学会

液压机、液压元件和气压、液压阀、液压过滤器、冷却器、蓄能器、液压缸及各种汽油缸液压泵。

◎ 第七届中国国际金属加工技术设备展览会

时间：2011年8月
地点：天津滨海国际会展中心
主办单位：中国机械工业联合会、中国有色金属加工工业协会、中国国际贸易促进委员会机械行业分会、振威展览集团

金属切削机床、金属成型机床、特种加工机床、模具成型机床、数控系统等。

◎ 第五届中国国际铸造工业（天津）展览会

时间：2011年8月
地点：天津滨海国际会展中心
主办单位：中国有色金属加工工业协会、天津市热处理行业协会、天津市铸锻行业协会、天津市金属学会、振威展览集团

铸造领域、热处理领域、耐火材料领域等。

◎ 第八届中国天津国际建筑装饰博览会

时间：2011年8月
地点：天津国际展览中心
主办单位：中国建筑装饰协会、天津城建中小企业管理协会、天津裕华展览服务有限公司

1. 卫浴、厨房设施及配套五金件：卫浴洁具及配件、整体厨房精品系列、康体休闲设施、桑拿设备、酒店设施及五金配件等；2. 门窗幕墙及五金配件：实木门、复合门、模压门、防盗门、塑钢门、各种窗及窗饰产品、建筑门窗幕墙及五金配件；3. 铺装材料：陶瓷墙地砖、各种石材、地毯、地板等。

◎ 2011中国旅游产业博览会

时间：2011年9月
地点：河西区天津梅江国际展览中心
主办单位：国家旅游局、天津市人民政府
承办单位：中国旅游协会、天津市旅游局

举办旅游产业博览会、旅游产业发展高峰论坛、旅游电视展暨颁奖晚会和第二届中国旅游服装服饰大赛、旅游活动嘉年华等丰富多彩的旅游活动。为世界各国和全国各地旅游业搭建一个推广展示、洽谈采购和交流合作的平台。

◎ 第十六届北方旅游交易会

时间：2011年9月
地点：天津市

北京、天津、辽宁等北方10个省区市展示露营地设施、旅游索道等产品，公布旅游最新线路等。

◎ 2011（第十三届）中国国际矿业大会

时间：2011年11月
地点：天津梅江国际展览中心

涵盖了地质勘察、勘探开发、矿权交易、矿业投融资、冶炼与加工、技术与设备、矿业服务、矿产品交易等整个产业。

河北

节庆文化活动

◎ 张家口第一届冰灯艺术节

时间：2011年1月至2月
地点：张家口市

设立大型主题冰雕展和冰雪娱乐项目。主题冰雕展主要有花灯和冰雕两大系列，参照人们熟悉的景观、建筑、动物、人物、器物、山水等进行创作，展出大型冰雕建筑以及200多件冰雕作品。此外，冰灯节上还设立了冰滑梯、儿童乐园等冰雪娱乐项目。

◎ 2011张家口市蔚县民俗文化节

时间：2011年1月至3月
地点：张家口市蔚县
主办单位：河北省旅游局、张家口市人民政府
承办单位：张家口市文广新局、张家口市旅游局、蔚县人民政府

民俗表演、京冀媒体采风、嘉宾考察等多项活动。

◎ 第四届春节正定庙会

时间：2011年2月
地点：石家庄市正定县隆兴寺

以燕赵文化为依托，结合本地特色民俗风情，隆兴寺、荣国府、赵云庙、开元寺、长乐门等景区邀请以常山战鼓、徐水舞狮、中幡表演为代表的河北非物质文化遗产进行精彩展演。

◎ 鹿泉抱犊寨大庙会

时间：2011年2月
地点：石家庄市鹿泉抱犊寨风景区

游客可以免费观看"祈福纳祥"吉祥道场，并在祈福道场结束后，参加"砸金蛋，拿大奖"活动。游客不仅可以感受砸金蛋的快乐，最高还可赢取幸运大礼包，从而让游客过一个"财"气十足的新年。

◎ 封龙山庙会

时间：2011年2月
地点：石家庄市封龙山

封龙山庙会可追溯到汉晋时代。起初的庙会与古代的祭祀活动有关。当时在庙内摆设牺牲祭祀诸神的举动，后逐渐形成了定期的祭祀活动。如今庙会上最吸引人的是戏曲节目。届时，远近村庄的民间艺人、文艺团体占地演出，唱大戏、踩高跷、舞狮子、耍龙灯、跑旱船、演马戏、耍杂技、打扇鼓等名目繁多。

◎ 曲阳县元宵文化周

时间：2011年2月
地点：保定市曲阳县北岳庙
主办单位：曲阳县委、曲阳县人民政府

"元宵文化周"活动每年举办一次，对展现曲阳深厚的文化底蕴与独特的艺术魅力、活跃群众文化生活都起到很大的推进作用。本届活动以"文化给力新曲阳"为主题，举办了书法、美术、摄影、收藏和雕塑等活动，展出书画、摄影、收藏、雕塑作品千余件，精心为广大群众准备了一道内容丰富的文化大餐。

◎ 涿州花灯节

时间：2011年2月
地点：保定市涿州市

花灯节规模宏大，灯艺高超，始自汉唐，盛于明清，是具有悠久历史的传统民俗文化活动。其间，各种民间花会入城表演，有高跷会、狮子会、小车会、少林会、杠子会、秧歌会等，整个涿州城内龙飞凤舞，热闹非凡，呈现出一派盛世欢歌的景象。

◎ 净觉寺正月十八迎春庙会

时间：2011年2月至3月
地点：唐山市玉田县蛮子营村东

活动期间，净觉寺周围划分出寺庙观光区、歌舞区、餐饮区、小型娱乐区、商品交易区等活动区域，集中展现寺庙观光、佛教文化欣赏、歌舞杂技表演、小商品交易、餐饮小吃等综合性大型民间娱乐活动。

3 月

◎ 第二届中华龙抬头文化旅游节

时间：2011年3月
地点：秦皇岛市山海关老龙头景区

农历二月初二是中国传统的"龙抬头"节，中国很多地方都举行多样的民俗活动。万里长城是中华民族"龙"的象征和化身，"龙"首就是山海关老龙头。"二月二，游龙头，龙抬头"是山海关地区千百年来流传和盛行的民间习俗活动。

◎ 野三坡第四届开山节

时间：2011年3月
地点：保定市野三坡百里峡风景区
主办单位：涞水县人民政府

组织祭山仪式、民俗表演、大型舞蹈史话等异彩纷呈的文化活动。除此之外，游人可白天游览风光秀丽的百里峡，晚上观看野三坡大型演出。

◎ 邢台九龙峡第六届桃花节

时间：2011年3月至4月
地点：邢台市九龙峡风景区
主办单位：邢台市旅游局、邢台县人民政府
承办单位：九龙峡风景区

活动以"九龙峡桃花相约，古邢襄文化之旅"为主题。举办游客植树纪念、"相约赏桃花，情定九龙峡"、"桃源印象——大型摄影征集大赛"、"桃花节欢乐无限——万人登山大赛"等活动。

◎ 乞巧节

时间：2011年3月
地点：邯郸市磁县

在磁县附近的山村里至今还有二月二乞巧的习俗。这一天，姑娘们结伴到附近的小山上自制"乞巧饭"，什么焖小米饭、包水饺、煮米粥都行。最重要的一项活动是到旁边的灌木丛中找一种红色的野生植物（相传这种红色植物有让人手变巧的功能），将其放入锅中，然后姑娘们蒙住眼睛，用筷子夹着吃，每人吃之前锅里都要保证有7个红色植物，吃到的越多，手就会越巧。

◎ 遵化万佛园第二届清明踏青文化节

时间：2011年3月至4月
地点：唐山市遵化市万佛园

举办大型法会。法会期间诵经说法，弘扬佛教文化，祈福社会和谐安宁。

◎ 魏县第十一届梨花节

时间：2011年3月至4月
地点：邯郸市魏县

魏县是中国鸭梨之乡，千年古县。梨花节期间，游客可以现场赋诗作画、游园猜谜，还可以现场向梨农学习鸭梨人工授粉技术等。

◎ 第九届栾城·范台阳春草莓采摘节暨第七届"三苏"文化旅游节

时间：2011年3月至4月
地点：石家庄市栾城县
主办单位：石家庄市旅游局、中共栾城县委、栾城县人民政府
承办单位：栾城县文体局

游客在踏青、采摘草莓和无公害蔬菜、体验田园生活、认养私家菜地的同时，还能欣赏"三苏"文化。

◎ 苍岩山传统大庙会

时间：2011年4月
地点：石家庄市苍岩山

民间传说，隋炀帝之女南阳公主出家在苍岩山，俗称"三皇姑"，被尊为"苍山圣母"。苍岩山庙会，就源于对"苍山圣母"三皇姑的崇拜与祭祀。随着时间的推移，苍岩山庙会已演变成为一种集娱乐、物资、文化交流于一身的民俗文化庙会。届时，方圆千里商贾会聚，大众云集，朝山敬香者络绎不绝，进行拉花儿、扇鼓、地方戏等民间艺术表演，蔚为大观。

◎ 赵州梨花节

时间：2011年4月
地点：石家庄市赵县赵州梨园

4月梨花节，赏万亩梨花盛开、漫天飞雪的盛况。主办方精心策划了形式多样的游客参与性强的活动，如赏梨花诗画赛、梨园票友赛以及赏梨花交友等。

◎ 伏羲庙会

时间：2011年4月
地点：石家庄市新乐市伏羲台

相传农历三月十八是伏羲的诞辰日，村里就会举办庙会和各种庆祝活动，向伏羲表达敬意，祈求幸福。久而久之，就形成了当地的传统节日——三月十八庙会，据说这个传统已经保持了上千年。庙会就像是一个大集市，人来人往，商贾云集，但是最重要的内容是人们走上伏羲台，虔诚地朝拜祭祀。

◎ 2011汽车文化节

时间：2011年4月
地点：石家庄市国际博览中心
主办单位：燕赵都市报
承办单位：河北雅风传媒广告有限公司

展出各种类型的整车；汽车工业的新工艺、新材料；汽车工业新能源技术与产品；汽车工业环保技术与产品；各种汽车相关用品、装潢、美容、装饰件；汽车文化载体及相关用品、媒体、俱乐部等。

◎ 晋州市第六届梨花节

时间：2011年4月
地点：石家庄市晋州市周家庄乡特色旅游观光园

举办梨花诗社笔会及特色农副产品集中展示展销、紫铜浮雕等工艺品展示展销等活动，使八方游客在花的海洋中领略"鸭梨之乡"的妖娆风光，在游览中感受晋州深厚的历史积淀和人文文化。

◎ 第七届红梨梨花节

时间：2011年4月
地点：石家庄市藁城市常安镇

一年一度的梨花节成为游客春日踏青的好去处。游客可以在花海中欣赏藁城战鼓、乡音丝弦，也可以在梨树下聆听古老的耿村民间故事，还可以采摘蔬菜，品尝兔头火锅、贴饼子等农家菜肴。

◎ 西柏坡温泉城桃花浴旅游文化节暨2011中国·西柏坡文化旅游节

时间：2011年4月至5月
地点：石家庄市平山县温塘镇天桂山风景区

举办洗浴温泉、欣赏民间花会、歌舞表演、戏曲演出周、大型书画展、特色民间花会会演、大西柏坡精品旅游线路推介会、平山特色美食展示、温塘温泉摄影展等活动。

◎ 藁城惠诚果蔬采摘节

时间：2011年4月至5月
地点：石家庄市惠诚果蔬生态园

惠诚果蔬园可以采摘草莓、黄瓜、番茄、蘑菇、桃、杏等。

◎ 天桂山——北武当武术文化旅游节

时间：2011年4月至5月
地点：石家庄市平山县天桂山风景区

天桂山有"北武当"之称，每年4月底至5月举办的天桂山——北武当武术文化旅游节，历时1个月，也是弘扬我国历史文化的一项重要的节庆活动。届时邀请国内各路武术流派高手云集天桂山进行竞技和交流，同时还有民间花会表演等活动。

◎ "飞跃2011" 第七届风筝节

时间：2011年4月至5月
地点：石家庄市栾城县卓达太阳城
主办单位：卓达集团

活动有专业风筝放飞表演、专家现场讲授风筝知识、演示全套风筝制作流程、大型风筝展出、家庭风筝大赛、摄影大赛等。

◎ 第十二届正定"千年古韵"历史文化旅游节

时间：2011年4月至5月
地点：石家庄市正定县
主办单位：石家庄市旅游局、正定县人民政府
承办单位：正定县文物旅游局

隆兴寺有舞狮及民间花会表演；寺内进行大规模帝王礼拜大佛表演；龙腾苑举办大型茶艺表演活动。荣国府有雄县古乐表演；荣禧堂院内推出常山红楼大舞台活动。同时在宁荣街开办中华美食一条街。赵云庙举办第十一届子龙文化艺术节，主要内容有公祭赵云、游戏"捉放曹"、射箭、汉服照相等活动，门前进行常山战鼓表演。

◎ 深州桃花节

时间：2011年4月
地点：衡水市深州市景区

衡水深州市被称为"蜜桃之乡"，每年4月是蜜桃桃花盛开时节。届时，举办参观、游览、洽谈、签约等活动项目。

◎ 踏青金山岭万人穿越长城活动

时间：2011年4月
地点：承德市滦平金山岭长城

赏万亩杏花、采野菜、体验农耕、徒步古长城等活动。

◎ 第四届青龙官场梨花节

时间：2011年4月
地点：秦皇岛市青龙满族自治县

赏梨花、摄影等活动。

◎ 唐山首届文化旅游节

时间：2011年4月
地点：唐山市
主办单位：唐山市旅游局

以"山水千章韵，传奇新唐山"为主题，举办"感恩唐山，绿色呼唤"万人手模添绿意活动、"吟唱唐山百年韵味"冀东文艺三枝花展演、"百年城市，岁月留香"唐山民俗展、"山水千章韵，风情大唐山"主题摄影展、"拥抱家乡山水，约会浪漫春天"旅游景区和旅游产品宣传展、蓝带啤酒狂欢大赛、海峡两岸美食展等活动。

◎ 唐山清东陵首届万众祈福盛典

时间：2011年4月
地点：唐山市清东陵风景区
主办单位：遵化市人民政府、清东陵景区管委会
承办单位：清东陵文物管理处、遵化市旅游局

清东陵是中国现存规模最大、体系最完整的清代帝王陵寝建筑群，共建有顺治、康熙、乾隆、咸丰、同治等帝陵5座，孝庄、孝惠、慈安、慈禧等皇后陵4座，妃园寝5座，是驰名海内外的世界文化遗产。祈福盛典源于清代皇家礼仪，后经提炼升华，成为别具一格的吉祥文化活动。本次活动以"风水宝地清东陵、祈福纳祥佑子孙"为主题，举办万人为国家祈福，为民众祈福，共同祝愿国泰民安、风调雨顺的盛大活动。

◎ 第四届中国·怀来海棠花节

时间：2011年4月至5月
地点：张家口市怀来县小南辛堡镇

本届海棠花节主题为"保护·传承·发展"，活动期间，重点向游客推出海棠花园观景、湖滨休闲听风、样边长城探幽、泪阳遗址怀古、葡萄庄园品酒等旅游项目。还举办海棠花摄影、笔会等文化活动以及项目推介、商贸洽谈等活动。

◎ 北戴河第七届轮滑节

时间：2011年4月至5月
地点：秦皇岛市北戴河景区
主办单位：国家体育总局社会体育指导中心、中国轮滑协会
承办单位：河北省体育局、秦皇岛市体育局、北戴河区人民政府

其间，举办全国溜溜刷街活动、第二届北戴河国际轮滑高峰论坛、海岸星空狂欢暨沙滩露营大会、全

国轮滑视频展播会、轮滑物品拍卖会、冠军签名收集等系列活动。

◎ 第十二届河北顺平桃花节

时间：2011年4月至5月
地点：保定市顺平县
主办单位：保定市旅游文物局、顺平县人民政府
承办单位：顺平县旅游局

每年4月几十万游人云集在这里踏青赏花，形成具有综合性、规模性的观赏旅游景区。节日期间各桃花景区都要举办丰富多彩、浓香风味的文化、娱乐、商贸活动。餐饮、住宿、"农家乐"别具特色。

◎ 五龙圣母庙会

时间：2011年5月
地点：石家庄市井陉县长岗村

五龙圣母庙会已有2000多年的历史。其主要内容就是"接龙母"。农历三月二十九，参加人员步行至青云山龙拱洞接上龙母后回返。沿途，迎接的队伍会串走当地9个村庄，农历九月二十九再将"龙母"送回。庙会期间不仅有各种精彩的井陉特色文化表演，还有特色小吃及手工艺商品展卖活动。

◎ 2011藤龙山登山健身节

时间：2011年5月
地点：石家庄市平山县藤龙山景区

藤龙山位于平山县王坡乡北部，是一处集地质景观、森林生态、人文历史景观于一身的原生态自然风景区。其间，除了举办不同规模的登山比赛之外，景区还陆续推出大型篝火晚会和有奖征文、摄影等活动。

◎ 孟姜女庙庙会

时间：2011年5月
地点：秦皇岛市孟姜女庙景区

邀请地方秧歌、太平鼓、太极剑表演，东北二人转专场表演及以歌颂孟姜女为题材的歌曲弹唱。

◎ 2011中国·迁西梨花节

时间：2011年5月
地点：唐山市迁西县

举办百名作家记迁西、百名画家画迁西、百名摄影家看迁西等系列活动。

◎ 第十九届国际药材节暨2011年中国安国药材医药保健品交流会

时间：2011年5月
地点：保定市安国市
主办单位：河北省人民政府
承办单位：安国市人民政府

其间，举办中国中药可持续发展高层论坛以及联办单位和知名医药企业首席代表的座谈会；举行纪念药王邳彤文化活动和中医专家义诊；中医疗法、中药材加工技艺展示；中药饮片、中药材、调料、药材加工机械、医药、保健品、医疗器械展示展销等活动。同时还举行"振兴安国药业经济"项目推介会暨招商引资优惠政策新闻发布会，推介招商项目情况并举办部分项目签约仪式。

◎ 北岳庙庙会

时间：2011年5月
地点：保定市曲阳县北岳庙

每年一届的传统北岳庙庙会，是群众自发组织的。活动有品尝风味小吃，以及丰富的各种民俗表演等。

◎ 白洋淀踏青生态节

时间：2011年5月
地点：保定市安新县白洋淀景区

跟渔民学划船、学捕鱼、打水仗；观看鱼鹰表演、欣赏民间音乐等。

◎ 罗敷采桑节

时间：2011年5月至6月
地点：邯郸市邯郸县古石龙景区

每年的5、6月，正是采桑的好时节。游客可参与丰富多彩的采摘大赛，欣赏大型史诗歌舞《罗敷采桑》和《赵王出宫》等文艺表演，还可参与摄影大赛等活动。

6月

◎ 第十一届中国承德国际旅游文化节暨国际管乐艺术节

时间：2011年6月
地点：承德市
主办单位：河北省旅游局、承德市人民政府、中国音乐家协会管乐学会
承办单位：承德市委宣传部、避暑山庄及周围寺庙景区管理委员会、承德市旅游局等

其间，来自韩国，中国台湾、澳门、北京等地的15家中外优秀管乐艺术团，会同承德市鼎盛王朝康熙大典演出团体共同为中外来宾和承德市民奉献精彩的文化盛宴。此外，还召开承德重点产业发展暨投资贸易促进报告会、承德市开发区招商会、承德旅游推介会以及特色旅游文化活动。

◎ 2011中国秦皇岛祖山天女木兰文化节

时间：2011年6月
地点：秦皇岛市祖山景区
主办单位：秦皇岛市祖山旅游开发公司

以天女木兰花的稀有性、珍贵性为亮点，围绕天女木兰文化展开系列活动，包含净化心灵大型慈善演出、祖山论坛、明灯祈福大法会等大型活动，使游客体验到真正震撼心灵的精神之旅。

◎ 山海关第六届大樱桃节

时间：2011年6月
地点：秦皇岛市山海关区

有大樱桃采摘、乡村旅游体验、星级大樱桃采摘园评选、大樱桃以及樱桃深加工产品、山海关土特产、山货展销会、大樱桃文艺演出等。

◎ 第八届秦皇望海祈福文化旅游节

时间：2011年6月至7月
地点：秦皇岛市
主办单位：中华文化促进会、中共河北省委宣传部、河北省文化厅、河北省旅游局、中共秦皇岛市委、秦皇岛市人民政府
承办单位：中共秦皇岛市委宣传部、秦皇岛市文广新局、秦皇岛市旅游局、中共秦皇岛市海港区委、秦皇岛市海港区人民政府、中视实业发展有限责任公司

本次文化旅游节的主题是"传承祈福文化，共享海港生活"。内容包括祈福求仙、海边游园等"逛码头"传统民俗等活动。

◎ 天河山第四届端午文化节

时间：2011年6月
地点：邢台市天河山景区
主办单位：中共邢台市委宣传部、邢台市旅游局、邢台市文化局

在文化节期间，游客可登云顶草原，观龙舟大赛，放河灯，参加喝啤酒大赛，还可加入漂流等水上狂欢互动活动。

◎ 第三届中国·迁西栗花节

时间：2011年6月至7月
地点：唐山市迁西县

6月，地处燕山南麓、长城脚下的"中国板栗之乡"——河北省迁西县栗花绽放，浓香四溢。活动期间，陆续推出大型板栗交易会、栗乡风情书画摄影展、礼赞迁西——"一首好歌、一篇美文"优秀作品颁奖、"垂钓之乡"——迁西县全国库钓邀请赛等活动。

◎ 第四届河北省民俗文化节

时间：2011年6月至8月
地点：石家庄市体育学院
主办单位：河北省文化厅、河北省体育局

举办文化演出、非遗系列展演、地方美食联展、传统手工艺展示、民俗摄影展览等活动。

◎ 邢台九龙峡山水旅游节

时间：2011年6月至8月
地点：邢台市九龙峡景区

举办端午传统文化节、泼水节、烧烤美食啤酒节、避暑度假节等活动。

 **7 月**

◎ 第二届中国剪纸艺术节暨首届蔚县国际剪纸艺术节

时间：2011 年 7 月
地点：张家口市蔚县
主办单位：中国文学艺术界联合会、中国民间文艺家协会、中共河北省委宣传部、河北省文学艺术界联合会、河北省文化厅、河北省旅游局、张家口市人民政府
承办单位：中共蔚县县委、蔚县人民政府

在为期 3 天的艺术节上，举办风情独具的开幕式和民俗文艺表演、艺术节剪纸艺术精品展、成立中国剪纸艺术交流联谊会、中国剪纸博物馆落成开馆仪式、组织中外剪纸艺术家到中国剪纸第一村南张庄深入民间作坊、经贸洽谈与项目发布签约等活动。

◎ 张家口坝上草原旅游文化节

时间：2011 年 7 月至 9 月
地点：张家口市坝上草原
主办单位：河北省旅游局、张家口市人民政府
承办单位：张家口市旅游局、张家口市文化局、张北县人民政府

举办张家口旅游产品推介会、旅游商品以及项目签约、经济论坛等主题活动。马术表演、蒙古族"赛马、摔跤和射箭"三艺表演等文化系列活动更是成为文化节的亮点。

◎ 秦皇岛旅游购物节

时间：2011 年 7 月至 8 月
地点：秦皇岛市

其间，举办秦皇岛休闲旅游商品设计大赛、绘画大赛等系列活动。

◎ 第二十一届白洋淀荷花节

时间：2011 年 7 月至 9 月
地点：保定市安新县白洋淀景区
主办单位：安新县人民政府、保定市旅游局
承办单位：安新县旅游局

向人们展现千亩野生荷花淀的美景和近百种新引进的中国荷花新品种。其间还开展垂钓比赛、举办笔会和荷花书画摄影作品展，以及白洋淀赏月、品莲和水乡民俗风情表演。

 **8 月**

◎ 第十二届中国秦皇岛国际葡萄酒节

时间：2011 年 8 月
地点：秦皇岛市北戴河区

举办国际葡萄酒展览会、葡萄酒产区招商推介会、秦皇岛葡萄酒文化之旅以及中国葡萄酒经济年会暨秦皇岛国际葡萄酒产业发展峰会等多项主题活动。

◎ 秦皇岛第二届中华爱情节

时间：2011 年 8 月
地点：秦皇岛市北戴河、山海关、南戴河、昌黎县等地
主办单位：河北省文明办、中共秦皇岛市委、秦皇岛市人民政府

以"情同山海·圆梦夏都"为主题，举办北戴河情侣狂欢节、清华大学 100 对新婚夫妇集体婚礼、南戴河爱情互动活动、七夕节大型情歌演唱会等活动。

◎ 第五届河北省七夕情侣节暨第六届中国·邢台天河山七夕爱情文化节

时间：2011 年 8 月
地点：邢台市天河山风景区

河北省七夕情侣节暨中国·邢台天河山七夕爱情文化节是天河山重要的节庆活动。每到七夕这一天，山上山下人潮涌动，婚俗、民俗表演，集体婚礼，万人相亲，情侣漂流，一片热闹景象，给美丽的爱情山增添了一道道亮丽的风景。

◎ 中国·邢台第三届太行山文化节

时间：2011 年 8 月至 10 月
地点：邢台市
主办单位：中共河北省委宣传部、河北省文化厅、中共邢台市委、邢台市人民政府

开展平乡公路自行车赛、中国·邢台天河山情歌大赛、邢台特色文化产品展销会、邢台非物质文化遗产展演、邢台市文化产业项目招商洽谈会等活动。

9 月

◎ 满城华北航空旅游节

时间：2011 年 9 月
地点：保定市满城县汉墓景区

满城县已将滑翔伞这项特色体育活动开辟为满城传统的旅游节庆活动。汉墓景区现已发展成为集教学、培训、表演于一身的全国滑翔伞培训基地。届时有 20 多支代表队 100 多名运动员参加比赛。还特邀轻型飞机超低空特技飞行表演。

◎ 2011 中国·白沟旅游文化节

时间：2011 年 9 月
地点：保定市白沟新城
主办单位：河北省旅游局、保定市人民政府
承办单位：保定市旅游局、白沟新城管委会

举办论坛 2011、中外相声小品大赛、白沟箱包新品发布会暨箱包设计大奖赛、旅游推介等活动。

◎ 中国吴桥国际杂技艺术节

时间：2011 年 9 月
地点：沧州市吴桥县
主办单位：文化部、河北省人民政府
承办单位：沧州市人民政府

吴桥国际杂技艺术节以其高定位、高起点、高品位成为中国杂技艺术领域举办历史最长、规模最大、影响最广泛的国家级、国际性杂技节活动。来自世界各地的杂技艺术家在舞台上大显身手，精心奉献艺术精品。

◎ 中国女娲文化节

时间：2011 年 9 月
地点：邯郸市涉县娲皇宫景区

举办大型演出以及公祭仪式、民间祭祖、中国女娲文化研讨会、民间文艺会演等活动。

◎ 中国·石家庄第四届国际动漫节

时间：2011 年 9 月至 10 月
地点：石家庄市
主办单位：河北省委宣传部、石家庄市人民政府

举办石家庄市动漫原创作品大奖赛和动漫文化讲座等活动。

◎ 首届中国石家庄（藁城）温泉旅游节

时间：2011 年 9 月至 10 月
地点：石家庄市藁城市

以"东部养生温泉，旅游度假藁城"为主题。举办温泉旅游发展与养生文化论坛、著名书画家笔会、温泉摄影作品展、温泉模特表演等活动。

10 月

◎ 赵州雪梨采摘节

时间：2011 年 10 月
地点：石家庄市赵县赵州梨园
主办单位：赵县人民政府
承办单位：赵县文物旅游局

10 月采摘节时，雪梨成熟，香气四溢，游客可以亲手摘果子，体验田园生活乐趣，也可参加各种丰富多彩的互动节目。

◎ 中国廊坊国际热气球节

时间：2011 年 10 月
地点：廊坊市廊坊国际会议展览中心
主办单位：廊坊市人民政府
承办单位：廊坊市旅游局

举办喷火游行、热气球亮球表演、热气球飞行表演、空中体验飞行、热气球主题摄影大赛及图片展等。

◎ 中国保定敬老健身节

时间：2011 年 10 月
地点：保定市
主办单位：河北省旅游局、保定市人民政府
承办单位：保定市旅游文物局

围绕敬老爱老、强身健体主题，推广养生之道，进行按摩、针灸、中医诊断和武术、毛毽、铁球等表演。

11 月

◎ 第二届清河羊绒旅游文化节

时间：2011 年 11 月
地点：邢台市清河县

旅游产品推介会、产品创新和研发设计讲座、地方小吃节等活动。

◎ 中国崇礼第十一届国际滑雪节

时间：2011年11月至2012年4月
地点：张家口市崇礼县万龙滑雪场等
主办单位：国家旅游局、国家体育总局、河北省人民政府
承办单位：张家口市人民政府、国家体育总局冬季运动管理中心、河北省旅游局、河北省体育局
协办单位：张家口市旅游局、张家口市体育局、崇礼县人民政府、万龙滑雪场、多乐美地滑雪度假山庄、长城岭高原训练基地

本届滑雪节以"滑天然雪，享自然情，走进林海雪原"为主题，活动内容丰富多彩，具有较强的观赏性、参与性和娱乐性。举办大学生滑雪月、圣诞滑雪狂欢节，还可以穿林海跨雪原，参加冬季野外生存拓展训练，亲身体验极速运动带来的激情感受。

◎ 石家庄第六届清凉山冰雪旅游文化节

时间：2011年12月至2012年2月
地点：石家庄市清凉山滑雪场
主办单位：石家庄市人民政府、河北省旅游局
承办单位：石家庄市旅游局、石家庄市文化局、石家庄市体育局、井陉矿区人民政府
协办单位：清凉山滑雪场

以"冰雪激情促进社会和谐"为主题，以"弘扬旅游文化，促进全民健身"为主体，以"冰火游、黑白游、亲情游、激情游、同心游"为特色，即滑雪与温泉相结合，滑雪与竞技比赛相结合，滑雪与广交朋友相结合。举办清凉山篝火晚会、家庭滑雪表演赛、雪雕比赛、滑雪比赛、风光摄影大赛有奖征文等活动。

商务会展

◎ 第十七届河北（石家庄）国际医疗器械展览会

时间：2011年2月
地点：河北卓达国际会展中心
主办单位：石家庄市医疗器械行业协会、《中国医疗设备》杂志社、"网来天下"医疗电子商务平台
承办单位：河北汉威会展服务有限公司

X射线设备；医用超声仪器设备；医用磁共振设备；手术室、急救室、诊疗室设备及器具；医用电子仪器设备；检验分析仪器；物理治疗设备及中医器械；医用光学器具、仪器及内窥镜设备；手术器械；医用高频仪器设备；医用诊察器械等。

◎ 第十届河北社会公共安全产品博览会

时间：2011年3月
地点：石家庄国际博览中心
主办单位：河北省安全技术防范学会
承办单位：石家庄镇杰展览服务有限公司、河北长荣展览服务有限公司

监视监控防范系统、楼宇可视非可视对讲系统、防盗报警系统及防盗报警产品、门禁系统及门禁技术产品、生物识别系统、智能广播系统及设备等。

◎ 第八届河北装备制造业展览会

时间：2011年3月
地点：石家庄国际博览中心
主办单位：河北省工业经济联合会、河北省自动化学会、河北省模具工业协会、河北省职工焊割技术协会、河北省内燃机学会、河北省计量协会
承办单位：河北鼎亚展览服务有限公司

1. 机床类：金属加工机床、电加工机床、线切割机床、激光加工设备等；2. 锻压机床：机械压力机、油压机、压锻机等；3. 机床附件：机床工具、数控系统及其他配件等；4. 模具类：模具标准件、模具材料、模具成型设备及装置等。

◎ 第七届河北机床及模具技术设备展览会

时间：2011年3月
地点：石家庄国际博览中心
主办单位：河北省工业经济联合会、河北省模具工业协会
承办单位：河北鼎亚展览服务有限公司

各类机床及模具、模具技术设备展览。

第六届河北建筑节能及可再生能源科技产品博览会

时间：2011年4月
地点：石家庄国际博览中心
主办单位：河北省太阳能利用行业协会
承办单位：河北省石家庄镇杰展览有限公司

集中展示当今国内、国际太阳能领域的新科技、新产品、新理念，带动河北的相关单位与外界的交流与合作。

河北燃气应用与技术设备展览会

时间：2011年4月
地点：石家庄国际博览中心
主办单位：河北省土木建筑学会、河北省地暖行业协会
承办单位：河北省住宅与房地产协会

燃气技术设备；燃气管网工程建设与地下管线管理技术设备；加油加气站专用技术设备；天然气工程建设与技术设备；各类节能燃气灶具和灶头、热水器、燃气表等民用燃气设备等。

2011河北石家庄烘焙食品工业展览会

时间：2011年4月
地点：河北卓达国际会展中心
主办单位：河北省轻工行业协会
承办单位：石家庄星桥会展服务有限公司

烘焙设备；冷冻冷藏保鲜设备、仪器仪表及自动化装置、不锈钢制品、烘焙器具、金属检测装置；酒店业设备，厨房设备，西餐、快餐、酒吧、咖啡厅配料及设备等。

第七届中国唐山国际汽车博览会

时间：2011年5月至6月
地点：唐山国际会展中心
主办单位：中国汽车工业国际合作总公司、中国国际贸易促进委员会河北省分会
承办单位：唐山东方国际会展中心有限公司

除举办各种车型展览外，配套活动有车模表演及大赛、新车推介、车体涂鸦大赛、"杜绝酒驾，从我做起"万人签名活动、展台风范设计评选活动。

2011中国·邯郸第二届国际工艺礼品、家居用品暨旅游商品博览会

时间：2011年5月
地点：邯郸国际会展中心

设有礼品、工艺品、家居用品展区；非物质文化遗产展示展区；现代艺术作品展示区；地方土特产及特色食品展区；中国著名风景名胜、星级饭店展区；旅行社、旅游用品展区等。

第十一届中国（承德）国际旅游文化投资贸易洽谈会

时间：2011年6月
地点：承德市
主办单位：中国国际贸易促进委员会（中国国际商会）、河北省人民政府
承办单位：中国国际贸易促进委员会河北分会（河北省国际商会）、承德市人民政府

开展论坛、旅游推介会、商贸等活动。

第八届河北医疗器械展览会

时间：2011年8月
地点：石家庄人民会堂会展中心
主办单位：石家庄市医学会、石家庄市医院协会、石家庄市民营医疗机构协会、河北医疗器械展览会组委会

诊断设备、治疗设备、生化及实验室设备等。

9月

◎ 第十六届中国廊坊国际生态建筑建材及城市建设博览会

时间：2011年9月
地点：河北廊坊国际展览中心
主办单位：住房和城乡建设部、河北省住房和城乡建设厅、廊坊市人民政府、中化国际招标有限责任公司
承办单位：山东新丞华展览有限公司

设有高峰论坛、主题展览等活动。主题展览又是实质性内容，包括全国有特色的和谐城市展、全国生态建筑建材技术展、全国城市建设配套设施展、河北城镇三年大变样展等。

◎ 第十四届中国唐山国际陶瓷博览会

时间：2011年9月
地点：唐山国际会展中心
主办单位：中国国际贸易促进委员会、轻工业联合会、河北省人民政府
承办单位：唐山市人民政府、中国国际贸易促进委员会河北分会

大型陶瓷、陶瓷机械及相关产品的展示交易活动，以及参观陶瓷展厅、选购陶瓷精品等活动。

山西

节庆文化活动

◎ 吕梁第二届年俗文化节

时间：2011年1月至2月
地点：吕梁市孝义市

吕梁市拥有国家级非物质文化遗产保护项目12个，国家级文物保护单位17处。临县秧歌、中阳剪纸、孝义皮影木偶、柳林盘子、岚县面塑等一批年俗文化产业项目，已成为地方文化产业发展的重要支撑点。本届文化节推出民间艺术作品展览、迎新春彩灯展、民间歌手大赛、民间舞台艺术展、年俗文化观摩、"孝义"文化论坛等活动。

◎ 中国·清徐架火节

时间：2011年2月
地点：太原市清徐县

活动以戏曲、社火表演为主，突出清徐文化特色。有民间文艺表演、架火烟火晚会、彩门楼展示等。

◎ 晋商社火节

时间：2011年2月
地点：晋中市介休绵山、平遥古城、乔家大院等地

社火作为一种广泛存在于晋中民间的传统表演艺术，已成为富有喜庆、吉祥、祝福等美好愿望的民间娱乐活动。进行各种演出和街头文艺表演，有抬棍、背棍、旱船、高跷、舞龙、抬花轿、民间八音会、晋剧、秧歌等，可谓集民间艺术之大成，熔民族精华于一炉。

◎ 九曲黄河灯会

时间：2011年2月
地点：朔州市平鲁区

会期一般为3~5天，白天唱戏，晚上转九曲。九曲，即用木杆或玉米秆扎成弯弯曲曲的道路，当地讲究"摸摸老杆（秆），祛病延年"。木杆上端置有圆形木质灯托，灯数一般为365盏（闰年另加30盏），象征一年365天。灯场中心，竖一根高达7~10米的"老杆"，上面挂有大灯笼，灯场外面有许多用块炭垒砌成的圆锥形的"旺火"。吉时一到，鸣炮三声，这时场内灯光齐亮，场外的"旺火"冲天。秧歌队披红着绿，载歌载舞，各种社火队伍及村中男女老少，也依序进阵。人们自由自在地徜徉，一派热闹景象。当活动进入高潮，老杆上的烟火越烧越旺，上下鞭炮齐鸣，会场热闹非凡，一派欢声笑语。

◎ 保德县第十四届黄河文化艺术节

时间：2011年3月
地点：忻州市保德县

黄河文化艺术节由保德县传统正月二十五古会演变而来。历史上，正月二十五古会是辛苦了一年的人们唯一可以放松一下自己的好日子。当然，娱乐是最主要的内容。自1997年始，古会更名为黄河文化艺术节以来，

在保德县人眼中，它就像央视的春晚一样，成为全县人民在年前就热切盼望的一项重要年事活动。同时，也把它变成了一场招商引资、展示风貌的盛会。

◎ 第二十一届中国洪洞大槐树寻根祭祖大典

时间：2011年4月
地点：临汾市大槐树寻根祭祖园

大槐树"根祖"文化，是洪洞县独具特色的历史文化资源。本届活动举办第四届洪洞名优小吃节、"根祖杯"全国当代书法名家邀请展、洪洞剪纸展、戏剧表演、纪念先烈清明扫墓活动、寻根祭祖大典、栽植纪念树、安塞腰鼓表演等活动。

◎ 第三届中国·古县牡丹文化旅游节

时间：2011年4月至5月
地点：临汾市古县牡丹景区
主办单位：中共古县县委、古县人民政府

文化节以"天下第一牡丹，和谐魅力古县"为主题。举办书画笔会、摄影比赛、有奖征联大赛、钓鱼比赛、蒲剧戏曲晚会，以及秧歌、竹马旱船、高跷、八音会等民俗文化表演等活动。

◎ 首届中国·山西·蒲县东岳文化旅游节

时间：2011年4月至5月
地点：临汾市

开展大型文艺活动、东岳文化高峰论坛、"绿映蒲县"全国书画大赛等活动。

◎ 中国·珏山道教文化艺术节

时间：2011年4月
地点：晋城市珏山景区

本次道教文化艺术节分为六大活动项目：登珏山圣地、观锣鼓雄风、祈国泰民安、听老腔豪迈、品珏山盛宴、看传统表演。

◎ 介休·中国清明（寒食）文化节

时间：2011年4月
地点：晋中市介休市世纪广场
主办单位：中国文联、山西省人民政府
承办单位：中国邮政集团总公司、中国民协、中共山西省委宣传部、山西省文明办、山西省文联等

本届文化节分为主题文化、主题民俗、主题缅怀、主题体验四大系列。其中，"五大文化品牌体验"活动带领游客穿梭时空、亲近自然。到清明（寒食）节的发源地，春秋时期晋国名臣介子推割股奉君故事的原发地——介休绵山，近距离体验"活化石"般的寒食民俗，感受绵山自然景观的"奇、险、秀"和人文景观的"古、巧、绝"；到"全国十大魅力名镇"——张壁古堡，体验古代军事文化，感受"地上地下双城子，堡垣庙院博物村"的反风水建筑奇迹；中国琉璃艺术博物馆——后土庙，体验中国琉璃艺术瑰宝；到中国祆教第一楼——祆神楼，体验独特的祆教文化；到中国古玩第一镇——张兰，体验享誉全国的古玩文化。此外，介公祠公祭介子推、清明民俗活动、寒食精品展和唱响经典——缅怀先贤先贤美文朗读活动较前三届也有很多新增内容。

◎ 山西清徐第四届桃花节

时间：2011年4月至5月
地点：太原市清徐县马峪乡

举办踏春游、农家乐休闲、果树认养、手机摄影大赛、征文比赛等传统项目活动。

◎ 龙潭公园第三届海棠文化节

时间：2011年4月至5月
地点：太原市龙潭公园
主办单位：太原市园林局

活动包括海棠花会、海棠精品盆景展、海棠文化长廊、文艺表演等多项活动内容。

◎ 第十一届五老峰登山节

时间：2011年4月至5月
地点：运城市永济五老峰风景区
主办单位：国家体育总局登山管理中心、山西省体育局、运城市人民政府
承办单位：中共运城市委宣传部、运城市体育局、运城市旅游局、永济市人民政府

来自全国各地的千余名登山爱好者齐聚五老峰，在

全长 7.2 公里竞速赛道上展开激烈角逐，有团体、个人登山健身大赛等活动。

5 月

◎ 迎泽公园第三届公园文化节

时间：2011 年 5 月
地点：太原市迎泽公园

推出藏经楼综合文艺表演、戏曲角（老百姓大戏台）戏曲表演、民间艺术展示、牡丹园书画笔会、少儿书法和绘画展示、牡丹和郁金香花卉与盆景艺术展、园林城市成就图片展、山西雀鸟大赛暨爱鸟图片摄影展活动、老百姓摄影展等。

◎ 炎帝农耕文化节

时间：2011 年 5 月
地点：晋城市高平市神农镇

公祭神农炎帝仪式、摄影书画大赛、上党梆子戏曲票友大赛、全省钓鱼锦标赛、神农炎帝文化高层论坛等大型系列活动。

◎ 广胜寺古庙会

时间：2011 年 5 月
地点：临汾市洪洞县广胜寺

庙会期间，霍州市、汾西县、临汾市、襄汾县、安泽县、古县、侯马市的客商、游人、赶会的男女老幼，络绎不绝地从四面八方向广胜寺会聚。庙会期间，广胜寺前售货的、摆地摊的、跑马卖艺的、演戏的、耍杂技的各显其能，吸引着广大顾客和游人。

◎ 乡宁油糕会

时间：2011 年 5 月
地点：临汾市乡宁县

"油糕会"期间，乡宁县山城便成了一个油糕世界。不足 1 平方公里的地盘，油糕摊点多达四五十家。每个油糕摊前，被人围得水泄不通。油糕锅里捞出的油糕，常常不能满足游客的需要。到这里赶"油糕会"的群众，以吃饱吃足油糕为美。乡间一些年纪大或患病不能出门进县城的老人和病人，也要让人捎买几包油糕，在家中饱餐，分享其乐。因而，乡宁县境内有"宁穷一年，不穷一天"，"有钱无钱，吃糕过会"的民间谚语。

6 月

◎ 大同城隍庙会

时间：2011 年 6 月
地点：大同市城隍庙

每年农历五月十一的拂晓，都要在大同城隍庙内举行隆重的祝寿仪式。其间，每天由两个戏班子同时对演大戏。晚上除演戏外，还有佛门高僧念平安经。这时，练拳、卖艺、变戏法、耍马戏的各路豪杰也云集庙会。本届庙会增加了不少新的亮点，使游客在体验丰富的文化活动、体育活动、科普活动的同时，欢乐、祥和地度过一段美好的时光。

◎ 北方水城中国沁州第三届端午民俗文化节暨全国龙舟邀请赛

时间：2011 年 6 月
地点：长治市沁县
主办单位：中国民间文艺家协会、山西省文明办、山西省旅游局、山西省体育局、山西广播电视总局、长治市人民政府
承办单位：山西省旅游文化协会、山西省龙舟协会、中共长治市委宣传部、长治市体育局、沁县人民政府

举办水上龙舟竞渡、民间文艺表演、地方名产名吃展销、百对新人水上婚礼以及水上娱乐等系列活动。

◎ 长治中华祈福文化旅游节

时间：2011 年 6 月
地点：长治市
主办单位：中共山西省委、山西省旅游局、中国公益事业促进会
承办单位：长治市委、长治县政协、香港大公报、长治太行山海经文化产业发展有限公司

上万名嘉宾欢聚在天下都城隍太极广场，共同见证拜祭天下都城隍、祈福国泰民安的盛大庆典。此外，还举办"红旗·红星·红土地，庆祝建党 90 周年"摄影展、书画摄影展览、文化创意论坛、游客观光旅游和文化项目洽谈等系列活动。

◎ 中国（晋城）太行山国际文化旅游节

时间：2011 年 6 月
地点：晋城市
主办单位：中共山西省委宣传部、中共晋城市委、晋城市人民政府

以"太行风情，活力晋城"为主题，包括中国（晋城）太行山文化艺术周、第三届中国（晋城）棋子山国

际围棋文化节、第四届中国（晋城）太行山旅游文化月和第三届中国（晋城）投资贸易洽谈会等。

◎ 2011 中国·太原雪花啤酒节

时间：2011年6月至7月
地点：太原市山西省体育场
主办单位：中国国际贸易促进委员会太原分会、太原市会展工作办公室、新晋商联盟文化传播集团、山西晚报社、华润雪花啤酒（山西）有限公司

其间，市民、游客不仅可品尝到鲜美啤酒和各地小吃，还可以观看文艺节目、参加各种类型的啤酒畅饮大赛。

◎ 五台山第二届国际旅游文化月

时间：2011年6月至7月
地点：忻州市五台县
主办单位：中共忻州市委、忻州市人民政府
承办单位：中共忻州市委宣传部、中共五台县委、五台县人民政府、五台山管理局

文化月以"智慧人生，和谐世界"为主题，为期1个月。集中展示五台山佛教文化、精美绝伦的古建艺术和神奇的自然风光。举办五台山世界遗产保护研讨会等活动。

◎ 2011 中国·和顺首届乡村艺术节暨第五届牛郎织女文化旅游节

时间：2011年7月至8月
地点：晋中市和顺县

和顺县被中国民间文艺家协会命名为"中国牛郎织女文化之乡"。活动分为主题活动、文化活动、民俗活动、经贸活动和景区活动。陆续推出"恩爱夫妻"评选、"七夕"讲坛、开幕式、民俗婚庆、展销一条街和景区游览活动。

◎ 2011 第四届王莽岭避暑旅游节暨首届王莽岭帐篷节

时间：2011年7月至10月
地点：晋城市陵川县王莽岭景区
主办单位：陵川县人民政府、山西兰花煤炭实业集团有限公司

王莽岭景区夏季平均气温22℃，景区内森林植被覆盖率高达96%以上，每立方厘米空气中负氧离子含量高达8.9万个，是天然的原生态森林氧吧和理想的避暑休养之处。活动期间举办扎帐篷比赛、旅游合作商论坛、户外美食评比大赛、王莽岭电影展播、登山比赛、户外露营知识讲座、喝啤酒趣味大赛、户外慈善捐助、篝火晚会、CS模拟枪战、户外用品展等一系列活动。

◎ 晋祠古庙会

时间：2011年8月
地点：太原市晋祠

每年七月初二前后，晋祠要唱几台晋剧，同时还有传统的民间社火活动。像背棍、铁棍、龙灯、旱船，应有尽有，热闹非凡。方圆数百里的百姓，聚集到这里，烧香拜佛、求神祈雨，以求丰收、安乐的年景。逐渐地，"七月初二"成了晋祠附近百姓一年一度的城乡物资交易大会。晋祠古庙会期间，太原市郊各县的贸易公司，到晋祠附近摆摊设点，商品源源不断地被运到晋祠。

◎ 第二届中国·右玉西口风情生态旅游文化节

时间：2011年8月
地点：朔州市右玉县
主办单位：中共山西省委宣传部、中共朔州市委、朔州市人民政府

举办西口文化旅游产品及农副产品展、农家生活乡村体验活动、西口文化论坛、自驾拉力赛体验、西口风情周边城市自驾游等活动。

◎ 首届中国雁门关国际边塞文化旅游节

时间：2011年8月
地点：忻州市雁门关风景区
主办单位：中共代县县委、代县人民政府
承办单位：雁门关风景区

雁门关非物质文化遗产展、雁门关旅游纪念品及地方名优特产展等活动。

9 月

◎ 第八届中国民间艺术节暨大同云冈文化艺术节

时间：2011年9月
地点：大同市
主办单位：中共大同市委宣传部、大同市人民政府办公厅、中国民族书画研究院

来自全国的30多位书画家以其精湛的技艺向世人呈现大同文化之都、旅游之都的形象。本次活动分为启动、创作、捐赠3个环节。

◎ 2011年中国·长治太行山大峡谷国际攀岩节

时间：2011年9月
地点：长治市太行山大峡谷

攀岩节期间，举办国际攀岩精英赛、全国攀岩锦标赛、大峡谷风光摄影大赛、美食节、欢乐购物节等活动。

◎ 平遥国际摄影大展

时间：2011年9月
地点：晋中市平遥县
主办单位：中国摄影家协会、中共山西省委宣传部、山西省文化厅

以"瞬间·永恒"为主题，开展一系列的图片展览、主题活动、艺术活动以及颁奖仪式。同时，平遥各界还以此为契机，举办一系列的招商引资活动。

◎ 中国运城国际关公文化节

时间：2011年9月
地点：运城市
主办单位：中共运城市委、运城市人民政府
承办单位：运城市文化局、运城市文物局、运城市旅游局、山西解州关帝庙

举办开幕式暨全球华人金秋大祭、大型文艺晚会活动、非物质文化遗产展示暨关公文化产品博览会、历代关帝圣像国宝文物展示、大型旅游产品推介会、海峡两岸关公文化论坛等活动。

10 月

◎ 陵川红叶节

时间：2011年10月
地点：晋城市陵川县
主办单位：晋城市旅游局、陵川县人民政府

在长达一个月的红叶节中，游客除了能欣赏绵延数十公里的红叶林带外，还可进入凤凰欢乐谷景区。在原始森林里，众多的飞瀑、深潭、怪石、古树成为集江南水乡秀色和北方山势磅礴于一身的避暑、休闲、娱乐、探险的胜地。

商务会展

3 月

◎ 2011山西打印技术设备及办公用品展览会

时间：2011年3月
地点：山西省展览馆
主办单位：太原天天展览服务有限公司、郑州天天广告有限公司、郑州天天会展服务有限公司
承办单位：太原天天展览服务有限公司

办公机具、办公自动化、文件印刷设备、文件整理设备、打印耗材类等。

4 月

◎ 太原春季房地产展示交易会

时间：2011年4月
地点：中国煤炭博物馆

展会涵盖了太原市所有大型楼盘项目，如太原恒大绿洲、太原奥林匹克花园、十二苑城、昌盛双喜城、滨河城、龙城、太原富力城、圣湖观澜国际、绿地半山国际等。

◎ 第十届太原煤炭工业技术装备展览会

时间：2011年4月
地点：山西省展览馆
主办单位：山西省煤炭工业厅、山西省煤矿安全监察局、山西省煤炭工业协会

1.展示煤炭工业企业依靠科技进步，实施科技兴煤战略，提升行业竞争力取得的成果；2.地质勘测、基建施工技术装备；3.煤矿采煤、运输、通风、排水等各环节技术装备；4.煤炭洗选加工工艺及技术装备；5.煤炭焦化、气化、液化和煤层气利用技术装备；6.矿业节能、降耗及环保技术装备；7.矿井电气、供配电、电缆等设备；8.煤矿安全、劳动防护、矿山救护与灾害防治技术设备。

◎ 第六届中国山西厨卫用品及配套设施博览会

时间：2011年4月
地点：中国煤炭博物馆
主办单位：山西省建筑装饰协会
承办单位：太原国博会展有限公司

橱柜衣柜、厨卫电器、生活小家电、门类产品、空气和水净化展等。

◎ 第五届中国（山西）太阳能、热泵采暖供热展览会

时间：2011年4月
地点：山西煤炭博物馆
主办单位：中国建筑装饰协会、山西省建筑装饰协会

制冷机组、太阳能源等。

◎ 第六届中国（山西）节能采暖供热、锅炉、空调热泵展览会

时间：2011年4月
地点：中国煤炭博物馆
主办单位：中国建筑装饰协会

采暖供热、锅炉、空调热泵等产品。

◎ 山西医疗器械展览会

时间：2011年5月
地点：山西省展览馆
主办单位：全国医药技术市场协会、山西省医疗器械工业公司、中英合资好博塔苏斯展览公司
承办单位：湖北好博塔苏斯展览有限公司、太原新特展贸策划有限公司

1.医用影像类：X线诊断设备、超声诊断设备、核医学设备等；2.监护类：各种动态监护、血氧监护、手术监护、产妇监护、胎儿监护等；3.手术类：无影灯、手术床、麻醉剂、高频电刀、骨科器械、整形设备等；4.口腔类：牙科椅、口腔各种治疗仪器及材料等。

◎ 2011第四届中国（太原）国际暖通空调、太阳能及热泵技术展览会

时间：2011年7月
地点：山西省展览馆
主办单位：山西省住房和城乡建设厅
承办单位：山西省建设科技推广与建筑节能监管中心、山西心天文化传播有限公司

暖通空调、太阳能、热泵技术等。

◎ 第六届山西酒饮食品博览会

时间：2011年8月
地点：中国煤炭博物馆
主办单位：山西省商务厅、中国国际贸易促进委员会山西分会、山西省工业经济联合会
承办单位：山西万联会展有限公司、太原市会展工作办公室

1.酒类：各种白酒、啤酒、葡萄酒、红酒、黄酒、果露酒、洋酒等；2.饮料类：果汁、碳酸类饮料、饮用水、乳制品、醋饮料、新型饮品等；3.醋类：老陈醋、香醋、保健醋以及传统酿造工艺等；4.食品类：各类老字号食品、绿色安全食品、方便食品、休闲食品、进口食品等；5.保健品类：保健酒、保健食品、保健营养品等；6.包装类：酒、饮料、醋、食品的包装制品及相关的商标、印刷品等；7.设备类：各种食品工艺及装备等；8.其他类：调味品、食品的原辅材料、生物制剂、饮用器具、投资招商项目等。

◎ 山西太原国际煤炭工业装备与能源展览会

时间：2011年9月
地点：山西省展览馆

开展煤炭装备与能源技术交流、产业合作、采购产品、发布技术和产业展示等活动。

内蒙古

节庆文化活动

◎ 赤峰市冰灯艺术节

时间：2011年1月
地点：赤峰市红山公园
主办单位：赤峰市建委、赤峰市旅游局、中共红山区委、红山区人民政府
承办单位：红山区园林处

市民不但可以欣赏到五彩缤纷、晶莹剔透的冰灯艺术作品，还可以欣赏到来自俄罗斯、哈萨克斯坦、巴基斯坦的艺术家们表演的冰上芭蕾、盛装歌舞等独具异国风情的精彩文艺节目。

◎ 鄂托克前旗首届冬季旅游摄影节

时间：2011年1月
地点：鄂尔多斯市鄂托克前旗

本届摄影节以"魅力前旗，祥瑞草原"为主题，举办了鄂尔多斯祭祀文化采风、马文化采风、大沙头骆驼文化及沙漠摄影采风、鄂尔多斯婚礼真实版文化摄影采风、中国艺术摄影学会主席团作品展、魅力鄂托克前旗摄影展等大型图片展及系列采风活动。

◎ 第五届苏尼特骆驼文化节

时间：2011年1月
地点：锡林郭勒盟苏尼特右旗额仁淖尔苏木
主办单位：苏尼特右旗旗委、苏尼特右旗人民政府

进行赛骆驼、赛马、骆驼选美、驯驼、驼球比赛、种公驼评选、民族服饰团体赛以及蒙古式摔跤、捻驼毛绳子、骆驼文化与产业开发国际研讨会等。

◎ 多伦淖尔冰雪节

时间：2011年1月
地点：锡林郭勒盟多伦县

冰雪节期间举办猜灯谜、烟火晚会、滑冰邀请赛、音乐会等活动。

◎ 喜庆和林·元宵灯会

时间：2011年2月
地点：呼和浩特市和林盛乐百亭园

观灯、猜谜、烟火、民俗表演等活动。

◎ 巴斯克节

时间：2011年4月
地点：呼伦贝尔市额尔古纳市
主办单位：呼伦贝尔市旅游局
承办单位：额尔古纳市旅游局

游客可深入俄罗斯族家庭同他们一起撞彩蛋，品尝俄罗斯风味美食，住木刻楞房子，观看俄罗斯族歌舞表演，同他们一同欢度节日。

◎ 准格尔召嘛呢会

时间：2011年4月
地点：鄂尔多斯市准格尔召旅游区

祭敖包、礼佛、转召、跳查玛舞等活动。

◎ 2011中国·内蒙古响沙湾沙漠度假摄影旅游周

时间：2011年4月至9月
地点：鄂尔多斯市响沙湾景区

举办全国摄影大展暨响沙湾优秀摄影师评选、响沙湾主题摄影日等活动。

◎ 丁香花开旅游节

时间：2011年4月至12月
地点：呼和浩特市新城区

举办开幕式、"四季新城"旅游摄影采风、丁香节、旅游景点推介、农家风情体验等活动。

5月

◎ 回民区旅游文化节

时间：2011年5月
地点：呼和浩特市回民区大青山野生动物园

开展民俗特色表演、展示，进行物资交流等活动。

◎ 宁城杜鹃花节

时间：2011年5月
地点：赤峰市黑里河国家自然保护区

森林浴、赏杜鹃花、登山旅游、采摘、文艺演出等。

◎ 呼伦贝尔杜鹃节

时间：2011年5月
地点：呼伦贝尔市扎兰屯市
主办单位：呼伦贝尔市旅游局
承办单位：扎兰屯市旅游局、鄂伦春自治旗旅游局、阿荣旗旅游局、莫力达瓦达斡尔自治旗旅游局

举办开幕仪式、观赏兴安杜鹃、参观国家4A级旅游景区吊桥公园等活动。

◎ 春季查干苏鲁克大祭

时间：2011年5月
地点：鄂尔多斯市成吉思汗陵旅游区

敖包祭祀、洒奶祭、溜园白骏祭等。

◎ 脑木更苏木骆驼文化节

时间：2011年5月
地点：乌兰察布市四子王旗脑木更苏木

文化节展示了300峰良种骆驼，并举办赛驼长跑、搏克比赛、驯驼与插鼻棍及优质种驼、母驼、骟驼评比等活动。

◎ 贺兰山广宗寺丁香节

时间：2011年5月
地点：阿拉善盟贺兰山广宗寺旅游区

有赏丁香、植树、贺兰山风光摄影比赛、民族歌舞表演及蒙古族长调民歌演唱、登山比赛、佛教朝圣等一系列活动。

◎ 阿尔山杜鹃节

时间：2011年5月至6月
地点：兴安盟阿尔山市

举办火红杜鹃摄影、走进杜鹃国家火山温泉地质公园摄影等活动。

◎ 2011古城玉泉旅游节

时间：2011年5月至9月
地点：呼和浩特市玉泉区西地村
主办单位：中共玉泉区委、玉泉区人民政府
承办单位：玉泉区旅游局、小黑河镇人民政府等

以"中华文化旅游年"为主题，举办采摘劳动体验、马头琴演奏大赛、那达慕和"朵日纳"大型成吉思汗祭奠、中华美食节暨素食论坛、书画笔会以及书画作品展览、相亲大会。

◎ 中国包头黄河湿地风情节

时间：2011年5月至10月
地点：包头市南海湿地景区
主办单位：包头市旅游局、中共东河区委、东河区人民政府
承办单位：包头市旅游局、东河区旅游局、南海湿地景区

举办趣味运动会、端午节龙舟赛、万人相亲会、南海垂钓大赛、铁人三项赛等活动。

6 月

◎ 第三届三娘子旅游文化节

时间：2011 年 6 月
地点：包头市土默特右旗美岱召旅游景区
主办单位：包头市旅游局、土默特右旗人民政府

再现传统庙会盛况，包括祭祀、宗教文化等，以及民族歌舞、服饰表演、登宝峰山、大型篝火文艺晚会。

◎ 科左后旗阿古拉双合尔·楚古兰节

时间：2011 年 6 月
地点：通辽市科左后旗阿古拉镇

科左后旗阿古拉双合尔·楚古兰节在农历五月初五举行。有祭敖包仪式、男儿三艺表演、蒙古族歌舞比赛、祭拜白塔、登山比赛、民间艺术表演、游泳比赛等活动。

◎ 青龙山登山节

时间：2011 年 6 月
地点：通辽市奈曼旗青龙山洼旅游区

登山比赛、文艺演出、端午祭祀、旅游招商引资等活动。

◎ 鄂温克瑟宾节

时间：2011 年 6 月
地点：呼伦贝尔市鄂温克族自治旗那达慕会场
主办单位：呼伦贝尔市旅游局
承办单位：鄂温克族自治旗旅游局

举办民族歌舞表演和搏克、布龙、赛马、赛骆驼、米日杆车等传统民族体育项目的比赛。

◎ 鄂伦春自治旗篝火节

时间：2011 年 6 月
地点：呼伦贝尔市鄂伦春自治旗
主办单位：呼伦贝尔市旅游局
承办单位：鄂伦春自治旗旅游局

同鄂伦春人一起举办篝火晚会、庆祝节日。届时还有鄂伦春自治旗乌兰牧骑表演助兴。

◎ 丹敖节

时间：2011 年 6 月
地点：呼伦贝尔市阿荣旗
主办单位：呼伦贝尔市旅游局
承办单位：阿荣旗旅游局

观看花甲寿表演，体验做打糕、拌朝鲜族咸菜、荡秋千、坐跷跷板，以及参与其他民俗游戏活动。

◎ 莫旗敖包节

时间：2011 年 6 月
地点：呼伦贝尔市达斡尔民族园

举办敖包祭祀盛会、民间曲棍球表演、民族民间文化展演等活动。

◎ 榆树壕蒙古长调旅游节

时间：2011 年 6 月
地点：鄂尔多斯市鄂托克前旗榆树壕蒙古长调旅游景区

大型庙会、品古榆圣水、原生态蒙古长调民歌比赛、筷子舞表演、赛马、摔跤、民族商品交易会等。

◎ 夏季淖尔大祭

时间：2011 年 6 月
地点：鄂尔多斯市成吉思汗陵旅游区

夏季淖尔大祭在每年农历五月初四举行。有摔跤、赛马、射箭、物资交流等活动。

◎ 首届沙漠风筝节暨第八届黄河（国际）邀请赛

时间：2011 年 6 月
地点：鄂尔多斯市响沙湾风景区

进行传统风筝类、夜光风筝类、特技运动风筝类、盘飞类、自由类、龙类的竞赛和表演活动。

◎ 康里草原风情节——敖包祭祀千峰骆驼节

时间：2011 年 6 月
地点：鄂尔多斯市巴拉贡镇巴音恩格尔嘎查
主办单位：中共杭锦旗委、杭锦旗人民政府
承办单位：杭锦旗旅游局、杭锦旗民族宗教事务局

举办骆驼节，演示"驼文化"全貌，举行赛驼、驼球、骑骆驼等体育活动。

◎ 神山旅游节

时间：2011年6月
地点：兴安盟神山

包括登神山比赛、乌兰牧骑专场演出、展示旅游资源、"兴安盟摄影家协会神山创作基地"牌匾揭牌、旅游推介、畅游神山等活动。

◎ 阿尔山杜鹃节

时间：2011年6月至7月
地点：兴安盟阿尔山市
主办单位：内蒙古自治区旅游局、兴安盟行政公署
承办单位：兴安盟旅游局、阿尔山市人民政府

开展"绿色兴安，火红杜鹃"——摄影家聚焦春日阿尔山活动、"追寻杜鹃，活力春游"——首都旅行商踩线活动、阿尔山杜鹃节旅游专题推介活动。

◎ 明安图敖包祭祀

时间：2011年6月
地点：锡林郭勒盟明安图镇

除有焚香、诵经、敬献祭品、祈福祈愿仪式等活动外，还有赛马、搏克等传统民俗表演。

◎ 2011中国·锡林浩特第八届国际游牧文化节

时间：2011年6月
地点：锡林郭勒盟贝子庙、额尔敦敖包山、锡林郭勒赛马场

祭祀额尔敦敖包，传统那达慕，民族工艺品（旅游商品）展示大赛，民族服装设计、制作、展示大赛，"敖包相会"晚会。

◎ 太仆寺旗草原那达慕

时间：2011年6月
地点：锡林郭勒盟贡宝拉格草原

马术、搏克、射箭、蒙古象棋、民俗表演等活动。

◎ 成吉思宝格都山民俗文化节

时间：2011年6月至7月
地点：锡林郭勒盟阿巴嘎旗别力古台镇

成吉思宝格都山及贡扎布敖包祭祀活动、搏克、赛马比赛、民族歌舞表演、民族特色餐饮评比等。

◎ 察哈尔民歌文化节

时间：2011年6月至9月
地点：锡林郭勒盟明安图镇
主办单位：锡林郭勒盟旅游局、正镶白旗人民政府
承办单位：正镶白旗文化体育局、正镶白旗旅游局、正镶白旗文联

举办民歌大赛；诗歌朗诵比赛；察哈尔文化研究学术研讨会；举办赛马、摔跤、马术表演和丰富多彩的民族歌舞、篝火晚会等活动。

◎ 第一届奈曼旗青年文化节

时间：2011年6月
地点：通辽市奈曼旗人民广场
主办单位：中共奈曼旗委员会、奈曼旗人民政府
承办单位：共青团奈曼旗委员会

文艺演出，全旗青年领军人物颁奖。

◎ 克什克腾旗草原文化旅游节

时间：2011年6月至9月
地点：赤峰市克什克腾旗贡格尔草原

举办开幕式、那达慕大会、访问牧户、做一天蒙古人、游牧生活体验、传统奶制品制作、蒙古族婚礼表演、乌兰牧骑演出、旅游纪念品暨景区系列旅游和经贸招商活动等。

◎ 古丝绸北路探秘自驾车旅游节

时间：2011年6月至10月
地点：阿拉善盟乌日斯草原文化旅游区

阿拉善独特的旅游资源和广袤的地域是开展自驾游机车运动的最佳之地和天堂。举行自驾车启动仪式、自驾车巡游等游览活动。此外，还有汽车、摩托车特技表演、歌舞晚会、篝火晚会等活动。

7月

◎ 中国呼和浩特市第十二届昭君文化节

时间：2011年7月
地点：呼和浩特市
主办单位：中共呼和浩特市委、呼和浩特市人民政府

本届文化节以"天堂草原，魅力青城"为主题，举办大型开幕式晚会、那达慕大会、蒙古族竞技比赛、书画摄影展、传统民族工艺品展销等活动。

◎ 第八届中国·内蒙古草原文化节

时间：2011年7月
地点：呼和浩特市

以"弘扬草原文化，展示文艺精品，推动文化发展，促进社会和谐"为主题，举办蒙汉文草原诗歌朗诵会、民族电影展映周、传统体育等活动。

◎ 马鞍山登山节

时间：2011年7月
地点：赤峰市喀喇沁旗马鞍山风景区
主办单位：赤峰市旅游局、喀喇沁旗人民政府
承办单位：喀喇沁旗旅游局

举办登山旅游、自行车越野赛、登山寻宝等活动。

◎ 宝古吐沙漠文化旅游节

时间：2011年7月
地点：通辽市奈曼旗白音他拉苏木宝古吐沙漠旅游区

搏克比赛、赛马比赛、赛骆驼、沙漠越野车比赛、祭敖包、旅游对外招商引资、旅游宣传促销活动等。

◎ 雅鲁河漂流节

时间：2011年7月
地点：呼伦贝尔市扎兰屯市
主办单位：呼伦贝尔市旅游局
承办单位：扎兰屯市旅游局

举办雅鲁河漂流、民族服装服饰表演、篝火晚会、品尝风味餐等活动。

◎ 巴尔虎民俗旅游文化节

时间：2011年7月至9月
地点：呼伦贝尔市新巴尔虎右旗
主办单位：呼伦贝尔市旅游局

举办祭敖包、骑马、射箭、摔跤比赛、乌兰牧骑文艺演出、巴尔虎蒙古族服饰表演、马术表演、研讨会等活动。

◎ 第七届成吉思汗旅游文化周

时间：2011年7月
地点：鄂尔多斯市成吉思汗陵旅游区
主办单位：鄂尔多斯市旅游局、成吉思汗陵旅游区管委会、鄂尔多斯市旅游协会、鄂尔多斯市东联集团
承办单位：成吉思汗陵旅游有限公司、成吉思汗陵管委会文化局、成吉思汗陵管委会旅游局

举办开幕式、祭祀活动、摄影大赛、旅游洽谈会、那达慕大会、成吉思汗电影回顾展、蒙古族服饰艺术展、蒙古族民俗表演、圣地情篝火晚会、闭幕式晚会等活动。

◎ 东胜区第三届文化旅游节

时间：2011年7月至9月
地点：鄂尔多斯市东胜区

每个礼拜的周末两天和节假日在东胜区的各广场举办大型文艺活动。

◎ 第二十二届传统旅游那达慕大会暨乌兰察布市第七届那达慕大会

时间：2011年7月
地点：乌兰察布市格根塔拉草原旅游中心
主办单位：内蒙古自治区旅游局、中共乌兰察布市委、乌兰察布市人民政府
承办单位：乌兰察布市旅游局、格根塔拉草原旅游中心

大型开幕式，民族礼仪表演、文体表演，祭敖包、传统蒙古族竞技比赛（赛马、摔跤）等。

◎ 中国兴安盟科尔沁民间文化艺术节

时间：2011年7月
地点：兴安盟乌兰浩特市
主办单位：兴安盟行政公署
承办单位：兴安盟旅游局、科尔沁右翼中旗人民政府

举办大型互动式广场文艺演出、科尔沁民间艺术系列展示活动、祭敖包、科尔沁传统体育竞赛。

◎ 图什业图赛马节暨中国马速度大赛

时间：2011年7月
地点：兴安盟科尔沁右翼中旗

中国马速度大赛、中国马拍卖会等。

◎ 乌拉盖湖钓鱼节

时间：2011年7月
地点：锡林郭勒盟乌拉盖湖旅游风景区

钓鱼、划船、游泳、沙滩排球、赛马、摔跤、射箭、观乌拉盖湖及其他商务娱乐活动。

◎ 中国·锡林浩特"马王"争霸赛

时间：2011年7月
地点：锡林郭勒赛马场

赛马比赛、马球表演、套马驯马表演、马选美比赛等活动。

◎ 中国马都·阿巴嘎旗第二届"哈日阿都"文化节

时间：2011年7月
地点：锡林郭勒盟阿巴嘎旗别力古台镇

赛马、套马比赛、驯马表演、马奶制作工艺表演、饮马奶比赛及马奶疗养等。

◎ 第三届中国元上都文化旅游节

时间：2011年7月
地点：锡林郭勒盟正蓝旗上都镇
主办单位：正蓝旗人民政府
承办单位：正蓝旗旅游局

举办金莲川赏花节、"元都杯"搏克大奖赛、察哈尔奶食节和"元上都杯"摄影大赛等活动。

◎ 月亮湖钓鱼节

时间：2011年7月
地点：锡林郭勒盟正镶白旗月亮湖旅游景区

有钓鱼比赛、祭敖包、搏克比赛、欣赏民族歌舞、骑马乘驼体验、沙地摩托冲沙等。

◎ 第五届草原皇家御马文化节暨全国马术绕桶冠军赛

时间：2011年7月
地点：锡林郭勒盟御马苑旅游区
主办单位：中国国家体育总局、中国马业协会、中国马术协会、中央电视台中视体育推广公司
承办单位：太仆寺旗人民政府、太仆寺旗旅游局

绕桶冠军赛、御马飞奔"八百里"加急赛、异国风情盛大篝火晚会、大型祭敖包活动、草原首届啤酒对抗赛、群众性文体活动、汽车拉力赛。

◎ 多伦县乡村那达慕

时间：2011年7月
地点：锡林郭勒盟多伦县

赛马、搏克、歌舞表演等活动。

◎ "吉鲁根"苏尼特文化艺术节

时间：2011年7月
地点：锡林郭勒盟苏尼特左旗满都拉图镇
主办单位：苏尼特左旗人民政府
承办单位：苏尼特左旗文化体育广播电视旅游局

举办"金沙嘎"奖沙嘎比赛、全国蒙古族沙嘎游戏规则论证会、"浩瀚杯"业余歌手长调及通俗歌咏比赛、"却扎木苏杯"搏克赛、"浩瀚宝马杯"赛马比赛、射箭比赛、蒙古象棋比赛和书法展览等系列活动。

◎ 二连浩特草原自驾车旅游节

时间：2011年7月
地点：锡林郭勒盟二连浩特市

二连项目推介会、草原那达慕大会、二连浩特—乌兰巴托自驾车集结赛活动、自驾车草原露营活动、参与旅游节自驾车线路巡游等。

◎ 大召夏季庙会

时间：2011年7月至8月
地点：呼和浩特市大召

佛教音乐会、美食活动等。

◎ 华莱士节

时间：2011年7月至8月
地点：巴彦淖尔市磴口县巴彦高勒镇
主办单位：磴口县人民政府
承办单位：磴口县内相关部门

以商贸洽谈、物资交流、旅游观光、文艺演出、成果资源展览为主，同时以磴口县的名胜古迹、独特的人文景观和神奇的自然风光为依托，开展黄河文化和特色餐饮等旅游文化活动。

◎ "绿色地平线"——第四届乌珠穆沁草原文艺旅游节

时间：2011年7月至9月
地点：东乌珠穆沁旗乌里雅斯太镇

中蒙歌会、烟火晚会；白音敖包祭祀活动；中、蒙、俄汽车穿越活动；东乌珠穆沁旗100英里汽车越野争霸赛；寻找狼的踪迹活动；国际蒙古长调大赛。

8月

◎ 盛乐金秋文化节

时间：2011年8月
地点：呼和浩特市和林格尔县

有文艺演出、烟火表演、物资交流等活动内容。

◎ 达尔罕茂明安联合旗第二十四届那达慕大会

时间：2011年8月
地点：包头市达尔罕茂明安联合旗百灵庙镇

马文化展示；大型民族歌舞演出；搏克、射箭比赛，哈萨尔后裔各部落展示本部落的民俗、生产生活方式、服饰以及经济社会发展成就等。

◎ 中国·固阳秦长城国际热气球节

时间：2011年8月
地点：包头市固阳县

国际热气球大赛，草原大学校园乐队大赛，蒙汉民俗、边塞特产展示，民歌、山曲表演，秦长城文化旅游研讨会。

◎ "黄河明珠"乌海文化节

时间：2011年8月
地点：乌海市海勃湾区

开闭幕式、歌手大赛、书法大赛、摄影大赛。

◎ 中国巴林石节

时间：2011年8月
地点：赤峰市巴林右旗
主办单位：中共赤峰市委、赤峰市人民政府
承办单位：赤峰市旅游局、巴林右旗人民政府

举办开幕式、中国巴林石精品展、巴林石文化产业高峰论坛、巴林民俗文物展、民族工艺品展览、那达慕大会、赛马、搏克、射箭、拔河比赛、少儿三项技能展演、烟火晚会、草原旅游观光、闭幕式等活动。

◎ 赤峰国际红山文化节

时间：2011年8月
地点：赤峰市红山区、克什克腾旗、翁牛特旗、喀喇沁旗
主办单位：中共赤峰市委、赤峰市人民政府
承办单位：中共赤峰市委宣传部、赤峰市文化局、赤峰市旅游局

举办大型文艺演出、红山文化高峰论坛、国外艺术团演出、那达慕盛会、旅游商品展销会、红山先民遗址大型祭祀活动、红山文化旅游纪念品展评活动、红山文化书画摄影作品展、红山文化特色餐饮烹饪大赛、消夏晚会、红山文化遗址考察、草原观光地质奇观旅游等活动。

◎ 王府文化旅游节

时间：2011年8月
地点：赤峰市喀喇沁旗王府镇
主办单位：赤峰市委、赤峰市人民政府
承办单位：赤峰市旅游局、喀喇沁旗人民政府

举办清代蒙古族迎宾礼仪展示、王府婚庆典礼、公主下嫁仪式、王府雅乐和清代服饰表演、喀喇沁风光摄影和书画作品展览等活动，在福会寺、龙泉寺、灵悦寺还举办大型庙会和佛事活动。

◎ 中国科尔沁国际马文化节暨哲里木赛马节

时间：2011年8月
地点：通辽市珠日河草原旅游区
主办单位：内蒙古自治区旅游局、通辽市人民政府
承办单位：通辽市旅游局、通辽市体育局、通辽市文化局、骏腾东宝牧业有限公司

举办马术表演、全国速度赛马、蒙古马速度赛马、搏克表演、民族歌舞演出、敖包祭祀、套马表演、篝火晚会、辽西蒙东冀北合作城市论坛、马产业论坛等活动。

◎ 奈曼西瓜节

时间：2011年8月
地点：通辽市奈曼旗生态广场

瓜王争霸赛，吃西瓜比赛，挑西瓜比赛，运西瓜比赛，文艺演出。

◎ 大青沟民俗文化旅游节

时间：2011年8月
地点：通辽市科尔泌左翼后旗大青沟旅游区
主办单位：通辽市科尔泌左翼后旗人民政府
承办单位：大青沟管理局

举办原始森林观光、三岔口漂流、小青湖泛舟、沙漠骑马探险、祭敖包、民族歌舞表演、篝火晚会、旅游经贸洽谈等活动。

◎ 中俄蒙国际青年艺术节

时间：2011年8月
地点：呼伦贝尔市成吉思汗广场
主办单位：呼伦贝尔市旅游局
承办单位：海拉尔区旅游局

举办歌舞表演、文艺演出等活动。

◎ 中国内蒙古满洲里第十届中俄蒙国际旅游节

时间：2011年8月
地点：呼伦贝尔市满洲里市
主办单位：中共满洲里市委、满洲里市人民政府

举办大型文艺演出、洽谈会、旅游线路考察等活动。

◎ 鄂尔多斯民族民俗风情节

时间：2011年8月
地点：鄂尔多斯市察罕苏力德旅游区

鄂尔多斯民族服饰、歌舞、餐饮等民族文化展示。

◎ 鄂尔多斯国际那达慕大会

时间：2011年8月
地点：鄂尔多斯市

大会比赛项目包括赛马、赛驼、搏克、蒙古象棋、射箭、毽球等项目，配套活动有汽车、摩托车赛。

◎ 中国萨拉乌苏民间艺术节

时间：2011年8月
地点：鄂尔多斯市
主办单位：乌审旗人民政府
承办单位：乌审旗旅游局、萨拉乌苏旅游区、察罕苏力德旅游区

举办大型开幕式、民族民间艺术团体表演、草原那达慕等活动。

◎ 第六届成吉思汗察罕苏力德那达慕

时间：2011年8月
地点：鄂尔多斯市察罕苏力德旅游区
主办单位：乌审旗旅游局
承办单位：察罕苏力德游牧生态有限公司

举办察罕苏力德传统祭祀、敖包文化活动、民族民间文化活动、男女搏克、鄂尔多斯搏克、速度马、走马、男女射箭等活动。

◎ 中国五原河套番茄节

时间：2011年8月
地点：巴彦淖尔市五原县隆兴昌镇
主办单位：中共五原县委、五原县人民政府

以"热爱五原、宣传五原、发展五原"为宗旨，组织大型文艺演出、民间文体活动、经贸洽谈、产品展示、观光旅游等活动，大力宣传五原乃至巴彦淖尔丰富的资源物产、优越的投资环境、悠久的历史文化，积极推进与国内外的经济技术合作和商贸往来。

◎ 河套文化艺术节

时间：2011年8月
地点：巴彦淖尔市境内各旗县区
主办单位：巴彦淖尔市人民政府
承办单位：中共巴彦淖尔市委宣传部、巴彦淖尔市旅游局、巴彦淖尔市文体局

包括文化研讨、文艺演出、艺术博览、文化交流、群众文化活动、体育比赛、河套美食节等活动。

◎ 草原文化旅游节暨那达慕大会

时间：2011年8月
地点：巴彦淖尔市乌拉特前旗、中旗、后旗
主办单位：乌拉特前旗、中旗、后旗人民政府
承办单位：乌拉特前旗政府办公室、乌拉特前旗旅游局、乌拉特前旗民宗局、乌拉特前旗文体广播局

节庆期间，开展具有民族特色和公众参与性强的活动，内容主要包括文化艺术、体育竞技、民族风情、旅游观光、商贸洽谈5个方面。

◎ 第二届察哈尔旅游文化节

时间：2011年8月
地点：锡林郭勒盟明安图镇

民族服饰设计制作比赛、民族服饰业余模特表演比赛、察哈尔传统工艺品暨旅游商品展示比赛、搏克比赛、速度赛马、射箭比赛、喝马奶比赛及民族歌舞表演等。

◎ 第五届自治区乌兰牧骑艺术节暨镶黄旗第十一届那达慕大会

时间：2011年8月
地点：锡林郭勒盟镶黄旗
承办单位：乌拉特后旗旅游局

举办乌兰牧骑成就展、乌兰牧骑"一专多能"比赛、那达慕传统赛事、"皇家御食奶食品"评审大赛、民族服饰展演、"镶黄旗印象"摄影大赛、畜牧业产业化成果专题展览及经贸洽谈。

◎ 第八届中国蒙古族服装服饰艺术节暨蒙古族服饰大赛

时间：2011年8月
地点：锡林郭勒盟锡林浩特市
主办单位：内蒙古自治区旅游局、锡林郭勒盟行政公署
承办单位：锡林郭勒盟旅游局

举办蒙古族服装服饰艺术节开幕式暨服装服饰大赛、蒙古族服装服饰艺术节颁奖文艺晚会、蒙古族服装服饰发展论坛、蒙古族服装服饰陈列展销等活动。

◎ 阿尔山圣水节

时间：2011年8月
地点：兴安盟阿尔山市

感受圣水奇泉、体验温泉文化。

◎ 七夕中国情人节

时间：2011年8月
地点：阿拉善盟月亮湖旅游区

活动期间安排有沙画制作、情人签名留念、挂同心锁、主题音乐会、经典影片回放等特色且游客参与性强的活动。

◎ 蒙古风情旅游那达慕

时间：2011年8月至9月
地点：呼和浩特市蒙古风情园、南湖湿地公园

蒙古风情生态旅游博览体验活动。

◎ 伊金霍洛那达慕

时间：2011年8月至9月
地点：鄂尔多斯市伊金霍洛旗阿勒腾席热镇

草原那达慕及物资交流大会，沙棘圣果宴，鄂尔多斯传统生产生活体验活动，鄂尔多斯婚礼、歌舞、服饰等表演，祭敖包。

◎ 五当召嘛呢经会

时间：2011年9月
地点：包头市五当召景区
主办单位：包头市民族事务委员会、包头市石拐区人民政府
承办单位：五当召景区

举行喇嘛诵经、祈福等大型佛事活动，举办那达慕大会、周边地区物资交流会、民间文艺团体和大型歌舞剧团文艺演出。

◎ 林西第七届野果采摘节

时间：2011年9月
地点：赤峰市林西县新城子镇
主办单位：赤峰市旅游局、林西县人民政府
承办单位：林西县旅游局

举办野果采摘、赛羊会、野果评比、游九佛山、农民运动会、销售野果盆景等活动。

◎ 开鲁古榆旅游文化节

时间：2011年9月
地点：通辽市古榆园
主办单位：大榆树镇人民政府
承办单位：古榆园管理委员会

驴皮影表演、太平鼓表演、民间歌舞演出、传统秧歌比赛、拔河比赛、古榆系列产品展示、民间艺术品展览、优秀文学文化作品展。

◎ 库伦安代艺术节

时间：2011年9月
地点：通辽市库伦旗体育场
主办单位：库伦旗委、库伦旗人民政府
承办单位：库伦旗委宣传部、库伦旗文化广播电视局

举办千人安代舞表演、歌舞比赛、经贸洽谈会等活动。

◎ 科尔沁区金秋采摘节

时间：2011年9月
地点：通辽市科尔沁区莫力庙种羊场

瓜果采摘、民族歌舞表演、莫力庙羊场葡萄观光、民族用品展销、品尝农家乡土餐饮等。

◎ 2011"毕克"——中国牙克石凤凰山第二届国际山地车节

时间：2011年9月
地点：呼伦贝尔市

来自美国、德国、瑞士、瑞典、俄罗斯、芬兰、日本、波兰、挪威、中国等10个国家的133名选手参加了此次比赛。

◎ 奇石文化旅游节

时间：2011年9月
地点：阿拉善盟阿拉善左旗
主办单位：阿拉善左旗人民政府
承办单位：阿拉善左旗赏石协会

举办奇石、天然水晶等展销评奖活动，同时举办文艺晚会、体育表演、摄影展等活动。

◎ 巴丹吉林沙漠文化旅游节

时间：2011年9月
地点：阿拉善盟沙漠地质公园巴丹吉林园区
主办单位：阿拉善右旗人民政府

举办文艺演出、体育竞赛、经贸洽谈、招商引资、探险科考、摄影作品及民间艺术展等活动。

◎ 阿拉善敖包文化旅游节

时间：2011年9月
地点：阿拉善盟贺兰山广宗寺旅游区

举办阿拉善和硕特三十九座吉祥敖包祭祀活动。

◎ 第十二届额济纳国际金秋胡杨生态旅游节

时间：2011年9月至10月
地点：阿拉善盟胡杨林
主办单位：额济纳旗人民政府

以"中国秘境阿拉善"和"金秋胡杨美、塞外居延行"为主题，举办民族文体表演比赛、特色游览观光、展览展销、摄影艺术大赛及经贸洽谈等丰富多彩的活动。

◎ 胡硕庙文化旅游节

时间：2011年10月
地点：通辽市奈曼旗大沁他拉镇章古台胡硕庙旅游区

祭敖包、搏克比赛、奈曼庙宇传说首发仪式、旅游对外招商引资、旅游宣传促销等活动。

◎ 五角枫情旅游文化节

时间：2011年10月
地点：兴安盟科尔沁右翼中旗

全国摄影大赛、诗歌演唱会、五角枫研讨会。

◎ 白狼林俗文化节

时间：2011年10月
地点：兴安盟市阿尔山市

参观白狼林俗博物馆、到林俗村家庭参观访问、参与体验东北务林人的生产作业流程和林俗游戏竞技等活动。

◎ 第三届浑善达克骆驼文化节

时间：2011年10月至11月
地点：锡林郭勒盟伊克淖苏木

驼具制作比赛、驯驼、骆驼选美等骆驼文化特色活动。同时举办具有浓郁地域文化特色的搏克大赛。

◎ 阿尔山国际冰雪节

时间：2011年11月至12月
地点：兴安盟阿尔山市

兴安岭雪地足球邀请赛、全国自由式滑雪青年锦标赛、冰雪贺新春系列活动、阿尔山市干部职工滑雪比赛、首届大兴安岭白狼峰越野滑雪赛。

◎ 达里湖冬捕节

时间：2011年12月
地点：赤峰市克什克腾旗

开幕式，冬捕祭祀、冬季那达慕，闭幕式。

◎ 蒸汽机车摄影节

时间：2011年12月
地点：赤峰市克什克腾旗

大型开幕式、摄影展、摄影研讨交流、实地体验、闭幕式。

◎ 美林谷滑雪节

时间：2011年12月
地点：赤峰市喀喇沁旗

邀请全国知名运动员滑雪表演、滑雪比赛，感受美林谷冬季美景。

◎ 中国根河圣诞节

时间：2011年12月
地点：呼伦贝尔市根河市
主办单位：呼伦贝尔市旅游局
承办单位：根河市旅游局

速滑表演；驯鹿拉雪橇；滑冰爬犁；圣诞老人发礼物；摩托车、汽车雪地拉力赛；滑冰车比赛；土特产展销会等活动。

◎ 扎兰屯金龙山滑雪节

时间：2011年12月
地点：呼伦贝尔市扎兰屯市金龙山滑雪场

举办开幕仪式、花样滑雪表演等。

◎ 牙克石第八届冰雪节

时间：2011年12月
地点：呼伦贝尔市牙克石市凤凰山滑雪场

举办开幕式、专业表演队滑雪表演等活动。

◎ 内蒙古冰雪旅游节暨呼伦贝尔冰雪那达慕

时间：2011年12月
地点：呼伦贝尔市鄂温克族自治旗（新区）
主办单位：呼伦贝尔市旅游局
承办单位：鄂温克族自治旗旅游局、海拉尔区旅游局

举办赛马、赛骆驼、米日杆车比赛、雪地搏克、雪地叠罗汉、民族歌舞表演、民族服饰表演等活动。

◎ 中俄蒙国际选美大赛暨满洲里中俄蒙国际冰雪旅游节

时间：2011年12月
地点：呼伦贝尔市满洲里市

除举办冰雪节开幕式暨大型文艺演出、冰雕展览、冬季旅游洽谈会等活动外，还组织参观边境口岸城市，游览满洲里冰雪园，领略异国风情，观三国选美大赛，乌兰乌德日和圣诞狂欢周等活动。

◎ 中国·达斡尔冰钓节

时间：2011年12月
地点：呼伦贝尔市莫力达瓦达斡尔族自治旗中国达斡尔民族园

举办在冰雕屋、民族冰钓房中钓鱼，在充气大棚内进行叉鱼活动、冰钓活动；组织民族歌舞表演、滑雪表演等活动。

◎ 呼伦湖冰捕节

时间：2011年12月至2012年2月
地点：呼伦贝尔市呼伦湖小河口

冰捕节开幕式，组织游客观冰上捕鱼、现场冰上鲜鱼销售拍卖、参观鱼类罐头生产线等活动。

◎ 呼伦贝尔第六届中国·开雪节暨根河敖鲁古雅使鹿部落冰雪文化节

时间：2011年12月
地点：根河市敖鲁古雅民族乡

举办开雪节开幕式、敖鲁古雅使鹿部落文化节开幕式，使游客走进敖乡，体验鄂温克使鹿部落民俗文化。

◎ 岱海温泉冰雪节

时间：2011年12月
地点：乌兰察布市岱海滑雪场
主办单位：内蒙古岱海保护建设发展有限公司

举办专业滑雪表演、雪雕比赛、滑雪比赛、雪上拔河比赛等活动。

◎ 阿尔山雾凇摄影节

时间：2011 年 12 月
地点：兴安盟阿尔山市

雾凇、民俗、地质摄影创作、讲座、论坛。

◎ 第七届"吉祥·乌珠穆沁"草原冰雪节

时间：2011 年 12 月
地点：锡林郭勒盟东乌珠穆沁旗乌里雅斯太镇

举办开幕式文艺表演；冬季那达慕；赛马、赛骆驼、摔跤、射箭、大力士比赛；滑冰比赛；冰雪雕展；服饰大赛；技艺比赛；国际长调比赛；中蒙文艺晚会；冬季牧人之家游；边境口岸游；异国风情游等活动。

◎ 杰仁马文化艺术节

时间：2011 年 12 月
地点：锡林郭勒盟西乌珠穆沁旗吉仁高勒镇杰仁社区
主办单位：西乌珠穆沁旗人民政府
承办单位：西乌珠穆沁旗旅游局、西乌珠穆沁旗文体局

举办搏克精英赛、赛马、赛骆驼、套马、驯马、骑马拾物、种公马赛等活动。

◎ 阿巴嘎旗第三届别力古台祭祀活动

时间：2011 年 12 月
地点：锡林郭勒盟别力古台文化园区

别力古台雕塑落成仪式及祭祀活动、别力古台冬季那达慕、冰雪节、速度滑冰、怀旧冰车比赛等。

商务会展

1 月

◎ 首届鄂托克前旗旅游商品展销会

时间：2011 年 1 月
地点：鄂托克前旗文化产业园

开展独具鄂托克前旗地域特色和历史文化内涵的旅游商品展销、民俗文化活动。

3 月

◎ 第三届中国（内蒙古）农牧业机械展览会

时间：2011 年 3 月
地点：内蒙古国际会展中心
主办单位：内蒙古自治区农牧业机械行业协会、内蒙古艾克思博会展有限责任公司

农业工程机械、田间作业机械、运输机械、收获机械及场上作业机械、牧草机械、奶业机具设备等。

◎ 2011 中国（内蒙古）茶叶展览会

时间：2011 年 3 月
地点：内蒙古国际会展中心
主办单位：内蒙古自治区食品安全委员会

各地名茶、加工茶与茶饮料、茶具等。

◎ 第五届中国（内蒙古）安全食品博览会

时间：2011 年 3 月
地点：内蒙古国际会展中心
主办单位：内蒙古自治区食品安全委员会
承办单位：内蒙古艾克思博会展有限责任公司
协办单位：内蒙古自治区卫生厅、内蒙古自治区食品药品监督管理局

无公害食品、绿色食品、有机食品展区；乳品、饮料、酒类、茶类展区；孕、婴幼儿安全食品、营养保健食品展区；安全肉制品展区；农副产品展区；内蒙古知名超市展区；食品添加剂和配料展区；粮油加工技术设备展区；食品保鲜、杀菌技术及相关检测设备展区；食品加工及包装设备展区。

◎ 第五届中国（内蒙古）国际乳业博览会暨 2011 年内蒙古自治区奶业协会年会

时间：2011 年 3 月
地点：内蒙古国际会展中心
主办单位：内蒙古自治区奶业协会、内蒙古自治区乳品协会
承办单位：内蒙古艾克思博会展有限责任公司

牛奶、羊奶制品及乳制品衍生产品；乳制品（牛奶、羊奶制品）添加剂和配料；乳制品加工与包装机械；包装材料与容器。

◎ 第五届中国（内蒙古）食品加工与包装机械展览会

时间：2011年3月
地点：内蒙古国际会展中心
主办单位：内蒙古自治区食品安全委员会

1.食品加工机械：啤酒和饮料加工设备、乳制品加工设备、肉类加工及屠宰设备、白酒加工设备、果蔬（淀粉、番茄）加工设备、糖果和糕点及加工烘焙设备、豆制品加工设备、方便食品加工设备、冷冻冷藏保鲜设备、冷饮加工设备、粮油加工设备、炊事机械及快餐设备；2.包装机械：灌装和充填设备、颗粒和粉料包装机、枕式包装机、封口设备和贴标打码设备、医药保健品。

◎ 第六届鄂尔多斯国际煤炭及能源工业博览会

时间：2011年4月
地点：内蒙古国际会展中心
主办单位：鄂尔多斯市人民政府、鄂尔多斯市煤炭局
承办单位：鄂尔多斯煤博会组委会

煤矿生产设备，煤炭开采、巷道掘进支护、煤矿运输设备，煤炭洗选设备，煤矿安全及监控、工程机械、矿山安全与救护设备，矿山监测设备，矿山服务、煤层气开发利用、煤炭应用技术，相关科研院所及科研成果；电力企业、铁路、港口物流企业、金融贸易及咨询机构的展览展示；新型能源产品，能源生产设备，能源深加工产品，环保型技术产品，洁净能源技术产品，风能、热能、核能、太阳能、生物质能、水力发电、煤层气与焦炉煤气发电等新能源设备技术与产品展示等。

◎ 2011中国内蒙古（蒙东）国际煤炭及能源工业博览会

时间：2011年5月
地点：内蒙古国际会展中心
主办单位：内蒙古煤炭工业局、通辽市人民政府
承办单位：通辽市人民政府、通辽市经济委员会、北京世纪华展国际展览有限公司

展会划分煤炭能源企业形象与成果展区、节能减排科技展区、煤焦化工展区、国际企业联合展区、科技能源展区、大型设备展区、电力展区、煤矿机械装备展区。

◎ 2011中国内蒙古国际太阳能及光伏展览会

时间：2011年7月
地点：内蒙古国际会展中心
主办单位：中国社会科学院财政与贸易经济研究所、中国民族贸易促进会、呼和浩特市人民政府
承办单位：世信朗普国际展览（北京）有限公司

电池生产设备、光伏电池及相关配件、灯类产品、光伏工程及系统、太阳能热利用产品等。

◎ 2011第二届内蒙古风能、太阳能发电产业暨电力工业博览会

时间：2011年7月
地点：内蒙古国际会展中心
主办单位：内蒙古自治区经济和信息化委员会、内蒙古电力集团有限责任公司、内蒙古自治区电力行业协会、内蒙古自治区电力行业协会风力发电分会
承办单位：内蒙古赛维展览服务有限责任公司

内蒙古风能、太阳能发电厂成就展览；内蒙古新能源产业可持续发展论坛；内蒙古风能、太阳能产业项目招商引资洽谈会；新产品、新技术推广会。

◎ 第五届中国民族商品交易会

时间：2011年7月
地点：内蒙古国际会展中心
主办单位：中国社会科学院财政与贸易经济研究所、中国市场学会、中国陶瓷工业协会、内蒙古自治区民族事务委员会、中国国际贸易促进委员会内蒙古自治区分会、内蒙古自治区西部开发办公室、呼和浩特市人民政府
承办单位：中国市场学会、呼和浩特市人民政府

本届"民交会"云集中国乃至世界各民族的优质商品和优秀传统工艺品参展贸易，充分展现各民族经济新的发展水平和新的科技成果，充分体现我国民族区域自治政策实施以来所取得的辉煌成就。

◎ 第三届中国（内蒙古）国际风力发电产业博览会

时间：2011年9月
地点：内蒙古国际会展中心

大型风电投融资企业形象与成果展示、风电机组配套设备及部件等。

辽宁

节庆文化活动

◎ 盛京灯会

时间：2011年1月至2月
地点：沈阳市关东影视城
主办单位：沈阳市人民政府
承办单位：沈阳市旅游局、棋盘山开发区管委会

有近百组大型花灯展示，设计新奇，规模宏大。

◎ 关东庙会

时间：2011年1月至2月
地点：沈阳市关东影视城
主办单位：沈阳市人民政府
承办单位：沈阳市旅游局、棋盘山开发区管委会

关东庙会的活动十分丰富，有冰情雪韵文化擂台、乡村迎春大会演、大型舞台剧等活动。

◎ 中国沈阳国际冰雪节

时间：2011年1月至2月
地点：沈阳市棋盘山冰雪大世界、关东影视城、东北亚滑雪场
主办单位：辽宁省旅游局、沈阳市人民政府
承办单位：沈阳市旅游局、棋盘山国际风景旅游开发区管委会、沈阳市服务业委员会

本届冰雪节融节庆旅游、休闲旅游于一体。有雪雕冰雕展、冰上舞蹈会演、民间艺术展示交流、堆雪人、盛京灯会、关东庙会、冬泳表演、冰雪集体婚礼、冰雪大竞技等活动。

◎ 首届铁岭冰雪旅游节

时间：2011年1月至2月
地点：铁岭市
主办单位：铁岭市直机关工委、铁岭市旅游局、铁岭县人民政府、新城区管委会

以"雪韵冰情、快乐铁岭"为主题，由滑冰比赛及冰上游艺活动、滑雪体验和雪地游艺活动、冬季风筝大赛、冰灯展四部分组成。

◎ 鞍山玉佛苑民俗旅游文化节

时间：2011年1月至2月
地点：鞍山市玉佛苑景区

有鸣撞福兴钟、民俗表演、迎春灯会等多种形式的活动。

◎ 第五届辽宁冰雪温泉旅游节

时间：2011年1月至2月
地点：营口市
主办单位：国家旅游局、辽宁省人民政府
承办单位：辽宁省旅游局、营口市人民政府

举办"相约冬季、拥抱温泉"系列活动、"浪漫平安夜、狂欢圣诞节"系列活动、滑雪比赛、户外滑冰运动等。

◎ 千山文化民俗庙会

时间：2011年2月
地点：鞍山市千山风景区
主办单位：千山风景区管委会

今年的春节民俗文化庙会在原有活动的基础上增添新的内容，让人们有了耳目一新的感觉。游客可参与撞钟、击鼓等活动迎接新年。

◎ 中国大连烟花爆竹迎春会

时间：2011年2月
地点：大连市
主办单位：大连市人民政府
承办单位：大连银行、民生银行

迎春会融彩灯、民俗表演、风味美食、烟火表演、年货展销等为一体。其中，"祖国新貌"迎春大型彩灯展分为"神州盛世"、"国宝荟萃"、"玉兔报春"、"童真趣事"四个系列，将节日的劳动公园装扮成灯的海洋。

◎ 金州新区百花会

时间：2011年2月
地点：大连市金州新区

来自金州区16个镇街，二十几支表演队伍的千余名群众演员耍着龙舞、踩着高跷、扭着秧歌、跑旱船，共同庆祝金州区近年来发生的巨大变化。

◎ 首届卧龙湖捕鱼文化节

时间：2011年2月
地点：盘锦市

湖水中，数万斤河鱼活蹦乱跳，令现场参观者目不暇接，兴奋不已。此次冬捕采用东北特有的传统冰下拉网捕鱼方式。文化节设置了头鱼拍卖、冰上龙舟竞技等项目。

◎ 古塔庙会

时间：2011年2月
地点：锦州市古塔步行街
主办单位：锦州市人民政府
承办单位：古塔区人民政府

活动主题为"年俗、赏玩、同乐、休闲"。由烟火晚会、开幕式、商贸活动、民俗活动、文体活动、宗教活动等部分组成，以欢乐和谐、商娱相融、热闹喜庆、丰富多彩为主基调，为锦城百姓在节日期间献上了一道精美的精神文化大餐。

◎ 义县大奉国寺春节庙会

时间：2011年2月
地点：锦州市义县奉国寺

举办皇家礼佛展演，大型马戏杂技表演，地方特色文艺演出有二人转，包括小品、京评剧、民间绝活等表演，地方特色小吃展销，地方名人字画、工艺品展览，各种游艺活动，旅游纪念品展销，东北大秧歌、健身舞、竹马舞、旱船舞展演。

◎ 沈阳皇寺庙会

时间：2011年2月、5月、10月
地点：沈阳市北市皇寺文化广场
主办单位：中共和平区委、和平区人民政府

在庙会上不仅有丰富多彩的民俗表演，而且有很多特色小吃，如"北京老八件"、"天津麻花"等。

◎ 大连婚庆旅游节暨2011婚庆博览会

时间：2011年3月
地点：大连市星海会展中心
主办单位：中国社会工作协会婚庆行业委员会、大连市人民政府
承办单位：大连市旅游局、中国贸易促进委员会大连分会、大连市民政局、大连市妇联、大连报业集团、大连市婚庆协会、星海会展集团

简约创新的开幕式充分展示大连作为婚庆圣地的独到魅力，别开生面的《浪漫进行曲》展现了大连作为婚庆殿堂的特色旅游景点。活动特邀婚庆主持人以PK的方式演绎老、中、青三代人在大连举办新婚典礼和婚庆纪念的浓缩片段。举办婚庆文化论坛、婚俗文化摄影展和婚庆车展等。

◎ 2011中国最美湿地观鸟月

时间：2011年3月至5月
地点：盘锦市鸳鸯沟风景区

盘锦拥有苇田面积8万公顷，素有"湿地之都"、"鸟类天堂"美誉，盘锦湿地是世界上保存最完整、最集中连片的芦苇湿地。本次活动以"盘锦，让世界深呼吸！"为主题，举办湿地观鸟、摄影展、有奖书画征文比赛、科普知识讲座、知识竞赛等一系列特色活动。

4月

◎ 卧龙湖观鸟节暨东北地区第二届鸟类摄影展

时间：2011年4月
地点：沈阳市康平县卧龙湖自然保护区
主办单位：康平县人民政府
承办单位：康平县旅游局、康平县卧龙湖自然保护区管理办公室

以"繁荣生态文化，建设生态康平"为主题。数百位摄影爱好者齐聚康平，用镜头聚焦鸥鸟联欢、水天一色的自然风韵，尽享人与自然的和谐之美。其间，举办专业摄影家及摄影爱好者评奖活动。

◎ 中国第六届（丹东·东港）草莓文化节

时间：2011年4月
地点：丹东市东港市
主办单位：中国园艺学会草莓分会、辽宁省农村经济委员会、中共东港市委、东港市人民政府

邀请来自国内外的草莓专家进行学术研讨和交流活动。

◎ 第二十五届大连国际马拉松赛

时间：2011年4月
地点：大连市人民体育场

比赛项目包括男、女马拉松全程赛、半程赛、接力赛以及男子轮椅马拉松全程赛和男、女轮椅马拉松半程赛。

◎ 大连市（银石滩）第三届杜鹃花节

时间：2011年4月
地点：大连市银石滩国家森林公园
主办单位：大连市人民政府
承办单位：大连市旅游局、庄河市人民政府

以"赏杜鹃美景、游浪漫乡村"为主题，除举办杜鹃花摄影和赏花活动外，还举办展示农民画、手撕字、石刻、葫芦绘画、剪纸等庄河民间艺术。

◎ 锦州第六届古玩文化节

时间：2011年4月
地点：锦州市古玩城
主办单位：中华全国工商业联合会古玩业商会、锦州市人民政府
承办单位：锦州市工商联古玩业商会、凌河区人民政府、锦州古玩城

古玩节期间，组委会安排了海外回流文物精品展销、古玩艺术品交易、公益性"大众拍卖"、专题古玩藏品展（佛教文物展、毛主席像章拼图展、奇石展、民俗文物展、古生物化石展）、经贸项目推介及洽谈等相关内容。

◎ 沈阳怪坡槐花节

时间：2011年4月至5月
地点：沈阳市怪坡风景区

开展交友活动、车友自驾槐花游活动、东北民俗文化赶大集活动等。

◎ 中国沈阳国际郁金香花展

时间：2011年4月至5月
地点：沈阳市世博园

沈阳世博园是国家5A级旅游区，园内有76个国家和城市的展园。本届花展面积达7万多平方米，品种100多个，200多万株。

◎ 顺城区第四届踏青赏花旅游节

时间：2011年4月至5月
地点：抚顺市顺城区

旅游节推出观光度假、休闲健身、思想教育、宗教旅游、农家乐、特色餐饮主题活动。此外还有踏青健走、山菜采摘、赏花等群众性生态旅游系列活动、旅游大篷车公益活动。

◎ 千山梨花节

时间：2011年4月至5月
地点：鞍山市千山区

千山区南国梨种植面积4000公顷，200万株，梨树连片成园。主办方在邀请游客欣赏梨花的同时，还精心准备了一系列体验农家生活乐趣的活动。

◎ 2011鸭绿江口湿地观鸟节

时间：2011年4月至5月
地点：丹东市鸭绿江口湿地国家级自然保护区

每年在这里越冬、迁徙、栖息的鸟类数量达百万只，有240多个种类。4、5月份正是候鸟光顾最为集中的时节，万鸟竞翔的场面十分壮观。

◎ 丹东市杜鹃花节

时间：2011年4月至5月
地点：丹东市锦江山公园

上千盆精品杜鹃花和杜鹃盆景争芳吐艳，呈现出绝美的视觉盛宴，吸引众多摄影爱好者和市民到现场感受"花中西施"的妩媚。除欣赏杜鹃花外，还有知识讲座、摄影作品展览等活动项目。

◎ 大连·庄河市草莓节

时间：2011年4月至5月
地点：大连市庄河市

以"建设草莓之乡、发展都市农业、倡导休闲旅游"为主题，举办草莓采摘、种植技术推广等活动。

◎ 闾山赏花会

时间：2011年4月至5月
地点：锦州市北镇闾山

数万亩梨花绽放，香气四溢，漫山遍野。数万游人来闾山踏青、赏花、观光、览胜。为了更好地向外界展示闾山的风姿，每年都在此时以"花香飘四海，朋友遍中外"为主题，举办融旅游、文化、艺术、民俗为一体、综合型的大型盛会——闾山赏花会。

◎ 2011原生态采摘节

时间：2011年4月至10月
地点：沈阳临空旅游开发区采摘园区

内容有时令果蔬自主采摘、登山猜谜、休闲垂钓、体验农家生活和自主种植等活动。

◎ "鸭绿江之春"宽甸河口桃花节

时间：2011年5月
地点：丹东市宽甸满族自治县长甸镇河口村
主办单位：丹东市旅游局、宽甸满族自治县人民政府

丹东河口桃花节期间，游客除可以欣赏到漫山遍野的桃花外，还可以参加丹东旅游资源展、桃花摄影展以及摄影大赛等活动。

◎ 第九届大连国际徒步大会

时间：2011年5月
地点：大连市

游客走在滨海路上，虽然也可观海，但属于远眺。如今的30公里后段行程完全行在东港区海边，看波涛拍岸，闻鸥鸟鸣叫，更加惬意舒畅。

◎ 第二十二届大连赏槐会

时间：2011年5月
地点：大连市
主办单位：大连市旅游局、普兰店市旅游局
承办单位：大连市旅游协会、大连市乡村旅游协会、大连市普湾新区石河东沟风景区

大型游园活动、电视大奖赛、中外知名画家书画作品展、徒步赏槐游、滨海路木栈道越野跑、古玩艺术展、民族风情周。

◎ 2011首届金石滩春季风筝节

时间：2011年5月
地点：大连金石滩
主办单位：金州新区团委、大连金石滩管委会
承办单位：大连金石滩旅游集团、大连金石旅行社

以"让爱和梦一起飞"为主题，开展风筝表演、比赛、展卖等活动。

◎ 营口望儿山国际母亲节

时间：2011年5月
地点：营口市望儿山

开展内容丰富的活动。开幕式的舞狮、舞龙等民俗活动更是增添喜庆气氛。拜母仪式、母爱论坛等活动成为活动亮点。

◎ 2011辽宁旅游欢乐节暨第二十一届锦州北镇梨花节·万人登山祈福活动

时间：2011年5月
地点：锦州市北镇市观音阁景区
主办单位：辽宁省旅游局、锦州市人民政府
承办单位：锦州市旅游局、北镇市人民政府

围绕"福"文化主题，以游赏梨花胜景为主要载体，举办北镇市旅游推介会、活动启动仪式、旅行社团洽谈对接、北镇重点景区观光等异彩纷呈的活动。

◎ 葫芦岛市第四届风筝文化节

时间：2011年5月
地点：葫芦岛市葫芦山庄

举办风筝放飞表演、比赛、展销等以风筝为主题的各类活动。

◎ 第三届中国大连国际樱花节

时间：2011年5月至6月
地点：大连市旅顺203景区新樱花园
主办单位：大连市旅游局
承办单位：旅顺口区人民政府

举办摄影大赛、万名游客特色游园活动以及"樱花之旅"系列旅游等活动。

◎ 大连国际沙滩文化节

时间：2011年5月至8月
地点：大连市金石滩
主办单位：大连市人民政府
承办单位：大连市金石滩国家旅游度假区、大连市旅游局

举办金石沙滩狂欢月、沙滩文化节群众体育系列、市民沙雕大赛、金石滩环保海报设计大赛、金石滩国际人体彩绘邀请赛、沙滩节摄影大赛、沙滩文化节金石小姐大赛、汽车越野赛、首届"白石湾杯"市民才艺大赛、国际沙滩攀岩邀请赛等异彩纷呈的主题活动。

◎ 第二届辽宁旅游摄影节

时间：2011年6月
地点：沈阳市
主办单位：辽宁省旅游协会、辽宁省摄影家协会

以"游辽宁山水，摄美丽永恒"为主题，举办摄影大赛、高峰论坛、讲座、文艺演出、景区促销展、摄影作品现场售卖、辽宁旅游摄影创作基地授匾等活动。

◎ 2011中国大连国际樱桃节

时间：2011年6月
地点：大连市金州新区、旅顺口区、甘井子区、普湾新区、保税区
主办单位：大连市人民政府
承办单位：大连市旅游局、大连市农委、金州新区管委会、旅顺口区人民政府、甘井子区人民政府、普湾新区管委会、保税区管委会

举办传统的大连樱桃节经贸洽谈会、摄影绘画大赛、吃樱桃大赛、樱桃科普知识讲座和金州特色游等活动。

◎ 北普陀山采桑节

时间：2011年6月
地点：锦州市北普陀山

市民除了可以穿梭林中享受采摘桑的乐趣外，还可以在采桑节期间看到精彩节目。

◎ 葫芦岛第四届民俗艺术节

时间：2011年6月
地点：葫芦岛市葫芦山庄
主办单位：中共葫芦岛市委、葫芦岛市人民政府
承办单位：中共葫芦岛市委宣传部、葫芦岛市文化广播影视局、葫芦岛市文学艺术界联合会、中国移动葫芦岛分公司

以"传承民俗文化，助力文化立市"为主题，举办辽西非物质文化遗产项目展示展演等活动。

◎ 首届锡伯族民俗文化节

时间：2011年6月至9月
地点：沈阳市

沈阳市沈北新区锡伯族居民共计3万多人，是锡伯族人口最多的区县之一。锡伯族是一个有着悠久历史、灿烂文化和光荣传统的民族，曾经"南迁驻防"、"西迁戍边"，多次谱写了民族团结、骁勇善战、忠诚爱国和建设家园的辉煌篇章。活动期间，游客可欣赏到"锡伯族西迁场景再现"、萨满攀刀梯仪式、跳神仪式、萨满歌、萨满音乐等原始形态表演以及"美丽沈北我来拍"、"沈北之夏——啤酒美食狂欢节"、"我在沈北有个约会"、传统渔猎比赛和传统弓箭制作等活动。

◎ 第三届关东民俗文化节

时间：2011年7月
地点：沈阳市关东影视城

举办民族婚庆巡游、关东民俗精品展示、关东民俗风情展演等活动。

◎ 新民市第十一届荷花节

时间：2011年7月至9月
地点：沈阳市仙子湖风景区

举办开幕式、旅游观光、书画展、摄影展等活动。

◎ 岫岩玉文化艺术节

时间：2011年7月
地点：鞍山市岫岩满族自治县
主办单位：中国珠宝玉石首饰行业协会、辽宁省人民政府
承办单位：中国岫岩万润玉雕会展中心

岫玉是中国四大名玉之都。本届文化节邀请全国珠宝石产地的商客展示珠宝玉石精品。

◎ 中国（鞍山）国际啤酒节

时间：2011年7月
地点：鞍山市

开展啤酒竞饮大赛、美食大餐、花车巡游等活动。

◎ 广鹿岛马祖旅游文化节

时间：2011年7月
地点：大连市长海县广鹿乡

这是我国北方最大的一次祭海活动。农历六月十六是长海县广鹿岛上渔民一年当中最重要的日子，这一天，来自长海诸岛的渔民都要来马祖庙争献第一炷香，祈求一年风调雨顺。以"旅游搭台、文化唱戏、群众参与、繁荣经济"为内容的纪念马祖生日活动，由于增加了新的现代经济文化内涵，越来越被人们接受和欢迎。

◎ 笔架山海会

时间：2011年7月
地点：锦州市笔架山风景区

邀请全国演艺名星齐聚一堂，为来到锦州的朋友献上丰盛的综艺大餐。此外还有丰盛的美食等待着游客的享用。

◎ 丹东·宽甸漂流旅游节

时间：2011年7月至8月
地点：丹东市

宽甸依山傍水，风景秀丽，全县549条河流让这里增添了无限灵气。本届漂流节推出漂流大赛、有奖征文活动、宽甸"四季风韵"风光图片展等系列主题活动。

◎ 第十三届中国国际啤酒节

时间：2011年7月至8月
地点：大连市星海广场
主办单位：中国轻工业联合会、大连市人民政府

以"激情啤酒节，浪漫在大连"为主题，举办慕尼黑大篷开篷仪式、巡游活动、啤酒文化展、啤酒节吉祥物征集活动、啤酒节动感酒歌创意大赛、啤酒节摄影大赛、国际竞饮大赛、啤酒宝贝评选活动、啤酒节门票抽奖等活动。

◎ 大长山岛镇渔家风情旅游节

时间：2011年7月至8月
地点：大连市大长山岛镇

作为大连长海国际钓鱼节的重头戏，此次旅游节不光吸引了不少国内游客前来参加，也吸引了众多来自韩国、俄罗斯、美国等地的游客。其间，有长山岛主要旅游景点及水产品加工企业展示、开幕式文艺表演、环岛游、渔家美食烹饪大赛、渔家歌手大赛等活动。

◎ 大连（庄河）国际蓝莓节

时间：2011年7月至8月
地点：大连市庄河市
主办单位：大连市人民政府
承办单位：大连市农村经济委员会、大连市旅游局、大连市服务业委员会、庄河市人民政府

举办蓝莓采摘、蓝莓知识讲座、蓝莓饮食文化周、满族美食品尝和庄河系列特色旅游、经贸洽谈等内容丰富的活动。

◎ 中国（抚顺）满族风情国际旅游节

时间：2011年7月至10月
地点：抚顺市红河峡谷河流景区

以展示满族文化、整合旅游资源、促进旅游目的为主题，开展漂流邀请赛、辽宁百名导游员大赛、抚顺旅游商品（土特产）展销会等系列活动。现场观众欣赏了具有浓郁满族特色的八旗风皇家礼仪大巡游、八旗仪仗马队、满族秧歌、威风锣鼓表演以及具有异域风情的舞蹈表演。

◎ 2011蒙古族敖包文化节

时间：2011年8月
地点：阜新市阜新蒙古族自治县

以"相约敖包·精神家园"为主题，举办敖包祭祀活动、蒙古族歌会、那达慕大会、篝火晚会、旅游产品展销会等多项活动。

◎ 第四届中国盘锦国际湿地旅游周

时间：2011年8月
地点：盘锦市红海滩景区、鼎飞生态旅游区
主办单位：国家旅游局、辽宁省人民政府
承办单位：辽宁省旅游局、盘锦市人民政府

举办大型文艺演出、论坛、经贸洽谈、经济协作、湿地考察等活动。

◎ 中国营口国际海滨温泉旅游节

时间：2011年8月
地点：营口市经济技术开发区

温泉旅游营口论坛、旅行商考察活动、旅游推介会、温泉体验活动、观景台消夏演出月活动、鲅鱼圈国际啤酒节、鲅鱼圈广场文化月、山海广场游客抽奖活动、海滨帆板表演赛、青龙山水果采摘活动等。

◎ 2011清河国际旅游节

时间：2011年8月
地点：铁岭市
主办单位：铁岭市旅游局、清河区人民政府
承办单位：清河区旅游局等

本次活动以"沈铁同城"为契机，以"秀美后花园，欢乐渔家游"、"让我们勇闯天涯，共赴清河之约"为主题。举办清河区旅游推介会、启动仪式、垂钓比赛、外国留学生看清河文艺表演等活动。

◎ 中国沈阳国际旅游节

时间：2011年8月至9月
地点：沈阳市
主办单位：国家旅游局、辽宁省人民政府
承办单位：辽宁省旅游局、沈阳市人民政府

包含了国际烟火大赛、民俗舞蹈节、商街大擂台、花车巡游、自驾踏青游、绿色健康游、满汉宴席展、关东民俗文化节、国际啤酒节等活动。

◎ 五龙山葡萄采摘节

时间：2011年8月至9月
地点：沈阳市五龙山风景区

采摘体验、农家乐等活动。

◎ 第十三届大连长海国际钓鱼节

时间：2011年8月至10月
地点：大连市长海县

举办海钓比赛、文化娱乐演出、旅游观光、经贸洽谈等活动。

◎ 中国·丹东鸭绿江国际旅游节

时间：2011年9月
地点：丹东市
主办单位：国家旅游局
承办单位：辽宁省人民政府、丹东市人民政府

中国·丹东鸭绿江国际旅游节始办于2000年，在辽宁旅游盛会中颇具影响。始终秉承"打造品牌，提升形象，做大产业，发展旅游"的宗旨。本届旅游节举办招待酒会、丹东小吃展、文艺演出、旅游项目推介与线路考察等活动，夜晚则会在鸭绿江断桥举办烟火晚会。

◎ 大连国际服装节

时间：2011年9月
地点：大连市世界博览广场
主办单位：商务部、中国纺织工业协会、大连市人民政府

举办中外服装品牌名师展演、中外时装品牌推介展演、国际时尚流行趋势大学讲坛、国际春夏季服装面料流行趋势发布等活动。

◎ 第十一届满乡枫情节

时间：2011年9月至10月
地点：本溪市本溪满族自治县

推出红色见证和旅游商品展、旅游知识电视大奖

赛、旅游行业服务技能大赛、本溪满族自治县特色美食、最佳服务旅游定点酒店评选、大篷车巡游、满族民间工艺品展、民间二人转选拔赛等。

◎ 中国本溪国际枫叶节

时间：2011年9月至10月
地点：本溪市
主办单位：国家旅游局、辽宁省人民政府
承办单位：辽宁省旅游局、本溪市人民政府

举办本溪旅游推介会；枫叶节开幕式大型文艺演出；枫叶节招待酒会；中国生态旅游本溪高峰论坛；游本溪、赏枫叶活动；媒体记者采风及摄影展活动；辽宁旅游登山节等活动。

◎ 丹东·宽甸枫叶节

时间：2011年9月至10月
地点：丹东市宽甸满族自治县
主办单位：丹东市旅游局、宽甸满族自治县人民政府
承办单位：宽甸满族自治县旅游局、天华山风景名胜区管理局

举办新闻发布会、开幕式、天华山景区观赏枫叶、宽甸旅游风光图片展等。

◎ 锦州民间文化节

时间：2011年9月至10月
地点：锦州市

在文化节期间可以欣赏到形式不一的说唱、舞蹈表演、医巫闾山满族剪纸、黑山二人转、辽西高跷、医巫闾山民间文学、陈派评书、道光廿五白酒传统酿制技艺等。各民族风情节目更带来了异域风采。此外，还有国际经贸洽谈会、科技合作与专利交易洽谈会等商业活动。

◎ 闾山文化旅游节

时间：2011年9月至10月
地点：锦州市北镇市闾山山门广场

闾山，为舜封全国十二大名山之一，又是中华"五岳五镇"中最北的镇山，素有"云集四朝圣贤，独揽八方胜境"之美誉，特别是其悠久的镇山文化、历史文化、宗教文化、民俗文化、饮食文化等，在全国山岳型风景区中独具特色。本届文化旅游节为打造旅游平台，强调大众参与性，特举办旅游、文化、艺术、民俗、展销、商贸等活动。

◎ 绿岛空港原生态采摘节

时间：2011年10月
地点：沈阳市苏家屯区绿岛空港旅游经济区
主办单位：苏家屯区旅游局

举办登山比赛、家庭采摘、农活体验、自由骑乘等活动。

◎ 大连（瓦房店）国际苹果节

时间：2011年10月
地点：大连市瓦房店市

瓦房店市水果生产历史悠久，是全国闻名的"苹果之乡"。苹果节举行开幕式暨大型文艺演出；楹联、摄影、书画、剪纸、征文展览等系列文化展示；经贸洽谈以及金秋苹果观光采摘游等活动。

◎ 大连国际冬泳节

时间：2011年10月
地点：大连市金石滩国家旅游度假区
主办单位：国家体育总局旅游运动管理中心、中国旅游协会、辽宁省体育局、大连市人民政府
承办单位：辽宁省体育局旅游运动管理中心、大连市旅游局、大连开发区（度假区）管委会

已经成功举办数届的大连国际冬泳节备受国内外冬泳爱好者的欢迎，每年参加比赛的人数逐年增加。大赛除了游泳比赛外还设置了多项文体结合的趣味项目，有冬泳健儿的水上表演、冬泳爱好者书画摄影作品展、冬泳科研研讨会以及文艺表演赛等项目。

◎ 中国大连（安波）国际温泉滑雪节

时间：2011年12月至2012年3月
地点：大连市普兰店市、开发区、甘井子区、旅顺口区、瓦房店市、庄河市等
主办单位：大连市人民政府
承办单位：大连市旅游局、普兰店市人民政府

开展滑雪大赛、花样滑雪赛、雪橇等活动。

商务会展

◎ 辽宁第十五届国际广告四新技术暨印刷、数码技术设备展览会

时间：2011年3月
地点：辽宁工业展览馆
主办单位：辽宁省展览贸易集团有限公司、辽宁工业展览馆、沈阳市信亚会展服务中心

1. 广告新技术、新材料、新设备和新媒体展：国际互联网、多媒体、电脑设计和图文制作、输入输出系统、影视动画、数码特技、剪辑、字幕、合成系统、丝网印刷、电脑和雕刻、LED霓虹灯及光电设备、照明工程技术及产品、广告专业工具和广告礼品等；2. 印刷机械、印刷材料、印刷新技术、包装材料等相关配套新产品展示；3. 电子数码摄影、商业摄影各种摄影器材、感光材料及摄影用品、数码相机、投影仪、摄像机等。

◎ 第二十三届（春季）沈阳国际医疗器械设备展览会

时间：2011年3月
地点：沈阳科学宫会展中心
主办单位：辽宁省经济和信息化委员会、辽宁省卫生厅、辽宁省医疗器械工业公司
承办单位：辽宁深港展览服务有限公司

诊断设备、闲置医疗器械、二手设备等。

◎ 2011中国（沈阳）第九届建筑节能墙体保温及设备展览会

时间：2011年3月
地点：辽宁工业展览馆
主办单位：辽宁省人民政府

各种节能保温材料及设备包括：建筑保温系统、各类外墙外保温系统、外墙内保温系统、外墙自保温系统材料、屋面防水保温系统及其配套产品、施工配套机具、节能涂料等。

◎ 第十七届东北沈阳国际建筑装饰博览会

时间：2011年3月
地点：辽宁工业展览馆

室内装饰材料；建筑节能墙体材料；门窗、幕墙、玻璃制品；供暖空调技术与产品；给排水及水处理技术设备；节能照明灯饰与电气技术产品；景观、园林、园艺；建筑工程机械设备；建筑科技。

◎ 第四届中国东北国际流体机械展览会

时间：2011年3月
地点：辽宁工业展览馆

流体工程及流程工业、阀门、风机、泵、各种金属及非金属管材管件、弯头、泵用机械密封、填料密封、检测清洁设备等。

◎ 第六届中国东北地区旅游交易会

时间：2011年4月
地点：沈阳市沈阳科学宫会展中心
主办单位：辽宁省旅游协会、吉林省旅游协会、黑龙江省旅游协会

来自全国各地的旅行社、旅游景区（点）、旅游娱乐企业参展。

◎ 第十四届东北国际五金工具展览会

时间：2011年4月
地点：辽宁工业展览馆
主办单位：北方工商业展览有限公司、沈阳市装备制造行业协会
协办单位：沈阳市工商联五金工具行业商会

1. 工具五金：手动和电动工具、液压工具、机械工具、磨具磨料、园林园艺工具等；2. 五金机械设备：空压机、电动机、发电机、液压机械及配件、仓储设备、机电产品等；3. 焊接切割设备：焊接切割设备及技术、电焊机、焊机配套件、焊接材料及消耗品；4. 建筑五金：五金制品、标准紧固件、金属门窗五金配件、铁艺及金属制品、卫生陶瓷五金、家具五金件、照明灯具、电工电料等。

◎ 2011中国沈阳国际地板博览会

时间：2011年4月至5月
地点：辽宁工业展览馆

地板、家居、建材等。

◎ 第十三届沈阳国际家用轿车及商用专用汽车展览会

时间：2011年4月
地点：辽宁工业展览馆

1. 整车展区分为：专业用车、汽车金融等服务；2. 自行车、摩托车、电动车展区分为：摩托车发动机总成及零部件，电动车总成及配件等；3. 汽车用品、零部件展区分为：汽车服务用品、各种汽车内外饰件及相关产品。

◎ 第十六届中国国际建筑装饰材料展览会

时间：2011年4月
地点：大连星海会展中心、大连世界博览广场
主办单位：中国室内装饰协会、大连市人民政府、大连北展豪迈集团
承办单位：大连北方国际展览股份有限公司

门窗、幕墙、五金及设备、工程等。

◎ 2011第十三届全国特许连锁加盟创业（沈阳）展览会

时间：2011年5月
地点：沈阳科学宫会展中心
主办单位：中国商业联合会特许培训中心、国际绿色产业协会、中国连锁加盟项目中心、沈阳华博会展有限公司、沈阳中展立新展览有限公司

开展论坛、咨询等活动。

◎ 第四届大连国际供热制冷空调、通风设备及节能技术展

时间：2011年5月
地点：大连星海会展中心
主办单位：辽宁省机械工程学会、大连市人民政府
承办单位：大连华展展览服务有限公司
协办单位：大连市制冷协会、辽宁省地暖协会

1. 供热、采暖技术及设备：锅炉控制系统、锅炉清洗、锅炉水处理产品等；2. 供热采暖控制系统及配件：温控阀、控制阀等；3. 热泵空调供暖和供冷：地源热泵、热泵热水机组、热水和冷水设备、热泵机组制冷工具等；4. 太阳能新能源供热采暖技术与产品：太阳能热水器、太阳能采暖系统、太阳能集热器等。

◎ 第六届大连国际工业博览会

时间：2011年5月
地点：大连星海会展中心、大连世界博览广场
主办单位：辽宁省人民政府、辽宁省机械工程学会、大连市人民政府

仪器仪表、家用电器、软件产品、电子组件及生产技术、数码影像产品、个人电子产品、通信产品、工控及机电一体化、多媒体产品、办公室自动化及设备、保安产品等。

◎ 第十三届（华展）大连国际自动化、仪器仪表展览会

时间：2011年5月
地点：大连星海会展中心
主办单位：辽宁省机械工程学会
承办单位：大连华展展览服务有限公司

工控机、数据采集系统，软硬件；现场总线系统；过程自动控制系统、监控系统；电气传动装置、动力传动设备；连接器、编码器、信号调节器；变频器、变送器、调速器等。

◎ 第十二届大连国际电力电工技术与设备展览会

时间：2011年5月
地点：大连星海会展中心
主办单位：辽宁省电力行业协会
承办单位：大连华展展览服务有限公司

发电技术及设备、输配电设备、电气自动化技术与设备、电能计量计费设备、电力施工设备。

◎ 第六届大连国际五金工具展览会

时间：2011年5月
地点：大连星海会展中心
主办单位：辽宁省机械工程学会
承办单位：大连华展展览服务有限公司

1. 手动工具：传统手动工具、组合工具、汽保工具、园林工具、工具箱包、量具、刃具；2. 电动工具：传统电动工具、气动工具、风动工具、液压工具、磨具磨料类、其他电动工具；3. 机械设备：小型机械、园林机械、起重设备及吊索具、切割设备、打标机、

砂轮机、机床附件及工具、仓储设备、搬运设备、木工机械、装配机械等；4.五金制品：建筑五金、装饰五金、水暖五金、锁具、模具、铁艺制品等；5.机电产品：泵阀、空压机、电动机、发电机、给排水设备、电工电料、绝缘材料、通风设备、轴承等；6.劳保用品：安全防护设施、保险箱、消防器材、劳动保护用品等。

◎ 第九届中国（大连）国际橡塑橡胶工业展览

时间：2011年5月
地点：大连世界博览广场
主办单位：中国塑料加工工业协会、大连市人民政府
承办单位：中国国际贸易促进委员会大连市分会、大连国际商会展览公司

国内外橡塑、橡胶产品展示、洽谈、订货等。

◎ 第二十五届大连进出口商品交易会

时间：2011年5月
地点：大连世界博览广场

进出口生活用品、工业品等。

◎ 中国（沈阳）汽车展销会

时间：2011年5月
地点：沈阳国际会展中心
主办单位：沈阳市人民政府、中国汽车流通协会
承办单位：沈阳服务业委员会、沈阳汽车流通协会

开展展销、试乘试驾、文艺演出、特色餐饮小吃展、多部新车上市发布等活动。

◎ 第十六届中国国际木工机械（大连）展览会暨中国国际家具配件及原辅料（大连）展览会

时间：2011年6月
地点：大连星海会展中心
主办单位：北展豪迈集团
承办单位：大连北方国际展览公司

设木工机械及工具展区、木材及木制品展区、原辅材料及五金配件展区、家具展区、国际展区。

◎ 第九届中国国际软件和信息服务交易会

时间：2011年6月
地点：大连世界博览广场
主办单位：商务部、工业和信息化部、教育部、科技部、中国国际贸易促进委员会、辽宁省人民政府
承办单位：大连市人民政府

操作系统、开发平台、辅助开发工具、数据库、网管软件、中间件、网络与通信应用、信息与网络安全和软件。

◎ 第四届沈阳民间艺术品及古玩、字画收藏品博览会

时间：2011年7月
地点：辽宁工业展览馆
主办单位：沈阳市人民政府
承办单位：沈阳市文学艺术界联合会、辽宁省展览贸易集团展览有限公司

1.珠宝类：玛瑙、翡翠、玉器、水晶、珍珠、琥珀、藏饰等；2.工艺品类：陶瓷、根雕、木雕、绣品、漆器、竹木植物编制品及各类工艺品等；3.收藏品类：古玩、字画、古籍、钱币、邮品、文物制品、文房四宝、红木家具、奇石、民间艺术品等；4.茶品区：茶工艺品、紫砂茶具、茶玩、茶艺附件等；5.礼品区：商务礼品、电子礼品、旅游用品等。

◎ 中国大连国际高尔夫旅游展览会

时间：2011年7月
地点：大连星海会展中心

分为国内外高尔夫球场展示区、高尔夫用品展示区、高尔夫旅游企业推介区、高尔夫场地演示区、高尔夫运动休闲区、高尔夫教育与媒体传播区、高尔夫高端生活用品展销区七大展区。除此之外，还举办大连国际合作签约仪式、大连国际旅游业高尔夫邀请赛、高尔夫产业推介联谊会、高尔夫未来发展论坛等活动。

◎ 第十一届中国辽宁国际教育展览会

时间：2011年7月
地点：大连星海会展中心
主办单位：辽宁省教育厅
承办单位：大连星海会展商务有限公司

展会期间，组委会组织中外教育机构在辽宁省三大重点城市——沈阳、鞍山、大连与数万名初高中毕业生及其家长、应届大学毕业生和在读大学生以及有再深造需求的社会各界精英面对面交流。

8月

◎ 2011大连国际口腔器材及口腔护理展览会

时间：2011年8月
地点：大连世界博览广场
主办单位：大连市卫生局、大连市口腔协会

口腔诊断设备、牙科X光机、口腔内窥镜、数码成像系统、牙科X光片、自动显影机等。

◎ 第十六届大连国际汽车工业展览会

时间：2011年8月
地点：大连世界博览广场、大连星海会展中心
主办单位：中国国际贸易促进委员会、中国国际贸易促进委员会汽车行业分会、中国汽车工业协会、中国汽车工程学会、中国汽车工业进出口总公司、大连市人民政府
承办单位：中国国际贸易促进委员会大连市分会、大连保税区管理委员会、大连国际商会展览公司

乘用车、商用车、房车、混合动力车、电动车、专用车、工程机械车、叉车等；各种汽车工业新能源、汽车工业环保技术与产品；汽车总成及零部件；汽车制造设备、工艺装备；汽车检测、维护保养设备及工具；汽车改装、电子电器、影音娱乐、装饰品等汽车用品；汽车用油、汽车护理用品；停车场技术设备。

9月

◎ 第十届中国国际装备制造业博览会

时间：2011年9月
地点：沈阳国际会展中心
主办单位：商务部、国家发展和改革委员会、中国国际贸易促进委员会、辽宁省人民政府
承办单位：沈阳市人民政府、中国国际贸易促进委员会辽宁省分会、辽宁省经济委员会、沈阳振兴国际展览有限公司

1.数控机床、金属切削机床、压力成型机床和机床附件及配件；2.机器人、自动化控制、电子应用系统、仪器仪表及装备制造业信息化解决方案等；3.压缩机、风机、电机、变压器、互感器等通用设备；4.航空航天、电站电力、石化、冶金、环保、重矿、输变电等专用设备；5.工程机械、输变电设备、建筑机械、专用汽车及大型机械设备。

◎ 2011中国（大连）国际服装纺织品博览会

时间：2011年9月
地点：大连世界博览广场、大连星海会展中心
主办单位：商务部、中国纺织工业协会、大连市人民政府

展览展示、时装展演、品牌代理推广、流行趋势发布、主题论坛等活动。

◎ 第五届中国东北亚（沈阳）进口商品博览会

时间：2011年9月
地点：辽宁工业展览馆
主办单位：中国国际贸易促进委员会、沈阳市人民政府
承办单位：中国国际贸易促进委员会沈阳分会

包括机械设备、小型车辆及配件、电子信息及家电、五金工具、建材及厨卫设备、日用消费品、装饰品及礼品、珠宝首饰、食品、农产品及绿色环保产品等。

◎ 2011第七届中国辽宁（沈阳）国际农业博览会

时间：2011年9月
地点：沈阳国际会展中心
主办单位：辽宁省人民政府
承办单位：辽宁省农村经济委员会、沈阳市人民政府

绿色、有机、无公害农产品；农副产品、食品原料、绿色食品、乳品饮料、调味食品、糖果糕点、酒类、咖啡原料、休闲食品、茶叶类；农业高新技术、农业科普、农用物资、农机设备等参展。

◎ 中国阜新玛瑙博览会

时间：2011年9月
地点：阜新市

举办玉石雕刻大赛精品展、阜新玛瑙商务礼品旅游纪念品大赛、阜新名优食品展洽会等活动。

◎ 第八届辽宁东亚国际旅游博览会

时间：2011 年 10 月
地点：大连星海会展中心
主办单位：国家旅游局、辽宁省人民政府、大连市人民政府
承办单位：辽宁省旅游局、大连市旅游局、大连北方国际展览公司

专场买家洽谈会、买家考察活动、国际旅游车船新品发布会、最受游客欢迎酒店/饭店评选颁奖大会、旅游媒体同盟单位 2011 年年会、旅游产品（项目）推介等。

◎ 第八届东亚国际旅游博览会

时间：2011 年 10 月
地点：大连星海会展中心
主办单位：国家旅游局、辽宁省人民政府、大连市人民政府
承办单位：辽宁省旅游局、大连市旅游局、大连北方国际展览有限公司

专场买家洽谈会、旅行社同业交流会、主题公园经济发展论坛、旅游产品项目推介会、旅游媒体评选活动。

◎ 2011 中国国际旅游车辆、船艇及技术设备展览会

时间：2011 年 10 月
地点：大连星海会展中心

国内外旅游车辆和船艇先进技术、设备展示、洽谈、签约等活动。

吉林

节庆文化活动

◎ 中国吉林查干湖冰雪捕鱼文化旅游节

时间：2011年1月
地点：松原市查干湖旅游经济开发区
主办单位：吉林省旅游局、松原市人民政府
承办单位：松原市旅游局、前郭尔罗斯蒙古族自治县人民政府、查干湖旅游经济开发区管委会

查干湖渔猎文化具有悠久的历史，源于史前，盛于辽金。时至今日，查干湖一直延续着这一古老的冬捕方式。在查干湖"冰雪捕鱼文化旅游节"开幕式上最神秘的是"祭湖、醒网"仪式。按照历代流传下来的习俗，查干湖冬季捕鱼必须首先举行祭祀湖神，唤醒冬网，奉拜天父地母，保佑万物生灵永续繁衍，百姓生活幸福安康。本届旅游节为期一个月，共分为查干湖风情宴、迎宾酒会、冰湖腾鱼文艺晚会和"祭湖·醒网"仪式系列活动。其中系列板块包括圣火火种采集、查干湖国际摄影展、"查干湖杯"文学艺术和新闻作品大赛、到查干湖看冬捕过大年年俗体验游等多项活动。

◎ 长春冰雪旅游节暨净月潭瓦萨国际滑雪节

时间：2011年1月至2月
地点：长春市净月潭滑雪场
主办单位：中国滑雪协会、吉林省旅游局、长春市人民政府

本届冰雪节突出了"大冰雪"的概念，其系列活动按照冰雪旅游、冰雪体育、冰雪文化、冰雪经贸四大板块进行划分，除旅游活动外，还涵盖了一系列与市民密切相关的文化、体育、商贸、时尚、休闲等活动。

◎ 中国长白山国际雪文化旅游节

时间：2011年1月至5月
地点：白山市长白山风景区
主办单位：吉林省旅游局、吉林长白山保护开发区管委会

以"冬季到长白山赏雪、滑雪、泡温泉"为主题。有"心动之旅"奥迪汽车冰雪试驾、首届长白山火山温泉节、长白山国际天然滑雪公园嘉年华、2011全国越野滑雪冠军（长白山站）系列赛、"踏雪赏花全民健身"徒步登山及《长白神韵》电视片及图片展等9项活动。

◎ 第十六届中国吉林国际雾凇冰雪节

时间：2011年1月至2月
地点：吉林市
主办单位：吉林省旅游局、吉林市人民政府

本届旅游节通过举办冰雪乌拉欢乐节、温泉文化旅游节、网络雾凇冰雪节等活动，进一步推介吉林市冰雪旅游资源。

◎ 第二届中国吉林冰雪温泉旅游节

时间：2011年1月至2月
地点：吉林市
主办单位：吉林市人民政府
承办单位：吉林市旅游局
协办单位：吉林市神农庄园有限公司、吉林圣德泉亲水度假花园有限公司

本届冰雪温泉旅游节以"体验养生文化、感受冰雪温泉"为主题，举办温泉摄影展、冰雪温泉体验、茶艺表演、美食活动月、现代农业观光、红酒温泉月、冰陀螺体验、CS野战等丰富多彩的活动。

 2 月

◎ 吉林北山庙会

时间：2011年2月
地点：吉林市北山风景区

1.吉祥宗教文化活动：包括祈福吉祥大法会、走福路、过福门、签福字、领福包、摸福气等，让市民和游客领略北山庙会"福"的含义，祈福迎祥、载福回家；2.撞福钟：撞福钟预示着平安是福，福运绵长；3.文艺表演：庙会期间有福娃、喜娃迎宾，抛福球，秧歌表演，舞狮，舞龙，八仙庆寿，民间杂技等活动；4.游艺娱乐活动：有金蟾送福、撞好运、坐花轿、三星送福等活动；5.文化展览：有大型年画展览、传统民俗话春节、生肖趣谈、财文化展览、吉祥文化展览等市民喜闻乐见的民俗文化活动；6.庙会里设风味餐饮一条街、春节庙会购物一条街、旅游纪念品购物区等。

 3 月

◎ 第十一届"飞向明天——魅力江城"风筝会

时间：2011年3月
地点：吉林市世纪广场

龙类风筝是这次风筝会的最大看点。蔚蓝的天空中，时而苍龙冲天，时而蝴蝶翩翩，莺歌燕舞，场面宏大而壮观。

 4 月

◎ 吉林松花湖开江鱼美食节

时间：2011年4月至5月
地点：吉林市蛟河市苏尔哈湖湾度假区
主办单位：吉林省旅游局、吉林市人民政府

活动期间举办美食节金牌菜评选；登山、踏青、垂钓大赛等多项活动。同时，为配合本届中国吉林松花湖开江鱼美食节，还将举办形象大使评选活动、金牌鱼师傅、松花湖十大名鱼推介等活动。

 5 月

◎ 中国·吉林龙湾野生杜鹃花卉旅游节

时间：2011年5月
地点：通化市龙湾国家自然保护区

以"关爱生态、保护湿地"为主题，游客既可观赏宏伟壮观的火山风貌，又可欣赏姿态各异的湿地景观。同时内涵丰富的人文建筑也是令人大饱眼福。旅游节期间，有漂流、考察等各项群众参与的娱乐活动。

◎ 中国·松原伯都讷端午文化旅游节

时间：2011年5月至6月
地点：松原市

旅游节集竞技、宗教、娱乐于一身。具体活动有文化节龙舟赛、万盏河灯漂流等活动。

 6 月

◎ 第四届净月潭国际森林徒步节

时间：2011年6月
地点：长春市净月潭国家森林公园
主办单位：长春市委、长春市人民政府
承办单位：净月潭国家森林公园

来自国内外的千余名游客组成了"徒步大军"，在5公里的行程中诠释"健康始于足下，美景尽收眼底"的人文体育精神。另外，徒步节还设有专业选手比赛和业余选手比赛以及国际风情表演等活动项目。

◎ 第七届长春国际动漫节

时间：2011年6月
地点：长春市欧亚卖场会展中心
主办单位：中共吉林省委宣传部、吉林省文化厅、长春市人民政府、中国国际动漫节组委会
承办单位：中共长春市委宣传部、长春市文学艺术界联合会、吉林动画学院、吉林动漫集团

举办动漫论坛；吉林省大型动漫、游戏人才招聘会；动漫大奖赛等活动。

◎ 2011长春消夏节

时间：2011年6月至9月
地点：长春市
主办单位：吉林省旅游局、长春市人民政府

举办徒步大赛、彩车巡游、民俗艺术表演、热气球系列表演、世界休闲小姐才艺展示、百人古筝表演、啤酒大赛、彩车巡游及电影晚会等活动。

◎ 安图"中国朝鲜族第一村"民俗文化旅游节

时间：2011年6月
地点：延边朝鲜族自治州安图县

游客可参观处处充满朝鲜族民俗风情场景的朝鲜族民居、民俗展馆、旅游宣传画廊等。此外还有经贸洽谈、旅游促销等系列活动。

◎ 2011延边之春苹果梨花节

时间：2011年6月
地点：延边朝鲜族自治州龙井市
主办单位：中共延边朝鲜族自治州委、延边朝鲜族自治州人民政府、吉林省旅游局
承办单位：中共龙井市委、龙井市人民政府、延边朝鲜族自治州旅游局
协办单位：延边朝鲜族自治州委宣传部、延边朝鲜族自治州文化局、延边朝鲜族自治州体育局、吉林烟草工业有限责任公司、延边华龙集团有限公司、延边海兰湖风景区

举办民俗文化体育活动，包括举办"中国龙井·2011延边之春苹果梨花节"开幕式、朝鲜族婚庆典礼、千人民俗拔河比赛、梨花园朝鲜族风味民餐、斗牛大赛、游园猜谜活动、大型民俗演出、广场民俗文化活动、果树认养和家庭日活动、书画摄影活动、梨花笔会、民间工艺和民俗文化展示活动、自驾游活动、重大项目签约和奠基及开工仪式、地方特色产品展洽会、旅游产品展销会。

◎ 第四届中国（长春）华夏文化艺术节暨2011中国（长春）文化产业博览会

时间：2011年6月至7月
地点：长春国际会展中心、长春欧亚卖场会展中心

举办景德镇陶瓷、黄龙玉雕、手工雕刻等万余种文化产品展出以及民族民俗专业表演等活动。

◎ 吉林市雪花啤酒节

时间：2011年6月至8月
地点：吉林市松江中路等
主办单位：吉林市人民政府、华润雪花啤酒（吉林）有限公司

除开展啤酒、美食、休闲娱乐活动外，还举办趣味啤酒擂台赛、啤酒摄影大赛等系列活动。

◎ 长白山鸭绿江边境风情旅游节

时间：2011年6月至10月
地点：白山市抚松县

推介白山热点旅游线路。各景点也纷纷举办别开生面的、精彩的配套活动。

◎ 第六届长白朝鲜族民俗文化旅游节

时间：2011年7月
地点：白山市长白朝鲜族自治县

以"畅游生态山水、品味民俗风情、感悟康乐人生"为主题，安排朝鲜族民俗表演、朝鲜族传统体育比赛、朝鲜族美食品尝等活动。

◎ 松花石文化节暨中国白山江源·长白山奇石博览会

时间：2011年7月
地点：白山市江源区
主办单位：中国观赏石协会、吉林省国土资源厅、吉林省文化厅、白山市人民政府

美食一条街、服装展销会、旅游纪念品展销会、长白山奇山展等活动。

◎ 中国长白山国际旅游节

时间：2011年7月至10月
地点：白山市长白山旅游度假区
主办单位：国家旅游局、吉林省人民政府

举办长白山民俗风情购物美食节、摄影创作活动、长白山科考探险游、中国长白山森林公路自行车赛等活动。

◎ 中国吉林松花湖休闲度假旅游节

时间：2011年7月至8月
地点：吉林市松花湖风景区

举办徒步大会、温泉养生体验、书法绘画摄影采风、温泉养生文化讲座、绿色健康美食等活动。

◎ 中国叶赫满族民俗旅游节

时间：2011年7月至9月
地点：四平市
主办单位：铁东区人民政府

推出生态观光、满族民俗、历史文化、乡村休闲、体育健身等主题活动。

◎ 中国吉林查干湖蒙古族民俗旅游节

时间：2011年7月至10月
地点：松原市查干湖景区引松纪念碑广场
主办单位：吉林省旅游局、松原市人民政府
承办单位：松原市旅游局、前郭尔罗斯蒙古族自治县人民政府、查干湖旅游经济开发区管委会、北京中兴恒和投资集团有限公司

活动包括国内外企业家座谈会、成吉思汗召"淖尔"祭祀大典、查干淖尔龙舟赛等活动。

◎ 中国·龙井国际松茸义化旅游节

时间：2011年9月
地点：延边朝鲜族自治州龙井市

天佛指山松茸自然保护区，是目前国内唯一一个旨在保护松茸及其生态系统的国家级自然保护区。本届旅游节期间面向社会开展松茸采摘体验和松茸农家体验活动。此外，游客还可以参观松茸产地和松茸加工企业，观赏民俗舞蹈表演比赛。

◎ 中国吉林长白山金秋红叶旅游节

时间：2011年9月至10月
地点：吉林市蛟河市红叶谷风景区

吉林市各市地处中国名山——长白山的余脉，秋季风光十分奇特。每年9月下旬至10月上旬，因天气逐渐转冷，树叶开始由绿色变成橙色、紫色、红色，千娇百媚。蛟河市境内，由于其独特的植被分布，这期间山上的景色十分艳丽，万山红遍，层林尽染，五花山万紫千红，远远望去如骄阳，似火焰，景色十分壮观。蛟河市庆岭风景区及松花湖风景区的枫叶不仅面积大、颜色好，而且层次分明，是摄影、采风、观赏红叶的绝佳去处。

◎ 中国桦甸白桦节

时间：2011年9月至10月
地点：吉林市桦甸市

举办金秋书画、摄影大赛，观赏秋季景色，诚邀游人登山健身等活动。

◎ 延边阿里郎冰雪旅游节

时间：2011年12月至2012年2月
地点：延边朝鲜族自治州龙井海兰江滑雪场等

开展多种冰雪运动和冰雪艺术竞赛。

商务会展

◎ 长春第十四届广告博览会

时间：2011年3月
地点：长春国际会展中心
主办单位：长春市广告协会
承办单位：北方工商业展览有限公司、长春维达展览服务有限公司
支持单位：吉林省印刷技术研究所、吉林省市场协会、吉林省广告协会、长春市工商行政管理局

1.雕刻喷绘设备：激光雕刻机、喷绘机、激光内雕机、雕刻仪、印章雕刻机、电脑雕刻机等；2.霓虹灯及制作技术：霓虹灯管、霓虹灯变压器、发光二极管、闪光灯、LED灯和芯片及广告制作、电子显示屏等；3.展览展示媒体：展览用围板、铝合金组合系统、标牌、便携式展览器材、装潢器材、展览服务等。

◎ 第十二届中国长春国际电力电工及能源技术设备展览会

时间：2011年3月
地点：长春国际会展中心
主办单位：沈阳装备制造业协会
承办单位：长春维达展览服务有限公司

输配电设备、电力环保技术与设备、电网自动化设备、电线电缆及设备、电工设备节电及新能源产品等。

◎ 2011中国（长春）第十二届国际机床、工具及模具技术设备展览会

时间：2011年3月
地点：长春国际会展中心
主办单位：长春市模具工业协会、沈阳装备制造业协会、长春市汽车工业协会
承办单位：长春维达展览服务有限公司

1. 各类数控车床、钻床；锯床、送料设备及试模设备等；2. 各类抛光机、各种测量仪器中（表）磨料、切削油、润滑油等模具制造辅助装置；3. 各类模架、弹性元件、导向、气动元件等模具配件；4. 各类模具钢材、电极铜料等模具材料及各类模具；5. 模具表面自理及修复技术、表面强化设备、各类热处理及设备；6. 软（硬）件、自动柔性加工系统及自动编程装置。

◎ 第二十四届中国（长春）国际医疗器械卫生产业博览会

时间：2011年3月
地点：长春国际会展中心
主办单位：辽宁深港展览服务有限公司

诊断及治疗设备，数字化设备，生化、分析、检验设备及实验室设备，医用材料及医疗用品，骨科设备及材料等。

◎ 第九届中国长春国际医药健康产业博览会

时间：2011年3月至4月
地点：长春国际会展中心
主办单位：吉林省食品药品监督管理局、吉林省卫生厅、长春市人民政府、长春市食品药品监督管理局
承办单位：长春医药协会、辽宁深港展览服务有限公司

举办药店经理高峰论坛、健康连锁加盟论坛、保健品如何进入直销领域论坛、大包品种推广说明会、诚信品牌连锁药店评选、东北十大经销商评选、评选医药保健品行业十大长期战略品牌、药房采购说明会、第三终端营销论坛、经销商联盟成立大会、评选医药保健品行业十大风云人物、吉林省长白山地区特产野生人参评选"野人参王"及现场拍卖等活动。

4月

◎ 第六届国际建筑节能产品、新型墙材展览会暨国际干混砂浆、墙体保温技术与产品展览会

时间：2011年4月
地点：长春国际会展中心
主办单位：吉林省建筑装饰业协会
承办单位：长春维达展览服务有限公司

1. 节能保温材料：建筑保温系统、地面供暖系统、节能门窗和幕墙、保温和隔热材料、遮阳系统等；2. 节水技术及设备：雨水利用技术、管材和管件、节水马桶、卫浴设备、节能型泵、高楼自动供水设备等；3. 新能源利用：太阳能利用、热泵技术；4. 节材产品及节能设备：新型墙体材料、新型钢筋及连接技术、高性能混凝土、结构材料、墙材制造机械；5. 节地技术：新型结构技术体系、钢结构、预应力技术及材料等。

◎ 第九届国际社会公共安全产品展览会暨楼宇智能、消防技术、智能交通及警用装备展览会

时间：2011年4月
地点：长春国际会展中心
主办单位：吉林省社会公共安全产品行业协会
承办单位：北方工商业展览有限公司、长春维达展览服务有限公司

1. 安防产品类：视频监控系统；2. 家居多媒体布线箱消防产品类：火灾探测及报警系统、消防车辆及供水设备；3. 警用产品类：警用防护防暴系列产品、警用械具产品、有线无线通信；4. 智能交通类：交通信号指挥系统、道路监控及违章监控技术等。

◎ 第七届中国吉林（长春）国际家具家居装饰及材料、木工机械展览会

时间：2011年4月
地点：长春国际会展中心

主要展出家具及木制品、家居装饰材料、建筑装饰材料、木工机械等。

◎ 吉林（长春）第十六届国际建筑建材贸易博览会

时间：2011 年 4 月
地点：长春国际会展中心
主办单位：吉林省建筑装饰业协会
承办单位：北方工商业展览有限公司、长春维达展览服务有限公司

卫浴设备及配套产品；建筑陶瓷、墙地砖、石材及制品；自动门、防盗门、壁柜门、车库门等；实木地板、强化复合木地板、竹地板等；各类地毯、地垫、门垫、浴室垫等；办公家具、民用家具、古典家具、厨房家具、庭院家具等；各类木工机械、家具机械、床垫机械、刀具及配件等；各种新型铺地材料、大理石等；壁纸、墙纸、布艺、室内外涂料；吊顶材料、阳光板、各种板材、装饰玻璃；建筑装饰五金材料、锁具及配件；建筑装饰材料、黏合材料；铝合金型材及不锈钢制品；康体休闲设备及设施；厨房、橱柜、壁柜系列产品；阻燃、耐燃各种防火装饰材料；幕墙、幕墙板、铝塑板；智能楼宇、建筑电气、电梯；门窗工业系列产品；房屋技术、环保工程及园林设备；室内设计及装饰工艺制品；基础材料和集成材、砌块砖；防水、管材、地热、保温及隐蔽工程材料；装饰设计公司及家居装潢；体育设施及健身器材；建筑钢结构、彩瓦、水泥制品等。

◎ 吉林（长春）第十三届国际门窗幕墙、屋顶技术及加工设备展览会

时间：2011 年 4 月
地点：长春国际会展中心
主办单位：吉林省建筑装饰业协会
承办单位：北方工商业展览有限公司、长春维达展览服务有限公司

1. 建筑门窗类：塑钢门窗、高档木门窗、自动门、防火防盗门、不锈钢门窗、门窗五金、门窗覆膜、各种窗帘、各种门窗的原材料及辅助材料；2. 管材、管件类：各种材质的管材管件、铝塑复合管、钢塑复合管、铜塑复合管、电线穿线管、配套管件等；3. 幕墙类：幕墙板材、幕墙玻璃、幕墙配套材料；4. 胶类：各类结构胶、密封产品、清洁用品；5. 制造设备类：门窗、管材、板材、检测设备、相关辅助设备及施工机具等。

◎ 第十三届国际供热供暖锅炉空调及节能减排技术设备展览会

时间：2011 年 4 月
地点：长春国际会展中心

1. 锅炉产品：燃油燃气锅炉、蒸汽锅炉、热水锅炉、特种锅炉等；2. 采暖产品：发热电缆采暖、水系统地板采暖、超导采暖、泳池桑拿供热设备等；3. 暖气产品：地暖专用地板、分集水器、电暖气等；4. 空调热泵系统产品、技术与设备：商用和家用中央空调机组、循环水系统泵阀管道设备、水处理技术与设备、储热和储水设备等；5. 太阳能利用：太阳能热水器、风力发电及光伏发电互补系统等太阳能利用技术及设备等。

◎ 第四届中国长春装备制造业博览会

时间：2011 年 4 月
地点：长春国际会展中心
主办单位：长春市人民政府
承办单位：中国国际贸易促进会长春分会、长春百瑞国际会展集团公司

1. 车、铣、刨、钻等金属切削机床及冲压成型机床；2. 模具、刃具、卡具、量具、工装、五金工具等；3. 通用设备、焊接设备等。

◎ 第四届长春国际五金工具博览会

时间：2011 年 4 月
地点：长春国际会展中心
主办单位：长春市人民政府、中国国际贸易促进委员会长春分会、长春浩创展览服务有限公司

手动工具、电动工具、机械设备、焊接设备、五金制品、机电产品、汽保工具等。

◎ 2011 东北长春第四届动力传动展览会

时间：2011 年 4 月
地点：长春国际会展中心
主办单位：吉林省机械工程学会、长春市人民政府

动力传动技术及设备与咨询服务等。

◎ 2011 第四届东北四省科学仪器及实验室设备展览会

时间：2011 年 4 月
地点：长春国际会展中心
主办单位：吉林市分析测试学会、长春市人民政府
承办单位：长春市浩创展览服务有限公司

实验室常用设备、软件及实验室仪器配套产品等。

◎ 中国吉林第三届口腔设备及材料博览会

时间：2011年5月
地点：长春国际会展中心
主办单位：吉林省口腔医学会
承办单位：长春市海州展览服务有限公司

牙科综合治疗设备及家具；牙科治疗所需材料；牙科影像设备；牙科技工设备；牙外科器械及材料；牙科设备零配件；牙科消毒设备；牙科用药品、清洁剂、消毒剂等；牙科实验室设备、家具及实验所需原材料；牙科协会、杂志、宣传刊物、挂图、教学用器具；牙科诊疗车等。

◎ 中国东北亚文化产业博览会

时间：2011年6月
地点：长春国际会展中心

分综合馆、教育教学设备馆、民族工艺美术馆、民族服装服饰馆、文化名城建筑馆、旅游饮食文化馆、新闻出版印刷馆、名人名品环廊。

◎ 第八届中国（长春）国际汽车博览会

时间：2011年7月
地点：长春国际会展中心
主办单位：中国国际贸易促进委员会长春分会、中国汽车工业协会、吉林省人民政府、长春市人民政府
承办单位：中国国际贸易促进委员会长春分会

展会安排以展览、论坛、经贸、文化、运动、服务六大板块为主线的三十几项活动及展出各种国产及进口商用车、乘用车、特种车辆、汽车零部件、配件、汽车用品，汽车制造技术及设备。

◎ 中国长春国际农业食品博览交易会

时间：2011年8月
地点：长春现代农业博览园
主办单位：农业部、吉林省人民政府、长春市人民政府
承办单位：吉林省农业委员会、长春市人民政府、吉林农业大学

展示类项目包括产品展销、现代种植业展、精品畜牧业展、农业机械及食品加工机械展、新农村住宅设计展、农村能源环保项目展和美食广场。活动类项目包括经贸交流、科普大集、专家论坛、名优产品及动植物优良品种推介与评比、长春市"十大杰出青年农民"评选及农业科技示范户评比表彰、农民趣味赛事活动、"梦圆农博会"免费观展活动、文化宣传活动和"会中会"。其中农业展馆将主要以展示种子、农药、肥料、饲料为主，并同时举办科普大集、良种良法推荐等活动内容。

◎ 中国吉林东北亚贸易博览会

时间：2011年9月
地点：长春国际会展中心

包括食品及农业副产品、文创产品、高新技术、机械电子、医药保健品、汽车及零配件、车辆及工程机械、建材及厨卫设备、家具及生活用品、服装及配件等产品。

黑龙江

节庆文化活动

◎ 首届哈尔滨中华巴洛克民俗文化节

时间：2011年1月
地点：哈尔滨市道外区
主办单位：哈尔滨市委宣传部、哈尔滨市住房保障和房产管理局、哈尔滨市文联、哈尔滨市文化和新闻出版局、哈尔滨市旅游局、道外区委、道外区人民政府

举办曲艺、京评剧、皮影剧等演出及群众性娱乐活动。

◎ 兆麟公园冰灯游园会

时间：2011年1月至2月
地点：哈尔滨市道里区兆麟公园
主办单位：哈尔滨市旅游局

本届游园会以"讲述迪斯尼的故事"为主题，向游客讲述了迪斯尼的童话故事。分为迪斯尼前导景区、米奇与朋友景区、小美人鱼景区、迪斯尼公主景区、木偶奇遇记景区、小熊维尼景区、米奇妙妙屋景区、纳尼亚景区（国际冰雕赛区）、阿拉丁城堡景区、玩具总动员与汽车总动员景区十大景区。

◎ 第二十七届中国哈尔滨国际冰雪节

时间：2011年1月至2月
地点：哈尔滨市
主办单位：国家旅游局、黑龙江省人民政府、哈尔滨市人民政府
承办单位：哈尔滨市旅游局

哈尔滨的冬天，粉妆玉砌、银装素裹，素以冰雪文化饮誉海内外。本届冰雪节以"欢乐冰雪，激情城市"为主题。汇集冰雪旅游、冰雪文化、冰雪体育、冰雪经贸和冰雪艺术五大板块上百项活动的哈尔滨国际冰雪节，带您体验独一无二的奇妙的冰雪魅力。

◎ 黑龙江中国雪乡旅游节

时间：2011年1月
地点：牡丹江市海林市大海林林业局雪乡景区
主办单位：黑龙江省旅游局、黑龙江省森工总局、海南珠江控股股份有限公司
承办单位：大海林林业局

旅游节期间，景区推出赏雪、高台跳雪等丰富多彩的旅游项目。本届雪乡旅游节融入了北方民俗文化、林区传统文化、东北农家风情，增强了传统民俗活动的参与性。推出赏雪、摄影、滑雪、高台跳雪等旅游项目，还展出以雪乡为题材的摄影佳作。

◎ 第四届中国牡丹江雪城旅游文化节

时间：2011年1月至2月
地点：牡丹江市
主办单位：中共牡丹江市委、牡丹江市人民政府
承办单位：牡丹江市旅游局、牡丹江市文广新局

雪城旅游文化节贯穿冰雪文化这一主题，将牡丹江冰雪文化精髓与诗词音乐有机结合，展现牡丹江的独特魅力。其间，举行各种系列节庆活动，包括赏雪、摄影等，更使文化节增添无穷魅力。

◎ 第七届中国（伊春）冬季摄影节

时间：2011年1月
地点：伊春市
主办单位：中国艺术摄影学会、伊春市人民政府
承办单位：伊春市委宣传部、伊春市委外宣办、伊春市文联、伊春区委宣传部、汤旺河区委宣传部、红星区委宣传部

组织摄影家、参赛人员、新闻媒体记者、旅游企业负责人深入当地多个景区进行考察、创作、采风。此外，还邀请艺术家进行专题讲座、研讨交流等活动。

◎ 齐齐哈尔第九届关东文化旅游节

时间：2011年1月至2月
地点：齐齐哈尔市
主办单位：中国旅游协会、黑龙江省旅游局、齐齐哈尔市人民政府

举办关东文化旅游合作系列活动；冰雪文化旅游活动；冰雪游览会；滑雪节；雪雕大赛；冰雪书画、摄影展等活动。

◎ 中国·佳木斯国际泼雪节

时间：2011年1月至2月
地点：佳木斯市
主办单位：佳木斯市委、佳木斯市人民政府
承办单位：泼雪节组委会

本届泼雪节以"快乐赏冰雪，和谐佳木斯"为主题。其间举办松花江冰雪大世界开园仪式、冰雪旅游观光和"瑞雪飞扬，东极天府"系列滑雪活动、"爱拼才会赢，相信我能行"首届中小学生冰雪体验行系列活动、"酷玩冰雪"职工趣味运动会、"庆丰收、奔小康"农民冰雪趣味运动会、"冰雪向前冲"冰雪娱乐体验、迎新春农民拔河比赛活动、冬泳表演活动、"军民鱼水情"军民大联欢活动、"冰天雪地活力世界"冬季冰雪活动、趣味冬钓活动、滚冰比赛、泼雪节摄影作品展、赫哲冰雪文化展示活动。

◎ 黑河市元宵节烟火晚会

时间：2011年2月
地点：黑河市黑龙江畔
主办单位：中共黑河市委宣传部

开天雷腾空而起响彻九霄，耀眼夺目的五彩霞光布满夜空，声光交错，奏响了铿锵有力的时代强音；组合礼花相继升空，亮晶晶的葡萄、金灿灿的麦穗跃然空中，预示新年各项事业蒸蒸日上；礼花弹将夜空装点得金碧辉煌，寓意全市人民励精图治，奋发图强，黑河正向着更新、更好、更快的目标迈进。此外，主办方还组织了众多群众参与性强的文化娱乐活动。

◎ 第八届中国漠河国际冰雪汽车越野赛

时间：2011年2月
地点：大兴安岭地区漠河县

本届比赛属于国家级赛事，严格按照中汽联全国汽车场地赛竞赛规则、全国汽车越野赛竞赛规则的要求举行。届时还有速滑、冰上舞蹈表演、篝火晚会等丰富多彩的趣味活动。

◎ 中国佳木斯第三届三江杏花节

时间：2011年4月至5月
地点：佳木斯市

以"相约东极天府，共赏杏花春色"为主题，举办健走活动；摄影作品展；民乐演奏；全国书法精英作品展示；展示推介；养生保健宣传；职业技能展示、洽谈等活动。

◎ 第四届太阳岛风筝旅游节

时间：2011年5月
地点：哈尔滨市太阳岛风景区
主办单位：松北区人民政府、太阳岛风景区管理局

本届活动以"走进太阳岛，放飞童年梦"为主题。举办中国风筝艺术展、主题放飞、东北民间艺术和东北特产展销，邀请历届民间工艺美术大师现场进行东北传统民间工艺制作及表演、展出及售卖东北民间工艺品。

◎ 极乐寺文园庙会

时间：2011年5月
地点：哈尔滨市极乐寺

举办祭祀、集市交易和丰富多彩的娱乐活动。

◎ 哈尔滨摇滚节

时间：2011年5月
地点：哈尔滨话剧院

多支摇滚乐队及组合登台献艺。此次摇滚盛事一定会给观众带来从没有过的摇滚盛宴。

◎ 黑龙江万人登山活动

时间：2011 年 5 月
地点：哈尔滨市阿城区横头山国家森林公园

推出游金源山水，倡导休闲养生新方式；品金源美食，开启饮食养生之道；住山野农家，体验乡村田园风情；购绿色产品，引领健康养生新时尚。

◎ 牡丹江朝鲜民族文化节

时间：2011 年 5 月至 6 月
地点：牡丹江市西安区朝鲜民族风情街

融朝鲜民族文化和餐饮、竞技、商贸、展会等为一体的综合性大型节庆活动。

◎ 2011 五大连池圣水节

时间：2011 年 6 月
地点：黑河市五大连池世界地质公园
主办单位：黑河市人民政府、五大连池风景区管委会

历史上，蒙古族、达斡尔族、鄂伦春族、满族和汉族等多民族先民生活在五大连池这片神奇的土地上，品饮圣水，繁衍生息，渐渐地使这里成为驰名塞北的拜水圣地，声誉远播海内外。每年端午节前后各族民众都自发来到五大连池朝拜"神泉"、"圣水"，逐渐形成了一个节日——五大连池圣水节。本届圣水节以"民族·生态·狂欢·健康"为主题，举办民俗风情、民间曲艺等旅游文化活动。

◎ 第三届"中国·五国城"旅游文化节暨中国移动·第十二届依兰漂流节

时间：2011 年 6 月
地点：哈尔滨市依兰县

本届漂流节突出具有依兰地域特色的文化活动，以"走进避暑胜地，感受魅力依兰"为主题，举办经贸洽谈会及漂流活动。

◎ 第七届中国（兰西）亚麻旅游文化节

时间：2011 年 6 月
地点：绥化市兰西县
主办单位：兰西县人民政府
承办单位：兰西县亚麻产业发展中心、兰西县旅游局

举办文艺演出；项目奠基启动仪式；参观朝阳公司、恒兴公司、兰亚公司、精美公司、博艺公司等亚麻企业和亚麻坐垫手编竞赛等多项活动。

◎ 第二十一届大兴安岭漠河北极光节

时间：2011 年 6 月
地点：大兴安岭漠河县
主办单位：黑龙江省旅游局、大兴安岭地区行署
承办单位：漠河县人民政府、大兴安岭地区旅游局

大兴安岭漠河地处祖国的最北端，黑龙江省的西北部，是全国纬度最高的县份，素有"神州北极"的美誉。冬长夏短，由于纬度高，每逢夏至，都会出现昼长夜短的极昼现象，人们称之为"不夜城"。本届活动举办开幕式、绿色产品展示会、异国风情文艺演出、旅游观光考察等活动。

◎ 漠河夏至节

时间：2011 年 6 月
地点：大兴安岭地区漠河县西林吉镇及北极村

漠河白夜产生在每年夏至前后的 9 天中，即 6 月 15 日至 25 日，此时漠河多出现晴空天气，是人们旅游观光的最佳季节。在观赏"北极光"和"白夜"奇观的同时，又可看晚霞与朝晖连成一片的红彤天宇。

◎ 首届中国·哈尔滨松花江湿地旅游文化节

时间：2011 年 7 月
地点：哈尔滨市
主办单位：哈尔滨市人民政府

以"领略松花江湿地风光，感受哈尔滨夏都魅力"为主题，陆续组织开展万人徒步大赛湿地行、太极拳走进社区、万名职工"激情飞扬、舞动松江"大型广场舞蹈展演等活动。

◎ 2011 中国哈尔滨国际啤酒节

时间：2011 年 7 月
地点：哈尔滨市冰雪大世界园区等
主办单位：哈尔滨市人民政府、中国轻工业联合会
承办单位：中国轻工业国际交流中心、中国食品工业（集团）公司、中国国际贸易促进委员会轻工行业分会、哈尔滨市旅游局、松北区人民政府、马迭尔集团股份有限公司

本届啤酒节名牌汇集，有卡通巡游，酒商举办近百

场精彩的文艺演出等活动。

◎ 通河铧子山登山节

时间：2011年7月
地点：哈尔滨市通河县铧子山森林地质公园

举办登山比赛、激情广场系列文艺演出、旅游产品开发展示会、地方特色产品展销会等多项活动。

◎ 方正莲花节

时间：2011年7月至8月
地点：哈尔滨市方正莲花湖公园
主办单位：方正县人民政府
承办单位：方正县莲花湖有限公司

适值荷花盛开时节，来自黑龙江省内外的游客慕名观荷赏景。主办单位精心策划了隆重的庆典活动以及有关荷文化的主题活动。

◎ 第四届帐篷节

时间：2011年7月
地点：大庆市
主办单位：大庆新闻传媒集团
承办单位：百湖新媒体·大庆网

以"大湿地里飞出欢乐的歌"为主题，组织千人露营大会、草原耐力越野赛、航模及运动风筝和花式自行车表演等户外活动项目。

◎ 第四届中国（大庆）湿地文化节

时间：2011年7月至9月
地点：大庆市
主办单位：大庆市人民政府

本届文化节以"情醉大湿地·美丽新大庆"为主题，推出开幕式、论坛、经贸、纵游大庆、魅力湿地等活动。

◎ 黑龙江森林生态漂流节

时间：2011年7月
地点：伊春市

游客除可参与惊险刺激的漂流比赛外，还可参加举办的开幕式文艺演出、广场文艺活动、露天电影、商品展销、经贸洽谈、旅游业务洽谈、旅游研讨会等活动。

◎ 第十一届中国黑龙江（伊春）森林生态旅游节

时间：2011年7月至8月
地点：伊春市
主办单位：黑龙江省旅游局、黑龙江省森工总局
承办单位：伊春市人民政府、伊春市林业管理局、伊春市旅游局

以"保护森林，珍爱家园"为主题，举办中国（伊春）森林音乐会、2011中国旅游地产品牌营销创新论坛、导游员和服务员技能及形象展示大赛、自行车环城赛等活动。

◎ 中国黑龙江鹤岗国际界江旅游节

时间：2011年7月
地点：鹤岗市
主办单位：黑龙江省旅游局、鹤岗市人民政府、俄罗斯犹太自治州政府

以"相约边城鹤岗，牵手龙江三峡"为主题，文化活动有中俄旅游贸易合作会谈、地方名优特产品展销会、北国风光特色旅游界江游鹤岗峰会、第二届中国鹤岗黑龙江流域文明论坛等活动。

◎ 首届绥棱生态文化节

时间：2011年7月
地点：绥化市绥棱县

以"生态绥棱，活力林城"为主题，内容包括游览绥棱生态文化景观，进行生态文化成果、生态产品展示，举办生态文化系列文艺演出，进行200人自行车环城游等系列活动。

◎ 第五届黑龙江国际养生度假旅游节

时间：2011年7月
地点：大兴安岭地区漠河县
主办单位：黑龙江省旅游局、中共鸡西市委、鸡西市人民政府

本届旅游节结合森林、河流、湖泊等旅游资源，举办夏日狂欢节、生态采摘游、漂流节等系列活动。

◎ 三江国际旅游节

时间：2011年8月
地点：佳木斯市
主办单位：佳木斯市人民政府

包括开展广场文化体育活动、鹊桥节金婚庆典、"七巧之星"妇女手工作品展示、横渡松花江游泳比赛等。同时举办万人徒步游、外宾三江游、乡村体验游、幸福家庭游等活动。

◎ 牡丹江镜泊湖金秋节

时间：2011年8月
地点：牡丹江市镜泊湖景区

节日期间，镜泊湖风景区举办各种文娱活动，包括体育竞赛、燃放烟火。是牡丹江具有地方特色的节日。其他活动有：话剧歌舞晚会、大合唱比赛、牡丹江摄影展、画展等。

◎ 中国·大兴安岭第三届国际蓝莓节暨山特产交易会

时间：2011年8月
地点：大兴安岭地区

举办具有大兴安岭人文特色的专业团体演出和群众性演出以及书法、绘画、摄影展、生态旅游观光等活动。

◎ 齐齐哈尔观鹤节

时间：2011年8月至9月
地点：齐齐哈尔市
主办单位：齐齐哈尔市人民政府、齐齐哈尔市旅游局

齐齐哈尔观鹤节是以扎龙国家级自然保护区栖息的丹顶鹤等鹤类为媒，将大型的文艺表演、经贸洽谈、科技成果展览交易、体育表演、观光旅游融为一体的大型国际性商旅文化节庆。

◎ 延寿养生文化节

时间：2011年9月
地点：哈尔滨市延寿县

包括天下第一寿"朝寿祈福"仪式、"长寿之星"评选、经贸洽谈暨旅游产品展销会、广场文艺表演、百人书"寿"大赛等。

◎ 中国黑龙江五花山森林观赏节

时间：2011年9月至10月
地点：哈尔滨、伊春、大兴安岭等

举办开幕式，写生、摄影大赛等活动，同时邀请国内外旅行社和新闻媒体考察"五花山"产品。

◎ 中国黑龙江国际滑雪节

时间：2011年12月
地点：哈尔滨市
主办单位：国家旅游局、黑龙江省人民政府、哈尔滨市人民政府
承办单位：黑龙江省旅游局、哈尔滨市旅游局

各滑雪场举办专业级、发烧级、大众级，分系统、分年龄、分主题的近40项滑雪赛事。再加上群众性、趣味性、娱乐性的滑雪活动，黑龙江省初冬热身滑雪月、隆冬发烧滑雪月、春节黄金滑雪月、春天活力滑雪月4个主题滑雪月近百项各类活动，使黑龙江成为滑雪、赏雪、戏雪的最佳乐园。

商务会展

第二十三届太阳岛国际雪雕艺术博览会

时间：2011年1月至3月
地点：哈尔滨市太阳岛风景区

本届雪博会以"风情意大利，雪韵太阳岛"为主题，以突出展示意大利文化艺术和哈尔滨"北跃"成果为重点，以意大利标志性建筑、著名雕塑、异域文化、冰雪活动等为主要内容，包括冰雪运动会全家总动员系列比赛、哈尔滨国际冰上集体婚礼、卡通大巡游、国际雪雕比赛等多项活动，为中外游客呈现一个丰富多彩、激情欢快的雪博盛会。

◎ 哈尔滨第七届春季车展

时间：2011年3月
地点：哈尔滨国际会展体育中心
主办单位：中国汽车工业协会、中国汽车工程学会、黑龙江省人民政府、哈尔滨市人民政府
承办单位：哈尔滨长城国际展览有限公司

1.各种类型的汽车、摩托车、助力车、自行车；2.各种零部件、检测维修工具及设备；3.各种汽车美容护理用品、装饰件、停车设备；4.各种汽车音响、车载电话、电视、汽车导航系统；5.各种新技术、新工艺、新材料和新产品；6.各种建设工程机械、路桥设备、农业机械及专用车辆；7.汽车专业杂志、科技资讯。

4月

◎ 第八届中国哈尔滨国际家具暨木工机械展览会

时间：2011年4月
地点：哈尔滨国际会展体育中心
主办单位：哈尔滨市人民政府
承办单位：哈尔滨市工业和信息化委员会、哈尔滨市商务局、中国国际贸易促进委员会哈尔滨分会、哈尔滨市政府采购办公室、哈尔滨市家具行业协会、深圳市家具行业协会、哈尔滨市德赛展览有限公司

展示民用家具、办公家具、酒店家具、木工机械、家具配料、实木门窗、家居饰品等内容。

◎ 第七届中国哈尔滨（中俄）国际照明灯饰展览会

时间：2011年4月
地点：哈尔滨国际会展中心
主办单位：哈尔滨市城市管理局、哈尔滨市质量技术监督局、哈尔滨市电业局
承办单位：哈尔滨中信伟业展览有限公司

室内照明（室内灯饰）及灯具、室外（专业）照明及灯具；绿色景观照明工程及设计各类光源、LED产品及技术、霓虹灯、显示设备；太阳能光伏产品及太阳能光伏照明系统；照明控制、管理和测量系统；照明生产设备、检测仪器及节电设备；舞台灯和专业灯光。

◎ 第九届中国哈尔滨国际建筑节能新型墙材及设备展览会

时间：2011年4月
地点：哈尔滨国际会展体育中心
主办单位：哈尔滨市环境保护局、哈尔滨市质量技术监督局、中国国际贸易促进委员会哈尔滨分会
承办单位：哈尔滨市环境保护产业协会、哈尔滨市质量检验协会、哈尔滨中信伟业展览有限公司

节能保温材料、节水技术及设备、新能源利用、节材产品及节能设备等产品。

◎ 中国哈尔滨第十一届国际钢结构、空间结构及相关设备展览会

时间：2011年4月
地点：哈尔滨国际会展中心

1.钢结构产品及技术类：房屋建筑、桥梁、管道及装备的制造加工、空间结构网架等结构技术和相关行业配套产品及技术；2.钢结构制造加工装置及检测设备类：钢材割、切、钻等；3.施工安装技术与设备类：施工安装工法、吊装、测量、脚手架及安全劳保设备；4.结构钢材、配件类：钢板；5.钢结构焊接、连接产品和设备类：各种钢结构焊接设备及相关技术、各种固件锚栓及标准和非标准紧固件等。

◎ 第十一届中国哈尔滨国际工业自动化及仪器仪表展览会

时间：2011年4月
地点：哈尔滨国际会展体育中心
主办单位：中国国际贸易促进委员会、黑龙江省人民政府、哈尔滨市人民政府
承办单位：中国国际贸易促进委员会黑龙江分会、中国国际贸易促进委员会哈尔滨分会、哈尔滨中信伟业展览有限公司

参展范围包括：各类传感器及开关；检测、计量分析、环保、医疗等各类仪器仪表及执行机构；变频调速、电气传动、数控装置；工业控制计算机、可编程控制器、分布式计算机控制系统、现场总线控制系统等工业自动控制系统及装备；仪表材料、自动化元器件、集成模块；计算机及其外部设备、工业控制软件及开发装置；智能机器人及相关元器件；实时数据库等制造业信息化技术等。

◎ 第十一届中国哈尔滨国际焊接与切割技术设备展览会

时间：2011年4月
地点：哈尔滨国际会展中心
主办单位：中国国际贸易促进委员会、黑龙江省人民政府、哈尔滨市人民政府
承办单位：中国国际贸易促进委员会黑龙江分会、中国国际贸易促进委员会哈尔滨分会、哈尔滨中信伟业展览有限公司

通用焊接电源、专用焊接设备、各种逆变焊机、等离子切割机、各种电阻焊机、焊枪配件、数控切割设备、野外施工焊机、焊条焊丝焊剂、电力电子元件、焊缝检测仪器、焊接辅助器具、电线电缆插头、电工五金产品、劳动保护设备、坡口加工设备、感应加热设备等。

◎ 中国哈尔滨国际装备制造业博览会

时间：2011年4月
地点：哈尔滨国际会展体育中心
主办单位：中国国际贸易促进委员会、黑龙江省人民政府、哈尔滨市人民政府
承办单位：中国国际贸易促进委员会黑龙江分会、中国国际贸易促进委员会哈尔滨分会、哈尔滨中信伟业展览有限公司

各类数控机床、金属切削机床；锻压机械；铸造机械；冶金工业；量具、刃具、润滑油等；数控装置；专用机床及设备、流水线及自动生产线；各类模具、模具检测设备及模具加工设备；快速成型技术及设备；模具抛光技术及设备、模具热处理技术及表面处理技术和设备等。

◎ 第十一届中国哈尔滨（中俄）国际五金展览会

时间：2011年4月
地点：哈尔滨国际会展中心
主办单位：中国国际贸易促进委员会、黑龙江省人民政府、哈尔滨市人民政府
承办单位：中国国际贸易促进委员会黑龙江分会、中国国际贸易促进委员会哈尔滨分会、哈尔滨中信伟业展览有限公司

手动工具、电动工具、五金制品、机电产品、机电设备、紧固件产品及设备、门类产品等。

◎ 第十一届中国哈尔滨国际机床工模具展览会

时间：2011年4月
地点：哈尔滨国际会展中心
主办单位：中国国际贸易促进委员会、黑龙江省人民政府、哈尔滨市人民政府

各类数控机床、金属切削机床；锻压机械；各类模具、模具材料等。

◎ 第十一届中国哈尔滨国际冶金工业暨铸造、锻压及工业炉展览会

时间：2011年4月
地点：哈尔滨国际会展体育中心
主办单位：中国国际贸易促进委员会、中国国际贸易促进委员会黑龙江分会、中国国际贸易促进委员会哈尔滨分会、哈尔滨中信伟业展览有限公司

中国哈尔滨制造业合作论坛；中国与俄罗斯及东北亚地区部分国家合作项目对接会；俄罗斯、东北亚地区经济形势及对外经贸政策介绍会；中俄经济技术合作投资洽谈会等。

◎ 哈尔滨国际经济贸易洽谈会

时间：2011年6月
地点：哈尔滨国际会展体育中心

设有新材料产业展区、文化旅游产业展区、港澳台展区和俄罗斯展区等。其间，还举办中俄旅游合作推介活动、会议论坛等活动。

◎ 中国大黑河岛国际经贸洽谈会

时间：2011年7月
地点：黑河市
主办单位：黑龙江省商务厅、中共黑河市委、黑河市人民政府

包括中俄大黑河岛商品展销会、第六届中俄区域经济合作论坛、经贸及招商、旅游及教育合作、文化及体育等活动。

◎ 第六届中国（哈尔滨）国际老年人用品博览会

时间：2011年8月
地点：哈尔滨国际会展体育中心
主办单位：哈尔滨市老龄（退管）工作委员会
承办单位：黑龙江省冰洽园展览有限责任公司

老年生活个人、家庭和机构等各方面的用品、设备和技术。分六大类：生活日用品类；文化、体育、娱乐用品类；食品、保健食品、饮料类；中老年医药、医疗保健器械类；老年人科研成果转让及"老年志愿者计划"；综合服务类。

上海

节庆文化活动

1月

◎ 新年第一游——迎新春撞龙华晚钟

时间：2011年1月
地点：徐汇区上海龙华古寺
主办单位：上海市旅游局、上海市民族和宗教事务委员会、徐汇区人民政府

举办龙华迎新盛典、开山门仪式、进香普法"吉祥佛事"、品尝"越年面"、新年心愿系经幡、加盖越年邮戳、烟火迎新、龙华"吉祥树"飞鸿许愿、迎新倒计时狂欢、迎新吉祥灯谜、精彩纷呈购物步行街、传统活动经典展示。

◎ 上海植物园迎春花展

时间：2011年1月至2月
地点：徐汇区上海植物园

展出反季节牡丹、反季节郁金香、造型杜鹃、热带兰花、观赏凤梨、洋紫荆等珍奇花卉，而木兰园中的蜡梅也在花展期间达到最佳观赏期，梅花也有希望吐露芬芳。

◎ 第八届海泰地产6公里健康跑

时间：2011年1月
地点：虹口区足球场

为推进全民健身活动，促进和鼓励社会各界支持公益事业发展，海泰地产6公里健康跑活动每年如期隆重举行。活动分男子组、女子组、青年组、老年组进行。

◎ 东方明珠元旦登高迎新活动

时间：2011年1月
地点：浦东新区东方明珠电视塔
主办单位：上海市体育局、上海市旅游局、上海文化广播影视集团
承办单位：上海文广新闻传媒集团、上海东方明珠（集团）股份有限公司

来自社会各界的1000多名登高选手齐聚在上海的地标性建筑东方明珠塔下，参加2011年上海市民东方明珠塔登高迎新活动。今年的登高活动分为男子组、女子组、金葵花城市朝阳组、欢乐和睦家庭组。其间还穿插了群众健身展示、文艺表演等，增添了节日喜庆气氛，展现了上海市民积极向上的精神风貌。

◎ 第五届佘山元旦登高活动

时间：2011年1月
地点：松江区佘山森林公园

本届登高活动以"迎新"为主题，举办"新年登高步步高"放飞梦想和心愿活动、图书和土特产销售活动、摄影展、文娱表演、市民自助游览活动等。

◎ 豫园元宵灯会

时间：2011年1月至2月
地点：黄浦区豫园
主办单位：上海市旅游局、黄浦区人民政府
承办单位：豫园旅游商城股份有限公司

本次灯会有赏花灯、猜灯谜、祈福、闹元宵、巡街游等活动。

◎ 2011 上海淀山湖梅花节

时间：2011 年 2 月
地点：上海大观园

举办"跟着导游去探梅"、"情人节与'梅'相约"、梅花园林摄影写生等活动。

◎ 上海灯谜艺术节

时间：2011 年 2 月
地点：金山区枫泾古镇
主办单位：华人灯谜艺术研究会

举办全国网络谜语大奖赛、全国谜王枫泾巅峰赛等活动。

◎ 上海国际文学节

时间：2011 年 3 月
地点：黄浦区外滩

有众多来自世界各地的小说家、新闻工作者、游记作家、学者、传记作家、诗人、儿童读物作家、评论家等与读者面对面交流。除此之外，还举办诗歌朗诵会、小说鉴赏会、摄影作品展等活动。

◎ 上海集邮节

时间：2011 年 3 月
地点：虹口区上海邮政大楼中庭

主题为"集邮，让生活更美好"。展品全部来自市集邮协会会员参加历次全国乃至世界邮展的获奖邮集。集邮节期间，上海各级集邮协会还开展包括"赫德与中国近代邮政"研讨会、"维护集邮者权益邮票辨伪展"、启动"党是阳光，我是花——中国共产党成立 90 周年邮票图稿设计大赛"活动等。

◎ 2011 上海国际服装节

时间：2011 年 3 月
地点：浦东新区上海新国际博览中心

为参展企业和到会专业观众量身打造一个属于市场的贸易平台。参展商品有服装、面料、辅料等。

◎ 上海桃花节

时间：2011 年 3 月至 4 月
地点：浦东新区
主办单位：上海市旅游局、上海市农业委员会、浦东新区人民政府
承办单位：浦东新区旅游局

本届桃花节以"缤纷桃花秀，多彩浦东游"为主题，沿袭赏花踏青的传统品牌，首次齐聚推出五大赏花景点，包括南汇桃花村、新场古镇桃苑、滨海世外桃源、大团桃园和合庆有机桃园。活动包括以经贸洽谈为主的"各国驻上海领事馆领事夫妇桃花节踏青游"、"全国摄影家聚焦浦东摄影大赛"和"桃花节集邮展览"等活动。

◎ 上海奉贤菜花节

时间：2011 年 3 月
地点：奉贤区
主办单位：奉贤区人民政府、上海市旅游局、上海市农业委员会
承办单位：奉贤区旅游局、庄行镇人民政府、奉贤区农业委员会

配合 2011 中华文化旅游年的主题，首次推出的"上海民间艺术展示周"，以多样的形式，集中展示和精彩演绎本市各区县的"非物质文化遗产项目"、特色美食，使广大市民、游客近距离领略特色民间艺术、感受中华民族的智慧结晶。此外，每天两场的民俗文化大展演，以梅花桩舞狮、空竹大展演为代表的特色民俗秀，使本届菜花节呈现出更为浓郁的文化气息和更为强烈的民俗氛围。

◎ 首届上海樱花节

时间：2011 年 3 月至 4 月
地点：宝山区顾村公园
主办单位：宝山区人民政府

举办"摄"——樱像记忆、摄影大赛、摄影作品展；"画"——樱花节写生、绘画比赛、画展交流。"会"——交友、订婚、结婚纪念；"咏"——诗歌沙龙、书法绘画茶艺和专题征文活动；"评"——赏樱十景，通过专家推荐、游客投票，最后评选出顾村公园"赏樱十景"。

◎ 第二届清明文化节

时间：2011 年 3 月至 4 月
地点：青浦区福寿园人文纪念公园

举办名人周年展、人文博物馆藏品展等活动。

4月

◎ 上海东方女儿节

时间：2011年4月
地点：上海市

本届女儿节活动以女性时尚和女性关爱为主题，以"上海风尚·美丽秀场"东方女性系列服装秀和"时尚之风·大爱之心"慈善拍卖活动为内容，并举办围绕东方女性和现代女性特点的系列活动。

◎ 第十八届上海国际茶文化节

时间：2011年4月
地点：上海东亚国际展览馆
主办单位：上海市农业委员会、闸北区人民政府
承办单位：上海东驰展览服务有限公司

本届茶文化节由主题展示活动、经济旅游活动和文化传播等活动组成。

◎ 嘉定紫藤花节

时间：2011年4月
地点：嘉定区紫藤公园

紫藤公园位于嘉定区博乐路环城河旁，占地1万余平方米，建于1997年年初，1998年10月正式对外开放，种植了由日本大阪府八尾市和气町藤本道生赠送的27个品种、100余棵紫藤，是世界上仅有的3座紫藤公园之一，也是嘉定区与日本冈山县和气町开展友好交流活动10周年、建立友好合作关系5周年的交流合作项目。紫藤园的布局既具有中国园林特色，又融入部分日本造园风格。暮春时节，正是紫藤吐艳之时，只见一串串硕大的花穗垂挂枝头，有白色、紫中带蓝的，灿若云锦，灰褐色的枝蔓如龙蛇般蜿蜒……开花后会结出形如豆荚的果实，悬挂枝间，别有情趣，构成了"春游嘉定"亮丽的风景线。

◎ 2011浦东三林民俗文化节暨"三月半"圣堂庙会

时间：2011年4月
地点：浦东新区
主办单位：浦东新区文广局、浦东新区民族宗教办公室、三林镇人民政府

"三月半，上圣堂。""三月半"圣堂庙会起始于明代，凝聚着三林地区百姓祈求国泰平安、风调雨顺的期盼。而如今的"三月半"开展民俗风情行街表演和盛世华章花船巡游、民间工艺展、民间体育展、百鸟朝凤灯彩展、盆景精品展、美食嘉年华、游艺嘉年华、文艺天天演、龙狮趣味赛、沪剧大家唱、儿童皮影戏等各类活动，用民俗文化节的形式演绎着全新的古老庙会，向人们立体演绎了一幅全新三林版都市"清明上河图"。

◎ 上海滨江森林公园杜鹃花展

时间：2011年4月至5月
地点：浦东新区滨江森林公园

以"低碳环保、生态和谐"为主题。花展期间，设湿地植物观赏园、生态林保护区、滨江岸线观景区、蔷薇园、木兰园、杜鹃园、果园区等多个自然景点，还安排了游览观光车、电动游船、水上步行球、休闲自行车、电动碰碰船等游乐项目。为市民游客提供集自然风光、湿地景观、观光娱乐、科普教育等为一体的休闲体验。

◎ 青浦白鹤草莓节

时间：2011年4月
地点：青浦区赵屯草莓基地
主办单位：青浦区人民政府
承办单位：白鹤镇人民政府、青浦区农委、青浦区旅游局

举办白鹤及青浦地区的农副产品和绿色健康食品等的产品展示、摄影大赛、草莓采摘和休闲体验等活动。

◎ 龙华庙会

时间：2011年4月至5月
地点：徐汇区

举办民俗歌舞表演、民俗经典节目、民俗创意制作和各地特色民俗展演等。

◎ 上海汽车文化节

时间：2011年4月至5月
地点：嘉定区

以"新能源·新科技·新生活"为主题，举办中国汽车设计大赛、2011国际电动汽车国际示范城市及产业发展论坛、中国汽车发动机高层研讨会以及中国汽车行业十年发展成就盛典等活动。

◎ 上海佘山兰笋文化节

时间：2011年4月至5月
地点：松江区佘山
主办单位：上海市旅游局、上海佘山国家旅游度假区松江管委会
承办单位：上海佘山国家森林公园

文化节期间，广大游客除了领略佘山兰笋风姿、品味兰笋美食、观赏兰笋雕刻艺术和摄影作品之外，还能亲身体验挖兰笋的活动。

◎ 上海旅游美食节

时间：2011年4月至10月
地点：黄浦区豫园等

来自世界各地的游客品尝地道的中国美食，体验和感受美食文化的内涵。

◎ "上海之春"国际音乐节

时间：2011年5月
地点：浦东新区上海东方艺术中心

28支中外乐团以及学生联合乐团沿淞沪路、五角场环岛做行进管乐大巡游。除此之外，市民还可以享受"中华杯"中国第五届非职业优秀（行进）管乐团队展演，并参与参演团队举办的一系列管乐嘉年华以及专场演出等活动。

◎ 上海电视节

时间：2011年6月
地点：上海市静安区上海展览中心
主办单位：国家广播电影电视总局、上海市人民政府
承办单位：上海市文化广播影视管理局、上海文化广播影视集团

6月的上海电视节成为业内外共享的电视盛会。每年6月，这个中国唯一的电视节都如期而至，许多文化商人利用这个契机开展多项交流活动。

◎ 上海国际电影节

时间：2011年6月
地点：上海市

上海国际电影节期间，上海市多家电影院每天都公开展映中外优秀影片，吸引了众多影迷前来观看。除此之外，还开展国际影片评选、国际影片展映、电影学术研讨会以及国际影片交易等活动。

◎ 第八届上海国际首饰时尚节

时间：2011年7月
地点：黄浦区
主办单位：上海市人民政府商务委员会、黄浦区人民政府
承办单位：上海黄金饰品行业协会、上海市工商联黄金珠宝商会、黄浦区商务委员会

来自上海、浙江、福建、山东、深圳等地，以及加拿大、泰国等国家的20多家业内企业携精美首饰参加此次活动，还在上海南京路、豫园、徐家汇、四川北路、淮海路等地举办形式各异的品牌推广、服务以及新品展示、优惠促销活动。

◎ 上海马陆葡萄节

时间：2011年7月
地点：嘉定区马陆镇

本届葡萄节将以幸福轨迹为主线，将游客对未来生活的美好憧憬与嘉定新城的发展建设交织在一起，用葡萄"串"起游客的幸福生活和马陆葡萄的发展传奇。有上海马陆观光葡萄高峰论坛、纪念建党90周年红色海报展、涂鸦摄影达人秀等系列活动。

◎ 第二届新浜荷花节

时间：2011年7月至8月
地点：松江区新浜镇

其间，开展向市民、游客征集文字及摄影作品，以及开展"赏、尝、游、购、乐"等系列活动。

◎ 上海欢乐谷狂欢节

时间：2011年7月至8月
地点：松江区上海欢乐谷

举办激情狂欢巡游、水上灯光秀、啤酒狂欢秀、变形金刚真人秀等活动。

◎ 首届金山海鲜文化节

时间：2011 年 7 月至 10 月
地点：金山区

金山海鲜文化源远流长，海鲜资源丰富。活动期间，游客可享受各种优惠条件，还举办捕鱼体验等活动。

◎ 金山蟠桃节

时间：2011 年 8 月
地点：金山区吕巷镇

其间，游客不仅可采摘、品尝可口的皇母蟠桃，还能领略到各种富有农家特色的节目。

◎ 上海国际音乐烟花节

时间：2011 年 9 月
地点：上海市

举办烟花比赛、表演等活动。

◎ 上海旅游节

时间：2011 年 9 月
地点：上海市

上海旅游节是集中展示上海都市风光、都市文化、都市商业的大型旅游节庆活动，自 1990 年举办以来已 21 载。它以"走进美好与欢乐"为主题，以"人民大众的节日"为定位，推出了观光、休闲、游园、娱乐、文体、会展、美食、购物八大类百余项都市旅游特色节目，并以优质服务迎接来自海内外的千百万来宾和游客。本届旅游节有国际音乐烟花节、彩车巡游、黄金水道都市风情游、上海十佳夜景伴您行等活动。

◎ 上海朱家角古镇旅游节

时间：2011 年 9 月
地点：青浦区朱家角古镇

朱家角古镇是连接古老文化与现代文化的桥梁。旅游节通常为文艺晚会、花车巡游和舞龙舞狮、荡湖船等民俗表演形式拉开序幕。各个景点策划的活动内容紧扣主题，以游客为本，体现了很好的参与性和体验性。

◎ 上海淀山湖旅游节

时间：2011 年 9 月至 10 月
地点：青浦区

举办骑游、徒步、民俗体验等活动。

◎ 上海桂花节

时间：2011 年 9 月至 10 月
地点：徐汇区桂林公园、康健园

分为文化及商贸活动两部分。桂林公园和康健园作为文化活动的载体，每年都安排丰富多彩的中秋晚会、展览、文艺演出等活动，为市民的假日生活提供好去处。

◎ 金山旅游节

时间：2011 年 9 月至 10 月
地点：金山区

开展经贸、文化、体育、旅游等方面的活动。具体活动有民间手工艺展、台湾传统美食展、金枫黄酒节、欢乐购物节、相亲大会等活动。

◎ 上海松江旅游节

时间：2011 年 9 月至 10 月
地点：松江区上海展山植物园

开展经贸、文化、体育、旅游等方面的活动。具体活动有采茶、晒茶、制茶体验；观赏各式向日葵；美食节等。

◎ 2011 崇明森林旅游节

时间：2011 年 9 月至 10 月
地点：崇明县

举办旅游纪念品设计大赛、采摘体验、鲜鱼宴、崇明湿地风光旅游摄影大奖赛、农家乐家常菜肴烹饪比赛等活动。

◎ 上海宝山国际民间艺术节

时间：2011 年 10 月
地点：宝山区

举办民间绘画、摄影和民间工艺展以及家庭访问、社区联谊、城市观光等活动。

◎ 上海孔子文化节

时间：2011年10月
地点：嘉定区

通过小品、音乐诗朗诵等节目，向人们讲述了孔子的高尚品德以及嘉定镇街道撤镇建街道10年来取得的丰硕成果。此外，琴棋书画评比展示、老街中秋民俗表演、儒家思想讲座、摄影、收藏、商贸等活动也相继举办。

商务会展

◎ 第十九届中国上海国际婚纱摄影器材展览会

时间：2011年2月
地点：上海国际展览中心、上海世贸商城、上海光大会展中心
主办单位：中国国际贸易促进委员会上海分会、中国人像摄影学会、上海市摄影家协会
承办单位：上海国际展览服务公司

婚纱礼服、化妆品、相框、相册、数码影楼系统及设备、数码摄影器材及图像制作、数码技术应用、彩扩、彩放、冲洗设备及材料、相关产品技术及出版物等。

◎ 第二十一届中国华东进出口商品交易会

时间：2011年3月
地点：上海新国际博览中心
主办单位：上海市对外经济贸易委员会、江苏省对外经济贸易合作厅、浙江省对外贸易合作厅、安徽省商务厅、福建省对外贸易经济合作厅、江西省对外贸易经济合作厅、山东省对外贸易经济合作厅、南京市对外贸易经济合作局、宁波市对外贸易经济合作局
承办单位：上海外经贸商务展览服务有限公司

服装、家用纺织品、装饰礼品、日用消费品等。

◎ 第十七届上海国际服装纺织品贸易博览会

时间：2011年3月
地点：上海新国际博览中心
主办单位：上海市国际服装文化节组委会
承办单位：上海纺织技术服务展览中心

本届会展有数百家服装纺织、面料辅料企业集中展示。主办方将更注重专业性、商贸性。有纺织面料、服装、高档辅料、新型纤维、纱线等产品展示。

◎ 慕尼黑上海电子展

时间：2011年3月
地点：上海新国际博览中心
主办单位：德国慕尼黑国际博览集团、慕尼黑展览（上海）有限公司

常规半导体器件、传感器、继电器、开关和连接器技术、无源元件、电机驱动元件线缆、印刷电器板、集成电路、组件和子系统、微波技术、显示器等。

◎ 第九届上海国际园林景观设计及城市建设展览会

时间：2011年3月
地点：上海新国际博览中心
主办单位：上海万耀企龙展览有限公司

这是目前国内规格较高、规模较大、有一定影响力的设计行业盛会。展会由景观主题艺术、城市规划、建筑设计、空间设计、艺术设计、装饰品、装饰材料、绿化设施苗木以及室内观赏植物等内容组成。

◎ 第二十届上海国际酒店用品博览会

时间：2011年3月至4月
地点：上海新国际博览中心

上海国际酒店用品博览会已成为全球重要的酒店用品行业展会之一，同期配合举行中国酒店发展高峰论坛及中国饭店采购论坛等活动。

◎ 第六届中国（上海）国际葡萄酒博览会

时间：2011年3月
地点：上海世贸商城
主办单位：世博集团上海外经贸商务展览有限公司

品牌葡萄酒、果酒及原酒展示；酿酒工艺技术及设

备；葡萄酒、果酒陈列设备；酒礼品、艺术品；葡萄酒文化活动；葡萄酒图书、杂志信息等。

◎ 世界客车博览会暨亚洲展览会

时间：2011年3月至4月
地点：上海汽车会展中心

展会期间，世界客车联盟联手世界道路运输联盟、城市公共交通学会等协会在世博园欧洲主题馆内召开客车与运营国际大会，就"新能源，新技术，节能减排"等全球客车与运营领域共同关注的热点话题展开研讨，通过国内外专家团、制造商代表和主管部门官员的演讲和对话，为原创中国客车在新能源领域的先进技术寻求全球发展的机遇。

◎ 中国（上海）国际游艇展暨第十六届中国国际船艇及其技术设备展览会

时间：2011年4月
地点：上海展览中心
主办单位：上海船舶工业行业协会、中国船舶工业行业协会船艇分会、上海博华国际展览有限公司

展出动力艇及帆船、豪华及超豪华游艇、橡皮艇、充气艇、游览船；救生装置、独木舟和皮筏、帆船运动、水橇设备、潜水装置、航行及帆船驾驶课程；便携式健康运动设备等。

◎ 第十四届上海国际汽车工业展览会

时间：2011年4月
地点：上海新国际博览中心
主办单位：中国汽车工业协会、中国国际贸易促进委员会上海分会
承办单位：上海市国际展览有限公司、德国慕尼黑国际博览集团

举办新型车展、论坛、车模大赛等活动。

◎ 中国日化产品原料及设备包装展览会

时间：2011年4月
地点：上海光大会展中心
主办单位：中国日用化学工业研究院
承办单位：上海怡涵展览服务有限公司、中国日用化学工业信息中心

洗涤用品及个人护理用品原料、表面活性剂及洗涤用品助剂、香精香料、防腐剂、调理剂、添加剂洗涤用品及个人护理用品生产设备、仪器仪表及分析检测仪器、日化产品包装材料以及机械设备。

◎ 上海世界旅游资源博览会

时间：2011年5月
地点：上海展览中心

本届展会围绕多元化主题展开，来引领各年龄阶段公民出境游新风尚。其中包括适合80后大婚主题的"浪漫蜜月游"、以提倡健康生活及生活方式为主的"健康医疗游"及"绿色生态游"。

◎ 2011第五届中国（上海）国际室内供暖、通风及净化产品展览会

时间：2011年5月
地点：上海国际展览中心
主办单位：中国建筑金属结构协会地面供暖委员会、中国室内装饰协会家居集成专业委员会、中国国际贸易促进委员会上海浦东分会、上海市室内装饰行业协会、全国房地产总工俱乐部
承办单位：上海展业展览有限公司

设置室内供暖展示区、室内通风展示区、空气净化产品展示区等。

◎ 第十二届中国国际食品和饮料展览会

时间：2011年5月
地点：上海新国际博览中心
主办单位：法国爱博览集团、中国商业发展中心

展会分以下几大活动和区域：中国调酒师大赛、上海最佳斟酒师大赛、国际甜食及巧克力大赛。食品餐饮连锁论坛酒类展区、水产品展区、休闲食品展区、保健食品及婴儿食品展区、甜食和糖果及罐头展区、有机食品及果蔬调味品展区、肉类及熟食展区、咖啡和饮料展区、酒精类饮料展区等。

◎ 第十六届中国国际美容化妆洗涤用品博览会

时间：2011年5月
地点：上海新国际博览中心
主办单位：中国国际贸易促进委员会轻工分会、中国香料香精化妆品工业协会

包括美容、美发、护肤、香水、香熏、洗涤、洁肤、洁齿、美甲、保健卫生用品及个人生活护理产品；包装、机械设备、原辅料；美容院及相关美容产品、美容化妆书刊等。

◎ 2011中国（上海）国际茶业博览会

时间：2011年5月
地点：上海国际展览中心
主办单位：中国茶叶流通协会、中国长三角茶业合作（上海）组织、江苏省茶叶行业协会、浙江省茶叶产业协会、安徽省茶叶行业协会、上海市茶叶行业协会
承办单位：上海东贸展览服务有限公司

举办茶商大会、中国茶商务对接茶交易论坛、2011中国（上海）国际茶业博览会新闻发布会、中国悠久茶文化历史专题讲座、中国茶走向世界品牌战略研讨会、中外茶叶企业产销对接洽谈会、长三角茶叶合作（上海）组织联席会议、中国名茶评比暨颁奖大会、获奖茶叶品茗会、中外茶艺会演、陶瓷等工艺品鉴赏会、地方名茶推介及茶乡风情专题展示、中国茶知识有奖问答等活动。

◎ 上海国际珠宝首饰展览会

时间：2011年6月
地点：上海新国际博览中心
主办单位：中国珠宝玉石首饰行业协会、国土资源部珠宝玉石首饰管理中心、上海黄金交易所、上海钻石交易所、上海黄金饰品行业协会、深圳市黄金珠宝首饰行业协会、上海市珠宝玉石协会

除了展示琳琅满目的珠宝首饰之外，本届展会还开设丰富多彩的珠宝知识讲座和论坛。主办方组织中国珍珠的标准样品出台和供货商见面会；邀请钻石的供货商、加工商、零售商，组织开展关于钻石市场的客户见面会以及其他机构和参展商的论坛活动。

◎ 第十三届上海国际机床展

时间：2011年6月至7月
地点：上海新国际博览中心
主办单位：东博国际控股有限公司、中国社会经济调查研究中心、中国国防科技工业局信息中心
承办单位：上海东博展览有限公司

特种加工机床及专用设备、金属成型机床、制造单元和系统及自动化设备、机床零部件及辅助设备、磨料磨具、检测和测量设备等。

◎ 第九届中国（上海）国际家具展览会

时间：2011年6月
地点：上海新国际博览中心
主办单位：中国家具工业信息中心、世博集团上海外服国际展览广告有限公司、上海宁波商会家具分会、宁海县家具协会上海分会、中国上海国际家具展览会秘书处

展出各种不同风格、各种材质的民用家具、家居饰品、办公家具、厨房家具等。

◎ 第九届中国上海国际医疗器械展览会

时间：2011年6月
地点：上海光大会展中心

包括各种新型医疗仪器和医用配套器械及设备；各种诊断治疗设备以及辅助设备等。

◎ 第六届上海国际户外家具及休闲用品展览会

时间：2011年7月
地点：上海光大会展中心
主办单位：中国国际贸易促进委员会上海浦东分会、中国国际商会上海浦东分会、国际休闲家具协会、中国景观园林学会

旅行用品、户外服装、登山攀岩用品、露营食品、漂流用品、极限越野车辆等产品展示。

◎ 第十二届中国（上海）国际电池产业展览会暨技术交流会

时间：2011年7月
地点：上海光大会展中心
主办单位：中国电池协会、上海市电子学会、上海市通信制造业行业协会、上海国际广告展览有限公司、香港扩展国际展览集团
承办单位：上海扩展览服务有限公司

民用电池、工业电池、电池配件与材料、电池制造设备与测试仪器以及数码、通信产品等。

◎ 中国（上海）国际数字内容和软件博览会

时间：2011年7月
地点：上海光大会展中心
主办单位：上海市电子学会、上海市通信制造业行业协会、上海国际广告展览有限公司、香港扩展国际展览集团
承办单位：上海扩展展览服务有限公司、上海国际广告展览有限公司

1. 软件产品展区：财务软件、安全软件、教育软件、娱乐软件等；2. 3G通信技术与设备展区：3G通信技术与设备、移动终端产品及设计方案、零配件、移动通信交换；3. 网络游戏影视动漫展区：计算机游戏、游戏软件、电子游戏等；4. 电子书刊和数字出版展区：图形图像、幻影成像、数字创意等相关技术和设备产品等；5. 网络安全展区：综合布线系统与工程、信息安全系统集成、安全操作系统等；6. 数字教育展区：大屏幕显示及应用产品、数字电子信息产品等。

◎ 第七届中国国际动漫游戏博览会

时间：2011年7月
地点：上海世博主题馆

展会举办期间，各类形式生动活泼、内容积极健康的互动环节也逐一与参观者见面。除动画放映、原创漫画展示、卡通形象授权租赁、游戏机试玩及表演等常规内容之外，颁奖、评选、比赛等项目的推出，在汇集高度趣味性的同时，更是对于"培养公众原创兴趣、倡导健康游戏取向"进行了有益的尝试。

◎ 中国日用百货商品交易会

时间：2011年7月
地点：上海新国际博览中心
主办单位：中国百货商业协会
承办单位：中百会展（北京）股份有限公司

家用塑料制品；炊具、厨具、餐具、杯壶；清洁用具用品；家用陶瓷及搪瓷制品、玻璃制品；家用衡器；家用竹木制品；家用金属制品；婴童用品；厨用纺织品；保温容器；浴室用品；雨具、衣架、玩具；工艺品等。

◎ 第九届中国国际数码互动娱乐产品及技术应用展览会

时间：2011年7月
地点：上海新国际博览中心
主办单位：新闻出版总署、科学技术部、工业和信息化部、国家体育总局、中国国际贸易促进委员会、国家版权局、上海市人民政府
承办单位：中国出版工作者协会游戏出版物工作委员会、上海市新闻出版局、北京汉威信恒展览有限公司

这是有关电子娱乐产品与技术展览的研讨会，提供展会与参展商介绍、参观指南、住宿安排、配套活动等资料。

◎ 中国（上海）国际屋顶绿化和立体绿化展览会

时间：2011年8月
地点：上海新国际博览中心
主办单位：上海市建筑材料行业协会、上海市园林绿化行业协会
承办单位：上海市建筑材料行业协会、世博集团上海现代国际展览有限公司

1. 保温隔热材料：挤塑板、聚苯板、聚苯乙烯和聚氨酯发泡材料；2. 防水材料：氯化聚乙烯防水卷材、氯丁胶乳沥青防水涂料、聚氨酯防水涂料、非焦油型聚氨酯防水涂料、丙烯酸防水涂料等。

◎ 第十三届上海国际别墅及配套设施博览会

时间：2011年8月
地点：上海新国际博览中心
主办单位：上海市建筑材料行业协会

1. 别墅及高档会所配套设施：别墅楼梯、电梯、屋面系统、康体休闲设施、太阳能利用及产品、智能家居系统；2. 高档室内配套用品：室内装饰用品、室内家具、窗帘设备；3. 环境艺术：户外休闲家具、园艺装饰材料、绿色环保材料。

◎ 第五届中国国际针织博览会

时间：2011年8月
地点：上海新国际博览中心
主办单位：中国纺织工业协会
承办单位：中国针织工业协会、中国国际贸易促进委员会纺织行业分会

内衣、毛衫、户外运动装等；各类针织面料、针织辅料、针织机械等；品牌策划与设计、专业媒体、商协会与机构及其他。

◎ 中国（上海）国际门业博览会

时间：2011年9月
地点：上海新国际博览中心

展出各种工艺门窗、防撬门窗、门业的辅助材料；木门成套生产及加工设备；门控门禁技术及门窗五金配件等产品。

◎ 2011 中国国际五金展

时间：2011 年 9 月
地点：上海新国际博览中心
主办单位：中国五金制品协会、全国工商联五金机电商会、中国国际贸易促进委员会轻工行业分会、德国科隆国际展览有限公司
承办单位：北京时瑞展览有限公司

1. 工具：手工具、电动工具、园艺工具、磨料磨具、焊接工具及相关附件与设备；2. 建筑五金及家装：建筑材料及配件、紧固件、涂料及化工产品、家具配件、装潢五金等；3. 锁具、安防设备及配件：锁、钥匙、安防设备与系统、劳保用品。

◎ 中国上海国际乐器展览会

时间：2011 年 10 月
地点：上海新国际博览中心
主办单位：中国乐器协会、上海国际展览中心有限公司、法兰克福展览（香港）有限公司

钢琴和键盘乐器、电声乐器、打击乐器、铜管乐器、木管乐器等。

◎ 中国（上海）国际时尚家居用品展览会

时间：2011 年 10 月
地点：上海国际展览中心

1. 餐具厨具：陶瓷、玻璃、水晶、塑料制品、餐具、小家电等；2. 礼品摆设：手工艺品、礼品文具、花艺、蜡烛、原创设计作品、时尚创意礼品等；3. 居家艺术：家具及配饰、镜子、家居挂饰和装饰画、灯饰、户外家具和园艺、床上用品等。

◎ 2011 第八届中国（上海）国际玻璃工业新技术展览会

时间：2011 年 10 月
地点：上海国际展览中心
主办单位：中国建筑材料流通协会、中国北京建材行业协会、中国浙江省玻璃行业协会、中国安徽省玻璃行业协会
承办单位：北京海闻展览有限公司、上海海闻展览服务有限公司

玻璃、玻璃加工等。

◎ 第九届中国车用电机电源展览会

时间：2011 年 11 月
地点：上海光大会展中心
主办单位：全国工商联、中国同源有限公司、上海汽车配件流通行业协会、上海市工商联汽车配件及用品业商会
承办单位：上海歌华展览服务有限公司、长沙汽车电器杂志社、中国汽车电机网

各种车用电机、电机相关配件、车用电源、电机生产设备。

◎ 上海国际办公信息化技术设备展览会

时间：2011 年 11 月
地点：上海世贸商城展览馆

数字化办公设备用品及通用耗材、办公室自动化系统、共享软件系统、现代会议技术设备、数据处理呼叫中心等。

◎ 秋季第七十八届中国电子展

时间：2011 年 11 月
地点：上海新国际博览中心
主办单位：中国电子器材总公司

电子材料、元器件、电子设备、仪器仪表、微电子、五金工具、光电显示、通信器材、通信终端及配件、数码信息产品、小家电、IT 产品。

◎ 第九届中国（上海）国际保温材料与节能技术展览会

时间：2011 年 11 月
地点：上海新国际博览中心
主办单位：中国绝热节能材料协会、全国房地产总工俱乐部
承办单位：上海中装展业展览有限公司

1. 保温材料：岩（矿）棉、玻璃棉、硅酸铝纤维等绝热材料、彩钢板等绝热板材及相关设备；2. 隔音及吸音材料：隔音墙体、隔音罩、隔音毡、隔音窗、隔音封条、吸声板、吊挂吸音体、纤维吸音材料、吸音棉和墙纸等；3. 节能技术：外墙内（外）保温系统、新型节能门窗及幕墙、石膏板、空心玻璃砖、新型结构技术体系、钢结构、预应力等新技术及新材料新设备。

◎ 第十届中国（上海）国际照明展览会

时间：2011年12月
地点：上海光大会展中心
主办单位：上海市照明学会
承办单位：上海扩展展览服务有限公司

　　1.各类光源产品展区：新型普通照明灯泡、高强度体放电灯、各类辐射光源、霓虹灯以及各类交通运输及信号灯等；2.灯具及灯饰展区：手电筒、灯具等；3.LED展区：LED数据显示牌、户外LED全彩显示屏、数字显示屏等；4.照明电器产品配套元器件、零部件展区：各类开关、电线、电缆、继电器、灯座等；5.照明电器产品专用材料展区：荧光粉、石英管、玻璃管（壳）、电极材料、钨丝及其他专用金属丝材；6.户外照明展区：室外和街道照明、建筑照明、商业照明、体育馆照明、园林与公共场所照明、工矿照明等。

◎ 第六届上海国际渔业博览会

时间：2011年12月
地点：上海光大会展中心
主办单位：上海水产行业协会、中国同源有限公司
承办单位：上海歌华展览服务有限公司

　　展会集中展示各类水产品的加工、养殖自动化设备的综合利用；保鲜技术与设备；远洋运输及储运；水质净化消毒系统等项目。

◎ 上海国际汽车零配件、维修检测诊断设备及服务用品展览会

时间：2011年12月
地点：上海新国际博览中心
主办单位：法兰克福展览（上海）有限公司、中国汽车工业国际合作总公司

　　1.部件及组件：汽车驾驶零配件，汽车内外部、驾驶动力及电子控制等系统及组件；2.配件及改装：汽车配件、改装服务、性能系统及改进设计等；3.修理及保养：汽车保养及修理装备、车间维修及涂漆、维修站建造及管理；4.IT及管理：IT产品、车辆交易所、保险、金融等；5.加油站及汽车清洗：加油站设备、汽车清洗及护理。

江苏

节庆文化活动

◎ 句容宝华山迎新年祈福撞钟活动

时间：2011年1月
地点：镇江市句容宝华山风景区

洪亮悠扬的108下钟声在新年的夜空回旋，为节日增添喜气，活动期间还举办多项祈福活动。

◎ 2011欢乐木渎年

时间：2011年1月
地点：苏州市木渎古镇
主办单位：国家旅游局、江苏省人民政府
承办单位：江苏省旅游局、苏州市人民政府

欢乐木渎年有动物明星闹春嘉年华、新春牡丹花展、乾隆行宫鉴圣旨、自己动手做年糕、民俗婚礼送喜庆、有福有运赏牡丹、御戏台上看大戏、新春对联大派送、敲吉祥锣、坐刘罗锅公平秤、打莲湘、江南丝竹表演等活动。

◎ 寒山寺除夕听钟声活动

时间：2011年1月
地点：苏州市枫桥景区寒山寺

寒山寺除夕听钟声活动是我国发起较早、影响较广的专项旅游活动，自1979年创办以来，已经成为国内外知名旅游节庆品牌。活动由除夕年夜饭、枫桥景区过年庙会、参观被列入吉尼斯纪录的诗史碑和佛钟、高僧祈福、聆听幸运钟声和敲新年幸运钟等组成。晚上11点42分10秒，108记钟声响起。

◎ 首届明城墙国际灯会暨第二十五届夫子庙春节灯会

时间：2011年1月至2月
地点：南京市夫子庙

夫子庙灯会，也叫"秦淮灯会"，是流传于南京地区（古称"金陵"）的特色民俗文化活动，主要在每年的春节至元宵节期间举行。本届灯会分为陆上、水上、园内三大部分，并与夫子庙、内秦淮河、白鹭洲公园、中华门城堡四大展区联动。大中型灯组闪耀于夫子庙各景区、街道，到处充满喜庆、欢乐的气氛。

◎ 湖南路旅游时尚节

时间：2011年2月
地点：南京市湖南路

以"时尚旅游，精彩鼓楼"为主题，通过举办一系列丰富多彩的、时尚的文化活动，充分宣传和展示鼓楼区政治、经济建设的成果。

◎ 第十六届中国南京国际梅花节

时间：2011年2月至3月
地点：南京市中山陵梅花谷
主办单位：南京市人民政府
承办单位：南京市旅游园林局、中山陵园林管理局

中国南京国际梅花节始创于1996年，是南京市人民政府举办的开春的第一个国家级大型旅游节庆活动。梅花是南京的市花，梅花节是南京的城市名片。南京的

市民和广大游客可以在梅花山、玄武湖景区和溧水的万亩梅园一览梅花盛开的美景。

◎ 灌南悦来广场元宵灯会

时间：2011年2月
地点：连云港市灌南悦来广场

举办彩灯展示、灯会摄影比赛、民间艺人扎灯大赛等活动。

◎ 楚街庙会

时间：2011年2月
地点：宿迁市楚街

举办小吃、民俗表演等活动，堪称商品、文化、民俗大集。

◎ "盐渎之春"灯会

时间：2011年2月
地点：盐城市盐镇水街、东进路文化休闲美食街

以喜庆、欢乐、祥和为基调，以湿地文化、海盐文化、红色文化、民俗文化等为元素，采用人们喜闻乐见的传统风格、时尚风格、卡通风格等多种灯组形式，表现"东方湿地之都，仙鹤神鹿故乡"活力盐城、和谐盐城、魅力盐城的独特风采。

◎ 金山庙会

时间：2011年2月
地点：镇江市金山风景区

游客可以参加富有江南特色的民间艺术文化表演、猜灯谜、节庆商品展示、美食小吃、擂吉祥鼓等活动，在浓郁的年味中体会镇江民俗文化的魅力。

◎ 梅村镇梅村庙会

时间：2011年2月
地点：无锡市梅村镇

举办民俗表演、传统美食展卖等活动。

◎ 重元寺第四届新春敬头香活动

时间：2011年2月
地点：苏州市苏州工业园区重元寺

有祈福诵经许愿、大和尚新春致辞、撞钟敬香等活动。

◎ 江苏省春兰展

时间：2011年2月
地点：苏州市沧浪亭

来自全省各市的兰花协会带来各自最名贵的兰花品种齐来参展，近千盆品种各异的珍贵兰花亮相展会。兰花中的"四大天王"（宋梅、集圆、龙字、万字）全部展出，同时还有最近几年刚发现的一些品种也会逐一揭开神秘面纱。

◎ 穹隆山第五届新年祈福文化节

时间：2011年2月
地点：苏州市穹隆山

有民间艺术表演、吃小吃、御道寻宝、灯谜、祈福锣、宁邦寺敬香、放生结缘等活动。

◎ 金亭镇梅花节

时间：2011年2月
地点：苏州市金亭镇包山寺

开展赏梅、探梅等系列活动。

◎ 2011苏州太湖梅花节暨第十届"太湖之春"旅游月

时间：2011年2月至3月
地点：苏州市
主办单位：吴中区人民政府、苏州太湖国家旅游度假区

太湖梅花节从1997年开始举办，已经成功举办了13届。本届梅花节主题是"梅花笑迎世博，欢乐畅游太湖"。活动期间，游客不仅可以领略太湖林屋梅海、香雪海探春寻梅等风景，还可以游玩太湖湿地公园、太湖西山岛喀斯特溶洞，登高石公山赏湖，尝鲜农家菜，细品太湖碧螺春，欣赏古筝琵琶演奏等一系列民俗文化表演。

3月

◎ 2011民国美食节

时间：2011年3月
地点：南京市玄武区

举办民国饮食文化研讨会、民国餐饮旅游示范评选等活动。

◎ 第二十八届莫愁湖海棠花会

时间：2011 年 3 月
地点：南京市莫愁湖公园

莫愁湖公园是南京最大的海棠花观赏专类园。花会期间，组织少儿才艺大赛、莫愁湖征文比赛、中国书画大赛江苏赛区比赛以及诗画会、摄影大赛等一系列精彩活动。

◎ 2011 南京·玄武文化旅游节（民国篇）

时间：2011 年 3 月
地点：南京市玄武区
主办单位：玄武区人民政府、南京市旅游园林局
承办单位：玄武区商务局、中国近代史遗址博物馆

开展"透过镜头看玄武"拍客大赛、民国文化旅游宣传推广签约、《玄武民国文化深度旅游图》和"玄武美食折扣卡"首发仪式、民国文化旅游商品展、玄武旅游书画笔会、民国美食品鉴会、玄武旅游形象口号征集等七大系列活动。

◎ 第三届江宁春牛首文化旅游节

时间：2011 年 3 月至 4 月
地点：南京市牛首山隐龙湖风景区
主办单位：南京市旅游局、江宁区人民政府

举办南京帐篷大会、攀岩、风筝放飞、"爱江宁"全国摄影大赛等活动。

◎ 南京·溧水梅花节

时间：2011 年 3 月至 4 月
地点：南京市
主办单位：溧水县人民政府
承办单位：溧水县文化广电局

举办"春游溧水"旅游推介会、"2011 年溧水梅花节——'秦淮源头最美乡村'赏花季"启动仪式、春游溧水——"秦淮源头最美乡村"生态游、春游溧水——"一桥一寺一园"精品文化游、春游溧水——"迎青奥"大金山体育节、溧水——"我在溧水有棵果树认养"、溧水第二届旅游形象大使评选等活动。

◎ 南京雨花春牛首踏青节

时间：2011 年 3 月至 5 月
地点：南京市雨花台区

雨花台区全力打造生态休闲游品牌，为游客提供田园气息浓郁的农家乐、休闲垂钓、田野耕作、果蔬采摘、农家土菜等农家游项目。

◎ 第三届高淳国际慢城金花旅游节

时间：2011 年 3 月至 5 月
地点：南京市高淳县
主办单位：南京市旅游园林局、高淳县人民政府

以"生态高淳 国际慢城 美丽乡村"为主题，以花为媒，整个景区内均会呈现一片菜花灿烂的视觉盛宴。其间举办民俗会演、帐篷大会、花海露营、真人 CS、挖竹笋、吃农家饭等系列活动。

◎ 泗洪县第二届青阳梨花节

时间：2011 年 3 月
地点：宿迁市泗洪县

举办摄影展、踏青写生游等系列活动。

◎ 如东首届旅游美食文化节

时间：2011 年 3 月
地点：南通市如东县
主办单位：如东县旅游局、如东县商务局、沿海经济开发区和县旅游协会

美食展示、招商洽谈等活动。

◎ 苏州树山梨花会

时间：2011 年 3 月
地点：苏州市西郊高新区树山村
主办单位：苏州市旅游局、高新区管委会

举办摄影、DV、博客大赛，户外拓展定向赛；休闲广场传统小吃（美食节）等多项活动。

◎ 第三届太平桥民间文化旅游节

时间：2011 年 3 月至 4 月
地点：苏州市相城区
主办单位：相城区旅游局、相城街道办事处

举办文艺会演、文化展览、文化讲座、知识竞赛等活动。

◎ 苏州第三届小吃美食文化节

时间：2011 年 3 月至 4 月
地点：苏州市平江区玄妙观广场、观前街、大成坊
主办单位：苏州市贸易局、平江区人民政府
承办单位：平江区经济贸易局、观前文化旅游服务有限公司

举办美食文化节开幕式、中外风味风情小吃展、时令美食大联展等活动。

◎ "同里之春"国际旅游文化节

时间：2011年3月至4月
地点：苏州市吴江市同里景区
主办单位：江苏省旅游局、苏州市旅游局、吴江市人民政府
承办单位：吴江市旅游局、同里镇人民政府

"同里之春"国际文化节是同里古镇旅游的文化品牌和标志性盛会，是同里旅游的四大品牌活动之一，自1997年至今已走过14个年头。本届文化节举办"春天里，在金色同里"第三届中国同里油菜花节、民俗民风巡游及广场节目表演、"美好江苏"江苏省旅游摄影大赛同里采风活动、"同里杯"中国围棋赛等活动。

◎ 白马涧风筝节

时间：2011年3月至5月
地点：苏州市白马涧风景区

游客可观赏到超大的巨龙、超高的凤凰等巨型风筝以及神采各异的昆虫、飞禽、动物、人物、京剧脸谱等风筝。除此之外，还特邀表演队进行放飞表演。

◎ 2011金鸡湖商务旅游节

时间：2011年3月至5月
地点：苏州市工业园区金鸡湖景区

苏州工业园区金鸡湖景区是江苏省规模最大的开放式城市湖泊公园，也是全国唯一的商务旅游景区。活动期间举办金鸡湖幸福桃花季、彩船巡演、赛博会、金鸡湖游艇展示秀、圆融时代广场购物节、中茵厨艺峰会六大主题活动，展现金鸡湖景区"城市和景区无缝链接、商务和旅游水乳交融"的迷人情怀。

◎ 第十五届杜鹃花节

时间：2011年3月至5月
地点：苏州市拙政园

拙政园内，各种杜鹃花经园艺工人的巧手堆叠摆放，形成了露红凝艳、云锁芳菲、花间缱绻、烂漫娇情、春回大地、霞焰呈锦、鸣吟林壑7个景点，使游客一睹杜鹃花的绚烂和多彩。

◎ 木渎古镇踏青旅游节

时间：2011年3月至5月
地点：苏州市木渎古镇

开展姑苏民间工艺体验行活动、"姑苏十二娘伴你游木渎"幸运大抽奖、西施塑像水上花灯、现场作文PK赛、牡丹花会、名厨争霸赛、赛鸟大会等。

◎ 2011春季虎丘艺术花会

时间：2011年3月至5月
地点：苏州市虎丘山风景名胜区

以"虎丘花会，春之乐章"为主题，有牡丹、郁金香、杜鹃、洋水仙、海棠、仙客来等60多个品种、10万多盆中外名花与时令花草陆续展出。

◎ 第六届苏州国际风筝节

时间：2011年3月至5月
地点：苏州市常熟市沙家浜风景区

以"放飞天使爱，心系沙家浜"为主题，在苏州市风筝协会支持下举行大型风筝放飞比赛，并推出沙家浜风味美食汇总展示。

◎ 2011沙家浜阿庆嫂民俗风情旅游节

时间：2011年3月至6月
地点：苏州市常熟市沙家浜风景区

围绕"放飞天使爱，心系沙家浜"主题，组织苏州国际风筝节、沙家浜踏青节、沙家浜端午文化节等活动。

◎ 邳州桃花节

时间：2011年3月至4月
地点：徐州市邳州陈楼镇

桃花节期间，百名艺术爱好者书桃花、画桃花、剪桃花、摄桃花。游客还可在这里从事农事活动、参观农耕文化、体验乡村风情。

◎ 中国涟水第二届中华缘文化节

时间：2011年3月至4月
地点：淮安市涟水县

以"大家有缘，和谐永远"为主题，举办与"缘"有关的群众文化活动，包括故事征集、集体婚礼、烟火晚会、招商项目集中签约、演唱会等活动。

◎ 盱眙第二届野菜节

时间：2011年3月至4月
地点：淮安市盱眙县铁山寺国家森林公园

游客可湖边访农家、下地挖野菜、土锅灶前学烧农家饭，与农民拉家常、聊民俗、说故事，与当地百岁寿星聊一聊养生之道、喝一口寿星酒、取一回百岁经，与渔民一起下湖打鱼、看漫山遍野的油菜花、找寻童年的快乐，或持竿垂钓，或赤脚逮鱼，或花中觅野趣。看情人树、采情人花，携手走过悠悠铁索桥，在青山绿水中同船共渡，到佛祖脚下同拜天地、求取同心锁。

◎ 第三届凤城河桃花节

时间：2011年3月至4月
地点：泰州市凤城河风景区
主办单位：泰州市人民政府、凤城河风景区

桃花节期间，除凤城河桃花节、姜堰·溱潼会船节、兴化千岛菜花节等老牌旅游项目外，还增添了凤城河花船巡游、东岳庙神像开光等看点。

◎ 第八届扬中江鲜美食节

时间：2011年3月至4月
地点：镇江市扬中市

举行美食节开幕式、举行大型广场签名活动、江鲜产业及江鲜文化论坛、开展扬中经贸联谊月和美食旅游月活动等。

◎ 中国·无锡第十五届阳山（国际）桃花节

时间：2011年3月至4月
地点：无锡市

开展摄影大赛、山地自行车赛、"山水桃乡"书画展、招商恳谈等多项活动。

◎ 无锡（江阴）第六届中国徐霞客国际旅游节

时间：2011年3月至5月
地点：无锡市
主办单位：中国旅游协会、江苏省旅游局、无锡市人民政府、中国旅游报社
承办单位：无锡市旅游局、江阴市人民政府

本届旅游节推出中国旅游产业发展高峰论坛暨论坛永久落户江阴发布仪式、中国（江阴）徐霞客国际学术研讨会、海峡两岸纪念徐霞客朝圣公祭等活动。

◎ 第四届南通江海美食节暨第二届中国海安河豚节

时间：2011年3月至5月
地点：南通市海安县
主办单位：江苏省旅游局、南通市人民政府
承办单位：南通市旅游局、中共海安县委、海安县人民政府

海安拥有全国唯一的国家级河豚鱼良种场，国内市场占有率超过80%。本届活动以"江海南通鲜天下"为主题，有亚洲国际美食娱乐嘉年华、中华河豚美食文化论坛、河豚美食烹饪技艺展示、海安河豚美食博文大赛等活动。

◎ 2011南京妈祖庙会

时间：2011年4月
地点：南京市阅江楼景区

祭拜仪式、巡游踩街、商贸等活动。

◎ 第六届中国湿地生态旅游节暨中国姜堰·溱潼会船节

时间：2011年4月
地点：泰州市十里溱湖风景区

"溱潼会船节"由南宋相沿至今，历经千年而不衰，被誉为"民俗文化之大观，水乡风情之博览"。每年清明时节，四乡八镇的数百船只、上万船民云集溱湖，参加主办方推出的群众文化艺术节、会船比赛、万朵古茶花观赏节、河横菜花节等活动。

◎ 第三届中国·兴化千岛菜花旅游节

时间：2011年4月
地点：泰州市兴化千岛菜花风景区

素有全国鱼米之乡美称的兴化市，2393平方公里的幅员中，有近1/4是水域，这里有"全国最美油菜花海"——千岛菜花风景区，那四面环水"垛田"上的金色菜花，宛如一片水上的花海，让您心旷神怡。活动期间，举办茅山会船节、湿地保护与开发论坛、民歌大赛决赛、投资环境说明会等一系列活动。

◎ 海陵区第三届农业观光旅游节

时间：2011年4月至5月
地点：泰州市海陵区
主办单位：海陵区人民政府
承办单位：泰州市海陵现代农业科技示范园区管委会

以"田园风光农业嘉年华，春回绿色麒麟湾"为主题，举办民俗民间文化展演、休闲垂钓比赛、植物科普馆观赏、麒麟湾乡村美食烹饪大赛、科普乐园游乐活动、农耕文化园古农具展示、高档观赏花卉展示、"梅兰春"酒文化展示等活动。

◎ 第三届中国泰州水城水乡国际旅游节

时间：2011年4月至5月
地点：泰州市
主办单位：江苏省旅游局、泰州市人民政府

以"国际水城水乡"为主打概念，举办兴化千岛菜花旅游节、凤城河桃花节、姜堰·溱潼会船节等老牌旅游项目，还新添了国际花船巡游、泰州江鲜美食节、城河垂钓烹饪大赛、施耐庵文学奖启动仪式等活动。

◎ 中国（无锡）吴文化节

时间：2011年4月
地点：无锡市吴文化广场

本届文化节以"传承吴地文明、实现文化振兴"为主题，为市民准备了丰富多彩的文化活动，如无锡惠山民俗庙会和"激情周末"广场演出，鸿山考古遗址公园、无锡书画院和道教音乐馆正式开放，民族舞剧《茉莉花》以及会聚全省优秀锡剧表演艺术家的《流派荟萃珍珠塔》等精品节目亮相。此外，还有中国文化遗产保护无锡论坛、吴文化国际研讨会、无锡惠山民俗文化庙会暨吴地非物质文化遗产展示等活动。

◎ 无锡太湖山水文化节

时间：2011年4月至5月
地点：无锡市滨湖区

举办中国无锡国际龙舟邀请赛、经贸签约仪式、高峰论坛等活动。

◎ 江苏省蕙兰展

时间：2011年4月
地点：苏州市太仓南园
主办单位：江苏省兰花协会、太仓市人民政府
承办单位：太仓市盆景兰花协会

除来自江苏省内的千盆蕙兰名品以其绰约的风姿向广大游客展出外，同时还可以欣赏到字画、古盆、古书籍等展品。

◎ 首届中国苏州平江之春文化旅游节

时间：2011年4月
地点：苏州市平江区
主办单位：中共平江区委、平江区人民政府
承办单位：平江区旅游局

以"都市水巷，人文平江"为主题，平江古城区内的各大旅游景区（点）、特色街巷开展形式多样的春季旅游特色活动，如以拙政园的杜鹃花展、狮子林的中国四大名石展、动物园的欢乐大象展为代表的园林文化旅游活动；以玄妙观的文昌功名状元节、城隍庙的祈福平安法会为代表的宗教文化旅游活动。

◎ 锦溪旅游文化节

时间：2011年4月
地点：苏州市昆山市锦溪镇

举办锦溪古镇系列游、水乡风情画展、招商经贸洽谈等活动。

◎ 第三届平江晒书节

时间：2011年4月
地点：苏州市平江区

本届晒书节设立了苏州私人收藏最古老书籍评选、平江大讲堂、二手书跳蚤市场、名人名言名句书法作品展、黑板报评比、"读书语录"书法笔会、读书主题会友大会等活动。

◎ 第四届阳澄湖油菜花节暨首届莲花岛风筝节

时间：2011年4月
地点：苏州市阳澄湖生态休闲旅游度假区
主办单位：中共相城区委宣传部、相城区旅游局、相城区文体局、苏州市阳澄湖生态休闲旅游度假区管委会

本次油菜花节除邀请游客欣赏油菜花外，还举办露营、露天电影、户外活动、首届莲花岛风筝节等活动。

◎ 张家港凤凰桃花节

时间：2011年4月
地点：苏州市张家港市凤凰镇千亩桃园基地

桃花节期间粉色、白色、红色等各色桃花鲜艳动人，引来众多游人驻足观赏。其间，举办自驾游、摄影比赛、商贸洽谈签约、凤凰镇特色农产品展示展销及桃树认领等活动。

◎ 张家港旅游节暨河阳山歌节

时间：2011 年 4 月
地点：苏州市张家港市

赏桃花、听山歌、逛灯会，感受乡村游的魅力。

◎ 2011 苏州·吴中洞庭山碧螺春茶文化旅游节

时间：2011 年 4 月
地点：苏州市吴中区

本届茶文化节展示了苏州吴中区优越的自然生态和深厚的文化底蕴。来自世界各地的游客有机会品尝到正宗的本地产碧螺春茶。此外，还举办中国名茶发展高层研讨会，共同商讨品牌茶产业的发展。

◎ 中国昆山国际文化旅游节

时间：2011 年 4 月
地点：苏州市昆山娄江沿岸、市民文化广场等

昆山市拥有 2400 多年的历史，有着深厚的文化积淀和众多的历史遗存，山水秀美，物产丰饶，人文荟萃，构成了丰富的旅游资源。本届文化旅游节期间，举办昆山旅游商品创意设计大赛颁奖暨昆山特色旅游商品展览会开幕仪式、昆山旅游推介暨投资说明会等活动。

◎ 中国周庄国际旅游节

时间：2011 年 4 月
地点：苏州市周庄古镇
主办单位：江苏省旅游局、苏州市旅游局、昆山市人民政府
承办单位：昆山市旅游局、周庄镇人民政府

旅游节期间，举办周庄摩登天空民谣诗歌音乐节、第四届古镇保护与发展（周庄）论坛、首届"周庄杯"海峡两岸象棋大师公开赛、"夜画周庄"全国美术·摄影创作大赛、周庄千人自驾游等活动。

◎ 昆山琼花艺术节

时间：2011 年 4 月
地点：苏州市昆山市亭林园

以"弘扬城市精神，建设现代昆山"为主题，举办开幕仪式、花展、儿童嘉年华、戏曲表演、游园娱乐等活动。

◎ 千灯旅游文化节

时间：2011 年 4 月
地点：苏州市昆山市千灯镇
主办单位：千灯镇人民政府
承办单位：千灯旅游公司

邀请京剧、绍剧、豫剧、川剧、越剧等专业团体在古镇演出。在千灯的照耀下，游人进行赏花灯、猜灯谜、赏音乐等活动。

◎ 第二十届中国常熟尚湖牡丹花会

时间：2011 年 4 月至 5 月
地点：苏州市尚湖旅游度假区

以"花俏江南，美丽假日"为主题，举办牡丹书画展、"美丽绽放"虞山尚湖摄影拉力赛、"情缘尚湖"相亲大会、牡丹仙子表演、"花俏江南"牡丹花船水上巡游等活动。

◎ "东方水城"第十四届中国苏州国际旅游节

时间：2011 年 4 月至 5 月
地点：苏州市古城区及下辖各景区（点）
主办单位：江苏省旅游局、苏州市人民政府

旅游节继续展示"天堂"、"水城"最迷人、最亮点的一面，以彩船为载体，通过彩船巡游形式，展示苏州和世界各著名旅游城市形象、异域文化和民俗风情。其间，举办 2011 中国国际旅游服装服饰赛博会、"低碳生活、快乐旅游"徒步（骑游）苏州行、专题高层论坛、才艺比拼、盛装狂欢、旅游交易会、旅游商品洽谈会等系列活动。

◎ 第三届太仓旅游文化节

时间：2011 年 4 月至 5 月
地点：苏州市太仓市

江海河三鲜美食节（菜肴评比、三鲜风味风物展）、江南牡丹文化节（市民看牡丹、摄影比赛、牡丹文化笔会）。

◎ 2011中国木渎国际旅游节

时间：2011年4月至5月
地点：苏州市木渎古镇
主办单位：江苏省旅游局、吴中区人民政府
承办单位：吴中区旅游局、木渎镇人民政府

举办环太湖万人自驾游、白象湾快乐马戏月、赛鸟大会、灵岩山牡丹花会等活动。

◎ 中国（南陵）江南牡丹文化节

时间：2011年4月至5月
地点：苏州市太仓市浏河园花园山庄
主办单位：苏州市旅游局、太仓市人民政府
承办单位：太仓市旅游局、太仓市农林局、浏河镇人民政府

为时近1个月的"中国江南牡丹文化节"吸引江南名士淑媛前往欣赏，其间，更可品尝太仓独特的江、海、河三鲜美食，品茗文化茶廊，聆听独具韵味的"江南丝竹"雅音。

◎ 第二届中国·大丰麋鹿生态旅游节

时间：2011年4月至5月
地点：盐城市大丰市
主办单位：盐城市旅游局、中共大丰市人民政府、新民晚报社

本届旅游节以"畅游麋鹿故乡，共赏海洋风光"为主题，除"鹿王争霸赛"外，还推出了自驾游、国际啤酒美食节等一系列主题活动。

◎ 盐城大纵湖首届渔家风情节

时间：2011年4月至10月
地点：盐城市

举办大纵湖春季菜花节、大纵湖龙虾节、大纵湖红色之旅、大纵湖第二届芦荡野蟹美食节、里下河渔猎节等活动。

◎ 中国扬州"烟花三月"国际经贸旅游节

时间：2011年4月至5月
地点：扬州市
主办单位：中共中央对外联络部、扬州市人民政府

举办管理与发展研讨会、淮扬美食节、中国扬州万花会、古城民俗风情文化游系列活动、非物质文化遗产现场展示活动、社区特色文化团队集中展演活动等。

◎ 第八届中国扬中河豚美食节

时间：2011年4月至5月
地点：镇江市扬中市

扬中素有"中国河豚美食之乡"的称号，扬中人代代相传独特的烹饪秘技，对河豚进行无毒化处理，使河豚所有部位包括"河豚肝"、"河豚子"都能食用。此次活动包括"中国河豚产业发展高层论坛"、"河豚美食节开幕仪式"、"长江珍贵鱼种放流"、"豪华游轮江岛风情观光游"等。

◎ 第五届句容宝华山泡山节

时间：2011年4月至6月
地点：镇江市宝华山森林公园

举办自驾游、户外拓展、采茶品茗、森林瑜伽等系列活动。

◎ 中国首届"茅山情"红色旅游文化节暨第十一届句容茅山旅游文化节

时间：2011年4月至12月
地点：镇江市句容茅山风景区
主办单位：江苏省旅游局、镇江市人民政府、中国新四军研究会
承办单位：镇江市旅游局、句容市人民政府

本次旅游节以茅山为连接点，通过启动"重走铁军路、再忆铁军情"自驾游、"革命传统永不忘，红色经典新唱响"名家戏曲演唱会、中央党史办学者宣讲抗日战争史、镇江百校茅山红色夏令营等活动，掀起一场走红军路、唱红色歌、听红色故事等全方位的红色旅游盛宴。

◎ 中华龙城（常州）国际旅游节

时间：2011年4月至5月
地点：常州市

举办"花都水城·浪漫武进"旅游节、天目湖旅游节暨溧阳茶叶节、金坛旅游节庆系列活动、钟楼旅游节、天宁旅游节、戚墅堰区旅游文化系列活动、恐龙文化节、摄影大赛活动、常州乡村风情体验游。

◎ "花都水城·浪漫武进"旅游节

时间：2011年4月至5月
地点：常州市武进太湖湾
主办单位：武进区人民政府

举办2011"花都水城·浪漫武进"旅游节开幕式暨环球动漫嬉戏谷开园仪式、第十届中国民间文艺山花奖·民间艺术表演奖（民间鼓舞鼓乐）大赛、"万泽·太湖庄园杯"中国龙舟公开赛暨第十届世界龙舟锦标赛选拔赛、杨桥民俗风情节等活动。

◎ 连云港乡村旅游节

时间：2011年4月至10月
地点：连云港市

开展游乡村美景、品乡村菜肴、观民俗表演、享农家乐趣等活动。

◎ 2011上塘欢牛节

时间：2011年5月
地点：宿迁市泗洪县
主办单位：双沟镇党委、双沟镇人民政府

举办牛王牛后评选活动以及拉石磙比赛、运粮大赛、双人带球比赛等群众趣味运动。

◎ 中国盐城中国海盐文化节

时间：2011年5月
地点：盐城市串场河海盐文化风景区等

文化节期间举办体验独特的海盐文化、生态特色文化和红色文化旅游系列活动。

◎ 2011中国芍药节

时间：2011年5月
地点：扬州市仪征枣林湾生态园
主办单位：中共仪征市委、仪征市人民政府、中国花卉协会牡丹芍药分会
承办单位：中共仪征市委宣传部、仪征市文化局、仪征市旅游局、仪征市枣林湾生态园

举办征文比赛、新闻发布会、旅游专题推介会、民俗表演、群众体育健身表演、集体婚礼等活动。

◎ 第十一届邵伯湖龙虾节

时间：2011年5月至10月
地点：扬州市邵伯镇

龙虾节期间，邵伯清水龙虾优质虾苗下水仪式、你享美食我埋单、中国龙虾健康论坛、多情的邵伯湖——甘棠文化广场周周乐、千年古镇——邵伯摄影采风活动、渌洋湖生态旅游景区项目运营仪式、艾菱湖湿地高效农业生态园开园仪式、邵伯老菱采菱节等多项活动吸引游客的参与。

◎ 2011镇江旅游节暨中国镇江金山湖龙舟大奖赛

时间：2011年5月
地点：镇江市
主办单位：镇江市旅游委员会

有镇江江鲜美食节、句容茅山旅游文化节、中国镇江金山湖龙舟大奖赛、摄影作品征集评选活动、户外大型旅游咨询展示等活动。

◎ 第七届天目湖旅游节暨溧阳乡村旅游博览会

时间：2011年5月
地点：常州市天目湖

举办独具特色的乡村旅游推介、琳琅满目的旅游产品展示以及精彩的民间文化展演等活动。

◎ 2011中国宜兴梁祝文化旅游节暨观蝶节

时间：2011年5月
地点：无锡市宜兴市
主办单位：宜兴市人民政府、旅游园林管理局

农历三月二十八，是梁祝故事中祝英台化蝶之日。每到这一天，就会出现彩蝶漫天纷飞的自然奇观，因而演变为传统的"观蝶节"。其间，有宜兴地方风情节目巡演、戏曲表演等精彩活动。

◎ 江苏宜兴陶瓷艺术节

时间：2011年5月
地点：无锡市

举办陶瓷精品博览交易会、宜兴陶瓷艺术研讨会，并开展一系列宜兴旅游观光活动。

◎ 第三届太湖慧谷茶文化节

时间：2011年5月
地点：无锡市雪浪山生态景观园
主办单位：无锡山水城

举办茶文化论坛、茶品展示、无锡摄影协会摄影比赛、无锡钓鱼协会垂钓比赛、无锡车友会红沙湾烧烤自驾游等系列活动。

◎ 第十二届金阊民俗文化旅游节暨轧神仙庙会

时间：2011年5月
地点：苏州市南浩街

农历四月十四，是传说中八仙之一吕洞宾下凡的日子，被列入苏州首批申报国家级非物质文化遗产的轧神仙庙会开轧，"轧神仙"是苏州民间最大的庙会。其间，时尚文化展示、民俗文艺表演等活动应有尽有，吸引众多市民和游客到场观看，热闹非凡。

◎ 第三届凤凰十全美食狂欢节

时间：2011年5月
地点：苏州市沧浪区双塔街道

举办餐饮美食、凤凰街厨艺大比拼、时尚潮流；十全街潮流时装秀和人体彩绘、狂欢娱乐；舞动凤凰街舞大赛、美食风景线；凤凰街美食节整体包装与商家互动；免费促销宣传展示等活动。

◎ 第三届中国（常熟）江南文化节

时间：2011年5月至6月
地点：苏州市常熟市

国家历史文化名城——常熟，是吴文化的发祥地。本届江南文化节将继续以"弘扬江南文化，打造江南品牌，展示江南风采，共享江南文明"为主题，开展江南文化论坛、文化传媒高峰论坛、长三角地区县域旅游发展论坛等活动。

◎ 扬州凤凰岛生态旅游区桑葚采摘节

时间：2011年5月至6月
地点：扬州市凤凰岛生态旅游区

桑葚，被誉为"民间圣果"，对人体具有良好的保健滋养功效。凤凰岛生态旅游区内的桑葚以肉厚汁浓、果粒硕大而闻名，是一种经过专门栽培的绿色有机水果型桑葚。每年桑葚成熟季节，都会迎来一批批采桑客，共庆丰收，其乐融融。

◎ 洞庭山枇杷节

时间：2011年5月至6月
地点：苏州市洞庭山
主办单位：吴中区人民政府
承办单位：东山镇人民政府、金庭镇人民政府

推出快乐果农采摘、赏湖风光、寻古探幽等系列线路，游客在吴中观光游玩的同时，还可品尝新鲜的东山白沙枇杷和西山青种枇杷。

◎ 巴城阳澄湖民间文化艺术节

时间：2011年5月至6月
地点：苏州市昆山市

由传统民间艺术表演拉开整个活动的序幕。民间艺术品现场制作、优秀电影周等多种文化形式，为游客和市民奉献一顿艺术大餐。

◎ 魅力江宁第四届田园文化节暨第十届横溪西瓜节

时间：2011年5月至6月
地点：南京市江宁区横溪镇
主办单位：南京市旅游园林局、南京市台办、南京市农林局、江宁区人民政府

举办汽车拉力赛、横溪特色旅游纪念品设计比赛、摄影大赛、猜灯谜送奖品，举办瓜王争霸赛、海峡两岸艺人艺术交流会、让城里人当"都市农夫"，举办两岸农业论坛等活动。

6月

◎ 第二届中国江阴"水韵月城"生态旅游节

时间：2011年6月
地点：无锡市江阴市双泾生态园

举办2011"月城杯"全国垂钓精英赛、农夫果园水上游园、"第二届中国双泾螺蛳美食节"以及游艇产业发展论坛暨"北海一号"下水仪式等系列活动。

◎ 苏州太湖龙舟赛

时间：2011年6月
地点：苏州市太湖

举办龙舟竞赛、龙舟表演、民俗表演等活动。

◎ 第四届沙家浜端午文化节

时间：2011年6月
地点：苏州市常熟沙家浜景区

除有龙舟代表队紧张而又激烈的角逐外，还有香包情缘、"五色丝线"端午祈福活动。

◎ 张浦镇西瓜节

时间：2011年6月
地点：苏州市张浦镇

举办西瓜趣味体验活动及端午传统习俗活动。

◎ 2011第八届江苏常熟森林旅游生态观光节暨第十三届虞山宝岩杨梅节

时间：2011年6月至7月
地点：苏州市常熟市宝岩生态观光园、尚湖风景区
主办单位：江苏省林业局、常熟市人民政府
承办单位：常熟市旅游局、常熟市农委、常熟虞山尚湖旅游度假区管委会

宝岩杨梅熟了，"万绿丛中点点红"。到宝岩观赏杨梅、品尝杨梅，漫步在这江南多雨的梅林间，非常惬意。活动期间，举办竹艺展示、"甜言梅语"水果嘉年华、"梅来眼去"抽奖、虞山盆景展、"爱森活"宝岩森林浴等活动。

◎ 亲子童玩节

时间：2011年6月至8月
地点：苏州市木渎古镇

举办童玩邀请赛、少儿杂技团童玩表演、老作坊学手工、老木渎小吃大会展、"快乐童玩节"摄影比赛等活动。

◎ 第四届江南采莲节

时间：2011年6月至10月
地点：苏州市相城区荷塘月色湿地公园

此次采莲节汇集了全国各地300余种精品荷花，"中山莲"、"金雀"、"西湖春色"、"友谊红莲"、"鼓浪小红"等珍贵品种与游客见面，充分展示了水韵荷香的秀色清丽。

◎ 拙政园第十六届荷花旅游节

时间：2011年6月至10月
地点：苏州市拙政园

展示出江南水乡静谧和谐的人居环境，营造出一幅"荷风清夏"的美丽图景。其间，陆续展出200余个品种，约5000株缸荷、碗莲。

◎ 明孝陵文化节

时间：2011年6月至7月
地点：南京市明孝陵景区

文艺演出、夏令营、"孝陵烟岚"——明孝陵今昔照片展、史学之谜——明建文帝踪迹探讨系列活动、世界文化遗产明孝陵知识有奖问答、摄影作品有奖网络征集等一系列文化旅游活动。

◎ 首届"吃在通州美食节"

时间：2011年6月至7月
地点：南通市通州区
主办单位：通州区服务业商会
承办单位：南通市通州区服务业商会餐饮分会

举办"十大美食名店"评选、"十大特色名菜"评选、"十大名厨评选"、"吃在通州"摄影大赛及巡展等系列活动。

◎ 第十一届中国·盱眙国际龙虾节

时间：2011年6月至8月
地点：淮安市盱眙县
主办单位：盱眙县人民政府

举办开幕仪式、盱眙龙虾名店创业成就展、才艺大赛等活动。

7月

◎ 第三届灌云·王圩西瓜节

时间：2011年7月
地点：连云港市灌云县
主办单位：连云港市旅游局、灌云县人民政府
承办单位：灌云县旅游局、伊山镇人民政府

有西瓜擂台赛、吃西瓜比赛、搬西瓜比赛、开幕式文艺演出、王圩西瓜特色展示、西瓜订货会、特色王圩一日游等活动。

◎ 首届中国（泗洪）洪泽湖生态旅游节

时间：2011年7月
地点：宿迁市
主办单位：江苏省旅游局、宿迁市人民政府
承办单位：宿迁市旅游局、泗洪县人民政府

活动主题是"生态泗洪、心灵湿地"。举办观赏万顷湿地飞鸟、探秘万亩芦荡迷宫、沉迷千种缤纷荷花、呼吸负氧纯净空气、品尝生态湖鲜美食、畅饮醇香双沟美酒、饱览穆墩岛大湖白帆、体验柳山湖盎然野趣、感受观鸟园鹭栖枝头、品味古泗州人文风情等活动。

◎ 第六届苏州白马涧冰雪狂欢节

时间：2011年7月
地点：苏州市白马涧生态园

在这炎炎的夏日，白马涧生态园让您尽情领略北国风光，体验极地动物的乐趣，使您在骄阳似火的南国享受冬日冰雪，把最为纯正的极地生活带到您的身边。

◎ 2011苏州乐园啤酒节

时间：2011年7月至8月
地点：苏州市苏州乐园

举办"苏州啤酒王"争霸赛、抽奖等活动。

◎ 江心洲葡萄节

时间：2011年8月
地点：南京市建邺区江心洲生态农业旅游景区
主办单位：南京市旅游园林局、南京市农业委员会、南京市文广新局、建邺区人民政府
承办单位：建邺区旅游局、江心洲街道

每年夏天举办的葡萄节将江心洲变成欢乐的海洋。本届葡萄节安排吃葡萄擂台赛、葡萄采摘、美汁源葡萄乐园趣味赛、葡萄大汇赛、江岛美食尝鲜、江心洲特色农产品采购等活动。

◎ 平江七夕文化风情节

时间：2011年8月
地点：苏州市平江区
主办单位：平江区人民政府
承办单位：平江区文科局、平江路街道办事处、苏州民间文化艺术交流中心、苏州平江历史街区保护整治有限公司

举办"平江年度家庭"评选及颁奖、江南民族服饰平江路巡展、才艺表演等活动。

◎ 2011中国昆山第七届国际啤酒节

时间：2011年8月
地点：苏州市昆山市
主办单位：中国轻工业联合会、昆山市人民政府

通过激情狂欢的开幕式、热烈酣畅的啤酒品饮、动人心弦的竞饮大赛、热情飞扬的K歌之王等活动，打造一台海内外宾朋与昆山市民共同参与、共同狂欢的啤酒嘉年华。

◎ 2011中国常熟沙家浜旅游节

时间：2011年8月至10月
地点：苏州市常熟沙家浜景区
主办单位：苏州市旅游局、常熟市人民政府
承办单位：常熟市旅游局、虞山尚湖旅游度假区管委会、沙家浜镇人民政府、常熟服装城管委会

举办研讨会、沙家浜阳澄湖大闸蟹美食节暨啤酒节、沙家浜浪漫之旅大型游园会、虞山尚湖金秋太公美食节、虞山尚湖中秋音乐烟火节、常熟秋季购物旅游节、蒋巷丰收节暨常熟旅游农产品展示会、国际钓鱼友谊赛、昆承湖江南风筝表演赛等活动。

◎ 沙家浜阳澄湖大闸蟹美食节暨沙家浜啤酒节

时间：2011年8月至10月
地点：苏州市常熟沙家浜景区

推出一系列沙家浜芦荡美食，同时还有豪饮啤酒大赛、捆扎螃蟹比赛、拆蟹肉比赛、蟹菜名品秀等诸多互动性趣味节目。

◎ 2011溱湖水乡采菱节

时间：2011年8月
地点：泰州市姜堰市溱湖国家湿地公园

溱潼地区特产"四角菱"形状独特，味美香甜，是里下河一带久负盛名的传统美食。采菱节期间游客在观光之余可参加采菱角等比赛，在炎炎夏日体验亲水采摘的乐趣。

◎ 第十三届江苏国际服装节

时间：2011年9月
地点：南京市南京国际展览中心

举办开幕晚会、论坛、讲座、大赛、发布会、大奖评选等多项系列活动，展示品牌江苏、时尚江苏形象，为品牌建设、行业发展、设计创新、交流合作搭建交流服务平台。

◎ 第二届中国瓜洲音乐节

时间：2011年9月
地点：扬州市邗江区

举行音乐演出、汽车游乐、甜蜜露营、相亲相爱、商品售卖、迷你游戏等六大主题活动。

◎ 中国（镇湖）刺绣文化艺术节

时间：2011年9月
地点：苏州市

小桥、流水、人家、园林、昆曲……美丽的苏州堪称人间天堂。在苏州最西部的镇湖镇，是苏绣的发源地和主要产地。其间，围绕刺绣艺术举办展览、座谈会、民俗表演等活动。

◎ 吴江金秋美食节

时间：2011年9月
地点：苏州市吴江市

旨在提升吴江城市品位，弘扬吴越餐饮文化，宣传吴江特色餐饮，提升餐饮接待水平，故每年金秋时节都要举办金秋美食节。来自不同领域的专家、学者、记者和商家，为了促进饮食文化的发展，会聚一堂，利用这一宣传平台，挖掘吴越饮食文化的内涵，打造太湖美食品牌。

◎ 唯亭阳澄湖大闸蟹开捕节

时间：2011年9月
地点：苏州市工业园区

通过连续举办开捕节，使拥有阳澄湖1/3水域的地理优势和唯亭大闸蟹逐渐为食客知晓，为游客在金秋季节打造了一个休闲、娱乐、尝鲜的理想去处。活动的举办也是丰富多彩，除有传统的文艺演出外，还有千人螃蟹宴、蟹王评选等。

◎ 孙子兵法文化旅游节

时间：2011年9月
地点：苏州市穹隆山景区

本旅游节有孙子兵法学术会议、孙子兵法文化节开幕庆典、孙子文化园开园仪式等活动。

◎ 昆山巴城阳澄湖蟹文化节

时间：2011年9月
地点：苏州市昆山市巴城阳澄湖水上公园
主办单位：昆山市人民政府
承办单位：巴城镇人民政府

阳澄湖大闸蟹远近闻名，以蟹为媒，大力挖掘蟹文化内涵，推动生态旅游、休闲度假的发展是举办文化节的宗旨。其间，举办丰富多彩的文化活动，如书画展览、文艺演出等。

◎ 中国苏州·甪直水乡服饰文化国际旅游节

时间：2011年9月
地点：苏州市甪直古镇

作为吴文化一朵亮丽的"奇葩"——甪直水乡妇女服饰，是首批国家非物质文化遗产。旅游节期间，举办民俗表演、民间手工艺表演、金秋美食节、婚纱摄影展、古镇现场作文大赛等活动。

◎ 苏州相城阳澄湖旅游节

时间：2011年9月
地点：苏州市相城区

苏州相城区是著名的"中国大闸蟹美食之乡"、"中国阳澄湖湖八鲜美食之乡"。举办书画展、精品线路巡游等活动。

◎ 第六届中国苏州美食节

时间：2011年9月
地点：苏州市相城区

在美食节上，市民可饱览"阳澄湖湖八鲜"菜宴展、各市区地方特色菜宴展等。还可以购买和品尝到苏州名小吃、各地风味风情小吃、土特产等美食。在首届中国苏式月饼文化节上，市民可以现场领略到苏式月饼的制作技艺以及全国各地各式月饼的风采。

◎ 中国盛泽丝绸文化节

时间：2011年9月至11月
地点：苏州市吴江市盛泽镇

举办民间文艺表演、中国纺织论坛、绸都青年风采大奖赛等。

◎ 中国南京国际桂花节

时间：2011年9月至10月
地点：南京市中山陵园风景区

中国南京国际桂花节始创于1999年，是集游、购、娱于一身的大型旅游节庆活动。举办开幕式暨中秋文艺晚会、中秋文化名家讲堂、民间表演艺术展演、民间绝技绝活展示、民间手工技艺演示、民间小吃荟萃、大型交响音乐会、金陵民俗表演大会串等活动。

◎ 中国·南京固城湖螃蟹节

时间：2011年9月至10月
地点：南京市高淳县
主办单位：高淳县人民政府

举办经贸洽谈、螃蟹经济与新农村建设富民论坛、品蟹大赛、蟹王蟹后争霸赛、固城湖螃蟹美食节、文化名人"高淳行"采风系列文体活动、烟火晚会、扎蟹大赛、蟹王争霸民俗表演等。

◎ 中国淮安淮扬菜美食文化节

时间：2011年9月至10月
地点：淮安市

开展包括文化艺术、餐饮展示、旅游观光、经贸招商等活动。

◎ 常熟尚湖太公美食节

时间：2011年9月至11月
地点：常熟市
主办单位：常熟市风景园林和旅游管理局、虞山尚湖旅游度假区管委会

推出以"太公宴"为主的湖鲜美食菜肴、常熟地方美食及土特产展销会、网上美食节、美食自游行等一系列丰富多彩的活动。

◎ 2011中国南通国际江海旅游节

时间：2011年9月至10月
地点：南通市

有南通旅游商品庙会、南通乡村旅游美食节、南通旅游形象大使总决赛、海安老坝港开渔节、如东县风筝节等活动。

◎ 中国徐州汉文化旅游节

时间：2011年10月
地点：徐州市汉文化景区（主会场）
主办单位：中共徐州市委、徐州市人民政府

以"穿我汉家衣裳"、"品我汉家美味"、"行我汉家礼仪"、"赏我汉家乐舞"、"观我汉家百戏"为主线，从服饰、美食、礼仪、乐舞、市井杂耍等各个方面再现汉代社会的繁荣昌盛与汉代文明的瑰丽灿烂。

◎ 中国·东海温泉旅游文化节

时间：2011年10月
地点：连云港温泉旅游度假区

旅游文化节期间推出的活动有国际温泉文化高峰论坛、东海温泉峰会、东海县十大特色菜肴评选暨第三届烹饪大赛等。

◎ 大纵湖螃蟹节

时间：2011年10月
地点：盐城市盐都区

进行水产交易、研讨会等活动。

◎ 中国陶都（宜兴）生态旅游节

时间：2011年10月
地点：无锡市宜兴市

在旅游节期间，相关文化活动好戏连台，亮点频现。举办文化展览、专题演讲等活动。

◎ 奇石文化节

时间：2011年10月
地点：苏州市吴江市静思园

每年国庆节期间，菊花飘香，蟹黄膏肥，迎来静思园奇石文化节。在这美好的时节，主办方精心推出一系列文化活动，如赏菊、赏石等。同时，游客可领略到江南最大私家园林的独特魅力。

◎ 首届苏州（平江）状元文化旅游节暨平江旅游商品展销会

时间：2011年10月
地点：苏州市平江区

围绕平江状元的主题，开展座谈会、专家研讨会、旅游商品展销等活动。

◎ 双凤福地文化羊肉美食节

时间：2011年10月至2012年2月
地点：苏州市双凤镇

双凤羊肉是双凤镇的一项传统产业，自东晋就建有双凤羊肉美食一条街。双凤羊肉一直以"酥而不烂、浓而不膻、香而不臊、肥而不腻"的特点著称。该美食节已连续举办数年，成为太仓市重要节庆之一。

◎ 南京栖霞红枫艺术节

时间：2011年10月至11月
地点：南京市栖霞山风景区

为凸显"秋栖霞"的红叶景观特色，景区新增了近万株红叶树种，特别是增加了早期变红的红叶品种——红枫的数量，扩大了游客早期赏红规模。目前红叶品种更多，质量更好，观赏期更长。另外，在枫林湖景区还设计了"红叶倒影"景观，每至深秋，成片的枫林映入水中，形成一幅以红色为背景的山水画。

◎ 中国苏州民间手工艺艺术节

时间：2011年11月
地点：苏州市平江区玄妙观广场

艺术节期间举行手工艺论坛，部分手工艺大师走进苏州平江路历史街区和当地学校，表演民间手工艺绝活。

◎ 中国太湖农家菜美食节

时间：2011年11月至12月
地点：无锡市

素有"中国太湖农家菜美食之乡"之称的震泽镇迎来了每年一届的美食节。本届活动举办名店授牌仪式、太湖农家菜美食文化论坛、特色小吃展等活动。

商务会展

◎ 2011苏州国际节能环保技术及设备展览会

时间：2011年3月
地点：苏州国际博览中心
主办单位：苏州市人民政府
承办单位：苏州国华展览有限公司、苏州联创展览有限公司

节能、环保、水环境治理、资源综合利用、空气污染防治、测量和控制及实验室技术、太阳能及新能源、绿色照明等。

◎ 江苏国际机床及工模具展览会

时间：2011年3月
地点：南京国际展览中心
主办单位：江苏省经济和信息化委员会、江苏省机床工具工业协会
承办单位：南京凤凰展览有限公司、香港高威展览有限公司

汽车及零部件、电子及仪器仪表、机械加工、机械制造、模具制造、船舶、军工、航天、冶金等行业及众多新建、扩建、技改项目等。

◎ 第十二届亚太电子工业苏州展览会

时间：2011年4月
地点：苏州国际博览中心
主办单位：中国电子学会
协办单位：苏州新华展览有限公司

新型电子元器件、组件；集成电路；电脑、手机等IT数码产品及零部件；连接器与线缆；电子化工产品与电子材料；电子生产与组装设备及相关产品；SMT设

备类的插装焊接、贴装设备、半导体及集成电路制造设备、半导体封装技术等。

◎ 第十二届中国国际表面处理及涂装展览会

时间：2011年4月
地点：苏州国际博览中心

五金、印制电路、涂装材料、建筑装饰、机电设备等。

◎ 2011中国国际旅游服装服饰赛博会

时间：2011年4月
地点：苏州市
主办单位：国家旅游局、江苏省人民政府

赛博会的主要活动包括两赛——2011中国国际旅游职业装创意设计大赛和中国旅游职业装展示大赛，一展——2011中国国际旅游服装服饰展览。此外，还包括中国国际旅游服装服饰发展高峰研讨会、百家大型商场现场对接会、知名品牌发布会、2011～2012中国秋冬服装流行趋势发布、"苏绣天下"——百名绣娘绣艺展示等活动。

◎ 2011中国苏州化工展览会

时间：2011年4月
地点：苏州国际博览中心
主办单位：苏州市化工行业协会、苏州市工业经济联合会、上海东歌展览有限公司
承办单位：苏州天溪展览有限公司、上海东歌展览有限公司

精细及专用化学品、基本有机和无机化工原料、农用化学品、染料和颜料、化工新材料、化工技术装备等。

◎ 2011中国苏州精细化工及技术装备展览会

时间：2011年4月
地点：苏州国际博览中心
主办单位：苏州市经济和信息化委员会、苏州市工业经济联合会、苏州市化工行业协会
承办单位：苏州天溪展览公司、上海东歌展览有限公司

化工新材料、化工技术装备等。

◎ 2011中国（苏州）信息化与网络技术展览会

时间：2011年4月
地点：苏州国际博览中心
主办单位：中国电子学会、江苏省自动化学会、苏州市人民政府、苏州市经济和信息化委员会、新华展览公司
承办单位：江苏省自动化学会、苏州市人民政府

电子商务、企业信息化建设、社区信息化、技术咨询和服务等。

◎ 2011中国（华东）国际物联网技术及应用展览会

时间：2011年4月
地点：苏州国际博览中心
主办单位：苏州市经济和信息化委员会、苏州市科学技术局
承办单位：苏州励扬展览有限公司、苏州IP融合通信产业联盟

本届展会共设品牌馆和产品演示馆及综合馆，集中展示物联网产业链各个关键环节的国内外新技术、新产品、新装备、新工艺和新的解决方案。

◎ 中国南京太阳能产业大会暨展览会

时间：2011年4月
地点：南京国际博览中心
主办单位：浙江省太阳能行业协会、浙江省可再生能源协会、山东省太阳能行业协会、江苏省能源研究会

聚焦太阳能产业的发展资源、战略构想、核心技术、创新产品以及服务理念，抓住太阳能市场的动态需求，为政府、学者、开发商、产品制造商、投资商等提供一个卓有成效的沟通交流平台，推动中国及世界太阳能的快速健康发展。

◎ 江苏国际船舶工业展览会

时间：2011年4月
地点：南京国际展览中心

1.船舶制造：造船厂、修船厂、船舶动力设备、甲板机械、船舶电器、造船材料和涂料、造船设备、船舶设计软件、船舶环保设备、船舶装饰材料、船舶仪器仪表、船舶用品等；2.港口设备：吊机、起重机、动力平板运输车、挖泥设备、货物起卸台、搬运工具及辅助设备、仓库及分配装置、货运及物料处理设备、安全设施等。

◎ 第十届南京社会公共安全防范产品展览会

时间：2011年4月
地点：南京国际博览中心
主办单位：江苏省公安厅科技处
承办单位：南京汇展展览服务有限公司

监视监控防范系统、安全防盗报警系统、公共广播系统、出入口控制系统、消防技术与设备等。

第四届江苏国际绿色照明展览会暨2011江苏国际LED照明及城市亮化工程展览会

时间：2011年5月
地点：南京国际展览中心
主办单位：江苏省装饰装修行业协会
承办单位：南京君杰展览服务有限公司

1. 绿色照明工程：城市夜景照明工程实例及技术、城市夜景照明示范工程及设计、绿色照明技术及器材等；2. 专业和户外照明：街道照明、工厂照明、建筑照明、商业照明、工程照明、体育馆照明、园林和公共场所照明等；3. 室内照明：吊灯、落地灯、台灯、壁灯等；4. 专业灯光：LED光源、显示屏、太阳能半导体照明、霓虹灯、舞台灯光等；5. 光源：节能灯泡、发光二极管技术等；6. 电灯附件：整流器、开关、插座、智能系统、原材料与组装技术、电容器、继电器等；7. 照明控制系统：照明生产设备、仪器等。

第四届江苏国际门窗幕墙展览会

时间：2011年5月
地点：南京国际展览中心
主办单位：江苏省装饰装修行业协会

门窗类、幕墙类、五金类、型材类、玻璃类。

第四届江苏国际建筑节能技术及新型建材展览会

时间：2011年5月
地点：南京国际展览中心
主办单位：江苏省装饰装修行业协会
承办单位：南京君杰展览服务有限公司

节能建筑、绿色建筑示范工程；建筑保温系统、节能保温隔热材料及设备、保温装饰板；建筑砂浆产品及设备；节材产品及设备等。

第三届中国（南京）金融博览会

时间：2011年5月
地点：南京国际博览中心
主办单位：江苏省人民政府金融办、中国国际贸易促进委员会江苏分会、南京市人民政府

作为南京地区最为重要的金融展示平台，金博会历经三届，吸引了越来越多的金融机构参与到这一金融盛事中来。除此之外，今年新设的金融机构人才招聘专场是本届金博会的一个亮点。

中国·常州国际焊接切割技术设备及五金展览会

时间：2011年5月
地点：常州国际展览中心
主办单位：常州市科技局、常州市经济贸易委员会
承办单位：常州领越展览服务有限公司、常州新达展览服务有限公司、上海铭雅展览服务有限公司

焊接设备、剪冲生产设备、工业机器人和自动焊接设备、五金工具类等。

第十届南京国际纺织品面料辅料博览会

时间：2011年5月
地点：南京国际展览中心
主办单位：中国国际贸易促进委员会南京分会
承办单位：南京中纺展览有限公司

1. 面料：麻织、丝织、棉织、化纤类梭织、毛织、针织面料及涂层织物、弹力织物等；2. 辅料：刺绣、花边、线带、商标、衣架、各种拉链及配件等；3. 纱线：圆编及横编针织纱线、梭织纱线、织袜纱线、制衣纱线、仿毛皮纱线等；4. 纺织原料：天然纤维、合成纤维、植物纤维、助剂等；5. 各类纺织品及家用纺织品：床上用品、毛巾、窗帘沙发餐桌家居等各类装饰布、家具面料、饰物及辅料；6. 设计及生产系统：计算机辅助设计、辅助生产系统、光盘、相关激光科技、专业报纸及杂志等。

2011中国（苏州）科学育儿嘉年华暨孕婴童产品展览会

时间：2011年5月
地点：苏州国际博览中心
主办单位：国家人口和计划生育委员会培训交流中心、江苏省人口计生委、苏州市人民政府
承办单位：苏州市计生委、苏州工业园区管委会

孕婴童用品等展览和展销、科学育儿讲座和咨询等活动。

2011苏州家具展览会

时间：2011年6月
地点：苏州国际博览中心
主办单位：苏州家具展览会组委会
承办单位：赵艺学商务策划机构

民用家具、套房家具、金属玻璃家具等。

◎ 2011中国（苏州）国际物流技术装备及配套设施展览会

时间：2011年6月
地点：苏州国际博览中心
主办单位：江苏省经济和信息化委员会、江苏省商务厅、苏州市人民政府
承办单位：苏州国华展览有限公司、苏州市物流商会、江苏新国际会展集团有限公司

物流技术设备、仓储、物流与运输、物流信息等。

◎ 2011第三届中国国际礼品、工艺品及家居用品（南京）博览会

时间：2011年7月
地点：南京国际展览中心
主办单位：中国国际贸易促进委员会南京分会
承办单位：南京中纺展览有限公司、意大利HD国际展览公司

礼品及赠品、工艺品、家居精品、编织及藤工艺品等。

◎ 第十三届中国江苏国际服装家纺面料博览会

时间：2011年9月
地点：南京国际展览中心
主办单位：江苏省人民政府
承办单位：江苏省经济和信息化委员会、江苏国际服装节组委会办公室

分服装品牌、服饰和家用纺织品、面辅料、服装机械、媒体等展区。

◎ 第十六届无锡太湖国际工业自动化及仪器仪表展览会

时间：2011年9月
地点：无锡太湖国际博览中心
主办单位：中国机械工业联合会、江苏省机械工业联合会、无锡市人民政府
承办单位：中国国际贸易促进委员会无锡市支会、无锡市经济和信息化委员会、无锡市机械工业联合会、无锡市三角洲会展有限公司

可编程控制器、分布式控制系统、现场总线产品、变频器、交/直流转换器、变送器、调速器、工控机、数据采集系统、软/硬件、过程自动控制系统、监控系统、电气传动装置、动力传动设备、各类传感器、传感器敏感材料/辅助材料及其制造技术、检测、计量分析、质控、环保、医疗等各类仪器仪表、仪表材料、元器件、集成模块、接插件、记录仪、继电器、计时器及各类开关、阀门、执行器、控制器及微型电机、连接器、信号调节器、编码器等。

◎ 第十届南京国际汽车展览会

时间：2011年9月至10月
地点：南京国际展览中心
主办单位：中国国际贸易促进委员会江苏省分会、江苏省经济和信息化委员会、南京市人民政府
承办单位：江苏省汽车行业协会、南京奥意国际汽车展览有限公司
协办单位：中国国际贸易促进委员会南京分会

各种类型的汽车；各种汽车及其零部件；各种汽车生产制造设备、工艺装备；各种检测、测试、实验仪器和设备；计算机开发设计系统及应用技术；汽车工业生产的新工艺、新材料；汽车工业新能源技术与产品；汽车工业环保技术与产品；各种汽车相关用品、装潢、美容、装饰件；各种汽车维修设备等。

◎ 中国（苏州）国际生物科技展

时间：2011年11月
地点：苏州国际博览中心
主办单位：苏州市人民政府
承办单位：讯通展览公司

生物科技、医疗、保健用品等。

◎ 2011南京（全国）特色食品展销会

时间：2011年12月
地点：南京规划建设展览馆

来自全国各地的名特优新食品、绿色食品、粮油食品、速冻食品、调味品、酒类、饮料、土特产等企业参展。

浙江

节庆文化活动

◎ 安吉江南天池滑雪节暨首届温泉节

时间：2011年1月
地点：湖州市安吉江南天池景区
主办单位：江南天池度假村有限公司

举办融温泉、滑雪为一体富有冬日特色的活动。游客可在莽莽群山中，充分体验滑雪带来惊险刺激的无穷乐趣，在温泉池中充分体验温泉文化的无穷魅力。

◎ 第十一届安昌古镇腊月风情节

时间：2011年1月
地点：绍兴市安昌古镇
主办单位：绍兴县人民政府
承办单位：安昌镇人民政府

不仅有水乡婚礼、寿庆、祝福、迎城隍会、舞龙舞狮、划龙舟等精彩表演，还有古水龙赛、水上拔河、太极拳、健身操、扯白糖、裹粽子等及群众参与性竞赛和猜谜等活动。

◎ 第三届中国雁荡山夫妻节

时间：2011年1月至2月
地点：温州市雁荡山风景区
主办单位：浙江省旅游局、温州市人民政府

本届夫妻节有"秀恩爱夫妻，赢荣威轿车"、"夫妻文化（网络）论坛"、"夫妻峰下定山盟，乐清湾畔宣海誓"、"雁荡有约，为爱旅行"、"首届中国世界地质公园风光摄影大赛获奖作品展"、"雁荡山宣传片开机仪式"等系列活动。

◎ 2011中国·奉化布龙文化节暨第六届尚田草莓节

时间：2011年1月至4月
地点：宁波市奉化市尚田镇

奉化尚田镇的两大特色"布龙"与"草莓"在活动期间形成互动，实现文化与旅游的共生共融。草莓节期间举行奉化布龙学术研讨会、布龙陈列馆奠基仪式、2011中国·奉化布龙文化节暨第六届尚田草莓节开幕式、"龙舞天下"布龙图片展、"布龙之乡"主题歌及广告语征集活动、"莓香尚田，龙舞天下"好运贺卡发放、车友一族"莓乡尚田，条宅布龙"踏青访龙活动等。

◎ 王坛"香雪梅海"梅花节

时间：2011年1月至5月
地点：绍兴市王坛镇

2月中旬，梅花怒放，活动期间除推出赏梅活动外，还举办猜灯谜、闹元宵、听戏曲等活动。

东方文化园第五届"福慧吉祥"祈福节

时间：2011年2月
地点：杭州市东方文化园

本届活动除了一年一度的除夕夜"烧头香，撞钟王"祈福新年活动之外，还推出了正月"金兔送福"祈福活动，在玉皇阁迎来好运。精心编排的民族歌舞会演，使市民和游客体验华夏新年喜庆，在东方水世界，还可以冲浪狂欢，感受火热的夏威夷风情。

◎ 第四届城山庙会

时间：2011年2月
地点：杭州市湘湖景区

本次活动以"展现越地民俗、传承湘湖文化"为宗旨，以"越风"、"越韵"、"越颂"为主题，举办越王拜大年、为民送祝福、点朱砂、民间游戏大竞技、元宵灯会与第五届元宵冬泳表演赛等活动。

◎ 第六届西溪探梅节

时间：2011年2月
地点：杭州市西溪国家湿地公园
主办单位：杭州西溪湿地公园管委会
承办单位：杭州西溪湿地经营管理有限公司

本届西溪探梅节作为在杭州举办的首届"花朝节"的先行活动，除了着重延续西溪"曲水寻梅"的独特赏梅方式，还更加注重对古典文化的挖掘和深入，注入汉服文化。如在探梅节开幕式上，有人穿着靓丽的汉服穿梭于梅花丛中，并为游客表演武术"拂尘剑"、舞蹈"美人拳"。同时，杭州霓影琴馆的古琴老师们也到现场演奏《平沙落雁》、《流水》、《忆故人》等古曲，为阳光下的美景增添声色。

◎ 杭州超山梅花节

时间：2011年2月至3月
地点：杭州市余杭超山风景区

与往年相比，本届梅花节更具有人文气息，"自然之梅"和"人文之梅"相互融合、交相辉映。其间，游客不仅能在超山风景区赏梅踏春，一览吴昌硕先生笔下"十里梅花香海"的胜景，还可参加梅花节摄影大奖赛和参观精品盆景展等活动。

◎ 第三届建德新安江·中国草莓节

时间：2011年2月至4月
地点：杭州市建德市杨村桥镇
主办单位：浙江省农业厅、杭州市人民政府
承办单位：杭州市农办、建德市人民政府

本届草莓节为期一个月，分别在杨村桥、下涯、航头举行草莓欢乐采摘月活动，还在建德生态有机农产品上海、南京、杭州、建德四个展示展销中心及杭州世纪联华超市开展草莓展示展销月活动。

◎ 中国天目山第二届赶春旅游节

时间：2011年2月至4月
地点：杭州市临安天目山风景区

赶春，是天目山历年来的民俗。活动也着力做好"春天"的文章，有祈福篝火、水陆道场、农事体验、森林剧场（歌舞、瑜伽表演）、春笋派送、植树造林（种植新生代柳杉）、"新大树王"命名认养等活动。

◎ 宁波元宵美食节

时间：2011年2月
地点：宁波市江北万达广场

美食展示区里既有宾馆酒店推出的看家小点心，也有老字号企业的特色美食。此外，美食节还设展示表演区以及有奖猜灯谜、赏花灯等互动游乐项目。

◎ 奉化萧王庙传统庙会

时间：2011年2月
地点：宁波市奉化市萧王庙

享有浙东第一名祠之称的奉化萧王庙又迎来了一年一度的传统庙会。萧王庙是为了纪念因治蝗治水而不幸中风暴卒的北宋好县令萧世显而建，当地百姓用传统的祭祀仪式敬奉萧世显像，祈求新年风调雨顺，五谷丰登。之后，萧王庙古戏台上正式开演为期六天的古庙戏。

◎ 2011九峰山梅花节暨中华文化游北仑启动仪式

时间：2011年2月至3月
地点：宁波市九峰千亩梅花园

九峰梅花伴随着霏霏春雨绽放出娇艳花姿，持续一个月的九峰山梅花节成了市民游乐的新宠。梅园内的梅花傲然开放，红色、粉色、黄色花朵缀满枝头，淡淡的暗香若有似无。九峰山已种植梅树近1000个品种数万株，重现了"十里梅花香雪海"的昔日九峰胜景。

3月

◎ 2011中国（萧山）花木节暨第六届中国园林绿化产业交流会

时间：2011年3月
地点：杭州市萧山花木城

活动丰富了市民和游客的文娱活动，除观赏花叶芦竹、灯心草"蓝箭"、灯心草"标枪"、常绿水生鸢尾、花叶菖蒲、金叶黄菖蒲、花叶白草等产品外，还可参与主办方组织的精彩活动。

◎ 富阳新登半山桃花节

时间：2011年3月至4月
地点：杭州市富阳市新登半山村
主办单位：富阳市人民政府

本届桃花节的主题是"统筹城乡区域发展，打造富春山居美丽乡村"，举办乡村音乐茶吧、半山桃园认养签约游、媒体带你"寻桃花运"百车自驾游等活动。

◎ 第二届太湖放鱼节

时间：2011年3月
地点：湖州市太湖旅游度假区南太湖渔人码头

本届放鱼节以"美丽太湖、健康太湖、和谐太湖"为活动主题，举办"感恩太湖 净化环境 永续发展"——爱心市民放鱼活动、"净化养殖示范区 争当生态保护者"——千户渔民放鱼活动、"洁净太湖水"专项公益基金放鱼活动。

◎ 宁海胡陈桃花节

时间：2011年3月至4月
地点：宁波市宁海县胡陈乡

举办"胡陈囡"兜肚秀、"桃花朵朵开"千人相亲会、"诗情画意桃花缘"东山桃花笔会、"我为我家种幸福"桃树认养、"著名媒体看胡陈"记者摄影大赛暨"魅力胡陈"摄影作品展示、"桃花三月下胡陈"长三角百家旅行社胡陈体验游暨网上游胡陈、"流连忘返桃花乡"驴友露营晚会、"花朝天下饭，胡陈十大碗"等活动。

◎ 嘉兴生态文化旅游节暨南湖桃花节

时间：2011年3月至4月
地点：嘉兴市南湖区梅花洲景区
主办单位：嘉兴市旅游局、嘉兴市文广局、南湖区人民政府
承办单位：凤桥镇人民政府、南湖三产发展局、教育文化体育局

组织"美丽田园、春游好去处"推荐、发布、互游活动。此外，"寻觅桃花源"自驾游、梅花洲祈福，以及沪杭两地对接梅花洲、南湖、月河的一日游直通车开通等活动也在此期间举行。

◎ 2011中国·奉化桃花节暨第九届萧王庙桃花节

时间：2011年3月至4月
地点：宁波市奉化市

江南三月，桃花盛开，萧王庙街道林家村王家山"天下第一桃园"一年一度的桃花节暨桃花笔会如期举行，吸引万余游人会聚。有赏花、登山、摄影展、美食一条街等活动。

◎ 第八届宁海桑洲品茶节

时间：2011年3月至4月
地点：宁波市宁海县
主办单位：宁海县人民政府
承办单位：宁海县大型活动办公室、宁海县农办、宁海县农林局、宁海县妇联、共青团宁海县委、宁海县风景旅游管理局、桑洲镇人民政府

以"品望海茶，观油菜花，享乡村乐，赏生态美"为主题，开展宁海桑洲"望海茶杯"民间斗茶大赛、第四届宁海县"望海茶杯"采茶大赛、"春暖花开，恋爱好时节"——大型赏花品茶交友活动、卢原质文化研讨会等活动。

◎ 第十六届吼山桃花节

时间：2011年3月至4月
地点：绍兴市吼山风景区

吼山的桃花因品种多、花期长而被誉为"华东第一桃"。本届桃花节推出杂技表演、东北二人转、跑马射箭、花轿闹园、象棋比赛、垂钓金鱼、野餐烧烤等一系列参与性极强的娱乐活动。

◎ 2011富盛乡村（森林）旅游风情节

时间：2011年3月至5月
地点：绍兴市

浙江

除推出"诸葛烟霞"、"御茶飘香"等"富盛十景"外,还开展,放飞梦想——风筝比赛、勇往直前——首届"兆丰杯"环富盛公路自行车比赛和情定富盛·《小梅说媒》特别节目、水漾年华·航模表演、韵回大地——绍兴非物质文化遗产展示会、自驾车友游富盛等活动。

◎ 金西之春·2011第二届婺城油菜花节

时间:2011年3月至4月
地点:金华市婺城区
主办单位:金华市建设局、中共婺城区委、婺城区人民政府

举办以"赏花海美景,游青山绿水,品农耕文化,尝农家菜肴,购生态特产"为主题的五大活动,让慕名前来游玩的游客尽情畅游花海,感悟自然气息,体验民俗文化,触摸春天的温暖。其间,还举办三月三文艺踩街和旅游摄影大赛、"婺剧周"、汤溪鸽坞塔村畲族民族风情展活动。

◎ 仙居第四届浙江油菜花节

时间:2011年3月至4月
地点:台州市仙居县
主办单位:浙江省农业厅、浙江省旅游局、台州市人民政府
承办单位:中共仙居县委、仙居县人民政府

举行浙江省农业现场会、无障碍诚信旅游高峰论坛、网络摄影大赛、地方美食特产花田展销等一系列活动。

◎ 2011第二届中国长兴和平白茶节

时间:2011年3月至5月
地点:湖州市长兴县和平镇

本届白茶节以"中国白茶第一街,和平茗香飘四海"为主题,开展茶事、旅游、文化、经贸四大板块活动。具体包括白茶节开幕、参观万亩茶海、专家评茶、摄影大赛、茶艺表演等。

◎ 中国临安百笋宴美食文化节

时间:2011年4月
地点:杭州市临安市
主办单位:临安市人民政府
承办单位:临安市贸易局

竹笋是森林城市临安的特产。由于受独特的气候条件与地理环境影响,这里出产的鲜竹笋,品质特好,味道鲜美。文化节期间,临安知名餐饮企业会把一桌桌别出心裁的竹笋宴席套餐和一款款特色笋菜展示给市民品尝、观赏。

◎ 2011千岛湖音乐节

时间:2011年4月
地点:杭州市淳安县千岛湖景区
主办单位:淳安县人民政府

以"绿色户外·乐享自然"为主题,邀请众多国内外知名乐队、乐手参与。

◎ 中国临安(茶祖)文化旅游节

时间:2011年4月
地点:杭州市临安市东天目山景区

据《汉书·梅福传》、《临安县志》等史料记载,2000多年前西汉末年,曾任九江寿春(今安徽寿县)小吏的梅福,为避王莽的迫害,从老家来到临安隐居,先后在临安金九仙山和东天目山梅家村植茶。其后,梅福的一支后裔从梅家村移居到了杭州的梅家坞,并在那里培育出了稀世珍品龙井茶,所以有"先有梅家村,后有梅家坞"之说。梅家村坐落在临安市太湖源镇东天目山景区。文化节期间举办了"我爱家乡天目茶"征文、"踏青采茶"等一系列活动。

◎ 第五届拔山高峰茶叶节

时间:2011年4月
地点:杭州市富阳市富春街道拔山村
主办单位:富阳市人民政府

茶农、科技人员、自驾车游客、摄影爱好者、登山爱好者等会聚茶香飘溢的拔山,比茶技、品茶香、论茶经,感受别样茶盛宴。茶叶节期间,除举办茶歌会,还安排了登茶山比赛、茶乡摄影比赛、茶乡摄影、市民自驾茶乡游、认养茶树等系列活动。

◎ 首届中国杭州西溪花朝节

时间:2011年4月至5月
地点:杭州市西溪国家湿地公园
主办单位:杭州市人民政府

据考证花朝节起源于唐朝武则天时代,那时花朝节已流行于全国各地,非常热闹。赏红、种花、扑蝶会、祭花神、挑菜节、寒食节等都囊括其中。本届花朝节以

"花开杭城，情定西溪"为主题。举办花车巡游、花朝体验、精品花卉和花艺作品现场展示、论花之花文化讲堂、以"以花为媒"为主题的相亲交友活动和"玫瑰婚典"等活动。

◎ 第七届中国国际动漫节

时间：2011年4月至5月
地点：杭州市萧山休博园
主办单位：国家广播电影电视总局、浙江省人民政府

本届动漫节期间，举办动漫产业博览会、国际动画片交易会、动漫产业项目投资洽谈会、动漫高峰论坛、人才招聘会、动漫彩车巡游、动漫画家签售、动漫秀以及多项主题活动。

◎ 第十届中国茶圣节

时间：2011年4月至5月
地点：杭州市余杭区
主办单位：杭州市旅委、余杭区人民政府

活动包括祭茶、径山茶展销、径山茶艺展示、民间才艺表演、民间艺术表演等项目。

◎ 第三届中国·湖州国际生态（乡村）旅游节

时间：2011年4月
地点：湖州市
主办单位：国家旅游局、浙江省人民政府
承办单位：浙江省旅游局、湖州市人民政府

本届活动以"美丽乡村生态游，精彩快乐在湖州"为主题，举办开幕式、旅游论坛、"美丽乡村"万人游等活动。

◎ 湖州含山蚕花节

时间：2011年4月
地点：湖州市善琏镇含山村
主办单位：湖州市旅游局、南浔区人民政府

相传蚕花娘娘清明节期间化作村姑走遍含山，留下蚕花喜气。这时，只要登上含山，就会把蚕花喜气带回去。于是方圆百里的蚕农们每年清明时节纷纷来含山踏青，希望把蚕花喜气带回去。千百年来，每到含山"轧蚕花"时，都会有数十万人前来"轧蚕花"。本届含山蚕花节主要活动有祭蚕神、踏青、轧蚕花、摇快船、吃蚕花饭、评蚕花姑娘等。

◎ 德清·莫干山国际休闲旅游节

时间：2011年4月至10月
地点：湖州市德清县

开展旅游摄影大赛、生态自驾游德清和徒步登山等活动，组织各地主流媒体前来德清采风。

◎ 2011中国嘉善古镇·西塘国际文化旅游节

时间：2011年4月
地点：嘉兴市嘉善县西塘古镇
主办单位：嘉善县人民政府
承办单位：中共嘉善县委宣传部、嘉善县西塘古镇保护与旅游开发管理委员会、嘉善县旅游局、嘉善县文化广电新闻出版局、西塘镇人民政府

举办上海高校旅游互动年启动仪式、"科学发展，聚焦嘉善"高峰论坛、第八届亚非当代艺术展、古镇夜——"雪花"情等活动。

◎ 2011海宁春季文化旅游节

时间：2011年4月至6月
地点：嘉兴市海宁市
主办单位：海宁市人民政府
承办单位：海宁市旅游局、盐官观潮景区管委会

本次活动将围绕潮乡之旅、乡村之旅、时尚之旅的主题，给大家奉献一场接一场的视觉盛宴。

◎ 2011"普陀山之春"旅游节

时间：2011年4月
地点：舟山市普陀山
主办单位：普陀山风景区管委会
承办单位：普陀山管委会节庆办、普陀山旅游集团总公司

举办2011普陀山国际马拉松、两岸禅文化养生论坛、"月色普陀"音乐晚会、普陀山国际艺术（春季）展、"春在网上"普陀山春季摄影展等活动。

◎ 第六届中国普陀佛茶文化节

时间：2011年4月至5月
地点：舟山市东港塘头

以"茶佑天下·茗香普陀"为主题，开展普陀佛茶祈福茶会、普陀佛茶推介会、专题讲座、乡村休闲游、普陀佛茶茶道邀请赛和中日茶文化交流等活动。

◎ 第四届鄞州茶文化节

时间：2011年4月
地点：宁波市鄞州区横溪镇

横溪镇是鄞州茶叶主产地之一，金峨山、大梅山海拔在580米以上，得天独厚的山水环境孕育了全区最大的名优茶叶生产基地，种植面积达1万亩以上。生产的优质茶叶"金峨仙草"，入口滋味清馨鲜浓，神清气爽，回味无穷。其间采茶、炒茶、免费体验做"开心茶场"主人的乐趣是本届茶文化节的亮点。

◎ 赏花摄影户外运动文化节

时间：2011年4月
地点：宁波市奉化市大堰镇

每到4月，大堰2500多亩油菜花、桃花、杜鹃花漫山遍野，次第开放。当地利用这一得天独厚的自然优势，每年举行赏花摄影，让游客走进大堰，亲近大堰。其间举办摄影、书画、文学主题笔会、户外运动营地开营、土菜盛宴、高山有机水稻开耕节等活动。

◎ 三月三民俗文化节

时间：2011年4月
地点：宁波市象山县

渔民们用号声、鼓声以及传统的鱼灯、龙灯、马灯、百兽灯来祈求丰收；辣螺姑娘向游客抛出招亲绣球，渔家女与游客们一起以深情的歌喉和优美的脚步唱起渔歌踏起浪……此外，游客还可在长1800多米，宽300多米的沙滩上拾螺、戏浪、踏沙滩。沙滩舞表演，石浦民间技艺展示及特色展卖，大型互动游戏，沙滩风筝放飞，渔民猜拳擂台赛，渔家女织网比赛，渔家号子集结赛，石浦民乐队戏曲表演等活动的参与，更是让人目不暇接。

◎ 第四届江南牡丹花会

时间：2011年4月至5月
地点：宁波市北仑农业园区牡丹园
主办单位：北仑区旅游局、北仑现代农业园区管委会
承办单位：北仑牡丹庄园

开展农业科技成果洽谈、农技咨询、北仑优质农产品展销、戏曲专场演出、赏牡丹·猜字谜、洛阳牡丹书画展、少数民族歌舞表演等活动。

◎ 第七届天宫庄园桑果节

时间：2011年4月至5月
地点：宁波市天宫庄园休闲旅游区

举办桑果采摘、桑园寻宝、游乐活动、民俗活动等。

◎ 横街第七届竹乡生态休闲旅游节

时间：2011年4月至5月
地点：宁波市鄞州区横街镇

游客们除了欣赏竹海风光、体验挖笋乐趣外，还可以用毛笋雕刻各种吉祥物、品尝大雷竹笋宴、参观用笋壳做原料的生态低碳奶牛养殖场等。

◎ 第八届中国嵊州国际书法朝圣节

时间：2011年4月
地点：绍兴市嵊州王羲之故居旅游区
主办单位：浙江省书法家协会、嵊州市人民政府、中国邮政集团公司

举办开笔仪式、朝圣仪式、向书圣墓敬献花篮以及展示中国书法家联手临写的《兰亭序》。

◎ 第二十七届中国兰亭书法节暨第二届兰亭雅集

时间：2011年4月
地点：绍兴市兰亭景区

本届书法节首次与文化大省的品牌活动之一"兰亭雅集"合办。其间包括书法学术活动、书法系列展览、书法创作邀请赛、书法主题体验之旅、特种邮票首发、书画用品博览会等活动，与往届相比在内容和形式上均有创新。

◎ 瓯海仙岩绿文化节

时间：2011年4月
地点：温州市瓯海区仙岩风景区
主办单位：中共仙岩镇委、仙岩镇人民政府
承办单位：瓯海区风景旅游管理局

此次文化节以"罗山风情，民俗仙岩"为主题，推出了木偶戏表演、仙岩地产风物民俗画展、仙岩文化寻宝、仙岩文化大讲堂等活动。

◎ 第二届中国·洞头妈祖平安节

时间：2011年4月至5月
地点：温州市洞头县

每年的农历三月二十三是民间传说中的妈祖的诞辰之日。洞头诸岛有妈祖庙11座，妈祖与陈十四娘娘合祀的宫庙也有11座，洞头的妈祖信俗已有300多年历史。平安节期间举办"渔家乐"民俗风情节和独具海洋风味的文艺演出、民俗会串、特色美食等活动。

◎ 第十三届五泄观瀑节

时间：2011年4月至5月
地点：绍兴市诸暨市
主办单位：中国风景名胜区协会、浙江省旅游局、杭州市世界休闲博览会组委会办公室、诸暨市人民政府
承办单位：诸暨市风景旅游管理局、上海春秋国际旅行社

举办中国瀑布旅游文化高峰论坛、西施故里寻美之旅自驾游、"美在东白湖"摄影大赛、西施故里精品文化展示月等活动。

◎ "魅力柯桥"欢乐城乡游暨中国轻纺城旅游购物节

时间：2011年4月至5月
地点：绍兴市
主办单位：绍兴县旅游局、浙江省中青旅

举办经贸洽谈、经济论坛等活动。

◎ "四季仙果之旅"上虞生态休闲旅游节

时间：2011年4月至9月
地点：绍兴市上虞市

陆续推出以鲜果采摘、农家体验、运动休闲、新景区开园等系列活动。

◎ 中国景宁畲乡三月三风情旅游节

时间：2011年4月
地点：丽水市景宁畲族自治县鹤溪镇
主办单位：中共景宁畲族自治县委、景宁畲族自治县人民政府

举办中国畲族服饰设计大赛、中国畲族民歌节、畲乡浪漫集体婚礼、畲乡经济发展论坛暨项目洽谈会等活动。

◎ 2011中国遂昌汤显祖文化节

时间：2011年4月
地点：丽水市遂昌县
主办单位：浙江省文化厅、浙江省农业厅、浙江省旅游局、中国戏曲学会汤显祖研究分会、中国明代文学研究会、浙江大学人文学院
承办单位：中共遂昌县委、遂昌县人民政府

明末著名戏曲家、文学家汤显祖在遂昌担任5年县令。其间，他勤政爱民，兴学重教，造福一方百姓。在闲暇时间，更是笔耕不辍地酝酿并完成了多部戏剧的创作。本届文化节的活动有"班春劝农"典礼、"仙县遂昌"百名书画家创作笔会、"百名摄影家聚焦遂昌"摄影采风、汤显祖—莎士比亚文化交流合作暨汤显祖与晚明文化学术研讨会、汤显祖—莎士比亚文化交流合作恳谈会等。

◎ 桃花源踏青节

时间：2011年4月至5月
地点：台州市临海桃花源风景区

举办桃园古装汉服秀、家庭亲子游、电影艺术周、世外桃源摄影比赛、赏花品茶会等活动。

◎ 2011中国杭州塘栖枇杷节

时间：2011年5月
地点：杭州市

举行包括媒体恳谈会暨古镇旅游推介会、中华传统糕点小吃博览会和精品枇杷展销会、塘栖枇杷采摘休闲一日游活动以及塘北村蚕桑丝织民俗文化展示、塘栖镇纪念建党90周年暨"十一五"成就展和相约塘栖——才子佳人浪漫之旅等在内的一系列文化活动。

◎ 2011富阳新沙岛桑果节

时间：2011年5月
地点：杭州市富阳市新沙岛景区

新沙岛景区通过一年的建设，已经多了许多体验项目。本次桑果节上，游客除了采摘桑果，还可以在岛上欣赏歌舞表演，参加环岛骑自行车、打沙滩排球以及烧烤等活动。

◎ 西溪国际龙舟文化节

时间：2011年5月至6月
地点：杭州市西溪国家湿地公园

本届文化节除举办传统的龙舟赛事活动外，还展示渔网编织、百丈竹刻等非物质文化遗产，并推出西溪龙船饭，让游客从视觉、味觉、听觉、嗅觉上体验龙舟文化。

◎ 2011中国长兴（二界岭）第五届樱桃节

时间：2011年5月
地点：湖州市长兴县二界岭乡

以"绿色·生态·休闲"为主题，以樱桃采摘品尝和生态休闲观光为主要内容，开展"2011欢乐长兴行·走进二界岭"大型文艺演出、鸣锣巡园、推独轮车、樱桃采摘体验、最佳樱桃评选、湖师院艺术学院现场采风创作等活动。

◎ 安吉首届竹·熊猫动漫节

时间：2011年5月至6月
地点：湖州市安吉县竹博园
主办单位：安吉县人民政府
承办单位：安吉县文化广电新闻出版局、安吉县林业局、安吉县教育局、安吉县风景与旅游管理委员会、安吉县竹产业发展局、安吉县文化创意产业工作室、安吉竹子博览园有限责任公司

安吉是全国著名的生态县，有中国竹乡之称。安吉同时也是国宝大熊猫的第二故乡，这里竹资源丰富，是作为熊猫第二故乡的主要条件。本次活动以"熊猫动漫美丽乡村"为宗旨和主题，有会展、大赛、影视放映等系列活动。

◎ 2011"情满果园"第六届雷甸枇杷文化节

时间：2011年5月至6月
地点：湖州市

举办枇杷和枇杷果王评比、沪杭市民采摘游、枇杷DIY创意制作赛及征文赛、"非遗"民间工艺品展示、招商引资经贸洽谈会等活动。

◎ 2011中国嘉兴南湖旅游节

时间：2011年5月
地点：嘉兴市南湖区
主办单位：浙江省旅游局、中共嘉兴市委、嘉兴市人民政府
承办单位：嘉兴市委组织部、嘉兴市旅游局、嘉诚集团

举办红色经典·中国嘉兴南湖旅游节开幕式暨"红船行·看发展"、红色经典·沪苏浙红色旅游推介会等。

◎ 洞桥镇第八届"八戒"西瓜节

时间：2011年5月
地点：宁波市鄞州区洞桥镇

西瓜节以"我们让生活更甜蜜"为主题，举办西瓜运动会、西瓜质量评比；洞桥名人、名桥、名瓜一日游等活动。

◎ 第九届中国（宁海）徐霞客开游节

时间：2011年5月
地点：宁波市宁海县
主办单位：中国旅游协会、中华文化促进会、浙江省旅游局、宁波市人民政府
承办单位：宁海县人民政府

举办2011国际徐霞客旅游文化论坛；第四届中国当代徐霞客评选活动；"读万卷书，行万里路"2011百所高校大学生寻访徐霞客足迹活动；全国自驾游重走霞客路启动仪式；2011中国木作（古戏台）文化高峰论坛；2011全国露营大会；2011三门湾合作高峰论坛；第九届开游节大型主题晚会；大型音乐焰火晚会。

◎ 第五届中国四明山红枫樱花节

时间：2011年5月
地点：宁波市四明山镇

举办四明山千人相亲大会、千人团走进中国最美丽的红枫林、四明山文化嘉年华等活动。

◎ 第二届中国余姚河姆渡文化节

时间：2011年5月
地点：宁波市余姚市
主办单位：中华文化促进会、余姚市人民政府

以"弘扬河姆渡文化，彰显幸福城魅力"为主题，通过举行河姆渡文化国际学术论坛、河姆渡稻作科技贡献奖评选颁奖、世界建筑艺术与低碳生活国际论坛等活动传承传统文化。

◎ 第五届覆卮山攀浪节

时间：2011年5月
地点：绍兴市覆卮山

开展了勇攀石浪、冰川光影、浪下听泉、乌浪寻宝等丰富多彩的节会活动。

◎ 天台山云锦杜鹃节

时间：2011年5月
地点：台州市天台县天台山风景区

举办网络摄影大赛、高明寺讲经祈福法会、天台山和合文化拍摄等活动。

◎ 中国（温州）森林旅游节

时间：2011年5月
地点：温州市乐清市雁荡山国家森林公园
主办单位：国家林业局、浙江省人民政府
承办单位：浙江省林业厅、温州市人民政府

本届旅游节以"走进温州山水，体验森林旅游"为主题。其间举办全国森林公园图片展、森林生态旅游风光摄影大赛、骑自行车到森林公园进行植树的"地球一小时"活动，世界最大清明饼"千人品尝"活动、森林公园全民畅游、"登温州之巅、探飞云江之源"登山比赛等。

◎ 第八届瑞安旅游节

时间：2011年5月
地点：温州市瑞安市
主办单位：温州市旅游局、瑞安市人民政府
承办单位：瑞安市风景旅游管理局、瑞安市文化广电新闻出版局、瑞安市农林局、平阳坑镇人民政府、高楼乡人民政府、宁益乡人民政府

推出寨寮溪山水文化旅游节、高楼杨梅节、湖岭牛文化节、导游技能大赛、旅游饭店青工技能大赛、中国木活字印刷术国际学术研讨会等系列活动。

◎ 浙江瑞安第二届寨寮溪山水文化旅游节

时间：2011年5月至9月
地点：温州市寨寮溪·花岩国家森林公园
主办单位：温州市旅游局、瑞安市人民政府
承办单位：瑞安市风景旅游管理局、瑞安市文化广电新闻出版局、瑞安市农林局、宁益乡人民政府

举办征文和摄影大赛、文化名人花岩采风行、瑞安"非遗"项目展示、寨寮溪风光图片展、"走进绿色森林，感受生态花岩"骑行环保宣传游、中国森林旅游试验示范区落户温州花岩国家森林公园揭牌仪式等活动。

◎ 第四届象山国际海钓露营文化节

时间：2011年5月至8月
地点：宁波市象山县
主办单位：国家体育总局社体中心、浙江省体育局
承办单位：浙江省钓鱼协会、宁波市旅游局、宁波市体育局、宁波市海洋与渔业局、象山县人民政府

举办休闲渔船游钓比赛、"渔山论剑"象山旅游营销沙龙、中国渔村沙滩露营狂欢节、长三角百城千车万人自驾游等活动。

◎ 慈溪大桥国际经贸旅游节

时间：2011年5月至8月
地点：宁波市慈溪市
主办单位：慈溪市人民政府
承办单位：慈溪市风景旅游局

举办开幕式、慈溪杨梅采摘节、慈溪小海鲜美食节、龙山农民欢乐旅游节等活动。

◎ 五龙潭山水文化旅游节

时间：2011年5月至10月
地点：宁波鄞州高桥镇梁祝文化公园
主办单位：鄞州区旅游局、龙观乡人民政府
承办单位：五龙潭风景名胜区管委会

以"低碳、时尚、休闲"为主题，举办赏百年高山杜鹃、品五龙仙茗新茶、品农家菜肴、动手烧烤美食、五龙潭摄影大赛、征文比赛等活动。

◎ 西湖国际音乐节

时间：2011年6月
地点：杭州市太子湾公园

来自国内外专业演出团体为游客奉献一场视听盛宴。

◎ 第十三届萧山杜家杨梅节

时间：2011年6月至7月
地点：杭州市萧山区所前镇杭州生态园

本届杨梅节以"山水所前、生态家园、品质云都、欢乐杨梅节"为主题，举办杨梅节开幕式暨文艺演出；杨梅采摘及品尝活动；杨梅交易大会；书画、摄影展示；野外露营、篝火晚会等；经贸洽谈活动。

◎ 2011 西湖登山节

时间：2011 年 6 月至 12 月
地点：杭州市西湖风景区
主办单位：杭州市体育休闲行业协会、杭州市登山运动协会、红石梁集团·浙江天台山山乌药生物工程有限公司

作为杭州市群众体育活动中的经典项目之一，西湖登山节已经连续举办了 4 年。本届登山节使游客的足迹踏遍杭州大小群山，特别是主办方带领游客体验最长的山体游步道——108 公里西山游步道，成了亮点。

◎ 长兴渚山杨梅特色旅游节

时间：2011 年 6 月
地点：湖州市长兴县

举办"杨梅王"擂台赛、名人书画家现场书画活动、文艺晚会、摄影比赛等活动。

◎ 中国平湖西瓜灯文化节

时间：2011 年 6 月
地点：嘉兴市平湖城区、九龙山旅游度假区

除了中国·平湖经济贸易洽谈会，重大项目开工、开业、投产典礼等经贸类活动外，还推出了许多老百姓喜闻乐见的活动和表演。例如湖面放灯活动，纪念建党 90 周年红歌会，"欢乐平湖"赏瓜灯、赛瓜事、游平湖等系列活动。

◎ 2011 中国·嘉兴端午民俗文化节

时间：2011 年 6 月
地点：嘉兴市

举办全国龙舟邀请赛，2011 中国嘉兴端午祭，中国端午习俗国际学术研讨会，民俗表演大巡游，南湖踏白船表演赛暨端午民俗文化节闭幕式。群众性活动主要有端午民俗文化诗词创作、吟诵、书法大赛，端午习俗民间故事征集大赛，中国·嘉兴端午民俗文化摄影大赛，市民裹粽大赛，香囊制作大赛，端午农民画创作全国邀请赛等。

◎ 第二届鄞州相亲旅游节

时间：2011 年 6 月
地点：宁波市鄞州区
主办单位：共青团鄞州区委、鄞州区旅游局、鄞州区妇联、鄞州区人事局

陆续安排市、区单身男女青年参加在天宫庄园、走马塘古村、章水杖锡、五龙潭等旅游风景区举办的相亲活动。

◎ 2011 宁波国际烧烤美食节

时间：2011 年 6 月
地点：宁波市开元名都大酒店
主办单位：鄞州区贸易局、鄞州区风景旅游管理局

举办啤酒狂欢、烤牛狂欢、各地风情烧烤等受到欢迎的项目，还推出了垂钓比赛、小丑穿插演出、手风琴现场演奏等新的与游人互动项目。此外，在宁波开元名都大酒店月亮形的水上喷泉舞台上演水与烟火的结合，以及呈现各国风味的烧烤美食等活动，更是锦上添花。

◎ 2011 中国余姚杨梅节

时间：2011 年 6 月至 7 月
地点：宁波市余姚市各杨梅主产区乡镇
主办单位：余姚市人民政府

举办中国余姚杨梅节网络新闻发布会、开幕式、"余姚杨梅中国红" 2011 中国首届微博"杨梅微文"征集大赛、余姚杨梅民间擂台赛、以梅为"媒"旅游项目对接会等活动。

◎ 四明山消夏旅游节

时间：2011 年 6 月至 9 月
地点：宁波市鄞州区

四明山历来是避暑胜地，夏季平均气温低于市区 6℃～8℃。其间，举办四明山农家美食节、漂流、丹山赤水柿子节等活动。

◎ 上虞二都杨梅节

时间：2011 年 6 月
地点：绍兴市上虞市驿亭镇
主办单位：上虞市人民政府

举办百名记者游梅园体验山水田野风光活动，上虞二都杨梅开摘仪式，举行戏曲下乡、文艺下乡等活动。

◎ 云和梅源梯田芒种开犁节

时间：2011 年 6 月
地点：丽水市云和县崇头镇

举办开犁节开幕式、开犁号子、芒种犒牛、祭拜田神等活动。

◎ 仙都杨梅节

时间：2011年6月
地点：丽水市
主办单位：缙云县仙都风景区管理委员会

游客可参与杨梅园采杨梅、品杨梅活动。通过地接旅行社参与杨梅采摘之旅以及以自驾车旅游的形式领略仙都杨梅的风采。

◎ 青田杨梅节

时间：2011年6月至9月
地点：丽水市青田县
主办单位：青田县人民政府

举办杨梅温州新闻发布会暨产销对接会、全国农业摄影大赛、青田杨梅华中地区推介会。

◎ 仙居杨梅节

时间：2011年6月至7月
地点：台州市仙居县
主办单位：浙江省农业厅、浙江省旅游局、台州市人民政府

举办说杨梅、唱杨梅、夸杨梅、吃杨梅、比杨梅、运杨梅等系列活动。

◎ 乌镇童玩节

时间：2011年6月至8月
地点：嘉兴市桐乡市

以丰富多彩的童年游戏和江南传统生活体验，迎接五湖四海的朋友共同回味童年。玩爷爷小时候玩过的游戏，学乌镇民间传统手工艺，体验江南田园生活……成为本届乌镇童玩节的亮点。

◎ 第八届高楼杨梅文化节

时间：2011年6月至9月
地点：温州市瑞安市
主办单位：瑞安市人民政府、瑞安市风景旅游管理局、瑞安市农林局、高楼乡人民政府

推出梅姑服装设计大赛、梅姑服装秀、梅姑选拔赛、高楼杨梅宁波推介会、高楼"杨梅王"评比、杨梅园区品梅及美丽乡村休闲游、文化名人高楼行、征文比赛、摄影大赛、杨梅产业发展研讨会等一系列活动。

7月

◎ 2011舟山群岛·中国海洋文化节

时间：2011年7月
地点：舟山群岛新区舟山群岛
主办单位：国家海洋局、浙江省人民政府
承办单位：浙江省文化厅、浙江省海洋与渔业局、浙江省旅游局、舟山群岛新区人民政府、中国海洋报社

1390多座岛屿如珍珠撒落在碧波的东海上，构成了这座千岛之城奇特而神秘的音符，而定海是其中最为璀璨的一颗明珠。定海因康熙帝御赐"定海山"而得名，是中国海上文明发祥地，有着古老而灿烂的海洋文明。定海的马岙，就被誉为中国海岛第一村——海上河姆渡。本届海洋文化节举办岱山岛——海坛谢洋大典、海鲜之都——中国海鲜美食周、中国海洋文化论坛、定海港烟火晚会等活动。

◎ 宁海（大梁山）啤酒节

时间：2011年7月
地点：宁波市宁海县

举办品牌发展高峰论坛、美食周、招商洽谈会等活动。

◎ 中国长兴（雉城）第三届葡萄文化旅游节

时间：2011年7月至8月
地点：湖州市长兴县

以"魅力新雉城，欢乐葡萄节"为主题，举办葡萄擂台赛、精品葡萄颁奖仪式、精品葡萄销售对接、精品葡萄展示和展销、葡萄美景摄影展览、游客自采活动等。

◎ 中国·大云第三届碧云葡萄节

时间：2011年7月至8月
地点：嘉兴市碧云花园

以"品味串出的幸福"为主题，举办碧云花园发展研讨会、旅游恳谈会、旅游行业相邀碧云、游碧云花园、尝有机葡萄、家庭快乐葡萄之旅等活动。

◎ 天宫庄园蜜梨葡萄采摘节

时间：2011年7月至8月
地点：宁波市天宫庄园休闲旅游区

开展采摘、擂台赛、经贸洽谈等活动。

◎ 宁波购物节

时间：2011 年 7 月至 8 月
地点：宁波市中心天一商圈

宁波购物节推出了品牌推介、美食品尝、"宁波老字号"会展、都市购物游等系列活动。

◎ 慈溪周巷润昌蜜梨节

时间：2011 年 7 月至 8 月
地点：宁波市慈溪周巷

周巷优质蜜梨生产基地是周巷吴耕民园艺科学示范园区的重要组成部分，该基地总面积达到 9500 亩，年产蜜梨 2.3 万吨，主要种植以黄花、翠冠等品种为主的优质蜜梨。其间，开展周巷精神研讨会、市优质蜜梨评选、梨园采摘旅游推介、诗·书·画采风等活动。

◎ 中国（奉化）水蜜桃旅游文化节

时间：2011 年 7 月至 8 月
地点：宁波市奉化市

推出水蜜桃擂台赛、甜蜜桃乡游等一系列大型活动。

◎ 上虞野藤葡萄节

时间：2011 年 7 月至 8 月
地点：绍兴市上虞市盖北镇

其间，举行葡萄产业论坛、广场文艺晚会、野藤葡萄精品擂台赛、葡萄园 DV 短片竞拍、野藤葡萄采摘游、"葡萄为媒、经济联姻"村企业结对座谈会等。

◎ 乔波欢乐冰雪节

时间：2011 年 7 月至 8 月
地点：绍兴市乔波滑雪馆

举办滑雪花样表演、个人滑雪赛等活动。

◎ 余杭第八届蜜梨节

时间：2011 年 7 月至 9 月
地点：杭州市余杭区
主办单位：余杭区委农办、余杭区农业局、余杭区风景旅游局、鸬鸟镇人民政府

其间，举办"山水之韵 鸬鸟风情展"暨"春天约会鸬鸟"摄影比赛颁奖晚会、鸬鸟蜜梨一日游活动、农家乐蜜梨制品竞赛、余杭区作家采风活动、"快乐健身都来赛"、走进鸬鸟等活动。

◎ 双溪水上狂欢节

时间：2011 年 7 月至 9 月
地点：杭州市余杭区径山镇双溪漂流景区

举办漂流、烧烤、戏水、篝火晚会等活动。

◎ 第三届千岛湖漂流节

时间：2011 年 7 月至 10 月
地点：杭州市淳安县千岛湖
主办单位：淳安县人民政府、2011 千岛湖秀水节组委会
承办单位：淳安县千岛湖风景旅游局

漂流节以"秀水千岛湖，漂流爽一夏"为主题，是集旅游、经贸、文化于一身的文化活动。活动期间，在千岛湖各漂流景点分别开展浪漫情侣漂、温馨亲子漂、峡谷猛士漂、激情勇士漂、飞瀑幸运漂、竹筏休闲漂等漂流体验活动和相关的比赛。

8 月

◎ 桃花岛中国侠侣爱情文化节

时间：2011 年 8 月
地点：舟山群岛新区桃花岛风景区
主办单位：普陀区人民政府
承办单位：普陀区旅游局、普陀区文化广播电视新闻出版局、桃花风景旅游管理委员会

本届文化节由"七夕桃花会"、"七夕桃花记"、"七夕桃花缘"三项配套活动组成。举办开幕式文艺演出；77 对情侣将在桃花岛"桃园相思林"认种桃树、欣赏壮族情歌对唱；桃花岛最具浪漫风情的十大景点有奖征选活动等。

◎ 中国萧山七夕文化节

时间：2011 年 8 月
地点：杭州市萧山区坎山镇

举办七夕文化节开幕式暨文艺演出、赛巧比赛、鹊桥会、坎山花边等工艺品展示以及其他经贸活动等。

◎ 第二届东洲陆家浦葡萄节

时间：2011年8月至9月
地点：杭州市

东洲种葡萄已有20多年历史，现有3000亩葡萄园。游客可体验采摘的乐趣，参与主办方组织的各种活动。

◎ 2011年千岛湖·安阳葡萄开采节

时间：2011年8月至10月
地点：杭州市淳安县千岛湖

到葡萄园体验采摘、品尝有机葡萄，到美丽乡村乌龙村登三井尖、品农家饭、体验农家生活，使游客在采摘中体验农事乐趣，在探险寻源中享受生态洗礼，在品尝中感受农家的质朴。

◎ 第二届中国（桐乡）箱包节

时间：2011年8月
地点：嘉兴市桐乡市

本届箱包节除了箱包展销活动外，还举办箱包企业产品流行趋势发布会、消费市场需求分析研讨会和"包罗万象，万千箱包长三角游客欢乐购"等活动。

◎ 杭州龙门古镇民俗风情节

时间：2011年9月
地点：杭州市富阳市龙门古镇

举办龙门民间艺术表演；有瀑布神龙、孙权战马、回娘家腰鼓、民间社戏等精彩节目演出。

◎ 富春江运动节

时间：2011年9月至10月
地点：杭州市富阳市富春江畔

举办富春江运动休闲产品博览会、中国（国际）休闲发展国际论坛、富春江龙舟比赛等活动。

◎ 第七届西溪火柿节

时间：2011年9月至10月
地点：杭州市西溪国家湿地公园

西溪盛产的火柿果大皮薄，肉细汁多，非常香甜，被公认为我国六大名柿之一。其间，主办方推出"快乐柿民"柿子主题活动以及采菱等配套活动。

◎ 2011中国·杭州千岛湖秀水节

时间：2011年9月至11月
地点：杭州市淳安县千岛湖

本届秀水节以"休闲千岛湖，品质新生活"为主题，共设置休闲展示、休闲论坛、休闲活动和休闲体验四个板块，包括开幕式、闭幕式、运动赛事、艺术表演、各类会展以及相关主题论坛等18项子活动。

◎ 第十八届中国国际钱江（海宁）观潮节

时间：2011年9月
地点：嘉兴市海宁市

人们按照传统习俗，举行各种仪式，祭奠"潮神"，祈求平安，寄托美好心愿。举办观潮节文艺演出、旅游系列活动、经贸活动、文化活动等。

◎ 第十四届中国开渔节

时间：2011年9月
地点：宁波市象山县内各大景区

中国开渔节创办于1998年，已经成功举办13届，是宁波市主要节庆活动之一，跻身国家旅游局评选的十大民俗节庆活动行列。本届活动包括开幕式暨全国首届渔民运动会、祭海仪式、妈祖巡安仪式、开船仪式、中国海洋论坛。配套活动包括蓝色海洋志愿者护海行动、第二届DV大赛暨颁奖晚会、石浦渔港群文活动。

◎ 龙观（宁波）桂花节

时间：2011年9月
地点：宁波市龙观乡李岙村

五龙潭赏桂一日游；桂花美食制作大赛；摄影创作大赛；精品盆景展；民间艺术展演；桂花诗词、对联、谜语有奖竞猜等活动。

◎ 2011国际（宁海）驴友节

时间：2011年9月
地点：宁波市宁海县许家山村

举办负重登山比赛、联盟会议等活动。

◎ 第二届宁海金秋向日葵节

时间：2011年9月至10月
地点：宁波市宁海县欢乐佳田农场

举办葵花朵朵婚纱秀、欢乐相亲会、摄影采风、篝火大狂欢、葡萄采摘大赛等活动。

◎ 2011前童豆腐节

时间：2011年9月至10月
地点：宁波市前童古镇

活动有前童豆腐传统工艺制作体验、豆娘烹饪表演赛、前童豆腐宴美食月、前童豆腐系列产品展销等。

◎ 中国（奉化）南岙长寿文化节

时间：2011年9月
地点：宁波市奉化莼湖镇南岙村

举办滨海休闲养生文化节、滨海休闲养生和南岙长寿文化论坛等活动。

◎ 鄞江澄浪潭垂钓文化节

时间：2011年9月
地点：宁波市鄞江澄浪潭垂钓中心

举办休闲垂钓、舞龙表演、品尝特色小吃、展示农副产品等活动。

◎ 宁波旅游节

时间：2011年9月至11月
地点：宁波市
主办单位：浙江省旅游局、宁波市人民政府
承办单位：宁波市旅游局

本届旅游节设置论坛、购物节、休闲节等丰富多彩的文化活动。

◎ 2011中国（衢州·开化）根雕艺术文化节

时间：2011年9月
地点：衢州市开化县

艺术节融合了根雕文化、生态文化、旅游文化要素。举办中国根艺美术精品、根雕产品和旅游产品展销会等。

◎ 楠溪江旅游节

时间：2011年9月
地点：温州市楠溪江核心景区

游客可游古村落、赏丝竹表演、听永嘉昆曲，旅游节活动异彩纷呈。

◎ 第十三届中国舟山国际沙雕节

时间：2011年9月至10月
地点：舟山市朱家尖

每年都有数十万游客前去朱家尖观摩沙雕作品、品味沙雕文化、领略海岛风情。每届沙雕节都以新构思、新举措实现了办节形式、规模、内容上的创新和发展。

◎ 柯岩鲁镇欢乐风情节

时间：2011年9月至10月
地点：绍兴市柯岩风景区

举办龙舟竞渡、品酒等活动。

◎ 绍兴县金秋旅游节

时间：2011年9月至10月
地点：绍兴市

举办书画大赛、摄影大赛等活动。

◎ 生态稽东·2011绍兴县香榧旅游节

时间：2011年9月至10月
地点：绍兴市稽东香榧森林公园

稽东是"中国香榧之乡"，共有投产香榧林1.4万亩，更有十里鹅湖、雪窦岭和"峰秀榧香"景区等优美的自然风光。旅游节期间，游客们不仅可以观赏千年连片榧林，群山险峰古洞等美妙风景，游玩十里峡谷清溪，还可以在"农家乐"体验农家生活、品尝农家菜，现场参与炒制香榧。

◎ 大香林乡村旅游节

时间：2011年9月至10月
地点：绍兴市大香林风景区

举办品农家菜肴、体验农家风情等活动。

10月

◎ 中国（萧山）国际钱江观潮节

时间：2011年10月
地点：嘉兴市海宁盐官、杭州市萧山观潮城

举办中国国际钱江（海宁、萧山）观潮节大型文艺晚会、祭海神表演、投资说明会、玫瑰婚典、广场音乐会、国际冲浪挑战赛等活动。

◎ 中国普陀山南海观音文化节

时间：2011年10月
地点：舟山群岛新区普陀山风景名胜区
主办单位：普陀山管理局、普陀山佛教协会
承办单位：普陀山旅游集团有限公司等

主题活动包括"千人斋宴"、"佛国之约"音乐盛典、"家家观世音"普陀山观音宝像开光加持法会等活动。

◎ 中华慈孝节

时间：2011年10月
地点：宁波市江北区

本次活动为期一周，举办寻找当代中国最感人的十大慈孝故事（人物）公益活动、中华慈孝论坛、慈城文化旅游推介会等多项系列活动。

◎ 牟山湖大闸蟹休闲节

时间：2011年10月至11月
地点：宁波市余姚市牟山镇牟山湖

节日期间，举办丰盛的牟山湖大闸蟹美食节、赏菊品蟹游乐大狂欢、青少年牟山湖野外写生、农家菜肴评比、垂钓比赛、旅游招商推介会等活动。

◎ 绍兴禹舜文化旅游节

时间：2011年10月
地点：绍兴市王坛镇

举办文化论坛、讲座、图片展览等活动。

◎ 中国方山柿之乡文化旅游节

时间：2011年10月
地点：金华市永康市舟山镇

举办柿园管理现场评比、方山柿品评会、方山柿现场采摘、技术讲座、摄影大奖赛等活动。

◎ 中国仙都公祭轩辕黄帝大典暨仙都旅游文化节

时间：2011年10月
地点：丽水市缙云县仙都景区

举办公祭轩辕黄帝大典、旅游文化节开幕式、黄帝文化大讲坛、仙都休闲养生论坛、动力伞表演赛、网络原创歌曲大奖赛、缙云县民俗文化嘉年华等活动。

◎ 2011杭州国际丝绸旅游文化节

时间：2011年10月至11月
地点：杭州市

举办杭州中国丝绸城"丝绸文化时尚之旅"、杭州丝绸观光旅游购物节等活动。

◎ 新市羊肉节

时间：2011年10月至11月
地点：湖州市德清县新市镇

德清新市羊肉久负盛名，入冬以后，古运河畔的新市镇，以传统羊肉美食会友笑迎天下客。新市羊肉节的主要活动有：民间庙会、各式羊肉宴及各种羊肉风味小吃。

11月

◎ 中国（奉化）雪窦山弥勒文化节

时间：2011年11月
地点：宁波市奉化市雪窦山
主办单位：浙江省佛教协会
协办单位：宁波市佛教协会

本届弥勒文化节分为佛事活动、文化活动、配套活动等板块，具体活动有中国未来城市发展溪口峰会、（奉化）海峡两岸青年寻根祈福之旅、国际舞龙大会等。

◎ 括苍山山地车挑战赛

时间：2011年11月
地点：台州市临海市括苍山景区

括苍山旅游区独特的地理环境是拓展运动者的天

堂，临海市政府每年11月，都在此组织举办一次山地车挑战赛，使游客一睹车手的精彩表演。

◎ 义乌红糖节

时间：2011年11月
地点：金华市义乌市义亭镇

红糖节举行收蔗比赛、红糖系列美食节、红糖鉴评会、红糖系列产品创意赛等众多活动。

◎ 中国武义温泉节暨养生博览会

时间：2011年11月
地点：金华市武义县

节会共有"泡温泉、话养生、观赛事、游山水"四大板块活动。具体内容有全国汽车场地越野锦标赛、婺窑文化研讨会等。此外还举办一系列民俗文化活动，如武义艺术节、风味小吃美食节、摄影作品大赛、民间斗牛大赛、龙舟比赛等。

◎ 中国（温州）第四届网络旅游节

时间：2011年11月
地点：温州市
主办单位：中国互联网协会、国家旅游局信息中心、浙江省旅游局、温洲市人民政府
承办单位：中国温州网络旅游节组委会

以"智慧旅游幸福生活"为主题举办峰会、中国旅游与互联网营销高峰论坛等活动。

◎ 雁荡山夫妻文化旅游节

时间：2011年11月
地点：温州市雁荡山风景区

举行和谐夫妻文化（网络）论坛、摄影比赛和获奖作品展等一系列活动。

◎ 中国龙泉青瓷、宝剑节

时间：2011年11月
地点：丽水市龙泉市

举办开幕式暨大型文艺晚会、公祭剑祖欧冶子、青瓷技艺展示、青瓷宝剑论坛、青瓷宝剑精品展、游览龙泉山旅游度假区等旅游活动。

12月

◎ 仓前羊锅节

时间：2011年12月
地点：杭州市余杭区仓前镇

举办羊锅品尝一条街、羊锅品尝评比等独具特色的"掏羊锅"活动。

◎ 第三届万种"枫"情节

时间：2011年12月
地点：温州市文成县大会岭、龙川岭

开展团队红枫古道游、进行摄影比赛颁奖等活动。

商务会展

3月

◎ 第十七届浙江广告技术及设备展览会

时间：2011年3月
地点：杭州和平国际会展中心
主办单位：杭州新华展贸有限公司

广告制作技术设备、广告材料及物料、户内外广告媒体、标志系统、展览展示器材、新媒体技术设备等。

◎ 中国西湖国际茶文化博览会

时间：2011年3月至4月
地点：中国茶叶博物馆、杭州西湖风景名胜区等
主办单位：杭州市人民政府、中国茶叶协会等

本届茶博会安排了14个专题项目和五大系列茶文化深度体验活动及线路两大板块内容，传统活动规模更加宏大，新亮相的栏目使人耳目一新。旨在通过赏茶、品茶、论茶等活动向人们展示民间茶文化的魅力。

◎ 浙江瑞安机械装备展览会

时间：2011年3月
地点：瑞安市体育中心
承办单位：杭州广源展览有限公司

1.金属加工机床：车、铣、磨、镗、锯、钻等机床及配件；2.加工机床：加工中心、电火花、线切割机、数控机床、雕刻机、模板剪切机等；3.成型机床：锻床、冲床、压铸机等；4.模具技术及辅助装置设备：工业打标机、定位和锁位装置、各种测量仪器（表）、磨料、量具、精密度量及检测仪、投影仪、三坐标测量仪、实验室设备及分析仪器；5.辅助材料：模具钢材、电极铜料、热流道元件、切削油、润滑剂、脱模剂、砂轮等。

4月

◎ 2011第二届中国（杭州）国际佛事文化用品博览会

时间：2011年4月
地点：杭州和平国际会展中心
主办单位：中国国际贸易促进会杭州市分会、杭州市国际商会
承办单位：杭州新华展贸有限公司

佛教用品、各类天然有机素食、制香原料设备等。

◎ 第九届中国国际家博会

时间：2011年4月
地点：宁波国际会展中心
主办单位：中国轻工业联合会、宁波市人民政府

本届家博会完整地展览展示房产、建材、家装、家具、家饰产业链，满足消费者从家装设计、施工到建材、家具选购的一站式服务。

◎ 第十五届宁波房地产展示会

时间：2011年4月
地点：宁波国际会展中心

展品涵盖房产、建材、家装、家具、家饰、理财六大板块。

◎ 2011中国（温州）户外旅游休闲产品展览会

时间：2011年4月
地点：温州国际会展中心
主办单位：温州市经济贸易委员会、温州市旅游局

交易会分设为旅游休闲产品户外产品用品展示区、旅游休闲商品纪念品展示区、森林旅游休闲产品展示区、休闲旅游形象展示区、浙江旅游图片展示区和温州旅游休闲名品馆等。

5月

◎ 中国柯桥国际纺织品面料辅料博览会

时间：2011年5月
地点：柯桥中国轻纺城国际会展中心

1.面料：棉麻丝织，化纤类梭织，针织及涂层织物，各类复合织物，防静电、防油、防水、阻燃、防辐射织物，反光织物，弹力织物等；2.辅料：刺绣、花边、衬里、衬布、纽扣、线带、商标、衣架、拉链及配件等；3.家用纺织品：床上用品、毛巾、窗帘、沙发装饰布、厨卫用纺织品及各类家纺用面料；4.纱线：圆编及横编针织纱线、梭织纱线、织袜纱线、制衣纱线、装饰布纱线、仿毛皮纱线等；5.纺织原料：天然纤维、合成纤维、植物纤维、纺织助剂等；6.各类服装及设计、生产系统，各类纺织服装色卡、样本，光盘、专业报纸及杂志等。

◎ 第九届宁波国际纺织面料、辅料、纱线展览会

时间：2011年5月
地点：宁波国际会展中心
主办单位：宁波市服装协会、宁波市纺织服装管理办公室
承办单位：宁波东博展览有限公司

1.各类纺织面料：棉、麻、丝、仿毛、化纤等；2.各类服装辅料：衬布、花边、拉链、烫画、衣架等；3.各类纱线：棉、毛、丝、麻纱线、再生、合成纤维、特种纤维纱线等；4.纺织原料：天然纤维、合成纤维、植物纤维、纺织助剂等；5.家用纺织品：床上用品、毛巾、窗帘、沙发布等各类装饰布及辅料；6.各类辅助设备：计算机辅助设计、纺织品检测等；7.各类纺织服装媒体出版物：设计和形象、专业刊物、电子商贸等。

◎ 第十届中国（杭州）国际数控机床与模具展览会

时间：2011年5月
地点：杭州和平国际会展中心
主办单位：中国机械工业联合会、浙江省经济贸易委员会、杭州市人民政府

1.锻压机床、机械压力机、加工中心、数控机床、车床、铣床；2.各类模具：冲压模、塑料模、压铸模、

锻模、陶瓷模、拉丝模、硬质合金模；3. 模架、推杆、热流道、定位销锁、弹性元件、导向机械气动元件等；4. 模具成型设备及装置：雕刻机、打标机、抛光机、测量仪器以及各类模具材料等。

◎ 第十届中国（浙江）国际电力电工技术及设备展览会

时间：2011 年 5 月
地点：杭州和平国际会展中心
主办单位：中国机械工业联合会、浙江省经济贸易委员会、杭州市人民政府
承办单位：浙江省电力行业协会、杭州市经济委员会

仪器仪表与自动化、动力传动、电子信息、机床模具、电力电器等。

◎ 中国（浙江）国际电厂电站环保技术与装备展览会

时间：2011 年 5 月
地点：杭州和平国际会展中心
主办单位：中国机械工业联合会、杭州市人民政府、浙江省经济和信息化委员会
承办单位：浙江省电力行业协会、浙江省环保机械行业协会、杭州市经济委员会

1. 给排水及水处理：各种管道、泵、阀门等供水设备，工业废水处理设备及循环利用技术、水质监测技术、有机污染的处理；2. 固体废弃物处理：城市生活垃圾收运、处理及资源化技术和装备，各种工业固体废物的处理处置技术，有毒有害废物的处理、填埋等技术和装备；3. 环卫及清洁设备：路面的清洁设备与车辆，生活垃圾收集、各类容器、技术与设备；4. 噪声与振动控制：工业、交通、生活、工程建筑等噪声与振动控制技术和装备；5. 空气净化设备：消烟除尘技术与装置、排放过滤技术、工业废气净化设备、机动车尾气治理、专用仪器技术及设备等；6. 环境监测仪器：水质分析、废水废气自动监测系统、环境监测分析用其他仪器设备等；7. 资源的综合利用：废旧物资及污染物处置、资源化技术、生态保护与恢复治理技术及设备、资源综合利用研究成果和发明创造等。

◎ 第六届浙江（慈溪）轴承及专用装备展览会

时间：2011 年 5 月
地点：慈溪会展中心

轴承及其轴承零部件、生产及加工检测设备、相关设备与附件、直线运动系统。

◎ 2011 中国国际旅游商品博览会

时间：2011 年 6 月
地点：义乌国际博览中心
主办单位：国家旅游局、浙江省人民政府
承办单位：中国旅游协会、浙江省旅游局、义乌市人民政府

展览交易活动、购物旅游及旅游商品发展论坛、名优新旅游商品专场推介会、购物旅游专线考察、中国旅游商品设计大奖赛、中国小商品城购物旅游节等活动。

◎ 第六届中国国际框业与装饰画展览会

时间：2011 年 9 月
地点：义乌国际博览中心
主办单位：中国轻工业联合会

展览会设置成品框线条展区、装饰画展区、前沿技术材料及设备展区、配套展区，展示钉角机、切角机、卡纸机、裱画机、纱光机、各类五金配件相关设备及材料等。

◎ 第三十二届中国浙江国际自行车电动车展览会

时间：2011 年 9 月
地点：杭州和平国际会展中心
主办单位：浙江省自行车行业协会

1. 自行车、电动车、童车、休闲车、运动车、旅游用车及零部件；2. 相关产品制造、检测设备及新工艺、新材料；3. 辅助用品，如车锁、气筒等；4. 相关出版物及信息网络服务。

◎ 2011 中国国际丝绸博览会暨中国国际女装展览会

时间：2011 年 9 月
地点：萧山休博园会展中心
主办单位：商务部、杭州市人民政府
承办单位：中国纺织品进出口商会、杭州市经济委员会、杭州市贸易局、萧山区人民政府

1.丝绸产品展示；2.女装产品展示；3.流行发布会等。

10 月

◎ 第七届中国水晶及玻璃制品博览会

时间：2011年10月
地点：义乌梅湖会展中心

1.工艺展区：水晶玻璃工艺品、琉璃工艺品、电子工艺品、金属工艺品、饰品及水钻等；2.日用玻璃展区：玻璃器皿等；3.水晶灯饰展区：水晶灯具；4.加工设备及配件展区：水晶加工设备及配件、原材料。

◎ 第十二届中国杭州（国际）汽车工业展览会

时间：2011年10月
地点：杭州市国际会议展览中心
主办单位：浙江省汽车行业协会、浙江省经济贸易委员会、杭州市人民政府、中国机械工业集团公司
承办单位：浙江中汽会展有限公司、中国汽车工业国际合作总公司

新型高端车型、时尚车型、自主品牌等。

◎ 2011中国（杭州）文化创业产业博览会

时间：2011年10月
地点：杭州和平会展中心

该博览会融主题展览、产品销售、奖项评选、专业论坛为一体，以"保存金石、研究印学、兼及书画"为宗旨，开展系列活动。

◎ 2011中国温州机械通用零部件及制造装备展览会

时间：2011年10月
地点：温州国际会议展览中心
主办单位：中国机械工业联合会、温州市人民政府
承办单位：温州市经济贸易委员会、温州国际会议展览中心

轴承及零部件；各种专用工业齿轮、机床等；通用工业齿轮；各种齿轮箱、齿轮减速机、链条链轮及链传动；粉末冶金；密封技术；弹簧、自动弹簧机等。

◎ 2011第十五届宁波国际服装服饰博览会

时间：2011年10月
地点：宁波国际会议展览中心
主办单位：中国服装协会、宁波市人民政府
承办单位：宁波华博会议展览有限公司

服博会以"大众时尚，国际色彩"为主题，举办时装秀、服饰流行趋势发布会、服饰时尚系列讲座等活动。

11 月

◎ 第十四届西湖艺术博览会

时间：2011年11月
地点：杭州和平国际会展中心
主办单位：中国文联艺委会、浙江省文联
承办单位：浙江省文化艺术发展公司

集中展出国画、油画、版画、雕塑、水粉、书法、陶艺等原创艺术品，同期举办收藏品交易会，展出古董、字画、玉石、瓷器以及各种民间艺术品。

◎ 2011浙江（新昌）轴承及装备展览会

时间：2011年11月
地点：新昌体育中心展览馆

轴承及其轴承零部件、生产及加工检测设备等。

◎ 义乌机械工业博览会——泵阀及流体设备展

时间：2011年11月
地点：义乌国际博览中心
主办单位：浙江省机械工业联合会

1.空压机：压缩分离设备、压缩机、空气压缩机、滤芯、过滤器、冷水机、液压机械及部件、机械密封件等；2.泵：磁力泵、试压泵、桶装泵、杂质泵、循环泵、增压泵、混凝土泵等及配套产品；3.阀门：工业管道阀门、电力行业阀门、农业用阀门及阀门附件；4.工程建筑用阀门：建筑供水阀、家用燃气阀、阀门检测及控制设备、消防阀及附件等；5.风机：通风机、鼓风机、离子风机、工业风扇排风设备、制冷空调设备、动力转动设备等；6.机电：发电机组、电焊机、砂轮机、柴油机、减速机、抛光机、各式电机及配件等。

安徽

节庆文化活动

◎ 三河古镇第九届民间文化艺术节

时间：2011年1月至2月
地点：合肥市肥西县三河镇
主办单位：合肥市委宣传部、合肥市文化局、合肥市旅游局、肥西县人民政府
承办单位：肥西县文化局、肥西县旅游局、三河镇人民政府

举办花灯展示、民俗剧目流动演出、民间文艺表演及元宵节晚会等活动。

◎ 第五届徽园春节民俗庙会

时间：2011年2月
地点：合肥市徽园

举办舞狮舞龙、好运大鼓、民间社火、少林武术、黄梅戏等活动。

◎ 第三届阜阳生态园游园大型灯会

时间：2011年2月
地点：阜阳市阜阳生态园
主办单位：安徽省旅游局、阜阳市人民政府
承办单位：阜阳生态园、星河彩灯文化公司

此次灯会共扎制了55组大中型彩灯，包括传统文化灯组、儿童题材灯组、美丽阜阳灯组以及欢乐喜庆灯组等，其中高达15米以上的超大型灯组5组、水面灯组6组。

◎ 全椒第五届儒林风·走太平民俗文化节

时间：2011年2月
地点：滁州市

正月十六走太平是全椒县第一大民俗，已列为省级非物质文化遗产。据传，东汉建武年间（25~27年），彭城人刘平任全椒长（当时官名），年荒，将朝廷拨付可修三十里城池的款项用于赈灾，余款仅修了三里的小城。刘平因此罢官获罪，押解京城。百姓感其恩，临行之日，送别于太平桥上，此日为正月十六。故此，在每年的正月十六，百姓都要到桥上走一走，以示怀念，然后，放烟花爆竹，祈求太平。

◎ 长丰草莓节

时间：2011年2月至4月
地点：合肥市长丰县

除开展大型草莓专场推介会、全国草莓专家研讨会、草莓功臣表彰颁奖大会外还邀请众多艺人参加文艺活动。

◎ 二月二吴山庙会

时间：2011年3月
地点：合肥市长丰县吴山镇

庙会活动内容围绕科技、文化、卫生"三下乡"，开展文艺演出、舞狮、威风锣鼓、踩街等民间文化活动和吴山庙佛事活动。

◎ 涡阳天静宫老子庙会

时间：2011年3月
地点：亳州市涡阳县天静宫老子庙

庙会期间，举办重大法事活动，对天师殿、重阳殿、元辰殿进行开光仪式和祈福道场活动，同时还安排了戏剧演出、高跷、舞狮子、舞龙、杂技、歌舞等表演。

◎ 2011当涂护河园艺桃花节

时间：2011年3月
地点：马鞍山市当涂县护河镇园艺村
主办单位：马鞍山市旅游局、当涂县人民政府

以"生态园艺·人文当涂"为主题，有大型文艺演出、民风民俗表演、地方戏专场。其间还举办文艺采风、登山比赛、名特优农产品及旅游产品展示展销等活动。

◎ 中国黄山油菜花摄影节暨万辆自驾赏花游启动仪式

时间：2011年3月
地点：黄山市新安江山水画廊漳潭景点
主办单位：黄山市人民政府
承办单位：歙县人民政府、歙县旅委、歙县摄影办、歙县文联

3月的江南风光，唯美婉约。新安江山水画廊的景致更是唯美动人，片片的"油田"交相辉映。本次活动以赏花摄影为主，是集摄影、赏花、踏春、"驴友"交流为一体的一次盛会。

◎ 首届岱山湖山水桃花旅游节

时间：2011年3月至4月
地点：合肥市肥东县

以"游纯情山水，寻明皇踪迹，赏梁园桃花"为主题，依托岱山湖青山绿水和梁园陆园千亩桃林，隆重推出"系上红丝带，好运天天来"、"寻宝桃花园，淘你喜欢"、"结义桃花园，见证友谊"等系列活动。

◎ 合肥长丰陶楼第五届桃花节

时间：2011年3月至4月
地点：合肥市长丰县陶楼乡新丰村
主办单位：合肥市旅游局、长丰县人民政府
承办单位：长丰县旅游局、陶楼乡人民政府

开展赏陶楼桃花、农事体验、土特产展销、桃花节风光摄影、书画写生、结桃花缘、撞桃花运等系列活动。另外，为了丰富桃花节活动内容，长丰陶楼乡将打造"世外桃源"一日游精品线路，让合肥以及周边市民前来陶楼观赏千亩桃花、万亩湖光，并亲自参加摘草莓、吃农家土菜、住农家旅馆、干农活等活动，把"食、住、行、游、购、娱"旅游六要素项目串联起来，让市民在清明假期里又多一处休闲放松的好去处。

◎ 砀山梨花旅游节

时间：2011年3月至4月
地点：宿州市砀山县
主办单位：安徽省旅游局、安徽省文化厅、宿州市人民政府
承办单位：宿州市旅游局、中共砀山县委、砀山县人民政府

砀山县素有"梨都"之称，以盛产酥梨闻名于世。本届旅游节期间，推出"安徽旅游航空1号"飞行表演、砀山梨花仙子选拔赛、"亲近自然 情系梨都"百年梨树认领活动、书画和摄影大赛、景区民俗表演等活动。

◎ 第七届中国淮南曹庵桃花·草莓节

时间：2011年3月至4月
地点：淮南市田家庵区曹庵镇
主办单位：合肥市旅游局、淮南市旅游局、田家庵区人民政府
承办单位：田家庵区旅游局、曹庵镇人民政府

本届桃花·草莓节以"了解·体验·融入"为主题，安排了草莓大赛、农事体验、文娱活动、农特产品展销、桃园农家乐等丰富多彩的活动。

◎ 第三届野生玉兰节暨首届"白玉兰杯"全国摄影大赛

时间：2011年3月至4月
地点：安庆市巨石山景区
主办单位：安庆市林业局、安庆市旅游局、宜秀区人民政府

推出春游踏青五大主题活动：赏兰听黄梅、尝玉兰名菜、最美巨石山、碧莲池对歌、评选玉兰王。游客可零距离参与赏兰、品兰、摄兰、唱兰、选兰全过程，共同见证美丽春天。

◎ 第二届山野菜美食文化旅游节

时间：2011年3月至4月
地点：黄山市黄山区
主办单位：黄山区旅游委员会、安徽广播电视台农村广播
承办单位：太平湖镇人民政府、乌石乡人民政府

有踏青赏花、采挖野菜、品尝美食、畅游山水、户外拓展等多项活动。

◎ 阜阳市第二届杜鹃花旅游文化节

时间：2011年3月至6月
地点：阜阳市
主办单位：阜阳市旅游局、颍泉区人民政府

本届杜鹃花旅游文化节以"花舞盛世，瑞献中华"为主题，展出中国杜鹃、西洋杜鹃3万余盆（株），品类丰富、花色齐全、造型独特，红黄粉紫争奇斗艳，带给游客精彩难忘的视觉享受。其间，还同时推出车展、房展、饮品展等展销活动。

4 月

◎ 中国羊岩勾青茶文化节

时间：2011年4月
地点：合肥市

举办茶艺表演、手工炒茶、名茶展销、羊岩勾青品牌与发展论坛、采风书画展等活动。

◎ 合肥第三届牡丹节

时间：2011年4月至5月
地点：合肥市三国遗址公园

开展牡丹摄影大赛、风筝比赛、牡丹展销会、三国文化展等游园活动。

◎ 第五届"春色滨湖"旅游节暨第五届乡村旅游节

时间：2011年4月至5月
地点：合肥市肥西花木城
主办单位：安徽省旅游局、合肥市人民政府
承办单位：合肥市旅游局、包河区人民政府、合肥滨湖新区建设指挥部办公室

举办私家菜园认种活动、演出活动、三河古镇民间灯笼节、庐剧表演、征文、"非遗"展等活动。

◎ 第六届中国（合肥）徽菜美食旅游节

时间：2011年4月至5月
地点：合肥市
主办单位：中国烹饪协会、安徽省商务厅、安徽省旅游局、安徽省烹饪协会、合肥市人民政府

以"魅力合肥、打造美食之都"为主题，举办中华厨艺烹饪绝活表演、茶道表演等多项精彩活动。

◎ 安徽（肥东）首届红色旅游文化节

时间：2011年4月至7月
地点：合肥市肥东县
主办单位：安徽省红色旅游领导小组办公室、安徽广播电视台、安徽省作家协会、中共肥东县委、肥东县人民政府

肥东红色旅游资源丰富，其中位于肥东县撮镇瑶岗村的渡江战役总前委旧址进入《全国红色旅游经典景区目录》。辽沈、淮海、平津三大战役取得胜利后，党中央提出"打过长江去，解放全中国"的口号，并决定成立渡江战役总前委，全面负责指挥渡江战役。总前委指挥部就设在合肥肥东的瑶岗。1985年7月，渡江战役总前委旧址纪念馆建立。1996年11月，渡江战役总前委旧址纪念馆被列为全国重点文物保护单位。文化节期间，举办"唱支山歌给党听·万名农民唱红歌"首届安徽红色歌曲演唱大赛、"幸福肥东杯"全国散文大奖赛、中国农村广播记者看肥东、"肥东名片"征集、肥东发展高层论坛等活动。

◎ 2011中国（亳州）白酒文化节

时间：2011年4月
地点：亳州市
主办单位：中国酿酒工业协会、中国酒类流通协会、安徽省人民政府
承办单位：安徽省酒业协会、亳州市人民政府

主题为"养生、文化、创新、发展"，举办中国酒类产品展暨经贸洽谈签约、酒文化论坛暨中国酒史与酒文化高端研讨会、新产品鉴定会等一系列活动。

◎ 中国固镇第三届梨花节

时间：2011年4月
地点：蚌埠市固镇香雪度假村
主办单位：蚌埠市旅游局、中共固镇县委、固镇县人民政府

包含文艺演出、游园赏花，以及固镇经济发展座谈会，并组织与会来宾和客商视察、考察开发区及相关景区（点）。

◎ 第五届马鞍山李白国际户外旅游节

时间：2011年4月
地点：马鞍山市
主办单位：安徽省旅游局、马鞍山市人民政府
承办单位：马鞍山市旅游局、马鞍山市文化局、马鞍山市体育局

以"精彩户外游,魅力诗城行"为主题,开展自行车赛、划艇竞渡、徒步越野、铁人三项等多项活动。

◎ 皖南旅游购物节

时间:2011 年 4 月
地点:芜湖市镜湖区

举办旅游商品展示、文艺演出、购物抽奖等活动。

◎ 铜陵凤丹文化旅游节

时间:2011 年 4 月
地点:铜陵市铜陵县江南文化园
主办单位:铜陵市人民政府
承办单位:铜陵市文化局、铜陵市旅游局、铜陵市农委、铜陵县人民政府

有投资贸易洽谈会、凤丹产业开发学术报告会、凤丹系列产品展会、"农家乐"一日游、摄影大奖赛、铜陵盆景园艺作品展览等活动。

◎ 第三届大别山(安徽·岳西)映山红旅游文化月

时间:2011 年 4 月
地点:安庆市岳西县

举办安徽省蕙兰展、岳西风光摄影大赛、大别山映山红暨民俗风情展、岳西旅游及农特产品合肥推介会、岳西翠兰茶王大赛及公开拍卖会、承接产业转移投资说明会等多项活动。

◎ 第六届中国黄山国际山地车节

时间:2011 年 4 月
地点:黄山市黟县
主办单位:中国自行车运动协会、中央电视台体育频道、安徽省体育局、黄山市人民政府
承办单位:中共黄山市委宣传部、黄山市体育局、黟县人民政府、中视体育娱乐有限公司、北京博雅远人管理顾问有限公司

举办全国山地自行车冠军赛、马拉松山地自行车赛、个人山地车越野赛、团体山地车越野赛等比赛活动以及古镇寻宝、健身行走参观世界文化遗产地——西递宏村、登黄山、山地自行车黄山游旅游休闲活动及自行车和户外体育产品展示、黄山特色文化和旅游产品展示等一系列旅游商务活动。

◎ 第五届太平猴魁茶文化旅游节

时间:2011 年 4 月
地点:黄山市黄山区新明乡
主办单位:中共黄山区委、黄山区人民政府
承办单位:黄山区委宣传部、黄山区旅游委

以"茶乡·茶韵·茶风情"为主题。活动内容包括:太平猴魁开园暨茶文化旅游节启动仪式、太平猴魁茶乡风情游等。

◎ 六安市茶旅游文化节

时间:2011 年 4 月
地点:六安市

六安产茶历史悠久,是全国十大历史名茶"六安瓜片"的故乡。活动期间举办开幕式和"中国茶世界梦"大型广场演唱会、品茶论茶、茶艺表演、民俗表演等活动。

◎ 寿县第二届梨花节和第三届梨花诗会

时间:2011 年 4 月
地点:六安市寿县八公山风景区
主办单位:六安市人民政府
承办单位:六安市旅游局、寿县人民政府

在感受盛会的同时,还可游历寿县悠久的历史文化,品尝豆腐佳肴,观赏梨园美景,观看文艺演出。

◎ 安徽石台茶叶节

时间:2011 年 4 月
地点:池州市石台县
主办单位:安徽省农委、池州市人民政府
承办单位:石台县人民政府

本届茶叶节以"石台生态茶、休闲养生地"为主题。举办大型赠茶公益活动;茶叶及品牌农产品展示;特色茶艺表演;旅游风光摄影展;赠送旅游消费券以及石台招商引资项目推介活动。

◎ 阜阳"健康欢乐行"暨第四届椿樱旅游文化节

时间:2011 年 4 月至 5 月
地点:阜阳市太和县
主办单位:阜阳市人民政府
承办单位:阜阳市体育局、阜阳市旅游局、太和县人民政府

以"一赏十里胜景,品椿樱美味"为主题,举办了

书画大赛、体育健身、儿童绘画大赛、摄影大赛等活动。

◎ 颍州西湖桃花樱花节

时间：2011年4月至5月
地点：阜阳市颍州西湖风景区

此次活动吸引上万人游览颍州西湖。主办方精心准备了各项游乐活动，诸如桃花和樱花摄影比赛、歌唱比赛、西湖寻宝等。

◎ 第三届中国（南陵）牡丹文化节

时间：2011年4月至5月
地点：芜湖市丫山花海石林风景区
主办单位：芜湖市文化委员会、芜湖市旅游局、南陵县人民政府
承办单位：南陵县旅游局、何湾镇人民政府、安徽国旅集团

游客在近距离观赏牡丹盛开的同时，还可以观看到景区举办的各类文艺活动，如现场走秀、杂技等一系列的活动，更有知名歌星当场献唱。

◎ 庐江县第四届茶文化旅游节

时间：2011年4月至5月
地点：巢湖市庐江县

以"绿色·生态·健康"为主题，举办茶发展研讨论坛和"魅力茶乡"摄影大赛等活动。

5月

◎ 山南镇"三·二八"庙会

时间：2011年5月
地点：合肥市山南镇

文艺演出、进香活动、物资交流、商品贸易、农耕文化展览等活动相继进行。

◎ 第六届管仲文化旅游节

时间：2011年5月
地点：阜阳市颍上县八里河风景区
主办单位：中共颍上县委、颍上县人民政府

组织物资交流大会、招商引资洽谈会、名优农产品展销、管子学术研讨会、颍上旅游推介会、收藏品展览会、书法名人笔会、科技活动周、戏剧表演周、电影放映周等经济文化活动。

◎ 三月十八古庙会

时间：2011年5月
地点：淮北市相山公园
主办单位：淮北市人民政府

开展游玩、登山、演出、宗教活动等。

◎ 2011中国（亳州）芍花养生旅游文化节

时间：2011年5月
地点：亳州市
主办单位：亳州市人民政府

推介了亳州旅游产品，邀请各地旅行社和新闻媒体的朋友到亳州观赏芍花美景、探幽史前文化、领略汤都风韵、寻踪老庄遗迹、体验养生之道。

◎ 2011中国黄山休宁松萝茶文化旅游节

时间：2011年5月
地点：黄山市休宁县

开展松萝精品茶拍卖、松萝茶养生论坛、新茶开园采摘、茶艺表演、名茶现场制作表演、茶乡采风、"松萝出海"探寻等系列活动。

6月

◎ 第八届庐阳区三十岗西瓜节

时间：2011年6月
地点：合肥市三十岗乡

具体活动有瓜王擂台赛、吃瓜擂台赛、采摘体验游、生态文化游、自然风光游、野趣自行车赛等。

◎ 歙县三潭枇杷节

时间：2011年6月
地点：黄山市歙县
主办单位：中共歙县县委、歙县人民政府

以"游新安山水，品三潭枇杷"为主题。来自全国各地的游客和当地村民一起观看黄梅戏表演、参观枇杷园，在品尝枇杷的同时感受当地特色文化。

◎ 中国·全椒桃文化旅游节（采桃篇）

时间：2011年6月至7月
地点：滁州市二郎口镇
主办单位：滁州市人民政府、滁州市旅游局

游客除了可以一览异彩纷呈的当地民俗表演外，还能亲历桃园采摘、体验农家乐，也可以前往全椒和滁州名胜景点参观旅游。

◎ 颍州西湖景区荷花节

时间：2011年7月至8月
地点：阜阳市颍州区西湖景区

推出系列互动活动，有咏诗大赛；摄影、作文大赛；荷花宴、小吃品尝；结伴抓鱼等。

◎ 第九届大圩葡萄节

时间：2011年7月至10月
地点：合肥市包河区大圩镇

游客除了可以品尝、采摘葡萄之外，还可以参加休闲垂钓、体验农家美食街区、葡萄节一日游自驾游等游乐参观活动。与此同时，葡萄采摘家庭大比拼、泛舟赏荷园、民风民俗表演的开展更使游客在舒心品尝葡萄的同时，玩得开心，获得更充分的享受。

◎ 第五届中国黄山翡翠谷七夕情人节

时间：2011年8月
地点：黄山市翡翠谷景区
主办单位：黄山区人民政府
承办单位：黄山区旅游委员会、黄山区文化广电新闻出版局、汤口镇人民政府

以"浪漫星汤口，恒爱满七夕"为主题，举办万人爱情宣言、中式婚礼巡游、爱情主题晚会等系列活动。

◎ 九华山庙会

时间：2011年8月
地点：池州市九华山
主办单位：九华山管委会、九华山佛教协会

以"庙会·遗产·旅游"为主题，举办地藏菩萨圣诞、盛大的佛事庆典、十余万信徒朝山等活动。

◎ 第十五届中国黄山国际旅游节暨徽文化节

时间：2011年9月
地点：黄山市
主办单位：国家旅游局、安徽省人民政府
承办单位：安徽省旅游局、黄山市人民政府

主要包括开幕式、徽州民俗表演、龙舟赛决赛等活动。

◎ 第十八届中国豆腐文化节

时间：2011年9月
地点：淮南市
主办单位：中国商业联合会、安徽省人民政府
承办单位：安徽省旅游局、安徽省文化厅、淮南市人民政府

举办开幕式、豆腐美食文化周、全国学术研讨会、系列惠民观光旅游活动。

◎ 八公山旅游节

时间：2011年9月
地点：淮南市八公山区
主办单位：安徽省旅游局、淮南市人民政府
承办单位：淮南市旅游局、八公山区人民政府

举办开幕式、八公山旅游商品展销、民间文艺展演等活动。

◎ 长丰美食节

时间：2011年10月
地点：合肥市长丰县

开展作家品读长丰采风、美食展销及旅游精品图片展、特色菜评选大赛、长丰乡村生态游、农家乐垂钓比赛、双凤湖鲜闸蟹节、特色美食和中华小吃展、摄影征文比赛、美食旅游节好新闻评选等活动。

◎ 合肥三国文化节

时间：2011年10月
地点：合肥市三国遗址公园

三国动漫真人秀、民间歌舞表演、中国历代皇帝古画展、马术表演、骑马游园、三国合肥新城文物展、三国人物剪纸及字画展、三国古兵器展等活动。

◎ 中国·凤阳花鼓文化旅游节

时间：2011年10月
地点：滁州市凤阳县

以花鼓为媒，通过花鼓文化旅游节，进一步弘扬凤阳文化，扩大凤阳的对外影响。活动期间，举办旅游项目推介会、朱元璋暨凤阳帝乡文化学术讨论会等活动。

◎ 中国马鞍山国际吟诗节

时间：2011年10月
地点：马鞍山市

举办诗歌吟诵会、旅游商品展示会、李白学术演讲会、诗集首发式暨诗歌朗诵会、江南民歌会等系列群众文化活动，并邀请海内外百余名客商光临马鞍山市，签约投资项目。

◎ 铜陵青铜文化节

时间：2011年10月
地点：铜陵市

举办古代青铜制品展览，参观古代采矿、冶炼和铸造遗址，青铜工艺品展销，青铜文化研讨会等活动。

◎ 桐城文化节

时间：2011年10月
地点：安庆市桐城市

深入挖掘"桐城派文化渊源"及"桐城当地民风民俗"两个部分，以旅游休闲度假论坛、展览展示、演艺歌舞、民俗餐饮、书法绘画等多种方式，对桐城文化进行多方面的展示。

◎ 中国花亭湖金秋旅游文化节

时间：2011年10月
地点：安庆市太湖县

活动由花亭湖国际户外运动、皖西南名优农产品展销、经贸合作洽谈、黄梅戏展演等内容组成。通过节庆搭台、经贸唱戏，展示旅游大县、山货之乡、文明县城、和谐太湖新形象。

◎ 凤凰美食文化节

时间：2011年10月
地点：芜湖市凤凰美食街
主办单位：安徽省旅游局、芜湖市人民政府

举办厨艺表演、私房菜大赛、餐饮业高峰论坛、歌舞晚会、社区文艺会演、美食文化体验等活动。

11月

◎ 淮河风情文化节

时间：2011年11月
地点：淮南市毛集试验区

安排反映淮河风情文化的书画、奇石精品展，沿淮花鼓灯锣鼓展演，黄梅戏专场演出，经贸招商等活动。

◎ 天柱山登山节

时间：2011年11月
地点：安庆市潜山县天柱山风景区

开展潜山改革开放成果展、黄梅戏专场演出、民间歌舞表演等活动。

◎ 中国黟县国际摄影节

时间：2011年11月
地点：黄山市黟县

开展摄影展览活动、摄影采风创作活动、画里乡村摄影大赛、摄影讲座等活动。

◎ 歙县徽州古城民俗文化节

时间：2011年11月
地点：黄山市歙县

开展大型黄梅音乐歌舞剧演出、特色旅游商品展示暨旅游商品设计大赛、聚焦徽州古城魅力歙县优秀新闻作品大赛等系列活动。

◎ 中国绩溪徽菜美食节

时间：2011年11月
地点：宣城市绩溪县

举办烹饪比赛；风味小吃、名点和徽菜原材料（山区土特产品）联展联销；徽菜及徽文化研讨会；商贸洽谈等活动。

12月

◎ 明皇陵祭祀活动

时间：2011年12月
地点：滁州市明皇陵景区等
主办单位：凤阳县旅游局

举行朱氏后裔及参会人员拜谒仪式，开展"大明帝王"后裔寻根游活动，组织朱氏后裔大联欢文艺演出。

商务会展

2月

◎ 第二届苏鲁豫皖旅游产品洽谈会

时间：2011年2月
地点：阜阳市颍上县
主办单位：阜阳市旅游局、颍上县旅游发展指导委员会
承办单位：颍上县旅游局、太和县旅游局、安徽金色假期国际旅行社、颍上菲雀旅行社

推出"中华第一相"的文化旅游品牌，在观光游中弘扬国学文化、丰富颍上二日游的产品市场。

◎ 马鞍山兰花艺术博览会

时间：2011年2月
地点：马鞍山市
主办单位：安徽省兰花协会、马鞍山市园林管理处、洪滨丝画手工艺术有限公司

"以兰会友，相聚诗城"，2011年新春佳节之际，马鞍山兰花艺术博览会的举办为马鞍山市广大市民奉上一场兰花欣赏和兰文化展示完美结合的艺术盛宴。本届兰博会是安徽省规格最高、规模最大的一次兰文化盛会，届时兰花、洪滨丝画、名家字画、古盆汇集一堂。

3月

◎ 第十四届安徽医疗器械春季展览会

时间：2011年3月
地点：安徽国际会展中心
主办单位：全国医药技术市场协会、安徽省医药器械公司
承办单位：安徽好博塔苏斯展览有限公司

影像设备、心脑电监护设备、口腔科设备、生化及实验室设备、辅助设备、家用医疗康复设备等。

◎ 第四届中国（安徽）婚博会

时间：2011年3月
地点：安徽国际会展中心

1. 摄影摄像区：婚纱摄影、影像制作公司等；2. 婚礼用品精品区：婚纱礼服、结婚礼品及饰品、婚纱租用等；3. 婚庆公共服务区：婚庆公司、特色婚礼场所、婚庆培训机构等；4. 新婚家居精品区：床上用品、家电用品、日用家居、布艺；5. 婚宴服务用品区：特色婚宴、喜烟、喜糖、喜酒、喜帖等；6. 完美新娘造型区：新娘彩妆、化妆品等；7. 健康生活咨询区：孕婴用品、妇产医院、计生用品等；8. 综合服务产品区：珠宝首饰等；9. 相亲活动区：相亲大会、主题评选等。

◎ 2011安徽印刷包装工业展览会

时间：2011年3月
地点：安徽国际会展中心
主办单位：安徽省印刷协会
承办单位：安徽好博塔苏斯展览有限公司

计算机制作系统、桌面出版系统、显影机、晒版机、拷贝机、制版机、打样机、扫描录入设备、电子分色设备、激光照排设备、各式制版设备及其他设备。

◎ 2011安徽LED显示技术及城市景观照明展览会

时间：2011年3月至4月
地点：安徽国际会展中心

照明灯具灯饰、城市亮化工程技术设备、各类电光源产品、住宅照明电工产品、建筑用LED等产品展示。

4月

◎ 2011中国（安徽）国际建筑节能墙材及装备展览会

时间：2011年4月
地点：安徽国际会展中心

建筑砂浆产品、烧结类制砖技术和设备、干混砂浆生产技术和设备等。

◎ 2011（第五届）安徽国际社会公共安全产品展览会

时间：2011年4月
地点：安徽国际会展中心
主办单位：安徽省安全技术防范行业协会
承办单位：合肥四星展览服务有限公司

摄像设备、控制传输记录设备等。

◎ 中国中部（合肥）国际装备制造业博览会暨安徽国际工业装备博览会

时间：2011年5月
地点：安徽国际会展中心
主办单位：中国机械工业联合会

包括汽车工业、装备工业、优质金属材料工业、水泥及非金属优质材料工业、信息电子工业、能源和煤化工业、生物技术工业等行业参展。

◎ 安徽焊接切割与五金工具展

时间：2011年5月
地点：安徽国际会展中心
主办单位：中国机械工业联合会
承办单位：安徽好博塔苏斯展览有限公司

焊接设备、切割设备、辅件及材料、五金工具、五金机电、五金制品等。

◎ 第十一届安徽国际机床及工模具展览会

时间：2011年5月
地点：安徽国际会展中心
主办单位：中国机械工业联合会
承办单位：安徽省机械工业协会、安徽好博塔苏斯展览有限公司

1. 各类机床及模具加工设备：加工中心、电火花加工机床、数控机床、二手机床等；2. 生产成型设备：冲压机、塑料装置等；3. 各类模具设计、制造、辅助加工技术与设备；4. 检测与测量设备、数控系统等。

◎ 安徽省医疗器械展览会

时间：2011年5月
地点：芜湖国际会展中心

诊断治疗设备；数字化设备；生化、分析、检验设备及实验室设备；护理设备及病房用品；口腔设备；骨科设备及材料；家用医疗保健器材等。

◎ 第六届中国（安徽）国际自行车电动车交易会

时间：2011年6月
地点：安徽国际会展中心
主办单位：中国国际经济贸易促进会、中国轻工业对外经济技术合作公司、中国国际经济贸易推广服务中心
承办单位：合肥华舜展览有限公司

各类新型自行车、电动车展示和销售活动。

◎ 2011第三届中部安徽（秋季）糖酒食品交易会

时间：2011年11月
地点：安徽国际会展中心

糖类及其制品、各种酒类、各类饮料和粮酿制品的生产、销售企业。

◎ 2011中国（合肥）国际珠宝首饰展览会

时间：2011年12月
主办单位：中国工艺美术学会、安徽省黄金管理局
承办单位：安徽中设国际会展有限公司

除珠宝首饰展览外，还有优雅的T台珠宝走秀、专业的行业内评委评奖、抽奖等活动。

福建

节庆文化活动

◎ 首届福州温泉旅游节

时间：2011年1月
地点：福州市
主办单位：福州市旅游局、福州日报社

以"体验魅力温泉，感受健康生活"为主题，内容包括开幕式暨新春旅游推介会、惊喜折扣惠游客（市民）、千名市民免费体验温泉、名人体验"温泉之都"、海峡两岸温泉文化高峰论坛等活动。

◎ 2011厦门国际马拉松赛

时间：2011年1月
地点：厦门市
主办单位：中国田径协会、厦门市人民政府

举办厦门国际马拉松赛、全国马拉松积分赛、轮椅半程马拉松、海峡两岸城市马拉松邀请赛、马拉松市长论坛、点燃圣火仪式、马拉松展览会活动。

◎ 第九届"两马同春闹元宵"活动

时间：2011年2月
地点：福州市

"两马同春闹元宵"活动是同祖同宗的海峡两岸同胞共庆新春佳节的一项盛大民间活动。本届活动有传统迎春灯、宫灯、燃放焰火及民俗表演等活动。

◎ 闽清十八坂古民居文化旅游节

时间：2011年2月
地点：福州市闽清县

是融旅游观光、商务洽谈、贸易往来、文化交流、学术研讨为一体的传统活动。

◎ 福州南后街元宵灯会

时间：2011年2月
地点：福州市南后街和五一广场

设立斗灯区、制灯技艺体验区、台湾民间艺术花灯区，穿插进行花灯制作等表演节目。

◎ 2011（福州）海峡两岸民俗文化节

时间：2011年2月
地点：福州市
主办单位：福州市委宣传部

在以往三届闽都民俗文化节成功举办的基础上，积极创新，突出海峡两岸同根同源的民俗文化优势，通过文艺演出、手工艺品展示等活动，集中展示福州民间传统文化的精粹和两岸民间民俗文化交流成果。

◎ 拔烛桥

时间：2011年2月
地点：南平市武夷山市
主办单位：武夷山市旅游局

拔烛桥是一个很独特的民间习俗。活动由村中最有威望的长者率领"舞灯队"，其中男童提着吉祥灯在前开道，姑娘们举着各式自扎花灯居中，上了年纪的壮汉抬着花灯鼓亭，青年小伙子则扛着"烛桥"压阵。

◎ "玉兔迎春，海峡同乐"元宵灯会

时间：2011年2月
地点：厦门市
主办单位：中共厦门市委、厦门市人民政府

除了扩大往年的花灯规模，还精心准备了各种配套活动，如美食一条街、猜灯谜、文艺演出等。

◎ 首届开闽王旅游文化节

时间：2011年2月
地点：厦门市新北辰山景区

市民游客除了可以体验丰富多彩的民俗表演外，还可观赏到高品位的文化艺术表演。

◎ 厦门第七届元宵民俗文化节

时间：2011年2月
地点：厦门市五缘湾、仙岳山公园等

举办民俗大踩街、两岸美食大联展、五缘湾灯谜会、汽车文化节等活动。

◎ 2011海峡两岸元宵民俗文化节

时间：2011年2月
地点：厦门市厦门文化艺术中心广场
主办单位：中共思明区委、思明区人民政府

除了主会场的"民俗欢闹贺新春"两岸文艺交流展演活动外，思明区十个街道辖区内的公园、广场还设立了分会场，同时举办海峡两岸美食展和赏花灯、趣味游园、传统剧目展演等多种民俗游园活动，以及军警民拔河比赛、沙滩排球赛等体育活动。

◎ 畲族祭祖节

时间：2011年2月
地点：宁德市福鼎市磻溪镇畲族村寨

畲族祭祖节在每年正月十五举行。从祭祖开始，先放神铳三响，鞭炮连声，锣鼓喧天，祭案上摆供茶酒三牲。凡本族祠后裔当年结婚者、生有男孩者、家有老翁做寿者，均要送"两日制"龙烛一盒，焚香叩酬。祭祖时，由族长辈讲述祖先功绩、始祖由来，以及家族家范，教导族人向善。

◎ 第四届陈靖姑民俗文化节

时间：2011年3月
地点：福州市南江滨公园

举办陈靖姑民俗文化研讨会、临水夫人颂典、陈靖姑民俗文艺展演等活动。

◎ 蜡烛会

时间：2011年3月
地点：南平市武夷山市吴屯乡、岚谷乡黎口村、武夷山市大浑村及各地城关
主办单位：武夷山市旅游局

蜡烛会起源于唐朝，是为悼念辟支古佛而起。千百年来，蜡烛会规模盛大，各地都有奉辟支古佛，以禳瘟疫，以消天灾。

◎ 柴头会

时间：2011年3月
地点：南平市武夷山市
主办单位：福建省旅游协会

柴头会是民间传统的集会，已有100多年的历史。1851年农民领袖洪秀全领导了太平天国运动，在太平军的影响下，武夷山和全国各地一样，四乡农民纷纷起来抗捐抗税，反对奴役压迫。县衙门官吏见势不妙，便加紧对农民进城买卖的检查，下令不准农民携带凶器、铁器之类的东西进城。凡进城者，只允许挑柴木，携带竹、木家具等农副产品。这样一来，更激起了农民的反抗。1866年，四乡农民在起义首领陈顺光的带领下，于农历二月初六凌晨，扛上木棍、竹叉和扁担等冲进县衙门，迫使县官下令免除农民的"竹丝税"、"明笋税"、"茶叶税"等，并立即张榜公布，起义获得了胜利。人们为了纪念这木棍、竹叉和扁担取得的胜利，决定每年农历二月初六这一天在城关举行盛会，名为"柴头会"。柴头会沿袭至今，已成为福建省民间较大的盛会之一。实际上已发展成一种规模较大的交易会。每年二月初六，人们都穿上节日的盛装，纷纷扛上竹木农具等，云集市区开展各种交易活动。

◎ 观音节

时间：2011年3月、7月、10月
地点：福建各地观音庙
主办单位：福建省旅游协会

这是一次纪念观音活动的盛会，百姓们认为观音菩萨能普度众生，救苦救难，所以多数人家在节日里吃一天"观音素"，以保平安。青年人多以游玩为主。老人则对这个节日特别看重，往往备上香火，去庙里许愿、还愿，祈福。

◎ 海峡两岸厦门思明民俗文化节

时间：2011年4月
地点：厦门市思明区
主办单位：厦门市贸易发展局、厦门市对台贸易促进中心、中共思明区委、思明区人民政府、第十五届台交会组委会

有闽台老字号精品展、特色商品展、品牌企业展示、"悍马"等高档汽车展示、灯谜展、时尚街舞表演赛等活动。

◎ 郑成功文化节

时间：2011年4月至5月
地点：厦门市思明区

除举办颂典仪式外，还举办了郑成功文化论坛、延平郡王祠奠基仪式、闽台民俗文化交流、"郑成功之旅"一日游、台湾民俗文化踩街等活动。

◎ 新罗区第四届乡村旅游节

时间：2011年4月至12月
地点：龙岩市新罗区

以"红色乡村、绿色家园"为主题，融社会主义新农村风貌参观、文化活动开展、特色商品展示、旅游观光体验等活动为一体，让游客在乡村旅游中领略和谐新罗、魅力新罗的深刻内涵。

◎ 福州三坊七巷文化旅游节

时间：2011年5月
地点：福州市

举办老字号小吃展卖、文化讲座等活动。

◎ 福州（长乐）第七届郑和开洋节暨第十三届海峡两岸经贸交易会

时间：2011年5月
地点：福州市长乐郑和广场

举行郑和下西洋开洋仪式及相关演出活动，再现600年前祭海开航壮举。

◎ 武夷山国际旅游节

时间：2011年5月
地点：南平市武夷山风景区
主办单位：福建省旅游局、南平市人民政府、香港中旅集团
承办单位：南平市旅游局、武夷山市人民政府

举办重大项目签约仪式、山海开发区项目对接洽谈会、武夷新区专场推介会、土地拍卖专场会、科技成果交易会、名特优和旅游产品展示展销会、闽台应用型人才培养战略企业与高校高峰论坛等活动。

◎ 第十三届莆田枇杷节

时间：2011年5月
地点：莆田市常太镇

常太镇有"中国枇杷之乡"之称。与往届相比，此次活动更重趣味性和娱乐性。活动上的"画枇杷"、"采枇杷"、"展枇杷"、"尝枇杷"、"赛枇杷"、"销枇杷"，吸引众多游客驻足。

◎ 赏花观瀑节

时间：2011年5月
地点：厦门市同安野山谷

同安野山谷里麻雀花、杜鹃花、映山红等奇花异草竞相怒放，美不胜收。节庆期间还推出水上泛舟、捉泥鳅、踩高跷、滚铁环、穿大板鞋、跳竹竿舞等乡村趣味活动。

◎ 2011海峡两岸龙舟赛

时间：2011年5月
地点：厦门市集美龙舟池

游客除可以在龙舟池畔观看精彩的龙舟竞渡，还可以观赏到夜光龙、宋江阵、"龙舟点睛"等传统的民俗表演。此外，配套的活动有中国集美——全国摄影大赛、海峡两岸龙舟文化论坛、经典诵读、诗歌与绘画展。

6月

◎ 第五届闽台对渡文化节暨蚶江海上泼水节

时间：2011年6月
地点：泉州市石狮市

举办海上民俗活动：海上泼水、海上捉鸭、龙舟邀请赛、冲浪红塔湾；陆上活动：民俗踩街、两岸灯谜联猜、攻炮城、两岸青年歌舞联欢会、对渡文化研讨会；同时还有两岸民俗摄影大赛、两岸美食美酒展示周等配套项目。

◎ 第二届闽南文化节

时间：2011年6月
地点：泉州市
主办单位：台盟中央、福建省文化厅、泉州市人民政府

以"弘扬闽南文化、增进交流合作、推动海西先行、加快泉州发展"为主题，举办百童百米长卷绘海峡、海峡两岸老人、老戏友、老弦友交流展演，泉州市讲古人电视大赛，锦绣庄民间艺术园开业仪式，第五届闽台对渡文化节，闽南文化研究会成立大会等活动。

◎ 第二十届海峡两岸关帝文化旅游节

时间：2011年6月
地点：漳州市东山县
主办单位：福建省旅游局、福建省海洋与渔业厅、福建省文化厅、共青团福建省委、福建省闽台交流协会、漳州市人民政府

举行关帝祭祀表演、大型关帝文化民俗踩街、广场文艺表演、海峡两岸东山风光摄影展、海峡两岸关帝文化研讨会等活动。

◎ 第五届漳州旅游节

时间：2011年6月
地点：漳州市东山县

包括海峡经济论坛、焰火晚会、关帝祭祀典礼、项目奠基剪彩、闽台水产品博览会、海峡两岸东山风光摄影展暨书画展、关帝文化踩街、项目推介签约仪式、广场剧场演出、关帝巡台庙会等多项活动。

◎ 三洲杨梅文化旅游节

时间：2011年6月
地点：龙岩市长汀县三洲乡杨梅园

各地游客纷至沓来，近千人参加了这一盛会。有采杨梅、赏杨梅、品杨梅酒等活动，使游客感受共同体验乡村观光、休闲旅游的快乐。

◎ 永泰亲水旅游文化节

时间：2011年6月至10月
地点：福州市永泰县天门山、青云山御温泉、青云山景区
主办单位：永泰县旅游局

推出最刺激的亲水景区的大聚会，较先进的水上游乐设施的大汇集，使亲水之旅升华得别具浪漫和风情。

7月

◎ 2011平潭沙滩文化节·海峡音乐季

时间：2011年7月
地点：福州市平潭县

平潭县作为两岸经贸和人文交往的重要窗口，充分发挥自身的区位优势，打造成为两岸民众共同期盼的文化盛事。此次活动以"阳光海峡，魅力平潭"为主题，举办派对、七夕热浪健美精英赛、台湾美食一条街等活动。

◎ 第四届厦门同安青岛啤酒节

时间：2011年7月至8月
地点：厦门市同安体育馆外的广场
主办单位：厦门市旅游局、同安区人民政府
承办单位：青岛啤酒东南营销有限公司、青岛啤酒（厦门）有限公司

本届青岛啤酒节以"激情狂欢，干杯同安"为主题，设主题活动舞台区、嘉年华互动体验区、啤酒售卖区、美食展销区、同安展示区、青啤文化展示区、观众休闲区，现场为游客献上异彩纷呈的嘉年华、啤酒、美食、音乐、游戏等丰富内容。

◎ 2011厦门购物节

时间：2011年7月至9月
地点：厦门各大卖场

各百货、超市、卖场、服装、旅游、家电、建材家居、地产、餐饮、休闲娱乐、食品、婚纱摄影、电子、通信、美容、日化等企业，通过举办形式多样的促销活动为消费者提供更多实惠的产品。

8 月

◎ 南平樟湖坂捕蛇节

时间：2011 年 8 月
地点：南平市樟湖坂

南平樟湖坂捕蛇节是南平樟湖镇的群众于每年农历七月初七举行的捕蛇迎菩萨活动。他们把捕到的蛇或持在手，或挂脖间，或挎肩上，边走边舞，场面壮观有趣。游行结束后，民众将蛇放入闽江，以祈求来年平安无事、五谷丰登。

◎ 2011 厦门自驾旅游节

时间：2011 年 8 月
地点：厦门市
主办单位：厦门市旅游局、思明区人民政府、厦门旅游集团、龙岩市旅游局、永定县人民政府

旅游节主题为"魅力西海行，乐在自驾游"。活动有"海西车友乐厦门"启动仪式暨海西自驾旅游协会协作签字仪式、海西车友土楼行暨"海西自驾冲击上海大世界吉尼斯纪录"、自驾旅游用品以及评选活动。

9 月

◎ 首届海峡两岸齐天大圣文化旅游节

时间：2011 年 9 月
地点：南平市顺昌县

举办海峡两岸齐天大圣文化学术研讨会、齐天大圣祖庙谒祖、齐天大圣神灵绕境巡安、齐天大圣神坛祭祀、齐天大圣信仰民俗表演等系列活动。

◎ 中秋博饼文化旅游节

时间：2011 年 9 月至 10 月
地点：厦门市

每逢中秋佳节，厦门家家户户合家团圆，沉浸在喜悦的节日气氛中。举办博饼展卖，同时，借助博饼文化节这个平台，宣传企业文化，推广企业品牌。

◎ 尝新节

时间：2011 年 9 月、10 月
地点：宁德市福鼎磻溪镇畲族村寨
主办单位：福鼎市旅游局

山区畲族村多种水稻，农历八九月水稻收割。为庆丰收，村民们择吉日将新收成的大米蒸饭，先装满两大碗，摆在厅前供祭天地，当晚全家尝新。传说这天"多一人尝，多一人粮"。同时，还举办各种民俗表演等活动。

◎ 龙岩海峡客家旅游欢乐节

时间：2011 年 9 月至 11 月
地点：龙岩市
主办单位：国家旅游局、福建省人民政府
承办单位：龙岩市人民政府、长汀县人民政府

举办公祭客家母亲河大典、广场文艺演出、海峡客家民俗集体婚礼、千壶（福）宴、海峡客家歌曲创作演唱赛颁奖晚会等活动。

10 月

◎ 永安笋竹文化旅游节

时间：2011 年 10 月
地点：三明市永安市

在旅游节期间召开产品推介会，开展永安风味小吃一条街、林竹产品展示等活动。

◎ 世界客属石壁祖地祭祖大典

时间：2011 年 10 月
地点：三明市宁化县

祭祖大典期间，举办客家风情文艺演出、游览国家地质公园天鹅洞群风景区、电视连续剧首映式等活动。

◎ 海峡摇滚音乐节

时间：2011 年 10 月
地点：厦门市五缘湾

摇滚音乐节延续往届"摇滚"的主题，邀请大陆、

中国台湾、东南亚及欧美等具有代表性的乐队进行表演。现场分为音乐广场、文化广场和欢乐海湾等区域。

◎ 2011厦门花车巡游

时间：2011年10月
地点：厦门市

每年的花车巡游吸引了国内外商家积极参与，给市民和游客带来了无尽的欢乐。

◎ 2011厦门国际动漫节

时间：2011年10月至11月
地点：厦门市软件园
主办单位：厦门市人民政府
承办单位：厦门国际动漫节组委会

厦门国际动漫节定位于打造国内最具权威的动画作品大赛。内容包括"金海豚"动画作品大奖赛、厦门动画论坛、动画放映周等活动。

◎ 中国·湄洲妈祖文化旅游节

时间：2011年11月
地点：莆田市
主办单位：国家旅游局、福建省人民政府

举办广场文艺演出，妈祖文化研讨会，两岸民俗风情会演，摄影展、书籍展、书画展、筵桌展等活动。

◎ 第四届中国·东山国际帆船文化节

时间：2011年11月
地点：漳州市
主办单位：漳州市人民政府
承办单位：福建水上运动协会、东山县人民政府

有来自中国、意大利、日本、菲律宾等20多个国家和地区的帆船代表队近200名运动员，参加国际帆船公开赛和亚洲风筝帆板公开赛。

◎ 中国武夷山国际山·水·茶旅游节

时间：2011年12月
地点：南平市武夷山
主办单位：国家旅游局、国家体育总局、中国风景名胜区协会、中国文物学会、中国茶业流通协会、中国国际茶文化研究会、国际茶业科学文化研究会、海峡茶业交流协会、福建省人民政府
承办单位：福建省旅游局、福建省农业厅、福建省体育局、南平市人民政府、武夷山市人民政府

安排旅游、茶事、体育三大类适宜各类专家、客商、游客广泛参与的活动。

◎ 中国（沙县）小吃文化旅游节

时间：2011年12月
地点：三明市沙县

中国沙县小吃旅游文化节成为国内知名的节庆品牌。其主要活动有：开幕仪式、小吃邀请赛、美食品尝、旅游观光、文化活动、经贸洽谈、展览展示等特色活动。

商务会展

◎ 福建莆田医疗器械药品展销会

时间：2011年2月
地点：莆田市秀屿区医疗药品器械展览馆
主办单位：莆田市人民政府
承办单位：莆田市亚博展览服务有限公司

1.处方药、各类西药、片剂、新特药等；2.经国家批准的各类非处方药；3.各种中药、中成药等；4.各类医疗器械、治疗仪器设备等。

3月

◎ 第十一届中国厦门国际石材展览会

时间：2011年3月
地点：厦门国际会展中心
主办单位：中国五矿化工进出口商会
承办单位：厦门会展金泓信展览有限公司

1.各类石材、石雕工艺品、园林风景石及人造石制品；2.石材矿山开采设备、石材加工机械及磨具、石材化学防护用品、各类石材监测仪器、科研设计成果、杂志资料等。

4月

◎ 第十五届海峡两岸机械电子商品交易会暨厦门对台进出口商品交易会

时间：2011年4月
地点：福州国际会展中心

农产品和食品、家庭用品和工艺品、轻工纺织和服装等。

◎ 2011中国（厦门）节能照明展览会

时间：2011年4月
地点：厦门国际会展中心
主办单位：台交会组委会
承办单位：福建省光电行业协会、福建省节能灯具出口基地商会、厦门市科技局、厦门市新兴产业办、厦门市光电子行业协会

1.LED及太阳能：包括原材料和设备等；2.节能灯：包括各种规格和型号的节能灯、配件和部件等；3.广告照明：包括节能材料、照明模块、发光字、广告照明系统等；4.装饰照明：包括夜景、装饰、景观装饰照明等；5.家居照明：包括家居灯具、智能照明系统、家居电工产品等；6.商业照明：包括交通运输照明、体育场馆照明、舞台灯光照明等。

◎ 第十五届海峡两岸（福州）美容美发美体用品博览会

时间：2011年4月
地点：福州国际会展中心
主办单位：福州市美容美发化妆用品行业协会
承办单位：福州跨越传媒有限公司

日化原料、日化设备及包装主题；洗涤、护肤及化妆品主题；美容化妆用品；美发护发生发用品；减肥塑身美体用品；医学美容保健用品；美甲文身艺术；美容美发化妆品生产包装设备、容器；专业美容形象设计学校、美甲培训机构。

◎ 第七届福建畜牧业及饲料工业展览会

时间：2011年4月
地点：福州国际会展中心

1.优良种畜禽：猪、鸡、鸭、鹅、牛、羊、兔及其胚胎等形象图片和实物；2.动物保健品：兽药、兽药原料、药物添加剂、畜禽疫苗、诊断试剂等；3.饲料及饲料相关产品：饲料原料、饲料添加剂、饲料加工机械设备及配件、饲料产品质量检测仪器设备等；4.机械设备：自动化饲养场建设设施和材料、畜牧机械、孵化设备以及其他养殖设备等；5.畜产品加工设备：肉类屠宰设备、肉类加工设备、蛋及蛋制品加工设备、奶制品加工设备、保鲜设备、食品包装材料等；6.畜牧业信息及咨询服务：教学科研、科技咨询、出版、期刊、网站等。

◎ 第十三届中国晋江国际鞋业博览会

时间：2011年4月
地点：晋江市美旗城
主办单位：国务院台湾事务办公室、中国文学艺术界联合会、中国轻工业联合会、中华全国台湾同胞联谊会、中华文化联谊会、福建省人民政府
承办单位：福建省人民政府、晋江制鞋工业协会

1.鞋类制成品：运动鞋、休闲鞋、皮鞋等；2.皮革制品：皮革、皮具、皮带、手套和其他皮制品；3.各类制鞋材料及配件、化工原料、制鞋制革机械设备及相关科研、设计等。

◎ 第六届中国海峡工艺品博览会

时间：2011年4月至5月
地点：莆田工艺美术城
主办单位：国务院台湾事务办公室、中国轻工业联合会、福建省人民政府
承办单位：中国工艺美术协会、中国工艺美术学会、福建省经济贸易委员会、福建省政府台湾事务办公室、福建省文化厅、福建省新闻出版局（版权局）、福建省教育厅、福建省外经贸厅、福建省城镇集体工业联合社、福建省贸促会、莆田市人民政府

木雕工艺品、根雕工艺品、陶瓷工艺品、玉雕工艺品、石雕工艺品、首饰工艺品等。

◎ 第八届厦门人居环境展示会

时间：2011年5月
地点：厦门国际会展中心
主办单位：住房和城乡建设部建筑节能与科技司、福建省住房和城乡建设厅、厦门市人民政府

厦门新城建设及旧城改造、城市交通建设、重大片区开发建设和海洋生态建设等成就展示。

◎ 海峡西岸（厦门）园林园艺与绿色环保展览会

时间：2011年5月
地点：厦门国际会展中心
主办单位：厦门市人民政府
承办单位：住房和城乡建设部建筑节能与科技司、福建省住房和城乡建设厅、厦门市人民政府

厦门园林园艺、园林机械、城市景观与绿化艺术、生物技术与产品、景观设计及综合服务等。

◎ 第六届中国（厦门）国际建筑节能博览会

时间：2011年5月
地点：厦门国际会展中心
主办单位：住房和城乡建设部建筑节能与科技司、福建省住房和城乡建设厅、厦门市人民政府
承办单位：住房和城乡建设部建筑节能中心、厦门市建设与管理局、厦门市节能中心、厦门华览商务会展有限公司

集中展示国家节能减排工作、规划与措施，建筑节能、低碳经济规划与实践，低碳城市建设与规划等。

◎ 2011厦门公共安全技术与产品展览会

时间：2011年5月
地点：厦门国际会展中心

新型公共安全技术与产品。

◎ 第九届中国海峡项目成果交易会

时间：2011年6月
地点：福州海峡国际会展中心

通过成果展示、项目推介洽谈、政策咨询、信息发布和现场对接等方式，为国内外高校、科研院所、企业和投资者开展项目成果对接提供交易平台。

◎ 第九届中国厦门国际食品交易博览会

时间：2011年6月
地点：厦门国际会展中心
主办单位：中国食品进出口商会、福建省对外贸易经济合作厅、厦门市贸易发展局
承办单位：厦门市食品行业协会、厦门市凤凰创意会展服务有限公司

1.食品类展区：饮料罐头、糖果及休闲食品、水产品、调味品、保健食品、冷冻食品及肉制品等；2.酒类展区：白酒、葡萄酒、啤酒、黄酒、果酒、保健药酒，酒具用品等；3.果蔬农产品展区：新鲜果蔬、干果、罐装果蔬、冷冻果蔬、蜂蜜等；4.食品原料、配料、添加剂展区：各类食品原辅料、配料、各类食品添加剂等；5.茶叶展区：乌龙茶、绿茶、红茶、茶浓缩汁、茶粉、茶食品等；6.食品机械展区：食品技术工艺等。

◎ 2011第二届中国（厦门）卫生用品博览会

时间：2011年7月
地点：厦门国际会展中心

这是一次卫生用品行业的科技盛会。全球知名的卫生用品及设备材料供应商都云集中国泉州，集中展示当今最为领先的卫生用品及相关领先设备材料。

◎ 第二届海西烘焙暨咖啡展览会

时间：2011年7月
地点：厦门国际会展中心

烘焙与咖啡产业交流会、两岸业界首次深度论坛、国际烘焙大师现场授艺等内容。

◎ 2011中国（泉州）食品机械与包装展览会

时间：2011年8月
地点：泉州市
主办单位：福建省食品工业协会、泉州市经济贸易委员会、晋江市人民政府

设休闲食品展区、葡萄酒及烈酒区、饮料展区、粮油食品展区、农产品展区、食品添加剂展区、食品机械与包装区等。

◎ 第七届海峡旅游博览会

时间：2011年9月6日至11日
地点：厦门国际会展中心
主办单位：国家旅游局、福建省人民政府

推出了旅游精品展会、旅游投资合作、海峡旅游一加一洽谈会等活动。

◎ 第十五届中国国际投资贸易洽谈会

时间：2011年9月
地点：厦门国际会展中心

1.建筑配套设备节能系列：采暖、空调、通风、制冷、热水系统等节能产品与技术；2.建筑节能、节水设施、设备；3.节能厨房、节能燃气灶和热水器、高效排油烟机；4.建筑保温节能系列：墙体保温材料、新型保温和屋面保温技术与产品。

◎ 2011亚洲品牌连锁项目投资博览会

时间：2011年9月
地点：厦门国际会展中心

餐饮食品项目展、生活品牌连锁展、科技成果展等。

◎ 第六届中国国际（厦门）渔业博览会

时间：2011年9月
地点：福州国际会展中心

分为水产品、养殖及设备、加工技术及设备、捕捞技术及装备、饲料及渔药、休闲渔业及钓鱼钓具、物流服务及技术七大类。

◎ 福建（秋季）国际广告四新展览会

时间：2011年10月
地点：厦门国际会展中心

广告与数码影像制作设备；标志、展览展示系统；广告媒体；LED系列；广告制作材料等。

◎ 中国厦门国际佛事用品展览会

时间：2011年10月
地点：厦门国际会展中心
主办单位：厦门市总商会（工商联）、厦门市国际商会

包括香、佛像、佛具、蜡烛、灯具、纸质品、书画音像、宫庙用品、原料设备、素食等项目展览。

江西

节庆文化活动

◎ 中国·南昌金塔风味新春旅游小吃文化节

时间：2011年1月
地点：南昌市绳金塔园区

举办美食大荟萃、工艺品展、文艺晚会等活动。

◎ 八大山人梅湖景区迎春庙会

时间：2011年1月至2月
地点：南昌市八大山人梅湖景区

游客不仅可以看到久违的民间杂耍，品尝到花样繁多的美味小吃，还可以参与各种妙趣横生的娱乐活动，过上一个红红火火的热闹年。中国结、红灯笼、新年吉祥物在八大山人梅湖景区随处可见，红红火火的新年气氛让整个景区沐浴在一片喜庆之中。春节期间，游客可以与家人一起逛庙会，领略传统文化，感受春的气息。

◎ 第三届铜鼓客家文化节

时间：2011年2月
地点：宜春市铜鼓县

本次文化节是铜鼓客家民间文化的一次集中展示，来自全县各乡镇及周边县市的客家代表队参与了此活动。其间，举办客家民间艺术巡游和客家舞龙表演、客家山歌演唱大赛等活动。

◎ 莲花县第二届油菜花文化旅游节暨"如画莲花"摄影大赛

时间：2011年3月
地点：萍乡市莲花县

10万亩油菜花竞相绽放，欢迎着八方来客。以"放飞金色希望，相约如画莲花"为主题，活动有开幕式文艺会演、游览油菜花海、帐篷篝火晚会、特色农产品展销、登山赏景、骑自行车观光、美文美图大赛等。

◎ 2011中国（赣州）客家生态文化旅游节

时间：2011年3月
地点：赣州市赣县
主办单位：赣州市旅游局、中共赣县县委、赣县人民政府

举办中国（赣州）客家生态文化旅游节启动仪式暨赣县樱花节、储潭油菜花节、湖江桃花节、南塘登鹿山活动、吉埠杨梅节活动、大型山水实景打击乐《客家摇篮·千鼓盛宴》文体表演活动及夏浒古村开放仪式、三溪寨九坳景区"勇攀巅峰"攀岩大赛、"月满中秋"白鹭民俗展演活动、田村宝华寺开光大典、脐橙采摘节等多项活动。

◎ 庐陵文化旅游节

时间：2011年3月
地点：吉安市青原区

庐陵文化旅游节为期3天，分别在渼陂、陂下、东固三地设立会场。举办民俗表演、陂下古村风光图片

展、庐陵趣味美食赛、庙会土特产展销、畲族祭奠仪式和畲族风情展等活动。

◎ 江西兴国特色旅游文化节

时间：2011年4月
地点：赣州市兴国县

以"弘扬传统文化，倡导低碳人居，促进和谐发展"为主题，举办歌舞、武术表演等活动。

◎ 江西·黄马凤凰沟第四届樱花节

时间：2011年4月至5月
地点：南昌市南昌县凤凰沟风景区
主办单位：江西省现代生态农业示范园、南昌市旅游局、南昌县乡村生态旅游领导小组

活动的主题是"春天最想去的地方——山水黄马、美丽凤凰沟"。活动期间组织"樱花杯"摄影大赛、自行车游园比赛、书画艺术家黄秋园故里采风、趣味农耕运动会、自驾游激情游园、赏樱植树认种认养、健康养生讲座等系列活动。

◎ 2011第二届中国·井冈山国际杜鹃花节

时间：2011年4月至5月
地点：吉安市井冈山
主办单位：江西省旅游局、吉安市人民政府

以"生态井冈、十里杜鹃"为主题，活动包括"井冈山杯"花卉盆景精品展、井冈山陶瓷艺术暨新型工农业产品展、外国人眼中的中国——驻华使节井冈山主题活动、百家旅游网商看井冈、百家旅行商井冈山深度踩线、全国网络媒体井冈山采风、千辆自驾车赏花游、杜鹃花谜有奖竞猜、"杜鹃花为媒，井冈山作证"——万人相亲会等。

◎ 第八届景德镇·浮梁茶文化旅游节

时间：2011年5月
地点：景德镇市
主办单位：景德镇市旅游局、浮梁县人民政府

以"茶韵·绿语·民风"为主题，举办浮梁茶展销、采茶表演、茶歌伴舞、瀑布品茶、茶歌会、舞龙灯、音乐游园会、瑶河放排、百人捣衣瑶河畔、古镇写生醉瑶乡、古镇美食品尝会、采茶露营会等丰富多彩的活动。

◎ 中国宜春·明月山月亮文化节

时间：2011年5月至9月
地点：宜春市明月山

本届月亮文化节主题为"禅月相通·月明禅心"，保留和提升了以往月亮文化节经典，凸显爱情文化。举办农耕健身大赛、月亮文化旅游产品展销会、硒温泉开发利用研讨暨项目推介会、重大产业和重点项目招商推介等活动。

◎ 第五届南昌杨梅节

时间：2011年6月
地点：南昌市安义县
主办单位：南昌市人民政府
承办单位：南昌市旅游局、安义县人民政府

举办果农"杨梅王"擂台赛，游客"品梅王"擂台赛，情侣"含梅"赛，体验杨梅采摘、杨梅系列产品及乡村特色产品展等系列活动。亮点频闪、看点丰富，成为南昌及周边城市市民一次丰盛的旅游大餐。

◎ 中国（新余）仙女湖情歌节暨七夕情人节

时间：2011年8月
地点：新余市仙女湖景区

仙女湖七夕情人节为新人情侣、七仙女选手、游客来宾呈献众多精彩节目。举办情定仙女湖水上集体婚礼仪式、七仙女选美大赛颁奖典礼、大型七夕情人节文艺晚会。这些精彩活动在美丽的仙女湖畔展示了东方传统节日的独特魅力，炫舞仙女湖璀璨的情爱光芒。

9月

◎ 景德镇第八届瓷文化旅游节

时间：2011年9月
地点：景德镇市
主办单位：景德镇市人民政府、瓷博会执委会
承办单位：景德镇市旅游局、景德镇市文化局、景德镇陶瓷商会、中国陶瓷城

一年一度的瓷文化旅游节，是每年的国际陶瓷博览会的重要组成部分。本届瓷文化旅游节活动丰富多彩。盛大开幕式、大型文艺会演和瓷乐表演通过现代文艺、瓷乐演奏与民间绝活相结合，让市民深切体会陶瓷文化的博大精深，给市民奉献其乐融融的文化盛宴。

◎ 第四届武功山国际帐篷节

时间：2011年9月
地点：萍乡市武功山风景名胜区

露营基地启动仪式、高山草甸露营、穿越挑战赛、摄影、岩降、滑翔伞观摩赛、小轮车表演等。

◎ 朝仙会

时间：2011年9月至10月
地点：南昌市新建县西山万寿宫

西山万寿宫位于新建县西山乡逍遥山南，是为纪念著名道家人物许真君所建。万寿宫香火旺盛，特别是从每年农历八月伊始，为纪念许真君生日，这里都要举行盛大的庙会，前来赶会进香和游览的游客络绎不绝。香客朝拜前，要斋戒一个礼拜，再洗澡换衣，肩上斜挂黄色进香袋，敲锣打鼓结队出发。

10月

◎ 龙虎山国际帐篷节

时间：2011年10月
地点：鹰潭市龙虎山风景区

每到最适合露营的季节，在龙虎山这片美丽的山水之中总有一次国际性的帐篷盛会。驴友们从全国各地集结而来，尽情欢乐，享受这个属于自己的节日，参与主办方举办的各种惊险刺激的活动。

◎ 婺源——中国乡村旅游文化节

时间：2011年10月
地点：上饶市婺源县
主办单位：江西省旅游局、上饶市人民政府

举办文艺演出、图片展、朱熹诞辰纪念等各种专题活动。

◎ 樟树国际药膳养生文化旅游节

时间：2011年10月
地点：宜春市樟树市

举办药都养生论坛、美食药膳展评、养生保健一日游等活动。

◎ 第六届中国竹文化节

时间：2011年10月
地点：宜春市
主办单位：江西省人民政府、国际竹藤组织
承办单位：中国竹产业协会、江西省林业厅、宜春市人民政府

以"生态竹乡·低碳宜春"为主题，开展竹、藤系列产品洽谈会、座谈会、论坛等活动。

商务会展

2月

◎ 第十四届南昌家装建材家居展览会

时间：2011年2月
地点：福州路体育馆
主办单位：江南都市报社
承办单位：天地仁和展览公司

品牌家装、精品建材、时尚家居等。

3月

◎ 2011南昌第十一届家装建材家居展览会

时间：2011年3月
地点：江西省展览中心

1.建筑陶瓷、装饰陶瓷、卫生洁具、隔断等；2.集成家居、天花板、吊顶、天花板灯盘及各类屋顶屋面材料等；3.各种材质、功能地面铺装材料地板、楼梯、装饰工艺品及木工机械等；4.各种门窗的原材料、自动门、车库门、门禁系统、铁艺及室内外遮阳系列、日用五金及楼宇智能化系统等；5.化工涂料、建筑涂料、装饰涂料、油漆、防水技术及相关设备等；6.新型复合墙体材料、各种管件、采暖空调节能产品与技术、节水产品和技术等；7.太阳能热水器、地暖系统等；8.灯具灯饰产品、电光源产品、照明电工产品、智能家居类照明、节能照明与节能家电产品等；9.装饰设计公司、家居布艺、装修设计软件等。

◎ 江西国际口腔设备展览会

时间：2011年3月
地点：南昌国际展览中心
主办单位：南昌市卫生局
承办单位：江西华美会展服务有限公司

1.口腔诊断设备：牙科X线机、口腔内窥镜、牙科成像系统、牙科X光片自动显像影仪等；2.口腔治疗设备：牙科综合治疗机、牙科激光治疗机、各类牙科椅、各种牙医工具、牙科综合治疗台、牙科综合治疗箱等；3.数字化口腔：智能化口腔综合治疗台、数字化全景机、数字化口腔修复体制作系统；4.口腔辅助设备：洁牙机、各种拔牙机、打磨机等；5.口腔材料：各种牙体材料、各种造牙技术及材料等；6.口腔技工器材与设备：牙科设备、综合设备、牙科材料、牙科影像设备；7.口腔卫生用品：牙膏、牙刷、消毒剂、口腔保健、洁牙液等；8.口腔保健食品：木糖醇健齿口香糖等。

◎ 第十四届江西国际医疗器械展览会

时间：2011年3月
地点：南昌国际展览中心
主办单位：中国国际卫生健康产业交流协会、南昌市卫生局

影像设备、心脑电监护设备、生化及实验室设备、其他医用辅助设备。

◎ 第七届江西制药机械及药品包装设备展览会

时间：2011年3月
地点：南昌国际展览中心
主办单位：中国国际卫生健康产业交流协会
承办单位：华美会展服务有限公司

药品与食品制造机械及设备、药品与食品包装机械、药品与食品检测与储藏设备等。

◎ 第二十一届江西美容美发美体用品博览会

时间：2011年4月
地点：江西省展览中心
主办单位：江西省美容美发协会、南昌市商业贸易委员会

开展美容行业发展趋势研讨会；时尚发型秀；新产品及新技术现场演示、招商会、恳谈会、答谢酒会等。

◎ 2011中国·南昌绳金塔第三届观赏石博览会

时间：2011年5月
地点：南昌市绳金塔景区
主办单位：江西省观赏石协会、南昌市中华民族文化促进会、中共西湖区委、西湖区人民政府
承办单位：西湖区文化广播旅游局、南昌市绳金塔旅游发展有限公司、江西省圆通文化传播有限公司

举办西湖区旅游业发展研讨会、绳金塔观赏石论坛、奇石产业发展论坛、名家鉴宝等系列活动。

◎ 2011南昌家装建材万人团购会

时间：2011年5月
地点：江西省展览中心
主办单位：江南都市报社
承办单位：北京家家户户文化有限公司江西分公司

建材装饰等用品展销。

◎ 2011中国江西国际装备制造业博览会

时间：2011年6月
地点：南昌国际展览中心
主办单位：江西省工业经济联合会
承办单位：江西省华美会展服务有限公司

机床、工具与机床附件；有色金属、金属加工、铸造、冶金技术设备、矿用机械专用设备；工控自动化、仪器仪表、计量检测设备、流体机械与动力传动设备；电力电工设备、电厂电站设备；塑胶机械、焊接切割、五金工具；表面处理材料及设备、涂装设备和辅助产品；物流技术与设备、通用基础件。

◎ 2011江西国际机床及模具技术设备展览会

时间：2011年6月
地点：南昌国际展览中心
主办单位：江西省工业经济联合会
承办单位：江西省华美会展服务有限公司

航空航天、优势装备制造业高新技术成果展示；机床与金属加工设备；机床部件及辅助设备；模具及配套件；工业自动化设备。

◎ 第四届江西绿茶博览会

时间：2011年6月
地点：南昌市
主办单位：江西省农业厅、南昌市人民政府
承办单位：江西省茶业联合会、南昌市茶叶交易市场

在重点突出"展示展销"和"优质茶评比"的基础上，新增加了"茶知识大赛"、"茶文化书画展与表演"活动，还特设了幸运大抽奖和万人免费品茗活动。

◎ 2011中国（江西）首届休闲文化产业博览会

时间：2011年6月
地点：江西省展览中心
主办单位：江西省文化产业开发中心
承办单位：博大国际展览集团（香港）有限公司、南昌思创会展服务有限公司

各类休闲产品展销、座谈会、论坛等。

◎ 2011中国红色旅游博览会

时间：2011年7月
地点：南昌市
主办单位：国家旅游局、江西省人民政府
承办单位：全国红色旅游工作协调小组办公室、中共江西省委宣传部、江西省发改委、江西省公安厅、江西省教育厅、南昌市人民政府等

本届红博会将围绕"红色旅游、红歌嘹亮"这一主题，举行"红色旅游·红歌嘹亮——2011中国（江西）红色旅游博览会开幕式暨全国红色旅游地庆祝建党90周年大型情景演唱会"、2011中国网络红歌大赛和2011中国（江西）旅游工艺品交易会暨第四届中国（江西）旅游工艺美术作品设计（创作）大赛。

◎ 中国景德镇国际陶瓷博览会

时间：2011年10月
地点：景德镇中国陶瓷博物馆
主办单位：商务部、中国轻工业联合会、中国国际贸易促进委员会、江西省人民政府
承办单位：景德镇市人事局

设置国内品牌陶瓷、国际陶瓷、高科技陶瓷、日用瓷、陈设艺术瓷、工业陶瓷、电子陶瓷、陶瓷辅助材料、设名人名作展区、大赛精品陶瓷等展览活动。

◎ 2011中国绿色食品博览会

时间：2011年11月
地点：南昌国际展览中心
主办单位：商务部、江西省人民政府
承办单位：商务部流通产业促进中心、中国食品和包装机械工业协会、江西省农业厅、江西省商务厅、南昌市人民政府

各种绿色食品、绿色蔬菜、企业成果、企业形象等展销、展示活动。

◎ 江西农业生产资料新产品、新技术展览会

时间：2011年12月
地点：江西省展览中心

各种肥料、肥料原料、生物制品、农药、农药原料、植物生长调节剂、植保器械、种子、检测仪器、农药、肥料生产包装设备等相关产品。

山东

节庆文化活动

2月

◎ **大明湖春节文化庙会**

时间：2011年2月
地点：济南市大明湖公园
主办单位：大明湖公园

活动有演出舞狮绝技，抬阁、背阁、高跷，全景区巡游演出古装版"乾隆迎宾"，吴桥杂技；娱乐游戏有套圈、射击、投球、"打地鼠"等；风味美食有各种民间传统特色小吃；民俗艺术展演及民俗手工艺现场制作有特色民俗手工艺的现场演示、制作、销售；文化书市中有各类书籍、古玩及工艺品展销。

◎ **2011泉城新年祈福会**

时间：2011年2月
地点：济南市灵岩寺

举办祈福大典，撞新年第一钟、击新年第一鼓、进新年第一香，并开展一系列求福、送福、祈福活动。

◎ **趵突泉第三十二届迎春花灯会**

时间：2011年2月
地点：济南市趵突泉公园
主办单位：趵突泉公园

举办大型灯组展出；曲山艺海：吕剧、柳子戏、曲艺等演出；灯谜有奖竞猜；皮影戏；拉洋片；剪纸、捏面人、内画等民俗文化展演；书画展览等活动。

◎ **第二届中国江北水城·运河古都（聊城）迎新春灯会**

时间：2011年2月
地点：聊城市水城广场

灯组内容丰富多彩，包括玉兔迎春门、富兔迎春、二龙戏珠、祖国万岁、盛世中华、吉祥如意、龙凤迎春、鲤鱼跃龙门等。此外，灯会期间游客和市民还能欣赏到精彩的文艺演出，参与有奖竞猜灯谜活动。

◎ **山东淄博花灯艺术节**

时间：2011年2月
地点：淄博市张店区

艺术节期间，举办淄博花灯论坛、淄博花灯展、民间扮玩活动展演、非物质文化遗产成果展、淄博花灯艺术节摄影大赛等系列群众文化活动。

◎ **烟台毓璜顶庙会**

时间：2011年2月
地点：烟台市毓璜顶公园
主办单位：毓璜顶公园

除了烧香祈福活动外，还组织大秧歌和地方戏曲等地方文艺节目。

◎ **青岛（市北）萝卜会、元宵山会**

时间：2011年2月
地点：青岛市儿童公园、当代广场

举办开幕式、萝卜艺术雕刻大赛、民间工艺品制作大赛、元宵制作展评、闭幕式等活动。

◎ 青岛海云庵糖球会

时间：2011 年 2 月
地点：青岛市四方区海云庵
主办单位：青岛市人民政府、四方区人民政府

有戏曲荟萃名票专场、传统木偶戏、民间杂耍表演、灯谜竞猜、四方相声俱乐部专场演出、"糖球皇后"评选等活动。

◎ 博兴丈八佛生日庙会

时间：2011 年 2 月
地点：滨州市博兴兴国寺

博兴兴国寺石造像，身高约一丈八尺，俗称"丈八佛"，因此定每年农历正月初八为丈八佛生日。每年此时均有规模盛大的民间庙会举行，俗称"丈八佛生日庙会"。

◎ 阳信刘家阁庙会

时间：2011 年 2 月
地点：滨州市阳信县劳店乡玉皇庙村

刘家阁本名"灵霄阁"，因位于阳信县洋湖乡庙刘村路西而俗名"刘家阁"。因阁始建于明万历年间，清康熙四年重建，民国 7 年重修，整组建筑风格独特。每逢庙会，香客云集，游人如织，马戏、杂技、歌舞、秧歌等异彩纷呈，土特产品、风味小吃琳琅满目，热闹非凡。

◎ 惠民胡集灯节书会

时间：2011 年 2 月
地点：滨州市惠民县胡集村

灯会是由"前节"、"正节"、"偏节"三部分组成的，是一年一度的全国性曲艺盛会。史书记载，肇始初年，南方的渔鼓艺人与北方的落子艺人互不服气，对垒唱戏，犹如擂台较量，第二年双方又各自约来了更多的同行艺人，再次对唱，循环往复，这样艺人越来越多，观众越来越踊跃，所以影响也就越来越大，惠民城于是开始每年形成稳定的书会。艺人们聚在一起切磋技艺、交流书目，"平话"在惠民一带开始盛行。书会期间每天早、中、晚三场，来自全国各地的艺人络绎不绝，评书、西湖大鼓、梅花大鼓、木板书、毛竹板、沧州木板、相声、山东琴书、山东快书、河南坠子、渤海大鼓、鲁北大鼓、京韵大鼓、天津时调、山东渔鼓等艺术形式应有尽有，观众还可以听到冷门的过窑调、缂大鼓、河间大鼓、东路大鼓、数来宝等。

◎ 青岛田横祭海节

时间：2011 年 3 月
地点：青岛市即墨市田横镇
主办单位：即墨市人民政府

田横镇祭海民俗已有 500 多年历史，是渔民在漫长的耕海牧渔生活中创造的一种独具地域特色的渔家文化。届时举办规模空前的祭海典礼、开船仪式及摄影大赛、主题演讲、国家级非物质文化遗产展演、民间美术和手工技艺展演、灯谜竞猜等系列活动，吸引了数十万人前往观光游玩。2008 年，田横祭海节被列入第二批国家级非物质文化遗产名录。

◎ 惠民火把李庙会

时间：2011 年 3 月
地点：滨州市惠民县皂户李乡

农历二月初二是民间传说"龙抬头"的日子，在惠民县皂户李乡火把李村每年都举行隆重的庙会。庙会上最突出的特色产品便是摆满集市的各种泥塑，这一传统民间艺术品全部来自邻村的河南张村。据说每逢此时，河南张村村民就纷纷到集市上出售自制的工艺品"泥娃娃"。近年来，河南张泥塑已成为特色的民间文化，品种繁多，造型古朴，距今已有 600 多年的历史。相传在明宣德年间，民间就有制作泥人的传统，祖辈沿袭至今。

◎ 山青世界第四届农耕节

时间：2011 年 3 月至 4 月
地点：济南市历城区山青世界山青农庄

以"持续健康、永续生活"为主题，举办"从土地到餐桌"的健康生活讲座、农趣运动会等活动。

◎ 水帘峡第三届清明文化节

时间：2011 年 4 月
地点：济南市历城区水帘峡风景区

踏青、民俗表演、民族手工艺展览等活动。

◎ 国际赏石旅游文化节

时间：2011年4月
地点：济南市齐鲁七贤文化城
主办单位：中国观赏石协会、济南市人民政府
承办单位：济南齐鲁七贤文化城

邀请全国各地赏石爱好者、收藏家、石商，以及来自韩国、马来西亚、加拿大、新加坡、缅甸等国家的国际石友、石商。此次艺术节包括中外精品石展鉴评、颁奖、论坛、拍卖等活动。

◎ 2011中国（平阴）玫瑰旅游节

时间：2011年4月
地点：济南市平阴县

本届玫瑰节以"玫瑰之乡、浪漫风情"为主题，举办第三届玫瑰仙子评选活动、平阴旅游资源宣传推介活动、圣母山海棠花会、"聚焦玫瑰之乡"摄影大赛、花农生活体验活动、玫瑰阿胶养生套餐评比大赛等活动。

◎ 济南红叶谷郁金香节

时间：2011年4月至5月
地点：济南市红叶谷生态文化旅游区

不但有百万株郁金香盛放于红叶谷，游客还能欣赏到荷兰特色的民族风情。每届的郁金香品种都在50种以上，数量100多万株。郁金香节期间的每个周六及法定节假日，在景区内的香巴拉演出广场和郁金香主展区（欧洲风情谷）举行民族乐曲演出。

◎ 九顶塔文化艺术节

时间：2011年4月至6月
地点：济南市九顶塔中华民俗欢乐园

不但有情歌对唱选歌仙，还有走板鞋、抢柚子、顶南瓜、跳竹竿、拉木鼓等富有浓郁少数民族地方文化色彩的竞技比赛。

◎ 冠县梨园文化观光周

时间：2011年4月
地点：聊城市冠县冠州梨园

举办摄影创作活动、百对新人游梨园活动、冠县国家级非物质文化遗产——查拳的表演、聊城杂技团的杂技节目以及梨园当地传统剧种——乱弹表演等。

◎ 山东沂源第十七届汇泉桃花节

时间：2011年4月
地点：淄博市沂源县徐家庄乡桃花岛

在徐家庄乡桃花岛，娇艳盛开的桃花吸引了社会各界知名人士和四面八方的游客前来踏青赏花。此外，主办方还精心安排了许多丰富多彩的文娱活动。

◎ 第四届淄博·鲁山登山旅游节暨首届连翘花节

时间：2011年4月
地点：淄博市博山区鲁山国家森林公园
主办单位：淄博市旅游局、淄博市林业局、博山区人民政府
承办单位：博山区旅游局、鲁山国家森林公园

以"登山休闲、踏青赏花"为主题，来自各地登山爱好者报名参加了比赛。期间还举办摄影展、观连翘花等系列活动。

◎ 第二十八届潍坊国际风筝节

时间：2011年4月
地点：潍坊市

除传统的风筝比赛外，还举办中外夜光风筝比赛，该项比赛填补了国内该项赛事的空白。此外，首届中国画节也在风筝节上举行，同期举办的万人放飞表演活动还会申报吉尼斯世界纪录。

◎ 塔山山会

时间：2011年4月
地点：烟台市塔山公园

塔山山会是塔山的一项传统民俗活动，俗称"赶山"。相传这一天是王母娘娘的生日，芝罘民间旧俗是"逛塔山 赏梨花"。据说旧时这一时节，到塔山观赏梨花进香还愿的游客络绎不绝。现在的山会活动在保持原有地方民俗特色的同时，还推动了"塔山杯"群众登山比赛等系列活动。

◎ 莱阳梨花节

时间：2011年4月
地点：烟台市莱阳市
主办单位：莱阳市旅游局

莱阳市素有"梨乡"之称。游人既可以观赏这"千树梨花千树雪，一溪杨柳一溪烟"的梨乡景色，又可以领略莱阳农家田园风光。

◎ 南山大佛开光庆典暨南山春季庙会

时间：2011年4月
地点：烟台市南山大佛广场

举办书法绘画展、戏曲表演、武术表演、东北二人转表演、老年健身操表演、民间工艺品展示、车展和小商品交易等活动。

◎ 第十三届昆嵛山踏青登山节

时间：2011年4月
地点：烟台市昆嵛山景区

推出寻宝大行动、踏青赏花、科普之旅、登山健身、观百米瀑布九龙池、游览抗日遗迹、野味大餐、大型道场活动、武术表演、摄影大赛、生态游览等活动。

◎ 第八届青岛红岛蛤蜊节

时间：2011年4月
地点：青岛市城阳区

围绕丰富旅游内涵，突出旅游特色的主题，开展赶海、游海、吃海、住海、购海及民俗观光等一系列特色旅游活动。

◎ 2011全国群众登山健身暨"体彩杯"青岛市全民健身户外登山节

时间：2011年4月
地点：青岛市城阳区
主办单位：国家体育总局登山运动管理中心、中国登山协会、青岛市人民政府

举办登山比赛、风光摄影大赛等活动。

◎ 第三届沂州海棠节

时间：2011年4月
地点：临沂市河东区沂州海棠园

其间，游人既可游园赏花，感受大自然的清新美丽，又可摄影采风，观看剧团演出，参与盆景、插花艺术评选，参观地方产品展销等，享受亲身体验的乐趣。

◎ 熊耳山首届民俗文化旅游节

时间：2011年4月
地点：枣庄市熊耳山风景区

游客在这里不仅能领略熊耳山的壮美景色，还可以观看民俗文化展演，并且通过《鲁南非物质文化遗产名录》，深入了解山亭丰厚的非物质文化遗产。

◎ 中国（滕州）马铃薯节

时间：2011年4月
地点：枣庄市滕州市
主办单位：农业部信息中心、山东省农业厅、中共滕州市委、滕州市人民政府

在全国种植面积最大、亩产和亩均效益最高的山东省滕州市，小小的马铃薯已发展成为滕州特色农业中的一大优势产业。活动期间，来自全国各地百名客商云集于此，共同为马铃薯产业的发展献计献策，并良好地宣传自己的形象和品牌。其间，举办马铃薯机械暨滕州优势农产品展览、马铃薯产业发展报告会、马铃薯经贸洽谈会、马铃薯厨艺大赛、马铃薯节文艺晚会等活动。

◎ 第三届龙阳樱桃采摘节

时间：2011年4月
地点：枣庄市龙阳镇

以"龙阳果香精品一日游"为主要内容，开展采摘、评选等活动。

◎ 山东泗水桃花旅游节

时间：2011年4月
地点：济宁市泗水县
主办单位：济宁市旅游局、泗水县人民政府
承办单位：泗张镇人民政府、泗水县旅游局

通过举办开幕式文艺演出、桃花缘交友、民俗体验、民间文艺会演、摄影采风等活动，多方位为游客展示泗水县的山乡风情、民俗文化和泉水奇观。

◎ 2011中国汶上宝相寺太子灵踪文化节

时间：2011年4月至5月
地点：济宁市汶上县
主办单位：山东省旅游局、济宁市人民政府
承办单位：济宁市旅游局、汶上县人民政府

本届文化节以"打造中国佛都品牌 做强旅游文化产业"为主题。举办太子灵踪文化节开幕式大型文艺演出、企业家佛缘会、太子灵踪文化研讨会等活动。此外，还举办民间艺术展演等群众文化活动，以及在宝相寺内举行系列法会。

◎ 中国肥城第十届桃花节暨2011全国桃木旅游商品创新设计大赛

时间：2011年4月
地点：泰安市肥城市
主办单位：山东省旅游局、山东省泰安市人民政府
承办单位：山东省旅游商品开发服务中心、山东省泰安市旅游局、山东省肥城市人民政府

本届桃花节的主题围绕"吉祥桃都，美好肥城"展开，推出"好客山东"2011全国桃木旅游商品设计大赛、中国桃木旅游商品博物馆开馆仪式暨中国（肥城）国际桃文化旅游商品博览会开幕式、"走进肥城，共谋发展"肥城新兴产业重点项目招商推介会等活动。

◎ 祭拜中华商圣范蠡典礼

时间：2011年4月
地点：泰安市肥城市商圣文化园范蠡墓

众多海内外的著名企业家、范蠡研究专家等前来祭拜。肥城市早在1996年就成立了范蠡研究会，还整修了范蠡祠，修复了范蠡墓碑。典礼仪式结束后，来宾瞻仰了范蠡墓。

◎ 泰山东岳庙会

时间：2011年4月
地点：泰山市岱庙

庙会举办魔术杂技晚会、非物质文化遗产项目展示、泰山国宝文物精品展、泰山普照寺迎奉佛舍利活动、祈福道场、传统民间游艺竞技活动、旅游文化展等群众性活动。

◎ 第五届"五莲之春"杜鹃花节

时间：2011年4月
地点：日照市五莲山、九仙山景区

举办世界旅游小姐花车巡游、"她在花中笑"摄影大赛、2011世界旅游小姐江北赛区年度冠军总决赛暨第五届"五莲之春"杜鹃花节开幕式、"万人赏杜鹃吉尼斯世界纪录"认证、"万人赏杜鹃吉尼斯世界纪录"颁奖仪式等活动。

◎ 中国黄河口第九届桃花旅游节

时间：2011年4月至5月
地点：东营市

以"拥抱大自然、梦入桃花源"为主题，举办桃花旅游节大型文艺演出、东营市旅游商品大赛、企业招商等多项活动。

主要内容除登山活动外，主办方还精心准备了丰富多彩的民俗表演、农家采摘、生态旅游、纯正农家宴、现代马术比赛等活动。

◎ 第十届昌乐国际宝石节

时间：2011年4月至5月
地点：潍坊市昌乐县
主办单位：昌乐县人民政府

突出"时尚·魅力·幸福"的主题，举办蓝宝石形象大使全国评选、中国北方蓝宝订货会、两岸宝石经贸文化合作发展论坛、金牌高峰论坛、精品蓝宝石评比大赛、重点招商项目签约仪式、珠宝展销订货会等活动。

◎ 崂山茶文化节

时间：2011年4月至5月
地点：青岛市崂山景区

本届崂山茶文化节将休闲度假、品茶美食、健身娱乐等融为一体，着重突出"茶文化、美食文化、旅游文化"三大特色，精品绿茶、特色美食、生态旅游"三驾马车"打造茶节新亮点。相继组织开展了花样馒头和水饺大赛、茶园观光体验游、茶乡人家休闲游、茶文化博物馆免费游等系列活动。

◎ 青岛樱花节

时间：2011年4月至5月
地点：青岛市中山公园

青岛的樱花会始于20世纪30年代，被称为"东园花海"的中山公园樱花，早已被列入青岛十大胜景之一。春之来临，樱花遍野，争奇斗艳，是赏花的好季节。活动有大型开幕式、民间艺术展、赏花等。

◎ 2011菏泽国际牡丹花会

时间：2011年4月至5月
地点：菏泽市
主办单位：山东省旅游局、菏泽市人民政府
承办单位：菏泽国际牡丹花组委会

举办"2011菏泽国际牡丹花会"开幕式暨大型广场文艺演出、投资项目洽谈会、中国（鄄城）国际人发风情节、第八届国花婚礼大典、菏泽春季汽车展示交易会、第九届中国书画名家作品邀请展及迎花会"中泰散打对抗赛"等活动。

5月

◎ 中国江北水城·运河古都（聊城）文化旅游节

时间：2011年5月
地点：聊城市

举办葫芦文化艺术节、专家论坛、经贸洽谈、文化系列展、文艺演出、旅游商品博览会、全国钓鱼比赛、水城灯展、夜游东昌湖、划舟荡运河、花车巡游、山陕会馆庙会、民间艺术展演等活动。

◎ 2011山东阳谷千年古城水浒文化旅游节

时间：2011年5月
地点：聊城市阳谷县

阳谷历史悠久、文化灿烂，是上古时期东夷部落活动的中心区域，是中国农耕文明的重要发源地；阳谷因武松打虎的故事而名扬天下，在明清时期是京杭运河沿岸的璀璨明珠；阳谷隋朝置县，县城迁址于此达一千余年，是名副其实的千年古城。旅游节期间举办上百个种类的大型民间工艺品展示展销活动、阳谷县各旅游景点游园优惠活动和独具特色的地方戏曲演出等活动。

◎ 国际聊斋文化旅游节

时间：2011年5月
地点：淄博市淄川区洪山镇蒲家庄
主办单位：淄博市旅游局、淄博市人民政府

举办狐仙伴游、园内寻宝、书法摄影展览、地方戏联唱、吴桥杂技魔术表演、奇石展等活动。

◎ 青州第七届高山槐花节

时间：2011年5月
地点：潍坊市青州仰天山国家森林公园

以观赏槐花美景、品尝槐花食品为主题，带给游客全新的旅游体验。

◎ 第四届中国（乳山）母爱文化节

时间：2011年5月
地点：威海市大乳山滨海旅游度假区
主办单位：全国妇联宣传部、山东省妇联、山东省旅游局、山东省文化厅、威海市人民政府

以弘扬中华民族优良传统文化，在全社会倡导和发扬"爱母、敬母、回报母亲"的传统美德为主线，举办"十大杰出母亲"评选、母爱文化高峰论坛、母爱文化与孝道孝行报告会、母爱文化专题讲座、文艺演出等系列活动。

◎ 青岛北宅樱桃节

时间：2011年5月
地点：青岛市北宅街道

采摘、农家乐活动。

◎ 2011中国·青岛李沧茶文化节

时间：2011年5月
地点：青岛市李沧区
主办单位：李沧区人民政府、青岛市旅游局

本届茶文化节有品茶、春茶展销和猜灯谜等活动。

◎ 第七届中国蒙阴蒙山天然氧吧休闲节

时间：2011年5月
地点：临沂市蒙山云蒙景区

蒙山天然氧吧休闲节是蒙阴县率先打造的第一个以绿色休闲、健身度假为主题的旅游节庆活动，已连续举办了数届。其间，举办"初夏蒙山槐花香"媒体摄影采风等活动。

◎ 第四届中国临沂诸葛亮文化旅游节

时间：2011年5月
地点：临沂市沂南县
主办单位：中共山东省委宣传部、山东省文化厅、山东省旅游局、中共临沂市委、临沂市人民政府
承办单位：中共沂南县委、沂南县人民政府

以"智圣故里、魅力沂南"为主题，举办中国汉文化博览会、诸葛亮城落成典礼、纪念诸葛亮诞辰1830周年全国书画名家邀请展、诸葛亮故里旅游推介会等活动。

◎ 第四届中国（滕州）国际墨子文化节

时间：2011年5月
地点：枣庄市滕州市

其主题活动有新闻发布会、开幕式、2011祭墨大典、中国（滕州）科技创新成果交易博览会、墨子鲁班学术研讨会、中国（滕州）"科圣杯"发明创新大赛、经济贸易洽谈会、杏花村干杂海货调味品博览会、全国名家书"墨子名言"书法展、"班墨故里·幸福滕州"历史文化生态游等。

◎ 龙阳镇第三届民俗文化旅游节暨"吉路尔"杯登龙山赏槐花活动

时间：2011年5月
地点：枣庄市龙阳镇
主办单位：共青团滕州市委员会、滕州市体育局、滕州市旅游和服务业发展局、龙阳镇党委政府

来自市区及周边地区的百余名选手参加的登山比赛，在比赛开展的同时，还开展豫剧、葫芦丝独奏、唢呐独奏等精彩的节目，以及民间艺人捏泥人、扎松枝鸟、扎马扎等传统的民间手工艺节目。

◎ 孟子故里（邹城）中华母亲文化节

时间：2011年5月
地点：济宁市邹城市
主办单位：济宁市人民政府
承办单位：邹城市人民政府

本届文化节以"走近孟子、感悟母教、共建和谐、促进发展"为主题，举办纪念孟母和孟子大典、"感恩母亲，点亮真情"征文、母婴用品展、旅游推介等活动。

◎ 中国（金乡）国际大蒜节

时间：2011年5月
地点：济宁市金乡县
主办单位：中国蔬菜流通协会、济宁市人民政府
承办单位：金乡县人民政府

金乡县是我国最大的大蒜生产、出口基地。大蒜品质与产量逐年提高，并远销全国各地及世界各国。大蒜节期间，不仅举办了经贸洽谈活动及签约仪式，还推出名优大蒜展示展卖等活动。

◎ 第三届大舟山旅游节

时间：2011年5月
地点：莱芜市莱城区

以"丰富大舟山道教文化和景区对外知名度"为主题。旅游节期间，有鼓乐队、舞龙舞狮表演、踩高跷表演等乡风民俗表演，还可以欣赏到具有地方文化特色的莱芜梆子演出。

◎ 第二十届莱州月季花节

时间：2011年5月
地点：莱州市

月季花节期间，有多项特色文化活动。举办摄影大赛及优秀作品展览、莱州传统秧歌表演比赛、庆花节专场文艺晚会、旅游景点及产品展示推介活动、长寿宴评选展示、自行车环城骑行、科普宣传、青少年才艺表演活动、广场群众文体展示活动、欢庆花节啤酒畅饮大赛、民俗休闲游园活动。

◎ 第四届黄河故道森林公园葚果文化采摘节

时间：2011年5月至6月
地点：德州市夏津县黄河故道森林公园

本届葚果文化采摘节为期一个月，其间，举办游园采摘、摄影展、书画展、民间艺术表演等活动。

◎ 首届青岛葡萄酒美食节

时间：2011年5月至6月
地点：青岛市青岛奥帆中心
主办单位：青岛市人民政府、美国迈阿密市政府

游客不仅品鉴来自世界各地的红葡萄酒、白葡萄酒、甜酒、半甜酒、冰酒、香槟酒、起泡酒及白兰地等葡萄美酒，还可尝尽中外美食，了解葡萄酒与美食搭配的相关知识。此外，还举办音乐焰火晚会、葡萄酒文化论坛、葡萄酒知识竞赛、美食美酒品尝交流展示区及浪漫情人红酒派对等活动。

◎ 崆峒岛海洋旅游节

时间：2011年5月至7月
地点：烟台市崆峒岛

人们可乘船到这个面积不足1平方公里，由13个小岛组成的小小岛屿上观光、赶海、垂钓、游泳、休闲、参加渔家乐活动，心也悠悠，情也悠悠，轻松愉

◎ 2011 海洋音乐节

时间：2011年5月至9月
地点：日照市奥林匹克水上运动公园
主办单位：日照市委宣传部

除设立大型摇滚舞台外，还全力打造一个国内最大的海洋电子舞曲盛会，来自全国的舞曲乐迷与游客彻夜狂欢，迎接从海上升起的太阳。

◎ 第六届平度云山大樱桃节

时间：2011年6月
地点：青岛市平度市云山镇铁岭庄村
主办单位：平度市人民政府
承办单位：云山镇人民政府

云山镇三面环山、气候独特，素有"春果第一枝"美誉的大樱桃果甜味美，栽植面积达到1.8万亩，享有"胶东大樱桃第一镇"美誉。其间，举办文艺演出、樱桃交易大集、高尔夫球邀请赛、大樱桃种植管理研讨会等主题活动。

◎ 第三届中国·枣庄峄城榴花节

时间：2011年6月
地点：枣庄市峄城区冠世榴园生态文化旅游区

本届榴花节举办多项主题活动，包括开幕式、"赏榴花，游古城"、文艺晚会、书画展、新闻摄影采访等活动。

◎ 2011 诸城国际烧烤节

时间：2011年7月
地点：潍坊市诸城市
主办单位：中国烹饪协会
承办单位：诸城市人民政府

本届烧烤节吸引了国内外多家烧烤企业同场竞技，展示烧烤美食。其间，除进行开幕式文艺演出外，还举办国际烧烤大赛、啤酒王大赛等活动。

◎ 2011 中国（沂水）萤火虫国际旅游节

时间：2011年7月
地点：临沂市地下萤光湖旅游区
主办单位：中国旅游协会、中国旅游协会休闲度假分会、中国旅游报
承办单位：临沂市旅游局、沂水县人民政府、山东龙冈旅游集团

以"亲近萤火虫，情系蝴蝶谷，享受大自然"为主题。游客乘坐在小舟上在漆黑的溶洞内欣赏着漫天的萤火虫，追寻着儿时的记忆如梦如幻。

◎ 第五届中国大运河美食节暨中国第二届渔家文化艺术节

时间：2011年7月
地点：济宁市
主办单位：山东省烹饪协会、山东省旅游饭店协会、济宁市人民政府
承办单位：济宁市高新技术产业开发区管委会、济宁市人力资源和社会保障局、济宁市渔业局、微山县人民政府、济宁市运河文化研究会、济宁市旅游行业协会、济宁市烹饪餐饮协会、东方儒家酒店集团、济宁湖上人家餐饮管理有限公司

以"弘扬运河美食文化，展示渔家文化风采"为主题，开展第二届中国(曲阜)孔府菜美食节新闻发布会、万人签名活动、中国运河渔家美食文化高峰论坛、淡水鱼烹饪技能大赛、运河渔家文化书画摄影展、千人共享运河渔家大宴等活动。

◎ 2011 曲阜孔子修学旅游节

时间：2011年7月至8月
地点：济宁市曲阜市
主办单位：曲阜市人民政府、曲阜师范大学文学院
承办单位：曲阜市文化遗产管理委员会、中国《现代语文》杂志社、曲阜市文物旅游局

以"游学曲阜，快乐成长"为主题，举办丰富多彩的孔子家乡民俗文化体验活动，包括举行到书厅听儒学专家讲课，组织爱好书法的学生在书厅组织书法大赛、在孔子故里园观看民俗表演、欣赏孔子乐舞表演、品尝孔府菜等精彩活动。

◎ 第二十五届大明湖荷花艺术节

时间：2011年7月至8月
地点：济南市大明湖风景区

举办"荷柳风情"杯诗歌、散文征文、"稼轩"杯摄影大赛、"稼轩系列菜品"品尝等多项丰富多彩的活动。

◎ 第三届遥墙荷花文化节

时间：2011年7月至8月
地点：济南市历城区

举办赏荷观光、庄户剧团演出、有奖征文、摄影书画大赛、车友网友聚会等活动。

◎ 第五届荷花文化艺术节

时间：2011年7月至8月
地点：聊城市植物园
主办单位：聊城植物园有限公司

以"倡导绿色环保、共建生态文明"为主题，突出赏荷观光、文化科普和文娱活动三个主题，举办荷花文化艺术展、名家书画作品展、生态果园采乐游、消夏游等活动。

◎ 中国青岛国际海洋节

时间：2011年7月至8月
地点：青岛市中国青岛奥帆中心
主办单位：国家旅游局、国家海洋局、中国人民解放军海军司令部、青岛市人民政府

本届海洋节围绕"邀世界共享蓝色盛宴"的主题，汇集了包括海洋文化、海洋体育、海军展示、海洋科技、海洋创意以及海上旅游六大板块30余项系列活动，充分展示帆船之都动感亮丽的城市风采。

◎ 中国青岛凤凰岛（金沙滩）文化旅游节

时间：2011年7月至8月
地点：青岛市经济技术开发区
主办单位：青岛经济技术开发区管理委员会、黄岛区人民政府
承办单位：中国青岛凤凰岛（金沙滩）文化旅游节组委会

推出第二届啤酒嘉年华、全国大学生沙滩排球锦标赛、"幸福新黄岛，和谐开发区"群众系列活动、国际沙滩足球文化节、金沙滩音乐节以及"文化促和谐、多彩文旅节"系列主题活动。

◎ 第七届夏日林海风情旅游节

时间：2011年7月至8月
地点：日照市海滨国家森林公园

举办"风情歌舞演艺"、"森林马戏表演"、"海滨消夏晚会"、"七夕相亲大会"等丰富多彩的活动。

◎ 中国（沂源）七夕情侣节

时间：2011年8月
地点：淄博市沂源县牛郎织女景区

举办相亲会、戏曲展演、乞巧工艺展、情歌对唱、才艺展示、七夕祈愿卡抽奖等活动。

◎ 第十届马踏胡民俗风情旅游节

时间：2011年8月
地点：淄博市马踏胡五贤祠少海景区

开幕式以传统的荷灯祈愿为主，融合了歌舞表演、模仿秀、民俗风情展示、五彩礼花燃放等异彩纷呈的节庆活动。

◎ 2011中国潍坊滨海国际风筝冲浪公开赛暨第三届中国潍坊滨海国际风筝冲浪邀请赛

时间：2011年8月
地点：潍坊市滨海经济开发区
主办单位：国家体育总局、国际风筝联合会、潍坊滨海经济开发区管委会
承办单位：潍坊国际风筝会办公室

来自世界各地的国际风筝冲浪顶级高手参赛。比赛期间，组织百余名风筝爱好者在附近海域进行双线风筝和中国传统风筝的放飞表演。同时，举办大型音乐会、中国潍坊滨海经济研讨会、招商引资推介会等一系列大型活动。

◎ 第五届山东烟台国际动漫艺术节

时间：2011年8月
地点：烟台市芝罘区旅游大世界

动漫节期间，邀请日本、韩国等国外动漫企业，济南、青岛等动漫基地，国内外动漫原创企业、动漫制作团队、培训机构、动漫专业人才及动漫作品出版发行、相关中介机构、投融资集团等参加。

◎ 山东招远第五届黄金节

时间：2011年8月
地点：烟台市招远市

围绕经贸活动、文化活动和黄金旅游三大主题，开展一系列经贸交流和文体旅游展示活动，同时还举办中国国际黄金应用发展研讨会、民间文化艺术展以及"中国金都——黄金之旅"发展论坛暨合作签约等活动。

◎ 2011青岛国际啤酒节

时间：2011年8月
地点：青岛市国际啤酒城
主办单位：中国国际贸易促进委员会、青岛市人民政府、中国国际商会、中国人民对外友好协会、国务院侨务办公室、中国轻工业联合会
承办单位：崂山区人民政府

青岛国际啤酒节始创于1991年，每年8月中旬的第一个周六开幕。是以啤酒为媒介，融经贸、旅游、文化为一体的大型节庆活动。本届啤酒节举行盛大开幕式、艺术大巡游、知名啤酒品牌畅饮、海上焰火晚会、国内外啤酒展销、体育赛事、海上风光游览、国内外啤酒技术交流研讨会、百国酒标酒器展、经贸洽谈会以及速饮、吹瓶计时比赛等群众性娱乐活动。

◎ 日照银海绿茶旅游文化节

时间：2011年8月
地点：日照市

举办书画笔会及展销、茶用品展销会、茶商洽谈会及消夏凉茶吧等活动。

◎ 日照刘家湾赶海节

时间：2011年8月
地点：日照市刘家湾赶海园

传说有一年的农历六月十三，龙王有一个很受宠爱的女儿出嫁，龙王为让婚嫁仪式更加隆重，要求沿海渔民都来庆贺。这一年沿海渔民出海平安，归来鱼虾满舱。因此，渔民将每年的农历六月十三定为龙王节。届时开展观日出、参观渔港、捡贝壳、篝火晚会等活动。

◎ 中国（滕州）微山湖湿地红荷节

时间：2011年8月
地点：枣庄市滕州市

举办开幕式、红荷艺术展，经济贸易洽谈会、展览会、产业发展高层论坛、趣味运动会等活动。

◎ 中国·肥城金秋品桃节

时间：2011年8月至9月
地点：泰安市肥城市

邀请国内桃文化研究专家从桃文化历史渊源、产业开发、文化营销、文化推广的角度进行研究。其间，举办"桃花仙子"评选活动，组织桃农开展桃王评选活动。

◎ 周村旱码头旅游文化节

时间：2011年9月
地点：淄博市周村
主办单位：淄博市人民政府、山东省旅游局
承办单位：中共周村区委、周村区人民政府

本届旅游文化节举办旅游推介会、经贸洽谈会、古商城收藏品鉴定交流会和丝绸纺织产业高峰论坛以及美食文化节等一系列经贸、文化交流活动。

◎ 中国·淄博国际齐文化旅游节

时间：2011年9月
地点：淄博市
主办单位：淄博市人民政府、山东省文化厅、山东省旅游局
承办单位：临淄区人民政府、淄博市文化局、淄博市旅游局

有姜氏后裔祭祖、高峰论坛、中日韩蹴鞠比赛及其他文化娱乐节目，为游客奉献了一道齐文化的饕餮盛宴。

◎ 中国（诸城）大舜文化节

时间：2011年9月
地点：潍坊市诸城市
主办单位：山东省大舜文化研究会、潍坊市人民政府
承办单位：诸城市人民政府

举办文化节开幕式暨综艺专题晚会、中国（诸城）大舜文化书画作品展、中国（诸城）国际烧烤节、中国（诸城）特色文化旅游推介会、中国（诸城）大舜文化学术研讨会。

◎ 烟台国际葡萄酒节

时间：2011年9月
地点：烟台国际博览中心
主办单位：山东省人民政府、国际葡萄及葡萄酒组织（OIV）、中国酿酒工业协会、中国酒类流通协会

烟台是中国近代葡萄酒工业化发祥地,葡萄酒酿造已经有百余年历史。举办大型开幕式、国际葡萄酒技术交流会、彩车游行、参观张裕酒文化博物馆、葡萄酒文化知识大奖赛、花灯会、中秋赏月会,以及开展品牌葡萄酒、果酒及原酒酿造工艺与设备展,灌充、储藏、包装技术与设备展,葡萄优良种苗,葡萄种植管理技术与设备展,酒窖技术与设备展,酒标与酒器展示,组织酒庄及葡萄酒文化旅游。

◎ 第五届中国国际美食节

时间:2011年9月至10月
地点:烟台市旅游大世界

不仅有全国各省市及海外名优食品、菜品、小吃等展示展销及与餐饮相关配套产品、旅游商品、风味小吃的展销,同时举办烟台旅游大世界啤酒音乐海鲜大排档,举办美食文化周活动、烹饪和服务技能竞赛、餐饮名店评比、健康与美食知识讲座等活动。

◎ 第三届莱阳梨文化节

时间:2011年9月至10月
地点:烟台市莱阳市

以"中国梨乡·绿色莱阳"为主题围绕莱阳梨文化等特色旅游资源,针对莱阳"梨、龙、拳"(莱阳梨、恐龙化石、螳螂拳)三大旅游品牌进行了主题推介,并组织各项娱乐活动。

◎ 中国威海(文登)国际温泉节

时间:2011年9月
地点:威海市文登市
主办单位:中国旅游协会、中华预防医学会
承办单位:文登市人民政府

举办新闻发布会、国际温泉文化论坛、摄影大赛等活动,使游客领略温泉文化,体验休闲乐趣。

◎ 中国威海国际人居节

时间:2011年9月至10月
地点:威海市

开展中国人居环境高层论坛、建筑创作设计高峰论坛等活动。

◎ 中国(文登)国际长寿美食节

时间:2011年9月至10月
地点:威海市文登市

举办开幕式、美食文化发展高峰论坛、文登长寿之星评选、名优特色风味小吃展销等活动。

◎ 平度大泽山葡萄节

时间:2011年9月
地点:青岛市平度市大泽山镇
主办单位:平度市人民政府、平度市旅游局
承办单位:大泽山镇人民政府

举办优质葡萄评选、吃葡萄比赛、喝葡萄酒比赛、游览大泽山、游览葡萄园、观赏田园风光、民间艺术表演、大泽山风光摄影比赛等活动。

◎ 2011中国(梁山)水浒文化节

时间:2011年9月
地点:济宁市梁山县

围绕品读水浒文化,寻游好客梁山的主题,开展走进水泊梁山、水浒开讲天下、水浒讲坛、水浒人物画展、经贸招商签约仪式等活动。

◎ 中国(嘉祥)石雕艺术节

时间:2011年9月
地点:济宁市嘉祥县

节庆期间举办大型文艺演出、石雕艺术作品经典展览、石雕产品博览会和招商项目推介会、千人唢呐大合奏等活动。

◎ 中国(曲阜)国际孔子文化节

时间:2011年9月
地点:济宁市曲阜市孔庙、孔府、孔林

中国(曲阜)国际孔子文化节是融纪念先哲、学术交流、文化旅游、经科贸为一体的大型国际性节庆活动,自1984年起,每年孔子诞辰(公历9月28日)前后在济宁市举行,旨在纪念孔子对人类文化的杰出贡献,弘扬中华民族优秀传统文化,加强国际间的文化交流与合作,增强中华民族的文化认同感和凝聚力。本届文化节举办2011联合国教科文组织总部孔子文化周、2011孔子文化节开幕式暨第五届联合国教科文组织"孔子教育奖"颁奖典礼、辛卯年祭孔大典、世界儒学大会等活动。

◎ 第二届中国国际（曲阜）孔府菜美食节

时间：2011年9月
地点：济宁市曲阜孔子研究院
主办单位：山东省烹饪协会、山东省旅游饭店协会、济宁市人民政府
承办单位：济宁市旅游局、曲阜市人民政府、中国孔子研究院、济宁市旅游行业协会、东方儒家酒店集团

本次活动包括中国孔府菜各类宴席展示、中国孔府菜创新大赛、中国孔府菜大师和名师授牌仪式、中国孔府菜专题讲座、中国孔府膳食礼仪展示、百名厨师代表集体祭拜孔子仪式等活动。

◎ 泰山国际旅游文化登山节

时间：2011年9月
地点：泰安市泰山

来自世界各国的登山爱好者，挑战海拔1545米的泰山，体味"一览众山小"的意境，除此还举办大型封禅表演、国际登山比赛、旅游商品展销、经贸活动等。

◎ 中国国际航空体育节

时间：2011年9月
地点：莱芜市雪野旅游区
主办单位：国家体育总局、山东省人民政府
承办单位：中国航空运动协会、山东省体育局、莱芜市人民政府、北京海域天翔投资有限公司

航空体育运动是飞行员或运动员与航空器有机地结合在一起，按照竞赛规则或科学规律，完成指定飞行动作和科目的运动项目。本次活动是我国历史上首创将比赛与表演相结合的航空体育盛会。除了在开幕式上精彩的大型航空表演外，还每天安排一场表演和比赛，使每一位观众都能观赏到国外高手驾驶飞机穿梭于湖面上气柱间的惊险飞行，中国航空运动协会飞行表演队在蓝天碧水间飞舞长达几十米红绸的美景，奇特的"飞碟"升空在眼前，仙女与金龙从天而降的场面，绚烂多彩的热气球飘荡于碧空的画面，最大限度地感受到航空体育惊、奇、特、险、美的魅力。

◎ 聊城第五届葫芦文化艺术节

时间：2011年9月
地点：聊城市中国运河博物馆

举办葫芦技艺大赛、葫芦文化艺术展、大型葫芦交易会等活动。

10月

◎ 济南千佛山庙会

时间：2011年10月
地点：济南市千佛山
主办单位：济南市园林局、济南市旅游局、千佛山公园

千佛山庙会有"柿子会"之称，每年庙会期间，游客既可以登山赏菊、摘柿，又可以欣赏民间艺术团体在庙会上表演的杂技、马戏、歌舞等节目。

◎ 第九届中国国际孙子文化旅游节

时间：2011年10月
地点：滨州市

以"孙子文化传九州·孙子故里来相会"为主题，举办孙子国际论坛、农民文化艺术节、中国戏曲红梅荟萃大赛、金秋花节和冬枣采摘节等一系列丰富的活动。

◎ 第十一届南山国际长寿文化节

时间：2011年10月
地点：烟台市南山风景区

举办金婚庆典、儿童献寿糕、魅力南山彩车巡游等活动。

◎ 崂山旅游文化节

时间：2011年10月
地点：青岛市崂山区
主办单位：崂山区人民政府

举办开幕式、论坛研讨、健身、经贸等系列活动。

◎ 浮来山福寿文化节

时间：2011年10月
地点：日照市莒县浮来山

莒县浮来山在民间又有"福来山"之称，有天官赐福之美誉，尤其是"天下银杏第一树"有"长寿树"、"活化石"之誉，祈福益寿由来已久。中国（日照）浮来山福寿文化节依托浮来山风景区四千年"银杏树王"和"福来山"之美誉，融祈福益寿、游览观光、康体健身、经贸洽谈和大型文艺表演为一体，是综合性旅

游节庆活动，主打福寿文化品牌，实现了人们祈福益寿的心态。文化节期间举办大型开幕式、经贸洽谈会、全国现代刻字艺术展、日照著名书画艺术家书画作品展等活动。

◎ 蒙山长寿旅游节

时间：2011年10月
地点：临沂市平邑县蒙山风景区

举办登山活动、拜巨型"寿星"摩崖石刻、养生学研讨会、经贸活动等。

◎ 枣庄抱犊崮红叶节

时间：2011年10月
地点：枣庄市抱犊崮国家森林公园

游客在抱犊崮可欣赏到满山遍野的红叶，还可登高望远，考察研究抱犊崮国家森林公园的各种珍稀树种，亦能品尝到各种特色产品。

◎ 邹平雕窝峪山会

时间：2011年10月
地点：滨州市邹平青阳镇长白山

又叫"九月九"山会、重阳节山会，每年农历九月初九之前一周为会期。雕窝峪位于邹平青阳镇长白山西段西阿陀村南2.5公里处，深邃宽阔的山谷长达1.5公里，是隋末（611年）著名的一次农民起义——王薄起义的核心根据地。后人为了纪念王薄，每年重阳登山设坛，后来发展为集祭祀、商贸、风俗于一身的山会。

◎ 第十三届沾化冬枣节

时间：2011年11月
地点：滨州市沾化县

举办沾化冬枣产品质量安全和促销打假活动、开幕式暨文艺演出、游园采摘及旅游、赛园赛枣、招商等活动。

商务会展

◎ 山东国际自行车电动车及零部件展览会

时间：2011年2月
地点：济南国际会展中心
主办单位：济南市人民政府、山东省自行车电动车行业协会、山东省轻工业办公室、山东省国际经济贸易联合会
承办单位：济南世博展览策划有限公司、中国国际贸易促进委员会济南市分会

1. 各种精品电动自行车、电动摩托车、自行车；2. 各种电动轿车、轻型摩托车、助力车、三轮车、折叠自行车、儿童车、滑板车等；3. 各种电源、电机、控制器、轮胎等零部件、电池修复仪等配套辅助产品；4. 各种机械加工、流水线、检测仪器等配套设备；5. 相关行业媒体等。

◎ 第九届青岛国际金属及加工技术设备展览会

时间：2011年3月
地点：青岛国际会展中心
主办单位：中国金属协会
承办单位：青岛金诺会展有限公司

1. 各类机床：金属切削机床、数控机床等；2. 锻压机械：金属薄板切割机床和加工中心、液压机、自动锻机等；3. 各类模具、模具材料及配件等；4. 塑料模具、冷冲模等。

◎ 第六届中国（山东）国际装备制造业博览会

时间：2011年3月
地点：济南国际会展中心
主办单位：山东省人民政府、中国机械工业联合会
承办单位：山东省经济和信息化委员会、济南市人民政府、中国国际贸易促进委员会山东省委员会、山东省机械工业协会

数控机床及模具与功能部件、工程机械与建筑机械及零部件、农机装备及零部件、重点领域首台（套）技术装备作为重点展示项目，工业自动化与制造业信息化

新技术、通用机械及其他机械设备、商用车、物流、轨道交通、包装机械等分展区展示。展会期间还举办装备制造业发展论坛、科技创新方法论坛、投融资与重点工程及项目推介、专业学术交流会等系列活动。

◎ 山东（国际）制浆造纸技术及装备展览会

时间：2011年3月
地点：山东机械设备展览中心
主办单位：山东省造纸工业协会、山东省印刷物资公司
承办单位：山东机械设备展览中心

1.纸张纸浆展区：书写印刷纸、铜版纸、白卡纸、纸板、牛皮纸、牛皮箱板纸、各类包装用纸、木浆等；2.装备类展区：制浆设备、造纸装备、自动化仪器仪表、造纸配件、计算机控制设备、脱水器材、纸浆纸张搬运机械、运输设备等；3.造纸化学品展区：变性淀粉、水溶性高分子聚合物、功能性造纸化学品、过程性造纸化学品等。

◎ 第八届中国国际橡胶及轮胎工业（青岛）展览会

时间：2011年4月
地点：青岛国际会展中心
主办单位：山东省橡胶行业协会
承办单位：青岛金诺会展有限公司

1.橡胶技术类展区：天然胶、合成胶等；2.轮胎类展区：子午线轮胎、斜交轮胎、测试及换胎设备等；3.服务区：行业专刊、杂志，大众媒体和其他橡胶相关行业。

◎ 2011齐鲁春季汽车展

时间：2011年4月
地点：济南国际会展中心
主办单位：齐鲁晚报

上海大众、东风日产、长安福特、吉利集团、比亚迪汽车、东风标致、长安铃木、长安汽车、上海华普、海马汽车、一汽丰田等主流汽车厂家参展。

◎ 第八届（山东）摄影器材、数码影像暨婚纱影楼用品展览会

时间：2011年4月
地点：济南国际会展中心
主办单位：济南信展展览有限公司

1.彩扩彩放：彩扩彩放机及彩扩彩放相关设备、材料等；2.影楼用品：摄影背景布、背景架、摄影道具、影楼美工用品等；3.数码影像：数码相机、数码喷绘机、彩色打印机、数码后期制作、数码网络及软件等；4.照相器材：照相机、镜头、影视器材及耗材、摄影包箱等；5.婚纱礼服：婚纱、旗袍、晚装、男式礼服等；6.影楼化妆：影楼彩妆品、假发、饰品、化妆用具、化妆造型学校等。

◎ 第九届中国济南国际城市园林景观与建筑设计展览会

时间：2011年4月
地点：济南国际会展中心
主办单位：济南市人民政府、亚洲新型建筑材料产业促进会、中国国际贸易促进联合会
承办单位：济南信展展览有限公司

园林、园艺工程、园林设计、高尔夫球场设计、景观小品设计、工程咨询及评估、交通建筑设计、建筑模型、其他各类设计硬软件等。

◎ 第十二届中国（寿光）国际蔬菜科技博览会

时间：2011年4月至5月
地点：寿光国际会展中心
主办单位：农业部、商务部、科技部、中国国际贸易促进委员会、环境保护部、国家质量监督检验检疫总局、中华全国供销合作总社、山东省人民政府
承办单位：潍坊市人民政府、寿光市人民政府等

展出种子苗木、肥料农药、农膜农机、园艺设施、温室材料、蔬菜瓜果、食用菌、高新技术成果项目、日用食品、农产品及加工产品、其他相关行业产品等。

◎ 中国泰山首届旅游文化产品交易会

时间：2011年5月
地点：泰安宝龙城市广场
主办单位：泰山区人民政府
承办单位：山东卫视、齐鲁晚报、泰安日报社、泰山区旅游局、泰山生态民俗旅游协会、泰山旅游商品协会
协办单位：山东荣泰旅游文化发展有限公司、泰安宝龙商业物业管理有限公司

本届活动以"同展示、固友谊、求合作、共发展"为主题，除举办经贸洽谈、招商引资活动外，还举行原

生态民族歌舞、当地传统曲艺杂技等表演、十佳旅游景区评选、十佳旅游商品的评选以及重点旅游产品推介会等活动。

◎ 2011第九届中国畜牧业展览会

时间：2011年5月
地点：青岛国际会展中心
主办单位：中国畜牧业协会、中国饲料工业协会

举办中国畜牧行业人才招聘会、企业经贸洽谈会、政府招商引资会、中国国际生物质能源论坛、中国畜牧行业品牌推介会、品牌发布会、行业权威报告会等活动。

◎ 第三届中国（淄博）国际酒店设备及厨卫用品展览会

时间：2011年5月
地点：淄博国际会展中心
主办单位：淄博市人民政府、中国饭店业采购供应协会
承办单位：淄博博华展览服务有限公司、上海达亿展览服务有限公司
协办单位：淄博市外经委、淄博市工商联

分为厨房、餐饮设备用品区；特色厨具展览区；烘焙区；酒店家具区；洗涤设备、用品区；桌面用品区；客房、大堂用品；康体娱乐区。

◎ 第十三届山东礼品、工艺品及家居用品（济南）博览会

时间：2011年5月
地点：济南舜耕国际会展中心
主办单位：亚洲经贸发展促进中心、中国国际贸易促进联合会、山东省工艺美术协会、青岛海名纵横文化传播有限公司、济南海名纵横会展服务有限公司
承办单位：济南海名纵横会展服务有限公司

1.礼品赠品：陶艺、蜡艺、漆器、玻璃品、水晶、皮具、旅行用品、书法及绘画作品、木版年画、风筝等；2.工艺品：金属工艺、陶瓷工艺、首饰工艺、雕刻雕塑工艺、古玩藏品等；3.家居用品：清洁用品、浴室用品、厨房用品、香熏系列等；4.家用电器：节能电器、吸尘器、按摩器、空气清洁器等。

◎ 第九届中国国际航海博览会

时间：2011年5月
地点：青岛奥帆中心
主办单位：中国国际贸易促进委员会、国家海洋局、国家体育总局水上运动管理中心、中国船舶重工集团、青岛市人民政府
承办单位：中国国际贸易促进委员会青岛分会

陆上器材展示、水上船艇博览、海上竞赛演示等。

◎ 第四届中国青岛国际厨房生活电器及配件展览会

时间：2011年6月
地点：青岛国际会展中心
主办单位：中国家居产业联合会、青岛市人民政府节庆办、中国家居产业联合会餐厨具分会
承办单位：中国家居产业联合发展中心、广东博昌展览服务有限公司、青岛博泰展览贸易有限公司

抽油烟机、灶具、电磁炉、电热水器、燃气热水器、消毒柜、电饭锅、微波炉、电烤箱、电暖瓶、餐具、食物垃圾处理器、净水器、榨汁机、加湿器、电暖加热器、电水壶、电咖啡壶、饮水机、绞肉机、多功能食品加工机、电动搅拌机、豆腐豆汁机、电动去皮机、酸奶生成器、刨冰机、冰激凌机、洗碗机、电子点火器、真空保鲜机、餐具干燥机、冰箱、各种配套产品等。

◎ 第三届中国青岛国际户外家具及休闲用品展览会

时间：2011年6月
地点：青岛国际会展中心
主办单位：中国家居产业联合会、中国建筑装饰协会、山东省旅游饭店业协会、广东博昌展览服务有限公司、青岛博泰展览贸易有限公司

除户外装备用品展销外，还组织各种活动，如三人制篮球表演赛、青岛户外攀岩表演赛、青岛地区街舞表演赛、户外装备运动用品模特展示秀等。

◎ 中国威海国际食品博览会

时间：2011年6月
地点：威海国际展览中心
主办单位：中国食品土畜进出口商会、山东省商务厅、山东出入境检验检疫局、威海市人民政府

1.食品展区：各类方便营养食品、保健功能食品和绿色食品、畜禽类制品、肉制品、速冻食品、调理食品、粮油、调味品、营养净化食品、冻干食品、蜂制品、罐头食品、果脯蜜饯、泡菜等；2.水产品展区：各种干与鲜类水产品、水产加工食品、鱼糜制品、海参、鲍鱼等海珍品、各种海洋休闲食品、海洋生物制品及海洋深加工产品；3.农副产品展区：各种干果、

鲜果及制成品、农林产品、菌类产品、脱水蔬菜等农产品及加工品、农副产品等；4.食品加工机械和包装机械展区。

◎ 第八届山东加盟连锁、特许经营暨中小创业项目展览洽谈会

时间：2011年6月
地点：济南舜耕国际会展中心

山东加盟连锁、特许经营暨中小创业项目展览洽谈会经过连续四届的成功举办，已成为全国同类展会三大品牌展之一。该展会由强势媒体与专业会展机构强强联手，专业观众达10多万人次，真正实现了"为项目寻找资金，为资金寻找项目，为合作寻找伙伴"的办展宗旨。该展会已成为全国行业展会颇具影响的重要展会，已吸引广大投资者、中小项目拥有者极大关注。

◎ 第十届华东国际光电展览会

时间：2011年7月
地点：青岛国际会展中心
主办单位：亚洲经贸发展促进中心、中国国际贸易促进联合会、中国电子学会元件分会
承办单位：青岛德尔展览有限公司

光电材料和元器件、LED产品、光通信、显示技术及设备、红外技术及应用、光电器件、生产制造设备、光学仪器、激光器及应用等。

◎ 中国青岛国际石材工业展览会

时间：2011年7月
地点：青岛国际会展中心

1.石材产品：花岗石、大理石、砂岩、异型石等；2.石材工艺品：雕塑、景观石等艺术品；3.仿天然石制品：微晶石、马赛克、精致宝石等；4.金刚石工具及锯片、石材加工磨料、磨具，小型工器具；5.石材加工机械、人造石生产设备、石材矿山开采机械、石料运输及吊装设备、石材品质检测设备；6.石材矿山开采、加工设备和技术：石材的维护、保养、胶粘等高端技术以及最新科技成果。

◎ 2011中国（济南）国际旅游交易会

时间：2011年9月
地点：济南舜耕国际会展中心
主办单位：济南市人民政府、山东省旅游局
承办机构：济南市旅游局、山东新丞华展览有限公司

国内外政府旅游管理部门、旅行社、酒店、购物中心、铁路、车船、银行、保险、工艺品、旅游媒体等参展。

◎ 第三届黄河文化旅游博览会

时间：2011年9月23日至26日
地点：东营黄河国际会展中心
主办单位：中国旅游协会、山东省人民政府
承办单位：山东省旅游局、东营市人民政府

活动内容主要的三部分有全国双百(全国百强和沿黄百家)旅行社会盟黄河口活动、2011黄河口旅游休闲产业博览会、重点旅行社签署输送客源协议。

◎ 中国（淄博）国际陶瓷博览会

时间：2011年10月
地点：淄博国际会展中心
主办单位：中国工业经济联合会、中国陶瓷工业协会、中国建筑卫生陶瓷协会、中国物流与采购联合会
承办单位：淄博市人民政府、中国陶瓷科技城、淄博国际会展中心

来自全球30多个国家和地区的采购商、陶瓷企业、陶瓷协会、采购协会、进出口协会、驻华大使及陶瓷专家参加展会。

◎ 第六届中国（博兴）国际厨具节

时间：2011年10月
地点：滨州市滨州兴福镇澳博厨具商城会展中心
主办单位：全国工商联厨具业商会、滨州市人民政府
承办单位：博兴县人民政府、山东澳博厨具商城有限公司

各种数控冲床、机床、工程机械、仪器仪表、各种阀门、真空设备、轴承、标准件、包装设备、焊接、切割设备、磨具磨料设备、压缩分离设备、衡器仪表设备、阀门管件设备各种检测设备、食品机械、磨具机械等。

◎ 山东第五届糖酒副食交易会

时间：2011年11月
地点：济南国际会展中心
主办单位：济南市人民政府、山东省经济和信息化委员会、山东省商务厅、山东省粮食局、山东省轻工业协会、中国国际贸易促进委员会山东分会
承办单位：济南市经济和信息化委员会、济南市商务局、济南市粮食局、中国国际贸易促进委员会济南分会、山东省食品工业协会

1.酒水及酒文化展区：白酒、啤酒、葡萄酒、黄酒、保健酒、洋酒、果露酒等；2.名优特农副产品展区：各类名优粮油制品、土特产、休闲食品、无公害、绿色纯天然食品、水果等；3.肉制品展区：肉、禽、蛋、水产品、海参、肉制品等；4.保健食品：功能性食品、营养品、滋补品、保健酒、保健茶等；5.成果展区：食品科研成果、技术和科研单位；6.综合展区：焙烤食品、旅游食品、休闲食品、方便食品、调味品、茶叶、乳制品等；7.特色展区：食品百年老字号专区、食文化专区、休闲洽谈区、食品采购专区、国际专区。

河南

节庆文化活动

◎ 白马寺钟声迎新年

时间：2011年1月
地点：洛阳市白马寺

每年洛阳举办的白马寺钟声迎新年活动都吸引众多海内外游人，在白马寺108下悠长的钟声里迎来幸福吉祥的新年。

◎ 郑州商都民俗庙会

时间：2011年2月
地点：郑州市大众生态健身园、文庙等

来自全国各地民俗文化艺术团体的精彩表演为广大市民营造一个红红火火的春节氛围，打造了一个融纳百川、交融万方的民俗大舞台。其间有传统曲艺、杂耍、戏曲等表演以及民间艺术品展览。

◎ 香山寺盛世钟声迎新春

时间：2011年2月
地点：洛阳市龙门香山寺景区

每年农历除夕夜，香山寺都要举办"盛世钟声迎新春"活动。如今，这已成为龙门旅游的一张新名片。活动期间，香山寺除举办祈福撞钟活动外，还精心策划了悬挂平安结、点燃吉祥蜡烛、猜谜语等系列文化活动。

◎ 洛阳河洛春节庙会

时间：2011年2月
地点：洛阳市隋唐城遗址植物园

举办非遗项目展演、歌舞演出、戏曲杂技、民间绝活、河洛婚俗、体育竞技、民间游艺等活动。

◎ 清明上河园第十一届民俗文化节

时间：2011年2月
地点：开封市清明上河园

作为开封大宋年文化节的重要组成部分，景区积极引进丰富多彩的民俗演艺活动，向广大游客集中展现了我国传统民俗的精髓，丰富了开封大宋年文化的内涵。特别是正月十五、十六两天的元宵灯展及烟火晚会更是将活动推向高潮。

◎ 轩辕黄帝祭祖庙会

时间：2011年2月至3月
地点：开封市中国翰园

庙会不仅有传统的轩辕黄帝祭祖仪式，还增添了异国风情歌舞、泰国鳄鱼表演、杂技、大型戏曲、少数民族歌舞、时装表演等节目，阵容强大、盛况空前、雅俗共赏。

◎ 开封大宋年文化节暨第十二届翰园春节大庙会

时间：2011年2月
地点：开封市翰园等
主办单位：中共开封市委、开封市人民政府

开封"大宋年文化节"是在多年来举办的"翰园春节大庙会"、"龙亭春节大型艺术灯会"、"清明上河园民俗文化节"、"万岁山新春民俗文化休闲"传统节会活动的基础上，整合而成的大型节会。有多姿多彩的宋文化民俗庙会、灯会、展演等系列活动。

◎ 马街书会

时间：2011年2月
地点：平顶山市宝丰县马街

马街书会，是民间曲艺界群英荟萃的献艺演出，全国各地的说书人云集于此。据马街村火神庙及广严寺碑刻记载：书会最早起源于元延祐年间（公元1316年前后），至今已有690余年。据传690年前，马街村有位马德平老艺人，桃李满天下。农历正月十三，为其寿诞，其弟子便从四面八方赶来祝寿。加之豫西群众亦有正月十五写书之习俗，年复一年相沿成习，遂成传统的马街书会。

◎ 第三届中国鹤壁民俗文化节

时间：2011年2月至3月
地点：鹤壁市
主办单位：中共鹤壁市委、鹤壁市人民政府

举办商品交流大会、民间工艺精品暨名优土产品展、浚县社火表演和比赛、民俗文化旅游、元宵节吉祥灯会、广场电影放映月等活动。

◎ 浚县正月古庙会

时间：2011年2月至3月
地点：鹤壁市浚县

浚县古庙会素有"华北第一古庙会"之称，有着千余年的历史，在河南民俗经典、首批河南"老字号"、首批河南古代暨近代民居民间建筑保护名录（公示名录）中。每年的大会期间，四方客商云集于浚县，出售的商品琳琅满目，从日用小百货到针织、衣物、五金、电料、绸缎、布匹、水果、玩具、古玩、工艺品等无所不有，除此之外，各种杂技表演、歌舞演唱、各色小吃更是令人流连忘返。

◎ 商丘火神台春节庙会

时间：2011年2月至3月
地点：商丘市睢阳区火神台
主办单位：商丘市人民政府

有着千年历史的火神台庙会已经成为商丘市春节文化活动的亮点。届时举办祭拜火神阏伯的活动，同时开展民间绝活飞车、驯兽、杂技、魔术和盘鼓、腰鼓、舞龙、舞狮、高跷等民间艺术表演。另外，抛绣球招亲、戏曲、相声、小品、琴书、坠子书等特色活动也精彩呈献。

3月

◎ 第十二届宜阳灵山文化庙会

时间：2011年3月
地点：洛阳市灵山寺山脚下

千年古刹灵山寺是中原地区唯一集"名山、名寺、名泉、名树"于一身的著名佛教圣地和旅游景区。灵山文化庙会本着"热烈隆重，健康有序"的原则，在活动形式上安排了丰富多彩的民间杂耍、巡行表演、集邮展览和"文化、科技、卫生三下乡"等。

◎ 襄城县第二十七届风筝节

时间：2011年3月
地点：许昌市襄城县首山

在和煦的春风中，前来首山山顶观看风筝比赛的群众络绎不绝。各式各样的风筝漫天飞舞，群葩争艳，热闹场面令人流连忘返。

◎ 中国（开封）2011清明文化节

时间：2011年3月至4月
地点：开封市清明上河园
主办单位：中国文联、河南省人民政府
承办单位：中国民协、河南省委宣传部、河南省文明办、河南省文联、中共开封市委、开封市人民政府

除组织以"着宋装、逛宋城，开封游免费大餐等你来"为主题的大规模巡游活动外，还举办祭奠先贤烈士、清明诗词书法展览、清明特色食品展、民俗绝活表演、河南省陀螺比赛、全国秋千邀请赛、风筝比赛、斗鸡比赛、清明文化节名家论坛等多项活动。

◎ 辛卯年太昊伏羲祭祖大典

时间：2011年3月至4月
地点：周口市淮阳县太昊陵

2006年，国家将太昊陵伏羲氏祭祀大典列入首批全国非物质文化遗产名录。太昊陵是"人祖"伏羲氏定都和长眠之处。相传6000多年前，"三皇之首"的伏羲氏，

在河南东部的宛丘（今淮阳）建都城，治天下。伏羲氏去世后，后人在他长眠的地方修陵建庙，故淮阳又称为"龙都"。每年的农历二月初二至三月初三，全国各地的游人、香客，齐聚修葺一新的太昊陵前，参加规模盛大的祭祖活动。

4月

◎ 黄帝故里拜祖大典

时间：2011年4月
地点：郑州市新郑市黄帝故里景区
承办单位：郑州市人民政府、郑州市政协、新郑市人民政府

新郑是黄帝故里，是轩辕黄帝的出生、建都地，人文始祖黄帝在新郑建立有熊国。每年，来自世界各地游客云集黄帝故里，共同祭拜炎黄子孙的人文始祖。活动主要分"迎亲"和"拜祖"两个部分，突出"同根同祖同源，和平和睦和谐"主题。"同根同祖同源"突出体现了黄帝故里作为中华民族精神家园、祖根圣地的地域特征，"和平和睦和谐"，表达了对两岸之间、对全世界之间和平、和睦、和谐的美好祝福。

◎ 巩义雪花洞拍手定情节

时间：2011年4月
地点：郑州市巩义市雪花洞风景区

三月三拍手节，起源于纪念爱情故事，每年在桃花盛开的季节举办。青年男女排成长队，绕山跑一圈。他们在跑山中，谈情说爱，增进了解，青年男女联手攀岩，双双涉涧，情歌唱答，或一人领唱，或众人合唱，或男女对唱。如此一代代相沿成俗，因为这个时期的男女定情盛会中唱歌跳舞均有拍手动作，所以人们就逐渐把定情节改叫拍手节了。随着时代变迁，现在的三月三，虽然还叫拍手节，但内容却发生了很大的变化，它仍以定情为主。

◎ 郑州城隍庙民俗文化节

时间：2011年4月
地点：郑州市城隍庙

郑州市城隍庙原名郑州城隍灵佑庙，始建于明代洪武年间。庙会兴起于庙宇建成之时，会期从农历三月初一持续到三月二十八。一年一度的城隍庙会，集娱乐、贸易、祭祀、休闲于一体。每至会期，四方百姓闻风而动，纷至沓来，唱豫剧的红男绿女、英雄佳人，或高腔大调，或清音婉转；玩杂耍的则抖空竹、吞宝剑、喷火吐烟，无不令人瞠目惊心；武术、马戏、舞龙，处处惊心动魄；捏泥人、吹糖人、剪人影、塑面人，人人皆有绝活。

◎ 第七届伏牛山登山节

时间：2011年4月
地点：洛阳市嵩县白云山景区

本届登山节旨在促进全民健身，更好地展现和开发利用嵩县丰富的旅游资源。活动期间，举办白云山玉皇顶攀登比赛和各种文艺演出等。

◎ 第二十届民俗文化庙会

时间：2011年4月
地点：洛阳市民俗博物馆

举办"快活"社火、泥咕咕（泥塑小玩具）展、罗山皮影表演、开封朱仙镇木版年画展、河洛大鼓表演、剪纸艺术展、动物杂技等多项活动。

◎ 红山樱桃节

时间：2011年4月至5月
地点：洛阳市樱桃沟景区

本届樱桃采摘节集生态观光、赏花品果、休闲采摘、体验农家生活于一身。摘樱桃、品农家菜让游客体验了生态游的乐趣。景区新增添的垂钓、泛舟等娱乐项目更是为广大游客提供了丰富的游乐选择。

◎ 第十届河南汝阳杜鹃花节暨炎黄文化节

时间：2011年4月至5月
地点：洛阳市汝阳县城西泰山风景区
主办单位：洛阳市人民政府
承办单位：汝阳县人民政府、洛阳电视台

在大自然里，杜鹃花成为幸福、吉祥、爱情的象征。每当春回大地，红艳如火的杜鹃花就透着盎然的春意，怒放在游人如织的西泰山原始生态旅游区中，与翠绿的山水林泉相映成趣，美丽异常，令人赏心悦目。节庆期间举办开幕式、文艺表演等活动。

◎ 第六届绿竹风情节

时间：2011年4月至5月
地点：洛阳市洛宁县陈吴乡金门绿竹风情园

洛宁有4000多年的淡竹栽培史，全县竹林面积达万亩以上，洛宁人民长期以来有爱竹、植竹、赏竹、用竹的良好传统，素有"北国竹乡"美誉。本届风情节举办招商引资洽谈会、洛阳书画艺术创作邀请展等多项活动。

◎ 第三届洛阳黛眉山旅游文化节

时间：2011年4月至5月
地点：洛阳市新安县
主办单位：洛阳市旅游局、中共新安县委、新安县人民政府

本届文化节以"走进黛眉、享受生态、沐浴花香、回归自然"为主题，主要包括"新安风光"摄影展，荆紫山、金斗山、烂柯山传统庙会，新安樱桃节，"谁不说俺家乡好散文诗歌评选颁奖"，洛阳龙潭大峡谷地质文化旅游，千唐志斋新征墓志精品展厅开展仪式和第六届北魏石窟佛教文化旅游节等活动。

◎ 第二十九届洛阳牡丹花会

时间：2011年4月至5月
地点：洛阳市
主办单位：文化部、河南省人民政府

本届花会以"洛阳牡丹，富贵天下"为主题，开展经贸、文化、体育、旅游等方面的活动。具体有广场文化狂欢、全国牡丹摄影艺术大赛、"舞动花都"第十三届全国旅游城市国标舞公开赛、洛阳牡丹灯会、牡丹插花艺术大赛、洛阳市民俗文化庙会等活动。

◎ 第七届神农文化节

时间：2011年4月
地点：焦作市沁阳神农山景区

本届文化节以宣扬炎帝神农"辨五谷，尝百草，登坛祭天，开辟原始农耕文明"为主要内容，吸引众多来自海内外的炎黄子孙前来归祖公祭。

◎ 第十九届东京禹王大庙会

时间：2011年4月
地点：开封市禹王台公园

庙会期间，每天都举行规模宏大，气势雄伟的祭祀禹王活动，众多精彩演艺节目也与游客见面。禹王台公园内数千株名贵樱花将竞相怒放，随后万余株牡丹、芍药笑迎来宾。有展示地方特色的盘鼓、杂技、绝活、戏曲、歌舞、小品、魔术等表演，令人目不暇接。大型马戏表演、宠物表演、古乐器演奏、樱花牡丹游园活动等

节目更是增添了新亮点。

◎ 中国·宁陵第二届葛天文化艺术节暨第八届梨花节

时间：2011年4月
地点：商丘市宁陵县万亩生态梨园

举办宁陵经济社会发展高层论坛、环梨园自行车赛等活动。

◎ 中国茶都信阳第十九届茶文化节

时间：2011年4月
地点：信阳市
主办单位：中华全国供销合作总社、河南省人民政府
承办单位：中国国际茶文化研究会、中国茶叶流通协会、中共信阳市委、信阳市人民政府

信阳是中国名茶之乡，"信阳毛尖"是中国十大名茶之一。文化节期间举办"茶与世界"高峰论坛、全国名优绿茶评比活动、经济技术合作项目签约仪式、全国名茶新品推介会等活动。

◎ 南海禅寺庙会

时间：2011年4月
地点：驻马店市汝南县南海禅寺

以法事活动为主。是周边群众自发形成的庙会集市。

◎ 中国泌阳第九届盘古文化节

时间：2011年4月
地点：驻马店市盘古山
主办单位：中共泌阳县委、泌阳县人民政府

泌阳县作为中国盘古文化发源地，每年三月初三都会举行盘古文化节。本届文化节以"同根同脉，共铸和谐"为主题，内容有盘古庙祭祀、民俗表演、庙会集会等一系列活动。

◎ 西九华山首届茶竹文化节

时间：2011年4月至5月
地点：信阳市西九华山景区

推出"禅、根、茶、民俗、竹和山水"六大文化主题活动，包括品禅茶、观茶景、赏字画、听名曲、学茶艺、探竹宫等。

第五届郑州樱桃节

时间：2011 年 5 月
地点：郑州市二七区樱桃沟景区
主办单位：郑州市旅游局、二七区人民政府

郑州樱桃节自 1999 年开始，至今已经成功举办了数届。本届樱桃节以"浓情红五月，爱在樱桃沟"为主题，包括樱桃采摘、吃农家饭、农活体验等活动。

第十七届三门峡国际黄河旅游节暨投资贸易洽谈会

时间：2011 年 5 月
地点：三门峡市各旅游景区（点）
主办单位：国家旅游局、中国国际贸易促进委员会、河南省人民政府
承办单位：河南省旅游局、河南省商务厅、中国国际贸易促进委员会河南委员会、中共三门峡市委、三门峡市人民政府

举办"全球十大河流对话黄河"暨"沿黄九省（区）黄河之旅联盟"成立大会、"第二届横渡母亲河"活动、经济合作项目发布暨签字仪式、2011 亚洲财富论坛、经济合作项目对接洽谈及商务考察、"我眼中的三门峡"全国"拍客"旅游摄影作品展、"黄河之旅，绿色甘山"全国山地自行车邀请赛等活动。

第二届新安樱桃节

时间：2011 年 5 月
地点：洛阳市新安县五头镇
主办单位：洛阳市旅游局、中共新安县委、新安县人民政府

位于新安县五头镇的樱桃沟已有千年历史，2007 年被省政府命名为万亩无公害樱桃基地。活动期间开展樱桃采摘、体验农家乐趣等活动。

第四届李楼蔬菜采摘节

时间：2011 年 5 月
地点：洛阳市
主办单位：洛龙区人民政府
承办单位：李楼乡人民政府、洛阳日报报业集团读者俱乐部

采摘节期间，除开展各类蔬菜采摘、土地认领活动外，今年还新增了民间文艺会演、休闲垂钓等娱乐活动。

比干诞辰纪念活动

时间：2011 年 5 月
地点：新乡市卫辉市

比干诞辰纪念活动自 1992 年开始举办，至今已成功举办了数届，规模及影响越来越大。活动有祭祖仪式、文化论坛、经贸洽谈、视察和观光等内容。

中国南阳第九届玉雕节暨宝玉石博览会

时间：2011 年 5 月
地点：南阳市伏牛山世界地质公园
主办单位：中国珠宝玉石首饰行业协会、河南省人民政府
承办单位：河南省国土资源厅、河南省珠宝玉石首饰行业协会、河南省工业和信息化厅、南阳市人民政府

本届共设六大活动板块：玉雕精品展览展销展评、玉文化产业发展战略研讨、河南省第二届玉石雕刻技能大赛及获奖作品展览、开幕式及文艺演出、旅游推介和经贸洽谈等项目。

第三届中国安阳（国际）航空运动旅游节

时间：2011 年 5 月至 6 月
地点：安阳市林虑山国际滑翔基地
主办单位：国家体育总局、河南省人民政府
承办单位：中国航空运动协会、河南省体育局、安阳市人民政府

通过举办航空运动旅游节带动安阳旅游事业的发展，推动山水安阳、文化安阳、历史安阳"三阳"开泰的旅游发展战略，更好地打造林虑山国际滑翔基地的品牌节庆活动。活动期间举办中国（安阳）低空经济市场发展论坛、全国跳伞冠军赛等。

中国许昌第五届三国文化周

时间：2011 年 6 月
地点：许昌市许都公园
主办单位：许昌市委、许昌人民政府

许昌地处中原腹地，历史悠久，文化灿烂，是中华民族的重要发祥地之一，尤其汉魏时期的辉煌历史早已成为许昌独特的人文资源，虽历经千年，历史犹存，三国时期的传说故事、遗址遗迹比比皆是，"灞陵桥"、"受禅台"、"运粮河"等，成为三国文化最为真实、多彩的注脚，被誉为"中国三国文化之乡"。本届三国文化周以"曹魏风，许昌行"为主题。举办三国文化周学

术论坛、项目签约仪式、演出和精品线路品牌游、"曹魏风韵"广场商贸文化活动、"曹魏风，许昌行"征文和绘画比赛、全国精品邮票展等。

◎ 中国黄河小浪底观瀑节

时间：2011年6月至7月
地点：洛阳市小浪底景区
主办单位：河南省旅游局、洛阳市人民政府、济源市人民政府
承办单位：洛阳市旅游局、济源市旅游局、洛阳承大旅游山庄

每年6月，小浪底水库会进行调水调沙，库区水位将下降30米左右，由于水流速度快、库区水位落差大，形成壮观的人工大潮。其间，举办旅游商品展销会、美食节、黄河"流鱼"节、摄影大赛等系列活动。

◎ 第七届中国国际会展文化节

时间：2011年7月
地点：郑州市
主办单位：中国会展杂志社、郑州市人民政府

举办会展教育与就业论坛、中国会展大讲堂、会展业国家标准说明会等活动。

◎ 开封市第八届荷花艺术节

时间：2011年7月
地点：开封市铁塔公园

推出游客参与的娱乐活动及大型荷花摄影展活动。艺术节的举办成为一道集赏荷、品荷、娱乐、休闲、表演于一身、缤纷异彩的荷文化大餐。

◎ 重渡沟首届山水狂欢节暨第三届重渡沟音乐啤酒狂欢节

时间：2011年7月至8月
地点：洛阳市重渡沟风景区

举办歌舞表演、啤神争霸、农家千千宴等活动。

◎ 2011全国帐篷音乐节

时间：2011年7月至8月
地点：洛阳市
主办单位：国家体育总局登山运动管理中心、中国登山协会

举办清凉栾川狂欢嘉年华、负重登山挑战赛、伏牛山山地自行车赛、极度体验滑雪友谊赛、美食烹饪大赛、精彩栾川摄影大赛等活动。

◎ 中原伏牛山夏日冰雪旅游节

时间：2011年7月至10月
地点：洛阳市伏牛山滑雪度假乐园、老君山景区
主办单位：河南省旅游局、洛阳市人民政府
承办单位：洛阳市旅游局、栾川县人民政府

举办在伏牛山滑雪度假乐园的高山暗河漂流等活动。

◎ 八里沟休闲避暑亲水文化节

时间：2011年7月至8月
地点：新乡市八里沟景区

八里沟亲水节自2005年开始，至今已经成功举办数届。活动分白天、晚上两部分，包括水上漂流、吊索分渡、强渡晃桥、划船泼水、水上网球、水中摸宝、篝火晚会等项目。

◎ 第三届军事文化节

时间：2011年7月至8月
地点：鹤壁市云梦山主景区广场

现代军事文化展示系列包括军事题材电影展播、著名战役演绎、红歌对唱等活动；古代军事文化展示系列包括军事文化讲座、免费射箭体验、古代冷兵器展览、鬼谷子军事文化讲解等活动；军事文化体验包括钻迷魂阵、骑马射箭等活动。

◎ 洛阳·会盟荷花节

时间：2011年7月至9月
地点：洛阳市孟津县会盟镇万亩荷花风景区

荷花节期间举办荷花摄影大赛、沙雕比赛、少儿涂鸦大赛、荷花国画展等活动。

◎ 2011中国淮阳荷花节

时间：2011年7月至9月
地点：周口市淮阳市
主办单位：河南省旅游局、周口市人民政府
承办单位：淮阳县人民政府、周口市旅游局

组织摄影网上比赛、水都荷乡书画及诗歌、散文征文大赛、厚重河南魅力陈州图片摄影展、龙湖龙舟大赛、中原农耕文化民俗展、龙湖垂钓邀请赛等活动。

 **8月**

◎ 郑州葡萄文化节

时间：2011年8月
地点：郑州市二七区

葡萄文化节活动包括葡萄采摘、吃农家饭、农活体验等项目。

 **9月**

◎ 孟津红提葡萄节

时间：2011年9月
地点：洛阳市孟津县常袋乡

开展葡萄采摘、农家乐旅游等活动。

◎ 中国·洛阳河洛文化旅游节

时间：2011年9月至10月
地点：洛阳市
主办单位：河南旅游局、洛阳市人民政府、河南电视台

本届文化节开展世界风情巡游、旅行商采购大会、第二届旅游商品交易会暨旅游商品设计大赛、洛阳关林国际朝圣大典暨洽谈会、中外游客龙门中秋赏月活动暨中国古琴及书画表演等活动。

◎ 河南上戈苹果节

时间：2011年9月至10月
地点：洛阳市洛宁县上戈镇

苹果节期间，举办艺术采风摄影、书法、根雕、奇石、剪纸、麦秸画、竹编等文化旅游商品展。

◎ 安阳殷商文化旅游节

时间：2011年9月至10月
地点：安阳市
主办单位：安阳市人民政府

安阳殷商文化旅游节是融文化、旅游、经贸等活动为一体的大型综合性地方节庆活动。其间，开展殷商文化特色的专业群众文化活动、游览安阳名胜古迹、名优土特产展和对外贸易科技信息发布会等活动。

◎ 濮阳中华龙文化节暨杂技艺术节

时间：2011年9月至10月
地点：濮阳市

举办开幕式晚会、杂技表演活动、杂技产业高层论坛、全国小戏小品展演、龙文化研讨会美术作品展、濮阳市民间艺术作品展和民间文化遗产成果摄影展等多项活动。

◎ 舞钢第十一届水灯节

时间：2011年9月至10月
地点：平顶山市舞钢市石漫滩水库

舞钢水灯节始于2000年，是淮河上游居民在中秋节放灯祈求风调雨顺、万民平安的一种传统活动。其间，举行大型烟火燃放以及舞龙、秧歌等表演活动。

◎ 诸葛亮文化旅游节

时间：2011年9月至10月
地点：南阳市
主办单位：南阳市旅游局

举办敬拜仪式、卧龙岗庙会、南阳美好风光摄影大赛、中国创意研究院卧龙分院成立仪式等活动。

 **10月**

◎ 栾川伏牛山红叶节

时间：2011年10月
地点：洛阳市栾川龙峪湾国家森林公园

龙峪湾国家森林公园四季特色鲜明，风光宜人。特别是每逢金秋时节，境内群峰秋色盈金，树叶流丹，呈现出漫山红遍、层林尽染、五彩斑斓的绚丽景观。娇艳似火，瑰丽似霞的50多种红叶争奇斗艳，耀眼夺目，形成了"百里红叶画廊"，是八百里伏牛山最佳红叶观赏区。红叶节期间，吸引了上万游客前往。为配合红叶节的开展，主办方还精心准备了多项群众性娱乐活动。

◎ 洛阳关林国际朝圣大典

时间：2011年10月
地点：洛阳市关林庙

洛阳关林是埋葬三国时蜀将关羽首级的地方，是我国三大关帝庙之首。中华民族历来对关羽的忠义仁勇

精神推崇备至，海外华人更是把关公奉为平安神和武财神，因此，洛阳关林常年香火鼎盛，前来祭拜的人络绎不绝。自1999年起，洛阳市每年10月举办的国际朝圣大典，是海内外华人祭关朝圣、寻根谒祖、弘扬关公文化的盛会。

◎ 2011 中国云台山国际旅游节

时间：2011年10月
地点：焦作市

举办开幕式暨大型文艺演出、中国云台山国际摄影大赛启动仪式、中国山地度假旅游国际研讨会等活动。

◎ 2011 焦作红叶节

时间：2011年10月至11月
地点：焦作市青天河风景区

位于青天河风景区的靳家岭拥有10万亩的红叶覆盖区和丰富的树种，既有南方灿烂的栌叶，又有北方火红的枫叶。每到金秋，这里就成了红叶的世界。风中的红叶万紫千红、各有姿态，使游人在这里领略到别样的红叶风情。

◎ 2011 中国·商丘国际华商节

时间：2011年10月
地点：商丘市

举办主题开幕式及旅游推介、商贸洽谈等活动。

◎ 中国商丘国际木兰文化节

时间：2011年10月
地点：商丘市虞城县

商丘市是巾帼英雄花木兰的故里，虞城县自1993年举办首届木兰文化节以来，至今已经成功举办了数届。本届活动分为"木兰迎宾篇"、"木兰情韵篇"、"木兰开幕篇"、"木兰颂扬篇"四个篇章。

◎ 石人山红叶节

时间：2011年10月
地点：平顶山市石人山
主办单位：平顶山市旅游局

石人山红叶节始于1996年。此时的石人山漫山红遍，层林尽染，景色绝佳，游人如织。红叶节期间，鲁山县城和石人山景区都要举办山货交易大会，商贾云集，热闹非凡。

◎ 中国上蔡第九届重阳文化节

时间：2011年10月
地点：驻马店市上蔡县

举办文艺演出、诗歌朗诵、青年书画篆刻展、全民健身以及对尊老敬老好儿女进行表彰等10余项形式新颖、内容丰富的活动。

◎ 第二十九届开封菊花花会

时间：2011年10月至11月
地点：开封市
主办单位：开封市人民政府

每到金秋时节，大街小巷立刻成为菊的世界、花的海洋。菊会期间100多个品种的菊花造型千姿百态，令人目不暇接。人们既可以赏菊、赛菊，又可以饮酒赋诗。除此之外，还举办菊花花会开幕式及大型文体表演、大型经贸活动等各类文化旅游活动。

◎ 大鸿寨红叶节

时间：2011年11月
地点：许昌市禹州市大鸿寨风景区
主办单位：禹州市旅游局

举行景区穿越、观赏红叶、篝火晚会等活动。

◎ 洛阳伏牛山滑雪节

时间：2011年12月至2012年3月
地点：洛阳市伏牛山滑雪度假区
主办单位：河南省旅游局、河南省体育局、洛阳市人民政府

举办河南省大众高山滑雪赛、"雪中飞"中原滑雪特技表演赛、"冰之心"中国洛阳伏牛山冰灯冰雕展、国家级山地旅游度假示范区（栾川）研讨会、栾川旅游商品展销活动、栾川老君山冰雪摄影大赛等13项主题冰雪活动和冬季旅游活动。

商务会展

3月

◎ 第十三届中原（郑州）国际机床模具展

时间：2011年3月
地点：郑州国际会展中心
主办单位：中国机械工业联合会、河南省机械工业联合会、河南省自动化学会、河南省机械工程学会、郑州市人民政府
承办单位：郑州好博塔苏斯展览有限公司

金属切削机床类、工刀夹量具类、模具及材料类、铸造机械类等。

◎ 中国中部国际装备制造业博览会暨第十三届中原国际装备制造业博览会

时间：2011年3月
地点：郑州国际会展中心
主办单位：中国机械工业联合会、河南省机械工程学会、河南省自动化学会、中英合资好博塔苏斯展览有限公司、郑州市人民政府
承办单位：郑州好博塔苏斯展览有限公司

触摸屏、可编程人机界面；可编程控制器、电动执行器、图像传输控制系统；传感器、变频器、信号调节器、无线终端；软启动器、工控电源、电炉、电磁阀、微型及特殊电机；计算机应用技术及控制系统；机电一体化、高新技术改造传统产业的技术装备；各类电子测试、测量仪器仪表；光电、超声波、电工和智能仪器仪表等。

◎ 第九届中部厨卫家装家居家电博览会

时间：2011年3月
地点：中原国际博览中心
主办单位：河南省发展和改革委员会、河南日报报业集团
承办单位：大河报社、中原国际博览中心

家电产品、小家电产品、家用（个人）电子产品、家电零配件。

4月

◎ 第九届中原电动车招商洽谈会

时间：2011年4月
地点：中原国际博览中心
主办单位：大河报社

电动自行车、锂电电动自行车、电动摩托车、电动助力车、电动汽车、观光车、电动三轮车、燃油助力车及残疾人专用电动车、电动滑板车等特种电动车；各类高品质自行车、童车、折叠车等；电动车电池及电池维护、电机、充电器、控制器、轮胎、塑壳及其他零配件和维修工具与设备、电动车用防盗锁具、报警设备等。

◎ 2011第三届中国郑州烘焙工业展览会

时间：2011年4月
地点：中原国际博览中心
主办单位：中国国际贸易促进联合会、亚洲经贸发展促进中心、海名国际会展集团、河南省食品工业协会
承办单位：郑州海名汇博会展策划有限公司

烘焙设备、饼干机械、糖果机械、休闲食品设备、制作模具、包装设备；饼房、厨房、西餐、快餐、酒吧、咖啡厅生产设备、原辅料及用品；饼房店铺、超市物流设施、陈列设备、计算机管理系统；相关烘焙业产品、专用面粉、预拌粉、冷冻面团、淀粉、土豆制品、专用油脂、鲜奶油、专用奶制品；馅料、果料、果仁、果脯、水果罐头等月饼、糕点辅料及相关食品添加剂；面包、月饼、饼干和糕点现代包装、衬纸、衬托、包装辅料、包装材料等。

◎ 2011河南省伏牛山旅游商品博览会

时间：2011年4月至5月
地点：栾川县旅游产品博览中心
主办单位：河南省旅游局、洛阳市人民政府
承办单位：洛阳市旅游局、栾川县人民政府

举办区域文化特色差异与旅游商品开发研讨会；展销、洽谈、现场签约等活动。

◎ 第六届中国郑州糖酒食品交易会

时间：2011年4月
地点：郑州国际会展中心
主办单位：中国国际食品协会等

方便食品加工机械、膨化类食品生产设备、焙烤机械、食品添加剂加工设备、果蔬机械、调味品生产设备、罐头成套设备及酒类、糖类、饼干、豆制品类设备、无菌罐装机、灭菌设备、干燥设备、保鲜设备等。

◎ 中国（郑州）国际家具展览会

时间：2011年5月
地点：郑州国际会展中心
主办单位：中国家居产业联合会
承办单位：河南川渝商会家具分会

本次家具展共分家具、木工机械、家居饰品三大类，郑州家具展将通过题材关联组合展出，打造出多元化和贯通上下游产业链的交易平台，形成买家一站式采购、展商共享采购资源的协同效应。

◎ 第十二届中国（郑州）国际建筑装饰材料博览会

时间：2011年5月
地点：郑州国际会展中心
主办单位：中国建筑装饰协会、中国家居产业联合会
承办单位：中国建筑装饰协会信息咨询委员会、中国家居产业联合发展中心、河南中展动力展览有限公司

1.卫浴和厨房展类：整体浴室、浴缸类、淋浴类、厨房家用电器、燃气灶、抽油烟机等；2.建筑装饰五金类：建筑五金、装饰五金、铁艺制品、五金配件、五金工具等；3.建筑门窗五金类：自动门、车库门、卷帘门、金属门、各类建筑装饰五金、卫浴配件等；4.木门、楼梯及木制品类：装饰木门、复合门、模压门、艺术玻璃门、实木门窗、塑钢门窗、门业新材料及加工技术及木工设备。

◎ 第五届中国（郑州）国际工艺品与艺术收藏品及古典家具博览会

时间：2011年5月
地点：中原国际博览中心
主办单位：中国世界民族文化交流促进会
承办单位：郑州博昌展览有限公司

博览会为广大艺术收藏品及古典家具厂商和收藏代理机构及爱好者构筑崭新的交流平台，力求在中国艺术收藏品及古典家具领域，携手打造出一个有中国特色的、高规格的、国际化的展示交易平台。

◎ 第九届中国（漯河）食品博览会

时间：2011年5月
地点：漯河市科教文化艺术中心
主办单位：中国商业联合会、中国食品工业协会、河南省人民政府
承办单位：河南省商务厅、河南省食品工业协会、漯河市人民政府

以展览展示、贸易采购、招商引资、信息交流、理论探讨为主线，展出内容包括肉制品、面制品、饮料及乳制品、糖果类、酒类、食品机械加工、食品包装材料等，共设置1300个国际标准展位，集中展示知名食品企业的名优产品、特色产品。

◎ 2011中国郑州国际珠宝首饰展览会

时间：2011年5月
地点：郑州国际会展中心
主办单位：河南省珠宝玉石首饰行业协会
承办单位：郑州方圆会展策划公司

1.珠宝首饰类：钻石首饰、黄金首饰、翡翠首饰、珍珠首饰、彩色宝石首饰、铂金首饰、白银首饰、玉石首饰、艺术首饰等；2.宝石及原料类：钻石、翡翠、白玉、珍珠、红蓝宝石、祖母绿、碧玺、水晶、绿松石、海蓝宝石、珊瑚、琥珀、玛瑙、贵金属等；3.钟表类：各种电子表、机械自动表等；4.相关展品：玉石、水晶雕件、流行饰品、矿物标本、机械、设备、工具。

◎ 第六届中国（郑州）欧亚国际酒店设备及用品展览会

时间：2011年6月
地点：郑州国际会展中心
主办单位：河南省旅游协会、河南省餐饮与饭店行业协会、河南省商业行业协会、河南省酒店业商会、郑州欧亚国际展览有限公司
承办单位：郑州欧亚国际展览有限公司

厨房餐饮设备用品、客房及大堂用品、酒店家具、桌面用品、酒店纺织品、清洁设备及用品、洗衣房设备及用品、咖啡设备及食品、酒店智能产品。

◎ 第六届中国（郑州）国际泳池沐浴 SPA 展览会

时间：2011 年 6 月
地点：郑州国际会展中心
主办单位：河南省商业行业协会、河南省餐饮行业协会、河南省旅游饭店业协会、河南省酒店业商会、郑州欧亚国际展览有限公司
承办单位：郑州欧亚国际展览有限公司

1. 泳池温泉类：泳池设备、温泉、喷泉设计、泳池水处理设备、泳池外围设施产品循环过滤、清洁保养系统、节水系列、防滑设施、瓷砖和马赛克、游泳外围设施等；2. 沐浴类：各种浴室设备、沐浴设备、淋浴房、桑拿设备、按摩设备、足疗系列产品、沐浴服装、沐浴产品、沐浴保健产品等；3. SPA 水疗类：医疗 SPA、矿物温泉 SPA、美容护理设备、美容美体设备以及产品、SPA 设备等；4. 热水及水处理类：水体消毒、循环过滤、保养清洁系统、中央热水设备、节水系列产品等；5. 康体休闲娱乐设施、场馆设计与工程：康体器材、户外休闲家具、水上游乐设施及用品、娱乐游艺设施、装饰石材等。

◎ 第六届中国（郑州）国际建筑节能技术和新型建材展览会

时间：2011 年 9 月
地点：郑州国际会展中心
主办单位：全国高科技建筑建材产业化委员会、中国国际贸易促进联合会、海名国际会展集团、河南省土木建筑学会
承办单位：郑州海名汇博会展策划有限公司

节能保温材料、砂浆产品与设备、节水技术及设备、新能源利用、节材产品及节能设备、节地技术等。

◎ 第七届中国（郑州）国际采暖供热空调及锅炉技术设备展览会

时间：2011 年 9 月
地点：中原国际博览中心
主办单位：中国建筑装饰协会、中国家居产业联合会
承办单位：中国家居产业联合发展中心、中国建筑装饰协会信息咨询委员会、河南中展动力展览有限公司

1. 供热、供暖、采暖技术及设备：燃油燃气锅炉、热水锅炉、特种锅炉、燃烧器、居室壁挂炉、地板辐射采暖、红外线采暖、发热电缆采暖、泳池桑拿供热设备、燃气热水器等；2. 锅炉及供暖系统配套设备：锅炉电气、自控设备、智能控制系统及软件、温度、压力、流量控制调节设备；3. 各式散热器、换热器、暖气片、空气加热器、电暖气、地热开发利用仪器设备；4. 太阳能：太阳能热水系统、平板型集热器、真空管太阳能集热器、太阳能温室的设计建造等；5. 供热采暖及空调领域新技术、新材料、新产品、科研成果和技术专利展示。

◎ 2011 郑州第六届中国建筑涂料及防水材料展览会

时间：2011 年 9 月
地点：郑州国际会展中心
主办单位：全国高科技建筑建材产业化委员会、中国国际贸易促进联合会、海名国际会展集团、河南省土木建筑学会
承办单位：郑州海名汇博会展策划有限公司

本届展览会将全面展示化学建材行业的最新动态、国内外最新技术与产品，提高中部地区城市建设整体水平，为国内外专业人士的交流、贸易、洽谈提供一个极佳的平台。展出建筑涂料、内墙涂料、外墙涂料、涂料原料等。

◎ 第十七届郑州全国商品交易会暨消费品博览会

时间：2011 年 9 月
地点：郑州国际会展中心
主办机构：河南省人民政府
承办机构：河南省商务厅、郑州市人民政府、郑州中德展览有限公司

商品范围较广，涉及民用、政府采购、办公等用品。

◎ 第十一届中国（郑州）国际管材管件及管道配套设施展览会

时间：2011 年 9 月
地点：中原国际博览中心
主办单位：中国建筑装饰协会、中国建筑装饰协会施工委员会、中国建筑装饰协会设计委员会、中国建筑装饰协会材料委员会
承办单位：河南中展动力展览有限公司
协办单位：中国建筑装饰协会信息咨询委员会、中国家居产业联合发展中心

1.塑料管材、管件类；2.金属管材、管件类；3.复合管材、管件类；4.各种管道等。

◎ 中原花木交易博览会

时间：2011年9月
地点：鄢陵国家花木博览园
主办单位：国家林业局、河南省人民政府
承办单位：河南省林业厅、许昌市人民政府

鄢陵县享有"中国花木第一县"的美誉，花卉种植历史十分悠久。其间，开展经贸洽谈、花卉研讨会等活动。

◎ 2011中国（国际）糖酒商品交易会

时间：2011年10月
地点：郑州市国际会展中心
主办单位：中国副食流通协会、中国商业联合会
承办单位：郑州市人民政府

国际与国内糖业及其制品、酒类、各类饮料和酿制品以及与此有关的各类食品、添加剂、食品包装、加工机械等。

湖北

节庆文化活动

◎ 保康首届野生蜡梅文化节

时间：2011年1月
地点：襄阳市保康县

保康县是世界野生蜡梅的主要原生地，保康野生蜡梅分布面积之广、数量之多、密度之大位居全国首位。蜡梅节活动内容异彩纷呈，有内容丰富的开幕式及文艺表演、蜡梅盆景、根艺、书画及奇石展、蜡梅文化及产业研讨会等。

◎ 中国武汉梅花节

时间：2011年1月至3月
地点：武汉市东湖磨山景区
主办单位：武汉市人民政府、中国梅花研究中心
承办单位：武汉市旅游局、武汉市东湖风景区管理委员会

举办迎春赏梅游园活动、梅花盆景及职工插花才艺展、梅花科普活动、"以梅为媒"相亲活动、"梅"飞色舞天天演、"发现东湖"优秀作品展等。

◎ 神农架第七届滑雪节

时间：2011年1月至3月
地点：神农架林区神农架国际滑雪场

滑雪节期间，来自武汉、宜昌、荆门以及神农架当地的滑雪爱好者们以趣味比赛的形式，向游客展示了单、双板滑雪的技巧，获得游客的阵阵喝彩。此外，还有更多的雪上运动和娱乐项目呈现在滑雪节上。

◎ 长春观中国年民俗庙会

时间：2011年2月
地点：武汉市武昌区长春观

从腊月三十迎新法会到正月十五元宵节的白领相亲会，现场活动天天异彩纷呈。转糖、蒸糕、剪纸、风车、汤圆、草编、面塑泥人、中国结、板糖等民间传统手艺，给大家原汁原味的中国年体验。此外，在每天的欢喜锣鼓、舞龙舞狮等民俗演出基础上，还专门增设戏曲表演，爱好戏剧的中老年朋友可以一饱眼福。

◎ 鄂州西山春节庙会

时间：2011年2月
地点：鄂州市古灵泉寺、吴王避暑宫、秀园、西山庵

庙会期间，西山景区九曲亭至古灵泉寺之间，形成购物一条街，游客既可品尝西山千年名点东坡饼、桂花软饼，还能吃到时尚小吃，买到各种精致的工艺品和佛教用品。另外，景区还通过彩灯"迎宾大道"、"繁花似锦"、"节节高"、"佛星高照"等景点，沿途设有腰鼓、扇子舞、舞狮、采莲船、杂耍等民俗表演。除此之外游客每天还可进行攀岩、拓展训练等活动。

◎ 荆州关帝庙会

时间：2011年2月、6月
地点：荆州关帝庙
主办单位：荆州市人民政府、荆州关帝庙管委会

荆州人敬仰关公，每到这时，关帝庙都要举行大型庙会。有玩龙灯、划采莲船、骑马射箭、吹喇叭套轿子、民俗商品展卖等活动。

3月

◎ 云雾茶节

时间：2011年3月至4月
地点：武汉市云雾山景区

3、4月是采"春茶"的季节，木兰山多为沙质土壤，土层深厚。"云雾茶"叶柔嫩而细小，富含氨基酸与多种维生素。走入茶园里，可见茶树连坡，漫山遍野，初春采茶季，清香飘十里。本届茶节的举办，吸引了全国各地游客前来"踏青"。在"云雾茶缘"相亲交友活动现场，单身男女可一起采、炒"云雾茶"，结识有缘人。采茶、游山、赏花，有缘人还可走进农家饭庄，品尝当地各类特色小吃，共享美好时光。

◎ 中国荆门·沙洋第四届油菜花旅游节

时间：2011年3月至4月
地点：荆门市沙洋县
主办单位：湖北省旅游局、湖北省农业厅、湖北省粮食局、荆门市人民政府
承办单位：沙洋县人民政府

举办民俗文化演出、旅行社和媒体采风、品农家美食、农民趣味运动会、三月三庙会等活动。

◎ 2011随州尚市桃花节

时间：2011年3月至4月
地点：随州市尚市镇桃花园景区

桃花节期间，在满目桃花的山岭上，游客们除了能欣赏专业剧团的文艺节目表演外，还能够观看到由当地村民表演的、带有浓郁地方特色的民间文艺节目。同时，油桃订货会、汽车展、农产品展销等活动也穿插助兴。

4月

◎ 2011巴东·中国三峡纤夫文化旅游节

时间：2011年4月
地点：恩施土家族苗族自治州巴东县城区、神农溪景区
主办单位：湖北省旅游局、恩施土家族苗族自治州人民政府
承办单位：恩施土家族苗族自治州旅游委员会、巴东县人民政府

巴东的纤夫文化由来已久，影响深远，已成为巴东最具代表性、最亮丽的文化名片。三峡纤夫，千古风流万古情。声声充满阳刚之气的纤夫号子、条条踏歌赶浪的"豌豆角"木舟吸引了近百家旅游企业、两千余名中外游客的目光。旅游节期间举办民俗表演、神农溪漂流、旅游美食展卖、摄影大赛、产品推介等活动。

◎ 第三届"玉皇剑"杯鄂西北茶王赛暨农村生态旅游节

时间：2011年4月至5月
地点：襄阳市谷城县
主办单位：湖北省茶叶学会、襄阳市农委、中共谷城县委、谷城县人民政府
承办单位：五山镇人民政府

以"绿色、休闲"为主题，通过茶王大赛、旅游文化展示、经贸洽谈、论坛研讨、旅游促销、媒体推介等系列活动，旨在打造茶业与生态共荣、茶业与旅游相融、节会与产业互动的多重平台，从而把茶产业和乡村旅游做大做强。具体活动有谷城旅游商品博览交易会、第二届"茶乡农家美食擂台赛"、"茶乡风情"体验月、记者陪你看五山采风以及茶艺表演、文化祭拜、文艺演出等。

◎ 中国榔坪木瓜旅游文化节

时间：2011年4月至5月
地点：宜昌市长阳土家族自治县榔坪镇

榔坪镇是中国药用木瓜之乡，种植面积约占全国药用木瓜总量的70%。每年春季，4万余亩木瓜花竞相绽放，形成独特的木瓜花海美景。活动有"土家山歌大家唱"文艺演出、游园赏花踏春行、长阳山歌大赛和"农家乐"体验展示等。

◎ 武当山庙会

时间：2011年4月、10月
地点：十堰市丹江口市武当山

武当山庙会是武当山传统的道教法事活动。相传农历三月三是真武大帝的生日，九月九是真武大帝飞升之日，每年的这个时候，武当山紫霄宫都要举行三天大法会。整个法团的高功法师，带领众道人清洁身心，沐浴斋戒，举办开坛、取水、祀灶、净坛、扬幡、请圣、朝礼、庆贺、祝寿、上表、回向、落幡、送神等活动，最后普度科仪。庙会前后，各地的道教名流、善男信女都不远万里前来武当山为道教的主神真武大帝祝寿祈福。

武当山这沿袭不衰的习俗，更吸引了我国港、澳、台地区及东南亚各方友人的顶礼膜拜。

◎ 2011 中国·十堰女娲文化旅游节

时间：2011 年 5 月
地点：十堰市竹山县
主办单位：十堰市人民政府
承办单位：竹山县人民政府、十堰市文体局、十堰市旅游局

典籍记载，竹山是华夏始祖女娲抟土造人、炼石补天圣地。女娲山就坐落在该县境内宝丰镇，山上有女娲雕像、女娲祭坛、圣母亭、问天阁等景观。旅游节期间举办女娲公祭大典、招商引资项目洽谈会、女娲暨上庸文化研讨会、书画笔会等活动。

◎ 2011 武汉东湖端午文化旅游节

时间：2011 年 5 月至 6 月
地点：武汉市东湖听涛风景区
主办单位：湖北省体育局、湖北省教育厅、湖北省旅游局、武汉市东湖生态旅游风景区管委会
承办单位：湖北省体育局水上运动管理中心

有 60 多支龙舟代表队参赛，比赛采用 12 人制龙舟和 22 人制龙舟两种，500 米直道竞速。除此之外，还举办包粽子、绘彩蛋、"艾"相随大型民俗相亲会、古礼祭屈原仪式、武汉汉服团体辛卯年端午祭、屈原文化与时代精神高峰论坛等文化活动。

◎ 第二届中国长江三峡国际旅游节

时间：2011 年 6 月
地点：宜昌市
主办单位：国家旅游局、国务院三峡办、湖北省人民政府、重庆市人民政府、中国长江三峡集团公司
承办单位：湖北省旅游局、重庆市旅游局、宜昌市人民政府

活动以"世界的长江、壮美的三峡"为主题，举办综艺晚会、焰火晚会、三峡美食节、2011 屈原故里端午诗会、屈原故里端午民俗展演、经贸投资洽谈会、三峡美食购物会、妇女手工艺品展等多项活动。

◎ 屈原故里端午文化节

时间：2011 年 6 月
地点：宜昌市秭归县
主办单位：国家文化部、国务院台湾事务办公室、湖北省人民政府
承办单位：湖北省文化厅、湖北省台办、湖北省体育局、湖北省旅游局、宜昌市人民政府

举办屈原故里端午文化节暨海峡两岸屈原文化论坛活动、全国龙舟邀请赛、民俗活动、端午诗会、文艺晚会和屈原故里名胜游览等。

◎ 世界华人炎帝故里寻根节

时间：2011 年 6 月
地点：随州市
主办单位：海峡两岸关系协会、中华炎黄文化研究会、湖北省人民政府
承办单位：随州市人民政府

炎帝神农氏是我国上古时代杰出的部落首领，农耕文化的创始人，数千年来，与黄帝轩辕氏一道被奉为中华民族的始祖，受到普天下炎黄子孙的世代尊崇。本次祭拜的主题为"天下随和，光耀华夏"。社会各界嘉宾齐聚随州烈山，共同拜谒中华民族的始祖炎帝神农，共同祈福华夏繁荣昌盛。其间还组织炎帝神农文化高端论坛、旅游推介会、文化庙会等活动。

◎ 第十届九宫山避暑旅游节

时间：2011 年 6 月至 9 月
地点：咸宁市九宫山风景区

举办通山旅游花车发车仪式、避暑旅游节开幕式、九宫山银河谷景区漂流、摄影大赛等一系列丰富多彩的主题活动。

◎ 东湖荷花节

时间：2011 年 7 月至 8 月
地点：武汉市东湖磨山风景区

举办东湖荷花展览；荷花书画、摄影、征文比赛；东湖荷花园百万幸运寻宝；大型激情啤酒之夜等活动。

◎ 第二届郧西天河七夕文化旅游节

时间：2011 年 8 月
地点：十堰市郧西县
主办单位：中共湖北省委宣传部、湖北省旅游局、湖北省文化厅、十堰市人民政府

郧西地处鄂陕交界处，北依秦岭、南临汉水，与牛郎织女爱情传说起源地有关的天河流经郧西，素有"七夕在中国，天河在郧西"的说法，是目前七夕文化的重要起源地和传承地，也是国内研究七夕文化研究会的重要基地。本届旅游节以"相约郧西，爱在天河"为主题，举办七夕民俗展、七夕文化产业招商推介会、七夕文化产品展销会、游览自然风景区、"天河作证"婚礼大典以及天河情歌演唱会。

◎ 2011 湖北崇阳水果采摘旅游节

时间：2011 年 8 月
地点：咸宁市崇阳县

以"摘生态果、赏乡村景、吃农家饭、看民俗戏、游新天城"为主题，在体验采摘乐趣、品尝优质水果之后，游客们还可接着免费游览崇阳周边的千年古堰、青山平湖、大泉龙宫、百泉地质公园、洪下十里画廊、壶头峡谷、桂花森林公园、金沙避暑山庄等旅游景点。

◎ 恩施"女儿会"

时间：2011 年 8 月
地点：恩施土家族苗族自治州
主办单位：恩施市旅游局

女儿会是恩施土家族地区保存的一种原始婚俗和传统民俗节日，在每年的农历七月十二举行。每到这一天，青年男女赶场集会，各自去相意中人，并常以对歌表达感情。

◎ 第十二届中国梁子湖捕鱼旅游节

时间：2011 年 9 月至 10 月
地点：鄂州市梁子岛风景区
主办单位：鄂州市人民政府

举办梁子湖开湖仪式、趣味捕鱼比赛、螃蟹节等活动。

◎ 中国咸宁国际温泉文化旅游节

时间：2011 年 10 月
地点：咸宁市咸安区温泉镇
主办单位：咸宁市人民政府

举办大型文艺表演、国际温泉养生文化高峰论坛、主题灯会、旅游项目洽谈等活动。

◎ 三国赤壁文化旅游节

时间：2011 年 11 月
地点：咸宁市赤壁市

活动的内容有三国文化论坛、观看中国最大的场景戏《赤壁大战》实景演出以及展示赤壁地方特色的专场文艺演出等。届时游客可在赤壁的长江边上，动观赤壁大战，静览故国风情，领略"新赤壁，古三国"的独特韵致和"雄风赤壁，文化赤壁，和谐赤壁"的魅力风采。

商务会展

◎ 第二十七届湖北（武汉）国际先进医疗仪器设备展览会

时间：2011 年 3 月
地点：武汉科技会展中心
主办单位：湖北省卫生厅、武汉市卫生局
承办单位：湖北省卫生厅装备处、湖北省国际展览中心

核磁共振、彩超、洗片机、B 超诊断仪、伽马照相机、图像记录仪及图像处理系统等；核医学设备、内窥镜系列设备等。

◎ 第十一届中南地区（武汉）美发美容日用化妆品博览会

时间：2011年4月
地点：武汉国际会展中心
主办单位：湖北省美发美容协会
承办单位：武汉传承文化展览有限公司、武汉国际会展中心

美容美发和化妆用品；美容美体、瘦身、减肥系列；日化洗涤用品；医学整形美容等。

◎ 第八届中部（武汉）酒店设备及用品博览会

时间：2011年5月
地点：武汉国际会展中心
主办单位：武汉大金谷展览贸易有限公司

酒店设备、酒店家具、酒店洗染、清洁及工业清洁设备、烘焙行业展示、酒店装饰改造新材料新设计展示等。

◎ 第四届华中（武汉）茶业博览会暨茶文化节

时间：2011年5月
地点：武汉国际会展中心
主办单位：湖北省茶叶学会、湖北省陆羽茶文化研究会、湖北省茶叶协会
承办单位：武汉中兴恒远展览服务有限公司

1.各种名优茶：普洱茶、乌龙茶、红茶、绿茶、花茶等；2.各种茶制品：茶食品、茶饮品、茶疗品、果茶、茶叶菜肴等各种茶叶深加工产品；3.各种保健茶：醒酒茶、明目茶、降压茶、工艺茶等。

◎ 2011武汉国际船舶工业展览会

时间：2011年5月
地点：武汉国际会展中心
主办单位：交通部长江航务管理局、中国长江航运（集团）总公司、中国船舶重工集团武汉船舶工业公司等

举办国际船舶交易会暨船东船商采购说明会；世界船东、船商、船企联谊会；湖北省船舶工业"十一五"辉煌成果展；中国武汉船舶工业发展论坛；长江流域船舶产业园区招商推介会；造船企业配套产品采购洽谈会。

◎ 2011武汉国际船舶工业、港口航运展览会

时间：2011年5月
地点：武汉国际会展中心
主办单位：中国长江航运（集团）总公司
承办单位：武汉雅博（展览）工贸有限公司

船舶工业成就展、港口航道建设成果展、国际船舶工业及造船技术设备专题展、国际港口航运设施专题展等。

◎ 第十二届中国国际机电产品博览会

时间：2011年9月
地点：武汉新国博览中心
主办单位：商务部、中国国际贸易促进委员会
承办单位：武汉市人民政府

机床与工具展、工业控制展、自主创新和武汉城市圈制造业展、通用机械展、船舶工业展、电力化工节能环保展。

◎ 2011湖北汽车博览会

时间：2011年10月
地点：武汉国际会展中心
主办单位：中国汽车流通协会、湖北省汽车流通协会
承办单位：武汉天品会展策划有限公司

整车：包括乘用车、商用车、特种车、专用车、改装车等；汽车零部件、汽车维修检测设备；汽车服务用品、汽车节能环保产品；汽车信贷保险、金融服务。

湖南

节庆文化活动

◎ 火宫殿庙会

时间：2011年2月
地点：长沙市火宫殿

春节到火宫殿品小吃、尝湘菜、看庙戏，已成为长沙新春最著名的一道民俗风景。本届庙会举办聆听现代京剧、观赏现代综艺节目、品味数百年传统的火宫美食、品读与火宫殿有关的名人逸事、探寻火庙文化沿流、观赏明清建筑风格等活动。

◎ 土家族赶年

时间：2011年2月
地点：张家界市

土家族合家过年，有独特的习俗，若腊月大则二十九过年，若腊月小则二十八过年，土家族把提前一天过年称为过"赶年"。过赶年是土家族最值得骄傲的节日。传说明世宗在临近年关时调勇猛善战的土司王率兵赴前线打仗，土司王决定提前一天与亲人过年，后来打了胜仗立了大功，于是就成了习俗，叫过赶年。在这一天，从半夜开始吃团圆饭，一直吃到天亮，边吃边亮，意思是从黑暗到光明。

◎ 白族过年

时间：2011年2月
地点：张家界市

白族过年自农历正月初一开始到十五止，家家从头年腊月下旬开始做节前准备工作，如打扫灰尘、做糍粑、杀年猪、写春联，在天井里栽年松等。除夕下午，开始放鞭炮，用鸡、肉、酒敬天地神和祖先。晚上全家成员团聚，守岁送岁，初一用素食供祭天地和祖先，饭后上坟或到亲友家拜年。初二开始选择一天请春客，接出嫁的女儿、女婿回家过年。在这期间，到处是耍狮、舞龙等娱乐表演。正月十五是元宵节，家家户户杀鸡煮肉，祭祀祖宗，年节也到此结束。

◎ 社巴节

时间：2011年2月至3月
地点：张家界市

社巴节为土家族的传统节日，每年都在正月初三至十七举行。在节日里，姑娘们穿上节日盛装，小伙子背起鸟枪大刀，老人们带着孩子，背着水酒、猎物，纷纷拥向摆手堂，这时奏起深沉的鼓乐，燃起三堆篝火，放三眼炮与鸟铳。人们热热闹闹，翩翩起舞。

◎ 第三届浏阳河乡村休闲观光节

时间：2011年3月
地点：长沙市高坪镇
主办单位：浏阳市人民政府

举办浏阳河乡村休闲观光节是为了向游客展示浏阳河上游鲜明的乡村旅游文化特色，游客不仅可以在和煦的阳光里欣赏九曲浏阳河最美的地段，也可以在农家乐里品尝地道的浏阳农家美味，还可欣赏、参与油菜花摄影大赛、春日放风筝比赛等田园风光体验活动。

◎ 湖南世界名花生态文化节

时间：2011年3月
地点：湖南省长沙市森林植物园
主办单位：湖南省林业厅、长沙市人民政府

其间，举办大型文艺表演、植物园发展论坛、森林音乐会、历届樱花节获奖摄影作品展、婚纱摄影评选活动、国内外知名植物园图片展。

◎ 杪巴花源杪占花节暨游园会

时间：2011年3月
地点：常德市

举办游园、漂流等多种娱乐活动。

◎ 2011春分药王节暨安仁第三届油菜花节

时间：2011年3月
地点：郴州市安仁县渡口乡

春分药王节是安仁传统节日，又称"赶分社"。安仁是个千年古县，流传着炎帝神农氏的美丽传说，积淀着春分习俗、农耕传统、民间艺术等独具特色的民俗文化。在春分药王节前后主办方精心组织和开展多项盛大活动：安仁县第二届油菜花节摄影大赛及作品展览、油菜花及丹霞景区观光活动、神农祭祀活动、开耕仪式及犁田比赛、民俗文艺表演活动、中草药交易会、房产交易会、经贸洽谈会等。

◎ 敬鸟节

时间：2011年3月
地点：湖南省瑶族地区

每年农历二月初一这一天，湖南各地瑶族青年男女都会精心打扮，身着民族服装，开展喂鸟、比鸟、歌鸟等活动。因为这天是瑶族的敬鸟节，瑶族青年希望用歌声吸引鸟雀的注意，使它们忘记去偷吃瑶族人辛苦栽种的稻子，农民才可能得到丰收。

◎ 第二届株洲市芦淞油菜花休闲旅游节

时间：2011年3月至4月
地点：株洲市芦淞区
主办单位：芦淞区人民政府
承办单位：五里墩乡人民政府、株洲日报社旗下品位传媒、株洲网

2000亩油菜花基地金浪翻滚、蜂飞蝶舞，染黄了乡野。游客走在田间，置身于金色的"海洋"中，用镜头捕捉最美的时刻。除此之外，游客还可在观音古寺观看千年古樟、进行百井宝塔徒步游览活动。

◎ 中国常德桃花源旅游节

时间：2011年3月至5月
地点：常德市
主办单位：湖南省旅游局、常德市人民政府
承办单位：常德市旅游局、柳叶湖旅游度假区、桃花源风景名胜区管理处

本届中国湖南常德桃花节主题为"相约桃花源里，给力幸福常德"。举办"桃花源里"旅游项目推介会暨2011年第二届中国·常德桃花源旅游节开幕式、"桃花源里"文化名人访谈、"桃花源里"旅游观光和"桃花源里"新闻摄影聚焦四大系列主题活动。

4月

◎ 2011中国湖南张家界国际森林保护节暨"国际森林年"活动张家界启动仪式

时间：2011年4月
地点：张家界市

"关爱森林、亲近自然"是本届森保节的主题，其间举行"张家界大鲵"国家地理标志产品授牌、森林文化科普游和娃娃鱼人工放流、生态文明建设报告会等系列活动。

◎ 中华茶祖节

时间：2011年4月
地点：株洲市炎陵县
主办单位：中华茶人联谊会、湖南省农办、湖南省供销合作总社、湖南省茶业协会、茶祖神农基金会、湖南中茶茶业公司

举行中国黄茶（岳阳）高峰论坛暨产品展示、茶祖故里株洲市系列茶文化活动暨"十二五"茶叶发展论坛、中国（古丈）首届茶文化节暨古丈毛尖万人品评会、南岳烟霞茶院品茗思祖颂寿等系列活动。

◎ 第五届中国·阳明山"和"文化旅游节暨杜鹃花会

时间：2011年4月
地点：永州市阳明山旅游风景区
主办单位：湖南省台办、湖南省旅游局、永州市人民政府
承办单位：永州市台办、永州市旅游外事侨务局、双牌县人民政府

以"两岸阳明山，杜鹃传真情"为主题，举办"和"字馆揭牌仪式、海峡两岸阳明山旅游合作与发展论坛、"杜鹃之旅"山地自行车公路越野赛、"天下第一杜鹃红"杜鹃花游览会、"和美阳明"摄影大赛、"和美阳明"征文大赛、"万寿寺祈福法会"等活动。

◎ 长沙市第三届大围山杜鹃花旅游文化节

时间：2011年4月至5月
地点：长沙市大围山国家森林公园
主办单位：长沙市人民政府
承办单位：长沙市旅游局、浏阳市人民政府

举行开幕式、户外嘉年华、评选"杜鹃仙子"、名家采风暨征文系列活动。特别是户外嘉年华活动，组织一批户外爱好者，深入杜鹃花海徒步、露营、探秘、科考，倡导保护生态环境，爱护浏阳河的源头。

◎ 黄岩杜鹃节

时间：2011年4月至5月
地点：怀化市黄岩旅游度假区

举办游万亩杜鹃园、花中登凉山、探险原始次生林、观看侗文化歌舞表演、经贸洽谈等活动。

◎ 2011中国郴州莽山第四届高山杜鹃花节

时间：2011年5月
地点：郴州市宜章莽山国家森林公园

"人间四月芳菲尽，莽山杜鹃始盛开。"每年一届的郴州莽山高山杜鹃花节已"花开四度"，打造了郴州独具特色的生态旅游品牌。由于初春的低温影响了杜鹃花的花期，莽山高山杜鹃到5月才进入盛花期。活动期间举办首届李自成在莽山史迹研讨会、景区旅游观光踩线等一系列活动。

◎ 岳阳端午旅游文化节

时间：2011年5月至6月
地点：岳阳市南湖麦子港

端午传统龙舟旅游文化节活动内容分为岸上广场端午粽文化展演和水上龙舟展演赛两个部分。主要内容包括祭龙盛典、"百粽归宗"、万"粽"一心以及民间龙舟文化展演、十二生肖趣味龙舟计时接力赛、摩托艇表演等异彩纷呈的活动。

◎ 中国（湖南）红色旅游文化节

时间：2011年5月至7月
地点：郴州市宜章县
主办单位：国家旅游局、湖南省人民政府
承办单位：湖南省委宣传部、湖南省旅游局、湖南省团委、湖南省文联、湖南广播电视台、广铁集团、中共郴州市委、郴州市人民政府

主题为"旗帜颂·韶山情"，举办评选红色微博、红色剧目《日出韶山》首演式、重游红色经典、中国红色旅游第一卡——湖南红卡首发、红色旅游商品嘉年华活动。

◎ 2011中国长沙（靖港）器乐节

时间：2011年5月至9月
地点：长沙市望城县靖港古镇
主办单位：长沙市人民政府、中国音乐家协会
承办单位：长沙市旅游局、望城县人民政府

本次器乐节面向国内外器乐爱好者，以器乐表演为参与方式，通过大型电视音乐节目的制作、播出，给游客带来一场快乐、狂欢的全民性器乐盛典。

◎ 2011第五届长沙生态文化旅游节

时间：2011年5月至11月
地点：长沙市
主办单位：长沙市人民政府
承办单位：长沙市旅游局

以"生态乡村、祥和家庭"为主题，举办中外龙舟友谊赛、情人节、夏令营、农家乐体验等活动。

◎ 中国汨罗江国际龙舟节

时间：2011年6月
地点：岳阳市汨罗市
主办单位：国家体育总局、中国龙舟协会、中共岳阳市委、岳阳市人民政府
承办单位：湖南省省体育局、湖南省龙舟协会、中共汨罗市委、汨罗市人民政府

汨罗江畔端午节一般从农历五月初一开始至十五止，整个节日活动具有悠久的历史性、广泛的群众性、丰富的多样性、浓郁的文化性、狂热的参与性、深远的

影响性。古代的龙舟竞渡是一项融纪念屈原、祭神、祈福、消灾为一体的民间体育活动，一般在农历五月初五举行。每年都有来自世界各地的龙舟队参加龙舟比赛，近50万名观众目睹赛事盛况。本届龙舟节期间，举办龙舟邀请赛、国际美食嘉年华、屈原文化学术高峰论坛、纪念屈原诞辰2350周年全国名家书画作品展、纪念屈原诞辰2350周年全球华人诗联大赛、祭屈典礼等系列活动。

◎ 中国第二届周敦颐国际理学文化节

时间：2011年6月
地点：永州市道县

举行了"观莲（廉）"、"讲莲（廉）"、"展莲（廉）"、"唱莲（廉）"、"颂莲（廉）"等五大主题活动以及龙船赛。

◎ 长沙市第三届漂流节

时间：2011年6月至8月
地点：长沙市浏阳市
主办单位：长沙市人民政府
承办单位：浏阳市人民政府、长沙市旅游局

漂流节期间举办快乐游、中国漂流速度挑战赛、漂流与健康讲座、浏阳农家乐美食周、湖南知名画家漂流采风等活动。

7月

◎ 湖南·浏阳大围山水果旅游节

时间：2011年7月
地点：长沙市浏阳市大围山镇
主办单位：浏阳市人民政府、长沙市旅游局
承办单位：浏阳市旅游局

举办万人同摘围山果、万人同亲浏河水、土特产展销、水果论坛等主题活动。

◎ 万华岩西瓜节

时间：2011年7月
地点：郴州市万华岩风景区

以"瓜"为媒，以"爱"为主题，举办吃西瓜比赛、挑西瓜比赛、绣球招亲、成人相亲等趣味活动。

◎ 中国（星沙）七夕文化节

时间：2011年7月至8月
地点：长沙市长沙县
主办单位：长沙县人民政府

活动有招募金婚、银婚、新婚夫妻组织活动及征集七彩经典爱情故事、征集七夕活动创意金点子等。

8月

◎ 张家界黑神会

时间：2011年8月
地点：张家界武陵源区

农历七月二十一黑神会期间是武陵源热闹的日子，周围百里，无论男女老幼，身着节日盛装，抬上祭品，吹着唢呐，敲着锣鼓，到张家界龙凤庵坡脚下的中湖乡赶"黑神会"。相传唐代末年，安禄山造反，发兵攻打睢阳城。总兵雷万春带领士兵浴血奋战，不幸身中火箭多枚，全身烧成墨黑，人死不倒地，唐王感其忠烈，钦封雷万春为"荣禄都督大夫"，后人称为"黑脸大夫"，又叫"黑老爷"。

◎ 火把节

时间：2011年8月
地点：张家界市

农历六月二十五火把节是白族人民在秋收前，预祝五谷丰登、人畜兴旺的活动。火把节的内容丰富多彩，主要有祭祖、扎火把、拜火把、点火把、耍火把、跳火把等。

◎ 中国（岳阳）野生荷花节

时间：2011年8月
地点：岳阳市君山野生荷花世界
主办单位：湖南省旅游局、岳阳市人民政府
承办单位：君山区人民政府

举办评选荷花仙子活动、游湖赏荷采莲活动、战略合作签约仪式、明星演唱会等。

◎ 歌会节

时间：2011年8月
地点：怀化市靖州县大堡子乡岩湾歌场

每年农历七月十四的这一天，数百对歌手不论年老与年少，不分男人与女人，围成上百个歌堂对歌。歌的内容丰富，题材广泛，生动活泼，热闹异常。

◎ 藕团芦笙场

时间：2011年8月
地点：怀化市靖州苗族侗族自治县

每逢农历七月十五，靖州附近各寨的侗族、苗族人民聚集在距藕团新街4000米处，吹笙歌舞，共庆丰年。男的手持芦笙边吹边舞，姑娘们右手持扇，左手持花手帕，排列在男的后面成一路纵队，随着芦竹吹奏的曲调起舞，踩着各种不同的步伐，动作轻快，节奏明朗，每次集会，人山人海，直到黄昏日落才尽欢而散。

◎ 第二届橘子洲沙雕艺术节

时间：2011年9月
地点：长沙市橘子洲沙滩游乐园
主办单位：长沙市人民政府
承办单位：长沙市旅游局、长沙橘子洲开发建设指挥部、岳麓区风景名胜管委会

沙雕节汇集了国内外沙雕艺术家的作品。有的以大量的历史人物来叙说历史故事，有的以风景为题材精雕细琢。沙雕艺术家们在严格按设计图素描的前提下进行创作，使作品表现形式形象、生动、丰富。

◎ 长沙橘洲音乐节

时间：2011年9月
地点：长沙市
主办单位：长沙广播电视局（集团）、长沙橘子洲开发建设指挥部、长沙市旅游局
承办单位：长沙人民广播电台音乐频道、潇湘晨报、长沙人民广播电台城管之声

任性的音乐、友情的啤酒、青涩的搭讪、静默的草坪、闪光的舞台、星月跳动的夜晚……这是数万人次参与的大型户外民谣摇滚音乐节，是中南地区最大规模、最具影响力的音乐节。

◎ 长沙湘绣文化艺术节

时间：2011年9月
地点：长沙市开福区沙坪湘绣文化广场
主办单位：开福区人民政府、长沙市旅游局
承办单位：开福区招商旅游局

举行中国刺绣高峰论坛、湖南绣女技能风采大赛、工艺美术作品展示、湖南工艺美术精品大奖赛等活动。

◎ 长沙汉回村开封仪式暨开福田园休闲节

时间：2011年9月
地点：长沙市汉回村
主办单位：开福区人民政府、长沙市旅游局
承办单位：开福区招商旅游局

以历史文化底蕴为载体，推出汉回系列历史文化活动。

◎ 中国湖南国际文化旅游节

时间：2011年9月
地点：株洲市
主办单位：湖南省人民政府
承办单位：湖南省旅游局、湖南省人民政府新闻办公室、湖南省广播电影电视局、湖南省交通运输厅、湖南省外事侨务办公室、株洲市及其他有关市州人民政府

以"锦绣潇湘，快乐湖南"为主题，举办"两岸四地拜祖，千祥万福泽中华"祈福大典暨"中华万福坛"迎祥纳福巡礼活动、2011世界环球小姐国际大赛湖南赛区总决赛暨"东方莱茵河"湘江旅游形象大使评选颁奖晚会等系列活动。

◎ 通道芦笙节

时间：2011年10月
地点：怀化市通道侗族自治县皇都侗文化村、坪坦乡一带侗寨

活动的主体内容是进行芦笙比赛。参赛队员统一着最具有侗族特色的服饰。芦笙比赛主要采取淘汰制，每两队一组。比赛时，看哪一队的芦笙音质好、音量大，芦笙舞姿更优美整齐，比赛场面壮观，最能体现侗族古朴的文化艺术。

◎ 盘王节

时间：2011年11月
地点：瑶族居住地

盘王节是瑶族祭祀祖先盘瓠的重大节日，海内外

的瑶胞都十分重视这一民族祀典。节日期间，既有庄严肃穆的祭祀活动，也有吟、唱、颂、歌、舞、表演、对白、说笑、与客人对唱等娱乐活动。

◎ 中国岳麓生态红枫节

时间：2011 年 12 月
地点：长沙市岳麓山风景名胜区
主办单位：岳麓区人民政府、长沙市旅游局
承办单位：岳麓区旅游局、岳麓山风景名胜区管委会、长沙晚报报业集团

邀请市民一同登山览胜，欣赏深秋时节麓山的红枫胜景，切身体会美好的岳麓区生态宜居生活。

◎ 长沙市第三届温泉节

时间：2011 年 12 月
地点：长沙市灰汤温泉国际旅游度假区
主办单位：长沙市人民政府
承办单位：长沙市旅游局、宁乡县人民政府、灰汤温泉国际旅游度假区管理局

以度假旅游、康复疗养、休闲保健、农业观光为主题，开展多项活动。

商务会展

◎ 湖南 LED 光显技术及城市景观照明展览会

时间：2011 年 3 月
地点：长沙红星国际会展中心
主办单位：湖南省城市道路照明管理协会、湖南省广告协会
承办单位：长沙市浩天会展服务有限公司

LED 封装器件、城市景观照明设备。

◎ 湖南办公（打印）设备及耗材展览会

时间：2010 年 3 月
地点：湖南省展览馆
主办单位：湖南省计算机用户协会、长沙市文龙展览策划有限公司
承办单位：长沙市文龙展览策划有限公司、长沙市浩天会展服务有限公司

办公设备及用品、打印设备及耗材。

◎ 第十二届湖南广告四新及传媒展览会

时间：2011 年 3 月
地点：长沙红星国际会展中心
主办单位：湖南省广告协会、长沙市文龙展览策划有限公司
承办单位：长沙市文龙展览策划有限公司、长沙市浩天会展服务有限公司

1. 广告制作技术设备及材料；2. 大众传播媒体技术及设备；3. 影视广告制作技术及设备；4. 广告平面设计、输出打样印刷技术及设备。

◎ 2011 年湖南第二十届医疗器械设备与技术展览会

时间：2011 年 3 月
地点：长沙红星国际会展中心
主办单位：湖南省医疗器械行业协会、长沙市医疗器械行业协会
承办单位：长沙好博塔苏斯展览有限公司

诊断设备、治疗设备、辅助设备、卫生材料及用品、口腔设备及用品等。

◎ 2011 长沙环卫机械及环保产业与水工业博览会

时间：2011 年 3 月
地点：长沙红星国际会展中心
主办单位：湖南省环境卫生工作协会、湖南省循环经济研究会、湖南省通用设备工业协会、湖南省机械工程学会
承办单位：长沙支点展览策划有限公司

环境卫生机械设施；固体废弃物处理与资源再利用；健康饮用水、水家电与水处理；空气净化与治理、脱硫除尘；市容环境设施。

◎ 2011 第十一届湖南公共安全产品与技术博览会

时间：2011 年 4 月
地点：长沙红星国际会展中心
主办单位：湖南省公安厅后勤装备部科技处
承办单位：湖南省安全技术防范协会、长沙兰德展览广告有限公司

安全防范产品、智能家具、建筑和楼宇智能化、智能社区及安防监控等。

5月

◎ 第七届中国藏獒展览会

时间：2011年5月
地点：湖南国际影视会展中心

藏獒展览、展示、比赛、评级、论坛、宣传、推广以及趣味性表演等活动内容。

◎ 第六届湖南长沙文化艺术及收藏品投资展览会

时间：2011年5月
地点：湖南省展览馆
主办单位：湖南省收藏协会

设置书画专区、工艺品专区、珠宝陶瓷展区、古典家具专区、艺术精品专区、其他投资项目专区等。

◎ 第六届湖南国际电力新技术新装备展览会

时间：2011年5月
地点：湖南国际会展中心
主办单位：湖南省电力行业协会
承办单位：好博塔苏斯展览有限公司

1. 输配电类；2. 电工电器装备类；3. 仪器仪表类；4. 电网自动化产品类；5. 电缆光缆类；6. 电源发电设备类；7. 低压电器类；8. 高低压电器及其成套设备制造厂所需的专用设备、通用设备、测试设备、模具、新材料、开关柜用框架及其附件、通用件等。

◎ 第十二届湖南国际机床及模具展览会

时间：2011年5月
地点：湖南国际会展中心
主办单位：中国机械工业联合会、湖南省机械行业管理办公室、湖南省机械工业协会
承办单位：好博塔苏斯展览有限公司

1. 金属切削机床类：各类数控机床、加工中心、车床、铣床、磨床、钻床、镗床、制齿机床、螺纹加工机床、切割机床、专用机床、组合机床等；2. 锻压机床类：液压机、冲压机床、剪板机、折弯机、弯管机、卷板机、校正校平机等。

◎ 2011湖南汽车展览会

时间：2011年5月
地点：湖南国际会展中心
主办单位：湖南省经济和信息化委员会、湖南省机械行业管理办公室、湖南日报报业集团、长沙晚报报业集团
承办单位：三湘都市报、长沙晚报、湖南省汽车行业协会（商会）

主题为"绿色科技、乐享生活"，各个品牌的豪车、经济型车、新能源车等车型一应俱全，使游客大饱眼福。

◎ 第五届湖南酒店设备及用品展览会

时间：2011年5月
地点：长沙红星国际会展中心
主办单位：中部酒店用品采购网

1. 酒店设备：厨房食品炊事机械、饮料点心制造设备、啤酒酿造设备、空调制冷设备、橱柜、冷柜、制冰机械、洗碗机、宾馆饮水系统等；2. 清洁设备：清洁设备、各种清洁机械、洗衣房、整烫设备、清洗剂等；3. 咖啡厅、酒吧、茶馆设备用品：咖啡、茶叶、咖啡和茶用过滤器、配料等；4. 酒店用品：客房家什、酒店办公家具、保险箱、冰箱、台灯等。

6月

◎ 2011中国（长沙）第三届节能科技产品交易博览会

时间：2011年6月
地点：长沙红星国际会展中心
主办单位：湖南省发展和改革委员会、长沙市人民政府
承办单位：长沙市发展和改革委员会、长沙市能源局

设置工业节能技术及产品展区、生活节能技术及产品展区、太阳能及资源综合利用展区、建筑节能及新材料展区、交通节能及新能源车辆展区。

◎ 第四届中国湖南畜牧业暨饲料工业博览会

时间：2011年6月
地点：长沙红星国际会展中心
主办单位：湖南省农业厅、湖南省人民政府
承办单位：湖南省畜牧水产局

设置行业成就、成果展区；饲料工业专业展区；兽医药专业展区；地方优良品种专业展区；加工产品专业展区；休闲养殖业专业展区；养殖设施专业展区；省外

企业及其他专业展区。

◎ 第三届湖南（长沙）教育博览会

时间：2011年6月
地点：湖南省展览馆
主办单位：长沙市教育局、湖南省教育电视台
承办单位：湖南省展览馆、湖南省教育电视台、长沙天圣展览策划有限公司

志愿投档规则及相关政策专场讲座、全国教育信息化高层论坛、高校在湘招生专场说明会、出国留学和移民专场讲座等。

9月

◎ 2011中国湖南旅游商品博览会

时间：2011年9月
地点：湖南红星国际会展中心

展示旅游纪念品、工艺美术品、文化艺术品、旅游食品、旅游服装、旅游时尚用品、酒店用品、园艺设备、游艺设备在内的9大类特色旅游商品和湖南省内部分旅游景点、旅游饭店、精品旅游线路等。

广东

节庆文化活动

◎ 石门国家森林公园第四届石门黄金花海节

时间：2011年1月
地点：广州市从化市石门国家森林公园

石门油菜花以全国油菜花花期最早，全广东油菜花种植海拔最高、面积最广，深受粤港澳踏春游客的喜爱，更以浩瀚大气的景致在近年来成为广州最受欢迎的婚纱摄影基地之一。每年油菜花期，百亩闪闪生辉的黄金花海一路延伸环绕着上天池的林海碧湖，浩瀚壮观，走进花海丛中，蜂蝶相戏、花影摇曳醉人……今年的石门油菜花节除了油菜花海保持一贯的水准之外，更给游客带来了不少意外的惊喜。

◎ 中国（汕头·澄海）国际兰花旅游文化节暨第二届海峡两岸国兰精品博览会

时间：2011年1月
地点：汕头市
主办单位：广东省旅游局、汕头市人民政府、中国兰花协会、台湾国兰联合总会
承办单位：澄海区人民政府、汕头市旅游局

举办论坛、名品兰花展、物资交流等活动。

◎ "请到肇庆过大年"系列活动

时间：2011年1月至2月
地点：广东肇庆市
主办单位：广东省旅游局、肇庆市人民政府
承办单位：肇庆市旅游发展局

推出活动包括大型灯会、大型迎春烟花晚会、肇庆旅游兔年欢乐会、喜庆歌曲大奖赛、水上舞台表演等活动。

◎ 2011岭南民俗文化节

时间：2011年1月至3月
地点：佛山市南海西樵山云海莲台景区
主办单位：广东省文化厅、南海区人民政府
承办单位：南海区文体旅游局、西樵山文化旅游区管理委员会

包括"潮涌灯湖，时尚桂城"迎春系列活动；和谐吉祥，孝德罗村新春文化活动；"名镇腾龙·儒乡溢彩"系列活动等。

◎ 2011南江（连滩）文化艺术节

时间：2011年2月
地点：云浮市郁南县连滩镇
主办单位：中共连滩镇委、连滩镇人民政府

在本届艺术节上有舞狮、舞龙、山歌对唱、指画工艺、武术、杂技、烟花以及古老禾楼舞等文艺表演。

◎ 第三届王子山油菜花节

时间：2011年2月至3月
地点：广州市花都区
主办单位：花都区人民政府
承办单位：花都区旅游局、梯面镇人民政府

花都王子山金灿灿油菜花海，占地千亩，正值盛放季节。游客在赏花之余不仅能品尝到正宗的大盆菜，体验高品质的农家乐，还可以在花海边参加书画、摄影、

歌唱等多项赛事。

◎ 第三届濠江桃花节

时间：2011年2月至3月
地点：汕头市巨峰寺风景区
主办单位：濠江区人民政府、汕头市旅游局

以"诗意桃花红，美丽新濠城"为主题。来自四面八方的游客前来踏青赏花，体验濠江世外桃源美景。有祈福活动、摄影比赛以及茶艺表演、民乐表演等。

◎ 2011第二届洪梅花灯节

时间：2011年2月至3月
地点：东莞市洪梅文化体育广场

陆续推出涵盖传统节庆、东莞特色、纪念节日三大板块的多个项目。活动内容丰富，互动性强。

◎ 第四届英德油菜花旅游节

时间：2011年2月至4月
地点：清远市英德市

湖岸边近千亩油菜花尽收眼底，形成了一道独特的风景线。游客可在道路边，斜坡上，环湖边等随处欣赏遍地都是油菜花的浪漫景观。

◎ 广州民俗文化节暨黄埔"波罗诞"千年庙会

时间：2011年3月
地点：广州市黄埔区南海神庙
主办单位：广州市文化局、黄埔区人民政府

波罗诞庙会，是广州地区最大的民间传统庙会之一，至今已有1000多年历史。本届活动以广州悠久的历史文化资源为依托，以"波罗诞"庙会为载体，使"菠萝鸡"、"七巧工艺"、"飘色"等众多岭南历史文化艺术再次受到人民群众的喜爱，极大地弘扬了广州地区的传统民俗文化。庙会期间举办盛大的仿古祭海仪式表演、人龙舞表演、古代服饰表演等活动。

◎ 2011梅州市"中华文化游"暨大埔首届客家美食节

时间：2011年3月
地点：梅州市大埔县
主办单位：中国烹饪协会、广东省烹饪协会、梅州市旅游局、中共大埔县委、大埔县人民政府

大埔首届客家美食节以"品小吃、游大埔"为主题，以"美食为媒介，节庆带旅游，旅游聚人气"为特色。活动期间推出名人名居游、名镇名村游、红色文化游、客家民俗文化游等特色活动。

◎ 2011中国（江门）侨乡华人嘉年华

时间：2011年3月
地点：江门市

活动期间有历届的传统文艺表演，还有大巡游、动漫产品集市、东亚动漫教育高峰论坛等内容。

◎ 中国岭南清远牛鱼嘴野生禾雀花观赏节

时间：2011年3月至4月
地点：清远市牛鱼嘴原始生态风景区

每年3、4月，清远清城区牛鱼嘴原始生态风景区内的野生禾雀花漫山竞放，一串串"禾雀"在清幽曲径中展翅欲飞，吸引八方游客前来观赏。活动期间，举办闲情山水联合推介会、摄影大赛等活动。

◎ 梅州客家民间艺术节

时间：2011年3月至4月
地点：梅州市

梅州市是客家人的主要聚居地之一。艺术节期间举办具有客家民俗风情的民间艺术表演。

◎ 太和镇第五届龙泉乡村旅游节

时间：2011年4月
地点：广州市太和镇
主办单位：太和镇人民政府

举办品尝农家风味、欣赏观光农业、参与民间文艺、书画比赛等活动。

◎ 2011荔枝湾民俗文化节

时间：2011年4月
地点：广州市荔湾区

本次三月三荔枝湾民俗文化节根据历史资料和专家学者的研究及部分地方老者的回忆线索，挖掘整理了部分广州荔枝湾一带三月三的民俗活动，结合现代社会的实际进行恢复，继续保留了原来仁威庙会的传统活动如醒狮巡游等，此外还有转水塔、逛庙会、会男女、游船河、乐童玩、睇大戏、对诗画、叹美食、拎手信、派福米等活动。

◎ 第七届从化流溪河竹笋节

时间：2011年4月至5月
地点：广州市流溪河国家森林公园

流溪河国家森林公园内的流溪竹园，面积10多万亩，是广州市最大的竹园。举办竹笋节，正值春笋破土生长的季节，主办方推出以望竹海、观奇竹、赏竹笋为主题的系列活动，游客可参与竹海寻宝、竹林寻幽、万人赏竹笋等活动，同时还举办竹笋王评选、特色竹笋宴、竹馨吧演奏等娱乐项目。

◎ 2011广州南沙妈祖文化旅游节

时间：2011年4月至5月
地点：广州市南沙区天后宫景区
主办单位：广州市旅游局、广州市文化广电和新闻出版局、南沙区人民政府
承办单位：南沙区旅游局、南沙区文化广电新闻出版局、南沙经济技术开发总公司、广州市南沙天后文化学

每年农历三月二十三是海上女神妈祖的"诞辰"，今年适逢妈祖诞辰1051周年。活动期间举办盛大的民间文化祭拜活动，以纪念妈祖，弘扬传统文化。

◎ 第六届肇庆读书节

时间：2011年4月至6月
地点：肇庆市

举办肇庆书市、专题讲座、送书下乡及图书漂流、网上有奖征文等活动。

◎ 长鹿农庄啤酒文化节

时间：2011年5月
地点：佛山市顺德区长鹿农庄

开展啤酒文化展览、乡村酒吧KTV、啤酒激情夜以及趣味啤酒游戏、喝啤酒比赛等活动。

◎ 第五届农耕文化节

时间：2011年5月
地点：佛山市顺德区长鹿农庄

游客在长鹿可以感受到千年农耕文化，欣赏百年农家时装秀，参加各项农技大赛。

◎ 肇庆浴佛节

时间：2011年5月
地点：肇庆市岭南鼎湖山庆云寺

举办大型佛节盛典、举行诵经法会、浴佛庆典、善男信女礼佛仪式等活动。

◎ 2011潮阳·西胪杨梅节

时间：2011年5月至6月
地点：汕头市潮阳区
主办单位：潮阳区旅游局、中共西胪镇委、西胪镇人民政府

开展杨梅自助游、民俗文化展演、旅游线路考察、杨梅特色果品品尝等活动。

◎ 请龙节

时间：2011年6月
地点：广州市

农历四月二十九，是番禺区石岗村"请龙"的日子。在这一天，村里人会食盘菜洒"圣水"，到龙王庙摆烧猪烧金钱"请龙"。让石岗村人高兴的是，兄弟村"龙津"和"莲溪"龙舟在半途"冒出"，齐齐来为其助兴。

◎ 第八届萝岗香雪荔枝文化节

时间：2011年6月至7月
地点：广州市萝岗区
主办单位：广州开发区管委会、萝岗区人民政府
承办单位：萝岗区委宣传部、萝岗区农林水利局、萝岗区旅游局

萝岗荔枝种植历史悠久，荔枝品种多、品质好，尤以萝岗糯米糍、萝岗桂味闻名遐迩。本届荔枝文化节包括香雪荔枝摄影、香雪荔枝文化展、香雪荔枝风情街、荔枝交易街和香雪荔枝花艺展等活动。

◎ 广东清远（清新）漂流文化节

时间：2011年6月
地点：清远市
主办单位：国家体育总局水上运动管理中心、广东省体育局、清远市人民政府

清远市素有"漂流之乡"的美誉。漂流节上来自国内外专业高手一展漂流技术风采，有表演、比赛等活动内容。

◎ 2011年东莞市龙舟文化节暨石龙镇首届中华龙民俗文化节

时间：2011年6月
地点：东莞市石龙镇

除举办龙舟邀请赛外，还举办空中飞行表演、舞龙表演、"龙灯长廊"龙造型花灯展、中华龙文化展览、"龙文化精神的传承对当今社会的意义"专题讲座。

◎ 第二届中国（道滘）美食文化节

时间：2011年6月
地点：东莞市济川广场

这里不仅展销着道滘粽、肉丸、龙船饼等传统道滘美食，更有日韩料理、欧美食品闪亮登场，使游人大饱口福。

◎ 第八届东莞桥头荷花文化艺术节

时间：2011年6月至7月
地点：东莞市桥头镇莲湖风景区等

本届荷花节呈现出"太空"荷花别样红、荷塘月色浪漫迷人、精品文化亮点纷呈、民俗文化精彩绝伦、文化产业多元发展等五大亮点，更加突出荷花文化主题。有赏荷、书画展等活动。

◎ 肇庆国际龙舟锦标赛

时间：2011年6月
地点：肇庆市

龙是中华民族的象征，每年农历五月初五的端午节，肇庆人都以赛龙舟的形式庆祝这个节日。这一天，肇庆市城区，高要市的金利、金渡以及西江沿岸城镇也有赛龙舟习俗。龙舟分红、黄、青、黑、白五色，装有龙头和龙尾，全长10～20米，每一只龙舟配水手15～30名。竞赛时，一人站在船头击鼓，一人站在船尾敲锣，作为指挥水手统一划船的号。船中有一人手持五彩旗在空中挥舞，水手们在锣鼓声中奋力划桨，岸上成千上万的观众欢呼喝彩。

◎ 悦城龙母诞

时间：2011年6月
地点：肇庆市德庆县悦城镇

举行盛大的祭祀龙母仪式，跑旱龙、划龙舟、舞龙狮等活动。

◎ 湛江东海岛人龙沙滩旅游文化节

时间：2011年6月
地点：湛江市东海岛省级旅游度假区
主办单位：广东省旅游局、湛江市人民政府

包括海岛风情、千年红树林、休闲度假、渔家文化、旅游等主题，举办各种活动，打响旅游品牌。

◎ 深圳南山荔枝文化旅游节

时间：2011年6月至7月
地点：深圳市南山区
主办单位：南山区人民政府、深圳市文体旅游局
承办单位：南山区经济促进局、中共南山区委宣传部

举办品荔节、旅游狂欢节、酒吧文化节、美食节、购物节等系列活动。

◎ 2011中山（石岐）休闲旅游文化节

时间：2011年6月至7月
地点：中山市

举办龙舟赛、商业推广、美食节、荷花展、曲艺擂台阵、香山华侨与辛亥百年专题展览、龙狮赛、文化大巡游、市非遗传承展示、漫画作品展等文化活动。

7月

◎ 万绿湖亲水节

时间：2011年7月
地点：河源市万绿湖镜花缘风景区

举办赏水、品水、泼水、戏水、水上狂欢等活动。

◎ 怀集燕岩燕子节

时间：2011年7月
地点：肇庆市怀集县桥头镇

每年的农历六月六是桥头镇的庙会日。其间，人群如潮，车水马龙，各乡各垌的男女老少云集燕岩。其中对山歌、观掏燕窝、看贵儿戏堪称燕岩庙会的三绝。

◎ 第六届惠州国际（休闲文化）旅游节暨第二届东坡节

时间：2011年7月
地点：惠州市
主办单位：惠州市人民政府、广东省旅游局

以"大美惠州幸福生活"为主题，举办2011年"惠州绿道"全国自行车公开赛、东坡文化论坛、名家作品展、参观拜谒东坡塑像和王朝云墓仪式等活动。

◎ 深圳欢乐谷第十二届玛雅狂欢节

时间：2011年7月至8月
地点：深圳市欢乐谷

狂欢节期间，深圳欢乐谷每天打造近百场特色表演，为游客奉献一场场声色鼎沸的狂欢盛宴。零距离桑巴秀、水上狂欢晚会、飙水狂欢大巡游每天上演，桑巴使者天天为游客献上最原汁原味的桑巴热舞，演绎南美热带风情，伴随游客度过一个狂欢乐翻天的盛夏。

◎ 2011中山市岭南水乡旅游文化节

时间：2011年7月至8月
地点：中山市

举办水乡特色运动会、果蔬美食嘉年华、绿道体验游、千人龙舟宴等多项文化活动。

◎ 2011中山市岭南水乡旅游文化节

时间：2011年7月至8月
地点：中山市
主办单位：中山市人民政府
承办单位：中山市旅游局、中山市农业局、中山市体育局、民众镇人民政府

以"活力民众步步高"为主题，将水乡特色和特色农产品有机结合起来，除了富有浓郁水乡特色的水上运动会外，更打造了一场果蔬美食盛会，如果蔬圩、美食街等，让游客享受水乡旅游新体验。

◎ 广东禅宗六祖文化节

时间：2011年7月至9月
地点：广州市光孝寺

举办广东禅宗六祖文化节开幕仪式、佛教音乐晚会、南华寺大雄宝殿重修落成典礼暨开光祈福大法会等活动。

8月

◎ 凌边乞巧节

时间：2011年8月
地点：广州市番禺区凌边村

农历七月初七这天，人们通过"乞巧"来表现女儿们的心灵手巧。其间，还在祠堂展出村民制作的工艺品。

◎ 第八届小香港旅游文化节

时间：2011年8月
地点：东莞市樟木头镇

本届旅游节是一次融观光、休闲娱乐、购物美食为一体的多功能、高档次、大规模的旅游盛会。其间，举办"缤纷小香港狂欢大派对"花车巡游、"食全食美"樟城客家美食周、人体彩绘艺术摄影大赛等活动。

◎ 深圳珠宝节

时间：2011年8月
地点：深圳市
主办单位：中国珠宝玉石首饰行业协会、深圳市科技工贸和信息化委员会、深圳市文体旅游局、罗湖区人民政府

开展罗湖旅游购物消费优惠手册大派送；品牌珠宝精彩展示，真情回馈市民；组织游客、市民到深圳珠宝基地参观旅游；深圳珠宝欢乐送；深圳珠宝魅力秀；花式调酒大赛。

◎ 南海阳江开渔节

时间：2011年8月
地点：阳江市闸坡镇

举办庆开渔、爱环保宣传活动、闸坡镇最美海岛现场摄影大赛、闸坡镇渔家婚俗大演示、闸坡渔港渔家欢歌庆开渔文艺晚会等活动。

◎ 广州市中秋灯会

时间：2011年9月
地点：广州市文化公园

开展中秋观灯、赏灯、猜灯谜等传统活动，同贺中秋节。

◎ 第二届古典家具文化节

时间：2011年9月
地点：中山市三乡镇
主办单位：中国家具协会、中山市人民政府
承办单位：中山市经贸局、三乡镇人民政府

文化节期间举办文化节开幕式、古典家具精品博览馆开馆、中国家具产业高峰论坛、中国家具协会秘书长年会、西式古典家具行业标准座谈会、新概念家具设计论坛、新概念古典家具设计邀请展等活动。

◎ 中国（江门）侨乡旅游节

时间：2011年9月至10月
地点：江门市

以海岛特色为主要着力点，主打海岛特色，突出海洋文化，打造"中国最具岭南侨乡特色的海岛休闲度假胜地"旅游品牌。活动包括山醒狮表演、大型生态舞蹈、有奖问答游戏等活动。

◎ 顺德（万家乐）岭南美食文化节

时间：2011年9月至10月
地点：佛山市顺德市

以"厨出凤城，美味顺德——六百年真味传承"为轴线，深入挖掘顺德600年的美食传统和资源，设置"真味九大簋"品尝活动。以传统的九大簋菜式宴请各地来宾，让更多的食客感受到顺德深邃的宴饮传统。举行顺德私房菜巡展，以私房菜大赛历届获奖菜式为基础，将深藏于顺德民间美食菜式一一展示，让食客亲身品尝之余，对传承顺德美食文化有着更深层次的意义。

◎ 佛山旅游文化节

时间：2011年9月至11月
地点：佛山市

在为期两个月的文化节期间，除在启动仪式上有可供近3000名佛山市民品尝的"健康生态汤"之外，还有美食欢乐节、体育嘉年华、秋色大巡游等活动。

◎ 深圳第六届公园文化节

时间：2011年9月至10月
地点：深圳市

以"办民俗文化盛会，添都市生活精彩"为主题，举办文艺演出专题、梅林公园电影专题、诗词文化专题、运动专题等活动。

◎ 番禺旅游文化美食节

时间：2011年10月
地点：广州市番禺区番禺广场
主办单位：番禺区人民政府
承办单位：番禺区旅游局、番禺区农业局

美食节会聚了东南西北各色美食。设在番禺广场中央公园的美食街是本届旅游文化美食节的主角，设有近200个美食摊位数以千计的名菜美食，方便游客在一天之内尝遍各地美食，挑出自己最喜爱的美食品牌。同时举办厨艺及厨房刀工技能大赛。

◎ 清新登山旅游节

时间：2011年10月
地点：清远市清新县太和古洞旅游区

重阳节登高是我国的传统习俗，每年都有数万名海内外游客和清远市民自发组织到太和古洞登山。

◎ 万人登观音山活动

时间：2011年10月
地点：东莞市观音山王山寺

在农历九月初九这天，邀请省内知名旅行社组团登观音山，造就"万人登观音山"气势；在观音山王山寺拜佛台进行朝拜天然卧佛祈福活动；举行佛冈观音山天然美景摄影大赛等相关活动。

◎ 中山小榄菊花会

时间：2011年10月
地点：中山市小榄镇

每逢农历九月初九重阳节，人们把自己培植的菊花搬到菊社展览，供人品评，饮酒赋诗自娱自乐。菊花会期间，除有菊花评选、觞咏取乐外，还邀请各地同乡好友，回乡观光，演戏助兴，品尝有风味的"菊花餐"，使整个花会更加热闹。

◎ 广东国际旅游文化节

时间：2011年11月
地点：韶关市（主会场）
主办单位：国家旅游局、广东省人民政府

举办旅游招商会、海外杰出华人广东行系列活动、友城之夜系列活动岭南民间艺术会演、粤菜峰会等经典活动。

◎ 新丰枫叶节

时间：2011年11月至12月
地点：韶关市新丰县云髻山旅游区
主办单位：新丰县人民政府

举办开幕式、美食会展、云髻山书画采风活动、云髻山音乐互动、摄影爱好者云髻山采风活动等。

◎ 连南盘王节

时间：2011年11月
地点：清远市连南县

节日期间，土铳齐鸣，牛角吹响，人们敲锣打鼓，抬着盘古皇夫妇和木偶像串村游行。

◎ 龙川客家艺术节

时间：2011年11月
地点：河源市龙川县

举办龙川客家文艺会演、龙川杂技、民间马灯舞、木偶戏表演等活动。

◎ 廉江红橙旅游文化节

时间：2011年11月
地点：湛江市廉江市

举办红橙生态休闲时尚博览园和塘山岭休闲生态风情园展示；家电工业园投融资峰会；廉江（全国）休闲时尚用品博览会及中国橙乡国际狂欢节、烟花大会等。

◎ 广州国际美食节

时间：2011年11月至12月
地点：广州市北京路名盛商业广场

一年一度的广州国际美食节创办于1987年，迄今已经成功举办了24届，近几届均吸引了数十万市民和旅客进场观展和品尝美食，已发展成为集旅游、美食、文化于一身的品牌节庆活动。节日期间各家酒店张灯结彩，贴出各种菜谱。此外，还举行文艺游行、耍龙舞狮等活动。

◎ 惠州国际温泉旅游节

时间：2011年11月至12月
地点：广东惠州市
主办单位：广东省旅游局、惠州市人民政府、中国服装设计师协会

举办模特选拔大赛颁奖盛典，邀请国际国内旅游界知名专家学者参加国际温泉度假旅游（惠州）高峰论坛等多项活动。

商务会展

◎ 2011广东国际广告展

时间：2011年3月
地点：中国进出口商品交易会展馆
主办单位：广州市信亚展览服务有限公司

户内外喷绘、写真设备；雕刻机、激光机、刻字机、抛光机、证卡设备吸塑机、冷裱机、接驳机、热转印设备；标志产品及材料；喷绘耗材及墨水等。

◎ 第十八届华南深圳国际印刷工业展览会

时间：2011年3月
地点：中国进出口商品交易会展馆
主办单位：中国对外贸易中心、雅式展览服务有限公司、广东省出版集团、广东省新闻出版局
承办单位：北京雅展展览服务有限公司深圳分公司

印前设备与软件、纸张加工设备、电子与数据出版、包装产品技术、印刷设备、图书装订与印后加工等设备的展示与交易活动。

◎ 2011广州国际食品博览会

时间：2011年3月
地点：广州锦汉展览中心
主办单位：中国农业产业经济发展协会、中国营养产业国际交流协会、广东省保健食品行业协会、广州进口食品质量管理协会
承办单位：广州市艺帆展览服务有限公司

进口食品、食品饮料、营养品健康食品、优质农产品及精品粮油、食品添加剂及配料。

◎ 第十九届广州国际旅游展览会

时间：2011年3月
地点：广州锦汉展览中心
主办单位：广东省旅游局、广州市旅游局
承办单位：汉诺威展览有限公司

划分为国家、地区旅游局及旅游协会、出入境旅行社、酒店、酒店集团及度假中心、旅游景点、主题公园、高尔夫俱乐部、航空公司、航空联盟等各类展区。

◎ 广东国际环保购物袋展览会、包装袋展览会

时间：2011年3月
地点：广州琶洲保利世贸博览馆
主办单位：香港新展国际展览有限公司、广州瑞鸿展览服务有限公司

产品展示、品牌发布、商贸洽谈、技术交流、国际合作、行业论坛、技术讲座、新品发布、打版比赛等。

5月

◎ 第六届深圳国际品牌内衣展览会

时间：2011年5月
地点：深圳会展中心
主办单位：中国针织工业协会、广东省纺织协会
承办单位：深圳市纺织行业协会、深圳市盛世博文展览有限公司

国际品牌内衣合作媒体签约发布会、内衣展开幕式、内衣秀和内衣流行趋势发布会、中国家居服流行趋势发布会。

◎ 第七届中国（深圳）国际文化产业博览交易会

时间：2011年5月
地点：深圳会展中心
主办单位：文化部、商务部、国家广播电影电视总局、新闻出版总署、中国国际贸易促进委员会、广东省人民政府、深圳市人民政府
承办单位：深圳报业集团、深圳广播电影电视集团、深圳出版发行集团公司、深圳国际文化产业博览交易会有限公司

包括文化产业综合馆、创意生活馆、影视动漫游戏馆、非物质文化遗产馆、设计精品馆、新闻出版馆、美术馆、工艺美术馆以及演艺产业项目交易馆。

◎ 中国深圳国际物流设备与技术博览会

时间：2011年5月
地点：深圳会展中心
主办单位：深圳市物流与供应链管理协会、中国城市物流协会联盟
承办单位：深圳市合众源会展有限公司

1.运输、物流服务；2.物流设备；3.港口、机场、物流园；4.物流信息与技术；5.物流支持机构等。

◎ 第十五届中国烘焙展览会

时间：2011年5月
地点：中国进出口商品交易会广州琶洲展馆
主办单位：中华全国工商业联合会烘焙业分会
承办单位：北京中连鼎和烘焙食品技术有限公司

分为设备器具展区、原辅料展区、月饼馅料及包装展区等。

广东东莞箱包皮具手袋及原材料技术展览会

时间：2011年5月
地点：东莞国际会展中心
主办单位：香港新展国际展览有限公司、广州瑞鸿展览服务有限公司

箱包皮具成品类、原材料及配件类、技术及机械设备类、刊物及图书等。

第三十一届广东养猪产业博览会

时间：2011年6月
地点：广东省种猪测定中心
主办单位：广东省畜牧技术推广总站、农业部种猪质量监督检验测试中心（广州）、广东省种猪测定中心、广东省养猪商业协会

举办拍卖、洽谈、签约等活动。除此之外，就养猪产业的形势还举办高科技水平的学术研讨会和讲座。

第十五届华南地区工业控制自动化国际展览会

时间：2011年6月至7月
地点：深圳会展中心
主办单位：广东省科学技术厅、中国自动化学会、广东省科学技术协会
承办单位：广东会展推广有限公司

可编程控制器、数控系统；变频调速与伺服控制；计算机辅助设计与制造、通信、网络和现场总线系统；传动、驱动系统及零部件；非标自动化设备；电子零部件及辅助设备等。

第九届广州国际酒店设备及用品展览会

时间：2011年6月至7月
地点：中国进出口商品交易馆
主办单位：亚太酒店用品协会、粤港澳酒店总经理联谊会、广东烹饪协会、广东厨委会、中华西餐文化促进会、中国特种咖啡行业协会、广州华展展览策划有限公司
承办单位：广州华展展览策划有限公司

厨房餐饮设备用品、桌面用品、酒店家具、酒店纺织、清洁设备用品、酒店智能产品、咖啡及食品原材料、红酒及酒类饮料、客房及大堂用品、酒店热水节能设配等。

2011广州国际葡萄酒展

时间：2011年6月至7月
地点：中国进出口商品交易馆
主办单位：亚太酒店用品协会、中华西餐文化促进会、中国特种咖啡协会、广东烹饪协会、广东厨委会、粤港澳酒店总经理联谊会
承办单位：广州华展展览策划有限公司

设酒类展区、酒类用品展区、服务商展区。

2011广州酒店厨具展览会

时间：2011年6月至7月
地点：中国进出口商品交易馆
主办单位：亚太酒店用品协会、粤港澳酒店总经理联谊会、中华西餐文化促进会、广东厨委会、广东烹饪协会、广州华展展览策划有限公司
承办单位：广州华展展览策划有限公司

厨房餐饮设备用品、酒店家具等。

2011广州国际特色休闲食品博览会

时间：2011年7月
地点：广州琶洲保利世贸博览馆
主办单位：广东省食品行业协会、广东省食品学会
承办单位：广州天衡展览策划有限公司

特色食品、有机食品、休闲用品等。

2011广东国际家用电器专用塑料及设备采购展

时间：2011年7月
地点：中国进出口商品交易会琶洲展馆
主办单位：广东省家用电器行业协会
承办单位：博优会展服务有限公司

展出各种名牌家电及电器配件等。

9月

◎ 2011第十二届广东国际体育用品博览会

时间：2011年9月
地点：广州锦汉展览中心
主办单位：广东省体育局、香港特别行政区政府民政事务局、澳门特别行政区政府体育发展局、广东省体育产业协会、恒和集团有限公司
承办单位：广东恒和国际体育博览中心有限公司

运动场馆、器材、设施、体育器械、健身器械、康体器械、服装鞋帽等。

◎ 2011第十一届广州国际营养品、健康食品及有机产品展览会

时间：2011年9月
地点：广州锦汉展览中心
主办单位：中国农业产业经济发展协会、中国营养产业国际交流协会、广东省保健食品行业协会、广州进口食品质量管理协会
承办单位：广州市艺帆展览服务有限公司

营养品与健康食品、天然滋补品、有机产品与绿色食品等。

◎ 第八届中国国际中小企业博览会

时间：2011年9月
地点：广州国际会议展览中心
主办单位：工业和信息化部、国家发展和改革委员会、财政部、商务部、工商行政管理总局、质检总局、中国银行业监督管理委员会、广东省人民政府、澳大利亚贸易委员会
承办单位：商务部外贸发展事务局

会展期间举办中小企业高峰论坛、合作项目推介洽谈会、融资洽谈会、采购说明会、培训以及纺织服装、鞋帽箱包、玩具工艺品、食品药品、家用电器、电子信息、机械装备、家具灯饰、陶瓷建材等产品和技术的展示和交易活动。

◎ 2011第六届中国广州国际给排水、水处理技术设备展览会

时间：2011年9月
地点：中国进出口商品交易会展馆
主办单位：中国环境科学学会、广州环保产业协会
承办单位：广东博昌展览服务有限公司

净水科技；水和污水处理；测量、控制和实验室技术等。

◎ 第六届中国广州国际环保产业、节能与新能源技术博览会

时间：2011年9月
地点：中国进出口商品交易会展馆
主办单位：中国环境科学学会、广州环保产业协会
承办单位：广东博昌展览服务有限公司

节能新技术、新产品及系统解决方案；列入政府采购清单的产品；节电技术产品；智能节电装置、变频调速技术、高效节能风机、电动机、变压器、水泵、高效节能照明、冰蓄冷装置等。

10月

◎ 第七届中国（佛山）机械装备展览会

时间：2011年10月
地点：顺联国际机械博览中心
主办单位：中国机械工业联合会、广东省经济和信息化委员会、广东省佛山市人民政府
承办单位：佛山市经济贸易局、佛山市对外贸易经济合作局、佛山市人力资源和社会保障局、顺联机械城有限公司

机床与金属加工设备、模具及配套件、刃具、传动控制与自动化等。

◎ 中国（深圳）国际物流与运输博览会

时间：2011年10月
地点：深圳会展中心
主办单位：深圳市人民政府、中国交通运输部
承办单位：华南国际工业原料城（深圳）有限公司

设物流服务、物料搬运设备及零部件、仓储设备及包装材料、交通智能及物流技术、物流基础设施、冷链物流、食品生鲜物流、物流服务及供应链管理支持系统等展区。

◎ 第五届广东东莞模具制造机械展览会

时间：2011年10月
地点：横沥镇汇英国际模具城展示中心
主办单位：东莞市经济和信息化局、东莞市横沥镇人民政府、广东省模具工业协会
承办单位：东莞市横沥镇汇英国际模具城

展览项目有机械、五金、模具制造业、品牌产品展示交易等。

广西

节庆文化活动

◎ 2011 中国·广西马山百合嘉年华会暨生态旅游节

时间：2011 年 1 月
地点：南宁市

举办集体婚礼、花车巡游等活动。

◎ 2011 南宁市西乡塘区美丽南方草莓欢乐游

时间：2011 年 1 月
地点：石埠兴贤村言屋坡

举行文艺大展演、言屋草莓品鉴评比会、农家乐草莓美食品尝、草莓园自助采摘及西乡塘区诚信计生成果展示等活动。

◎ 宾阳炮龙节

时间：2011 年 2 月
地点：南宁市宾阳县

每年的农历正月十一是宾阳的炮龙节，炮龙举舞一般连续几昼夜，全城街巷人头攒动，鞭炮轰鸣，舞龙者头戴藤帽，吆喝着赤膊上阵。炮龙所到之处，各家各户都夹道欢迎，将事先准备好的鞭炮拿出来燃放。当龙在炮光中游舞时，人们纷纷伺机"钻龙肚"，传说钻了"龙肚"能带来一年的吉祥如意。

◎ 柳州苗族坡会

时间：2011 年 2 月
地点：柳州市

正月初三，融水苗族同胞开始赶坡会，直至延续到整个春节结束。赶坡会是苗族同胞祈求新年吉祥的盛会。来自各方的人们汇集于一地，赛芦笙、跳踩堂舞、斗马、展示亮丽服饰。

◎ 南宁青秀山桃花艺术节

时间：2011 年 2 月至 3 月
地点：南宁市青秀山
主办单位：南宁市旅游局、青秀山管委会

以赏桃花为主线，举办古装美女古筝、琵琶、舞蹈、插花才艺表演，时尚婚纱秀，挂缘分许愿卡、祈福绳、许愿锁、拓展挑战赛等。

◎ 南宁花花大世界第三届山水桃花节

时间：2011 年 2 月至 3 月
地点：南宁市武鸣县花花大世界
主办单位：南宁市园林局、南宁市旅游局

活动期间，游客不仅能在鲜花秀水间休闲漫步，还可聆听悠扬古乐，赏花品茗。此外，还有山歌对唱、竹排竞技、青春热舞大赛、爱情结丝带、啤酒大乐透、幸运摩天轮等丰富多彩的互动活动，为南宁市民及周边市县的游客提供了一个理想的出游选择。

◎ 第四届南宁赏花旅游节暨大明山山花节

时间：2011 年 2 月至 3 月
地点：南宁市广西药用植物园

以"我爱大明山"为主题。举办"魅力大明山、写意大明山"风光写生和摄影大赛，并组织开展欢乐寻宝等娱乐活动。此外，游客不但能在广西药用植物园看到上刀山、下火海、吞筷子等惊险刺激的表演，还可参与猜谜、插花比赛等活动。

◎ 第九届桂林恭城桃花节暨首届恭城油茶文化节

时间：2011年2月至3月
地点：桂林市恭城瑶族自治县西岭乡大岭山
主办单位：广西壮族自治区旅游局、广西壮族自治区农业厅、广西壮族自治区文化厅、桂林市人民政府
承办单位：桂林市旅游局、桂林市农业局、桂林市文化局、中共恭城瑶族自治县委员会、恭城瑶族自治县人民政府

举办桃花园开园仪式、"魅力瑶乡"全国摄影大展启动仪式、第二届广西驴友桃花山露营大会、桃花园万人相亲大会、大学生踏青赏花活动、万人长桌恭城油茶流水宴、百岁老人秀油茶、恭城油茶创意大赛、恭城油茶形象大使评选、恭城油茶"十大名点心"评选、恭城地方小吃和土特产品展销等活动。

3 月

◎ "爱鸟周"系列活动

时间：2011年3月
地点：南宁市

举办鸟类摄影大赛、鸟类放生活动、鸟类书法、绘画展览、征文比赛和鸟类保护的科普讲座及文化演出等活动。

◎ "二月二"广西"壮族抢花炮"

时间：2011年3月
地点：南宁市邕宁区中和乡

壮族"抢花炮"距今已有约600年历史，有很强的体育、娱乐、观赏价值，被誉为"东方橄榄球"，已被列入广西壮族自治区非物质文化遗产名录。花炮一般由一枚直径约5厘米、用红布缠绕的铁环组成。比赛时花炮被放在装满火药的"地连"（一种土制的发射器）上，点燃后"轰"射高空。待花炮落下时，参赛队队员蜂拥而上，激烈拼抢。

◎ 桂林灌阳千家洞瑶族文化旅游节暨灌阳"二月八"农具文化节

时间：2011年3月
地点：桂林市
主办单位：广西壮族自治区旅游局、桂林市人民政府
承办单位：桂林市旅游局、中共灌阳县委、灌阳县人民政府

农历二月初八，是灌阳传统的农具节，距今已有1000多年历史。从2009年起，灌阳农具节融入了当地瑶族文化和桂剧文化，在万亩梨花美景的映衬下，吸引了越来越多的游客前来观光游览。本次活动以"梦回千家洞、同缘瑶族魂、弘扬传统文化、打造魅力灌阳"为主题，安排有桂林千家洞国际山地自行车赛——2011春季越野挑战赛、万人梨花观赏游园活动、现代农机具展示销售、徒步灌阳摄影博客大赛等活动。

◎ 2011广西（梧州）春茶节暨六堡茶博览交易会

时间：2011年3月
地点：梧州市
主办单位：广西壮族自治区农业厅、梧州市人民政府

本届春茶节以"千年六堡古韵，八桂春茶飘香"为主题，有万人品茶、茶叶生产企业产品专场推介及茶艺表演、"夺宝奇兵"等活动。

◎ 罗政裴圣娘旅游文化节

时间：2011年3月
地点：玉林市罗政农业旅游示范区

举办纪念裴圣娘、旅游项目表演等活动。

◎ 2011灵山春茶节

时间：2011年3月
地点：钦州市灵山县

与当地数万群众一起品新茶、采新芽，洽谈茶叶生意，观看茶艺表演，欣赏茶园风光，亲身感悟浓郁的灵山茶文化。活动有名优茶评比、茶叶展销洽谈、茶·书画摄影展、品牌农机展销、汽车展销、旅游景观宣传推介等。

◎ 2011首届东兰国际铜鼓文化节

时间：2011年3月
地点：河池市
主办单位：河池市人民政府、广西壮族自治区旅游局、广西壮族自治区文化厅
承办单位：中共东兰县委、东兰县人民政府、河池市旅游局、河池市文化广播影视管理局

举办 2011 中国·东兰全国山地户外运动邀请赛、特产美食、商品展销会等活动。

4 月

◎ 中国壮乡·武鸣"三月三"歌圩

时间：2011 年 4 月
地点：南宁市武鸣县武鸣壮乡

三月三武鸣壮乡歌圩每年农历三月初三在广西南宁的武鸣举办。歌圩在广西比较普遍，其中最为热闹的要数"三月三"了。壮族人民称"市"为圩，故称"歌圩"。每到三月初三那天，武鸣各地按传统的风俗习惯过节，不管远近的朋友都在那一天来赶歌圩。

◎ 石门龙母文化旅游节

时间：2011 年 4 月
地点：南宁市上林县

龙母文化是一种具有浓郁地方色彩的岭南文化，传说龙母是西江流域的百越部族首领，生前为民治水，造福百姓，在民间享有崇高的地位。其间，举行龙母祭拜仪式、"三月三"山歌比赛、斗鸡比赛、打陀螺比赛等活动。

◎ 中国国际商务文化节暨中国（南宁）国际时尚博览会

时间：2011 年 4 月
地点：南宁市南宁国际会展中心
主办单位：中国国际贸易学会、广西壮族自治区商务厅、南宁市人民政府

来自国际、国内知名时尚机构参展参会。举办时尚品牌评选、十大"时尚品牌"、十大"时尚榜样"、城市时尚论坛等活动。

◎ 南宁水街美食节

时间：2011 年 4 月
地点：南宁市

邀请东南亚美食、港澳台美食参展，使美食品种更加多样化和国际化。

◎ 嘉和城温泉泼水节

时间：2011 年 4 月
地点：南宁市嘉和城温泉谷

有泰傣民俗风情歌舞表演、泰国及东南亚友人新年现场互动、品泰国美食、尝泰国水果等丰富多彩的活动项目。

◎ 第三届南宁唐人文化节

时间：2011 年 4 月至 5 月
地点：南宁市
主办单位：南宁市文化新闻出版局、南宁市旅游局、西乡塘区人民政府
承办单位：广西南宁唐人文化传播有限公司、西乡塘区文化新闻出版体育局

举办唐人文化节开幕式、原创音乐会等活动；汇集名家详解中华民族传统文明精髓的唐人文化大讲坛，众多文化名人和专家对骆越文化、茶文化、青花鉴赏、紫砂壶、奇石收藏、摄影技巧等知识进行精彩讲解。

◎ 龙胜红衣节

时间：2011 年 4 月
地点：桂林市龙胜各族自治县

红衣节是龙胜红瑶同胞所特有的民族节庆。这一天，男女老少身着节日盛装，肩担自己生产的土特产品，成群结队来到泗水街举行节日盛会，交换一年所需的生活用品和农业生产资料。未婚青年则在这一天借机唱山歌、吹木叶，以优雅动听的情歌来相约意中人。除此之外，还举行民间体育活动，如顶竹竿、拉山拔河、打旗公等。

◎ 古宜镇"三月三"花炮节

时间：2011 年 4 月
地点：柳州市三江侗族自治县

花炮节是三江县境内侗族和各民族共同欢度的盛大传统节日，历史悠久。其间，举办广场文艺表演、抢花炮、大型文艺表演、燃放花炮、百家宴、侗族大歌演唱比赛等活动。

◎ 百色市敢壮山布洛陀文化节

时间：2011 年 4 月
地点：百色市田阳县敢壮山景区

布洛陀是壮族开天辟地的始祖，每年农历二月十九是布洛陀生日，壮族群众从这一天开始到农历三月初九，都会自发前往敢壮山祭奉。旅游节期间还表演各项民俗活动，包括对山歌、抛绣球、斗牛、抢花炮等。

◎ 2011中国广西·凌云茶文化旅游节

时间：2011年4月
地点：百色市凌云县

举行茶山金字塔国家4A级旅游景区授匾暨开山祭茶活动仪式、大型文艺晚会、摄影大赛、茶艺（茶具、茶叶）展示、祭孔大典、凌云茶·茶文化·旅游与区域经济发展论坛、"相约茶乡"汉族山歌王大赛等精彩活动。

◎ 第四届中国·百色乐业国际山地户外运动挑战赛暨全国攀岩精英赛

时间：2011年4月
地点：百色市乐业县
主办单位：国家体育总局登山运动管理中心、广西壮族自治区体育局、广西壮族自治区旅游局、百色市人民政府
承办单位：百色市体育局、百色市旅游局、乐业县人民政府

本届赛事有瑞典、英国、美国等20支世界顶尖队伍参加角逐。另外，来自国内攀岩界的众多顶级高手在天坑地缝中上演攀岩表演，更是吸引了众多游客的眼球。

◎ 吴圩二王庙会

时间：2011年5月
地点：南宁市江南区

全国各地游客慕名到这里祈福，品尝大榕树下的山泉水，欣赏村民们唱起的一段段原生态师公戏。

◎ 2011柳州森林旅游节

时间：2011年5月
地点：柳州市三门江国家森林公园

举办森林美食节、森林音乐会、大型游乐园、幸运大转盘等活动。

◎ 民俗坡会节

时间：2011年5月
地点：柳州市三江侗族自治县同乐苗族乡

坡会是侗族青年交往的一种形式。本届坡会节主要有斗鸟、斗牛、民歌赛、民族服饰服装刺绣展示、百家宴等独具民族色彩的活动。

◎ 2011广西"三江春"茶文化节

时间：2011年5月
地点：柳州市三江侗族自治县
主办单位：柳州市人民政府、广西壮族自治区农业厅

三江侗族自治县已成为广西无公害茶叶生产示范县和全国重点产茶县。文化节期间举办万人同品三江茶及广西茶叶生产新技术研讨会等活动。而百名侗妹现场演示手工炒茶和打茶油是文化节的又一个亮点。

◎ 2011中国桂平西山浴佛文化旅游节

时间：2011年5月
地点：贵港市桂平西山

农历四月初八又名浴佛节、佛诞节、龙华会，相传是佛祖释迦牟尼的生日。为了纪念佛祖诞辰日，本届文化节除了在启动仪式举办祭拜和诵经活动外，还举办各类群众互动活动，如书画家现场泼墨献艺、"茶禅一味"展示、"释放心灵，点亮心灯"传灯祈福法会等。

◎ 2011中国南丹·丹文化旅游节

时间：2011年5月
地点：河池市
主办单位：广西壮族自治区文化厅、广西壮族自治区旅游局、广西壮族自治区体育局、河池市人民政府

以"弘扬南丹传统民族文化，发展地方特色旅游业"为主题。活动不仅以充分展示白裤瑶多姿多彩的铜鼓文化、陀螺文化、饮食文化和歌谣文化为主要内容，同时还融入壮、苗、水等少数民族元素共同展演，通过绚丽多彩的民俗文化旅游活动来达到"以节扬名、以节交友、以节厚文、以节活县"的目的。

◎ 金秀圣堂旅游节

时间：2011年5月
地点：来宾市金秀瑶族自治县

文化节除邀请全国有关学者、专家进行学术交流外，还有民俗表演等活动内容。

◎ 2011昆仑关民俗文化旅游节

时间：2011年6月
地点：南宁市昆仑关景区

每年农历五月十三流传于昆仑关民间传统的"关公磨刀诞"盛行已久，是昆仑关周边群众最为隆重的节日之一。本次昆仑关民俗文化旅游节以"传承民俗文化、弘扬爱国精神"为主题，活动内容丰富。当地群众自发组织舞狮、唱戏、唱山歌、演师公戏及斗鸡斗狗等各类民俗活动。

◎ 2011南宁大明山养生旅游节

时间：2011年6月
地点：南宁市武鸣县大明山风景区
主办单位：南宁市人民政府、中国（南宁）时尚博览会组委会

养生产业是新兴的低碳绿色环保产业，是被公认为21世纪最有希望的朝阳产业之一。其间，举行喊山比赛、山歌对唱、山地养生技法展示、负离子空气浴徒步大赛、山地峡谷滑翔伞花样滑翔表演和充满神秘文化色彩的"日中无影"祭祀盛典等活动，向世界展示大明山特有的壮族特色山地养生。

◎ 漓江·古东景区第八届大学生泼水节

时间：2011年6月
地点：桂林市漓江古东景区
主办单位：漓江古东景区管委会

举办游园、开幕式、泼水狂欢、入园游览等活动。

◎ 恭城关公文化旅游节

时间：2011年6月
地点：桂林市恭城瑶族自治县

广西恭城武庙又称关帝庙，是一座距今已有400多年历史的古建筑，为当地百姓缅怀三国时期蜀国名将关羽而建造。据传，关羽诞生于农历五月十二，每到这一天各地民间都举行隆重的庙会作为祭祀。此次活动除举行关公出游和祭祀大型活动外，地方业余文艺队伍、独具湖南地方特色的祁剧剧团也前来助兴表演。

◎ 广西兴安第五届桂林米粉节

时间：2011年6月
地点：桂林市兴安县

举行兴安红色旅游活动启动仪式暨灵渠水街花船巡游和米粉美食一条街开街仪式。组织万人长龙持火把展现"之"字形火把队伍的壮观场面。组织重走长征路·猫儿山山地自行车国际挑战赛。此外，还举行米粉节吉祥物卡通形象有奖征集及"灵渠神韵·魅力兴安"有奖摄影大赛、进行"兴安十大碗"美食展示、红色革命电影展映、大型房车展、大型鉴宝活动暨奇石书法摄影展等活动。

◎ 防城港市国际龙舟节

时间：2011年6月
地点：防城港市

在农历五月初五这天，举办有龙舟节摄影展、美食荟萃活动、龙舟彩船展示预演、海上焰火晚会、群众广场文艺晚会等系列丰富多彩的活动。

◎ 靖西端午药市系列活动

时间：2011年6月
地点：百色市靖西县

端午药市系列活动是靖西独特的民族医药风俗活动，始于唐宋，盛于明清，历史悠久。每逢端午节，该县远近村寨的药农以及稍懂一方一药的群众纷纷将自采自种的各种中草药，或各种药用动物、矿物等拿到县城交易，并互相交流壮医药经验，传授壮医知识等。此次活动举办主题开幕式、第二届"天下山水探秘靖西"全国摄影大展启动仪式、名医义诊及药材药膳展销活动、2011振兴壮医药高层论坛、百色靖西—越南高平边境旅游线路开通推进会、"天下山水探秘靖西"摄影论坛、中越边境体育友谊赛、广西发展10万亩田7个种植项目启动仪式、古街百家壮药膳宴、靖西"通灵壮药谷"授匾仪式、民族民俗文艺展演等。

◎ 2011年中国·毛南族分龙节

时间：2011年6月
地点：河池市环江毛南族自治县

毛南族分龙节是居住在环江境内毛南族群众一年一度的盛大传统节日。举办敬祭仪式、民族体育竞技表演、五香特产展示、千人牛宴、摄影书画展、兰花奇石展、"欢乐乡村行"公益活动、龙舟山歌对唱、民族文艺晚会、万人傩面狂欢等。

◎ 灵山荔枝节

时间：2011年6月至7月
地点：钦州市灵山县
主办单位：中共灵山县委、灵山县人民政府

包括荔枝产销对接会、重点项目集中开竣工、千年古荔果实拍卖、灵山荔枝文化展、荔枝生态游等一系列活动。

7月

◎ 2011年第七届乡村大世界葡萄节

时间：2011年7月
地点：南宁市乡村大世界

乡村大世界有着多年的葡萄种植经验，葡萄种植园面积为200多亩。自2005年举办第一届葡萄节以来，已连续6年成功举办，有"南宁的吐鲁番"之美誉，已成为广大市民周末休闲、体验采摘乐趣的首选目的地。本届葡萄节以"品葡萄飘香　赏田园风光"为主题。

◎ 龙脊金坑红瑶"晒衣节"

时间：2011年7月
地点：桂林市龙脊景区

每年农历六月六的晒衣节（也叫红衣节）是龙脊红瑶除春节外最隆重的传统节日。这一天，寨子里宾客盈门，热闹异常，嫁出去的女儿和出去上门的儿子，都要挑着鸭子、酒和礼品，背着小孩回到婆家来过节，家家户户都把箱底的花衣、饰衣、花裙拿出来晾晒，晒衣节也因此得名。除此之外，还举办锣鼓迎嘉宾、山歌迎嘉宾、民风民俗展示、红瑶饮食文化展示、民俗工艺展示等活动。

◎ 闹鱼节

时间：2011年7月
地点：柳州市融水苗族自治县红水乡良双村

良双村闹鱼节始于明朝万历年间，至今已有400多年的历史。附近县乡和贵州比邻地区的少数民族同胞会聚在良双河谷，载歌载舞，斗马抓鱼，狂欢两日，共同庆祝这个迎接丰收、增进团结的节日。

◎ 钦州三娘湾观潮节

时间：2011年7月
地点：钦州市三娘湾景区

观潮节期间，游客可在景区内的母猪石、观潮石、风流石、天涯石等设定的最佳观潮点观潮，欣赏"异石穿空"、"巨龙腾飞"、"浪花飞溅"等海潮奇观。

◎ 防城港市京族哈节

时间：2011年7月
地点：防城港市京族万尾、巫头、山心三岛

相传，古时候有一位美丽的仙女来到京族渔村，不但传歌授舞，还施展妙手回春之术治病救人，送医赠药，深受京族人民的爱戴，后人便建起一座"哈亭"，每年一次在哈亭里以唱歌的形式纪念她，久而久之就变成了京族的传统节日"哈节"。

在京族语言中，"哈"有"唱歌"和"吃"的意思，因此人们就在哈节进行祭祀神灵祖先、"唱哈"跳舞和品尝风味食品等活动，历时三天，通宵达旦，歌舞不息。

◎ 百色田东杧果文化节

时间：2011年7月
地点：百色市田东县
主办单位：广西壮族自治区农业厅、广西壮族自治区商务厅、百色市人民政府
承办单位：田东县人民政府

以"杧果飘香·田东传情"为主题，举办中国杧果产业发展论坛、杧果乐园、招商推介会、杧果擂台赛暨"杧果王"拍卖等多项活动。

◎ 伊岭岩首届壮文化旅游节

时间：2011年7月至8月
地点：南宁市伊岭岩景区

伊岭岩景区位于武鸣县境内，距南宁市郊18公里，是一座典型的喀斯特岩溶洞，因地处伊岭村而得名。在近一个月的活动期间，游客不仅可以欣赏到壮乡美景、文字图片展、服饰展，还能体验壮族特色商品展，如壮族美食、旅游工艺品、名优土特产等。

◎ 南宁科普旅游节

时间：2011年7月至8月
地点：南宁市
主办单位：南宁市旅游局
承办单位：广西科技馆、南宁海底世界、良凤江国家森林公园

举办保护鲨鱼的主题活动、海洋小博士大赛、"争当小导游"活动等。

 **8 月**

◎ 中国横县国际茉莉花文化节

时间：2011年8月
地点：南宁市横县
主办单位：中国茶叶流通协会、中国花卉协会、广西壮族自治区林业厅、南宁市人民政府
承办单位：横县人民政府

横县是全国最大的茉莉花生产和茉莉花茶加工基地。本次活动主题为"标准化·国际化"，邀请国内外花卉专家、学者进行论坛，举办多项群众娱乐活动。

◎ 资源河灯节

时间：2011年8月
地点：桂林市资源县

每到农历七月半，资源县人民以唱歌放灯缅怀先人，消灾避祸的形式自发携灯，沿河漂放。夜幕下灯光辉煌，形成"万盏河灯漂资江"壮景。其间，举行盛大的集会，各乡的舞狮队、舞龙队、河灯队、艺术表演队都汇集到城里大显身手。夜幕降临时，人们将自己制作的各式各样的河灯点亮一起放到江中随波而去，以此寄托对先人的怀念，并祈祷先人对子孙的保佑。赏灯之后，便是彻夜的文艺表演和山歌比赛。

◎ 2011北海国际海滩旅游文化节

时间：2011年8月至10月
地点：北海市

有第二届北海老街文化艺术节开幕式、红酒浪漫夜及啤酒狂欢夜、世界比基尼小姐走秀、化妆舞会、啤酒狂欢夜、街舞表演、啤酒速饮大赛等活动。

 **9 月**

◎ 刘三姐文化旅游节

时间：2011年9月至10月
地点：河池市宜州市

宜州奇山秀水，人杰地灵，是壮族歌仙刘三姐的故乡。旅游节期间，举办形象大使选拔赛、摄影大赛、哥王擂台赛、大型篝火晚会、民俗巡游、民间绝技表演等活动。

◎ 藤县沙滩狂欢节

时间：2011年9月
地点：梧州市藤县石表山景区

在为期一个月的狂欢节里，沙滩排球邀请赛、堆金沙赛、泼水狂欢、月光浴、月光漂流、艺术大片展演、非物质文化遗产展演、沙雕作品展、沙地美食节、铁索悬空飞越北流河等一系列异彩纷呈的活动项目轮番上演。

◎ 贵港平天山登山节

时间：2011年9月
地点：贵港市
主办单位：贵港市旅游局、共青团贵港市委、贵港市林业局

平天山凭借其雄、奇、险、秀、幽的山形地貌，吸引了各地游客。本届登山节以健身、娱乐为主，重在参与，让运动员和市民到大自然放松心情，感受贵港美景。

 **10 月**

◎ 南宁国际民歌艺术节

时间：2011年10月
地点：南宁市

南宁国际民歌艺术节每年10月在广西首府南宁举办。广西各族人民有爱唱歌的习俗，故广西素有"歌海"之誉，是壮族"歌仙"刘三姐的故乡。艺术节期间，举办商贸洽谈、旅游美食节、绿城歌台、大地飞歌、文化论坛等活动。

◎ 桂林山水文化旅游节

时间：2011年10月
地点：桂林市

以"美丽的桂林，中国的名片"为主题，由文化、旅游、体育、演艺、展会、选秀六大主题组成。

◎ 金秋龙脊梯田旅游文化节

时间：2011年10月
地点：桂林市龙胜各族自治县龙脊梯田

金秋是广西龙胜龙脊梯田最美的季节，每年的秋天龙脊的红瑶同胞都举办金秋龙脊梯田旅游文化节，游

客不仅能够领略到龙脊梯田的稻香，还能欣赏到原汁原味的当地壮族、瑶族传统的农耕风情和多姿多彩的民俗文化。

◎ 永福养生旅游福寿节

时间：2011年10月
地点：桂林市永福县

举办千人拔河比赛、西江湖水上项目表演、福寿论坛、寿星孝星评比等丰富多彩的活动。

◎ 中国（柳州·三江）侗族多耶节

时间：2011年10月
地点：柳州市三江侗族自治县

举办民族风情大游行、选美大赛、大型百家宴、超级牛王争霸赛、观赏石精品展、"多耶程阳桥"大型广场文艺晚会、三省坡侗族文化旅游区发展论坛、民族风情摄影展等活动。

◎ 梧州国际宝石节

时间：2011年10月
地点：梧州市

通过珠宝玉石首饰展、西江经济发展论坛、宝石加工技能大赛、六堡茶展、美食嘉年华、国际狮王争霸赛等独具梧州特色的活动，充分展示梧州的人文历史、自然风光、特色文化。

◎ 玉林国际旅游美食节

时间：2011年10月
地点：玉林市体育馆及周边

充分展示北部湾美食荟萃，有港、澳、台美食，海外及东南亚知名美食等。同时，还举办玉林市养生美食大赛，开展欢乐城堡和啤酒城堡等活动。

◎ 瑶族盘王节

时间：2011年11月
地点：桂林市恭城瑶族自治县

瑶族盘王节，又叫还盘王愿、跳盘王，是瑶族人民祭祀祖先最重要的节日。每年的农历十月十六，瑶族男女老少都要穿上节日盛装，聚集在一起唱歌、跳舞，欢度盘王节。同时也是一次民俗文化、歌舞艺术、服饰工艺的盛会。

◎ 巴马国际长寿养生文化旅游节

时间：2011年11月
地点：河池市巴马县

举办祈福祈寿活动、中华敬寿礼孝大典、巴马养生大庙会、民族休闲养生趣味运动会、洞底音乐PK赛、候鸟人畅谈养生经等活动。

◎ 世界客属第24届恳亲大会

时间：2011年11月至12月
地点：北海市
主办单位：广西壮族自治区人民政府
承办单位：北海市人民政府

组织客家人乡情报告会、国际客家文化学术研讨会、世界客属当代书画名家作品展等活动。

◎ 阳朔漓江渔火节

时间：2011年12月
地点：桂林市阳朔县

渔火捕鱼是阳朔民间传统的夜间捕鱼方式。围渔方法一般是群体出现，少则八九张竹排，数十只鸬鹚，多则几十张竹排，成百只鸬鹚。江面灯火辉煌，夜空回荡着拍水声，与四周的青山构成一幅有声有色的立体图画。渔火节期间举办国际攀岩大赛、狂欢西街、夜闹漓江、摄影大赛等活动。

◎ 百色旅游美食文化节

时间：2011年12月
地点：百色市

红色旅游圣地的山区美食与少数民族特色小吃推介，令人大饱口福。

◎ 凤山神奇洞穴探游节

时间：2011年12月
地点：河池市凤山县

举办文艺会演,山歌比赛,歌王擂台赛,非物质文化遗产展演以及美术、书法、摄影作品展览,蓝靛瑶服装大会等多姿多彩的艺术节活动。同时还举办世界攀岩表演赛,三门海、鸳鸯泉景区国际潜水探险科学考察等精彩绝伦的探游节活动。

马山文化旅游美食节

时间:2011年12月
地点:南宁市马山县

以文化旅游美食活动为载体,搭建宣传马山文化、旅游、美食和农副产品的平台,打造马山文化旅游美食品牌。

商务会展

◎ 第十二届广西广告技术设备展览会

时间:2011年3月
地点:南宁国际会展中心
主办单位:广西机械工程学会
承办单位:南宁南春展览服务有限公司

1.广告制作设备:喷绘设备、写真设备、雕刻设备、条幅制作设备、喷墨打印设备、吸塑成型设备、制卡设备、装裱设备、覆膜机、热转印设备、烫印设备、图文制作设备、数码快印设备、数码影像设备等;2.广告器材及材料:广告标志、广告灯箱、LED光源、霓虹灯、电子显示屏、标牌加工制作、视觉导向系统、展览展示器材、商业展示设施器材、发光字、广告材料、反光材料、板材、喷绘墨水、广告礼品等;3.广告媒体及作品:新型广告户外媒体、三面翻广告设备、新型显示载体、充气媒体、广告公司作品、广告公司形象展示等。

◎ 第五届广西国际淀粉酒精工业展览会

时间:2011年3月
地点:南宁国际会展中心
主办单位:广西机械工程学会
承办单位:南宁南春展览服务有限公司

1.淀粉设备及技术:清洗设备、碎解设备、筛分设备、洗涤设备、分离机、干燥设备等;2.酒精设备及技术:发酵设备、热交换设备、蒸馏设备、冷却设备、净化设备、储存设备、干燥设备、粉碎设备、糖化设备、检测仪器、回收装置、节能技术等;3.淀粉、制糖、酒精废水处理新技术和新设备。

◎ 第四届广西沼气技术设备展览会

时间:2011年3月
地点:南宁国际会展中心
主办单位:广西农村沼气行业协会、广西机械工程学会
承办单位:南宁南春展览服务有限公司

1.沼气生产设备:各类沼气池、太阳能沼气罐、沼气池模具、专用进出料管道等;2.沼气输配管路系统:沼气管道及配件、沼气阀门、沼气水分离器、沼气开关等;3.沼气设备:沼气发电设备、沼气灯具及配件、沼气灶具及配件、沼气点火装置和阻火器、沼气饭煲(锅)、沼气烤火炉、沼气点火器、沼气采暖炉、沼气热水器、沼气加热器等;4.其他设备:运输罐、压力罐、反应釜、风机、设备护罩、抽渣车等。

◎ 第四届广西国际环保节能技术设备展览会

时间:2011年3月
地点:南宁国际会展中心
主办单位:广西机械工程学会
承办单位:南宁南春展览服务有限公司

环保节能设备、水处理技术及设备、新能源与可再生能源展区。

◎ 第五届广西国际糖业技术设备展览会

时间:2011年3月
地点:南宁国际会展中心
主办单位:广西机械工程学会
承办单位:南宁南春展览服务有限公司

1.制糖设备及技术:输送设备、压榨设备及驱动装置、撕解设备、压滤设备;2.配套器材:糖厂专用泵阀、自动控制设备、管道;3.糖业包装容器及设备:塑料编织袋、纸质容器、塑料容器;4.生物工程、膜技术、环保设备、制糖、淀粉、酒精废水处理新技术和新设备等。

◎ 第二十届中国广西医疗器械展览会

时间:2011年3月
地点:广西展览馆
主办单位:广西医疗器械行业协会
承办单位:西南宁力帮展览有限公司

诊断治疗设备、口腔设备、辅助设备、医药卫生保健用品。

4月

◎ 第五届中国广西电动车展览会暨零部件展览会

时间：2011年4月
地点：南宁国际会展中心
主办单位：中国国际贸易促进委员会广西分会、中国国际商会广西商会
承办单位：广西南宁共好会议展览有限公司、广西环球经济贸易展览公司

1. 整车：电动自行车、电动摩托车、电动汽车、自行车、电动观光车；2. 零部件：蓄电池、电机、控制器、充电器、仪表、电源、塑件、外壳、轮胎、涂料及相关附件；3. 电动车制造设备、工具及专业相关媒介咨询等。

◎ 广西（南宁）房地产博览会

时间：2011年4月
地点：南宁国际会展中心
主办单位：广西日报传媒集团
承办单位：广西日报等

1. 房地产、家装建材及相关行业现场展示；2. 著名地产品牌企业、著名地产代理机构、地产风云人物、百姓满意楼盘、著名家装品牌推荐活动；3. 房地产高峰论坛；4. "著名地产品牌企业、著名地产代理机构、地产风云人物、百姓满意楼盘、著名家装品牌"五大推介活动大型颁奖；5. 2011家装潮流趋势发布。

◎ 北部湾（南宁）汽车展

时间：2011年4月至5月
地点：南宁国际会展中心
主办单位：中共青秀区委、青秀区人民政府、广西汽车经销商协会

汽车、汽车零部件等。

5月

◎ 第三届中国（玉林）中医药博览会

时间：2011年5月
地点：玉林市
主办单位：中国中药协会、玉林市人民政府、广西壮族自治区卫生厅、广西壮族自治区科技厅、广西壮族自治区食品药品监督管理局、广西中医学院

以"健康·发展·合作·共赢"为主题，举办经贸、学术、文化、保健美食等系列活动。

6月

◎ 中国（广西）食品交易博览会

时间：2011年6月
地点：广西展览馆
主办单位：广西食品工业协会
承办单位：南宁环博会展服务有限公司

1. 品牌企业展区；2. 名优农副产品与粮油展区：粮油、水（海）产品、禽、蛋及其他农副产品、特产等；3. 饮料、乳制品展区：果汁饮料、碳酸饮料、茶饮料、矿泉水、凉茶、功能性饮料等乳制品；4. 茶业专题展区：绿茶、普洱茶、花茶、红茶、保健茶等中外名优茶及茶具；5. 酒专题展区：白酒、红酒、黄酒、葡萄酒、啤酒、果露酒、洋酒、保健酒等；6. 调味品添加剂展区：糖、味精、酱油、酱料、食醋、调味料、调味酒、食品配料等；7. 综合食品展区：休闲食品、营养保健品、肉制品、烘焙食品、腌渍品、绿色食品、特产等；8. 食品加工包装机械展区：食品生产加工机械、包装材料、设备、烘焙生产包装设备。

9月

◎ 2011中国桂林国际旅游博览会

时间：2011年9月
地点：桂林国际会展中心
主办单位：桂林市人民政府、广西壮族自治区旅游局、广西国际博览事务局
承办单位：桂林市博览事务局、新加坡会议与展览服务有限公司、桂林市旅游局

1. 旅游高峰论坛：邀请国内外知名专家学者、企业界人士及政府官员进行交流与对话；2. 城市交流：邀请世界各国及国内主要旅游城市开展旅游推介交流活动，设立城市旅游展区及举办市长论坛；3. 旅游产品推介：邀请星级酒店、景区（点）、旅行社现场展示和推介旅游产品，设立旅游精品线路（城市体验游、自然风光游、民俗风情游等），旅游纪念品展示交流区；4. 投资洽谈：推介桂林与各城市地区间双向投资项目，设立项目推介洽谈区，提供项目洽谈机会。

◎ 2011 中国南宁（东盟）国际农机博览会

时间：2011 年 10 月
地点：南宁国际会展中心
主办单位：中国商务部、文莱工业和初级资源部、柬埔寨商业部、印度尼西亚贸易部、老挝工业贸易部、马来西亚国际贸易和工业部、缅甸商务部、菲律宾贸易和工业部、新加坡贸易和工业部、泰国商业部、越南工业贸易部、东盟秘书处
承办单位：广西壮族自治区人民政府

分农业机械展、畜牧机械展、林果机械展、科技成果展等展区。

◎ 2011 中国东盟博览会

时间：2011 年 11 月
地点：南宁国际会展中心
主办单位：中国商务部、文莱工业和初级资源部、柬埔寨商业部、印度尼西亚贸易部、老挝工业贸易部、马来西亚国际贸易和工业部、缅甸商务部、菲律宾贸易和工业部、新加坡贸易和工业部、泰国商业部、越南工业贸易部、东盟秘书处
承办单位：广西壮族自治区人民政府

机械设备；电子电器；农资、农产品和食品；以中国企业"走出去"为重点，开展国际工程承包、劳务合作、境外加工贸易、资源开发、农业合作、市场分析、项目论证及相关金融服务；以中国、东盟城市和各类经济技术开发区为主体进行项目招商，推介投资政策及环境，发布项目招商信息，对接洽谈项目；农业种植养殖技术；农产品深加工技术；生物技术；新材料、新能源；节能环保技术等。

海南

节庆文化活动

◎ 三亚南山撞钟迎新年

时间：2011年1月
地点：三亚市南山景区

敲响108响钟声，寓意着平安、吉祥。同时有迎新晚会、新年心愿系百年祈愿树、放莲灯放生法会、盖越年邮戳和看新年第一轮日出等活动。

◎ 元宵换花节

时间：2011年2月
地点：海口市琼山区

每年农历正月十五"换花节"是海口市琼山地区特有的民间节日。换花是换花节的核心内容。活动有传统的换花形式，举办单身男女换花交心活动。除此之外，还举办盆景花展、街巷灯展、琼剧表演、游园戏春、游艺娱乐、"换花舞"比赛等活动。

◎ 三亚南山庙会

时间：2011年2月
地点：三亚市南山文化旅游区

举办除夕夜祈福迎新撞南山108响吉祥钟、大年初一弥勒佛圣诞暨南山新春普佛供天大法会、南山寺法师新春吉祥洒净、藏传佛教"藏绣"文化艺术展。还有反映生态文化的迎春花展、反映民俗文化的书画展和特色纪念品展、反映南山饮食文化特色的庙会美食小吃荟萃等。另外，正月十五元宵节欢乐行的活动也是精彩连连。

◎ 第十届中国（海口）冼夫人文化节

时间：2011年3月
地点：海口市新坡镇冼夫人纪念馆

本次活动的主题是"团结、和谐、发展、传承"。祭祀仪式上，以朗诵的形式，深情回顾冼夫人的丰功伟绩，并展现对海南前景的美好憧憬和向往。此外，还有书法比赛、民俗文化同乐表演、海南琼剧等活动。

◎ 第七届中国三亚龙抬头节

时间：2011年3月
地点：三亚市

举办南海龙王暨南海祭祀大典、二月二海南民俗庙会、海南祭海民俗图片展等活动。

◎ 中国越西第二届油菜花节

时间：2011年3月
地点：文昌市
主办单位：越西县委宣传部
承办单位：越西县文化影视新闻出版中心、越西县体育旅游局

本届油菜花节游客除了能观赏到10万余亩绽放的油菜花外，还能参加篝火晚会。民歌场景演唱、民俗大巡游和观音听琴等民俗文化活动也将精彩上演。

4月

◎ 第十二届龙泉文昌鸡（国际）美食节

时间：2011年4月
地点：海口市
主办单位：海南省农业厅、文昌市人民政府、海南龙泉集团

美食节以"文昌鸡+顺德"为主题。活动期间举行文昌鸡产业论坛、美食文化论坛和美食课堂、名菜名评与消费者的厨艺交流等活动。

◎ 公期

时间：2011年4月
地点：三亚市屯昌县坡心镇

"公期"也叫"村节"，是海南汉族地区农村最受重视的民间节日，也是海南人的庙会。正月之后，每个村子都沿袭祖宗传下的吉利日子过公期。当地人总是隔三差五走村过镇、呼朋唤友去吃公期。

◎ 世界文昌乡亲恳亲节

时间：2011年4月
地点：文昌市

为了营造浓浓乡情，使省亲侨胞找到回家的感觉，激发侨胞对故土的依恋之情，活动主办方特地布设了"风情小吃一条街"，让海外乡亲们在此体验浓浓乡情。此外，还举办海外青年乡亲文昌话比赛、才艺展示以及高尔夫球赛、自行车赛、主题演讲、重点项目推介等系列活动。

◎ 鹿城第二届生态旅游节

时间：2011年4月
地点：三亚市鹿城区

以"绿韵鹿城·红映岙底"为主题，举办潮埠古街风情展、沈岙杨梅采摘游、开心农场开园、钓鱼比赛、双潮农家菜大评选、魅力侨乡双潮风光摄影展等活动。

◎ 海南国际椰子节

时间：2011年4月
地点：海口市、文昌市、三亚市等

每年的农历三月初三，在海南举办椰城灯会、椰子一条街、黎族和苗族联欢节、国际龙舟赛、民族武术擂台赛、文体表演、黎族和苗族婚礼、祭祖等丰富多彩的活动。

◎ 海南黎苗族三月三联欢节

时间：2011年4月
地点：琼中黎族苗族自治县、东方市、昌江黎族自治县、乐东黎族自治县、白沙黎族自治县等

三月初三是黎族、苗族人民的传统节日。各村寨的黎族、苗族同胞会聚于旷野上，用山歌、竹竿舞、掌声、欢笑声描绘出一幅幅和谐、欢快的景象。举行打粉枪、射箭比赛，中老年男女吟歌对唱等特色浓郁的民俗活动。此外，还可看到青年男女成双成对进行"山恋"这一独特的恋爱方式。

◎ "三月三"暨第五届香蕉节

时间：2011年4月
地点：乐东黎族自治县

此次活动以"民乐三月，蕉海欢歌"为主题，除举办香蕉推介会，还举行开幕式广场文艺晚会、香蕉小姐评选活动、"香蕉杯"体育比赛、焰火晚会、篝火狂欢晚会、经贸招商会等活动。

◎ 海南韩国美食文化节

时间：2011年4月至5月
地点：海口市
主办单位：海南省商务厅

上演中韩民间文化艺术表演、韩国泡菜制作大赛、韩国小吃展和传统打糕表演、中韩健康论坛、中韩美容化妆秀、韩国服饰展和韩国风情旅游展、学做韩国菜及学习韩国礼仪等活动。

6月

◎ 2011海口热气球节（旅游婚庆节）暨中国热气球挑战赛

时间：2011年6月
地点：海口市
主办单位：海口市人民政府、中国航空运动协会
承办单位：海口市文体局、海口市旅游发展委员会

本次活动分为热气球节和旅游婚庆节两个大项，集竞技性、娱乐性、表演性和互动性于一身，以热气球运

动和旅游婚庆体验活动为主线，广泛开展文化、体育、旅游、娱乐四大主题活动。新鲜刺激的热气球赛事与浪漫多彩的旅游婚庆活动并驾齐驱，演绎热气球空中浪漫的主题。

◎ 海南第九届盈滨龙水节

时间：2011 年 6 月
地点：澄迈县

以"古县新姿、活力澄迈"为主题，与中华民族传统节日端午节相结合，除歌舞文艺表演、书画、手工艺品展示外，还展示国际上为老人服务的先进健身器材、设备、养生保健品和其他各种老年人用品等，展现世界各地独具特色的地域文化和中老年文艺体育等精神文化活动的发展水平。

◎ 中国南海七仙温泉嬉水节

时间：2011 年 8 月
地点：保亭黎族苗族自治县
主办单位：中共海南省委宣传部、海南省民族宗教事务委员会、海南省文化广电出版体育厅、海南省旅游发展委员会、共青团海南省委员会、海南省妇女联合会、海南省青年联合会、海南日报报业集团、海南省广播电视总台、中共保亭黎族苗族自治县委员会、保亭黎族苗族自治县人民政府

海南七仙温泉嬉水节是保亭黎族苗族自治县黎族、苗族一年一度盛大的传统节庆。本届活动主题为"相约七月七，激情嬉水节"，举办中国海南七仙温泉嬉水节七仙女形象小姐选拔大赛、海南黎苗风情服饰全国设计新人邀请赛、取圣水仪式、嬉水节开幕式、民俗风情嬉水狂欢大巡游、民族美食大比拼、民族传统体育比赛和颁奖焰火晚会等活动。

◎ 天涯海角中秋欢乐节

时间：2011 年 9 月
地点：三亚市

晚会上举办中秋赏月观灯、各民族"山歌赛"、"舞蹈表演"、"民间灯展"、"月饼品赏"、放烟花等活动。

◎ 新丝路模特大赛

时间：2011 年 11 月
地点：三亚市

一年一届的模特大赛在三亚市如期举行。来自全国的模特选手参赛。

◎ 海南万宁国际冲浪节

时间：2011 年 11 月
地点：万宁市

冲浪是一项充满激情与挑战的运动，观赏性也很强。其间举办冲浪运动研讨会、冲浪主题晚会、冲浪用品暨冲浪文化展和冲浪精英邀请赛等活动。

◎ 第十二届中国海南岛欢乐节

时间：2011 年 11 月
地点：澄迈县等
主办单位：国家旅游局、海南省人民政府

是海南省最具影响的国际性大型旅游节庆活动之一。本届欢乐节内容包括书法展、摄影展、万人调声等活动。

◎ 2011 三亚（国际）海洋文化节

时间：2011 年 12 月
地点：三亚市
主办单位：三亚市人民政府
承办单位：三亚市海洋与渔业局、海南神州文化产业策划有限公司、港亚海洋文化有限公司

举办海洋文化论坛、海洋产品展、三亚海上丝绸之路国际小姐形象大赛和国际游艇展等活动。

◎ 中国三亚市天涯海角国际婚庆节

时间：2011 年 12 月
地点：三亚市

自 1997 年以来已成功举办了 14 届，成为海南一项集大型婚庆活动和蜜月度假旅游于一身、国内外有影响力的主要节庆活动。婚庆节有国际、国内新婚夫妇以及金婚、银婚等婚庆夫妇报名参加，通过"鹿城相聚"、"天涯结缘"、"南山祈福"、"东海寄情"等活动，使每对夫妇获得终生难忘的感受。

商务会展

◎ 第五届中国三亚国际热带兰花博览会

时间：2011年1月
地点：三亚市鹿回头广场
主办单位：中国花卉协会、三亚市人民政府、海南省兰花协会
承办单位：三亚市林业局、三亚柏盈热带兰花产业有限公司

主要展出世界流行的热带兰切花、盆花、精品国兰及举办艺术插花讲座、三亚热带兰花产业发展研讨会等。

◎ 2011海南国际高尔夫运动用品博览会

时间：2011年2月
地点：海口国际会展中心
主办单位：中国国际贸易促进委员会海口支会、中国国际商会海口商会、中国高尔夫球协会场地委员会、海口高尔夫球协会
承办单位：海口博慧展览有限公司

展示国内外最新高尔夫产品及技术。

◎ 中国（海南）国际酒店设备及用品展览会

时间：2011年3月
地点：海口会展中心
主办单位：中国国际贸易促进委员会海南分会
承办单位：海口显辉展览有限公司

1.酒店形象展区：各大酒店、宾馆等；2.酒店餐厨用具、设备；3.酒店家具、办公设备；4.大堂、客房用品；5.工艺品、低值易耗品；6.桌面用品、纺织布艺；7.卫浴洁具、绿化、智能管理；8.食品、酱料调料原材料、特产、土特产。

◎ 第八届海南国际汽车工业展览会

时间：2011年3月
地点：海口会展中心
主办单位：海口市人民政府、中国汽车工业协会、中国国际贸易促进委员会海南分会
承办单位：海口晚报社、海南共好会议展览有限公司

1.乘用车、商用车及特种车等；2.混合动力汽车、燃料电池汽车等环保汽车及部件；3.各种汽车总成、零部件、维修、检测仪器及设备；4.各种汽车用品、装饰件及车用电子产品；5.各种汽车生产、维修、检测仪器及设备。

◎ 2011第二届海南国际户外家具暨休闲用品展览会

时间：2011年3月
地点：海口国际会展中心
主办单位：中国国际贸易促进委员会海南分会、海南省会展行业协会
承办单位：海口显辉展览有限公司

户外家具系列、花园系列、户外运动系列等。

◎ 2011海南国际体育用品博览会

时间：2011年11月
地点：海南国际会展中心
主办单位：国家体育总局、海南省人民政府
承办单位：海南省文化广电出版体育厅

体育器械、体育竞技及比赛器材、球类及器材设备、专项运动器械及设施、裁判教练用具、运动护具、越野汽车、方程式赛车、摩托车、自行车、滑板、安全防护等。

◎ 2011海南国际路灯庭院灯暨户外照明展

时间：2011年11月
地点：海口会展中心
主办单位：中国国际贸易促进委员会海南分会
承办单位：海口显辉展览有限公司

道路灯系列、庭院及景观灯系列、新技术专题系列、户外照明系列等。

◎ 2011海南国际制冷展

时间：2011年11月
地点：海口会展中心
主办单位：中国国际贸易促进委员会海南分会
承办单位：海口显辉展览有限公司

制冷设备、空调设备、通风设备、供热设备、制冷和空调设备的安装材料和设备、制冷和空调用工具及设备等。

◎ 中国体育旅游博览会

时间：2011年11月
地点：中国海南国际会展中心
主办单位：国家体育总局、国家旅游局、海南省人民政府

集中展示、推广、宣传体育旅游产品。其间，举办房车露营体验、热带雨林探险、三亚潜水探险等活动。

重庆

节庆文化活动

◎ 第六届五宝年猪节

时间：2011年1月
地点：江北区五宝镇
主办单位：江北区人民政府
承办单位：五宝镇人民政府、江北区旅游局

与往年不同，今年的"猪王"须经过网络投票、现场投票和"小猪赛跑"三个环节的比拼，才能决出胜负。除此之外，还举办猪选秀、民间歌舞、新农村摄影展等活动。

◎ 北碚蜡梅文化节

时间：2011年1月
地点：北碚区静观镇

北碚静观是全国规模最大、品质最好的蜡梅种植基地，蜡梅作为当地的重要经济作物，已形成了加工、销售等各个环节一条较完整的产业链。文化节期间，有插花艺术、摄影大赛、书画比赛、吟诵大赛、形象大赛等活动。

◎ 万盛区年猪文化节

时间：2011年1月
地点：万盛区上里镇

举办开幕式、年猪巡游、小猪赛跑、年猪文化书画摄影展等活动。

◎ 首届中国铜梁龙灯文化旅游节

时间：2011年1月
地点：铜梁县

铜梁县是著名战斗英雄邱少云的故里，龙灯文化一直是当地的传统特色文化产业。数百年来，当地一直有新春舞龙灯拜年，遇大旱舞黄荆龙求雨，年终舞大蠕龙、火龙、稻草龙欢庆丰年的民俗。

◎ 重庆禹王庙会

时间：2011年1月至2月
地点：渝中区洪崖洞民俗风貌区、湖广会馆

以纪念"大禹"为主题文化。精彩活动包括原创大型歌舞、皮影戏以及多项民间绝活等。

◎ 统景温泉旅游文化节

时间：2011年1月至2月
地点：渝北区统景温泉风景区

举办开幕式、旅游图片展、旅游商品展、盆景展、温泉热舞蹦迪、水上运动表演等活动。

◎ 巴南温泉旅游文化节

时间：2011年1月至2月
地点：巴南区东温泉桃花岛旅游区

举办开幕式、温泉泼水节、趣味游泳、古镇摄影比赛等活动。

◎ 第十二届中国重庆金佛山冰雪旅游节

时间：2011年1月至2月
地点：南川区金佛山风景区
主办单位：南川区人民政府、重庆市旅游局

本届旅游节以"重庆第一山，红火闹冰雪"为主题，以"吉祥、红火"为寓意，贯穿"中国红"为主线，按照圣诞、元旦、春节三大时间节点的推进，相继举办六个主题活动。具体有雪地摩托、滑雪、苗族风情表演、篝火晚会、雪原登高比赛、雪雕比赛等活动。

◎ 荣昌年猪节

时间：2011年1月至2月
地点：荣昌县路孔镇

以"品生态荣昌猪，过喜庆中国年"为主题。举办选举猪皇后、祭祀、美食展等活动。

3月

◎ 第三届重庆金凤梨花节

时间：2011年3月
地点：九龙坡区

游客在欣赏梨花、桃花、李花、樱花、油菜花美景的同时，还可品尝当地村民特意准备的土鸡、土鸭、烤羊、山泉豆花、梨花宴、梨子酒及各种野味，还可在农家参与推石磨豆花，制作农家饭。

◎ 走马观花文化旅游节

时间：2011年3月
地点：九龙坡区走马镇

举办民俗活动、商品展卖等活动。

◎ 第四届二圣梨花温泉节

时间：2011年3月
地点：巴南区二圣镇梨园风景区

数千市民来到天坪山上，徜徉在万亩梨花雪海中，载歌载舞，拍照留影，感受春天的气息。

◎ 2011阿蓬欢歌·碧水金海旅游节

时间：2011年3月
地点：黔江区濯水古镇

举办赏花、游览、品尝土家特色美食、学织西兰卡普、观看民俗表演等活动。

◎ 耀州生态年猪节

时间：2011年3月
地点：江津区中山古镇

在本次"年猪节"上，有丰富的互动活动，游客可以见识传统的杀年猪祭祀仪式，品尝充满地方风味的刨猪汤。

◎ 永川黄瓜山赏花节

时间：2011年3月
地点：永川区仙龙镇

游客不仅可以观赏万亩梨花、游百里果乡、观田园风光，还可以欣赏乡村文艺会演，品尝"万人梨花宴"。喜欢摄影的游客，还可以参加"梨花杯"网络摄影大赛，记录每个美丽瞬间。

◎ 重庆·綦江乡村旅游节暨永新梨花节

时间：2011年3月
地点：綦江县

举办登山活动、婚纱摄影活动、歌舞表演、篝火晚会暨激情卡拉OK大赛、招商签约活动等。

◎ 第四届潼南菜花节

时间：2011年3月
地点：潼南县
主办单位：重庆市农委、重庆市旅游局、中共潼南县委、潼南县人民政府

举办开幕式、歌舞晚会、旅游论坛、"菜花仙子"旅游形象大使决赛及颁奖、钓鱼、登山比赛、乡村旅游产品展示等活动。

◎ 首届重庆虎峰山桃花节

时间：2011年3月至4月
地点：沙坪坝区曾家镇虎峰山村
主办单位：重庆市旅游局、沙坪坝区人民政府

虎峰山素有"重庆小九寨"之称，初春时节，满山桃花、梨花竞相绽放，相映成趣，是踏春赏花、休闲娱乐的好去处。

本届桃花节以"赏桃花美景游虎峰奇观"为主题，举办文艺演出、名特小吃展、摄影大赛、登山大赛四项活动。

◎ 第八届垫江油菜花乡村旅游节

时间：2011年3月至4月
地点：垫江县沙坪镇油菜花大观园
主办单位：垫江县人民政府、重庆市旅游局、重庆市农委
承办单位：沙坪镇人民政府、沙坪县旅游局、沙坪县农委

本届活动以"美丽乡村，魅力沙坪"为主题，举办开幕式、油菜花现场书画摄影展、美景美食展销会等活动。

◎ 中国重庆第十二届垫江牡丹文化节

时间：2011年3月至4月
地点：垫江县牡丹生态旅游区
主办单位：中共垫江县委、垫江县人民政府、垫江县旅游局

以"盛世牡丹、缤纷垫江"为主题。举办文艺演出、牡丹年会、千年古县授牌仪式、垫江民俗节目会演、招商引资、牡丹仙子选拔赛、商贸展销、旅游景点推荐会等活动。

◎ 2011重庆·忠县中国柑橘文化旅游节

时间：2011年3月至4月
地点：忠县
主办单位：重庆市旅游局、重庆市农委、重庆市文广局、重庆市科委、重庆市商委、中国果品流通协会
承办单位：中共忠县县委、忠县人民政府

举办"柑橘大王"评比、万人自驾游橘城、农特产品展销会、柑橘国际研讨会、招商引资项目签约仪式等活动。

◎ 重庆第四届寨山坪名花观赏季

时间：2011年3月至5月
地点：九龙坡区含谷镇

举办赏各种名花、游千年古寨、"渝隆杯"寨山坪新春登高健身活动、品农家风味等活动。

◎ 2011年中国·重庆南山樱花节

时间：2011年3月至5月
地点：南岸区南山植物园
主办单位：重庆市园林局、重庆市旅游局、南岸区人民政府
承办单位：南岸区旅游局、南岸区旅游协会、南岸区南山植物园

举办花香南山、美女南山、故事南山、印象南山、礼仪南山、大爱南山和科普南山七大系列活动。

4 月

◎ 第八届中梁山徒步登山节

时间：2011年4月
地点：九龙坡区中梁山生态旅游观光区

举办徒步登山比赛、旅游、演出、招商等活动。

◎ 2011南岸乡村旅游季暨第五届江南枇杷节

时间：2011年4月
地点：南岸区广阳镇
主办单位：南岸区人民政府
承办单位：广阳镇人民政府

举办枇杷采摘、吃枇杷比赛、农家休闲等活动。

◎ 第三届渝北玉峰山樱桃节

时间：2011年4月
地点：渝北区玉峰山森林公园
主办单位：渝北区人民政府

樱桃节期间，市民不仅可自助采摘樱桃，还可品尝玉峰嫂私房菜、各色名特小吃等。

◎ 2011重庆万州"太白银针"首届茶文化节

时间：2011年4月
地点：万州区凤凰茶园
主办单位：重庆市茶叶商会、重庆市农业科学院、万州区人民政府
承办单位：万州区农委、太安镇人民政府、重庆市新天地高新农业开发（集团）有限公司

以"发展观光茶园，弘扬茶饮文化"为主题，举办万州区名优茶评比、采茶比赛、山歌对唱、现场书画摄影表演、太白银针茶艺表演、现场手工制茶表演、万州区名优茶展示、太白银针珍品茶现场拍卖等活动。

◎ 铜梁县双山樱桃节

时间：2011 年 4 月
地点：铜梁县双山乡

樱桃节期间，上千名游客慕名而来，在满山樱桃林内尽情徜徉、采摘果品。另外，樱桃节还组织游客进行登山比赛、生态鱼垂钓、千人健步比赛、果树认养等一系列活动，使人流连忘返。

◎ 大足石刻国际旅游文化节

时间：2011 年 4 月
地点：大足县
主办单位：重庆市人民政府

宝顶香会佛事活动、特色商品展销会、千辆越野车表演赛以及吉尼斯世界纪录挑战赛等民俗活动。

◎ 江津晚熟柑橘采果节

时间：2011 年 4 月至 5 月
地点：江津区石门镇

几百亩挂满黄灿灿果实、清香扑鼻的柑橘林中，2000 多名来自周边的市民陶醉在花果同树的美景中。采果节期间，还有采摘、品尝果品等活动。

◎ 第二届大足国际航空体育旅游节

时间：2011 年 4 月至 5 月
地点：大足县大足龙水湖国际休闲度假区
主办单位：中国国际贸易促进委员会、重庆市人民政府
承办单位：重庆市旅游局、重庆市体育局、重庆广电集团、大足县人民政府

是一个以航空表演为主题的旅游文化活动。有特技飞行表演、跳伞表演、动力伞飞行表演、热气球表演、飞艇表演等项目活动。

◎ 荣昌首届海棠香国旅游文化节

时间：2011 年 4 月至 5 月
地点：荣昌县

文化节期间，每天上演至少一个"海棠花"基调的主题文化活动，除了"海棠婚礼"和"魅力荣昌自驾游"外，市民和游客还可参与海棠美术书画摄影展、海棠诗会、昌州名特优商品暨民俗文化展示、千人长跑赛、海棠花博会、海棠花王大赛等活动，深入领略海棠的不俗魅力。

◎ 2011 中国重庆（开县）第一届三色旅游文化节

时间：2011 年 4 月至 5 月
地点：开县
主办单位：重庆市旅游局、重庆市移民局、重庆市体育局、开县人民政府
承办单位：开县人民政府、开县旅游局

围绕"进三峡腹地、游刘帅故里、品滨湖开州"的主题，开展开县三色旅游风光摄影大赛、"营销开县"行动、中国·重庆第一届汉丰湖滨湖自行车大赛、三色旅游产业发展研讨会等活动。

◎ 第四届巴阳枇杷节

时间：2011 年 4 月至 5 月
地点：云阳县巴阳镇

巴阳镇是重庆著名的"枇杷之乡"。本届枇杷节以"玩开心农场，品巴阳杷枇，问道三清观，尝园林风光"为主题，5000 余吨新鲜枇杷恭候游人去采摘。

◎ 中国·奉节国际摄影节

时间：2011 年 4 月至 5 月
地点：奉节县西部新区中心广场

其间展出全世界 200 多位摄影大师、40 余个展览的摄影作品 1000 余幅。中国历届全国摄影大奖赛的金奖作品，中国摄影家协会自 1957 年首届全国摄影比赛以来的近 300 幅优秀获奖作品，都将在摄影节上首次集体亮相。

5 月

◎ 第二届中国·重庆金佛山国际旅游文化节

时间：2011 年 5 月
地点：南川区金佛山
主办单位：重庆市旅游局、重庆市文广局、重庆交旅集团、重庆市体育局、南川区人民政府

以"魅力金佛山、重庆后花园"为主题，举办金佛山国际旅游文化论坛、大学生国际登山邀请赛、花车巡游、金佛山民俗文化展演、重大项目招商洽谈会等活动。

◎ 中国·重庆首届国际花雕艺术节

时间：2011年5月至6月
地点：双桥区
主办单位：重庆市旅游局、双桥区人民政府

除了欣赏到各种难得一见的特色风情鲜花，主办方还为这次花雕艺术节筹备了一系列好玩、好看的活动。如大型开幕式歌舞表演、"乐活车城"大型花车巡游、"最美新娘"婚纱摄影大赛、"风情双桥"百名艺术家创作大赛、"风情女儿湾"龙舟邀请赛等。

◎ 合川第五届古楼枇杷采果节

时间：2011年5月至6月
地点：合川区古楼镇

举办枇杷海吃PK赛、"枇杷王子"评选及拍卖、枇杷酒会、游客自娱活动、乡村特色商品展销等活动。

◎ 大足枇杷节

时间：2011年5月至6月
地点：大足县大足天醉枇杷园
主办单位：重庆市农委、大足县人民政府

举办枇杷果王评选、优质枇杷展销、枇杷旅游文化节文艺晚会、枇杷营销对接洽谈会等活动。

◎ 2011重庆铁山坪森林之旅健身节

时间：2011年6月
地点：江北区铁山坪森林公园
主办单位：重庆市旅游局、重庆市体育局、重庆市直属机关工委、江北区人民政府

活动包括三大经典项目：百顶帐篷露营活动、千辆自行车环山骑行活动和万人登山比赛。

◎ 第二届中国长江三峡国际旅游节

时间：2011年6月
地点：重庆市
主办单位：国家旅游局、重庆市人民政府、湖北省人民政府

组织一系列旅游推介会、旅游招商项目签约仪式、长江三峡区域旅游合作轮值主席会等活动。

◎ 酉阳后溪古镇龙舟赛

时间：2011年6月
地点：酉阳土家族苗族自治县后溪古镇
主办单位：酉阳土家族苗族自治县人民政府
承办单位：酉阳土家族苗族自治县旅游局、后溪镇人民政府

举办龙舟赛、包粽子比赛、民俗表演等活动。

◎ 第二届重庆金银花文化旅游节

时间：2011年6月
地点：秀山土家族苗族自治县

展示秀山县中药材资源、金银花产业链；举办中国（秀山）金银花产业高峰论坛；农特产品暨旅游商品展销会；美食展销会；"诗书影画赞金银"——重庆秀山金银花节文化展；重庆秀山"金银花王"及种植能手评选等活动。

◎ 第二届渝北兴隆杨梅节

时间：2011年6月至7月
地点：渝北区兴隆镇牛皇村杨梅园

举行开摘仪式、红歌比赛、观光游、品尝会等系列活动。同时，游客还可免费品尝杨梅干红、杨梅泡酒、杨梅蜜饯等特色产品。

◎ 华岩荷花节

时间：2011年6月至8月
地点：九龙坡区华岩旅游风景区

举办赏荷、礼佛、游湖、摄影展、品素食等活动。

◎ 合川涞滩古镇文化节

时间：2011年7月
地点：合川区涞滩镇

举办开幕式、庙会、古镇采风、古镇灯会、旅游推介、农家渔家体验等活动。

◎ 2011金佛山古茶节

时间：2011年7月
地点：南川区

南川是世界六大茶树发源地之一，金佛山已发现2000余株野生大茶树。古茶节诚邀游客去消暑纳凉，品金佛玉芽的甘香。

◎ 2011中国（重庆武隆）森林旅游节

时间：2011年7月
地点：武隆县仙女山
主办单位：国家林业局、重庆市人民政府、重庆市林业局、重庆市旅游局、武隆县人民政府

重庆市自启动森林工程建设以来，全市森林覆盖率由2008年的31%提高到目前的37%，森林资源日益丰富。本届活动不仅有"森林之歌"文艺晚会，旅游节植树活动、"森林音乐会"表演、"森林重庆"建设成就展，还举办百万市民走进森林活动系列。

◎ 黄水消夏旅游节

时间：2011年7月至9月
地点：石柱土家族自治区黄水国家森林公园

黄水国家森林公园平均海拔1300米以上，森林覆盖率达90%以上，最热月平均气温仅21℃左右，是消夏避暑的理想之地。消夏节期间游客可享受到丰富的土家民俗"盛宴"：吃土家饭、住吊脚楼、参加土家歌舞篝火晚会、听土家故事、游土家山水，享受充满土家风情的清凉。

◎ 重庆·酉阳桃花源国际休闲旅游文化节

时间：2011年8月
地点：酉阳土家族苗族自治县
主办单位：中国登山协会、中共重庆市委宣传部、重庆市旅游局、重庆市体育局、重庆市文化广播电视局、重庆市民族宗教事务委员会

酉阳地处渝东南，旅游资源丰富，有着国家4A级景区桃花源和龚滩、国家3A级景区赵世炎同志故居、国家级森林公园金银山和巴尔盖以及两个国家级湿地公园，两个红色旅游基地，一个国家地质公园。文化节期间举办中国武陵山区摆手舞大赛、酉阳自治县红歌大赛、中国西部国际休闲旅游论坛、闭幕式文艺晚会等活动。

◎ 中国土家摆手舞大赛

时间：2011年8月
地点：酉阳土家族苗族自治县

举办品民俗、体验浓郁的民族风情、听粗犷豪迈的土家山歌等活动。

◎ 第十五届重庆山水都市旅游节

时间：2011年9月
地点：沙坪坝区及主城八区
主办单位：重庆市人民政府
承办单位：重庆市旅游局、沙坪坝区人民政府

举办摩托车巡游、旅游项目签约仪式、焰火晚会、闭幕式等活动。

◎ 武隆国际山地户外公开赛

时间：2011年9月
地点：武隆县芙蓉洞、天坑三桥、仙女山
主办单位：重庆市人民政府、国家体育总局
承办单位：重庆市体育局、重庆市旅游局、武隆县人民政府

举办攀岩、越野、大江皮划艇比赛等活动。

◎ 钓鱼城旅游文化节

时间：2011年9月至10月
地点：合川区

主要由文体活动、商贸活动、旅游活动三大板块构成。具体内容有啤酒赠饮、传统和花式啤酒竞饮、互动游戏等啤酒品饮系列活动，以及美食成果展、名特小吃展销等活动。

◎ 渝东南民俗生态旅游节

时间：2011年10月
地点：黔江区

举办旅游产品推介会、黔江旅游发展论坛、渝东南民俗生态旅游招商项目签约仪式、渝东南区域旅游联盟成立大会、渝东南旅游商品展销会等活动。

◎ 首届中国·重庆巫文化旅游节

时间：2011年10月
地点：巫溪县

本届旅游节以悠远厚重的巫文化为主题，依托该县优势旅游资源，开展重庆巫文化研讨会、首届中国华夏巫文化论坛、"歌谣巫溪"山歌大赛、"逍遥巫溪逍遥走"全国驴友体验游和名人感受巫溪、"逍遥巫溪"摄影展、"唱读讲传"晚会等活动。

◎ 中和镇花灯艺术节

时间：2011年10月
地点：秀山土家族苗族自治县中和镇

举办花灯文化论坛及花灯灯会、花灯歌舞表演、民间扎花灯评选等活动。

◎ 铜罐驿金秋采果节

时间：2011年11月
地点：九龙坡区铜罐驿镇
主办单位：九龙坡区人民政府
承办单位：九龙坡区旅游局、铜罐驿镇人民政府

举办开幕式、文艺演出、招商引资、秋游橘林、垂钓、烧烤、农活体验等活动。

◎ 中国重庆长江三峡红叶节

时间：2011年12月
地点：三峡库区
主办单位：重庆市委宣传部、重庆市旅游局、巫溪县人民政府
承办单位：巫溪县旅游局、奉节县旅游局、巫山县旅游局

举办开幕式、赏三峡红叶等活动。

◎ 巫山红叶摄影赛

时间：2011年12月
地点：巫山县
主办单位：重庆市摄影家协会、巫山县人民政府
承办单位：巫山县旅游局、巫山县摄影家协会

面向全国征集作品，发动摄影爱好者到巫山创作采风，扩大巫山红叶品牌效应。

商务会展

◎ 第十二届电子工业国际展览会

时间：2011年3月
地点：重庆展览中心
主办单位：重庆市科学技术协会、重庆市计算机行业协会、重庆市科学技术研究院、重庆市电工行业协会、重庆市自动化与仪器仪表学会、重庆市化工行业协会
承办单位：重庆九天展览策划有限公司

各类新型电子元器件及生产设备、汽摩电子、信息通信电子、电力电子；电子元器件、电接插件、连接器、按键、电线电缆、光纤光缆、开关及风机马达等相关设备；电磁屏蔽、电磁兼容、自动化仪器仪表、洗净工程、变频器、传感器及单片机；各类电阻电位器、电容器、石英晶体谐振器、厚膜混合集成电路、电感器件、继电器、半导体、触发器、各式功率二极管、自动化系统集成、机箱机柜、电气工程设计、计算机软件、光电子产品、液晶LED显示器、各种类型显微镜、无源器件、组件和电子系统、电源、封装工艺等。

◎ 第十九届国际医疗器械展览会

时间：2011年3月
地点：重庆国际会展中心
主办单位：重庆市卫生局、重庆市医学会、重庆市医院管理学会
承办单位：好博塔苏斯展览公司成都分公司、重庆润丰展览有限公司

影像设备、心脑电监护设备、口腔科设备、生化及实验室设备、辅助设备。

◎ 中国（重庆）国际社会公共安全产品与技术设备展览会

时间：2011年3月
地点：陈家坪国际展览中心
主办单位：重庆市公安局科技通信处、重庆市公共安全技术防范协会、重庆市公安局社会公共安全产品行业管理办公室
承办单位：重庆京慕展览服务有限公司

监视监控防范系统、生物识别技术与设备、出入口

控制系统、刑事技术与器材、可视对讲、智能楼宇系统、道路交通安全管理系统、人体安全防护设备、消防产品与技术设备、警察教学训练设备及系统、停车场管理系统。

◎ 重庆春季房地产展示交易会暨建筑材料及住宅用品专题展

时间：2011年4月
地点：重庆国际展览中心
主办单位：重庆市国土资源和房屋管理局
承办单位：重庆展览中心有限公司

房屋展示及交易、建筑材料及住宅用品展示、金融及法律服务机构展示等。

◎ 第十二届中国重庆国际工业装备博览会

时间：2011年5月
地点：重庆展览中心
主办单位：中国设备管理协会、重庆市经济和信息化委员会、重庆市科学技术协会、重庆市机械工程学会、重庆市电镀行业协会
承办单位：重庆沃德展览有限公司、北京环球汇联展览有限公司、重庆高地会展咨询服务中心

进口豪华车、国内合资汽车及自主汽车、汽车零部件、汽车售后、汽车贷款、二手车置换服务等。

◎ 第五届中国重庆建筑与景观设计展览会

时间：2011年5月
地点：重庆展览中心
主办单位：重庆市建筑业协会、重庆市工商联（总商会）建材商会
承办单位：重庆博瑞德展览有限公司

景观及建筑设计、景观主题艺术、园林景观建造及配套设施、户外家具及相关休闲用品、相关服务等。

◎ 第五届（重庆）节能门窗幕墙及玻璃工业展

时间：2011年5月
地点：重庆展览中心
主办单位：重庆市建筑业协会、重庆市工商联（总商会）建材商会、重庆博瑞德展览有限公司
承办单位：重庆创品会展有限公司

1. 门系列：商业门、工业门、车库门、家居门等；2. 窗系列：钢窗、铝门窗、木窗、塑钢窗及各类型材等；3. 幕墙系列：玻璃幕墙、铝幕墙、石质幕墙等；4. 门窗幕墙系统：门窗五金、幕墙五金、电动开窗器等；5. 天窗及顶棚系列；6. 建筑及装饰玻璃、玻璃加工机械；7. 各类生产、加工、安装机器：铝合金、木、塑钢及玻璃等；8. 建筑钢铁结构及辅件；9. 各类遮阳产品和通风设备：叶片或窗帘等；10. 各类结构胶、密封产品、清洁用品等。

◎ 第八届中国（重庆）建筑装饰及绿色建材展览会

时间：2011年5月
地点：重庆展览中心
主办单位：重庆市建筑业协会、重庆市工商联（总商会）建材商会
承办单位：重庆博瑞德展览有限公司

卫浴精品展示；卫浴设施及五金配件；橱柜精品展示；厨房设备及配套五金件、天花、集成吊顶、幕墙及配件；地面铺装材料专题。

◎ 第十四届中国（重庆）国际投资暨全球采购会

时间：2011年5月
地点：重庆国际会展中心
主办单位：重庆市人民政府
承办单位：重庆市外经贸委、江津区人民政府

新能源和可再生能源利用、测量与控制及实验室技术等产品。

◎ 2011中国（西部）重庆国际化工展览会

时间：2011年5月
地点：重庆国际会展中心
主办单位：商务部、重庆市人民政府
承办单位：重庆市外经贸委

石油和化工综合展示、基本有机化工原料及无机化工原料、化工合成材料及其原料、精细与专用化学品、农用化学品、化工装备及自动化、化工科技等。

◎ 2011第十二届立嘉国际机械展览会暨动力传动与控制技术（重庆）展览会

时间：2011年5月
地点：重庆国际会议展览中心
主办单位：重庆康百世机电设备有限公司等
承办单位：重庆市立嘉会议展览有限公司

轴承加工专用设备；搓丝机、滚丝机、攻丝机、疲劳试验机及硬度检测设备；空气压缩机、空气分离设备、真空设备、空气清洁设备；自动化仪器及附属设备等。

◎ 第十三届重庆国际汽车工业展览会

> 时间：2011年6月
> 地点：重庆国际会议展览中心
> 主办单位：中国汽车工业协会、中国贸易促进委员会汽车行业分会、重庆市人民政府
> 承办单位：重庆市经济和信息化委员会、重庆市人民政府汽车工业办公室

概念车、乘用车、商用车、改装车、房车及休旅车、电动车、多功能车、二手车、越野车、汽车配件及汽车用品；各类新能源、新科技汽车的相关技术；各类汽车保险、贷款、二手车置换等汽车中介服务机构。

◎ 第三届中国（重庆）国际烘焙展览会

> 时间：2011年7月
> 地点：重庆国际会议展览中心
> 主办单位：重庆市包装技术协会、重庆市食品工业协会、重庆市肉类行业协会、重庆市调味品行业协会
> 承办单位：重庆建宇展览有限公司

烘焙生产设备；包装设备、包装容器及材料；各类糕点现代包装、衬纸、衬托、包装辅料、包装材料；馅料、果料、果仁、果脯、水果罐头等糕点辅料；保鲜剂、酵母、香料、色素、甜味剂等相关食品添加剂；咖啡、巧克力、糖仔、蜡烛、仿真模型等蛋糕装饰材料；烘焙业相关产品及改良剂、专用面粉、预拌粉、冷冻面团、淀粉、土豆制品、干果；专用油脂、鲜奶油、专用奶制品等。

◎ 第三届中国重庆国际食品加工及包装设备展览会

> 时间：2011年7月
> 地点：重庆国际会议展览中心
> 主办单位：重庆市包装技术协会、重庆市肉类行业协会
> 承办单位：重庆建宇展览有限公司

名优农副产品与粮油展区；综合食品展区；饮料、乳制品展区；茶叶专题展区；酒专题展区；调味品添加剂展区；食品加工包装机械展区。

◎ 第三届中国（重庆）国际食品添加剂及调料展览会

> 时间：2011年7月
> 地点：重庆国际会议展览中心
> 主办单位：重庆市食品工业协会
> 承办单位：重庆建宇展览有限公司

食品添加剂、食品配料、中餐调味品、西餐调味品、包装、机械设备等。

◎ 2011第六届中国（重庆）国际汽车零部件展览会

> 时间：2011年9月
> 地点：重庆国际会议展览中心
> 主办单位：重庆市商业委员会、重庆市汽车配件行业协会
> 承办单位：重庆市中环盛世商务会展有限公司

汽车发动机及配件、底盘系统、车身系统；汽车空调系统、汽车附件、制动系统、行驶系统、转向系统、进气排气系统及配件、充气泵、通用件、轮胎及轮毂、转向配件、制动配件、传动配件、润滑油、横向件、行走配件、玻璃、蓄电池、电机、汽车电子、电器、密封件、汽车仪器仪表；汽车零部件制造设备及工具汽车安全科技、汽车零部件新产品、新技术、新材料、新工艺、新专利成果及相关汽车服务、院校、科研机构等。

◎ 第十一届中国（重庆）国际门窗、幕墙及玻璃工业展览会

> 时间：2011年10月
> 地点：重庆展览中心
> 主办单位：中国建筑材料联合会、重庆市土木建筑学会、重庆市建筑节能协会
> 承办单位：重庆沃德展览有限公司

门窗、幕墙及其加工设备。

四川

节庆文化活动

◎ 成都双流第五届冬草莓节

时间：2011年1月
地点：成都市双流县合江镇
主办单位：双流县人民政府
承办单位：双流县文化旅游局、双流县农发局、合江镇人民政府

以"魅力空港田园行，乐享合江草莓香"为主题，举办"草莓宝贝"选拔赛、3D电影展、草莓采摘等活动。

◎ 成都大庙会

时间：2011年1月至2月
地点：成都市武侯祠博物馆
主办单位：成都市人民政府
承办单位：成都市文化局、武侯区人民政府

成都大庙会凭借时尚创意的三国动漫灯组、300多场的民俗民间表演、"洋味"十足的异域风情、美味可口的小吃、乡土民俗的手工艺品、精彩的文化展览和讲座，吸引着八方来客。

◎ 第二届自贡盐帮菜美食节

时间：2011年1月至2月
地点：自贡市贡井区青杠林美食一条街
主办单位：四川省商务厅、自贡市人民政府

以"弘扬盐帮美食，特色佳肴送万家"为主题。商家们在做精做细传统菜品的基础上，推出一系列具有盐帮菜系特色风味的新菜品，让市民群众和各地客人品尝到风味地道、特点鲜明的盐帮美食。

◎ 第六届中国九寨沟国际冰瀑旅游节

时间：2011年1月至2月
地点：阿坝藏族羌族自治州九寨沟景区
主办单位：阿坝藏族羌族自治州人民政府
承办单位：九寨沟风景名胜区管理局、九寨沟县人民政府

以"冬韵九寨，晶莹天堂"为主题，开展"第二届智慧景区"论坛、"绚丽阿坝"2011国际旅游推介会、"九寨天籁"音乐会、"冬韵九寨"自驾行、扎如沟冬季体育邀请赛和"吉祥九寨"——景区藏寨庆新春等活动。

◎ 西岭雪山南国冰雪节

时间：2011年1月至3月
地点：成都市西岭雪山风景区
主办单位：成都市人民政府、四川省旅游局

冰雪节的主打项目就是玩雪、赏雪、滑雪。包括城堡趣乐会、浪漫嘉年华、快乐嘉年华、童话嘉年华等多项相关活动。

◎ 简阳市第三届冬草莓节

时间：2011年1月至5月
地点：资阳市简阳市
主办单位：中共简阳市委、简阳市人民政府

以"采绿色鲜草莓、品冬日农家菜、看简阳新变化"为主题，开展大众文艺会演、采摘草莓比赛、吃草莓比赛、草莓经贸、给农民书写春联、送草莓种植技术资料等活动。

2月

◎ 第二届成都诗圣文化节

时间：2011年2月
地点：成都市杜甫草堂
主办单位：成都市人民政府
承办单位：成都市文化局、青羊区人民政府

此次诗圣文化节上，福临草堂系列祈福活动和唐风民间游艺活动、非遗展演等将轮番举行，形式多样，乐趣横生。游客既可以重温儿时的小游戏：猜灯谜、蒙头敲锣、夹弹子、滚铁环、吹蜡烛，也可体验吹糖人、剪纸、糖画、米上刻字等"非遗"项目，感受不一样的新年体验。

◎ 第四十三届国际熊猫灯会

时间：2011年2月
地点：成都市塔子山公园
主办单位：成都市人民政府

本届灯会加大了科技含量，采用彩色数码灯、LED灯等新型灯具和设备数百台，一饱市民眼福。

◎ 第三届成都金沙太阳节

时间：2011年2月
地点：成都市金沙遗址博物馆
主办单位：成都市人民政府
承办单位：成都市文化局、青羊区人民政府、金牛区人民政府

举办金沙祭祀、金沙太阳神灵巡游送福、太阳风系列演艺节目等特色表演，力求以直观、动态的演出将游客带入3000年前的古蜀王国。此外还有金沙先民生活体验，皮影木偶展演，原生态人偶、动物表演，古蜀民族服装秀等互动活动，以丰富节日期间的文化内涵。

◎ 第十一届黄龙溪国际龙狮文化艺术节

时间：2011年2月
地点：成都市双流县
主办单位：双流县人民政府

龙狮文化展示表演等活动。

◎ 2011中国年画节暨第十届中国绵竹年画节

时间：2011年2月
地点：德阳市绵竹市

举办中国文联组织的"送欢乐·下基层"演出、民俗大型巡游表演、全国各地木版年画精品联展、年画艺术论坛、国际友人到绵竹过中国年、年画福娃选秀、年画村特色旅游观光、烟火晚会等活动。

◎ "万盏明灯供普贤"大法会

时间：2011年2月
地点：乐山市峨眉山风景区
主办单位：峨眉山佛教协会

每年普贤诞生日，在金顶上方普贤（世界上最高的金佛）前举办"万盏明灯供普贤"法会。参与的香客、游人手持莲花灯，在法师们的引领下，穿行于万盏明灯铺就的道路上，绕普贤菩萨三匝后，伴以烧香、祈福、礼佛、开光、诵经等仪式，充分展示了峨眉山自然风光与佛教文化的交相辉映、和谐统一。

◎ 中国达州元九登高节

时间：2011年2月
地点：达州市中心广场

农历正月初九是中国达州一年一度的传统元九登高节。举办登凤凰山，观山赏景，休闲健身，共祝祖国繁荣昌盛、祝福达州人民吉祥安康等活动。

◎ 郫县农科村·民俗中国年暨第四届海棠节

时间：2011年2月至3月
地点：成都市郫县农科村

农科村景区及各农家乐里，海棠花、玉兰花、樱花、桃花、油菜花等竞相开放，到处洋溢着浓浓的春天的气息。秧歌、龙灯、腰鼓、彩莲船等传统民俗表演则可以让游客感受浓郁的农科村风情。除此之外，还举办文艺演出，川剧表演，猜灯谜、放风筝等活动。

◎ 第十七届自贡国际恐龙灯会

时间：2011年2月至3月
地点：自贡市彩灯公园
主办单位：四川省旅游局、四川省文化厅、四川省商务厅、自贡市人民政府
承办单位：自贡市灯贸管理委员会

自贡地区早在唐宋年间就有了新年燃灯的习俗，富有浓郁的地方风情和民间色彩，形成了厚重的文化积淀。1964年自贡市人民政府组织举办了新中国成立以来的首届迎春灯会。2000年开始，灯会已经成为自贡市年

年举办的一个国际性的大型节庆活动。本届灯会以"神州山水秀四川，最美灯会在自贡"为主线，着力展现震后四川更加美丽的新景象和拥有千年彩灯传统的自贡灯会的新魅力。以浓郁的民俗民风、和谐吉祥、喜庆祝福的氛围，以强烈的艺术震撼力、视觉冲击力和现代科技表现力，展现自贡灯会的独特魅力，展现全川人民的精神风采。

◎ 攀枝花市米易灯会

时间：2011年2月至3月
地点：攀枝花市米易县

各式各样的灯组在瞬间点亮，灯组之间交相辉映，美不胜收。与去年相比，此次灯会在数量、灯组类型上均有所增加，是迄今为止市内乃至整个攀西地区规模最大的一次灯会。

◎ 2011成都·青白江第四届杏花节

时间：2011年3月
地点：成都市青白江区
主办单位：成都市旅游局、青白江区人民政府

以"遇见春天，杏林里的客家情"为主题。活动期间，陆续开展客家民俗文化展、杏林深入探秘记、小刚做客杏花村、大成网友在杏林等活动。

◎ 崇州街子兰花会

时间：2011年3月
地点：成都市崇州街子古镇

举办评选西蜀十大名贵兰花、川西兰花种植研讨会、兰花精品展、崇州风光摄影作品展、古玩展销、西部民间传统小吃展和大型文艺表演等活动。

◎ 2011成都·青白江第二十六届桃花诗会

时间：2011年3月
地点：成都市青白江区

满山桃花已开始吐艳，与早开的李花、梨花相映成趣，和煦的春风和明媚阳光，更为诗人们增添了激情。诗人、作家、群众济济一堂，细细品味着一首首配乐朗诵的诗歌，或写桃花颂春天，或赞盛世抒真情，台上台下诗情涌动，默契交流。而书家画者们则激情奔放，挥毫泼墨，将这春之美景跃然纸上，成就出一幅幅绚丽的画卷。

◎ 新都"二月二"木兰会

时间：2011年3月
地点：成都市新都区木兰镇木兰山
主办单位：木兰镇人民政府

木兰庙会本是川西著名的种子交易集会，现已是融旅游观光、娱乐购物、餐饮小吃、休闲为一体，客家文化和民俗文化特色鲜明的、富有传统民族习俗和时代气息的一场盛会。其间，游客不仅可以感受民间庙会的热闹，还可到木兰山上赏花踏青，享受野趣。

◎ 2011四川省首届花卉生态旅游年暨金温江美丽田园文化旅游节

时间：2011年3月
地点：成都市温江区
主办单位：四川省农工委、四川省林业厅、四川省旅游局
承办单位：温江区人民政府
协办单位：四川省农业厅、四川省水利厅、四川省建设厅、四川省畜牧局、四川省生态旅游协会、成都市农委、成都市旅游局、成都市林业和园林管理局

以"温江是个好地方——生态温江，田园文化，快乐生活"为主题，举行温江田园风光摄影展、温江特色旅游商品及评选"温江十佳旅游商品"、花卉盆景及园林景观展示、家庭花卉展、温江非遗文化展示、十字绣现场展示、约会春天等活动。

◎ 双流锦绣东山生态文化旅游节

时间：2011年3月
地点：成都市双流县
主办单位：成都市旅游局、双流县人民政府

活动主题为"走进田园城市，体验最美双流"。举办诗会、摄影展等活动。

◎ 大邑王泗风筝节

时间：2011年3月
地点：成都市大邑县
主办单位：大邑县人民政府
承办单位：大邑县旅游局、大邑县文体局、王泗镇人民政府

举办风筝表演、风筝制作赛和自由放飞系列活动。

◎ 第二届中国采茶节

时间：2011年3月
地点：成都市蒲江县
主办单位：成都市人民政府、中国茶叶流通协会
承办单位：成都市农委、蒲江县人民政府

开展中国茶叶企业品牌建设高峰论坛、现场精彩的文艺表演、采茶技能比赛、茶艺展演等活动。

◎ 成都市第八届海棠花会

时间：2011年3月
地点：成都市棠湖公园

以"春浓棠湖 花开双流"为主题，举办开幕式；园林小品、时令花卉展；海棠盆景精品展；咏海棠诗词征集评选；全国国画名家作品邀请展等活动。

◎ 第九届中国苍溪梨花节

时间：2011年3月
地点：广元市苍溪县
主办单位：中共苍溪县委、苍溪县人民政府

举行开幕式、大型慰问演唱会、大型灯展、回乡创业说明会、招商引资推介会、西武当山庙会等活动，并配套开展耍龙灯、狮灯、牛灯、跳秧歌、独角兽舞等民俗文化活动。

◎ 第十一届老龙山桃花会暨第四届西蜀相亲节

时间：2011年3月
地点：绵阳市老龙山桃花坞广场
主办单位：中共游仙区委、游仙区人民区政府
承办单位：游仙区委宣传部、游仙区商务和文化旅游局

一年一度的桃花会和西蜀相亲节是游仙重要的品牌节庆活动之一，"魅力桃花会，和谐新游仙"，今年的桃花会，也是展示、推介游仙和游仙旅游的重要平台。其间，陆续举办商品展销会、婚庆博览会、征文比赛、"走进春天"书画笔会及西蜀相亲节等活动。

◎ 广汉保保节

时间：2011年3月
地点：德阳市广汉市房湖公园、金雁湖公园

"保保"即干爹。广汉保保节是由民间传统"游百病"和"拉保保"的习俗演变而成的。历经三百载，至今犹盛。用"拉保保"这种方式来祈求小孩能平安地成长。保保节是当地很有影响力的一个民间习俗，每到这天，人们都要出门游玩，大人们带孩子拜干爹，结干亲家，俗称"拉保保"。

◎ 四川绵竹第十三届梨花节

时间：2011年3月
地点：德阳市绵竹沿山

除开幕式及文艺表演外，还有登山赏花踏青活动、群众性趣味游艺体育活动及民俗活动表演、年画产品展销、踏青风筝赛、烹饪大赛、摄影创作采风、茶艺表演、采茶活动、绵竹人游绵竹活动、自行车沿山游、自驾车游绵竹等活动。

◎ 内江市东兴区第五届旅游文化节

时间：2011年3月
地点：内江市东兴区中山乡

进入中山乡，漫山遍野金黄耀眼的油菜花映入眼帘。走到叶家坳村崇佛滩，成片桃花姹紫嫣红、竞相怒放，数以万计的游客穿行其间，欣赏美景，拍照留念。

◎ 第十二届飞龙峡桃花会

时间：2011年3月
地点：自贡市飞龙峡风景区
主办单位：自贡市旅游局、自流井区人民政府

举办"人在花中游"休闲自驾游、第二届飞龙峡徒步游活动、"美丽城乡大家建"万人签名活动、飞龙峡桃花会历届优秀摄影作品展暨摄影比赛、传统民俗活动表演、新农村建设示范村暨田园休闲观光体验活动、长恩寺庙会、飞龙峡特色农产品展销活动、"浪漫邂逅桃花园"结缘活动和飞龙峡趣味拓展训练活动。

◎ 双沙菜花旅游文化开放月

时间：2011年3月
地点：泸州市双沙镇
主办单位：中共双沙镇人民政府、古蔺县外事侨务旅游局、古蔺县文体广电局

以"徜徉田园花城，醉美画里乡村"为主题，开展菜花美食比赛、滑翔表演赛、岩壁攀岩挑战赛、自行车场地障碍越野赛等活动。

◎ 玉蟾春会

时间：2011年3月
地点：泸州市玉蟾山景区
主办单位：泸县人民政府
承办单位：玉蟾森林公园管理处、泸县住宅和城乡规划建设局

举办放生、民族文化展演、物资交流等活动。

◎ 四川·大竹2011桃花节

时间：2011年3月
地点：达州市大竹县
主办单位：中共大竹县委、大竹县庙坝镇党委、大竹县旅游局

有桃花仙子征选、大竹土特名优及旅游商品评选展销、美食节、摄影书画诗词大赛、华山登高比赛、大竹县旅游发展论坛、青年集体婚礼及青年交友、垂钓比赛等一系列活动。

◎ 仁寿曹加乡梨花文化旅游节

时间：2011年3月
地点：眉山市仁寿县

市民和游客除了能欣赏到美丽的梨花外，还能欣赏到精彩的文艺演出及民俗活动，认养自己喜爱的果树。

◎ 第七届蒙顶山国际茶文化旅游节

时间：2011年3月
地点：雅安市名山县
主办单位：雅安市人民政府
承办单位：名山县人民政府

以"品蒙顶山茶，游大熊猫故乡"为主题，举办向茶祖吴理真三鞠躬，行祭拜之礼，并同赏茶文化歌舞及茶技茶艺表演，感受历史悠久的茶文化生态文明。除此之外，还有雅安旅游产品考察等活动及雅安生态旅游产品推介会；皇茶采制、祭祖仪式；茶技、茶艺、茶道表演等。

◎ 2011中国·成都乡村旅游节

时间：2011年3月至4月
地点：成都市
主办单位：成都市人民政府、四川省委农办、四川省农业厅、四川省旅游局
承办单位：中共青白江区委、青白江区人民政府、成都市农委、成都市旅游局

以"现代大都市，魅力新田园"为主题，开展乡村旅游发展大会、生态农产品品尝展示、民俗体验等活动，还推出了包括乡村休闲游、农民新村观光游、生态农业观光游等。

◎ 成都（青白江）国际樱花文化节

时间：2011年3月至4月
地点：成都市青白江凤凰湖国际生态湿地旅游度假区

在引进上万株名贵樱花的基础上，围绕樱花的文化内涵，融合中国与日本的传统文化，开展花道茶道、山西绛州大鼓等表演以及大型公益交友、卡拉OK青年歌手赛、环保钢雕艺术展等活动。

◎ 平乐古镇清明河灯会

时间：2011年3月至4月
地点：成都市邛崃市平乐镇

莲花灯、同心灯、孔明灯等数十种河灯供游人燃放。河灯会期间，在肃穆而平静的白沫江上布满星星点点的河灯，游客将许好愿的河灯放进白沫江，各种颜色的孔明灯将漆黑深邃的夜空装饰成五彩斑斓的幕布。

◎ 第八届金堂国际梨花节

时间：2011年3月至4月
地点：成都市金堂县栖贤梨花沟景区

在本次梨花节上市民不仅能欣赏到如雪海般的梨花，还能参加"梨山放歌美金堂"卡拉OK大赛、"三百梯登山接力"赛、"乡村特色美食"赛等活动。

◎ 中国·成都国际油菜花节

时间：2011年3月至4月
地点：成都市金堂县
主办单位：成都市人民政府
承办单位：金堂县人民政府、成都市农委、成都市旅游局、成都市文化局

如诗如画的美景、精彩的系列主题活动将带领市民畅游油菜花的世界，感受田园城市的幸福。有金堂县现代农业投资项目集中签约仪式、文艺表演等活动。

◎ 水城新津梨花节

时间：2011年3月至4月
地点：成都市新津县梨花溪风景区
主办单位：成都市人民政府
承办单位：成都市旅游局、成都市农委、新津县人民政府

除满足人们休闲赏花外，还设置了丰富多彩的系列活动，包括山地自行车嘉年华、千人巡游、炫动音乐会、山地自行车大奖赛等活动。

◎ 北川药王谷辛夷花节

时间：2011年3月至4月
地点：绵阳市北川药王谷旅游度假区

特色商品展销会、书法绘画作品展、集体太极拳表演、诗朗诵会等活动。

◎ 自贡市第十二届飞龙峡桃花会

时间：2011年3月至4月
地点：自贡市飞龙峡风景区
主办单位：自流井区人民政府、自贡市旅游局
承办单位：自流井区外事侨务和旅游局、自流区文体广电和新闻出版局、中共自流井区委农办、荣边镇人民政府、自流井区农团乡人民政府

以赏桃花、乡村旅游为主题，开展钓鱼、群众文艺表演等活动。

◎ 贡井区第四届风情梨花节

时间：2011年3月至4月
地点：自贡市贡井区长土镇三台石沟梨园

以"健康休闲、相约七星湖"为主题，举办踏青、赏花、品农家特色菜等活动。

◎ 中国·越西文昌故里第二届油菜花节

时间：2011年3月至4月
地点：凉山彝族自治州越西县

举办文昌文化与现代越西发展论坛、投资项目推介暨招商会、彝家野营等活动。

◎ 第二十五届中国成都国际桃花节

时间：2011年3月至5月
地点：成都市龙泉驿区
主办单位：成都市人民政府、四川省旅游局
承办单位：中共龙泉驿区委、龙泉驿区人民政府

本届桃花节以"田园成都 桃花生活"为主题，举办"汽车之乐"、"田园之乐"、"幸福之乐"、"艺术之乐"、"宜居之乐"、"健康之乐"六大板块活动。

◎ 彭州市龙门山第六届田园赏花节

时间：2011年3月至5月
地点：成都市彭州市葛仙山镇

活动包括开幕式文艺会演、植树活动、户外运动、民俗游戏赛、野菜烹饪比赛、摄影艺术展等。

◎ 中国成都保利石象湖郁金香旅游节

时间：2011年3月至5月
地点：成都市石象湖风景区

本届郁金香节突出时尚休闲的主题，不仅有精彩的表演活动呈现，游客还可以在现场看到各婚纱品牌最新款婚纱亮相以及身着亮丽婚纱的模特在花间与花争艳的时尚走秀活动。

◎ 中国四川·古犍之旅文化旅游节

时间：2011年3月至10月
地点：乐山市犍为县

举办最美犍为·小火车花季之旅、印象犍为·书画摄影及文学采风、中国四川·古犍之旅文化旅游节等活动。

◎ 第五届江安橙花节

时间：2011年4月
地点：宜宾市江安县
主办单位：中共江安县委、江安县人民政府
承办单位：中共江安县委宣传部、江安县旅游和文化体育局、江安县招商局、江安县经商局

举办大型文艺演出、商品展销、招商引资洽谈会、自行车橙岛环岛比赛等活动。

◎ 蜀南竹海春笋节

时间：2011年4月
地点：宜宾市长宁蜀南竹海
主办单位：蜀南竹海管理局

蜀南竹海位于万里长江第一城——宜宾市境内，方圆120平方公里，可谓是目前国内唯一集山水、溶洞、湖泊、瀑布于一体，兼有悠久历史的人文景观的原始"绿竹公园"。农历三月正是春笋生长的时节，为了让更

多云南游客领略漫山遍野春笋破土的竹海美景，蜀南竹海风景区特别在4月春笋节期间，推出了听笋、观笋、采笋、品笋，玩竹、摄竹、喜竹、唱竹、绕竹、演竹等系列"玩转春笋节"的活动。

◎ 彭祖山"三月三"朝山节

时间：2011年4月
地点：眉山市彭山县彭祖山风景区

彭祖山"三月三"朝山节是由祭拜彭祖的祭祀活动沿袭而来。每到农历三月初三这天，人们都不约而同地登上彭祖山祭祀、祈福已是历史悠久的民俗活动了。本次活动有"祈祷之旅相聚三月三"民间文艺表演、彭祖养生功演练、彭祖山书画展、仙山寻宝、妙趣横生的猜灯谜等活动。

◎ 南充市第三届乡村文化旅游节

时间：2011年4月至5月
地点：南充市高坪区
主办单位：中共南充市委、南充市旅游局
承办单位：南充市旅游局、南充市委农办、高坪区人民政府

召开全市特色乡村旅游产品公众推介会、研讨会，开展农业观光活动。

◎ 第二十七届彭州国际牡丹花会

时间：2011年4月至5月
地点：成都市彭州市丹景山风景区
主办单位：成都市人民政府
承办单位：成都市旅游局、成都市会展业发展办公室、成都市商务局、彭州市人民政府

以"赏牡丹之美，展彭州新貌"为主题，举办特色乡镇展播、中国牡丹花卉大联展、地震遗址主题游、宜居成都养生在彭州特色游、美食狂欢节以及"牡丹为媒"相亲进行时等活动。

◎ 2011天府水城登山赏花节

时间：2011年4月至5月
地点：成都市金堂县沱江河畔
主办单位：金堂县人民政府

除了云顶山登山、赏花活动外，还有九龙湖亲水划船等活动轮番登场。

◎ 烟霞湖花船节

时间：2011年4月至5月
地点：成都市大邑县
主办单位：大邑县人民政府

举办盛大的水上运动和划船竞赛表演。

◎ 中国成都国际樱桃节

时间：2011年4月至5月
地点：成都市蒲江县
主办单位：成都市人民政府
承办单位：成都市旅游局、成都市博览局、蒲江县人民政府

以"低碳旅游、生态之行"为主题。其间，除采摘樱桃、品尝新鲜樱桃、吃农家饭及民俗农事活动体验外，还可现场自制樱桃酒、编樱桃篮，参加"运动成都"健步走邀请赛、蒲江乡村特色美食发现之旅等活动。

◎ 2011水城新津第七届张大公馆柚花节

时间：2011年4月至5月
地点：成都市临江村公馆柚园
主办单位：新津县人民政府
承办单位：五津镇人民政府

以"赏柚花，品味农家九大碗；看春色，体验田园新生活"为主题，不但有千亩柚园和柚花邀游客共享，还有"与柚花仙子的约会"、百年柚园风采图片展、鉴赏百年柚园蜂蜜柚子茶制作工艺、农家乐体验石磨豆花的乐趣以及下地摘野菜、柚树认养等活动。

◎ 第四届遂宁中国观音文化旅游节

时间：2011年4月至5月
地点：遂宁市
主办单位：四川省旅游局、遂宁市人民政府

以"自在田园 观音故里"为主题，举行遂宁首届糖人糖画创作大赛、特色旅游商品大赛、观音故里素食文化周、全国首届庙会经济论坛、中国观音故里圣水文化节暨圣水迎奉仪式、皇家禅林千年玉印赋揭牌暨千年玉印复制品开光仪式、放歌观音湖诗歌文化节、水陆法会、龙凤古镇观音文化探源游、观音故里地方文艺展演周等活动。

◎ 自贡市第七届乡村旅游节

时间：2011年4月至5月
地点：自贡市贡井区
主办单位：自贡市旅游局、贡井区人民政府
承办单位：贡井区建设镇人民政府、贡井区旅游局

以"健康休闲·相约七星湖"为主题，举办游园、赏花、体验田园风光等活动。

◎ 中国·简阳第五届樱桃节

时间：2011年4月至5月
地点：资阳市简阳市
主办单位：四川省旅游局、资阳市人民政府
承办单位：中共简阳市委、简阳市人民政府

举办樱桃节开幕式、樱花桃花樱桃摄影书法展、采摘樱桃比赛、旅游论坛、健身长跑等系列活动。

◎ 中国四川瓦屋山杜鹃节

时间：2011年4月至5月
地点：眉山市瓦屋山国家森林公园
主办单位：洪雅县人民政府

举办赏杜鹃花海、探原始林海、品山珍野菜等活动。

◎ 中国鸽子花旅游节

时间：2011年4月至5月
地点：雅安市荥经县

活动期间举办特色民俗表演。鸽子花节自驾游观光活动以珙桐沟景区为亮点，以云峰寺、砂器一条街、兰家山为辅衬，观赏万亩鸽子花开盛况，体验原始生态。

◎ 中国四川国际文化旅游节

时间：2011年4月至5月
地点：成都市、阿坝藏族羌族自治州（主会场）
主办单位：国家旅游局、四川省人民政府

本次四川国际文化旅游节充分展示和推广四川省灾后科学重建经验和成果，推动四川省文化旅游事业和经济的发展，充分展示灾后恢复重建的丰硕成果和四川旅游新形象。活动内容丰富多彩，主要以恢复重建家园为主题开展成果展示和展览。此外，国内外专业表演团体奉献的富有地域特色的表演项目也是活动亮点。

◎ 西昌樟木樱桃节

时间：2011年4月至5月
地点：凉山彝族自治州西昌市
主办单位：中共西昌市委、西昌市人民政府

举办樱桃系列活动，如采摘比赛、评选樱桃王、摄影展览等。

◎ 第十八届成都竹文化节

时间：2011年4月至6月
地点：成都市望江楼公园

四川是产竹大省，竹文化也是源远流长。本届主题为"唐风、竹韵"。其间，举办爱竹、种竹、咏竹等活动。

◎ 玉屏之夏浪漫节

时间：2011年4月至6月
地点：眉山市洪雅县玉屏山野鸡坪营地

举行玉屏山自行车越野赛、四川省桥牌比赛，还组织游客在林区公路上进行马拉松、森林马拉松比赛。在野鸡坪营地开办露天酒吧，每天晚上举办音乐会、情人帐篷派对、滚铁环等娱乐活动和趣味体育项目比赛等活动。

◎ 中国死海2011黑泥狂欢节

时间：2011年4月至10月
地点：成都市

有往届的黑泥美体、黑泥摔跤、黑泥摇滚、黑泥瑜伽、黑泥烧烤等精彩项目，还引入端午黑泥粽子、沙滩运动趣玩等新鲜元素，让您尽享"黑客帝国"的前卫时尚。

◎ 都江堰放水节

时间：2011年4月至11月
地点：成都市都江堰渠
主办单位：中共都江堰市委、都江堰市人民政府

本次活动除举办放水大典外，还举办非遗文化大联展、《道解都江堰》实景演出、世界超模花车行进表演、"重回都江堰"参观等一系列活动。

◎ 2011"活力之城·欢乐金牛"都市休闲旅游节

时间：2011年4月至12月
地点：成都市金牛区
主办单位：金牛区人民政府
承办单位：金牛区旅游局

相继举办春季赏花节、金牛宴、桂花节、中国国际美食旅游节、万圣狂欢节、欢乐光棍节、迎新狂欢购物等活动。

◎ 洪雅·柳江古镇旅游文化节

时间：2011年4月至12月
地点：眉山市洪雅县柳江古镇
主办单位：四川省旅游局、眉山市人民政府
承办单位：中共洪雅县委、洪雅县人民政府

以"四季沐歌，悠然洪雅"为主题，分"春到洪雅"、"夏日激情"、"秋韵山水"、"冬日恋歌"四个乐章开展系列活动。开展洪雅民俗文化展、洪雅书画摄影奇石展、水上民乐表演、婚纱摄影赛、啤酒烧烤酒吧狂欢夜、美食节、特色生态农产品展、侯家山寨登山节、雅女茶艺表演等丰富多彩的活动。

◎ 临邛古城白鹤山放生会

时间：2011年5月
地点：成都市临邛古城
主办单位：临邛古城景区管理局

举办放生、拜佛等活动。

◎ 金堂国际龙舟大赛

时间：2011年5月
地点：成都市金堂县
主办单位：国家体育局、中国龙舟协会、四川省体育局、成都市人民政府
承办单位：成都市体育局、金堂县人民政府

来自各地的20支龙舟队参赛。除了惊险刺激的龙舟赛外，还有滑水表演、中华绝技"独竹漂"等活动。

◎ 第十一届枇杷节

时间：2011年5月
地点：成都市双流县
主办单位：双流县人民政府
承办单位：太平镇人民政府、永兴镇人民政府、双流县文化旅游局

除了传统的枇杷采摘和品尝活动外，最大的看点是民俗文化展活动。

◎ 2011望丛古蜀文化节暨蜀人祭祖活动

时间：2011年5月
地点：成都市郫县望丛祠
主办单位：郫县县委宣传部
承办单位：郫县文体广电和新闻出版局

郫县每届望丛古蜀文化节，都会吸引各地蜀人回乡祭祖恳亲。现在，望丛古蜀文化节已经成为全球蜀人的盛会、蜀人的精神家园。今年的文化节以"瞻蜀祭、观蜀艺、赏蜀景、品蜀味、览蜀史"为主要内容，与仿古祭祀活动同时进行的还有蜀绣技艺展示、中华国学经典诵读活动、望丛古蜀摄影作品展、本土书画家现场赠帖、特色民俗队伍展演、趣味游园等一系列配套活动。文化节期间，人们可尽情欣赏蜀歌蜀舞、沐浴蜀风、尝尽蜀味。

◎ 天台山景区第四届高山萤舞节

时间：2011年5月
地点：成都市天台山景区

举办夜赏流萤、昆虫知识讲座等活动。

◎ 第八届成都（龙泉）枇杷节

时间：2011年5月
地点：成都市龙泉驿区
主办单位：龙泉驿区人民政府

世界枇杷之乡在中国，中国枇杷之乡在龙泉。本届枇杷节以枇杷为主题，开展系列活动。

◎ 峨眉山朝山会

时间：2011年5月
地点：乐山市峨眉山风景区

峨眉山朝山会，以朝山拜佛和旅游观光为主要内容，在每年的5月举行，时间为7天左右。邀请海内外高僧举办一系列法会、庙会、开光、朝圣活动，祈福祝愿。

◎ "四月八"康定跑马山国际转山会

时间：2011年5月
地点：甘孜藏族自治州康定县
主办单位：中共康定县委、康定县人民政府

人们从四面八方云集康定。在山顶草坪上，帐篷绵延，人山人海。白天举行赛马、摔跤等民族体育活动。到了晚上，燃起篝火，席地饮酒，载歌载舞，通宵达旦。

◎ 第三届成都国际非物质文化遗产节

时间：2011年5月至6月
地点：成都市
主办单位：文化部、四川省人民政府、联合国教科文组织
承办单位：中国非物质遗产保护中心、四川省文化厅、成都市人民政府

以"弘扬人类文明，共建精神家园"为主题，举办非遗节规划设计国际非物质文化遗产博览会、非物质文化遗产论坛、传统戏剧精品节目展演等活动。

◎ 四川首届花卉生态旅游年暨 2011 宜宾佛现山栀子花节

时间：2011 年 5 月至 6 月
地点：宜宾市
主办单位：四川省委农工委、四川省林业厅、四川省旅游局、宜宾市人民政府

佛现山位于宜宾市南侧，海拔 800 余米，山上有黄栀子基地 5000 亩。每年 5 月至 6 月漫山遍野的栀子花芳香袭人。此次活动以"田园花香、生态宜宾"为主题，举办宜宾市翠屏区发展改革及秀美翠屏乡村旅游图片展、翠屏风光暨第二届"我拍栀子花节"摄影大赛、首届栀子花节摄影大赛获奖作品展、喝啤酒比赛、花海嘉年华等系列活动。

◎ 金堂第二届龙虾美食养生节

时间：2011 年 6 月
地点：成都市金堂县

活动有龙虾有奖垂钓比赛、龙虾美食品尝及购物、龙虾啤酒狂欢夜等。

◎ 2011 成都啤酒节

时间：2011 年 6 月
地点：成都市华侨城中心会场

以"举杯畅享 醉美成都"为主题，举办华侨城欢乐谷狂欢节、蓝光耍都音乐狂欢季等精彩活动。

◎ 第五届大千美食文化旅游节

时间：2011 年 6 月
地点：内江市
主办单位：中共东兴区委、东兴区人民政府
承办单位：东兴区商务局、东兴区旅游局

举办创新菜品大赛、厨艺绝活表演、大千风味宴展等活动。

2011 中国内江·大千龙舟经贸文化节

时间：2011 年 6 月
地点：内江市甜城湖

举办龙舟赛、跳伞表演、彩船游江、水上滑水表演、水上抢鸭子等活动。

◎ 2011 年第十一届中国客家水龙节

时间：2011 年 7 月
地点：成都市龙泉驿区

以清凉、狂欢、激情、田园为基础，以客家文化和艺术为元素，为广大游客打造一个消暑纳凉、休闲娱乐的好去处。

◎ 2011 四川渠县第四届消夏（山城）啤酒节

时间：2011 年 7 月
地点：达州市

啤酒竞饮比赛、沙画艺术、杂技表演等活动。

◎ 百里峡漂流节

时间：2011 年 7 月
地点：达州市宣汉县龙泉乡

本次百里峡漂流节活动内容丰富，除有以服务达州经济发展的招商项目推介外，还有名优特产品展销、土家民俗表演、环游百里峡、激情放漂等观赏奇山秀水、展示惊险刺激的活动。

◎ 2011 成都（新都）荷花桂花文化旅游节

时间：2011 年 7 月至 8 月
地点：成都市新都区桂湖公园

新都桂湖以桂花、荷花最享盛名，为中国五大桂花观赏地和八大荷花观赏地之一。一年一度的荷花桂花文化旅游节在荷花开放时节如期地拉开了序幕。其间，游客不仅能欣赏到美丽的荷花，品尝荷花宴、桂花茶，组委会还特别为游客准备了荷花展、荷花摄影写生比赛等丰富多彩的活动。

◎ 2011 中国·都江堰虹口国际漂流节

时间：2011年7月至8月
地点：成都市虹口风景区
主办单位：国家体育总局、四川省体育局
承办单位：成都市体育局、成都市旅游局、都江堰市人民政府

以"魅力都江堰，活力新虹口，逍遥龙溪谷，悠然天府源"为主题，来自荷兰、英国、捷克、澳大利亚、匈牙利、新西兰及8支国内漂流队当天进行了激烈的角逐，8名世界小姐和中国旅游小姐也加入了激情的漂流体验队伍。

◎ 第二届宜宾荷花节

时间：2011年7月至8月
地点：宜宾市

每年荷花盛开的时候，人们便来祈福、赏花、吃斋藕。每逢7月23日荷花仙子生日这天，高山殿游人更是络绎不绝。于是当地政府择天时、顺民意，选择这个特殊日子举办宜宾首届荷花节。

◎ 成都欢乐谷旅游狂欢节

时间：2011年7月至9月
地点：成都市欢乐谷

举办啤酒狂欢、桑巴狂欢、亲水狂欢、派对狂欢等活动。

◎ 第六届中国四川华蓥山旅游文化节

时间：2011年7月至9月
地点：广安市华蓥山旅游区
主办单位：四川省旅游局、广安市人民政府
承办单位：广安市旅游局、华蓥山人民政府、华蓥山旅游区

女人花俗称指甲花，又名凤仙花，自古以来为文人骚客所吟诵。每年的7月至9月，华蓥山漫山遍野的女人花、相思豆竞相开放，惹人心醉。本届文化节举办"华蓥山女人花·幺妹相思豆观赏节"、"秀美华蓥山"摄影大赛、网络征文大赛等丰富多彩的活动。

◎ 第四届中国·雅安国际熊猫·动物与自然电影节

时间：2011年8月
地点：雅安市

以"熊猫首都，绿动中国"为主题，举办生态城市建设发展论坛、自然·互动影像论坛、"绿动·视觉"环保主题声光秀、"欢聚熊猫首都，同绘生态天堂"熊猫画家齐聚雅安大型采风笔会、"播种绿色"植树、展映等活动。

◎ 中国西昌凉山彝族火把节

时间：2011年8月
地点：凉山彝族自治州

举办中国西昌凉山彝族火把节开幕式、全国少数民族大联欢晚会、火把节传统选美大赛、凉山歌舞巨献——大型彝族音乐舞蹈《火图腾》、火把节激情狂欢夜、大型焰火晚会等活动。

◎ 2011 中国·广元女儿节

时间：2011年9月
地点：广元市

中国历史上唯一的女皇帝武则天出生在广元。广元人民为纪念武则天，在每年其生日（农历正月二十三）当天举行妇女游河湾活动。新中国成立后，此活动曾一度中断。1988年，广元市政府决定恢复这一民间节日，并定名为"女儿节"，将节期定在公历9月1日，该习俗已有1000多年历史，后发展为现在的女儿节。这天，广元市举行赛凤舟、登凤楼、现场书画表演、展览、文艺演出、游河湾、女儿节之夜等一系列女性文化活动和商贸活动。

◎ 绵阳梓潼迎文昌八月庙会

时间：2011年9月
地点：绵阳市梓潼七曲山大庙风景区

在梓潼庙会活动中，梓潼七曲山大庙会是民间规模最大、时间最长、参与人数最多的活动，也是梓潼融祭祀、文化、商贸为一体的综合性民俗节目，参与人员来自川西北地区数县及陕甘两省的部分地区。每届庙会都有数万人之多，因庙会主祭文昌帝君，又称庙会为"文昌会"。除向游客展示文昌文化的精神内涵外，还举办大型民俗展演和系列祈福活动。

◎ 第三届农家乐文化旅游节

时间：2011年9月
地点：德阳市什邡市

以什邡各特色镇、村民俗文化体验游为主要架构，融合川西民俗文化、马祖农禅文化、原生态乡村体验、特色农家乐、乡村美食等特点，开展各项活动。

◎ 南充丝绸节

时间：2011年9月
地点：南充市

节庆期间，展出南充名、特、优、新丝绸商品，演播关于丝绸的剧目和电视片，举办大型丝绸展览和丝绸时装表演，推出影展、灯展、书画展等活动。

◎ 第三届中国升钟湖钓鱼·桂花旅游文化节

时间：2011年9月
地点：南充市升钟湖景区

围绕钓鱼、欣赏桂花开展系列活动。

◎ 中国成都国际美食旅游节

时间：2011年9月至10月
地点：成都市崇州市

举办开幕式及文艺演出；传统名小吃授牌仪式；美食展示及餐饮企业服务技能大赛；崇州名小吃摄影展等活动。

◎ "水城新津"河鲜美食购物节

时间：2011年9月至10月
地点：成都市新津县

举办啤酒购物节；河鲜美食文化、菜品展示；河鲜美食论坛暨名厨会盟顶河鲜菜品品鉴会；新津鱼头火锅节鱼头烹饪厨艺展示；旅游饭店、餐馆美食月。

◎ 成都石象湖百合花旅游节

时间：2011年9月至10月
地点：成都市石象湖风景区
主办单位：成都市人民政府

每年9月至10月，石象湖生态风景区几百株几十个品种的百合花在野外盛开，与其他世界著名花卉品种同台演绎金色秋天。赏花之余，游客还可在码头乘船，在湖光山色中感受清风逸韵。

◎ 孝文化旅游节

时间：2011年9月至10月
地点：泸州市中国德孝城

旅游节举办民风民俗传统文化活动德孝文化演讲比赛、民间艺术展示、鸡公车竞技赛、德孝城祭孝典礼、德阳孝事图文展等活动。

◎ 尧坝古镇旅游文化节

时间：2011年10月
地点：泸州市尧坝古镇

尧坝原汁原味的古镇和旖旎的自然风光相互争辉。古镇千米长街、规模宏大的古民居群落、清进士牌坊、大鸿米店以及散落于千米长街的各种建筑类型茶馆、酒肆、染房、客栈等，保存完好，古朴依然，独蕴芬芳。本届旅游文化节以主打民俗品牌、文化品牌为宗旨，展示合江的夜郎古道文化历史风韵，开展多项旅游文化活动。

◎ 丹巴嘉绒藏族风情节

时间：2011年10月
地点：甘孜藏族自治州丹巴县

丹巴县在四川民间又有"美人谷"之称，在风情节期间，游客除了可以领略其独特的人文风情，感受美人谷天生丽质的丹巴美女，还可以前往中路乡、聂呷乡和巴底乡这几个最具特色的丹巴山寨，参观素有"千碉之国"美称的丹巴古碉，到神奇巍峨的墨尔多山、风景优美的党岭等多个景点深度体验藏家文化，一睹太平桥乡、革什扎乡、梭坡乡、章谷镇的锅庄队带来的服饰表演和盛情豪迈的嘉绒锅庄风采。丹巴的风情节又叫"选美节"，每年选出的丹巴美女，被命名为"金花"、"银花"、"石榴花"等，个个艳压群芳。

◎ 中国四川光雾山红叶节

时间：2011年10月至11月
地点：巴中市光雾山镇
主办单位：四川省人民政府

以观赏红叶为主题的光雾山红叶节期间举办节庆推介活动、开幕式、旅游商品展销活动、旅游精品线路推介活动以及书法、绘画、牌艺活动等。

12月

◎ 简阳羊肉美食节

时间：2011年12月
地点：资阳市川空文化广场、阳晨广场

举办大型彩车巡游、魅力简阳文艺演出、羊肉美食节暖灾区品尝、赛羊会、绚丽简阳焰火晚会、农民趣味运动会、名汤名菜名店展示等活动。

商务会展

1月

◎ 2011西部（成都）第四届畜牧业展览会

时间：2011年1月
地点：成都国际会议展览中心
主办单位：中国农业产业经济发展协会健康养殖分会
承办单位：成都农博会展服务有限公司

优良种畜禽、饲料、机械设备。

2月

◎ 2011德纳（成都）印刷包装纸业展览会

时间：2011年2月
地点：成都世纪城新国际会展中心
主办单位：中国轻工业对外经济技术合作公司
承办单位：成都德纳展览集团公司

板材、办公用纸、包装、包装材料、包装机等。

◎ 2011第十届西部成都医疗器械展览会

时间：2011年2月
地点：四川省科技馆
主办单位：四川省医院协会、四川省农村卫生协会
承办单位：成都市天一展览服务有限公司

保健、保健用品、各种医用车辆等。

3月

◎ 2011成都全国糖酒商品交易会

时间：2011年3月
地点：成都华阳国际会议中心
主办单位：成都市人民政府

展品内容包括糖酒类、食品类、调味品类和食品机械类等，涵盖了全国糖酒类行业从设计、生产、经营、销售、配送等产业链，充分体现了企业特色、产品特色。

4月

◎ 第七届中国四川环境监测仪器展览会

时间：2011年4月
地点：成都世纪城新国际会展中心
主办单位：中国市政工程西南设计研究总院、四川省环境科学学会、四川省城镇供水排水协会
承办单位：四川新中联展览服务有限公司、成都中创会展服务有限公司

环境水质和废水自动监测系统；废气污染源在线自动监测系统；空气地面自动监测系统；气体污染物采样和监测专用仪器设备；水质污染物采样和监测专用仪器设备；环境污染事故应急监测仪器设备；放射性、噪声、振动、光、热测定仪和自动监测系统；信息处理和传输及其他特殊检测的仪器和设备或装备；实验室常规分析仪器设备；监测分析所用的标准物质、化学试剂及玻璃器皿等实验器材。

◎ 第五届四川汽车旅游博览会

时间：2011年4月
地点：成都市体育中心
主办单位：四川省商务厅、四川省旅游局
承办单位：四川汽车旅游博览会组委会

汽车展、旅游休闲展、百万自驾游报名等活动。

◎ 中国四川住房和城乡建设科技博览会

时间：2011年4月
地点：成都世纪城新国际会展中心
主办单位：四川省住房和城乡建设厅
承办单位：四川省建设科技发展中心

1.建筑保温系统：各类外墙外保温系统、外墙内保温系统、建筑自保温体系、屋面防水保温系统及其配套产品和施工配套机具等；2.建筑节能产品生产工艺及设备等；3.各种轻质墙板、复合板材、隔热板、外墙板、夹心板、空心条板等。

◎ 第十一届成都国际社会公共安全产品与技术展览会

时间：2011年4月
地点：成都世纪城新国际会展中心
主办单位：成都市公安局
承办单位：成都市公安局安全技术防范管理办公室、成都市公安消防支队

应急救援装备；出入口控制系统；公共广播系统；视频监视和监控防范系统；楼宇自动化及智能小区系统；防盗锁和柜及个人安全防护装备；车辆防盗防劫联网报警系统；巡更管理系统；消防技术与装备；防爆安全检查器材、安全报警器材、计算机信息系统安全防护产品；警用通信与警用装备及特种车辆、道路交通管理、治安管理、刑事勘察、物证鉴定、防伪技术等设备和器材。

◎ 第九届四川国际电力产业暨新能源博览会

时间：2011年4月
地点：成都世纪城新国际会展中心
主办单位：四川省电力行业协会、四川省电力公司
承办单位：成都世展贸易策划有限公司

充分展示国内外的电力新技术新设备、电力发展、水火电开发、新能源利用、特高压电网建设及智能电网建设，尤其是电力智能电网建设等方面的新技术、新产品、新工艺的推广和运用，为四川电力建设与技术创新搭建起交流平台。

◎ 第七届中国成都（国际）奇石博览会暨第四届中国西部古玩文化旅游节

时间：2011年4月至5月
地点：成都天府花城展览交易中心
主办单位：四川省收藏协会、四川省观赏石开发与保护促进会、四川省花卉协会苗木流通分会、温江区人民政府
承办单位：温江区花卉园林局、温江区商务局、温江区旅游局、成都艾文博花卉世界有限公司

除展出奇石精品、古玩精品外，还邀请近百名来自全国的鉴宝专家、赏石专家开展了现场鉴宝和鉴评活动。

◎ 第四届中国西部工程机械、建筑机械及混凝土设备展览会

时间：2011年5月
地点：成都世纪城新国际会展中心
主办单位：中国矿山物资流通协会、四川省工程机械行业商会
承办单位：成都鼎坚展览服务有限公司

1.路桥设备及材料展区：筑路机械、养护机械、筑养路机械、路面机械、平地机、划线机械、筑桥机械设备、沥青加热及储运设备、沥青乳化设备铣刨机、土工合成材料、改性沥青和新型路用材料、路桥加固技术及修复材料、钢绞线、钢护栏、仪器设备、电子监控系统和施工安全防护用品等；2.工程车辆展区：重型卡车、轻卡、混凝土运输车、道路清扫车、清障车、警用车、罐式车、特种车、起重运输车、高空作业车、散装水泥运输车、大型拖车、环卫园林作业车、桥梁检测车、机场专用车、冷藏保鲜车辆及零配件等。

◎ 第八届四川国际水电产业展览会

时间：2011年5月
地点：成都世纪城新国际会展中心
主办单位：四川省电力行业协会、四川省电力公司
承办单位：成都世展贸易策划有限公司

水电投资开发建设项目成果、大坝及水库设备、水电设备、水电站建设及材料、生态环境建设。

◎ 2011中国西部（成都）办公产业博览会

时间：2011年6月
地点：成都世纪城新国际会展中心
主办单位：四川省文化用品协会、四川省计算机学会、四川省计算机用户学会
承办单位：成都市创冀文化传播有限公司

学生用品、文教用品、现代办公及教学仪器设备、办公用品、电脑及IT数码产品、纸与纸制品、文房四宝、印刷与包装用品、照像器材、测量测绘用品、体育与健身器材、休闲娱乐用品等。

◎ 第五届中国（成都）国际化工设备展览会

时间：2011年6月
地点：成都世纪城新国际会展中心
主办单位：中国石油和石油化工设备工业协会、四川省化学化工学会

举办"石化工程项目业主（设计院）对供应商技术设备的要求之专题报告会"；设立石化项目业主洽谈签约展台，供西南地区重点项目业主进行展示、推介、洽谈以及招商引资；举办化工与石化技术交流会活动，特邀著名专家或化工设计工程师主讲。

◎ 2011中国（成都）国际石油天然气与石化技术装备展览会

时间：2011年6月
地点：成都世纪城新国际会展中心
主办单位：中国石油和石油化工设备工业协会、中国石油勘探开发研究院采油采气装备研究所、中国成达工程有限公司、四川省经济和信息化委员会、成都市博览局

举办有关石油石化天然气工程项目采购交流会、项目融资合作、技术成果发布等系列活动。

◎ 第三届成都家居、休闲用品及礼品展览会

时间：2011年6月
地点：成都世纪城新国际会展中心
主办单位：励展华博展览（深圳）有限公司

家具、家居及生活用品、广告礼品等。

◎ 中国西部海峡两岸经济科技博览会

时间：2011年7月
地点：成都世纪城新国际会展中心
主办单位：国务院台湾事务办公室、四川省人民政府
承办单位：成都市人民政府

两岸经贸洽谈、科技展、论坛、签约仪式等活动。

◎ 2011第十二届成都国际家具工业展览会

时间：2011年7月
地点：成都世纪城新国际会展中心
主办单位：成都市人民政府、四川省商务厅
承办单位：中国国际贸易促进委员会成都市分会、四川省家具进出口分会

国内外家具和建材、先进设备等。

◎ 2011成都国际孕婴童产品暨儿童产业博览会

时间：2011年8月
地点：成都世纪城新国际会展中心
主办单位：中华全国妇女儿童用品协会
承办单位：成都华澳展览有限公司

孕婴童服装、幼教、玩具、保健品、食品、用品等。展会同期还举行各项论坛、咨询等活动。

◎ 第八届四川国际煤炭工业暨矿山机械博览会

时间：2011年8月
地点：成都世纪城新国际会展中心
主办单位：四川煤监局、四川省经济和信息化委员会、四川煤矿安全监察局
承办单位：成都世展贸易策划有限公司

矿山设备及煤矿机械、选矿及粉体加工设备、煤炭洗选加工工艺及技术装备、矿业节能和降耗及环保技术装备等。

◎ 四川广告设备器材暨照明展四川印刷工业展览会

时间：2011年8月至9月
地点：成都世纪城新国际会展中心
主办单位：四川华展文化传播有限公司

国内外先进的广告设备、器材、照明、印刷设备等。

◎ 2011中国国际应急医学救援展览会

时间：2011年9月
地点：成都世纪城新国际会展中心
主办单位：成都市人民政府

以应急医学救援为核心，包括院前救助、医院急救、移动医院等，辅助以应急管理支持系统、救援工具及设备，全面涵盖了整个应急和救援产业。

◎ 2011中国（成都）新能源国际峰会暨太阳能展览会

时间：2011年9月
地点：成都世纪城新国际会展中心
主办单位：中华全国工商业联合会新能源商会、中国可再生能源学会
承办单位：成都市博览局、成都市发展和改革委员会

展示国内外太阳能、核能、风能等新能源领域的先进技术和产品。

◎ 第十二届中国西部国际装备制造业博览会

时间：2011年10月
地点：成都世纪城新国际会展中心
主办单位：国家发展和改革委员会、商务部、工业和信息化部、科学技术部、农业部、国家工商行政管理总局、国家质量监督检验检疫总局、国家旅游局、国务院侨务办公室、中国国际贸易促进委员会、中国人民对外友好协会、中华全国工商业联合会、中华全国供销合作总社等
承办单位：四川省人民政府

突出"西部合作"、"东西合作"、"中外合作"的理念。融商品贸易、投资合作、商务研讨为一体，举办旅游开发项目、旅游服务、旅游产品（服务）推介会及说明会、专业贸易洽谈会和商务研讨会。有压缩空气技术、液压技术、气动技术、机械传动、泵阀轴承、直线运动系统、电气传动等参展内容。

◎ 第九届中国国际农产品交易会

时间：2011年10月至11月
地点：成都世纪城新国际会展中心
主办单位：农业部、四川省人民政府

共分五个板块：综合展示交易区、国际展示交易区、专业合作社展示交易区、现代农业装备展示交易区、四川省展示交易区和销售区。

贵州

节庆文化活动

1月

◎ "2011 中华文化游"启动仪式

时间：2011年1月
地点：贵阳市花溪区青岩堡
主办单位：国家旅游局、国务院新闻办、贵州省人民政府
承办单位：贵州省旅游局、贵州省政府新闻办、贵阳市人民政府

启动仪式上举办"多彩贵州"原生态民族文化精品展演、青岩古镇2011年首游开门仪式、青岩堡民族文化展演、民间工艺情景展示、"多彩贵州"图片展、旅游商品展销、游青岩古镇等活动。

◎ 2011贵州赏花季启动仪式暨第六届中国·荔波万亩梅花报春节

时间：2011年1月至2月
地点：黔南布依族苗族自治州荔波县
主办单位：贵州省旅游局、黔南布依族苗族自治州人民政府
承办单位：黔南布依族苗族自治州旅游局、荔波县人民政府

举办民族山歌激情对唱、全国摄影大赛、梅园书画献艺活动、水族文化展演、兰花盆景奇石根雕展、陀螺斗鸡斗鸟比赛、美食及旅游商品展销等活动。

2月

◎ 梭嘎箐苗民族跳花节

时间：2011年2月
地点：六盘水市六枝特区梭嘎长角苗风情景区陇嘎跳花坡
主办单位：梭嘎生态博物馆、梭嘎乡人民政府、梭嘎乡高兴村委

跳花节期间，苗家儿女都会自发来到跳花坡上玩耍、唱歌、跳舞、谈情说爱。

◎ 春茶开采节暨茶海之心旅游节

时间：2011年2月
地点：遵义市凤冈县田坝村
主办单位：凤冈县人民政府

举办祭茶大典、采茶和制茶比赛、凤茶文化论坛等活动。

◎ 德江傩文化艺术节

时间：2011年2月
地点：铜仁地区德江县
主办单位：德江县人民政府

举办傩愿戏、炸龙等傩文化表演。

◎ 2011中国武陵山·松桃首届闹年会

时间：2011年2月
地点：铜仁地区松桃苗族自治县
主办单位：松桃苗族自治县委、松桃苗族自治县人民政府

有苗族花鼓舞、舞狮、滚龙、大兴龙、洞洞龙、小黄龙、茶灯、狮子灯、蚌壳灯、孟溪花灯、茶灯、龙

灯、灯谜、焰火等民族绝技绝活展演。

◎ 都匀剑江旅游欢乐节

时间：2011年2月
地点：黔南布依族苗族自治州都匀市
主办单位：中共都匀市委、都匀市人民政府

大型水陆灯展、系列文体活动、龙狮争霸赛、布依族婚俗表演等。

◎ 龙里草原苗胞正月跳月

时间：2011年2月
地点：黔南布依族苗族自治州龙里县
主办单位：龙里县旅游局、草原乡人民政府

芦笙舞、对情歌、斗牛等苗族风俗展演等活动。

◎ 贵阳永乐桃花艺术节

时间：2011年3月至4月
地点：贵阳市乌当区水塘村江西坡万亩优质桃基地

桃花艺术节期间，永乐乡种植的上万亩桃树进入盛花期，漫山遍野桃花芬芳扑鼻，吸引众多游客前来观花赏景。桃花艺术节上不仅有精彩的文艺节目表演，还有游园赏花、特色农产品展销、品尝农家饭、斗鸡、认养果树等丰富多彩的活动。

◎ 水城南开苗族跳花节

时间：2011年3月
地点：六盘水市水城县南开乡
主办单位：南开乡人民政府

举办芦笙舞比赛、请花树、拜花树、民俗相亲、斗鸡、斗牛、赛马、苗族歌舞展演、品特色民族美食等活动。

◎ 2011金海水车·农耕文化节暨乡村旅游发展论坛

时间：2011年3月
地点：遵义市习水县
主办单位：习水县政协

活动期间，游览农耕文化陈列馆、水车园、传统水动力工具（水碓、水碾、水枪、龙骨车）、"水车古韵"等田园风光，从古朴的农耕文化中感知先人的智慧。

◎ 贵州安顺龙宫油菜花旅游节

时间：2011年3月
地点：安顺市龙宫风景区
主办单位：贵州省旅游局、安顺市人民政府
承办单位：安顺市旅游局、西秀区人民政府、龙宫风景区管委会

紧紧围绕"龙文化"主题举办各项活动。有"龙之韵"大型书法笔会，百名儿童绘画诵龙宫，摄影大赛、黔中特色的民俗活动、民族歌舞表演及大型舞龙表演等。

◎ 2011中国凯里·甘囊香国际芦笙节

时间：2011年3月
地点：黔东南苗族侗族自治州凯里市
主办单位：凯里市人民政府

举办第二届"金芦笙"中国民族器乐大赛、中国民间芦笙歌舞展演、"聚焦黔东南·相约甘囊香"中国·凯里全国摄影大展、旅游商品展销会等多项活动。

◎ 兴义顶效桃花节

时间：2011年3月
地点：黔西南布依族苗族自治州顶效绿化村桃花谷
主办单位：顶效开发区人民政府

举办开幕式及文艺演出、参观绿化桃花谷、赏万亩桃花、品尝特色农家饭等活动。

◎ 贵阳市（修文）梨花节

时间：2011年3月至4月
地点：贵阳市修文县古堡乡折溪村
主办单位：中共修文县委、修文县人民政府

举办梨花湖游园赏花，现场绘画、书法、摄影作品评比，农村传统娱乐项目斗鸟、斗鸡、扭扁担等活动。

◎ 平坝樱花旅游节

时间：2011年3月至4月
地点：安顺市平坝县
主办单位：平坝县人民政府
承办单位：中共平坝县委宣传部、平坝县旅游发展局

举办摄影比赛、品茗暨茶艺表演以及民族风情服饰展等活动。

◎ 侗族摔跤节

时间：2011年3月至4月
地点：黔东南苗族侗族自治州黎平县双江乡

方圆上百里的侗族男女老少欢聚一堂，除开展隆重的摔跤比赛外，还有热闹非凡的集市贸易、男女青年交流的"行歌坐月"等活动。此外，还伴有斗鸟、赛芦笙、斗牛等其他娱乐活动，让整个山寨沸腾激扬。

◎ 第六届福泉"金谷春雪"梨花节

时间：2011年3月至4月
地点：黔南布依族苗族自治州福泉市双谷万亩果园场
主办单位：福泉县人民政府

以"赏万亩梨花，游古城仙境"为主题，开展赏花活动、自助旅游活动、书画展、有奖征文竞赛、摄影作品展等。

◎ 中国·贵州国际百里杜鹃花节

时间：2011年3月至5月
地点：毕节地区百里杜鹃国家森林公园
主办单位：贵州省旅游局、毕节地区行署

举办杜鹃花节开幕式及大型文艺演出，举行赏百里杜鹃花海自驾车首发仪式，彝族祭花神，百里杜鹃大草地开游仪式等相关主题活动。

◎ 长顺杜鹃湖·白云山旅游文化节

时间：2011年3月至7月
地点：黔南布依族苗族自治州长顺县
主办单位：中共长顺县委、长顺县人民政府

以"访白云古刹，游杜鹃花海"为主题，在国家级水利风景名胜区杜鹃湖推出大型的"杜鹃湖白云山旅游文化开幕式暨文艺演出"，举行布依族、苗族、屯堡人等千人民族盛装迎宾仪式及大型民族风情文艺演出。举行白云山建文皇帝开山六百年庆典，游西南帝王佛教文化圣地，观屯堡人祭祖仪式，白云山庙会、民族风情展示及山歌大赛活动等。举行威远青龙山、潮井赏油菜花、观喀斯特奇观——潮井涨潮等活动。

◎ 开阳十里画廊乡村旅游文化节

时间：2011年3月至9月
地点：贵阳市禾丰布依族乡
主办单位：中共开阳县委、开阳县人民政府

举办摄影及作品展、全民健身登山观景、特色产品展示展览交流、徒步穿越香火岩、民族风情文化表演、中国原创音乐人开阳行等活动。

4 月

◎ 2011中国·贵州桐梓乡村旅游节

时间：2011年4月
地点：遵义市桐梓县
主办单位：贵州省旅游局、贵州省文明办、遵义市人民政府
承办单位：遵义市旅游局、遵义市文明办、遵义市讲师团、桐梓县人民政府

活动以"相约贵州·乡恋桐梓"为主题，有开幕式、贵州省乡村旅游研讨会、2011贵州汽车拉力锦标赛——"神州第一弯"汽车爬坡赛、乡村歌手大赛、农民趣味运动会、旅游特色商品及农产品展示、场地摩托车竞技表演和垂钓、乡村旅游技能大赛、自驾游等活动。

◎ 中国·贵州（务川）仡佬族文化旅游节

时间：2011年4月
地点：遵义市务川仡佬族苗族自治县
主办单位：务川仡佬族苗族自治县人民政府

举办仡佬族祭天朝祖祭祀活动、游览仡佬丹砂古寨——龙潭仡佬族文化村、品尝"三么台"文化大餐、观看"神砂遥想"精品文艺节目、参加具有仡佬族特色的篝火晚会等。

◎ 台江苗族姊妹节

时间：2011年4月
地点：黔东南苗族侗族自治州台江县
主办单位：中共台江县委、台江县人民政府

举办传统姊妹节的苗族盛装游演、千人盛装踩鼓、大型民族服饰展演、千人苗歌对唱、捞鱼摸虾以及贵州少数民族传统民间体育项目独木龙舟竞赛、斗牛等活动。

◎ 都匀毛尖茶文化节

时间：2011年4月
地点：黔南布依族苗族自治州都匀市
主办单位：中共都匀市委、都匀市人民政府
承办单位：都匀市农村工作局、都匀市国有资产运营公司

举办游茶山、房交会、民族歌舞表演、炒茶表演、万人品茗等活动。

◎ 2011中国·望谟三月三布依族文化节

时间：2011年4月
地点：黔西南布依族苗族自治州

以"感恩·团结·传承·发展"为主题。勤劳的布依人在长期的生产生活中，不仅创造了赖以生存的物质资料，还创造了独具特色、丰富多彩的民族民间文化。文化节上，有具有民族特色的歌舞表演、手工展示等活动。

◎ 大方支嘎阿鲁湖祭水节

时间：2011年4月至5月
地点：毕节地区大方县

畅游中国古彝圣水、领略奢香故里彝风、彝族民族祭奠、文艺表演、钓鱼竞赛、游湖活动等。

◎ 四月八苗族节庆活动

时间：2011年5月
地点：六盘水市

节庆期间上演以传统民族歌舞、民族服饰展演为主的大型民族风情活动。500余人组成的苗族表演队伍展现芦笙舞、姊妹箫、唢呐等精彩节目。

◎ 中国贵州黄果树瀑布节

时间：2011年5月
地点：安顺市黄果树风景名胜区
主办单位：国家旅游局、贵州省人民政府
承办单位：贵州省旅游局、安顺市人民政府

以"壮美大瀑布，活力新安顺"为主题，举办2011黔中经济区暨西部经济发展论坛、国际摄影大展、中国西部书法展、全国美术大赛、国际攀岩挑战赛、国际半程马拉松赛、中国武术对阵泰拳、跆拳道等活动。

◎ 铜仁古城文化旅游节

时间：2011年5月
地点：铜仁地区铜仁市
主办单位：铜仁市人民政府、铜仁地区旅游局

举办"中国旅游日"宣传、畅游明清古城、品味古城美食、啤酒狂欢节、铜仁古城摄影展等活动。

◎ 龙里"十里刺梨沟"赏花节

时间：2011年5月
地点：黔南布依族苗族自治州龙里县谷脚镇茶香村
主办单位：龙里县人民政府

赏十里刺梨花，品农家刺梨酒，观看民族歌舞表演。

◎ "2011中国·贵阳避暑季"系列活动

时间：2011年5月至10月
地点：贵阳市
主办单位：国家旅游局、贵州省人民政府

举办大型文艺活动，推出消夏避暑生态旅游系列等活动。

◎ 2011贵州（桐梓）乡村旅游节

时间：2011年6月
地点：遵义市桐梓县
主办单位：贵州省旅游局、贵州省文明办
承办单位：遵义市旅游局、遵义市文明办

体验避暑休闲生活、游览乡村旅游点、品尝特色农家菜，举办旅游图片展览、文艺节目表演、篝火晚会等活动。

◎ 第九届施秉杉木河漂流节

时间：2011年6月
地点：黔东南苗族侗族自治州施秉县杉木河风景区
主办单位：黔东南苗族侗族自治州旅游局、施秉县人民政府

举办祭龙仪式；耍水龙；民族歌舞、服饰表演和漂流等活动。

◎ 第二十八届镇远传统龙舟节

时间：2011年6月
地点：黔东南苗族侗族自治州镇远县

镇远是一座有着2000多年历史的中国历史文化名城。早在1986年，镇远便与丽江、周庄、平遥等一起登上了全国第二批历史文化名城的"宝座"。本次活动有独具特色的多支龙舟队参加。抢鸭子是镇远龙舟赛中最扣人心弦的一幕。随着主持人一声令下，选手们一个个扑到河里，争抢鸭子。

◎ 2011织金国际溶洞文化节

时间：2011年7月
地点：毕节地区织金洞景区名胜区
主办单位：中共毕节地委、毕节地区行政公署
承办单位：中共织金县委、织金县人民政府、织金洞风景名胜区管理局

以"溶洞王国，魅力织金"为主题，包括织金古城游、毕节地区旅游营销研讨会、游览织金洞暨织金洞内灯光改造寿星宫首游活动、首届"织金洞杯"乒乓球赛、官寨古寨游暨彝族火把节、"织金大峡谷"——恐龙谷景区开发建设开工仪式等活动。

◎ 2011贵州·剑河仰阿莎文化节

时间：2011年7月
地点：黔东南苗族侗族自治州

仰阿莎被苗族人民奉为美神，仰阿莎的传说在清水江流域剑河一带至今仍广为流传，她象征着苗族人民对爱情的歌颂以及对美好生活的向往。如今，剑河县境内都能找到传说中仰阿莎出生的水井、沐浴的温泉以及畅游的湖泊。本届文化节期间，举办游行活动、千人水鼓舞展演、千人鱼宴、仰阿莎民歌大赛、民族风情展演、民族服饰展演赛、苗族古歌演唱、斗牛斗鸟比赛、乡村民族风情游、民族民间工艺品及名特优产品展销、招商引资洽谈会及项目实地考察、舞龙、放烟花、民族艺术摄影展等活动。

◎ 2011贵州三都·中国水族卯文化风情之旅活动

时间：2011年7月
地点：黔南布依苗族自治州三都水族自治县

水族卯节，被誉为"古老的东方情人节"，有着悠久的历史，是三都水族自治县九阡地区水族群众一年一度的传统节日。此次活动以"弘扬水族文化，提升旅游知名度和文化品位，发展三都经济"为主题，举办水族迎宾仪式、水族祭祖仪式、水族原生态歌舞表演、祭稻田、情歌对唱和参观水族卯文化陈列馆、游卯坡等活动。

◎ 安龙荷花节

时间：2011年7月
地点：黔西南布依族苗族自治州安龙县招堤景区
主办单位：安龙县人民政府

举办大型文艺表演、招商引资推介暨签约仪式、晚清重臣张之洞塑像揭幕仪式、龙城荷灯展、金州特色商品展等活动。

◎ 玉舍海坪彝族火把节

时间：2011年8月
地点：六盘水市水城县玉舍乡

举办彝族歌舞、对歌、斗牛、点火把等活动。

◎ 贵州平坝高峰葡萄节

时间：2011年8月
地点：安顺市平坝县高峰镇月亮湾乡村旅游区
主办单位：平坝县人民政府

举办书法摄影作品、民族工艺品、农特产品展示；水上游乐球、充气艇、游泳等休闲活动；斗鸡、灰鹅称重、葡萄称重、装运消防水等比赛以及民族歌舞表演、南蛮风情园表演、农活体验等丰富多彩的活动。

◎ 榕江三宝侗族"萨玛"节

时间：2011年9月
地点：黔东南苗族侗族自治州榕江县车江侗寨

举办侗族祭"萨玛"活动、歌舞表演、婚俗演示、传统工艺品展销等活动。

◎ 铜仁石阡温泉文化节

时间：2011年11月
地点：铜仁地区石阡县
主办单位：石阡县人民政府

举办开幕式、体验温泉文化、古城游、古寨游等活动。

◎ 贵阳温泉文化节

时间：2011年11月至12月
地点：贵阳市乌当区、息烽县、开阳县

举办体验游、游温泉八景休闲健身、商品推介会等活动。

◎ 中国贵州威宁草海国际观鸟节

时间：2011年12月
地点：毕节地区威宁彝族回族苗族自治县

举办冬季旅游启动仪式、草海观鸟比赛、草海论坛、威宁招商引资签约仪式等活动。

◎ 贵定冬至美食文化节

时间：2011年12月
地点：黔南布依族苗族自治州

游布依村寨美景，赏民族文化风情，享冬日养身美食，品云雾贡茶等活动。

商务会展

◎ 贵州省2011农副产品展销会

时间：2011年1月
地点：贵州国际经济技术贸易中心
主办单位：贵州省农业委员会、贵阳市人民政府
承办单位：贵州省农业产业化办公室、贵阳市农业委员会、贵阳市物价局、贵阳市商务局、贵阳市粮食局

除贵州省农副产品外，还有全国各地名优农副产品参展。

◎ 2011贵州国际消防设备及应急救援技术与设备展览会

时间：2011年3月
地点：贵阳国际会议展览中心（新馆）
主办单位：贵州省消防总队
承办单位：贵州省消防行业协会、贵阳梓铭会展策划有限公司

先进的消防设备和产品、消防服务、应急救援设备、救援服务等。

◎ 中国贵州国际社会公共安全产品博览会

时间：2011年3月
地点：贵州省展览馆
主办单位：贵州省安全技术防范行业协会

公安指挥中心、政府应急中心及反恐中心建设设备；监视监控防范系统；可视对讲、智能楼宇系统；道路交通安全管理系统；消防产品与技术设备；警察教学训练设备及系统；计算机网络安全系统及产品等。

◎ 第六届中国（贵州）国际工业自动化及仪器仪表展览会

时间：2011年5月
地点：贵州省展览馆
主办单位：贵州省经济和信息化委员会
承办单位：贵州省工业与知识经济联合会、贵州科博展览广告有限公司

仪器仪表、控制系统、仪表材料元器件及附件、工业机器人及相关技术、自动化及IT解决方案。

◎ 2011第六届中国（贵阳）国际汽车展览会

时间：2011年5月
地点：贵阳国际会议展览中心
主办单位：中国机械工程学会、贵州省经济和信息化委员会、贵阳市人民政府
承办单位：贵州省机械工程学会、贵州省机械工业协会、贵州科博展览广告有限公司、贵阳奥特展览服务有限公司

各类整车展、节能及新能源汽车展、汽车零部件、汽车售后相关产品、汽车技术展示、现场试乘试驾、模特大赛、幸运大抽奖、供需方交流、交易联谊等活动。

◎ 2011第六届中国（贵州）国际装备制造业博览会暨2011第六届中国（贵州）国际商务车、特种车及专用汽车展览会

时间：2011年5月
地点：贵阳国际会议展览中心
主办单位：贵州省经济和信息化委员会、贵阳市人民政府
承办单位：贵州工业与知识经济联合会、贵州科博展览广告有限公司、贵阳奥特展览服务有限公司

分各类整车展区、节能及新能源汽车展区、汽车零部件区、汽车售后区、汽车技术展示区。

◎ 2011第六届中国（贵州）国际新能源及电力技术装备展览会

时间：2011年5月
地点：贵阳国际会议展览中心
主办单位：贵阳市人民政府、贵州省经济和信息化委员会、贵州省工业与知识经济联合会
承办单位：贵州科博展览广告有限公司、贵阳奥特展览服务有限公司

新能源技术设备、太阳能、能源环保技术及设备、节能及新能源汽车展区、发电设备、电力和电工技术、电力测控仪器、电气自动化技术与设备等。

◎ 贵州第十届煤矿安全生产技术装备展览会

时间：2011年6月
地点：贵州省展览馆
主办单位：贵州省安全生产监督管理局、贵州煤矿安全监察局、贵州省能源局
承办单位：贵州博瑞德会展有限公司

煤炭、矿业公司形象及成果展示；煤矿采、掘、运、销各环节技术装备；煤矿电气供配电、备用电源；煤炭洗选加工及技术装备、洁净煤技术装备；煤炭焦化、气化、液化综合利用技术设备；煤矿安全、劳动防护、矿山消防、救护与灾害防治技术设备等。

◎ 2011中国·贵州国际绿茶博览会

时间：2011年7月
地点：贵阳市国际会议中心
主办单位：中国农业科学院茶叶研究所、贵州绿茶品牌发展促进会、贵州省茶叶协会、贵州茶文化研究会

中国茶叶加工高端论坛、贵州省第三届茶艺大赛、"醉美茶乡"评选及茶文化摄影大赛、多彩贵州茶文化表演等活动。

◎ 中国贵阳第七届医药博览会

时间：2011年7月
地点：贵州省展览馆
主办单位：贵州省经济和信息化委员会、中国民族药学会、中国中药协会、贵州省科技厅等

与前几届药博会相比，本届药博会除了保持对民族医药的一贯重视之外，侧重以"发展振兴、绿色生态"为主题，旨在向广大业内人士提供发展的新观念、新思路，推介新技术、新药品、新设备，重点推介民族药及贵阳最新研制开发的医药产品。展品范围包括医药药品类、医疗器械类、专业医药报刊和媒体等。

◎ 2011中国·贵阳国际特色农产品交易会

时间：2011年8月
地点：贵阳国际会议展览中心
主办单位：农业部、贵州省人民政府
承办单位：贵州省农业委员会、贵阳市人民政府

农产品加工类、水产品加工类、畜禽加工类、果蔬类、旅游休闲食品类、方便食品类、农业机械类、种子及农业生产资料、食品机械类、民族特色工艺品类。

云南

节庆文化活动

1月

◎ 普米族吾昔节

时间：2011年1月
地点：昆明市

吾昔节是普米族最重要的传统节日之一，"吾"意为"年"、"昔"意为"新"；"吾昔"即新年。每逢吾昔节，普米族人都会用三天至半个月不等的时间，通过隆重的祭祀、歌舞、体育竞赛等盛大庆典活动辞旧迎新。

◎ 新平夏洒花街节

时间：2011年1月
地点：玉溪市新平彝族傣族自治县大槟榔园、花街广场

花街节是花腰傣男女谈情说爱的盛大集会，被誉为"东方情人节"。届时举办歌舞、小品、情歌对唱、聂耳竹乐团表演、街舞等活动。

◎ 独龙族卡雀哇节

时间：2011年1月
地点：怒江傈僳族自治州贡山独龙族怒族自治县

卡雀哇节是独龙族的传统节日，内容有祭山神、剽牛宴等。

◎ 西双版纳嘎汤帕节

时间：2011年1月
地点：西双版纳傣族自治州勐海县格朗和乡

嘎汤帕节是西双版纳哈尼族的主要节日。"嘎汤帕"是哈尼族语，多数人认为"嘎汤帕"意指万象更新或万物复苏，是新一年的开始。节日内容有传统的竹筒舞、长竹竿舞和各种展示哈尼族风情的文娱节目，还有荡秋千、打陀螺、射弩、对歌等比赛和野外活动等。

2月

◎ 金殿庙会

时间：2011年2月
地点：昆明市金殿名胜区

庙会上有唱花灯、荡湖船、舞雄狮、踩高跷、敲锣鼓等传统节目，还可品尝各种传统小吃，欣赏盛放的山茶花。

◎ 首届中国历史文化名楼彩灯会

时间：2011年2月
地点：昆明市
主办单位：云南省旅游业协会、昆明市园林绿化局、昆明市旅游局

彩灯会以展示黄鹤楼、大观楼、天一阁等中国历史文化名楼为主题，营造"热烈、欢快、和谐、向上"的节日氛围，集声、光、色、静、动于一体，精心制作了岳阳楼、滕王阁、蓬莱阁、钟鼓楼等10组彩灯模型。

◎ 玉溪米线文化节

时间：2011年2月
地点：玉溪市红塔区

米线文化节是玉溪红塔区汉族的民间传统节日。玉溪人对米线有着难以割舍的情结，大街小巷都是米线店，把米线的吃法发挥到了淋漓尽致的地步。玉溪

人的米线情结自古有之。组队迎神，表演花灯以及龙灯、狮舞等民间歌舞，历时3天。除杀牲祭祀外，还要登台唱花灯、演戏。有时还邀请外村灯会名角联合演出。届时各家各户杀鸡买肉、备酒、备米线，接女儿女婿及其他亲友回家过节。

◎ 丽江棒棒节

时间：2011年2月
地点：丽江市

每年的农历正月十五是汉族的元宵节，在这一天，丽江的纳西族却过着一个完全不同的节日。如今的棒棒会上往来的人群也由最初清一色的农民演变为工薪阶层、农民朋友、游客等云集。如今农具大都机械化了，种田的人也少了，丽江人也更重视修身养性了，养花养草，棒棒会的主角也由棒棒逐渐演变成花木交易场所了。

◎ 普洱拉祜族扩塔节

时间：2011年2月
地点：普洱市澜沧拉祜族自治县

扩塔节俗称拉祜年，是拉祜族最隆重、最热闹、最欢乐的传统节日之一。有大年初一抢"新水"，用"新水"和烘粑粑祭献祖先、耕牛和农具等习俗，还有男女青年丢包传情、赛陀螺以及盛大的芦笙舞会等活动。

◎ 永仁彝族赛装节

时间：2011年2月
地点：楚雄彝族自治州永仁县

赛装节，顾名思义，就是服装、服饰大比赛的节庆活动。这是一个充分显示彝族人民聪明、勤劳、能干的节日。届时，男女老少身着色彩斑斓的盛装吹起芦笙，赛装选美，场面十分热闹。

◎ 文山苗族花山节

时间：2011年2月
地点：文山壮族苗族自治州丘北县普者黑风景区

花山节又称"踩花山"，是苗族民间一个盛大的传统节日。"踩花山"最初是为了祭祀苗族的祖先蚩尤，现在活动内容有花山祭杆仪式、爬花竿、芦笙歌舞、斗牛、武术表演等，盛装的苗族男女打着五彩缤纷的花伞对唱情歌，热闹非凡。

◎ 中国云县澜沧江啤酒狂欢节

时间：2011年2月
地点：临沧市云县
主办单位：中共云县县委、云县人民政府
承办单位：云南澜沧江啤酒企业集团

云县是"云酒之乡"，酒文化自然成为这里人们生活的一部分，流传在云县各地各民族之间的"酒歌"，有着浓郁的地域色彩。为配合活动的开展，举办明星文艺演出，啤酒畅饮等活动。

◎ 迪庆欢乐香巴拉

时间：2011年2月
地点：迪庆藏族自治州香格里拉县

欢乐香巴拉迎春民俗文化活动以广场文艺演出为主，举办民族健身舞、青年歌手赛、规范舞大赛以及各种专业文艺演出，每晚都有篝火晚会。

◎ 弥渡县密祉花灯节

时间：2011年2月
地点：大理白族自治州弥渡县

在震耳欲聋的锣鼓声中，大寺街广场中央百灯跃动，群狮翩翩起舞，群龙戏珠滚滚翻腾，麒麟奔腾双凤朝阳，彩船荡漾鲤鱼翻身。花灯节有多个灯班依次登场表演，由各村村民组成的表演队伍，以传统花灯表演为主，有的还表演一些自编自导的花灯小戏，在上万观众的喝彩声中边唱边跳，令人应接不暇。

◎ 基诺族特懋克节

时间：2011年2月
地点：西双版纳傣族自治州景洪市基诺乡

这是基诺族最隆重、盛大的节日。特懋克是基诺语，它的本义是"打大铁"。早年的特懋克节，是打大铁节，是特懋克族人民为纪念铁器的创制及使用举行的节庆活动。届时，人们云集在卓巴家祭大鼓、跳大鼓舞，并有荡秋千、打陀螺、丢包、踩高跷等充分展示基诺族民俗文化的活动。

◎ 德宏陇川县目瑙纵歌节

时间：2011年2月至3月
地点：德宏傣族景颇族自治州陇川县
主办单位：陇川县人民政府

"目瑙纵歌"是景颇族一年一度的传统节日。陇川县有"中国目瑙纵歌之乡"的美誉。"目瑙"是景颇族支系语，"纵歌"是载瓦支系语，其本义均为"跳舞"。"目瑙纵歌"意为集体歌舞，有"天堂之舞"、"万人歌舞"的美称，只要有场地，全世界的人都可以一起进行目瑙纵歌，因而，目瑙纵歌也是世界上最壮观的集体歌舞。

◎ 罗平国际油菜花文化旅游节

时间：2011年2月至4月
地点：曲靖市罗平县
主办单位：云南省旅游局、曲靖市人民政府
承办单位：罗平县人民政府

冬末春初，罗平30万亩油菜花在无际的坝子里美得令人陶醉。罗平国际油菜花文化旅游节是个集农业观光、自然风景览胜、民族风情展演、商贸洽谈于一身的节庆活动，每年都吸引数十万中外游客前来，参加异彩纷呈的各种活动，欣赏有"最大的自然天成花园"称号的油菜花海，游览有"中国最美的瀑布"和"中国最美的峰林"之称的九龙瀑布群和罗平峰林。此次活动以"东方花园 魅力罗平"为主题，来展示罗平县的油菜花海、山水风情、县域文化和民风民俗活动。

3 月

◎ 第十二届樱花节

时间：2011年3月
地点：昆明市动物园

以"雪兰和你有个约会"为主题，推出包括文艺演出、游园、互动游戏在内的各项活动。

◎ 曲靖布依二月二

时间：2011年3月
地点：曲靖市罗平县

每年这一天，云南东北罗平县九龙河、块泽河、黄泥河沿岸和贵州近邻的布依族青年男女，一大早便成群结队，直奔马把山下的神龙瀑对唱山歌。这是布依族人一年中最隆重的节日之一。

◎ 保山刀杆节

时间：2011年3月
地点：保山市腾冲县

相传刀杆节是为了纪念一位对傈僳族施以重恩的古代汉族英雄。傈僳族人民把这位英雄献身的忌日定为自己民族的传统节日，并用上刀山、下火海等象征仪式，表达愿赴汤蹈火相报的感情。届时有爬刀杆、蹚火塘、丢烟包、划拳饮酒、歌舞表演等活动。

◎ 彝族猎神节

时间：2011年3月
地点：昭通市彝良县九乡彝族回族自治乡

有跳大三弦、月琴舞、霸王鞭表演，还有对唱情歌、斗牛等活动。

◎ 丽江纳西三朵节

时间：2011年3月
地点：丽江市古城区四方听音广场

"三朵节"是纳西族为祭祀本民族的保护神"三朵"而举行的盛大传统节日。除了在自家举行祭祀"三朵"神的仪式外，还有赛马、对歌、野餐、物资交流等多项文娱商贸活动。

◎ 普洱苦聪畲芭节

时间：2011年3月
地点：普洱市镇沅彝族哈尼族拉祜族自治县复兴苦聪山寨

畲芭节是拉祜族苦聪人拜"竜神"，祈求"竜神"保佑大山里风调雨顺、五谷丰登、六畜兴旺、苦聪人家的日子越过越红火的节日。一大早，苦聪人家备齐祭祀用品，在村头一块平整的草地中间栽上红山茶，搭起秋千。男女老少盛装而出，有吹笛子、芦笙的，也有弹三弦的，圈绕着红山茶尽情歌舞，旁边有打摔秋、荡秋千的年轻人。"畲芭节"的具体仪式在异彩纷呈的活动画面中开始举行。中午，参加仪式的人们，在5个祭司的带领下往深山进发，来到"竜树"下，栽好盛开的白山茶，摆上煮好的羊、鸡等祭祀品，围着"竜树"打歌、对山歌、跪拜"竜神"。最后，"竜头"向跪拜的男女老少喷洒酒水，挥动树枝，为山民们驱邪避灾，预祝人们身体健康、遇事顺利。仪式在苦聪人朝拜"竜神"与"蕨打拉神"的浓烈气氛中进入尾声。下午，参加仪式的苦聪群众相聚村委会，一起吃丰盛的节日晚餐。

◎ "桑沼哩" 俚侎文化旅游节

时间：2011年3月
地点：临沧市永德县

乌木龙俐侎人是一个生活在遥远、偏僻的大山背后的彝族支系。每年农历二月十五永德俐侎人都会自发到情人谷洗澡、娱乐、谈情说爱、互赠礼物。在此谈情说爱结婚的夫妻，寓意能家庭和睦、白头偕老。其间，举办的歌舞、民俗、祭祀、娱乐等文化活动，是集中展示俐侎文化活动的一个窗口和平台。

◎ 德宏阿昌族阿露窝罗节

时间：2011年3月
地点：德宏傣族景颇族自治州梁河县

阿露窝罗节是阿昌族最隆重的传统节日，来源于祭祀天公"遮帕麻"和地母"遮咪麻"的一种古老宗教仪式。节日期间，在舞场中央竖起壮丽的"阿露窝罗"标志，阿昌族的人们身着节日盛装，抬着白象和青龙，手持青枝绿叶，在鼓声中围着阿露窝罗标志耍龙舞象，载歌载舞，欢庆佳节。

◎ 尚旺节

时间：2011年3月
地点：怒江傈僳族自治州泸水县

尚旺节是居住在云南省怒江州泸水县洛本卓乡一带的白族支系勒墨人的一种传统节日活动，又称三月节。在每年桃花盛开的时候，勒墨人都要举行一次隆重的祭祀活动。勒墨人过"三月节"很隆重，也很虔诚，每家都提前杀鸡、宰羊、春籼米粑粑、准备酒、肉等丰盛食品。

◎ 如密期节

时间：2011年3月
地点：怒江傈僳族自治州福贡县

如密期节，是福贡怒族的传统节日。"如密期"即怒语，"如"即村寨，"密"意为邪，"期"意为洗，合起来意为全寨一起清洗邪气。如今的"密期"活动，从它的内容到形式看，已演变并发展为"开春节"。它以开展民族文化活动为载体，按照自己的传统的节日来迎接春耕的到来，欢庆幸福美满的新生活。

◎ 巍山·中国彝族祭祖节

时间：2011年3月
地点：大理白族自治州巍山彝族回族自治县

除举办祭祖活动外，还举办"美食大理 品味巍山"首届中国大理巍山小吃节、滇川黔桂四省（区）第二届彝学研讨会、巍山名特优产品展示、南诏古街养生宴、巍山旅游文化推介等系列旅游文化活动。

◎ 楚雄插花节

时间：2011年3月
地点：楚雄彝族自治州大姚县

每年二月初八是彝族的插花节，又叫马缨花节。大姚县县华山上漫山遍野的马缨花迎春开放，大家带上美酒佳肴，穿上节日盛装，手捧鲜花，从四面八方聚集到昙华山，兴高采烈地唱起情歌，跳起左脚舞，尽情欢乐。昙华山成了人的海洋、花的海洋、歌舞的海洋。

◎ 中国双柏彝族虎文化节

时间：2011年3月
地点：楚雄彝族自治州双柏县

彝族先民属于氐羌系统，长期从事牧业生产，主要放养羊群。牧羊人最担心的是豺狼虎豹伤害羊群，为了使羊群不受伤害，牧羊人从敬畏老虎、崇拜老虎、亲近老虎直至驯服老虎，经历了极其漫长的过程。文化节期间举办原生态彝族舞蹈巡演、彝族虎乡长街宴、双柏美食一条街、彝族刺绣比赛、招商项目推介暨签约仪式等活动。

◎ 彝族阿细祭火节

时间：2011年3月
地点：红河哈尼族彝族自治州弥勒县西一镇红万村

彝族阿细人的祭火节，又称为"木邓赛碌"，是纪念发现火的英雄阿细人木邓的节日。每年农历二月初三，阿细人都要举行隆重而精彩的祭火活动。其回归自然，如癫似狂，视火为万物之灵的神秘庆典，堪称"东方狂欢节"。这就是阿细"部落"原始激情的豪迈释放。

◎ 云南师宗2011千花会文化旅游节

时间：2011年3月至5月
地点：曲靖市师宗县
主办单位：云南省旅游局、曲靖市人民政府
承办单位：曲靖市旅游局、师宗县人民政府

以"阅尽春色，情满师宗"为主题，开展赏万顷杜鹃、悟生命文化、品壮乡风情、游帝师故里等一系列活动。

◎ 狮子山牡丹花会

时间：2011年3月至5月
地点：楚雄彝族自治州武定县狮子山

举办赏牡丹花、芍药花；选牡丹仙子；民族歌舞展演；购买民族工艺品；品尝武定壮鸡等活动。

◎ 云南民族村泼水狂欢活动

时间：2011年4月
地点：昆明市云南民族村

开展水上拔河、水枪战、斗鸡夺彩、泼水狂欢等系列活动，重点打造玩水项目。

◎ 三月三，耍西山

时间：2011年4月
地点：昆明市西山公园

"三月三，耍西山"是昆明人民传统的春游习俗。届时西山森林公园节目众多，热闹非凡。

◎ 2011罗平布依族三月三泼水节

时间：2011年4月
地点：曲靖市罗平县多依河风景区

泼水狂欢、布依民俗展示、户外露营、篝火晚会、风味烧烤、水上娱乐等活动。

◎ 布依族、壮族三月三

时间：2011年4月
地点：曲靖市罗平县多依河、九龙瀑布，师宗县凤凰谷风景区等

布依族、壮族一年中最隆重的传统节日是"三月三"。节庆期间，布依族、壮族都要进行染花饭、织布、对山歌、泼水、赛竹筏、祭神、祭水、跳竹竿舞、篝火晚会、民俗表演等活动，并有大型文艺演出。

◎ 2011中国佤族木鼓节

时间：2011年4月
地点：普洱市西盟佤族自治县

举办民间歌舞展演、佤族原生态民歌大赛、民风民俗趣味游园、拉木鼓、剽牛祭鼓、祭拜龙摩爷及篝火联欢等活动。

◎ 普洱拉祜族葫芦节

时间：2011年4月
地点：普洱市孟连傣族拉祜族佤族自治县、澜沧拉祜族自治县

葫芦节期间，澜沧拉祜族自治县等地举行隆重的物资交流会，开展葫芦文化节活动，举行盛大的群众性芦笙舞比赛。

◎ 临沧耿马傣族水文化旅游节

时间：2011年4月
地点：临沧市耿马傣族佤族自治县

耿马傣族水文化旅游节是耿马傣族佤族自治县泼水节的延伸，傣族是与水有较深渊源的民族。节日期间游客可感受到傣族人民对水的崇拜、对水的渴求、对水的依恋。水文化旅游节期间举行赶摆、放高升、堆沙、丢包、赛龙舟、泼水狂欢、边境漂流、水中游乐等活动。

◎ 怒江怒族鲜花节

时间：2011年4月
地点：怒江傈僳族自治州贡山独龙怒族自治县

鲜花节也叫仙女节，有采集鲜花和歌舞等活动。

◎ 大理三月街民族节

时间：2011年4月
地点：大理白族自治州大理古城

白族三月街民族节是一个有着千年历史的民族传统盛会，也是大理白族自治州各族人民一年一度的民间文艺体育大交流的盛大节日。本届民族节在保持往年活动特色的基础上，举行赛马大会、民族民间文艺活动、环洱海自行车比赛、大理美食和地方名特产品展销等。在大理各主要景点开展民间洞经音乐演奏比赛、民间佛事活动、民族情歌对唱、广场文艺展演等丰富多彩的民族民间系列文化活动。

◎ 泸西阿庐古洞农历二月十九观音会

时间：2011年4月
地点：红河哈尼族彝族自治州泸西县阿庐古洞风景区

农历二月十九是观世音菩萨的生日。每年的这一天，在泸西县都会举办观音会，游览阿庐古洞，以祈求

消灾避难、四季平安、生活美满。届时还有斗牛大赛等丰富的文体活动，热闹非凡。

◎ 文山普者黑壮族祭龙节

时间：2011年4月
地点：文山壮族苗族自治州丘北县那红村

节日前，由寨老通知村人，每户平均凑钱买祭品（猪、鸡、酒），每户一男性参加上山祭献，由主祭人祷告龙神，各户从龙树上摘两条树枝回家插于自家灶房和粮堆上，以求风调雨顺，六畜兴旺，有好收成。当天各户吃煎制的油煎糯米粑粑，大户人家油煎上百斤，可食月余，亦可赠亲友品尝。节日期间举办文艺表演、山歌对唱、祭祀活动。

◎ 壮族陇端节

时间：2011年4月
地点：文山壮族苗族自治州富宁县归朝孟村

"陇端节"又叫"花街"，是聚居在广南、富宁等地壮族人民一年一度最隆重的民族传统节日，历时3天至5天。"陇端"是壮语，意思是在田坝、草坪上赶的街。届时，当地青年男女进行对歌比赛，借此谈情说爱。还有戏剧、杂耍、歌舞等表演。

◎ 西双版纳傣族泼水节

时间：2011年4月
地点：西双版纳傣族自治州景洪市

泼水节是傣族最隆重的传统节日，也是数十种云南少数民族节庆中影响最广、规模最大、参与人数最多的节日之一，现在已演变成群众性的狂欢活动。泼水节亦称为傣历新年，节日期间，"水花放，傣家狂"，人们提桶端盆取得水来，见面就兜头盖脸地泼下，一朵朵水花在空中盛开，象征着吉祥、幸福、健康。人们一边翩翩起舞，一连呼喊"水！水！水！"，鼓锣之声响彻云霄，祝福的水花到处飞溅，场面十分壮观。极富民族特色的斗鸡、跳象脚鼓舞和孔雀舞、傣族青年男女掷彩绣荷包、放高升以及澜沧江划龙舟比赛、放孔明灯等活动也在节庆期间同时举行。

◎ 楚雄紫溪山樱桃节

时间：2011年4月至5月
地点：楚雄彝族自治州楚雄市紫溪山风景区

樱桃节推出了开节仪式、彝族原生态歌舞表演、吃樱桃有奖比赛、樱桃小嘴评选活动、娃娃乐乡村运动会、快乐周末大闯关、采樱桃、彝人羊汤锅民族风味美食展销等特色活动。

◎ 中国昆明国际文化旅游节昆明狂欢节

时间：2011年5月
地点：昆明市
主办单位：国家旅游局、云南省人民政府
承办单位：昆明市人民政府、云南省旅游局

除保留传统的花车巡游、民族特色长街宴、广场表演等活动外，还新增了昆明私家车创意装饰巡游大赛、昆明老街欢乐购物节、昆明—南宁自驾车旅游首发式等项目。在热烈隆重的开幕式上，云南省各民族和国外表演队载歌载舞，盛装登场，进行异彩纷呈又独具特色的民族歌舞狂欢表演。在昆明的各大广场，也都同时上演各州、市极具当地特色和民族风情的歌舞表演。游客、市民不仅可以参与体验到互动表演的风趣与欢快，还可以领略具有当地民族特色的建筑和服饰。

◎ 玉溪抚仙湖铜锅美食节

时间：2011年5月
地点：玉溪市江川县、澄江县

抚仙湖不仅湖水清澈，也盛产美食。澄江莲藕、抚仙湖的20多种鱼，还有农家的洋芋焖饭都是抚仙湖的特色食品。特别值得一提的是抗浪鱼，渔民们喜欢把鲜活的抗浪鱼放进装有泉水的铜锅里去煮，鱼随着水温的升高煮熟。一二十分钟后香味四溢，加入特制各类作料，吃起来味道特别鲜美爽口。主办方为游客准备了丰富多彩的节目和趣味活动，除举行的文艺活动以及抱鱼大赛、斗鸡、皮划艇赛、神刀砍鱼等大赛外，还进行抚仙湖水上飞人活动表演和比赛。

◎ 花腰傣风情沐浴节

时间：2011年5月
地点：玉溪市新平彝族傣族自治县嘎洒镇、漠沙镇

花腰傣是一个水的民族，他们把水视为生命，他们把水看做最好的祝福。花腰傣风情沐浴节是人与水的交融，是人与自然的互动，传递着美好的祝福。届时有沐浴祝福迎宾仪式、花腰傣族沐浴风情歌舞表演、民间传统文化传承展示、民间舞蹈比赛、花腰傣族原生态小调演唱比赛、花腰傣族织绣比赛、土陶制作比赛、

竹编比赛、花腰傣族美食评比、金沙滩泼水狂欢等活动。另外，辅助互动类活动有花腰傣族篝火晚会、花街广场啤酒晚会。

◎ 中国孟连娜允神鱼节

时间：2011年5月
地点：普洱市孟连傣族拉祜族佤族自治县

神鱼节期间举行神鱼放生；钓鱼比赛；宣抚司署古乐表演；划竹筏比赛；捉神鱼狂欢；神鱼长街宴；在大金塔点千盏灯；在南垒河放神灯、孔明灯；民族歌舞展演；民间烟火燃放和美影书法展等系列活动。

◎ 哈尼太阳节暨双胞胎旅游节

时间：2011年5月
地点：普洱市墨江哈尼族自治县

举办双子星才艺大赛、"汇达杯——诺玛阿美之花"选秀大赛、哈尼划拳大赛、幸运双星大抽奖等精彩赛事，同时，双胞胎大巡游、朝觐双胞井、秘境婚礼、水上民俗趣味活动、抹黑脸大狂欢等传统节庆活动仍精彩上演，充分展现墨江双胞胎节庆文化。

◎ 中国沧源佤族司岗里摸你黑狂欢节

时间：2011年5月
地点：临沧市沧源佤族自治县

"摸你黑"与佤语"mohninheiy"谐音，相传远古的时候佤族先民用一种叫"娘布落"的能医治百病的神药涂抹在人们的脸上特别是小孩，用于驱病避邪，求得健康平安。后来逐步成为佤族的一个传统节日。活动以"摸你黑"为主题，辅之开幕式、大型佤族历史歌舞晚会、佤族斗牛、民间体育竞技、狂欢节闭幕式等活动，是一项充分展现民族文化魅力的盛大狂欢活动。

◎ 怒江东方情人节

时间：2011年5月
地点：怒江傈僳族自治州兰坪白族普米族自治县通甸镇罗古箐村

举办情歌对唱、闻歌起舞、交朋识友、观光旅游等活动。

◎ 大理蝴蝶会

时间：2011年5月
地点：大理白族自治州大理市蝴蝶泉

白族先民为了纪念因捍卫爱情而殉情的白族恋人雯姑与霞郎，颂扬他们忠贞不渝的爱情，将雯姑与霞郎殉情的日子——农历四月十五定为"蝴蝶会"。圣洁的泉水、缤纷的蝴蝶、古老的合欢树，还有白族的"梁祝"故事，让游客不仅有美的享受，而且更有美的收获。

◎ 楚雄三月会

时间：2011年5月
地点：楚雄彝族自治州牟定县

既是民族贸易的盛会，又是歌舞狂欢的节日，特别是以彝族为主体的"左脚舞"通宵达旦的表演，更是节会的闪光点。

◎ 红河石屏杨梅节

时间：2011年5月
地点：红河哈尼族彝族自治州石屏县

开展优秀杨梅山庄评比活动、异龙湖杯钓鱼比赛、水上烧烤等活动。

◎ 文山彝族跳宫节

时间：2011年5月
地点：文山壮族苗族自治州富宁县板仑乡龙洋村

举办祭祀神山、宫棚哄抢谷种等活动。

◎ 文山广南壮族花街节

时间：2011年5月
地点：文山壮族苗族自治州广南县

壮族花街节是壮族传统三月花街节的拓展，是稻作民族传统的贸易节和部落首脑结盟节；是壮家毕侬滇串亲节和传统情人节；是规模宏大的壮乡春歌节。节日期间，数万人着盛装集会广南县城，数千名青年男女对歌谈情，还有独具地方民族特色的铜鼓舞传统文化展示等活动。

◎ 宜良旅游文化花街节

时间：2011年5月至6月
地点：昆明市宜良县

宜良旅游文化花街节的形式一年比一年新，赶花街的人一年比一年多。本届活动除了赏花、购花外，还有商品展销、文艺演出、花车巡游、放映电影等丰富多彩的活动。

◎ 中国·广南句町文化旅游节暨壮族花街节

时间：2011年5月至6月
地点：文山壮族苗族自治州广南县
主办单位：云南省文化产业办公室、中共文山壮族苗族自治州委、文山壮族苗族自治州人民政府

以"世外桃源·句町神韵·文化广南"为主题，除有接皇姑民俗活动、句町礼乐展演、民族民间文艺展演和斗牛活动外，还有句町文化旅游经济研讨会、商贸洽谈、莲湖灯展等系列活动。

◎ 富民县杨梅节

时间：2011年6月
地点：昆明市富民县
主办单位：中共富民县委、富民县人民政府

杨梅节期间有杨梅采摘体验、超级杨梅比赛、商品展销等；各乡镇系列活动有杨梅采摘欢乐行、赏梅座谈会、群众文艺演出等。

◎ 抚仙湖立夏节

时间：2011年6月
地点：玉溪市抚仙湖北岸

开展舞狮、耍龙、书画展、斗鸡、花灯、对山歌、品尝风味小吃等立夏节系列活动。

◎ 第八届中国·保山南方丝绸古道商贸旅游节澜沧江啤酒狂欢节暨2011端阳花市

时间：2011年6月
地点：保山市隆阳城北奥体中心
主办单位：云南省商务厅、云南省旅游局、云南省文化厅、中共保山市委、保山市人民政府
承办单位：中共隆阳区委、隆阳区人民政府、云南澜沧江啤酒企业集团

迎宾晚宴、商贸旅游节啤酒狂欢开幕式暨文艺晚会、花市欢乐大看台、商品物资展销（含中药材展销）、招商洽谈签约、科普文化宣传及地方特产展、端阳花市、啤酒文化展示、精品旅游线路体验游、摄影展等活动。

◎ 香格里拉弦子节

时间：2011年6月
地点：迪庆藏族自治州德钦县

农历五月初七至初九各乡镇选派出民间文艺表演队到德钦县城参加民族民间文艺调演、服饰表演。调演的内容有具有德钦特色的弦子、热巴及民间各种舞蹈；祝酒、祝福的歌及各种民歌。

◎ 传统赛马节

时间：2011年6月
地点：迪庆藏族自治州香格里拉城五凤山民族赛马场

举办赛马比赛、表演和射弩、射箭等民族民间传统体育项目。

◎ 大理绕三灵

时间：2011年6月
地点：大理白族自治州大理市

每年的农历四月二十三至二十五，原本是为祭神和祈福的绕三灵活动，经过2000年的传承和锤炼，时移世易，已成为白族人民情感寄托的狂欢节。节日期间，大理的白族人民身着盛装，弹着三弦，对唱三天三夜，参加具有白族狂欢节之称的绕三灵。

◎ 哈尼族矻扎扎节

时间：2011年6月
地点：红河哈尼族彝族自治州

"矻扎扎节"又称"六月节"。它有预祝"五谷丰登"的含义。一年一度的节庆活动，给哈尼山寨带来一片欢腾。青年男女披上盛装欢度节日，参与到各项活动中去。

◎ 第六届葡萄采摘节

时间：2011年6月至8月
地点：红河哈尼族彝族自治州弥勒县东风农场

葡萄采摘、燃放礼花、产品展销等活动。

◎ 2011滇池泛亚文化艺术节

时间：2011年7月
地点：昆明市
主办单位：云南省人民政府
承办单位：云南省文化厅、云南省对外文化交流协会、昆明市人民政府

活动由泛亚之光、泛亚之声、经典泛亚、多彩泛亚四大板块组成。同时还有昆明非物质文化遗产展示、2011云南高档翡翠（夏季）鉴赏会和泛亚国家歌舞演出。

◎ 昆明市郑和文化节

时间：2011年7月
地点：昆明市晋宁县

举办郑和研究高峰论坛、文艺演出、招商引资推介、参观晋宁工业园区、特色商贸街开街仪式、邀请中国著名艺术家到晋宁县采风创作等一系列丰富多彩的文化经贸活动。

◎ 西双版纳盘王节

时间：2011年7月
地点：西双版纳州勐腊县瑶乡

瑶族人民会聚一起，载歌载舞，纪念盘王。如今"盘王节"已逐步发展为庆祝丰收的联谊会。青年男女则借此机会以歌道情，寻觅佳偶。

◎ 西双版纳关门节

时间：2011年7月
地点：西双版纳傣族自治州

傣族群众要端上用各色蜡光纸粘制的花树、蜡条、年糕、糯米饭等食物以及纸糊的小亭小塔、古代使用的各种佛器成群结队地涌向佛寺，举行盛大的拜佛诵经活动。各家各户备办酒席会餐，制作各种糕点招待亲朋好友。

8 月

◎ 彝族火把节

时间：2011年8月
地点：云南省彝族聚居地

农历六月二十四火把节是彝族最著名、最热闹的节庆活动，有"东方狂欢节"之称，被国际节庆协会评为中国最具发展潜力的十大节庆活动之一。每年农历六月二十四举行，白天人们举行斗牛、摔跤等体育活动。晚上，歌舞不休的沸腾人海中，千万支熊熊燃烧的火把释放着生命的激情。

◎ 昆明石林国际火把节

时间：2011年8月
地点：昆明市石林风景区

举办石林房地产暨名特优产品展示会、中国石林国际火把狂欢节入场仪式和开幕式、牛王争霸赛、大型原生态民族歌舞剧《阿诗玛秘地》展演及篝火晚会、群众性篝火狂欢活动等。

◎ 转山节

时间：2011年8月
地点：丽江市宁蒗彝族自治县泸沽湖畔

农历七月二十五的转山节，是摩梭人一年中最盛大的节日。随着鼓声、音乐声，一群身着百褶长裙的摩梭少女手持花环，穿梭歌舞，充满欢快的节日气氛。到了夜晚，人们就地露宿，跳锅庄舞。年轻的小伙、姑娘随着长笛声手挽手起舞，姑娘的百褶裙像白云在空中飘动。

◎ 大理石宝山歌会

时间：2011年8月
地点：大理白族自治州剑川县石宝山

"歌如灵泉不断根，歌如满山树叶子，声声结心音"，剑川"石宝山歌会"是白族音乐的源泉。其间，剑川、洱源、大理、丽江、兰坪等地的白族群众从四面八方汇集到此，唱曲对歌，观光游览。弦歌之声，夜以继日地飘荡在山间林莽，不管男女老少，只要上得山来便会尽情舒展歌喉。

◎ 大理洱海开海节

时间：2011年8月
地点：大理白族自治州双廊村
主办单位：云南省旅游局、大理市人民政府

每年8月1日，在4000年古渔村双廊，祈福声声，鞭炮齐鸣，千帆出海，万众欢腾。大理洱海开海节鸣号开海，洱海渔歌，苍山含笑，天地回荡。其间，举办祭海神、捕鱼、赛龙舟等活动。

◎ 大理白族火把节

时间：2011年8月
地点：大理白族自治州大理市

农历六月二十五节日这天，各村寨竖一把大火把，在上面插上写有"五谷丰登"、"国泰民安"、"风调雨顺"等吉祥语言的大小升斗和五色彩旗，然后再挂上水果和包子馒头等。天黑前，各户都要扶老携幼绕大火把，祈求吉祥平安。届时，还有民间文艺表演和体育竞技表演、篝火晚会等活动。

◎ 2011年中国楚雄彝族国际火把节

时间：2011年8月
地点：楚雄彝族自治州

举办激光枪森林野战、彝族原生态老虎笙表演、彝族赛马表演、花木盆景展、彝族长街宴等活动。

◎ 2011年阿细跳月节

时间：2011年8月
地点：红河哈尼族彝族自治州弥勒县

举办非物质文化遗产展示、阿细跳月节开幕式狂欢夜文艺晚会、爱佐与爱莎歌舞表演、阿哲民族民间工艺展示、民间摔跤斗牛比赛、越野摩托车公开赛等活动。

◎ 中国云南普者黑彝族花脸节

时间：2011年8月
地点：文山壮族苗族自治州丘北县普者黑风景区

普者黑彝族花脸节是云南丘北县彝族独有的传统节日，已有1000多年的历史，为普者黑一带最著名的节日。本届花脸节以"抹黑全身、吉祥终身"为主题，有开幕式大型文艺表演、抹花脸狂欢、泼水、摸鱼比赛等活动。活动高潮是人们用锅烟子互抹花脸，互祝吉祥幸福。每年都吸引上万人纵情狂欢，热闹非凡。

9 月

◎ 昆明市苹果节

时间：2011年9月
地点：昆明市西山区团结镇

举办千人入园采摘苹果、特色果蔬展卖、农家菜品尝等活动。

◎ 保山昌宁千年茶乡商贸文化节

时间：2011年9月
地点：保山市昌宁县

节庆期间，当地举办大型开幕式晚会、茶艺茶道表演、茶乡歌手唱昌宁、物资交易、招商洽谈签约等活动。

◎ 昭阳区苹果文化旅游节

时间：2011年9月
地点：昭通市昭阳区

举办金秋苹果闹乡村、到果园采摘苹果、进行啤酒狂欢以及观赏摄影、根石艺、书法美术等展览，品味独特的昭通小吃，聆听古朴的洞经音乐，游览高海拔草场等活动。

◎ 普洱佤族新米节

时间：2011年9月
地点：普洱市孟连傣族拉祜族佤族自治县、西盟佤族自治县

每年农历八月十四是传统新米节，这天各村寨佤族男女均身着节日盛装，带上大量特色食物（新米饭、糯米粑粑、鸡肉烂饭、竹虫、马头鱼、黄果等），包好用红线拴上供自己及客人食用。这天全寨人聚集村寨广场举行传统的剽牛祭祀、迎新谷、吃新米、斗牛、摔跤、打猎、拉木鼓等活动。傍晚，他们燃起篝火，敲响木鼓，鸣放礼炮，吹起芦笙和竹笛，弹响三弦，跳起传统木鼓舞和甩发舞，举行打歌狂欢活动。年轻人更是利用吉日寻找知音、传播爱情，以示天长地久。人们通宵达旦，歌舞狂欢，品尝佳肴，豪饮美酒，庆贺丰收，与天"通话"，祈求来年风调雨顺，人畜平安，五谷丰登。新米节各种活动一般持续3天。

◎ 2011大理国际影会

时间：2011年9月
地点：大理白族自治州

将鱼鹰捕鱼、赛龙舟、非物质文化遗产展演等一系列大理传统民间民俗活动作一个集中展示，给中外摄影家和摄影爱好者提供一个难得的拍摄机遇。另外，今年影会的创作采风活动以"行摄大理环保、体验低碳生活"为主题，把大理的知名旅游景点作一个科学的组合，向中外摄影家和摄影爱好者推介。

◎ 中国大理漾濞核桃节

时间：2011年9月
地点：大理白族自治州漾濞彝族自治县光明村

每年9月1日，中国大理漾濞核桃节在被誉为万亩核桃园的光明村举行。核桃为漾濞而歌唱，漾濞因核桃

而扬名。核桃节期间举办核桃工艺品展示、歌舞表演等活动。

◎ 红河建水孔子文化节

时间：2011年9月
地点：红河哈尼族彝族自治州建水县

举办开幕式暨大型文艺晚会、大型祭孔仪式、洞经音乐表演、古装巡游等活动。

◎ 玉溪华宁柑橘节

时间：2011年10月
地点：玉溪市华宁县

举行柑橘节庆典仪式，安排柑橘生产座谈会和柑橘订货会。

◎ 瑞丽中缅胞波狂欢节

时间：2011年10月
地点：德宏傣族景颇族自治州瑞丽市

"胞波"在缅甸语中是兄弟的意思，中缅两国自古以来山水相依，村寨相连，情同手足。瑞丽中缅胞波狂欢节自2001年举办以来影响力不断扩大，现在已发展成为中缅两国和谐共欢的重要国际性节庆。主要活动有中缅胞波狂欢节开幕式大型文艺演出、中缅两国牛车评选比赛、瑞丽江小姐民族服饰评选、南姑河秘境淘宝比赛、边贸互市展销等活动。

◎ 哈尼族扎勒特节（十月年节）

时间：2011年10月
地点：红河哈尼族彝族自治州绿春县、元阳县、红河县

扎勒特节又叫十月年节，是哈尼族最盛大、最隆重的节日。节日期间，小伙子们昼夜敲响寨中大鼓，欢乐的鼓声增添了节日的喜庆气氛。每个村寨都要摆"长街宴"来宴请四方来客。一桌连一桌的哈尼族风味菜肴从街头摆到街尾，好客的主人会拉你入席，一起喝酒、唱歌、打陀螺、跳竹筒舞。

◎ 文山瑶族盘王节

时间：2011年10月
地点：文山壮族苗族自治州富宁县洞坡乡

节日期间除了"跳盘王"外，青年男女在村里村外摆设"歌堂"，互相答歌对唱，通宵达旦。未婚青年男女常常通过对歌物色对象，双方情投意合，即互赠信物，以定终身。老人们利用这个机会交流生产经验，互通社会信息，互祝来年丰收。

◎ 西双版纳开门节

时间：2011年10月
地点：西双版纳傣族自治州

西双版纳傣族自治州各个村寨的傣族群众纷纷开展浴佛、放生、斗鸡等一系列活动，欢度节日。

◎ 中国云南腾冲火山热海文化旅游节

时间：2011年11月
地点：保山市腾冲县
主办单位：腾冲县人民政府

旅游节期间，游客能欣赏到史诗般的开幕式文艺演出，还可欣赏民族民间文艺展演，内容丰富多彩。其中包括高黎贡山部落的上刀山下火海、傈僳三弦舞、腾越古韵表演和工雕作品展等。此外还进行舞狮、女子洞经、傈僳族说唱、茶艺等民间民俗表演，游客可尽情享受腾越文化大餐。

◎ 昭通巧家金沙江国际漂流节

时间：2011年11月
地点：昭通市巧家县

举办漂流探险活动。

◎ 红河哈尼梯田文化旅游节

时间：2011年11月
地点：红河哈尼族彝族自治州元阳县

红河州元阳县是哈尼梯田的故乡，元阳梯田迄今已有1300多年历史，从山脚到山顶多达3000级。节日期间，以哈尼梯田农耕文化为主轴，组织开展一系列丰富多彩的活动：游万亩千年梯田；体验梯田耕作文化——捉梯田鱼、犁田、观看田间歌舞；观看日出、民俗祭祀活动；品哈尼长街宴等。

◎ 红河石屏花腰歌舞节

时间：2011年11月至12月
地点：红河哈尼族彝族自治州石屏县

以石屏原生态民族歌舞为主，一批在全国性比赛中荣获金奖以及多次代表省、州出国表演的品牌性节目也在这次歌舞节中展示，同时还邀请一批知名原生态民族歌舞组合参与。

◎ 玉溪江川开渔节

时间：2011年12月
地点：玉溪市江川县

开渔节期间，江川县举行名贵鱼拍卖、大型古筝演奏、音乐会等活动。

◎ 保山金布朗民俗节

时间：2011年12月
地点：保山市施甸县

其间，热情好客的布朗族村民邀游客欣赏多姿多彩的布朗族文艺歌舞，品尝布朗族传统的特色"年猪饭"，游览美丽的野鸭湖湿地风光。

◎ 保山龙陵民族民间艺术节

时间：2011年12月
地点：保山市龙陵县

举办民间歌舞演出活动。

◎ 怒江傈僳族阔时节

时间：2011年12月
地点：怒江傈僳族自治州泸水县六库镇、福贡县上帕镇

"阔时节"是被称为"峡谷民族"和"山背民族"的怒江傈僳族的传统年节。州府六库镇在节期每年都举办以"上刀山，下火海"为主题的大型文艺节庆活动和"澡堂会"春浴活动，各县傈僳族聚居区节期还举行过溜、射弩、酒歌等年节祈福活动。被称为"中西文化交会活化石"的万人"四声部"演唱活动，是该节的最大亮点。

◎ 文山丘北辣椒节

时间：2011年12月
地点：文山壮族苗族自治州丘北县树皮乡

举办辣椒车游行仪式、文艺表演、焰火晚会、辣椒交易订货等活动。

商务会展

◎ 保山市第二十九届兰花博览会暨第五届茶花博览会

时间：2011年1月
地点：保山市三馆文化中心
主办单位：保山市兰花协会

以宣传兰文化为主，举办参评、展览、交易等活动。

◎ 中国大理国际兰花·茶花博览会

时间：2011年1月至2月
地点：大理国际会展中心
主办单位：云南省农业厅、云南省林业厅、云南省旅游局、云南省花卉产业办公室、中国花卉协会兰花分会、中国花卉协会茶花分会、大理州人民政府
承办单位：大理市人民政府

来自国内外的百余家山茶花和国兰产销企业参展，上千个名优山茶花、国兰同台亮相。博览会期间，还邀请了国内知名人士进行茶花、兰花产业发展论坛和研讨。

◎ 第四届华展云南广告四新展览会暨LED照明展览会

时间：2011年3月
地点：昆明国际会展中心
主办单位：四川华展文化传播有限公司

广告制作技术设备、广告材料及物料、户内外广告媒体、标志系统、展览展示器材、新媒体技术设备、大屏幕及户外媒体、广告礼品、书籍、图库软件等。

◎ 第十四届西双版纳边境贸易旅游交易会

时间：2011年4月
地点：西双版纳国际会议展览中心
主办单位：云南省商务厅、云南省旅游局、西双版纳傣族自治州人民政府
承办单位：西双版纳傣族自治州商务局、西双版纳傣族自治州旅游局、西双版纳傣族自治州工商联、西双版纳傣族自治州进出口商会、西双版纳海诚投资有限公司

组织进出口商品、农产品及普洱茶等商品的展销洽谈、发布招商引资信息，组织经济技术合作洽谈、项目签约仪式；举办中国—东盟自贸区与西双版纳对外经贸合作发展论坛。除此之外，还举办民族风情彩灯展、电影晚会、澜沧江杯龙舟赛预演、原生态哈尼族荡秋千表演、彩车巡游、堆沙比赛等。

◎ 2011第九届（昆明）现代家装暨装饰材料博览会

时间：2011年5月
地点：昆明国际会展中心
主办单位：云南省工业和信息化委员会、云南省室内装饰行业协会、云南世博旅游控股集团公司、云南省家具行业协会
承办单位：云南室内装饰工程招投标有限公司、云南世博国际展览有限公司

装饰建材；家具、厨具、卫浴洁具、太阳能、空调；家用电器、灯饰、节能环保产品；园林园艺、盆景花卉、绿色植物；家居陈设、布艺窗帘、床上用品、工艺美术品、字画；报纸杂志、家装网络、家装技术信息服务。

◎ 第三届中国云南国际旅游休闲产业博览会

时间：2011年5月
地点：昆明国际会展中心
主办单位：云南省旅游局、云南省体育局、中国国际贸易促进委员会云南省分会、昆明市人民政府
承办单位：云南省旅游业协会

国际展区包括各国旅游局、国外驻华旅游机构以及行业协会等境外旅游机构。休闲旅游业展区包括旅游城市形象展示、景区（点）、温泉SPA、休闲养生、航空公司、旅游休闲地产、旅游休闲小镇、休闲度假区、旅游线路、自驾车营地等。高尔夫与户外运动展区包括高尔夫球会、高尔夫用品、高尔夫练习装备、模拟高尔夫、户外运动装备及用品、登山露营用品等。游艺设备暨电玩展区包括电玩游戏、游艺机、游戏机、游戏软件、充气游乐设备、水上游乐设备、娱乐设施等。旅游休闲车船展区包括旅行房车、商务房车、旅游客车、旅游观光艇、摩托艇、皮划艇、充气艇等。旅游商品展区包括旅游装备、旅游工艺品、酒店用品、饰品等。户外家具与花园用品展区包括户外家具、花园家具、露营家具、园艺用品、花园照明喷泉、雕塑、铁艺等。

◎ 第八届中国云南国际煤矿矿业技术及装备展览会

时间：2011年5月
地点：昆明国际会展中心
主办单位：云南省工业和信息化委员会、云南煤矿安全监察局、云南省能源局、云南省煤炭工业协会

瓦斯治理利用技术及设备、矿山开采技术及设备、矿山深加工及综合利用技术及设备、矿产勘探检验检测技术及设备、相关矿用车辆等。

◎ 2011中国云南（昆明）轨道交通建设展览会

时间：2011年5月
地点：昆明国际会展中心
主办单位：云南省公路局、云南省市政工程协会、云南省公路养护与管理协会
承办单位：风向标会展机构

地铁、轻轨车辆成套设备；高速铁路、磁悬浮列车、摆式列车在城市间运输的新技术；其他配套设施及相关配件等。

◎ 2011中国云南（昆明）高速公路养护技术与设备展览会

时间：2011年5月
地点：昆明国际会展中心
主办单位：云南省公路养护与管理协会、云南省市政工程协会
承办单位：风向标会展机构

养护机械、沥青路面再生设备、道路材料、检测试验仪器、交通设施等。

◎ 2011中国昆明国际礼品工艺品家庭用品博览会

时间：2011年6月
地点：昆明国际会展中心
主办单位：商务部
承办单位：云南省人民政府

礼品、家具、茶具等。

◎ 第十九届中国昆明进出口商品交易会（昆交会）暨第四届南亚国家商品展

时间：2011年6月
地点：昆明国际会展中心
主办单位：商务部
承办单位：云南省人民政府

各类城市公交客车、城际长途客车、旅游客车、旅行（房）车及商用车等；客车底盘、发动机、变速器、空调设备、座椅、音响、灯具、门控系统、空气悬挂系统等客车配套用品及零部件；无人售票设施、IC卡系统、投币机、报站系统、显示屏、监视器等城市公交设备配套产品；客车相关服务行业。

◎ 第十二届中国（昆明）泛亚国际汽车展

时间：2011年6月
地点：昆明国际会展中心
主办单位：中国国际贸易促进委员会云南省分会、云南省人民政府新闻办公室、云南省机械工业行业协会、云南省汽车工业办公室
承办单位：云南世博国际展览有限公司

举办名车及大众车展示、媒体日、品牌宣传日、综合文艺表演、汽车文化摄影大奖赛、招待酒会、试乘试驾等丰富多彩的展期活动。

◎ 第七届云南教育博览会

时间：2011年6月
地点：昆明国际会展中心
主办单位：云南省教育厅

设置高考招生咨询展区、国际教育交流展区、职业教育培训与民办教育招生咨询展区。

◎ 2011西部（昆明）酒业博览会

时间：2011年8月
地点：昆明国际会展中心
主办单位：云南省商务厅
承办单位：云南省酒类行业协会、昆明国际会展中心有限公司

白酒、葡萄酒、啤酒、黄酒、果露酒等酒类产品；各类带有民族医药特色的功能类保健酒；糖果、休闲食品、烘焙食品、保健食品、粮油等；果蔬饮料、茶饮料、饮料冲剂等相关饮料类及其加工品等；与酒类产品配套的原辅料、食品添加剂、包装材料及相关的机械设备等。

◎ 2011第二届昆明国际绿色照明及LED发光体及市政亮化展

时间：2011年10月
地点：昆明国际会展中心
主办单位：武汉风向标会展服务有限公司

照明灯具、灯光工程、灯饰、照明电器、荧光灯、太阳能及太阳能灯等。

西藏

节庆文化活动

◎ 驱鬼节

时间：2011年1月
地点：拉萨市布达拉宫

也叫咕嘟节，每年藏历十二月二十九，拉萨的布达拉宫就举行一次盛大的跳神活动，各寺庙中也举行类似的活动，认为新的一年即将来到，得驱鬼消灾。

◎ 拉萨、山南藏历新年

时间：2011年2月
地点：拉萨市、山南地区等

藏历新年是西藏最大的节日，藏历正月初一即为藏历新年。人们把过新年的第一天视为最神圣吉祥的节日，是预兆一年合家发达兴旺、老幼平安的日子。藏历年的清晨，家中成年男子要到当地神山上插经幡、烧天香、祈福，然后在佛龛前点酥油灯、供圣水、献供品。吃过早茶后，亲戚邻里之间要互相拜年，互祝吉祥如意。晚上，村中燃起篝火，跳弦子舞、锅庄舞，直到正月十五才算过完年。其间，还有歌舞、赛马、射箭、球类等比赛活动。

◎ 传召大法会

时间：2011年2月
地点：拉萨市大昭寺

拉萨各大寺院都举行法会，成千上万的信徒从四面八方赶来朝拜、听经和布施，以纪念佛祖的功德，祈祷新的一年健康平安、风调雨顺。

◎ 酥油花灯节

时间：2011年2月
地点：拉萨市八廓街

藏历正月十五是传召大法会的最后一天，为了庆祝这一节日，人们汇集拉萨八廓街，白天朝佛、转经，晚上满街搭起各种花架，用彩色酥油捏成神仙、人物、花木、鸟兽等形象并点燃酥油灯进行祝福。老百姓围着酥油灯载歌载舞，欢庆节日。

◎ 姆朗钦姆大法会

时间：2011年2月
地点：阿里地区札达县托林寺

本法会除宗教佛事活动以外，还有当地群众表演果谐、弦舞，直至第二天清晨才表示大法会圆满结束，以预祝风调雨顺、五谷丰登、六畜兴旺。

◎ 错高湖转湖节

时间：2011年2月、5月
地点：林芝地区错高湖

绕湖进行转湖朝圣活动，同时还有各类民间庆祝仪式。

◎ 林芝第九届桃花节

时间：2011年3月至4月
地点：林芝地区嘎拉桃花沟

西藏林芝桃花节自2002年首次举办以来，已成为林芝地区极具地域和民族特色的节庆旅游主打产品之一。本届桃花节在保留了以往的摄影采风、踏春赏花活动外，还新增了桃花美食节、桃源漂流和种桃树等活动项目。

◎ 达达马术节

时间：2011年4月
地点：林芝地区波密县玉许乡

举办民族歌舞、马术节目表演等活动。

◎ 黄牡丹文化旅游节

时间：2011年5月
地点：林芝地区米林县
主办单位：林芝地区旅游局、中共米林县委、米林县人民政府

为使林芝黄牡丹文化节成为西藏旅游的知名品牌和旅游节庆，在旅游节期间，特举办特色生态旅游业研讨会，研讨把林芝黄牡丹文化旅游节培育成西藏旅游的知名品牌，并开展黄牡丹等花卉观赏、摄影大赛颁奖仪式等活动。

◎ 第五届珞巴民俗暨藏药文化旅游节

时间：2011年5月
地点：林芝地区米林县扎贡沟风景区
主办单位：林芝地区旅游局、米林县人民政府
承办单位：米林县旅游局、米林县南伊乡旅游开发有限公司

举办雅鲁藏布大峡谷景区徒步活动、特色藏药材及特色手工艺品展示、群众性歌舞比赛、瞻仰藏医药鼻祖徒步登山、文体竞赛、篝火晚会等丰富多彩的活动。

◎ 仁布圣水节

时间：2011年5月
地点：林芝地区朗县金东乡

这一天距金东乡40公里的仁布圣水会发出爆破的声音，随后泉水会变成乳白色，被当地群众誉为"神水"。圣水节期间群众载歌载舞，举办赛马、拔河等民间体育以及商贸活动。

◎ 巴尔曲德松珠节

时间：2011年5月
地点：林芝地区朗县巴尔曲德寺

巴尔曲德松珠节是林芝地区最大寺院——朗县的巴尔曲德寺在每年藏历四月组织举行的一场宗教佛事活动。届时举办大型佛事活动，邻县乡镇大批信徒前来朝佛。同时，寺庙开展跳神、摸顶，民间举行歌舞表演、物资交流活动。

◎ 江孜赛马（射箭）节

时间：2011年5月
地点：日喀则地区江孜县

赛马射箭活动在西藏地区非常普遍，而把它作为竞赛活动固定下来起始于公元1408年的江孜。以前的赛马节仅限于赛马、射箭和骑马射箭三项，现在还举办各种文体活动和物资交流，已成为西藏地区每年最盛大的地区性节日。

◎ 西藏杜鹃花旅游节

时间：2011年6月
地点：林芝地区

每到6月，杜鹃花便在林芝色季拉山相继绽放，各色杜鹃花，形成了花的山、花的海，气势壮观。旅游节期间开展赏花、各民族歌舞、藏餐宴会、民族体育、转山朝圣等活动。

◎ 工布原生态文化节

时间：2011年6月
地点：林芝地区工布江达县

展示工布地区独特的原生态景观及传统文化，举办歌舞表演、民间文体活动、物交会、旅游推介等活动。

◎ 西巴斗熊节

时间：2011年6月
地点：林芝地区波密县多吉乡西巴村

在波密县多吉乡，矗立着一座高耸入云的神山——度母山。度母山巍峨耸立，银白色的山峰就好像是拜观音坐式的白度母，它那7只美丽善良的眼睛一直凝视着山下的山民百姓，山的右侧据说是1020尊佛的化身，被称为圣地千尊佛山。在度母山脚下，坐落着一个名为西巴村的村庄，每逢藏历五月十五都要过别具一格的"煨桑节"，也叫"斗熊节"。节日期间西巴村的村民们穿着节日的盛装，到圣地神山"煨桑"朝拜，并开展一系列的娱乐活动。"煨桑"是指燃烧香草香枝，祭祀天地间的神灵。煨桑活动的场所在山顶上，当太阳刚刚从山头露出笑脸时，人们带着印有经文的经幡和满腔的祝愿，煨起桑烟，用世间最美的语言、最美的词汇祈祷上苍、山神，以求风调雨顺，万事如意。

◎ 孜列次久节

时间：2011年6月
地点：林芝地区朗县登木乡

举行跳神、摸顶等佛事活动，同时各乡镇在此举办物资交流等活动。

◎ 扎什伦布寺展佛节

时间：2011年6月
地点：日喀则地区日喀则市扎什伦布寺

展佛节期间每天展出不同的佛像，历时3天。展出的佛像有1000多平方米，用绸缎、织锦人工绣成。节会期间还有极富民族色彩的跳神节、夏鲁寺的西姆钦波节和藏戏等演出。

◎ 昌都仲确节

时间：2011年7月
地点：昌都地区类乌齐县

仲确节是类乌齐县（西藏昌都地区）一带悠久的传统节日。每年藏历六月十五日举行。其间，开展物资交易、民族歌舞、藏戏表演、民族服饰表演等活动。

◎ 2011年中国拉萨雪顿节

时间：2011年8月
地点：拉萨市

是西藏最盛大的节日之一。每年此时西藏各地的藏戏主要流派会聚在拉萨市罗布林卡连续几天进行表演和比赛，其场面热闹非凡。今年雪顿节的主题是"和谐拉萨、欢乐雪顿"。开展民族传统体育、高峰论坛、徒步大会、经贸等活动。

◎ 第六届嘎吉林青稞酒节

时间：2011年8月
地点：拉萨市阳城广场

除了特色民族歌舞演出外，来自四川成都的真人秀也首次亮相拉萨，为广大市民表演众多精彩节目。快乐购物街、团购乐翻天、免费露天电影、青稞酒饮酒大赛、房展等活动将时尚的现代艺术与西藏本土的民族文化相结合，使阳城广场徜徉在欢乐的购物氛围中。

◎ 当吉仁赛马节

时间：2011年8月
地点：拉萨市当雄县

节日期间安排有锅庄舞、赛马、赛牦牛、马术比赛、民兵射击比赛、田径比赛等多项活动。

◎ 西藏纳木错徒步大会

时间：2011年8月
地点：拉萨市当雄县
主办单位：拉萨市人民政府

徒步体育、徒步旅游、徒步文化、徒步环保、当雄县篝火晚会、当雄赛马节。

◎ 那曲赛马节

时间：2011年8月
地点：那曲地区

赛马节赛程长短不一，多在10公里左右。按选手年龄分为儿童、成人等种类，按比赛内容则分为马上射箭、打靶、竞技、短道冲刺、马上拾哈达等，有时还有类似于盛装舞步的走马赛上演，名目繁多、新颖有趣的赛马活动往往令现场的观众流连忘返。

◎ 巴松错工布民俗旅游文化节

时间：2011 年 8 月
地点：林芝地区工布江达县木巴集镇

举办歌舞表演、民间文体活动、物资交流、旅游推介等活动。

◎ 望果节

时间：2011 年 8 月至 9 月
地点：林芝地区朗县

男女老少身着盛装，或手持青稞穗，或背负梵筴经文，打着彩旗，抬着丰收塔，敲锣打鼓，煨起桑烟，唱着颂歌，绕行田间地头，会于林间草地，喝茶饮酒，唱歌跳舞，预祝丰收吉祥。其间，举行赛马、射箭、竞技等民间体育赛事。

◎ 沐浴节

时间：2011 年 9 月
地点：西藏自治区

藏族传统节日之一。藏历书中说："八月交节之日起，七天之内，澄水神殿与牟尼顶髻相值，牟尼发心，仙人谛语，以是因缘，顶髻涌泉，能使一切水流，皆成甘露，此时入水沐浴，能祛百病，清除罪障。"因此，每年藏历八月初六至十二七天中，卫藏地区的男女老幼纷纷来到拉萨河和雅鲁藏布江河畔，将躯体浸入水中，尽情沐浴、游泳和洗刷衣被，并进行各种文体娱乐活动。

◎ 沙俄节

时间：2011 年 9 月
地点：林芝地区林芝县、察隅县

举办民俗活动、歌舞表演、物资交流等。

◎ 波密县民俗文化节（赛马节）

时间：2011 年 9 月
地点：林芝地区波密县

举办民族歌舞、赛马、物资交流、旅游等活动。

◎ 西藏牧人节

时间：2011 年 9 月
地点：山南地区措美县哲古草原

传统的抱石头、拔河赛，新兴的摩托车赛、自行车赛以及各种丰富的文艺演出都是牧人节上必不可少的节目。节日期间，还有大量的农畜产品、民族手工艺品、珍稀藏药材、古堆藏獒等特色产品的现场交易。

◎ 康巴艺术节

时间：2011 年 10 月
地点：昌都地区

举办开幕式、经贸洽谈、文艺表演等活动。

◎ 工布新年

时间：2011 年 11 月
地点：林芝地区

西藏林芝地区每年藏历十月初一过年，是一个传统的民族节日。节日期间热闹非凡，娱乐活动精彩丰富。有的人围成圈，唱歌、跳舞，祝愿新的一年风调雨顺，家家户户生活美满、幸福安康；有的人参加举办的跑马射箭、摔跤比赛活动；还有的人参加集市贸易活动。

商务会展

 8月

◎ 2011中国西藏珠穆朗玛摄影大展

时间：2011年8月
地点：拉萨市布达拉宫广场
主办单位：中国文联、中国摄影家协会、西藏自治区人民政府
承办单位：中国文联国内联络部、西藏自治区党委宣传部、西藏自治区文学艺术界联合会、拉萨市人民政府

　　本届摄影大展以"盛世欢歌·和谐西藏"为主题，作品内容以展示社会主义新西藏的新发展、新生活、新成就，以展示西藏壮丽的自然风光和丰富多彩的民族文化为主。

陕西

节庆文化活动

◎ 第十二届玉华宫冰雪节

时间：2011年1月至2月
地点：铜川市玉华山
主办单位：陕西省旅游局、陕西省文化厅、陕西省体育局、陕西省煤田地质局、铜川市人民政府
承办单位：中国移动铜川分公司、铜川市文物旅游局、铜川市文化广电新闻出版局、铜川市体育局、玉华宫管理局

本届冰雪节以"冰雪旅游让生活更美好"为主题，开展滑雪及滑冰、冰灯游园、雪上飞碟、雪地摩托车以及新春滑雪周、"月是故乡明"文化采风、"瑞雪林海伴我行"登山、甜蜜情人冰雪行等活动。

◎ 大唐西市春节文化庙会

时间：2011年2月
地点：西安市大唐西市
主办单位：陕西省旅游局、陕西省文化厅

推出了异域风情演出、三秦民俗文化演艺，众多景区开展了产品推介、特产展销为主题活动。

◎ 2011西安城墙灯会

时间：2011年2月至3月
地点：西安市城墙小南门段到和平门段

本届灯会将传统与现代结合，利用现代科技结合精湛的制作工艺，再现大唐上元灯会的规模和阵容。设有三国故事中的桃园结义、三顾茅庐、空城计、千里走单骑、孙刘联姻等灯组。

◎ 铜川药王山养生文化节暨公祭药王孙思邈仪式

时间：2011年3月
地点：铜川市药王山风景区
主办单位：铜川市人民政府
承办单位：铜川市文物旅游局、药王山管理局、耀州区人民政府

以"传承庙会遗产，展示养生方法，彰显古刻艺术，推动旅游发展"为主题。其间，举办"祈福迎健康"大型法会、元代壁画探秘游、知名老中医坐堂义诊、养生小功法普及表演、药王养生文化展、药用植物标本展，以及养生保健品展销系列活动。同时有摸佛保佑、龙盆洗手祈福、龙池洗手祈健康、龙宫试运、挂锁祈福、击钟祈平安、拜孔子读经典等游客参与性活动。

◎ 2011中国最美油菜花海汉中旅游文化节

时间：2011年3月至4月
地点：汉中市
主办单位：陕西旅游局、汉中市人民政府
承办单位：汉中市政府新闻办公室、汉中市文物旅游局

以"金色花海、魅力汉中"为节庆主题，举行千车万人自驾"游花海"、红色歌曲"唱花海"、全国知名摄影家"摄花海"、梨花赛诗会和书法作品展"赞花海"、招商洽谈、地方特产"推花海"等综合性活动。

◎ 中国汉阴第六届油菜花节

时间：2011年3月至4月
地点：安康市汉阴县
主办单位：陕西省商务厅、陕西省旅游局、安康市人民政府
承办单位：中共汉阴县委、汉阴县人民政府

以"观油菜花海，游秦巴汉水，品富硒美食，赏民俗文化"为主题。整个活动包括安康春来早旅游黄金周、富硒食品展销、招商引资项目推介、祈福和两合崖传统庙会、三月三物资交流会、焰火晚会等活动。

◎ 第四届陕西礼泉御桃园旅游文化节

时间：2011年3月至5月
地点：咸阳市礼泉县

以"礼泉御桃园，花开天下红"为主题，举办万亩桃园赏花巡游；乡村旅游风采展示；桃文化演唱会；旅游商贸洽谈会；书画、摄影展；树木种植活动。

◎ 中国秦岭（金丝峡）兰花节

时间：2011年3月至5月
地点：商洛市金丝峡风景区

以"天下奇峡 兰花之都"为主题，举行"中国秦岭金丝峡兰花仙子"的评选、书画创作和文艺表演等活动。

◎ 咸阳市第七届踏青赏花旅游节

时间：2011年3月至6月
地点：咸阳市

以"文化"和"世园"为主线，以"畅游秀美咸阳，感受文化咸阳"为主题，举办太壶寺佛事活动、泾阳县蔬菜节、2011清明公祭苏武活动、"相约淳化、共植希望"绿色环保活动、淳化踏青赏花节、"三原县第二十届李靖故居清明游园"、"走进三原，爱我家乡"大型摄影赛活动、第二届咸阳湖赏花节、永寿县第八届槐花节、彬县大佛文化旅游节、兴平市第四届荷花节、秦都区沙河古桥风情园文化旅游节、关中印象体验地袁家村踏青赏花游园、"我和春天有个约会"活动等。

◎ 辛卯年清明公祭轩辕黄帝典礼

时间：2011年4月
地点：延安市黄陵县桥山祭祀大院

举办"祈福中华"活动、寻根祭祖旅游周系列活动。

◎ 中国白水仓颉文化旅游节暨汉字之根祭祖大典

时间：2011年4月
地点：渭南市白水县仓颉庙

中国汉字是世界上最古老且目前还在用着的文字，它作为中华民族文明史的载体，展现了华夏5000年辉煌的历史。而最早的汉字就是由上古黄帝时代的仓颉创造的仓颉是黄帝的史官，尽管仓颉当时创造的文字只是原始的胎形字，但其开启人类文明，肇启后来者的功德不可磨灭。活动期间以"文化之祖、泽惠华夏、和谐三秦、魅力果乡"为主题，举行"一式一展一游三会"活动，历时两天。"一式"就是中国白水仓颉文化旅游节暨汉字之根祭祖大典；"一展"就是举办仓颉碑林书画展；"一游"就是白水圣人、山水、农业观光游；"三会"即渭南市投资合作项目推介会、中华汉字寻根研讨会和仓颉文化与现代文明研讨会。

◎ 中国·彬县第二届大佛旅游节

时间：2011年4月
地点：咸阳市彬县
主办单位：中共彬县县委、彬县人民政府

以"千年大佛、毓秀古豳"为主题，以"新闻发布、产品展销、佛教讲座、旅游观摩、文艺演出"为载体，以节会友，搭建平台。

◎ 古大散关文化节

时间：2011年4月
地点：宝鸡市渭滨区
主办单位：宝鸡市文化旅游管委会、宝鸡市文化局、宝鸡市旅游局、宝鸡市文物局、中共渭滨区委、渭滨区人民政府

古大散关是关中四大古关名塞之一，自古以来是由巴蜀和汉中出入关中的唯一通道，历史上曾发生战争70多次，留下了"铁马秋风大散关"等诸多历史典故和名人佳句。活动期间，邀请各界著名学者共同探讨散关文化。学者们对大散关历史地位和军事价值的精彩讲述，让人们再次追忆雄奇壮烈、烽火硝烟、金戈铁马的历史画卷，激起人们自豪、奋发的爱国情怀和民族精神。

◎ 第五届宝鸡鸡峰山生态旅游登山节

时间：2011年4月
地点：宝鸡市鸡峰山景区
主办单位：宝鸡市文化旅游管委会、宝鸡市文化局、宝鸡市旅游局、宝鸡市文物局、中共渭滨区委、渭滨区人民政府

鸡峰山历来以"雄、奇、险、秀"著称，素有"小华山"美称，更有"陈仓宝鸡、鸡峰鸣瑞"之典故，享有盛名，"鸡峰日出"是著名的关中八景之一。以"全民健身、走近自然、感受历史"为主题，开展登山、健身运动。

◎ 中国汉中第八届诸葛亮文化旅游节

时间：2011年4月
地点：汉中市勉县武侯墓风景区
主办单位：陕西省旅游局、汉中市人民政府
承办单位：勉县人民政府

节会期间，游客不仅可以观赏"三国之都·中国勉县"大型演出、最美油菜花海，品尝各味中华美食，观看杂技、武术、歌舞等文艺演出，还可亲自参与纪念诸葛亮逝世1776周年祭祀、全民健身翻越定军山活动。

◎ 第三届橘子花节

时间：2011年4月至5月
地点：汉中市城固县橘园风景区

城固县是我国北缘地区最大的优质柑橘生产基地，全县柑橘种植面积近25万亩，每年5月初橘花盛开、香气醉人，前来踏青赏花者络绎不绝。节庆期间，游客在橘园风景区除可畅游橘子花海外，还可进行登山比赛。

◎ 2011中国·西乡茶文化节暨樱桃旅游节

时间：2011年4月至5月
地点：汉中市西乡县
主办单位：中共西乡县委、西乡县人民政府

汉中茶文化历史悠久，自古就是茶马互市的重要集散地和贡茶、名优茶的知名产地。此次活动以"品樱桃绿茶，览秦巴水城，交八方宾朋，促西乡发展"为主题。其间，举办采风活动、茶叶及地方土特产品展示促销、茶艺大赛、茶叶产业发展研讨会、文艺表演及非物质文化遗产技艺展示等活动。

◎ 2011中国陕西（安康）茶叶节·第十一届中国安康汉江龙舟文化节

时间：2011年4月至6月
地点：安康市汉水龙舟文化园
主办单位：陕西省旅游局、陕西省体育局、中共安康市委、安康市人民政府

在龙舟飞渡中品茶的清馨、茶的真情、茶的境界，在汉水茶乡真正感受到了安康的大绿、大水、大美。举办茶产品展示展销、名优茶质量评比、"茗香天下"茶艺表演、生态茶园观光旅游、茶历史文化及茶产业发展高端论坛、赛龙舟等活动。

◎ 中国秦岭生态旅游节

时间：2011年4月至10月
地点：商洛市
主办单位：陕西省人民政府
承办单位：陕西省旅游局、陕西省林业厅、商洛市人民政府

举办"秦岭天使——国内旅游交易会志愿服务大行动"、"相约大秦岭——走进天竺山"大型文艺演出活动、商洛农家乐厨艺大赛、镇安塔云山开园仪式、洛南谷雨恭迎仓圣活动暨华山南区建设工程启动仪式、洛南华阳书法艺术大赛、商南第四届旅游茶叶节、秦岭兰花节暨金丝峡观光索道启动仪式、群众文化周活动、西安音乐学院交响音乐会走进商洛活动、柞水牛背梁高山杜鹃赏花节、柞水首届文化旅游节、聚焦木王·媒体旅行商采风踩线行动暨木王风情园开园、丹江漂流大赛、全民健身系列展示等活动。

◎ 西安市洪庆山槐花节

时间：2011年5月
地点：西安市灞桥区洪庆山国家森林公园

本届槐花节以"相约槐花节，心醉城中山"为主题，除观赏槐花外，这里的农家乐统一开设"槐花宴"招待客人，一次开席100多桌，近千人同食"槐花宴"。

◎ 2011延安万花山牡丹节

时间：2011年5月
地点：延安市
主办单位：延安市旅游局
承办单位：延安旅游集团公司

自古以来，牡丹享有"花中之王"的美称。在花木兰故里——延安的万花山上，生长着5万余株野生牡丹，绽放着色彩芳香。延安牡丹在黄土高原已生长上千年，它的神奇成为黄土高原上一道亮丽的风景线。牡丹节期间，游客不仅能欣赏到5万株牡丹争芳斗艳的美景，还能实地感受地道的陕北民歌，观看西部十佳名模花海走秀、高空走钢丝，参与华夏美食及台湾特产万花会、灯谜游艺等活动。

◎ 第十一届中国宝鸡法门寺国际文化旅游节

时间：2011年5月
地点：宝鸡市法门寺文化景区
主办单位：陕西省旅游局、宝鸡市人民政府
承办单位：宝鸡市文物旅游局、扶风县人民政府、法门寺景区管委会、陕西法门寺景区文化产业集团有限公司

法门寺是隋唐时期的皇家寺院，因供奉佛祖释迦牟尼的指骨舍利而闻名于世，被称为"佛骨圣地"。旅游节期间，举办盛大的浴佛祈福法会等活动。让信徒、游客在游览法门寺恢弘建筑的同时，还亲身体会庄严的佛家法会，感受佛家的礼仪法规，一同祈福和谐盛世，国泰民安。

◎ 第十一届中国宝鸡太白山旅游登山节

时间：2011年5月
地点：宝鸡市太白山国家森林公园

举办自驾车畅游太白山、书画联展等系列活动。

◎ 铜川第五届樱桃旅游节

时间：2011年5月至6月
地点：铜川市

本届樱桃旅游节以"有机、生态、安全"为主题，为期一个月。活动期间举办樱桃园生态旅游、休闲采摘、鲜果品尝、樱桃购销、摄影大赛等活动。

◎ 少华山蝴蝶旅游节

时间：2011年5月至7月
地点：渭南市华县少华山森林公园

少华山充分利用自身"蝶多、蝶奇、蝶美"的独特资源举办首届蝴蝶旅游节，吸引了来自全国各地的游客游览观光。每年5月至7月，成千上万的蝴蝶在此相聚，精彩演绎美丽的蝶雪景象。

◎ 2011佛坪秦岭大熊猫旅游节暨清凉帐篷节

时间：2011年6月至8月
地点：汉中市佛坪县

主题是"山水佛坪、熊猫家园，低碳户外、关爱自然"，举办世界小姐西安赛区参赛选手T台秀暨才艺展示、开幕式暨文艺演出、世界小姐选手"拥抱最美熊猫"、百名摄影师拍摄野生动物、寻访和大熊猫有故事的人等多项活动。有趣的帐篷节也是一个亮点，帐篷节以户外音乐为主。没有围墙、没有界线，认识的、不认识的，大家都一起玩，这就是人们热爱帐篷节的理由。

◎ 六月六古庙会

时间：2011年7月
地点：渭南市富平县金粟山森林公园

瓦店的六月六古庙会历来都非常有名，在当地就有"六月六吃炒面，吃了炒面赶瓦店"的说法，可见瓦店的历史积淀比较深厚。庙会期间，有歌舞、老鼓、秧歌等传统节目表演。

◎ 紫柏山登山节暨栈道漂流节

时间：2011年7月
地点：汉中市留坝县紫柏山风景区

开展紫柏山登山比赛、栈道漂流、乘坐观光索道游览、摄影风光展、旅游论坛及县域经济发展座谈会、特色产品展示展销和商贸洽谈会、旅游线路考察等多项活动。

◎ 关山草原旅游消夏节

时间：2011年8月
地点：宝鸡市陇县关山草原旅游风景区

有赛马及马队方阵观赏、篝火晚会、草原歌舞、草原风情游、摄影采风、诗词研讨会、旅游纪念品及书画摄影展、百人骑马逛高山等主题活动，游客不但可以观看马队表演、围着篝火载歌载舞，还可以在茫茫无边的大草原上享受滑索、滑草、骑马的草原风情。

◎ 太白县第三届雪域蔬菜节、夏都避暑节

时间：2011年8月
地点：宝鸡市太白县
主办单位：陕西省旅游局、宝鸡市人民政府
承办单位：宝鸡市文物旅游局、宝鸡市文化旅游产业开发建设管委会、宝鸡市招商局、中共太白县委、太白县人民政府

举办"雪域太白·秦岭夏都"文艺晚会、绿色蔬菜趣味大赛、"太白山药谷"学术研讨会、中国大秦岭太白县首届山地越野挑战赛、万人畅游青峰峡等活动。

◎ 西安兵马俑石榴节

时间：2011年9月
地点：西安市临潼区

举办参观兵马俑、华清池贵妃浴旅游、万亩石榴园观赏及品尝、传统烽火台点火仪式等活动。

◎ 中国陕西金秋旅游节

时间：2011年9月
地点：西安市、汉中市、咸阳市等
主办单位：陕西省旅游局

举办金秋旅游线路和产品大型公众促销活动、旅游风光摄影大赛等活动。

◎ 汉中柑橘旅游文化节

时间：2011年9月
地点：汉中市城固县橘园景区
主办单位：陕西省旅游局、汉中市人民政府

举办开幕式、旅游招商洽谈、精品旅游线路推介、农家生活体验、金秋柑橘采摘自驾之旅、书画展览、文艺演出等活动。

商务会展

◎ 第十三届广告与传媒展览会

时间：2011年3月
地点：陕西国际展览中心
主办单位：昊博展览有限公司

广告制作技术设备及材料；打印机、办公用品及材料；标志、雕刻、标牌技术、设备、材料；展览展示器材系列；店铺商用技术设备系列；广告载体系列；LED霓虹灯大屏幕照明器材；显示及应用设备等；特色印刷设备专区。

◎ 陕西第十四届国际LED、发光字霓虹灯照明电器展览会

时间：2011年3月
地点：西安曲江国际会展中心
主办单位：西安昊博展览有限公司

霓虹灯产品、其他电光源产品、LED产品、灯具灯饰及配件、专业灯光及配套设备、照明电工产品、照明电器附件。

◎ 第十二届西部国际制造业博览会

时间：2011年3月
地点：西安曲江国际会展中心
主办单位：中国机械工业联合会、西安市人民政府、成都市人民政府
承办单位：西安三联科技会展有限公司、成都三联科技会展有限公司

工业过程控制及监控、计算机集成制造系统及相关技术、计算机技术在工业自动化中的应用及外部设备、自动化仪器仪表与传感器等。

◎ 第十届西部国际煤炭及采矿业博览会

时间：2011年3月
地点：西安曲江国际会展中心
主办单位：陕西省发展和改革委员会能源局、陕西省国土资源厅、陕西省商务厅、陕西省煤炭生产安全监督管理局、中国国际贸易促进委员会陕西分会、陕西省煤炭工业协会
承办单位：陕西省煤炭工业协会、陕西世信贸易展览有限公司、西安曲江世信展览有限公司

展示煤炭企业依靠科技进步，提升煤炭企业在行业竞争力方面取得的成果，有地质勘探与煤炭工业基地施工技术装备展；煤矿安全、矿山救护与灾害防治技术设备展等。

◎ 第十届陕西住宅产业博览会

时间：2011年3月
地点：西安高新绿地笔克国际会展中心
主办单位：华商报社
承办单位：陕西华商国际会展、艾维博览

房源类型分布很广，从经济适用房到普通住宅再到花园洋房和别墅，从一室一厅到四室两厅，需要的房子在住博会现场都能找到。

◎ 西安国际汽车用品展览会

时间：2011年3月
地点：西安曲江国际会展中心
主办单位：陕西省汽车工程学会、陕西省汽车工业协会西安新联方会展有限公司
承办单位：西安新联方会展有限公司、上海狮威国际展览有限公司

汽车电子电器、车用美容护理用品等。

◎ 2011中国国内旅游交易会

时间：2011年4月
地点：西安市曲江国际会展中心
主办单位：国家旅游局、陕西省人民政府

国内1562家旅游相关企业参展。其间，还举办中国西部旅游发展论坛，围绕旅游业规划、营销、设施建设等话题探讨西部地区旅游发展之道。各地旅游局和旅游企业还举办多场产品说明会，进一步推介各地旅游资源与旅游产品。

◎ 2011西安美容美发化妆洗涤新产品博览会

时间：2011年4月
地点：陕西省国际展览中心
主办单位：西安市商业贸易局
承办单位：西安美容美发化妆品业协会

美容、美发、日化、美体、化妆、洗涤新产品、新技术展销及演示；美容、美发、美体时尚技术发布演示；时尚美发造型演示。

◎ 第五届西安糖酒食品博览会暨农副产品交易会

时间：2011年4月至5月
地点：西安曲江国际会展中心
主办单位：陕西省工业和信息化厅、陕西省农业厅、陕西省商务厅、陕西省质量技术监督局、陕西省粮食局、陕西省轻工业协会
承办单位：陕西省食品协会、陕西振华会展有限公司

陕西食品和农业发展成果及食品强县、农业强县优势产品展示、各地特色优势产品推介等。

◎ 第四届中国西安食品博览会暨农副产品交易会

时间：2011年4月至5月
地点：西安曲江国际会展中心
主办单位：陕西省工业和信息化厅、陕西省农业厅、陕西省商务厅、陕西省质量技术监督局、陕西省粮食局、陕西省轻工业协会
承办单位：陕西省食品协会、陕西振华会展有限公司

1. 精品粮油：粮食、油料及种子、"绿色食品"、"放心粮油"产品；2. 粮油加工机械、设备及技术：包装机械及设备、检测和检验仪器设备、仓储设备、运输设备及各种配套仪器设备、粮油加工过程控制技术和机电一体化装备、深加工技术及资源转化综合利用技术；3. 国家储备粮库配套设备：粮库管理信息系统、安全储粮技术与设备、简易仓型与材料、粮食收储现代化仪器设备；4. 大专院校、科院所、专业媒体、行业网站等。

◎ 2011西安世界园艺博览会

时间：2011年4月至10月
地点：西安曲江国际会展中心
主办单位：国家林业局、中国贸易促进委员会、中国花卉协会、陕西省人民政府
承办单位：西安市人民政府

以"天人长安，创意自然"为主题，是继2008年北京奥运会、2010年上海世博会之后，在中国大陆举办的又一重大国际盛会，是宣传生态文明、提升国家形象的重大机遇。在这里，游客可观赏并体会到由各参展单位所演绎和阐释的异彩纷呈的多种园艺景观、厚重朴实的中华历史文化、尖端先进的生态环保科技和现代西安的绿色时尚。

◎ 中国西安国际社会公共安全产品与技术设备博览会

时间：2011年5月
地点：西安曲江国际会展中心
主办单位：陕西省公安厅
承办单位：陕西省安全防范产品行业协会、陕西省公安厅安全技术防范管理委员会、陕西四星展览服务有限公司

1.安全防范产品：出入口控制系统、公共广播系统、监视监控防范系统、安全报警系统；2.城市应急联动产品与系统：应急联动指挥系统、指挥车辆、软硬件技术及产品联动中心安全系统、计算机骨干网络、无线调度通信系统、无线移动数据传输系统及应用软件、图像监控及大屏幕显示系统、卫星现场图像传送子系统等。

◎ 中国西安国际户外运动博览会

时间：2011年5月
地点：陕西曲江国际会展中心
主办单位：陕西省贸易促进委员会、陕西省登山协会、西安市商业贸易局、西安市体育局、西安市商务局
承办单位：陕西省社会体育管理中心、西安曲江旭峰会展有限公司

户外装备、滑雪运动装备、漂流装备、攀岩装备、野外搜救设备、极限车辆、真人CS装备、渔具用品、户外运动食品、户外运动急救药品、户外运动出版物、户外保险产品、户外俱乐部形象展示、户外运动景区地。

◎ 第十二届西安国际酒店设备及用品展览会

时间：2011年5月
地点：西安曲江国际会展中心
主办单位：陕西省饭店协会
承办单位：广州华展展览策划有限公司

设置餐饮厨房设备用品区、清洁设备用品区、洗涤设备用品区、桌面用品区、客房与大堂用品区、纺织布艺制服区、烘焙及咖啡设备用品区、茶展区、酒类饮料及餐饮服务区、康体娱乐智能区。

◎ 第三届中国（西安）国际建筑与施工技术设备展览会

时间：2011年5月
地点：西安曲江国际会展中心
主办单位：振威集团中国模板协会
承办单位：陕西振威国际展览有限公司、西安曲江振威会展有限公司

模板类、脚手架类、丝杠类、高空施工技术平台类。

◎ 第十三届中国（西安）国际供热供暖与制冷空调技术设备展览会

时间：2011年5月
地点：西安曲江国际会展中心
主办单位：振威展览集团、陕西省制冷学会、陕西省土木建筑学会
承办单位：陕西振威国际展览有限公司、西安曲江振威会展有限公司

供热供暖采暖技术与设备、供暖系统自动化与附配设备器材、热泵空调系统设备、供热与人居环境设备、供水用水节水与水暖器材等。

◎ 2011第二届中国西部国际物流产业博览会

时间：2011年5月
地点：西安曲江国际会展中心
主办单位：陕西省商务厅
承办单位：陕西省物流与采购联合会

众多西部生物制药、石油化工、涂料、造纸、食品、电力电子、半导体等行业采购企业到会交流，并协同众多参展企业，倾力打造西部地区最大最专业的物流产业博览会。

◎ 西安市第三届生殖健康暨性文化艺术博览会

时间：2011年6月
地点：西安曲江国际会展中心
主办单位：西安市人口和计划生育委员会
承办单位：陕西药促会、陕西汉诺威展览策划有限公司

以"性文化 新理念 新定位 新发展"为主题。设置生殖保健区、生育调节区、医疗器械区、保健品区、优生优育区、文教图书音像区等。

◎ 2011第五届西安国际体育用品博览会

时间：2011年9月
地点：陕西国际展览中心
主办单位：陕西省体育局、陕西省体育总会
承办单位：陕西省朱雀广场管理委员会、陕西省体育器材装备中心、陕西省体育用品协会

运动场馆设施、体育器材器械、运动服装和鞋帽、户外运动及休闲用品、健身康体产品等。

甘肃

节庆文化活动

◎ 首届黄河三峡观鸟节

时间：2011年1月
地点：临夏回族自治州永靖县

节庆期间，人们纷纷把鸟食抛撒河中，引来数百只河鸥、绿头鸭竞相夺食，翱翔于河畔，展现出一幅人与自然和谐相处的动人画卷。同时游人还可以欣赏西北地区罕见的黄河湿地景观。

◎ 临潭万人扯绳活动

时间：2011年2月
地点：甘南藏族自治州临潭县

传统的临潭万人扯绳活动在每年正月十四、十五、十六晚上举行，每晚三局，规模宏大，约有10万人次参加。该活动场面壮观，是世界上人数最多的参与扯绳活动的项目。

◎ 夏河拉卜楞寺大法会

时间：2011年2月、8月
地点：甘南藏族自治州夏河县拉卜楞寺

每年正月大法会吸引了那些不远万里，慕名而来的中外游客和藏文化学者及研究人员，在这里领略博大精深的藏传佛教文化。举行展佛、法舞、酥油彩塑展览、听辩经弘法、劝法法舞等活动。

◎ 兰州安宁桃花旅游节

时间：2011年4月
地点：兰州市安宁区
主办单位：中共兰州市安宁区委、安宁区人民政府

以"率先跨越 和谐共进"为主题，推出桃花会、梨花会、兰州植物园郁金香花展。同时，还举办服装饰品展示会和桃花美食节。

◎ 第五届老子文化节暨第八届"洮阳之春文化旅游节"公祭老子典礼

时间：2011年4月至5月
地点：定西市临洮县

活动期间，主办方邀请有关领导及国内外专家、学者以及老子文化研究会成员和社会各界人士参加在岳麓山伯阳宫内举行的公祭老子典礼，还组织万人诵经和为中华民族祈福活动，并现场观看汉唐古装舞表演。

◎ 第九届兰州·什川之春旅游节

时间：2011年4月至9月
地点：兰州市什川旅游风景区
主办单位：兰州市旅游局、皋兰县人民政府
承办单位：什川旅游开发区管委会、什川镇人民政府

以"畅游百年生态梨园、体验千年农耕文化、延伸百里黄河风情、重塑什川生态魅力"为主题，举办甘肃戏曲票友系列大赛、多彩皋兰民俗文化展、广角梨园征

文及摄影书法绘画大赛作品展、环梨园自行车比赛、皋兰特色农业博览会等活动。

◎ 香古寺旅游经贸文化节

时间：2011年5月
地点：武威市香古寺旅游风景区

举办经贸交流、佛事观光、放河灯、农民运动会、书画笔会等活动。

◎ 四月四佛山民俗旅游文化节

时间：2011年5月
地点：张掖市山丹县大佛寺
主办单位：山丹县人民政府
承办单位：清泉镇人民政府、山丹县旅游局

古往今来，每年农历四月初四至初八，为纪念释迦牟尼诞生，山丹大佛寺都要举办传统的盛大庙会。此时，桃杏开花，杨柳吐丝，麦苗泛绿，风和日丽，游人云集于此，朝佛拜神，祈祷平安；借佛游春，赶会踏青。

◎ 明花大漠明珠·裕固族传统文化艺术节

时间：2011年5月
地点：张掖市肃南裕固族自治县

举办传统民族文化体育活动、歌舞表演等。

◎ 第十九届文殊寺文化庙会

时间：2011年5月
地点：张掖市肃南裕固族自治县石窟群旅游景区文殊寺

举办传统民族文化体育活动、民族服饰展出、歌舞表演及宗教朝圣等活动。

◎ 甘肃莲花山五月观鸟节

时间：2011年5月
地点：临夏回族自治州康乐县莲花山国家自然保护区

举办全国鸟类摄影年会、观鸟大赛和鸟类摄影图片展等三部分活动。

◎ 和政县松鸣岩花儿会

时间：2011年5月
地点：临夏回族自治州松鸣岩风景区

松鸣岩花儿会经历了百年的传承与发展，历史悠久。花儿会期间山花烂漫、百鸟争鸣，正是踏青对歌的好时节。它是西北民歌花儿的艺术盛会，有歌手赛歌和对歌等活动。

◎ 第十二届中国九色甘南香巴拉旅游艺术节暨第四届迭部腊子口红色旅游艺术节

时间：2011年5月
地点：甘南藏族自治州舟曲县
主办单位：中共甘南州委、甘南州人民政府
承办单位：中共迭部县委、迭部县人民政府、甘南州旅游局

这是一场集文化、体育、旅游、商贸于一身的节庆盛会。其间，举办文艺节目暨万人红歌大联唱、招商引资经贸洽谈会、"走进吉祥迭部感受藏乡风情"采风活动、腊子口战役纪念馆开馆仪式、千人锅庄表演大型焰火晚会、绿色长征万人接力赛、绿色长征誓师大会及"绿色长征发起地"揭牌仪式、论坛专题报告会等活动。

◎ 中国玫瑰之乡·永登苦水旅游节

时间：2011年5月至6月
地点：兰州市永登县苦水镇
主办单位：中共兰州市委宣传部、兰州市旅游局、兰州日报社

永登县是闻名遐迩的中国"玫瑰之乡"，苦水玫瑰在永登栽植已有200多年的历史，是兰州市的市花。本届旅游节举办旅游资源推介会、玫瑰产品展销及招商洽谈活动、苦水玫瑰形象大使选拔大赛、万人相亲会、非物质文化遗产展演、全民健身进农村、书画摄影展等活动。

◎ 第六届中国·敦煌飞天国际文化旅游节

时间：2011年5月至10月
地点：酒泉市敦煌鸣沙山月牙泉风景区

本届艺术节举办第六届中国·敦煌飞天国际文化旅游节启动仪式暨"千人登山滑沙比赛"、万人诵读《敦煌赋》、特色工艺品评选暨旅游工艺品大赛、敦煌奇石展、"中国非物质文化遗产走进敦煌—精粹展演"等活动。

6月

◎ 第二十二届天水伏羲文化旅游节

时间：2011年6月
地点：天水市
主办单位：天水市人民政府
承办单位：节会公祭大典及文体活动部、天水市文化文物出版局、天水市旅游局、天水市体育局

民间祭祀中华人文始祖太昊伏羲仪式、关中—天水经济区非物质文化遗产暨羲皇故里民俗文化展演、关中—天水经济区"麦积杯"环山自行车越野赛、2011伏羲文化兰州—天水论坛活动等。

◎ 2011（辛卯）甘肃省公祭中华人文始祖伏羲大典

时间：2011年6月
地点：天水市秦州区伏羲广场
主办单位：甘肃省人民政府
承办单位：甘肃省文化厅、天水市人民政府

祭祀议程包括奏乐、击鼓鸣钟、恭读祭文、乐舞告祭、敬献花篮、瞻仰圣像。

◎ 清水县轩辕文化节暨经贸项目洽谈会

时间：2011年6月
地点：天水市清水县

举行瞻仰轩辕圣像，共同缅怀中华民族的人文初祖轩辕皇帝的祭拜仪式，开展文化交流、物资交流等活动。

◎ 第九届中国庆阳端午香包民俗文化节

时间：2011年6月
地点：庆阳市
主办单位：庆阳市人民政府
承办单位：中共西峰区委、西峰区人民政府

庆阳端午香包民俗文化节在端午节前夕举办，是富有黄土高原特色的展示其黄土积淀深厚、独具地域特色的民俗文化艺术节。传说"香包"是当地妇女在端阳节制作的各种小动物形状的绣花荷包，给孩子们佩带在身上驱恶逐魔、逢凶化吉。现已成为集经贸、娱乐为一体的民俗活动，不仅活跃了商贸市场，丰富了群众文化生活，还促进了当地旅游的发展。

◎ 洮岷花儿会

时间：2011年6月
地点：定西市岷县

开展花儿赛唱；物资交流会；药材交易会；项目推介；投资洽谈；书画、摄影、根雕、奇石展览等活动。

◎ 甘南博峪采花节

时间：2011年6月
地点：甘南藏族自治州舟曲县

五月正是百花争艳、群芳吐蕊的时节，一年一度的甘肃甘南博峪藏族人民的传统节日——采花节如期而至。早上，姑娘们出发去采花，全村的男女老幼都来送行，祝愿她们一路平安，顺利归来。夜幕降临，村里村外，到处芳香，年轻的姑娘们围着篝火翩翩起舞，将采花节的气氛推向高潮。这一晚，全村男女老幼相聚在一起，畅饮采花吉祥酒，通宵达旦。

7月

◎ 甘肃嘉峪关国际滑翔节

时间：2011年7月
地点：嘉峪关市嘉峪关滑翔基地

举办滑翔比赛、滑翔表演等活动。

◎ 六月六焉支山风情旅游节

时间：2011年7月
地点：张掖市山丹县焉支山森林公园

举办六月六钟山寺传统庙会、烧香祈福、登山赏景、观光游玩、农家做客游、文艺表演和地方旅游文化产品展销等活动。

◎ 莲花山花儿会

时间：2011年7月
地点：临夏回族自治州康乐县

此活动是由马莲绳拦路对歌起始，进入浪山、夜歌直至祝酒、话别为止。花儿会的内容题材广泛，主要是以歌唱祖国，歌唱大好河山，歌唱共产党，歌唱改革开放以来党的好政策，歌唱临潭的变化、党的富民政策等，也有谈情说爱之类的活动，是年轻人充满爱情与欢

乐的一次盛大聚会。

◎ 陇菜美食节

时间：2011年7月至8月
地点：兰州市
主办单位：兰州市人民政府
承办单位：兰州市商务局

有各类创新菜品、面点、宴席、风味小吃、食品雕刻、冷拼等陇上美食参展。

◎ 2011敦煌行·丝绸之路国际旅游文化节

时间：2011年7月至8月
地点：兰州市
主办单位：国家旅游局、甘肃省人民政府
承办单位：甘肃省旅游产业发展领导小组办公室

举办"敦煌行·丝绸之路国际旅游节"开幕式暨"炫彩之旅"大型文艺演出、甘肃旅游合作洽谈会、国内外百强旅行商丝路行、精品剧目演出月、陇菜美食节、中国河西走廊第一届有机葡萄美酒节、醉美甘肃·丝绸之路旅游摄影大赛、兰州非物质文化遗产展示展演等活动。

◎ 湿地之夏·金张掖旅游文化艺术节

时间：2011年7月至8月
地点：张掖市
主办单位：中共张掖市委、张掖市人民政府

举办旅游产品推介会、大型风光图片展、影片展映周、祁连玉文化旅游博览会等活动。

◎ 安宁蟠桃会

时间：2011年7月至10月
地点：兰州市安宁区

节会期间市民和游客不仅能品尝到各种鲜桃，观看文艺会演，还可参与农家特色菜大比武、鲜桃采摘及"桃王"评选等活动。

◎ 中国河西走廊第一届有机葡萄美酒节

时间：2011年8月
地点：兰州市、武威、张掖市等
主办单位：甘肃省人民政府
承办单位：甘肃省葡萄酒业协会

甘肃省葡萄种植加工、葡萄酒制造产业历史悠久。其间，举办葡萄酒主题书画大赛、美酒品鉴、知识普及等活动。

◎ 第四届中国·会宁红色旅游节

时间：2011年8月
地点：白银市会宁县
主办单位：全国红办、甘肃省旅游局
承办单位：中共会宁县委、会宁县人民政府、白银市旅游局

会宁城是一座历史文化名城，"地控三边，县居四塞"，是古丝绸之路的重镇，素有"秦陇锁钥"之称。1936年10月，红军三大主力在会宁胜利会师，结束了二万五千里的伟大征程，揭开了中国革命历史上崭新的一页。本次活动以"走进会师圣地，传承长征精神"为主题，举办旅游产品、红色剪纸、红色摄影等活动。

◎ 白银景泰第六届黄河文化风情节

时间：2011年8月
地点：白银市景泰县黄河石林国家地址公园
主办单位：白银市人民政府
承办单位：景泰县人民政府、白银市旅游局、黄河石林管委会

黄河石林形成于距今400万年前的地质时代，以黄褐色河湖相砂砾岩为主的石柱、石笋通高都在80～200米，千姿百态、规模宏大。本届文化风情节重点突出这"中华自然奇观"，举办白银风情摄影展、旅游项目投资洽谈会、白银旅游发展论坛等活动。

◎ 第三届中国敦煌葡萄节

时间：2011年8月
地点：酒泉市敦煌市
主办单位：中国果品流通协会、敦煌市人民政府
承办单位：中国果品流通协会葡萄分会、中国农学会葡萄分会、敦煌市林业局

举办敦煌及国内葡萄系列产品展示评奖、实地观摩葡萄产业建设、全国葡萄学术研讨会、敦煌国际服饰模特儿大赛、吃葡萄比赛、经营合作洽谈签约等活动。

◎ 张掖马蹄寺观光旅游节

时间：2011年8月
地点：张掖市肃南裕固族自治县马蹄寺风景区

这是雪山脚下裕固儿女欢歌迎远客的一种方式。节庆期间，有精彩的马术表演、观光旅游、感受草原游牧民族生活方式和文化等特色项目。

◎ 庆阳农耕文化旅游节

时间：2011年8月
地点：庆阳市西峰区
主办单位：庆阳市人民政府
承办单位：庆阳市旅游局

庆阳是中华民族早期农耕文明的发祥地之一，其民俗文化独树一帜，在历史上一直是农业生产的重要地区，素有"陇东粮仓"之称。此次活动包括农耕文化研讨会、非物质文化遗产展示、农耕体验等活动。

◎ 中国乞巧文化节

时间：2011年8月
地点：陇南市西和县

农历七月初七，西和县的"乞巧"活动被称为中国古代"乞巧"风俗的活化石，也是一个流传甚广、历史悠久的古老民俗。乞是乞求，巧则是心灵手巧，"乞巧"是向神灵讨要智慧、乞求幸福的意思。其间，还举办文艺演出、合作交流、招商引资、宣传促销等活动。

◎ 陇南花椒节

时间：2011年9月
地点：陇南市武都区

开展花椒商品展销、花椒基地观摩、花椒产业开发论坛、花椒乡镇及百强村评选、商贸洽谈、书画摄影展、文艺演出、观光旅游等一系列活动。

◎ 永靖红枣中秋旅游节

时间：2011年9月
地点：临夏回族自治州永靖县太极岛
主办单位：永靖县人民政府

举办观黄河三峡、品永靖红枣、赏中秋明月等活动。

商务会展

◎ 第二届"丝路聚珍"甘肃民间文玩集萃交流展

时间：2011年1月
地点：甘肃国际大酒店
主办单位：兰州市文化广播影视出版局、兰州市文物局
承办单位：甘肃省收藏家协会、兰州市收藏文化交流协会

展览项目包括珠宝玉器、书画、铜器、陶瓷、竹木、象牙、古董家具等，集中展现了西部千年的丝路文化。展会期间，市收藏文化交流协会还邀请了全国各地古玩商家、收藏家、鉴赏家和文玩艺术品爱好者观赏交流，共同切磋鉴赏收藏技艺。

◎ 第十三届兰州国际广告、标志LED及光电照明展览会

时间：2011年3月
地点：甘肃国际会展中心
主办单位：甘肃省广告协会、甘肃省印刷协会
承办单位：兰州三力企业、甘肃奥美广告展览有限公司

广告、网印、办公设备、各种耗材。

◎ 第十一届西北医疗器械（兰州）展览会

时间：2011年5月
地点：甘肃国际会展中心
主办单位：甘肃省药学会
承办单位：甘肃亚飞展览策划有限公司

X线诊断设备、功能检查设备、超声诊断设备、核医学诊断设备、医院信息管理系统、实验设备及分析仪器、内窥镜系统、五官科设备、病理诊断设备、手术器械理疗仪器、激光治疗仪器、低温冷冻治疗设备、急救器材等。实验设备展中有光学显微镜、各类光学分析仪、分子医学仪器、核医学仪器、各类电子分析测试仪、实验仪器等。

◎ 第十七届中国兰州投资贸易洽谈会

时间：2011年7月
地点：甘肃国际会展中心
主办单位：国家工商行政管理总局、国家旅游局、国务院台湾事务办公室、中华全国工商业联合会、中国国际贸易促进委员会、天津市人民政府、山东省人民政府等
承办单位：甘肃省人民政府、兰州市人民政府

开展投资推介洽谈、产品展示展销、交流研讨、文化旅游等系列活动。

◎ 第五届中国西北（兰州）国际装备制造业博览会

时间：2011年7月
地点：甘肃国际会展中心
主办单位：甘肃省工业和信息化委员会
承办单位：甘肃省机械科学研究院、甘肃省机械工程学会、陕西焦点展览贸易有限公司

工业控制自动化及仪器仪表专题展区；机床及模具技术和设备专题展区；轴承专题展区；五金工具及焊接设备专题展区；分析、计量测试仪器与实验室设备展区；阀门、泵、压缩机、密封、管道及流体设备展区。

◎ 第四届西北农资（甘肃）交易会

时间：2011年9月
地点：甘肃国际会展中心
主办单位：甘肃省农牧厅、甘肃省农业发展促进中心、兰州博望展览服务有限公司
承办单位：兰州博望展览服务有限公司

种子、肥料、农药等展示。

青海

节庆文化活动

2月

◎ **湟中塔尔寺元宵灯节**

时间：2011年2月
地点：西宁市湟中县塔尔寺

元宵节当天塔尔寺附近的和平路、团结路两条大街上人流如潮，街道两旁建筑物上的万盏红纱灯、农民画灯箱及满天星灯饰、二龙戏珠的东西龙门托起了幸福与吉祥，湟中县城处处洋溢着浓郁的节日气氛。

◎ **民和欢乐社火**

时间：2011年2月
地点：海东地区民和回族土族自治县

农民自发组织起来的社火表演队打鼓、吹号、扭秧歌、舞龙、舞狮、踩高跷，还跳起了时尚的藏舞，给市民拜年，庆祝新春。秧歌队的队员们扭着舞步徐徐前进，鲜艳的彩带和扇子舞动五彩的生活，锣鼓队员们节奏有序地敲锣打鼓，一时间咚咚震耳，龙腾虎跃，令人振奋不已。踩高跷的队员们身穿戏装、手持刀枪，扮成戏剧人物，脚踩四尺多高的木跷，伴着锣鼓点边走边舞。两条长龙摇头摆尾地前进，四只狮子张牙舞爪，在引狮人的带领下欢腾跳跃，生龙活虎，一派热闹景象。

◎ **塔尔寺四大法会**

时间：2011年2月、5月、7月、10月
地点：西宁市湟中县塔尔寺
主办单位：青海省旅游局

第一次法会叫正月祈愿大法会，农历正月初八至十八举行，农历正月十五晚间举办大型酥油花展览。第二次法会叫四月法会，农历四月初八至十五举行，是纪念释迦牟尼诞生、出家、涅槃的法会。第三次法会叫六月法会，农历六月初三至初九举行，是纪念释迦牟尼"三转法轮"的大法会。第四次法会叫九月法会，农历九月二十至二十六举行，是纪念释迦牟尼降凡的大法会，有拜佛等活动。

3月

◎ **土族波波会**

时间：2011年3月
地点：海东地区互助土族自治县土族乡村
主办单位：青海省旅游局

"波波会"是土族传统的民俗活动，"波波会"的主要仪式有：竖幡、跳神、招魂、放幡、卜卦等。

4月

◎ **贵德梨花节**

时间：2011年4月
地点：海南藏族自治州贵德县

举办观赏梨花、物资交流、文艺表演、民间体育活动等。

◎ **青海贵德第六届黄河文化旅游节**

时间：2011年4月
地点：海南藏族自治州贵德县

举办海南藏族自治州篮球邀请赛、民族手工艺品和书画、黄河奇石的展览以及经贸洽谈活动。

◎ 第五届中国撒拉族旅游文化节

时间：2011年4月至7月
地点：海东地区循化撒拉族自治县

举办撒拉族旅游文化推介会、旅游产品展销、民族饮食展、摄影书画展等。

◎ 第五届中国黄河源徒步探险大会

时间：2011年6月
地点：西宁市
主办单位：国际市民体育联盟中国总部、青海省体育局
承办单位：北京每日徒步运动中心、玛多县人民政府

此次活动徒步地点选在距黄河源头玛多县约60多公里的鄂陵湖和扎陵湖之间，这里是黄河源头两个最大的高原淡水湖泊，素有"黄河源头姊妹湖"之称。此行目的是使人民了解黄河，保护黄河环境，增加弘扬黄河文化的责任感，并通过探访"4·14"大地震重灾区——玉树，祝福玉树美好未来！

◎ 2011中国·青海丁香郁金香节

时间：2011年6月
地点：西宁市大通回族土族自治县
主办单位：大通回族土族自治县人民政府
承办单位：大通回族土族自治县旅游局等

举办植物园花卉展、垂钓比赛、爱国主义电影展映等活动。

◎ 青海湖观鱼放生节

时间：2011年6月
地点：海北藏族自治州刚察县仙女湾景区

每年的5月至7月，湟鱼在境内的沙柳河、布哈河等5条河流溯流而上产卵，形成鱼鸟共生的壮观景象。为保护、拯救青海湖裸鲤，开展以青海湖民间祭海活动、青海湖观鱼放生节开幕式、观鱼放生活动启动仪式、群众性文体活动。此外，还集中两个月的时间开展群众性观鱼放生活动。

◎ 2011青海湖国际雕塑与大地艺术节

时间：2011年6月至10月
地点：海北藏族自治州青海湖沙岛景区

以"梦幻青海湖，激情在沙岛"为主题，以沙雕、雕塑和大地艺术为载体，深入挖掘景区文化内涵，创意制作反映高原文化、绿色生态、世博文化等品位高、吸引力强的艺术作品参展、参赛。除此之外，还举办"沙滩文化周"、"青海湖快乐夏令营"、"印象青海湖，激情沙岛"、活力无限等系列活动。

◎ 2011中国（青海）三江源国际摄影节

时间：2011年7月
地点：西宁市
主办单位：国务院新闻办公室、中国文学艺术界联合会、中国摄影家协会、青海省人民政府

以"大美青海——人与自然的凝视"为主题，举办"大美青海——人与自然的凝视"和玉树抗震救灾等主题展、中外摄影家采风、中外名家摄影讲座、优秀主题影展和摄影比赛作品评奖等活动。

◎ 第十届环青海湖国际公路自行车赛

时间：2011年7月
地点：西宁市环青海湖地区
主办单位：青海省人民政府、国家体育总局

始自2002年的环青海湖国际公路自行车赛，经过8年精心经营，发展成为亚洲级别最高、规模最大的国际公路自行车赛，也是世界上海拔最高的国际公路自行车赛。它以其地域的独特性和运动的挑战性，已经成为我国具有高原特色的重要体育赛事品牌。

◎ 七里寺花儿会

时间：2011年7月
地点：海东地区民和回族土族自治县古鄯镇

七里寺花儿会是群众自发组织的民间文化盛会，演唱者均为民间歌手，在每年农历六月初六举办。演唱形式有独唱、对唱、合唱等，无任何乐器伴奏，演唱内容多为情歌。演唱者一般一手轻捂耳朵，根据内容需要用不同的"令"来演唱，所唱曲令达40余种。七里寺花儿会由于其浓厚的地方特色，再加上峡内药泉的吸引力，在西北地区颇负盛名。

◎ 中国土族旅游文化节

时间：2011年7月
地点：海东地区互助土族自治县故土园

举办花儿演唱表演、土族民俗展示、物资交流、祭祀礼仪等宗教活动。

◎ 门源油菜花文化旅游节

时间：2011年7月
地点：海北藏族自治州门源回族自治县浩门镇

集门源风光摄影展、花卉展和丰富多彩的文艺演出活动于一身，致力于展示门源神奇秀美的自然风光、历史文化、发展成果和良好的旅游风貌。本届旅游节举办非物质文化遗产展演、门源花儿演唱会、回族民俗展和花卉展、门源人唱门源歌手大奖赛、百里花海——爱之旅婚纱摄影以及群众歌咏比赛等活动。

◎ 热贡藏乡六月会

时间：2011年7月
地点：黄南藏族自治州同仁县

热贡藏乡六月会是流传于黄南藏族自治州同仁县境内的一种具有独特风格的民间习俗活动，已有400多年的历史。举办民族舞蹈表演、商品展卖等活动。

◎ 2011中国·青海老爷山花儿会

时间：2011年7月
地点：大通回族土族自治县大通老爷山
主办单位：青海省文化和新闻出版厅、青海省文联、青海省旅游局、青海电视台
承办单位：大通县人民政府

农历六月的大通，是花儿的海洋。在山上，青年男女们高唱"花儿"，放纵情怀。来自各地的"花儿"艺人和"花儿"爱好者的歌声，如时而温柔时而湍急的河水，流过老爷山的树荫，淌过明长城遗址的山巅，随着北川河的河水流进群众的心坎。本届花儿会举办山门里头唱曲艺、关帝庙前耍皮影、火烧台上漫花儿等放歌老爷山活动。

◎ 2011第三届青海湖国际诗歌节

时间：2011年8月
地点：西宁市

举办高峰文化论坛、诗人采风创作、诗歌朗诵会、金藏羚羊国际诗歌奖颁奖、诗歌音乐演唱会等活动。

◎ 中国青海国际抢渡黄河极限挑战赛

时间：2011年8月
地点：海东地区循化撒拉族自治县积石镇

青海国际抢渡黄河极限挑战赛是我国首个在青藏高原公开水域举办的大型国际赛事。因高海拔、低水温、急水流和氧气稀薄等特点独具魅力。除挑战极限比赛外，黄河流域的羊皮筏子的角逐，成为群众呼声最高的活动。

◎ 格萨尔王旅游文化艺术节

时间：2011年8月
地点：果洛藏族自治州

举办格萨尔史诗演唱会、文体活动、物资交流会等活动。

◎ 三川土族纳顿会

时间：2011年9月至10月
地点：海东地区民和回族土族自治县三川地区

"纳顿"是土族人的传统节日，从每年农历七月十二至九月十五。届时人们穿上最好的服装从下川到上川，笑逐颜开，扶老携幼，探亲访友，畅谈丰收的喜悦和对来年美好生活的祝愿。

 **12 月**

◎ 燃灯节

时间：2011 年 12 月
地点：青海藏族地区

1419 年藏历十月二十五日，一代宗师宗喀巴在甘丹寺圆寂。后来，每年这一天，整个藏族地区每家每户都点灯纪念这位伟大的佛教领袖。

商务会展

 **6 月**

◎ 2011 中国·青海绿色经济投资贸易洽谈会

时间：2011 年 6 月
地点：西宁市

以"开放合作、绿色发展"为主题，突出"绿色经济、低碳经济、循环经济"的理念。来自国内外的投资商进行洽谈、签署协议等活动。

◎ 青海藏毯国际展览会

时间：2011 年 6 月
地点：青海藏毯国际展览中心
主办单位：商务部、青海省人民政府、西藏自治区人民政府
承办单位：世界手工地毯协会、中国食品土畜进出口商会、中国家用纺织品行业协会、中国藏毯协会、青海省商务厅、西藏自治区商务厅、西藏自治区工业和信息化厅

分为国外精品地毯展览区、中国手工地毯展区、中国机织地毯展区、热贡艺术区、民族文化演示展销区、餐饮区等多个展区。

 **7 月**

◎ 2011 中国（青海）国际清真食品及用品展览会

时间：2011 年 7 月
地点：西宁城南国际展览中心
主办单位：中国国际贸易促进委员会、青海省人民政府、陕西省人民政府、甘肃省人民政府、新疆维吾尔自治区人民政府

由产品交易、投资洽谈、展会论坛、培训等部分组成。展览类别主要包括清真食品及保健品类；穆斯林民族用品类；食品机械设备、商标、包装及相关产品类。清真食品节有清真食品的展示和品尝、清真食品烹饪大赛、地方清真名优产品展示、民族服饰表演、穆斯林民间交流、穆斯林文化艺术品展示等活动。

8 月

◎ 青海国际唐卡艺术与文化遗产博览会

时间：2011 年 8 月
地点：黄南藏族自治州
主办单位：青海省文化和新闻出版厅、青海省旅游局、黄南藏族自治州人民政府、中铁集团公司
承办单位：中共黄南藏族自治州委宣传部、黄南藏族自治州文体局、黄南藏族自治州旅游局

举办唐卡艺术精品展示、国际唐卡艺术及非物质文化遗产保护青海论坛和唐卡艺术品鉴赏拍卖会、黄南藏乡民俗文化行及演出等活动。同时，以雕刻、雕塑类工艺品展示为主，开展文化产业项目推介、工艺美术品鉴赏、民间艺人技艺现场表演等活动。

宁夏

节庆文化活动

◎ 银川国际赏石旅游节暨旅游商品展示交易会

时间：2011年4月
地点：银川市文化城
主办单位：宁夏回族自治区旅游协会、银川市旅游局

以"旅游购物在银川"为主题，邀请全国各地奇石收藏爱好者、赏石社团及商户前来参展交易。活动期间，宁夏非物质文化展示、宁夏地方特色名优小吃展示等一并举行，全国十大泥塑名家还现场展示泥塑制作及泥塑精品。

◎ 第五届国际休闲旅游垂钓节

时间：2011年5月
地点：银川市鸣翠湖国家湿地公园
主办单位：宁夏回族自治区旅游局、银川市人民政府
承办单位：宁夏旅游行业垂钓协会、银川市体育局

举办垂钓竞技赛和休闲垂钓国际大赛等活动。

◎ 第七届六盘山山花旅游文化节

时间：2011年5月
地点：固原市六盘山国家森林公园

文化节期间游客可赏烂漫山花、观六盘云海、识高原物种、参观六盘山动植物博物馆、丝绸北道第一窟须弥山石窟、西吉火石寨国家地质公园，并推出丝绸重镇文化之旅、长征圣山体验之旅、须弥山石窟文化之旅等系列活动。

◎ 固原须弥山文化旅游节

时间：2011年5月
地点：固原市须弥山风景区

举办以展示原州民俗为主的农家乐宣传促销活动、摄影采风活动、组织有关民间机构开展旅游特色产品交流和传统的庙会活动等。

◎ 银川首届水洞沟文化旅游节

时间：2011年6月
地点：银川市水洞沟遗址博物院
主办单位：中国科学院古脊椎动物与古人类研究所、宁夏回族自治区旅游局、宁夏回族自治区文化厅、银川市人民政府
承办单位：灵武市文化旅游广播电视局、水洞沟遗址研究院

水洞沟是旧石器文化发现遗址。本次活动以"保护、传承、发展"为主题，通过举办水洞沟遗址发现88周年纪念活动、水洞沟遗址博物院对外开放庆典、水洞沟遗址国际学术专题研讨会、"探秘水洞沟、触摸古文明"系列活动，让更多的人了解水洞沟文化，提高中外游客和银川市民保护水洞沟古人类文化、热爱水洞沟古人类文化的意识。

◎ 第二届中国宁夏国际自驾车旅游节

时间：2011年7月
地点：银川市等
主办单位：宁夏回族自治区旅游局、宁夏回族自治区体育局、宁夏回族自治区文化厅、宁夏回族自治区公安厅、宁夏回族自治区交通运输厅、银川市人民政府、吴忠市人民政府、石嘴山市人民政府、中卫市人民政府、固原市人民政府
承办单位：灵武市人民政府、宁夏汽车摩托车运动协会等

千辆汽车、万名车迷从四面八方奔赴宁夏，参加主办方精心准备的自驾车观光旅游、汽车竞技运动和与汽车文化相关的活动。

◎ 中国银川国际汽车摩托车旅游节

时间：2011年8月
地点：银川市
主办单位：国家体育总局汽摩管理中心、宁夏回族自治区旅游局和体育局、银川市人民政府

举办千辆机动车城市大巡游、银川国际汽车与摩托车场地邀请赛、沙漠趣味系列赛、草原戈壁拉力赛、万名车迷沙漠与草原大联欢等活动。

◎ 七夕花棒情人节

时间：2011年8月
地点：银川市黄沙古渡湿地公园

活动中中式婚礼和西式婚礼共同演绎，相得益彰，几对新人在此刻见证了爱情的永恒。此外，还组织参观宁夏首家民俗文化博物馆、黄河湿地及鸟岛，充分展现了宁夏黄沙古渡湿地公园优美的生态环境及历史悠久的黄河文化，提升了黄沙古渡湿地公园的影响力。

◎ 宁夏六盘山登山节

时间：2011年8月
地点：固原市六盘山国际森林公园

主办方精心组织了各种登山赛事和配套活动，使游客共同瞻仰红色经典，体验清凉文化。

◎ 中国宁夏（中卫）硒砂瓜节暨沙漠文化旅游节

时间：2011年8月
地点：中卫市

参观中靖线、油三线硒砂瓜基地核心示范区以及永大线高效节水农业科技示范区等园区；组织举办以硒砂瓜、腾格里沙漠湿地公园为主的特色产业、特色旅游摄影、书法、剪纸艺术展；组织举办环腾格里湖徒步行走健身比赛等。

◎ 玉泉营金秋葡萄节

时间：2011年10月
地点：银川市永宁县玉泉营葡萄基地

举办观赏、采摘葡萄，参观葡萄酒生产等活动。

◎ 北武当庙九九重阳登高旅游节

时间：2011年10月
地点：石嘴山市
主办单位：石嘴山市人民政府

举办北武当庙文化庙会、贺兰山爬山比赛等活动。

◎ 宁夏冰雪旅游节

时间：2011年12月至2012年2月
地点：银川市苏峪口国家森林公园、阅海公园、沙湖生态旅游风景区
主办单位：银川市人民政府

以"绿色、健康、文化之旅"为主题，举办雪橇、雪圈、雪地摩托车、电动冰车、冰上母子车、卡丁车等项目。沙湖生态旅游风景区则突出"西北大漠豪情"的特点，依据自身沙、雪、冰三者兼备的特点，开发出冬季捕鱼、冰上滚铁环等项目。

12月

◎ 第七届军垦文化冰雪旅游节

时间：2011年12月至2012年2月
地点：石河子市
主办单位：石河子市人民政府

举办冰上运动会、滑雪滑冰大奖赛、军垦文化冰雕大赛、元宵节社火表演和万人长跑比赛等活动。

商务会展

4月

◎ 第五届宁夏广告印刷展览会

时间：2011年4月
地点：银川国际会展中心
主办单位：宁夏回族自治区新闻出版局、宁夏回族自治区广告协会、宁夏回族自治区印刷技术协会
承办单位：银川信威会展服务有限公司

印前处理系统、装订设备、包装与整饰设备、印刷器材、包装材料、绿色环保包装设备及包装测试设备、纸浆模塑制品包装及设备。

5月

◎ 中国银川渔具展销会

时间：2011年5月
地点：银川国际会展中心
主办单位：宁夏回族自治区旅游局、银川市人民政府
承办单位：银川国际会展中心

云集国内渔具行业知名生产企业，还有来自日本、美国等国外厂商携其最新产品参加本次展会，参展总品牌近百家。届时，为广大渔具行业采购商、供应商、经销商、代理商及广大钓鱼爱好者提供广阔的交易平台。

◎ 第七届中国西北（银川）国际装备制造业博览会

时间：2011年5月
地点：银川国际会展中心
主办单位：国家级经济技术开发区管理委员会、宁夏回族自治区机械工程学会、宁夏回族自治区经济和信息化委员会、宁夏回族自治区科学技术协会、银川市人民政府
承办单位：陕西焦点展览贸易有限公司

工业控制自动化及仪器仪表、精密加工机械、五金工具及焊接及切割技术设备、工程机械及专用车辆等。

6月

◎ 2011第七届中国·宁夏国际能源装备与节能减排科技博览会

时间：2011年6月
地点：银川国际会展中心
主办单位：宁夏回族自治区经济和信息化委员会、宁夏回族自治区财政厅、宁夏回族自治区科技厅、宁夏回族自治区环保厅、银川市人民政府
承办单位：宁夏西部矿业联合会、宁夏企业和企业家联合会、宁夏会展行业协会

节能减排重点领域成果形象展示、新能源与可再生能源展示、节能服务展示、工业节能展示、建筑节能技术与产品展示等。

◎ 第七届中国宁夏国际煤炭与能源产业博览会

时间：2011年6月
地点：银川国际会展中心
主办单位：银川伊尔文化传播有限公司、银川国际会议展览中心

宁夏煤炭工业发展建设项目成就展；宁夏重点煤业集团形象与成果展及宁夏煤炭开发项目建设成就展；国内外大型煤业集团形象与成果展示；煤炭焦化、气化、液化综合利用；煤炭集运、装载工具、矿用轮胎、矿用车辆等设备。

◎ 第四届中国宁夏国际电力工业技术装备博览会

时间：2011年6月
地点：银川国际会展中心
主办单位：宁夏能源协会
承办单位：银川伊尔文化传播有限公司

大型煤电转化（或联营）企业集团形象与成果展示、供发电单位形象与成果展示。

◎ 第三届中国宁夏国际文化艺术节旅游博览会

时间：2011年7月
地点：银川市
主办单位：国家民族事务委员会、国家旅游局、宁夏回族自治区人民政府

举办西部民歌（花儿）歌会，赏石、岩画等艺术展示，国际民间艺术展示周，国际摄影书画艺术展，文化旅游产品推介展，文化论坛，全国自驾游俱乐部大会，国内外优秀电影展播周等活动。

◎ 2011中国宁夏国际能源展会

时间：2011年9月
地点：银川国际会展中心

煤炭设备、矿业节能降耗及环保技术装备、煤气化技术与设备等。

◎ 2011中国（宁夏）国际投资贸易洽谈会暨中阿博览会

时间：2011年9月
地点：银川国际会展中心
主办单位：商务部、中国国际贸易促进委员会、宁夏回族自治区人民政府

贸易投资、商品交易及其他。

新疆

节庆文化活动

◎ 天山天池冰雪风情节

时间：2011年1月
地点：昌吉回族自治州新疆天山天池风景区

地处天山浅山脉，海拔1200米的天山天池国际滑雪场，是我国西部干旱地区典型的山地景观，有着独特的地理条件和优美的自然风光，滑雪场内有新疆最长的专业滑雪道，雪地摩托、观光缆车、魔毯等滑雪器材，为游客在寒冷的冬日里增添了许多趣味性。

◎ 第四届中国新疆冰雪旅游节阿勒泰滑雪节暨阿勒泰市第六届人类滑雪最早起源地纪念日庆典活动

时间：2011年1月
地点：阿勒泰地区

第六届古老滑雪比赛、"人类滑雪最早的起源地"庆典民俗歌舞晚会、2011新疆大众滑雪积分赛、2011全国（国际）大众滑雪邀请赛等活动。

◎ 第九届冰灯艺术节

时间：2011年1月至2月
地点：昌吉回族自治州

本届冰灯艺术节总体景观在去年的基础上，增加了较大体量的冰雕艺术精品来衬托石雕园、盆景园的景观特色。群众参与的冰上项目有冰滑梯、溜冰场、冰陀螺、雪地摩托、迷宫等。

◎ 第四届新疆喀纳斯冰雪风情旅游节

时间：2011年1月至4月
地点：阿勒泰地区布尔津县新疆喀纳斯风景区
主办单位：新疆维吾尔自治区旅游局、阿勒泰地区行政公署
承办单位：布尔津县人民政府、喀纳斯景区管委会

以"培育冬季旅游精品、体验异域民俗风情"为主题。举办第三届"禾木杯"新疆喀纳斯古老毛滑雪板狩猎比赛、喀纳斯图瓦民俗文化节、喀纳斯高山野雪邀请赛等活动。

◎ 第三届图瓦民俗文化节

时间：2011年2月
地点：阿勒泰地区布尔津县喀纳斯风景区

图瓦人是蒙古族的一支，居住在我国的图瓦人只有2500人左右，主要分布在阿勒泰地区的哈巴河县白哈巴村、布尔津县禾木村和喀纳斯村。他们以摔跤、赛马等当地传统的体育活动迎接新春的到来。

◎ 纳吾鲁孜节

时间：2011年3月
地点：新疆维吾尔自治区哈萨克族聚居地

"纳吾鲁孜节"标志着新的一年的到来。为了欢度节日，在每年的春分时节，家家户户在节前都清扫屋内

外，修整棚圈，准备过节食品。节日的食品主要有用大米、小米、小麦、面粉、奶酪、盐、肉等做的粥状的"纳吾鲁孜饭"，还有储存的冬肉，如马肥肠、马脖子、马肋条灌肠、马碎肉灌肠、马盆骨包肉等。节日这一天，人们身着鲜艳的民族服装，成群结队地走村串户，互相拜年。节日期间开展各种文娱体育活动，如弹唱、对唱、摔跤等，做绕口令、猜谜语等游戏。孩子们则玩踢毽子、放风筝、捉迷藏等游戏。

◎ 英吉沙杏花节

时间：2011年3月
地点：喀什地区英吉沙县

不仅可观看好看的杏花，还举办丰富多彩的民间花会活动，包括民族歌舞、诗歌朗诵、书法、斗羊、斗狗、达瓦孜、摔跤等。

◎ "沙漠之春"探险旅游摄影节

时间：2011年3月
地点：吐鲁番地区鄯善县库木塔格沙漠风景区

举办新疆鄯善县库木塔格沙漠徒步越野挑战赛、环库木塔格沙漠越野集结赛、新疆"沙漠之春"摄影大赛、动力滑翔表演赛等活动。

◎ 努肉孜节

时间：2011年3月
地点：巴音郭楞蒙古自治州若羌县
主办单位：中共若羌县委、若羌县人民政府
承办单位：若羌镇人民政府

3月21日是穆斯林传统节日"努肉孜节"，距今已有3000多年的历史，从这一天起，白天的时长将超过夜晚，标志着春天的开始。人们在这一天欢聚，把酒畅谈，追忆往昔，憧憬新一年的丰收。届时举办具有浓郁维吾尔族风情的文艺节目及摔跤、斗鸡、斗狗、斗羊、拔河等民俗活动比赛，各类民俗小吃让近万名游客大饱口福。

◎ 新疆伊犁国际杏花旅游节

时间：2011年4月
地点：伊犁哈萨克自治州伊宁县
主办单位：伊犁哈萨克自治州旅游局

以"'杏'福连万家"为主题，开展摄影大赛、民间艺术表演、农家乐餐饮及特色农产品展示和旅游推介会等活动。

◎ 裕民百日山花节

时间：2011年4月至6月
地点：塔城地区裕民县

在巴尔鲁克山举行徒步大赛和民俗文化表演；邀请新疆内外著名摄影家、画家、作家等艺术家到裕民县采风，举办裕民风光摄影展；举办美食大赛、研讨会等活动。

◎ 环赛里木湖自行车赛

时间：2011年5月
地点：博尔塔拉蒙古自治州
主办单位：新疆维吾尔自治区旅游局、新疆维吾尔自治区体育局、博尔塔拉蒙古自治州人民政府、新疆维吾尔自治区体育总会、新疆人民广播电台、新疆电视台、中央人民广播电台新疆记者站

在这最原始纯净的"西来之异境"的世界里，所有参赛的自行车选手们骑着赛车，在一望无际的草原上，与青山绿水、蓝天白云，与遍野繁花似锦的亲密接触中体会飞扬穿越的激情。

◎ 2011中国·察布查尔"西迁"国际经贸文化旅游节

时间：2011年5月
地点：伊犁哈萨克自治州察布查尔锡伯自治县

"西迁"来源于锡伯族历史上的西迁。1764年农历四月十八，沈阳等地的锡伯族官兵及亲属共3275人受朝廷调遣，挥泪告别亲人，离开家乡去边疆戍边屯垦，历经一年半的长途跋涉来到伊犁河畔，建立新家园，后来为了纪念这一重大的历史事件，每年的农历四月十八，锡伯族同胞都会从四面八方会聚在一起，纪念这一民族节日。其间，举办经贸、民俗表演、手工展示等活动。

◎ 第七届新疆国际旅游节

时间：2011年6月
地点：克拉玛依市

举办新疆暨克拉玛依市旅游推介会、寻访最值得驻华大使馆向世界推荐的石油文化旅游第一城——新疆克拉玛依、千人千车环准噶尔盆地自驾车之旅、国际旅游节篝火狂欢晚会等一系列大型庆典活动。

◎ 东归那达慕节暨罗布淖尔民俗文化旅游节

时间：2011年6月
地点：巴音郭楞蒙古自治州

表演和比赛项目包括速度赛马、速度赛骆驼、蒙古式摔跤等。

◎ 第四届博斯腾湖捕鱼节暨祭湖仪式

时间：2011年6月
地点：巴音郭楞蒙古自治州博斯腾湖
主办单位：中共博湖县委、博湖县人民政府

以"大漠西海盛世渔歌"为主题，举办蒙古族传统仪式祭湖、开湖仪式、观看捕鱼活动、环湖自行车赛、赛龙舟等活动。特别是西海第一锅万人鱼宴和西海第一锅端午粽子宴使来参加捕鱼节的游客大饱口福。

◎ 第二届丝路明珠——喀什噶尔国际旅游文化节

时间：2011年6月至7月
地点：喀什地区喀什市

举办开幕式、丝绸之路民俗摄影大赛启动仪式、大型歌舞晚会。

◎ 新疆伊犁天马之乡国际旅游节

时间：2011年6月至7月
地点：伊犁哈萨克自治州新源县那拉提草原
主办单位：新疆维吾尔自治区旅游局、伊犁哈萨克自治州人民政府
承办单位：新源县人民政府、那拉提景区管委会

旅游节期间，举办首届亚欧草原文化高峰论坛，赛马、刁羊、姑娘追、哈萨克婚礼等民俗活动，草原大型篝火晚会、"那拉提景区草原风情"摄影大赛、哈萨克族民间歌舞表演等活动。

◎ 第二届乌尔禾民俗文化旅游节

时间：2011年6月至8月
地点：克拉玛依市

游客可参与祭拜敖包，欣赏民俗服饰展，品尝农家乐小吃，购买乌尔禾奇石。同时还举办蒙古族土尔扈特部落民俗文化原生态展演，游客可以身临其境蒙古族婚庆实景现场，观看到非物质文化遗产展示。

◎ 新疆首届"芳香之都·浪漫之旅"薰衣草旅游节

时间：2011年6月至10月
地点：伊犁哈萨克自治州霍城县
主办单位：新疆自治区旅游局、伊犁哈萨克自治州人民政府
承办单位：霍城县人民政府

霍城县是中国最大的薰衣草种植基地。每到夏天，霍城县就成了紫色薰衣草的海洋。此次活动围绕薰衣草为主线，推出薰衣草系列旅游产品、纪念品展销、洽谈和签约等活动。

◎ 中国哈密甜蜜之旅第八届哈密瓜节

时间：2011年7月
地点：哈密地区哈密市
主办单位：中共哈密市委、哈密市人民政府

以御用贡瓜——加格达瓜为代表的近百种哈密瓜陈列于哈密瓜园品瓜长廊，供游客参观、品尝，同时还组织游客走进哈密瓜文化博物馆探寻哈密瓜悠远的历史。

◎ 2011中国昭苏国际马术耐力赛

时间：2011年7月
地点：伊犁哈萨克自治州昭苏县

昭苏以盛产良马著称，马文化历史悠久。汉武帝曾将身形矫健、轻快灵活、奔跑神速的伊犁马赐名为"天马"，昭苏天马从此闻名于世。届时来自各国的选手，纵马长啸，穿越百万亩黄灿灿的油菜花田间、茂密翠绿的森林和碧绿的广袤草原，和上万名区内外游客一起，体验着哈萨克豪情、享受着奔放的"天堂纵马"。

◎ 第十二届水节

时间：2011年8月
地点：克拉玛依市

水节是克拉玛依各族市民欢聚的盛会，也是展示克拉玛依城市文化的盛会。其间，还陆续开展各社区文艺展演、中国移动新疆爱乐乐团交响音乐会、美食节、根雕奇石展、千名老人游油城、水节经贸洽谈会、旅游推介会、魔鬼城狂欢夜等精彩活动。

◎ 第二届伽师瓜旅游文化节

时间：2011年8月
地点：喀什地区伽师县

举办开幕式大型焰火晚会、伽师瓜品尝一条街、伽师风情摄影邀请赛、绿色农业展示推介会、伽师精品原生态文化旅游等活动。

◎ 第八届和田玉石文化旅游节

时间：2011年8月
地点：和田地区墨玉县

和田玉展示和交易、文化讲座、图片展览等。

◎ 第二十届丝绸之路吐鲁番葡萄节

时间：2011年8月
地点：吐鲁番地区
主办单位：新疆维吾尔自治区旅游局、新疆维吾尔自治区吐鲁番地区行政公署、湖南省旅游局
承办单位：乌鲁木齐天筑博文品牌策划有限公司

此次以"魅力新疆，神奇吐鲁番"为主题，举办葡萄酒长廊、新疆艺术展、汽车及葡萄产业生产设备展销会、新疆特色林果业产品展示、文化路大巴扎户外用品展示会、小商品展销会等活动。

◎ 北庭国际民间文化艺术节

时间：2011年8月
地点：昌吉回族自治州吉木萨尔县

举办北庭风光摄影展、文艺晚会、艺术品拍卖会、北庭历史文化研究论坛、北庭名优小吃展示、各民族传统民间文化展示等13项活动。

◎ 新疆乌苏啤酒节

时间：2011年8月
地点：塔城地区乌苏市

设有装扮亮丽的花车巡游、气势恢弘的开幕式、百姓大舞台、农牧民文化艺术周、吉尼斯纪录啤酒快喝挑战大赛等活动。现场还设有啤酒文化展示区、微缩啤酒酿造流水线，让民众近距离体验"好啤酒是怎样酿造出来的"。

◎ 巴罗提节

时间：伊斯兰教历每年八月的头两天
地点：新疆塔吉克族聚居地

巴罗提节是塔吉克民族的节日，节日之夜家家都点一种特制灯烛，故又称为灯节。各家门前要点火堆驱邪。青少年们则在烛光下、火堆前欢歌跳舞，尽情戏耍，彻夜不眠。

◎ 喀纳斯金秋摄影节

时间：2011年9月
地点：阿勒泰地区喀纳斯风景区
主办单位：喀纳斯风景区管委会

举办期间国内外的摄影爱好者均可报名参赛，参赛作品需反映喀纳斯风景区优美的四季风光、人文景观、历史文化、民俗风情、节庆活动、旅游趣味、浪漫体验、徒步探险等内容。

◎ 中国新疆第三届国际旅游摄影节暨新疆国际胡杨节

时间：2011年9月至10月
地点：乌鲁木齐市等
主办单位：中国新闻摄影学会、新疆维吾尔自治区旅游局、新疆维吾尔自治区林业厅、人民摄影报

在各大网上展开"网评活动"，组织摄影专家对参赛作品进行认真评奖，在此基础上评出金、银、铜、优秀等奖项。

◎ 伊吾第三届胡杨节

时间：2011年9月至10月
地点：哈密地区伊吾县
主办单位：新疆维吾尔自治区旅游局、中国摄影家协会

举行千人徒步环游胡杨林、自驾车旅游集结赛暨场地表演赛，邀请游客参观胡杨林风景区，进行摄影、探秘、胡杨认领，以及品瓜会、根雕展等系列活动。

商务会展

◎ 中亚国际建材、家用电器、厨卫及消费电子展

时间：2011年5月
地点：新疆国际博览中心
主办单位：中国国际贸易促进委员会新疆分会
承办单位：佛山市世博展览有限公司

家具、居室木门、铁艺门、车库门、伸缩门、塑钢窗等。

◎ 第十二届新疆国际农业机械博览会

时间：2011年5月
地点：新疆体育中心
主办单位：中国农业机械工业协会、新疆维吾尔自治区农牧业机械管理局、新疆生产建设兵团农业局、新疆生产建设兵团农机局、新疆维吾尔自治区畜牧厅、中国国际贸易促进委员会新疆分会
承办单位：新疆雅式展览有限公司

大会开幕酒会、新疆农牧业招商引资项目大型推介会、专业研讨会、技术交流会、新产品发布会等活动。

◎ 第十二届新疆国际农业生产资料交易洽谈会

时间：2011年5月
地点：新疆体育中心
主办单位：新疆生产建设兵团农业局

分为肥料专业展区、种子专业展区、农药专业展区、节水灌溉及温室技术设备专业展区、农业机械展区、林果机械展区、特设农业高新技术成果和项目展示与交流区。

◎ 第八届新疆国际煤炭工业博览会

时间：2011年7月
地点：新疆国际博览中心
主办单位：新疆维吾尔自治区人民政府
承办单位：新疆维吾尔自治区经信委、新疆维吾尔自治区煤炭局、新疆维吾尔自治区安监局、新疆维吾尔自治区招商局、新疆维吾尔自治区兵团安监局、新疆振威国际展览集团有限公司

1.大型煤炭企业集团形象与成果展示；2.大型煤矿高产高效及安全生产示范形象展示；3.煤电、煤化工、煤层气开发（瓦斯发电机组）项目展示；4.煤矿工程与设计成果专利展示；5.大型勘探设施设备及技术。

◎ 第十届中国新疆国际石油天然气技术装备展览会

时间：2011年7月
地点：新疆国际博览中心
主办单位：新疆维吾尔自治区经济和信息化委员会、新疆维吾尔自治区招商发展局、新疆维吾尔自治区石油化工行业管理办公室
承办单位：新疆振威国际展览集团有限公司

油气勘探、开发与生产装备；物探、测井、钻井技术与设备；石油天然气管道建设工程技术和设备；动力机械设备及发电机组、天然气利用技术设备；轴承、轴承相关零配件；石油工艺与技术；石化产品和先进材料。

◎ 第十一届新疆国际汽车工业博览会

时间：2011年8月
地点：新疆国际博览中心
主办单位：中国汽车工业协会、乌鲁木齐市人民政府、中国国际贸易促进委员会新疆分会
承办单位：乌鲁木齐市招商发展局、乌鲁木齐晚报社、新疆雅式展览有限公司

包括中国和世界各国的新型工程机械、建筑机械、专用车辆、道路工程机械、工程新型材料、交通技术设备等，其中不乏有高科技的最新产品。同期还举办大型汽车模特儿大赛。

◎ 新疆社会公共安全产品暨警用反恐技术装备博览会

时间：2011年8月
地点：新疆国际博览中心
主办单位：新疆维吾尔自治区公安厅、新疆维吾尔自治区司法厅、新疆维吾尔自治区监狱管理局、乌鲁木齐市人民政府

参展商包括公安、检察、法院、监狱、看守所、武警、交通、消防、海关、税务、边防等部门。

◎ 第十一届新疆国际农业博览会

时间：2011年8月
地点：新疆国际博览中心
主办单位：新疆维吾尔自治区农业厅、新疆维吾尔自治区招商发展局、新疆维吾尔自治区科技厅、新疆维吾尔自治区畜牧厅、新疆维吾尔自治区乡企局、新疆维吾尔自治区供销社、新疆生产建设兵团经协办、新疆维吾尔自治区农机局、新疆维吾尔自治区水利学会

展出氮肥、碳肥、钾肥、杀虫剂、环保农药等。

◎ 中国新疆乌洽会

时间：2011年9月
地点：新疆国际博览中心
主办单位：商务部、中国国际贸易促进委员会

出口商品展示与洽谈、进口商品展示与洽谈、洽谈对外经济技术合作、洽谈国内经济技术合作、举办高层论坛等系列交流活动。

◎ 第六届新疆冬季旅游博览会

时间：2011年11月
地点：新疆国际博览中心
主办单位：新疆维吾尔自治区旅游局、新疆国际博览中心

举办冬季旅游展览会、新疆冬季旅游发展论坛。

香港

节庆文化活动

◎ 香港时装节

时间：2011年1月
地点：香港会议展览中心
主办单位：香港贸易发展局

香港时装节吸引来自国内外众多展商参与。当中，中国内地、中国澳门、中国台湾、印度组织了地区展馆；首次参展的国家和地区包括阿根廷、德国和墨西哥。本届时装节新增布料及纱线产品展区，集中展示各种棉布、羊毛、纱线、亚麻、皮革和刺绣等，方便买家采购。

◎ 农历新年烟花会演

时间：2011年2月
地点：维多利亚港

为庆贺新年，每年香港都要举行盛大的农历新年烟花会演。瑰丽夺目的烟花在灯火通明的摩天大楼和起伏山峦的环抱下，于维多利亚港上空竞相绽放，把夜空点缀得璀璨生辉。闪烁耀眼的烟花，为大家带来美好的祝愿，象征来年事事如意。维多利亚港两岸是欣赏烟花的有利位置，游客亦可以登上观光船、安坐于海景餐厅或入住酒店海景客房，无论从哪个角度观赏，都会乐在其中。

◎ 车公诞

时间：2011年2月
地点：香港车公庙

车公原为宋朝大将，后得道成仙，相传是保佑赌客的神祇。据说数百年前，沙田谷的居民也是因为车公的庇佑才安然躲过一场大瘟疫。所以每年车公诞时，都会有成千上万的信徒来到车公庙参拜（此庙则恰巧位于香港赛马会沙田马场附近）。信众在庙内烧香、求签，当然还可以转动风车，希望时来运转。

◎ 海洋公园开运大团拜

时间：2011年2月
地点：香港海洋公园

今年海洋公园为游人带来前所未有的新体验，由早到晚惊喜一浪接一浪：除可游览全新旗舰景区梦幻水都，欣赏世界顶尖水族馆之一的海洋奇观以及晚间水上烟火特效大会演双龙奇缘外，国际知名的陕西安志顺打击乐艺术团为新一年打响头炮，以澎湃鼓声献技，为市民营造了一个喜庆洋洋的新年。

◎ 第三十九届香港艺术节

时间：2011年2月至3月
地点：香港文化中心

举办多场演出、示范讲座、大师班讲座、工作坊参观、展览及艺人访谈等活动。

◎ 洪圣爷诞

时间：2011年3月
地点：香港

洪圣爷诞是纪念洪圣大王的节日。相传洪圣大王是唐朝重臣，姓洪名熙，官至番禺刺史，通晓天文地理，常帮助商旅渔民。据说，他死后英灵不灭，屡次拯救人民于灾难。为了纪念他并祈求庇荫，沿海渔民建庙祀奉，将其奉为海神。

◎ 第九届香港国际武术节

时间：2011年3月
地点：香港马鞍山体育馆

云集国内外武林高手，展现中华武术魅力。活动有最佳教练员评选、世界武术名家表演暨千人庆功晚宴、世界武术科研论坛、中国武术段位考评等。

◎ 第三十四届香港国际电影节

时间：2011年4月
地点：香港会议展览中心

香港国际电影节是亚洲最盛大的电影节之一，会聚世界各地制片人、电影工作者的杰出作品，风格是百花齐放，绝对令游客大饱眼福。

◎ 天后诞

时间：2011年5月
地点：香港

天后（妈祖）是渔民的守护神。天后诞是一项为期一周的庆典，在长洲举行。节目包括宗教仪式、飘色巡游、粤剧表演和各种庆祝活动。三尊巨大的神像和用竹棚搭成的包山是盛典的主角。节庆的高潮在第四天，盛大的飘色巡游队伍在全岛游行，小孩装扮成古今人物或传说中的角色，身上装上支架，由成人支撑，浩浩荡荡

地穿梭于岛上大小街道，乍看起来仿如在半空中飘行。翌日上午10点左右，便会分派包子，人们认为包子取得愈多，来年运道愈见好转，因此该节日也称作"包山节"。

◎ 浴佛节

时间：2011年5月
地点：各寺院

佛诞又称"浴佛节"，香港主要的佛教寺庙都会在当天举行盛大的庆祝活动。大屿山宝莲禅寺拥有全世界最高的户外青铜坐佛，是顶礼膜拜的重地之一，善信可参与浴佛仪式及享用美味素菜。

◎ 关公诞

时间：2011年7月
地点：香港

关公（关云长）是三国时人，后来被祀奉成道教的一个天神，象征忠义。关公是武神，香港警察亦敬之为守护神。在港岛荷李活道建有一座文武庙，其中武神乃供奉关公，常年香火鼎盛。

◎ 香港龙舟嘉年华

时间：2011年7月
地点：尖沙咀

来自世界各地的龙舟劲旅聚集海旁，争相竞逐"香港国际龙舟邀请赛"的各项锦标。加上现场丰富多彩的娱乐节目、美食摊位和啤酒乐园，打造了一个热闹缤纷的节庆活动。

◎ 盂兰节

时间：2011年8月
地点：香港

又名中元节。传说鬼魂可在农历七月离开地府，在阳间逗留。妇女在路旁供奉生果、焚烧冥纸钱，以安抚这些孤魂野鬼。节期内的活动包括神功戏，地点通常在九龙佐治五世纪念公园及铜锣湾摩顿台游乐场。

商务会展

◎ 3月亚洲时尚首饰及配饰展

时间：2011年3月
地点：香港亚洲国际博览馆
主办单位：亚洲博闻有限公司

1.时尚首饰：镀金和镀银的非贵金属首饰、银器首饰和配饰、晶石、方晶锆石和莱茵石首饰、珐琅、珠石等；2.半宝石饰物时尚首饰制造原料：已打磨的有色宝石、各类珠子、天然矿物和其他首饰制造原料；3.首饰配件时尚配饰：时尚手表、发饰、手袋和皮包、皮带和皮带扣、佩章、襟针和纽扣、围巾和手套等。

◎ 2011亚洲商务航空展

时间：2011年3月
地点：香港

推出室内展示和大型静态飞机展示两部分。

◎ 香港国际春季成衣及时装材料展

时间：2011年3月
地点：香港会议展览中心
主办单位：法兰克福展览（香港）有限公司
承办单位：厦门展博商务会展有限公司

丝、棉、羊毛、针织、人造布料、加膜布料、亚麻、内衣及泳衣面料、功能布料、纤维、纱线、辅料、家用纺织品等以及专业模特时装表演、设计与毛织创新大赛。

◎ 2011香港春季电子产品展及香港国际资讯科技博览会

时间：2011年4月
地点：香港会议展览中心
主办单位：香港贸易发展局

展示最新的电讯、多媒体、互联网及数码娱乐等内容。

◎ 香港4月国际家庭用品展览会

时间：2011年4月
地点：香港会议展览中心
主办单位：香港贸易发展局
承办单位：北京泰莱特展览有限公司

人造花饰、园艺及户外用品、宠物用品、酒吧用具、手工艺品、浴室用品、五金用具及自行车装配产品、小型家庭电器、美容及健身用品、保健及个人护理产品、餐具、蜡烛、家居装饰品、商贸服务、厨具及厨房小器具、家具、油画及艺术作品等。

◎ 2011年香港礼品及赠品展览会

时间：2011年4月
地点：香港会议展览中心
主办单位：香港贸易发展局
承办单位：北京泰莱特展览有限公司

文具、玩具、钟表、宣传礼品及赠品、陶瓷及银器礼品、电子消费品、时尚首饰及饰品、纸品及包装品、派对及圣诞装饰品、画框、相架及旅游用品等。

◎ 第六届香港国际印刷及包装展

时间：2011年4月
地点：香港亚洲国际博览馆
主办单位：香港贸易发展局、华港国际展览有限公司

1.包装服务：防伪包装、饮料包装、吸塑包装、化妆品包装、食品包装、礼品包装、金属包装、医药包装、零售包装、烟草包装、运输包装、其他包装服务；2.印刷设备：丝网印刷设备、装订设备、印前处理系统、CTP设备等。

◎ 第六届亚洲国际艺术及古董展

时间：2011年5月
地点：香港亚洲国际博览馆
主办单位：讯通展览公司
承办单位：上海讯展会议展览有限公司

字画（油画、国画）、琉璃、雕塑、瓷器、陶器、玉器、铜器、摆件、书籍、博物馆藏品、家具、地毯、钟、手表、乐器、珠宝等艺术品。

◎ 第二十五届香港国际旅游展

时间：2011 年 6 月
地点：香港会议展览中心
主办单位：香港汇众展览服务公司

展会展商提供数以千计的旅游产品，涵盖不同主题活动。活动包括旅游讲座、演讲、民族表演等。

◎ 香港夏季礼品、家庭用品及玩具展

时间：2011 年 7 月
地点：香港会议展览中心
主办单位：香港贸易发展局

纸品及包装产品、画框及相架、宣传礼品及赠品、文具；浴室用具、清洁用品、园艺及户外用品、一般家庭用品、五金用具及自行装配产品、保健及个人护理用品、小型家庭电器；人造花饰、家居灯饰、手工艺品、家居装饰品、家用纺织品；时尚首饰及饰品、女士礼品及赠品等。

◎ 香港动漫电玩节

时间：2011 年 7 月至 8 月
地点：香港湾仔会展中心

本届动漫电玩节除传统的动漫 Cosplay 大赛、动漫缤纷嘉年华等活动外，大会还新增原创漫画新秀大赛，鼓励年轻人参与创作。

◎ 香港钟表展

时间：2011 年 9 月
地点：香港会议展览中心
主办单位：香港贸易发展局、香港表厂商会有限公司、香港钟表业总会有限公司

品牌钟表及钟表配件、零件、设备、包装用品、商贸服务及刊物等。

◎ 香港国际秋季成衣及时装材料展

时间：2011 年 10 月
地点：香港会议展览中心
主办单位：法兰克福展览（香港）有限公司

丝、棉、羊毛、针织、人造布料、加膜布料、亚麻、内衣及泳衣面料、功能布料、纤维、纱线、辅料、家用纺织品等。

◎ 香港秋季电子产品博览会

时间：2011 年 10 月
地点：香港会议展览中心
主办单位：香港贸易发展局

展会包括视听产品、电子配件、个人电子产品、家用电器、多媒体及游戏产品、办公自动化设备及通信产品、保安产品、商贸服务、各类电子元器件及配件、组件、电子材料、电子设备、仪器仪表光学仪器及工具品牌廊。

◎ 香港国际秋季灯饰展

时间：2011 年 10 月
地点：香港会议展览中心
主办单位：香港贸易发展局

本届展会分设八个产品专区，分别为：1. 商业照明；2. 环保照明；3. 家居照明；4. LED 照明；5. 户外照明；6. 灯饰配件及零件；7. 灯饰管理、设计及技术；8. 名灯荟萃廊。

◎ 香港国际建筑装饰材料及五金展

时间：2011 年 10 月
地点：香港亚洲国际博览馆
主办单位：香港贸易发展局、华港国际展览有限公司

卫浴、厨房展区；五金及自行车装备展区；室内装饰材料展区；门、窗展品，天花板和幕墙展区；涂料、化学建筑展区；陶瓷、石材展区。

◎ 香港国际环保博览会

时间：2011 年 10 月
地点：香港大屿山、香港国际机场、香港亚洲国际博览馆
主办单位：香港贸易发展局

分为测量、监控及处理系统与科技；管理及保护系统与科技；生产设备、系统及原材料；能源相关设备及产品以及环保消费品等项目展览。

澳门

节庆文化活动

◎ 苦难耶稣圣像巡游

时间：2011年2月
地点：澳门

每年此月，澳门天主教徒集中于主教大堂参加耶稣殡礼仪式，下午6点起，以穿紫色祭衣的神甫为前导，教士抬着耶稣圣尸木像，从主教大堂出发，最后再返回大堂，巡游一圈，一路上有乐队伴奏，非常隆重。

◎ 土地诞

时间：2011年3月
地点：澳门

澳门民众信仰土地神的风气很盛，众多商号、民居安置土地神的塑像，还有多座土地庙。每逢诞期，善男信女除了在家供奉外，还在舞狮随行下，成群结队地前往土地庙祭祀。

◎ 娘妈诞

时间：2011年4月
地点：澳门

据说"澳门"这个名字源于这位女神。有一次渔民在中国南海捕鱼，突然刮起狂风，最后，由娘妈（即妈祖）幻化成的少女平息了风暴，使人们脱离危险，平安抵达海镜港。娘妈最受澳门居民尊敬，天后庙殿多处可见，居民家中，尤其是渔民和水上居民的每条船上，都要供奉天后。当地人们把农历三月二十三视为娘妈的诞生之日，所以每到此日，人们便会前去天后庙参拜，并举行隆重的祭奠活动。在这一天里，澳门所有的天后庙里都非常热闹，人们络绎不绝。

◎ 北帝诞

时间：2011年4月
地点：澳门

北帝又称玄武大帝，传说他统管北方，又是水神。庆贺北帝诞的传统一直延续到今天。居民们每逢诞期都会在庙前举行盛大的贺诞活动，包括一连几晚的神功戏及烧香酬神等活动，气氛十分热烈。

◎ 第二十二届澳门艺术节

时间：2011年4月至5月
地点：澳门各个剧院

汇集全球20余个国家和地区的表演精英，演绎精彩节目，70余场演出，包括戏剧、歌剧、舞蹈、音乐、展览以及综合文艺等。

◎ 浴佛节

时间：2011年5月
地点：澳门

浴佛节原是佛教的"释迦佛祖诞"。根据习俗，这一天澳门的佛教寺庙内要举行"浴佛"活动：僧人用五香水浴佛，做龙华会，纪念佛的降生。它是佛教中的一个重要庆典。

◎ 醉龙节

时间：2011年5月
地点：澳门

醉龙节在澳门是一个重要的节日，也是渔业行会的传统节日。渔业人士每年都举行独有的醉龙醒狮大会庆祝。他们以舞醉龙方式到全澳各区巡游。舞醉龙与中国各地盛行的方式很不同，醉龙只有头和尾，用坚实木料制成，没有龙身，由两名艺人各执头尾舞动。他们一边舞龙，一边喝酒，舞步似醉非醉，十分有趣。

◎ 澳门2011春季书香文化节

时间：2011年5月
地点：澳门塔石体育馆
主办单位：澳门出版协会、澳门理工学院

众多出版机构参展，共展销万余种各类新版图书、数码及多媒体阅读产品，规模更胜往届。其间，配以多项文化活动，以营造良好的全民阅读氛围。

◎ 澳门国际龙舟赛

时间：2011年6月
地点：南湾湖
主办单位：中国澳门龙舟总会

农历五月初五是纪念爱国诗人屈原投江自尽的日子。这天全澳门粽子飘香。现在，龙舟比赛是端午节的一项重要活动，各地好手在南湾湖内奋勇前进，观众的呐喊、喧天的锣鼓声和飘扬的彩旗使平时静静的南湾湖变得十分热闹。

◎ 澳门荷花节

时间：2011年6月
地点：澳门龙环葡韵
主办单位：澳门特别行政区政府民政总署

荷花是中国十大名花之一，被称为"君子之花"，自古以来备受人们喜爱。澳门与荷花有不解之缘，享有"莲花宝地"美誉。荷花节期间举办一系列以荷花为主题的活动，如荷花品种展、荷花花艺展、荷花摄影展、荷花饮食文化展、万寿荷花斋宴及赏荷生态游等。

◎ 中国翠玉文化节暨澳门国际珠宝展览会

时间：2011年7月
地点：澳门威尼斯人金光会展

展会期间有多件从未公开亮相的神秘国宝级名贵翡翠展示，供参观人士互相交流鉴赏。

◎ 第二十三届澳门国际烟花比赛会演

时间：2011年9月至10月
地点：澳门旅游塔对开海面

一年一度的国际烟花比赛会演必定触动观众"看"和"听"的感官，给游客和市民留下深刻美丽的回忆。中秋节和国庆节有来自日本、英国、澳洲和中国的队伍的演出。

◎ 澳门高尔夫球公开赛

时间：2011年10月
地点：路环岛高尔夫球场

来自世界各地的好手云集澳门，竞逐殊荣。举行赛事的高尔夫球场位于路环岛，它是亚洲最美丽的几个高尔夫球场之一，从这里可眺望珠江和黑沙海滩全景。

◎ 澳门妈祖文化旅游节

时间：2011年10月
地点：天后宫

举办大型开幕式、祈福法会、广场文艺表演、妈祖出巡等活动。

◎ 澳门国际音乐节

时间：2011年10月至11月
地点：澳门文化中心、"世遗"建筑岗顶剧院、大炮台、玫瑰堂等地金秋季节，澳门再度迎来一年一度的音乐盛会，上演多场节目。从古典歌剧、中国经典之作，到拉丁美洲音乐、纽约前卫音乐，气象万千，异彩纷呈。

◎ 第五十八届澳门格兰披治大赛车

时间：2011年11月
地点：东望洋跑道

高水准的格兰披治大赛车已有50多年的历史，它可以说是澳门举行的最大型的国际性赛事。格兰披治大赛包括摩托车、超级房车和三级方程式赛车等。参赛的摩托车、超级房车可在城中的天然赛车跑车道上飞驰。预赛和赛车期间，全城洋溢着兴奋和紧张刺激的气氛：引擎的轰鸣声、络绎不绝的游客、街道上飘扬的彩色广告旗帜。

◎ 第十一届澳门美食节

时间：2011年11月
地点：中式美食街、大中华美食街、亚洲美食街、欧陆美食街、风味美食街、甜品街等
主办单位：澳门饮食业联合商会
协办单位：澳门饮食业工会、澳门中厨协会、澳门西菜面包工会、澳门新闻工作者协会

澳门美食节网罗各地特色佳肴美食，会聚本地及国内外著名饮食商号，让游客在重新感受澳门最新风貌的同时，亦置身于中式美食街、大中华美食街、亚洲美食街、欧陆美食街、风味美食街、甜品街等各大美食街中，尽享天下佳肴美点。

◎ 道教文化周

时间：2011年11月至12月
地点：澳门
主办单位：澳门道教协会

澳门道教科仪音乐丰富多彩，具有浓郁的岭南地方特色。借道教文化周活动的举办，游客可有机会欣赏这种音乐。系列活动包括祈福典礼、道教音乐表演、道教养生、武术及展览。

商务会展

◎ 2011澳门国际环保合作发展论坛及展览会

时间：2011年3月至4月
地点：威尼斯人会议展览中心

饮用水的处理技术、家居及厂房的污水管理技术、替代能源及节能减排技术等。

◎ 澳门全球博彩业展览会

时间：2011年6月
地点：威尼斯人会议展览中心
主办单位：澳洲游戏机制造协会

1. 安防展馆：闭路电视、监视器、摄像机数字记录系统、报警、武器探测器、保安车辆、安防软件、生物识别、面部确认系统、指纹扫描系统等；2. 博彩展品馆：各类电子设备、电子游戏机、软件、控制系统、硬币计数系统、洗牌机、票据打印机、灯光、餐饮、卫浴、娱乐、通风及供暖系统等。

◎ 2011澳门国际娱乐城和酒店家具展览会

时间：2011年9月
地点：威尼斯人会议展览中心
主办单位：世博展览（国际）有限公司
承办单位：佛山世博展览有限公司

汇集世界品牌办公家具、酒店家具等。

第四届国际旅游与世界遗产旅游博览会

时间：2011年10月
地点：威尼斯人会议展览中心
主办单位：世界遗产旅游博览会组委会

展品包括传统手工艺、戏曲、食品、传统医药等，曲艺、舞蹈类的非物质文化遗产还在博览会中进行现场表演。

第十六届澳门国际贸易投资博览会

时间：2011年10月
地点：威尼斯人会议展览中心
主办单位：澳门贸易投资促进局

是一个促进国际投资贸易合作与交流的经贸展览活动，也是澳门一年一度的工商盛会。展会通过国际展览业协会（UFI）认证为国际性的投资展览会。包括投资贸易展览、商业合作展览、主题商品展览及澳门中小企业展等大展，还包括旅游休闲服务及用品、数码产品、信息科技、医药保健用品、体育用品、纺织服装、金融服务、玩具及游戏机、酒店设备用品等具体内容展览。

2011中国（澳门）国际汽车专览会

时间：2011年10月
地点：澳门威尼斯人金光会展
主办单位：两大央企南光（集团）有限公司、中国机器工业集团公司及澳门展览业协会

设置超等跑车馆、进口车馆、自主品牌馆、汽车整部件馆四大展区。

中国澳门国际数字电影节暨数字技术博览会

时间：2011年11月
地点：澳门威尼斯人度假酒店

研讨会及演讲、电影剪辑师的艺术研讨会、3D技术展示、电视台及广播公司高级论坛、电影专题讨论会、DV影视第二届作品展等。

台湾

节庆文化活动

1月

◎ 太平洋国际观光节

时间：2011年1月至2月
地点：花莲县

观光节举办歌舞表演、农特产品展、酒文化介绍、工艺品现场制作等活动。

◎ 高雄灯会

时间：2011年1月至2月
地点：光荣码头、爱河、真爱码头

灯会以声光剧场、高空特技及璀璨烟火秀吸引游人，演绎完美的艺术效果。同时还举办开幕踩街、开幕表演暨开灯、爱河灯区、光荣码头等活动。

◎ 2011新北市平溪天灯节

时间：2011年1月至2月
地点：新北市

有台湾艺术、民俗展演活动，用文化传递幸福，透过平溪天灯的璀璨点亮人民的愿望，照亮台湾的未来，活动中提供800盏免费天灯施放。

2月

◎ 台南蜂炮

时间：2011年2月
地点：台湾盐水镇

"北天灯、南蜂炮"，元宵夜除了放天灯之外，台南县盐水镇武庙的蜂炮也闻名中外。据说是因为清光绪年间，盐水一带瘟疫流行，致使当地百姓生计困难，故求关圣帝君显威灵、出巡绕境。元宵节当天关圣帝所到之处，百姓施放烟火鞭炮，以祛除瘟疫。百姓为感念关圣帝君的神威，遂定每年元宵节当天燃放烟花，后渐渐形成蜂炮这一习俗。现在的蜂炮指许多冲天炮组成的大型发炮台，点燃时万炮齐发，有如蜂群倾巢而出。

◎ 苗栗龙灶

时间：2011年2月
地点：苗栗市

祥龙点睛；舞龙竞技；民俗踩街活动；北苗技艺演出；龙之夜；化龙返天；农特产品展售。

◎ 台北元宵灯节

时间：2011年2月
地点：台北市国父纪念馆、市民广场

灯节以"玉兔迎春，喜耀台北"为主题，有"主题灯区"、"传统灯区"、"学生灯区"、"创意灯区"等系列。

◎ 2011台湾国际艺术节

时间：2011年2月至4月
地点：台湾各剧场

邀请来自全球的表演艺术家带来重量级的演出。

◎ 雅美族飞鱼祭

时间：2011年3月至7月
地点：台湾

雅美族和飞鱼有着密不可分的关系，每年3月至7月间飞鱼会随着黑潮而来，带给兰屿雅美族人莫大的丰收。因此，雅美族人相信飞鱼是神的赐予，格外珍惜这项天然资源，甚至一些日常生活中的规律和禁忌，也随着飞鱼洄游的生态来制定。"飞鱼祭"是一种猎鱼的仪式，在每年农历二三月间举行，为期近4个月。整个活动分为祈丰鱼祭、招鱼祭、飞鱼收藏祭等阶段。祭典时，雅美族男子会穿着丁字裤、头戴银盔及金片，面向大海祈求飞鱼丰收（女子禁止入场参与）。

◎ 大甲妈祖轨迹观光文化节

时间：2011年3月至7月
地点：台湾

妈祖文化是两岸文化交流的重要桥梁与纽带。文化节上，"妈祖之光"大型电视晚会、海峡两岸妈祖信仰文化论坛等活动都闪耀着浓郁的两岸文化交流元素。在妈祖论坛上，两岸学者就"妈祖信仰与文化遗产"、"妈祖信仰庙宇及仪式"、"妈祖信仰的文化传播"、"妈祖信仰的区域研究"、"妈祖信仰与文化现象"等五大议题进行了对话和研讨。

◎ 高雄内门宋江阵

时间：2011年4月
地点：高雄县

宋江阵起源于福建沿海漳州、泉州一带，成员组织构想来自《水浒传》的108条好汉的忠义事迹，所标榜的"替天行道，忠义双全"已成为台湾民间的信仰。内门顺贤宫，有人工湖泊，有恶地山坡，有竹林吊桥，有专业训练的宋江阵头，其规模像一座现代版的梁山泊。本届高雄内门宋江阵活动于夜间开幕，从地方参与、表演，到来宾参与，带给游客的是一个充满故事情景的旅游之地。

◎ 澎湖海上花火节

时间：2011年4月至5月
地点：观音亭澎湖湾、白沙赤崁渔港、湖西龙门码头

一年一度的澎湖海上花火节已成为澎湖乃至全台湾地区重要的庆典活动和旅游项目之一。本届花火节延展施放烟火的区域范围，扩大现场观众感受烟火的精彩视觉效果，并邀请澎湖武轿、胡笙萨克斯风、十鼓击乐团及众多知名歌手与游客共度"2011澎湖海上花火节"，带给游客既浪漫又丰富的旅程。

◎ 2011郑成功文化节

时间：2011年4月至5月
地点：台南市

郑成功率兵登台，开启台湾汉文化的移民垦植历史，也奠定台湾政经文化教育的基础，台南市是郑成功开台的基地，留下丰富的史迹以及历史地位。文化节以文物特展、开幕晚会、台湾船开放参观、文化之旅、研习专题演讲活动及美食观光交流展，让人们深入了解郑成功这位历史人物的传奇故事。

◎ 2011台湾西瓜节

时间：2011年5月
地点：云林县立体育馆

以"西瓜传情"为主题，举办创意绘画比赛、摄影比赛、西瓜王选拔、西瓜飨宴、西瓜果雕暨料理竞赛、西瓜喊价标售及西瓜估估乐、西瓜大胃王等趣味竞赛等活动。

◎ 成都大庙会

时间：2011年5月
地点：台北市中山广场

大庙会以三国文化为主题，推出了集美食文化与三国文化于一身的"三国宴"等特色活动。

◎ 布农族打耳祭

时间：2011 年 5 月至 7 月
地点：台湾

打耳祭是布农族一年中最重要的祭典，约在每年农历四月下旬至五月初举行。祭典主要分成狩猎、射耳、烤猪肉、分猪肉、抢枪祭、夸功庆、成巫祭等几个主要活动。传统的"打耳祭"在祭典举行前成年男子都必须上山打猎，将猎物的耳朵割下挂在木架或树枝上，让全村的男子轮流用弓箭射击；而年幼的孩子则由父兄陪伴，到场中练习射击，如此可训练他们日后成为狩猎的高手。布农族人以射击鹿耳来祈求农作及狩猎的丰收，近年来，渐渐改射山猪耳替代。

◎ 鹿港庆端阳龙舟锦标赛

时间：2011 年 6 月
地点：彰化县鹿港彰滨工业区吉安水道

一年一度的龙舟赛在 6 月拉开序幕。有来自各地的龙舟赛手参赛。比赛共分成社会公开男子组、社会公开女子组、教师组、机关组、国中男子组、国中女子组、劳资组与身心障碍混合组共 8 组进行竞赛。

◎ 员林米苔目美食文化祭

时间：2011 年 6 月
地点：彰化县地藏庵

举办门阵俱乐部奖金挑战赛、米苔目创意料理比赛等。

◎ 2011 桃园莲花季

时间：2011 年 6 月至 8 月
地点：桃园县观音乡吴厝杨家庄

除观赏莲花外，还可亲身体验坐莲叶水上漂的新奇感受。另外，还有摄影展、美术展等多项活动。

◎ 三义国际木雕艺术节

时间：2011 年 7 月至 8 月
地点：台湾

举办木雕艺术交流展、木雕竞赛展、各国精锐雕刻师齐聚现场创作、木雕艺术嘉年华等活动。

◎ 阿美族丰年祭

时间：2011 年 7 月至 8 月
地点：台湾

"丰年祭"是阿美族人最盛大的活动，于每年七八月举办。丰年祭中常见的祭典仪式包含成年祭、迎宾舞、丰年舞、耕种舞、捕鱼祭等，整个过程包含"迎灵"、"宴灵"和"送灵"三阶段。传统的活动内容较单纯，以男子年龄阶层为组织，妇女是不能参与的；近年许多旧俗和禁忌略有改变，除了祭典天数缩短、宗教仪式简化外，还在活动中加入赛跑、拔河、射箭等竞技活动助兴。

◎ 中元节

时间：2011 年 8 月
地点：台湾

农历七月俗称"鬼月"，在传统习俗中，从农历七月初一凌晨起，地府鬼门开到农历七月二十九鬼门关的这段期间，人们为祈求消灾解厄、诸事顺利平安，各地均举办大大小小的祭典，尤以七月十五中元节这一天达到祭典的最高潮。其中如基隆市政府举办的"基隆中元祭"、宜兰县头城及屏东县恒春的抢孤，都是中元节重要的传统习俗。

◎ 台中爵士音乐节

时间：2011 年 10 月
地点：台中市经国园道市民广场

除了爵士音乐不间断演出外，在经国园道周边还有五星级饭店设摊供应的国际特色美食、啤酒、露天咖啡座等，使游人尽情享受绿荫下的爵士风味。

12 月

◎ 卑南族年祭

时间：2011 年 12 月
地点：台湾

卑南族的"猴祭"及"大猎祭"合称为"年祭"。近年来，各村落间会轮流举办"联合年祭"，持续将卑南族的特色发扬光大。卑南族是台湾原住居民中最崇尚武力的族群，约在每年 12 月下旬举办的"猴祭"，被视为卑南族最具特色的祭典。所谓"猴祭"，是指卑南族男子成年礼仪，一般称为"刺猴祭"。传统"猴祭"中，卑南族少年须经过一连串严格的考验，其中尤以竹竿刺杀猴子最为重要（如今猴子已改为藤制的模型替代品），借此培养少年的胆识、体魄及分工合作的精神，整个过程须历经 4 次考验，过后才能进入"大猎祭"（"大猎祭"是指在 5 天内凭个人本事于野外狩猎，通过后才算进入成年阶段，方可论及婚事）。

商务会展

2 月

◎ 2011 台北国际电玩展

时间：2011 年 2 月
地点：台北世贸中心

多媒体教学、玩具模型、娱乐游戏软件等。

4 月

◎ 2011 台湾（台北）国际汽车及零配件展览

时间：2011 年 4 月
地点：台北世贸中心

汽车引擎零件、车体零件、转向系统、维修设备、传动系统、刹车系统、电子零配件、修护器具及设备，车用电子产品等。

◎ 台湾摩托车及配件展览会

时间：2011 年 4 月
地点：台北世贸中心

成车展包括外销机车、进口重型机车、速克达、沙滩车、电动自行车、电动代步车、电动机车和零配件等；引擎及零配件；车架；机车零配件；成车检测设备；引擎检测设备；修护设备；零配件制造设备。

6 月

◎ 台北国际电脑展览会

时间：2011 年 6 月
地点：台北世贸中心

分零组件配件区、储存设备区、软体区、系统主机板附加卡区、外商区、两岸区、通信产品区、趋势产品区、光电影音区、指标厂商区。

◎ 台湾平面显示器展览会

时间：2011 年 6 月
地点：台北世贸中心

平面电视；平面显示器；显示器面板和模组、触控面板；驱动 IC；光源、光学膜；LED 材料；LED 制程设备；软件与服务；厂房设计、顾问服务等。

◎ 第十九届台北国际书展

时间：2011 年 6 月
地点：台北世贸中心

举办论坛、签售、招商等活动。

◎ 台湾美食展

时间：2011 年 6 月
地点：台北南港展览馆

演绎特色文艺活动、品尝台湾风味小吃、开展美食研讨会等。

10月

◎ 海峡两岸电子展览会

时间：2011年10月
地点：台北世贸中心

电子零组件、消费电子、计算机及网络设备、仪器仪表、安全监控器材、汽车电子、医疗电子、电机暨产业设备、电线电缆、电源设备、通信及无线宽带产品、电子标签设备产品及商用服务、视听影音、舞台暨照明设备等。

◎ 台北纺织展览会

时间：2011年10月
地点：台北世贸中心

纤维、纱线、布料、辅料、家用纺织品；服装服饰、纺织机械及其他相关技术服务等。

◎ 台湾五金展

时间：2011年10月
地点：台北世贸中心
主办单位：开国有限公司

展品包括各类工具及配件、汽车零配件及修护品、建筑五金、安全器材、园艺与户外休闲用品及专业五金配件等。

◎ 台湾国际太阳光电论坛暨展览会

时间：2011年10月
地点：台北世贸中心

材料及电池、模块及电力转换系统、其他应用产品；台湾国际太阳光电论坛、新产品发布会等活动。

2012年各省、市、区节庆活动

（以实际举办为准）

北 京 市

东 城 区

东城区室内文化庙会
  时间：2月

地坛庙会
  时间：2月

龙潭庙会
  时间：2月

天坛文化周
  时间：2月

北京明城墙梅花文化节
  时间：4月

蟠桃宫庙会
  时间：4月

皇城文化旅游节
  时间：5月至6月

北京前门历史文化节
  时间：8月

北京公园节
  时间：8月至10月

王府井国际品牌节
  时间：9月

北京国际旅游节
  时间：9月

孔庙国子监国学文化节
  时间：9月至10月

西 城 区

北京大观园红楼庙会
  时间：2月

厂甸民俗文化庙会
  时间：2月

北海公园迎春祈福文化活动
  时间：2月

前门上元灯会
  时间：2月

北京动物园兔年生肖文化节
  时间：2月至3月

蟠桃宫庙会
  时间：4月

什刹海旅游节
  时间：6月至8月

北海公园荷花文化节
  时间：7月至8月

中国品牌节
  时间：8月

马连道国际茶文化节
  时间：9月

宣南文化节
  时间：10月至11月

朝阳区

北京洋庙会
时间：2月

奥林匹克公园冰雪嘉年华
时间：1月至3月

北京国际雕塑公园玉兰节
时间：3月至4月

潘家园春节庙会
时间：2月

中国园林茶文化节
时间：4月至5月

北京朝阳国际风情节
时间：2月

石景山区科技周暨石景山区科普节
时间：5月

北京民俗文化节暨东岳庙春节文化庙会
时间：2月

北京CRD国际啤酒节
时间：6月

朝阳美食节
时间：4月

八大处重阳游山会
时间：10月

国际时尚文化节
时间：4月至6月

海淀区

北京海洋沙滩狂欢节
时间：6月至8月

香山草莓文化节
时间：1月至5月

蟹岛国际啤酒节
时间：7月至8月

圆明园皇家庙会
时间：2月

北京朝阳国际旅游文化节
时间：10月

颐和园苏州街新春宫市
时间：2月

北京欢乐谷万圣节
时间：10月

凤凰岭龙泉寺庙会
时间：2月

丰台区

凤凰岭自然风景公园杏花节
时间：3月至4月

北京莲花池庙会
时间：2月

玉渊潭樱花文化节
时间：3月至4月

丰台踏青节
时间：4月至5月

鹫峰生态文化节
时间：3月至5月

千灵山国际登山健身节
时间：4月至5月

百望山山花节
时间：3月至5月

莲花池公园荷花节
时间：7月至8月

大觉寺玉兰节
时间：4月

长辛店镇大枣采摘节
时间：8月至10月

鹫峰国家森林公园梅花节
时间：4月

南宫温泉养生节
时间：10月至12月

北京桃花节暨世界名花展
时间：4月至5月

石景山区

圆明园踏青节
时间：4月至5月

北京国际雕塑公园新春文化庙会
时间：2月

香山山花节
时间：4月至5月

海淀文化节
时间：5月至6月

海淀樱桃采摘节
　　时间：5月至6月

北京月季文化节
　　时间：5月至6月

香山樱桃文化节
　　时间：6月

中关村科教旅游节
　　时间：6月

圆明园荷花节
　　时间：7月

北京竹荷文化节
　　时间：7月至8月

北京皇家园林文化节暨北京公园节
　　时间：8月至10月

颐和园桂花展
　　时间：9月

大西山金秋旅游登山节
　　时间：9月

凤凰岭养生文化节
　　时间：9月至10月

香山红叶节
　　时间：10月至11月

门头沟区

戒台寺景区敲古钟迎新年祈福纳祥活动
　　时间：2月

大台幡会民俗节
　　时间：2月

妙峰山新春民俗文化活动
　　时间：2月

潭柘寺玉兰节
　　时间：2月至4月

妙峰山传统民俗庙会
　　时间：5月

妙峰山高山玫瑰节
　　时间：6月至7月

潭柘寺禅茶文化节
　　时间：7月

灵山藏族风情节
　　时间：7月至9月

房山区

琉璃河梨花文化周
　　时间：4月

云居寺四月初八浴佛节大法会
　　时间：5月

花田音乐节
　　时间：5月

北京国际长走大会暨房山旅游文化节
　　时间：5月至6月

青龙湖龙舟邀请赛
　　时间：6月

圣莲山老子文化节
　　时间：6月至7月

张坊金秋采摘节
　　时间：9月至11月

上方山金秋红叶节
　　时间：10月至11月

通州区

三教庙春节文化庙会
　　时间：2月

通州运河公园草莓音乐节
　　时间：5月

2011通州樱桃文化节
　　时间：6月

张家湾镇、台湖镇葡萄采摘节
　　时间：7月至10月

通州金秋采摘节
　　时间：9月至10月

顺义区

杨各庄药王节庙会
　　时间：2月

北京国际鲜花港郁金香旅游文化节
　　时间：4月至5月

顺鑫绿色度假村槐花节
　　时间：5月

北京燕京啤酒节
　　时间：6月

昌平区

小汤山红栌温泉花灯节
　　时间：2月

昌平草莓采摘风情节
　　时间：3月至5月

北京小汤山温泉文化节
　　时间：3月至5月

金隅蟒山啤酒节
　　时间：6月至8月

昌平苹果文化节
　　时间：10月至11月

大兴区

留民营村千人饺子宴
　　时间：2月

庞各庄万亩梨园赏花节
　　时间：4月

大兴安定桑葚文化节
　　时间：5月

北京大兴西瓜节
　　时间：5月至6月

大兴采育葡萄文化节
　　时间：8月

怀柔区

北京怀柔圣泉山孝文化节
　　时间：1月

慕田峪长城元旦观日出活动
　　时间：1月

怀北泼雪节
　　时间：1月至3月

红螺寺庙会
　　时间：2月

怀柔区琉璃庙镇百年"敛巧饭"活动
　　时间：2月

养生植树节
　　时间：3月

慕田峪长城国际文化节
　　时间：4月

幽谷神潭杏花节
　　时间：4月至5月

北京圣泉山（国际）健身旅游文化节
　　时间：4月至5月

北京怀柔栗花节
　　时间：6月

怀柔汤河川满族民俗风情节
　　时间：6月

圣泉山景区端午文化节
　　时间：6月

中国怀柔虹鳟鱼美食节
　　时间：7月至10月

桥梓镇大枣节
　　时间：9月至10月

平谷区

平谷国际冰雪节
　　时间：1月至2月

平谷灯彩文化节
　　时间：2月

平谷赏石节暨全国观赏石博览会
　　时间：3月

全国山地徒步大会
　　时间：4月

平谷国际桃花节
　　时间：4月至5月

丫髻山道教文化节暨丫髻山传统文化庙会
　　时间：4月至5月

北寨红杏采摘节
　　时间：6月至7月

国际养生旅游文化节
　　时间：7月至9月

平谷金秋采摘节
　　时间：9月至10月

密云县

黑龙潭冰雪奇观艺术节
　　时间：1月至3月

北京密云农耕文化节
　　时间：4月至6月

云蒙山山珍野果采摘节
　　时间：9月至10月

密云国际冰雪风情节
　　时间：12月

延庆县

龙庆峡冰灯节
　　时间：1月至2月

延庆冰雪旅游节
　　时间：1月至2月

八达岭国家森林公园杏花节
　　时间：4月

八达岭国家森林公园梨花节
　　时间：4月

延庆县乡村旅游节暨柳沟豆腐文化节
　　时间：5月

延庆杏花节
　　时间：5月至6月

八达岭国家森林公园丁香节
　　时间：5月至6月

北京延庆端午文化节
　　时间：6月

八达岭长城龙文化节
　　时间：6月至9月

天津市

和平区

南市食品街文化活动
　　时间：2月至3月

中国·天津五大道旅游节
　　时间：9月至10月

河东区

天津河东茶文化节
　　时间：6月

河东国际啤酒节
　　时间：7月

南开区

天津天后宫传统文化庙会
　　时间：2月

新春万民赛灯会
　　时间：2月

长虹公园碧桃节
　　时间：4月

天后诞辰纪念活动
　　时间：5月

国际啤酒节
　　时间：7月至8月

天津·古文化街文化夜市文化节
　　时间：8月

河北区

大悲院民俗文化旅游节暨大悲院文化旅游庙会
　　时间：2月

意大利风情旅游节
　　时间：5月

红桥区

运河桃花节
　　时间：3月至4月

西青区

天津沙窝萝卜旅游文化节
　　时间：1月

杨柳青民俗文化节
　　时间：1月至2月

杨柳青木版年画节
　　时间：1月至2月

荷兰郁金香文化旅游节
　　时间：2月

杨柳青元宵节大型灯展
　　时间：2月

天津热带植物观光园热带风情旅游节
时间：2月

曹庄花卉生态旅游节
时间：3月至9月

大柳滩桃花节
时间：4月

金秋热带风情文化节
时间：9月至10月

金秋杨柳青民俗旅游节
时间：10月

武清区

温泉康体旅游节
时间：1月至2月

迎国庆·运河旅游书画艺术节
时间：9月

宝坻区

中国古玉文化旅游节
时间：9月至10月

滨海新区

开海旅游节
时间：5月至7月

天津港湾文化旅游节
时间：6月至10月

天津滨海汉沽葡萄文化旅游节
时间：8月至10月

天津海河旅游节暨国际大学生龙舟赛
时间：10月

蓟　县

独乐寺庙会
时间：2月

天津蓟州梨园情旅游文化节
时间：4月至5月

黄崖关长城国际马拉松旅游活动
时间：5月

中国天津渔阳金秋旅游节
时间：9月

盘山冰雪旅游节
时间：12月至次年2月

宁　河　县

七里海文化旅游节
时间：7月至10月

河北省

石家庄市

春节正定庙会
时间：2月

封龙山庙会
时间：2月

鹿泉抱犊寨大庙会
时间：2月

苍岩山传统大庙会
时间：2月

栾城·范台阳春草莓采摘节暨"三苏"文化旅游节
时间：3月至4月

伏羲庙会
时间：4月

晋州市梨花节
时间：4月

赵州梨花节
时间：4月

正定"千年古韵"历史文化旅游节
时间：4月至5月

"放飞 2011" 风筝节
时间：4 月至 5 月

天桂山北武当武术文化旅游节
时间：4 月至 5 月

平山温泉桃花浴文化旅游节
时间：4 月至 5 月

藁城惠诚果蔬采摘节
时间：4 月至 5 月

燕赵都市报汽车文化节
时间：4 月至 5 月

西柏坡文化旅游节
时间：4 月至 5 月

藁城红梨梨花节
时间：4 月至 10 月

五龙圣母庙会
时间：5 月

藤龙山登山健身节
时间：5 月

河北省民俗文化节
时间：6 月至 8 月

九龙峡山水旅游节
时间：6 月至 8 月

灵寿（五岳寨）旅游美食文化节
时间：7 月至 8 月

中国·石家庄国际动漫节
时间：8 月

中国石家庄（藁城）温泉旅游节
时间：9 月至 10 月

赵州雪梨采摘节
时间：10 月

清凉山冰雪旅游文化节
时间：12 月至次年 2 月

张家口市

张家口冰灯艺术节
时间：1 月至 2 月

蔚县民俗文化节
时间：2 月

中国·怀来海棠花节
时间：4 月至 5 月

中国·张家口大境门文化旅游节
时间：5 月

中国剪纸艺术节
时间：7 月

中国·康保二人台文化旅游节
时间：7 月至 8 月

张家口坝上草原旅游文化节
时间：7 月至 9 月

中国崇礼国际滑雪节
时间：11 月至次年 4 月

承 德 市

金山岭万人穿越长城活动
时间：5 月

中国承德国际旅游文化节
时间：6 月

承德坝上草原旅游文化节
时间：8 月

秦皇岛市

中华龙抬头文化旅游节
时间：3 月

北戴河轮滑节
时间：4 月至 5 月

青龙官场梨花节
时间：5 月

孟姜女庙庙会
时间：5 月

中国昌黎沙雕艺术节
时间：5 月至 10 月

山海关大樱桃节
时间：6 月

秦皇岛旅游节暨祖山天女木兰文化节
时间：6 月

秦皇望海祈福文化旅游节
时间：6 月至 7 月

秦皇岛旅游购物节
时间：7 月至 8 月

南戴河荷花艺术节
时间：7 月至 8 月

中国山海关国际长城节
时间：8 月

中华爱情节
时间：8月

中国秦皇岛国际葡萄酒节
时间：9月

唐 山 市

净觉寺正月十八迎春庙会
时间：2月至3月

遵化万佛园清明踏青文化节
时间：3月至4月

唐山文化旅游节
时间：4月

清东陵万众祈福盛典
时间：4月

中国·迁西梨花节
时间：5月

中国·迁西栗花节
时间：6月

廊 坊 市

中国廊坊国际热气球节
时间：10月

保 定 市

涿州花灯节
时间：2月

曲阳县元宵文化周
时间：2月

北岳庙庙会
时间：2月至5月

野三坡开山节
时间：3月

顺平桃花节
时间：4月至5月

白洋淀踏青生态节
时间：5月

国际药材节暨中国安国药材医药保健品交流会
时间：6月

顺平唐河漂流节
时间：6月至9月

白洋淀荷花节
时间：7月至9月

涞源白石山旅游文化节
时间：8月

满城华北航空旅游节
时间：9月

河北白沟服饰节
时间：9月

中国保定敬老健身节
时间：10月

沧 州 市

中国吴桥国际杂技艺术节
时间：9月

衡 水 市

深州桃花节
时间：4月

邢 台 市

九龙峡桃花节
时间：3月至4月

天河山景区端午文化节
时间：5月

中国邢台太行山文化节
时间：7月至9月

中国邢台天河七夕爱情文化节
时间：8月

邯 郸 市

乞巧节
时间：3月

魏县梨花节
时间：3月至4月

古石龙罗敷采桑节
时间：5月至6月

朝阳沟文化节
时间：6月

中国女娲文化节
时间：9月

山西省

太原市

中国清徐架火节
时间：2月

龙潭公园海棠文化节
时间：4月

山西清徐桃花节
时间：4月至5月

太原双塔牡丹艺术节
时间：4月至5月

迎泽公园公园文化节
时间：5月

太原雪花啤酒节
时间：6月至7月

晋祠古庙会
时间：8月

大同市

大同城隍庙会
时间：6月

大同火山黄花文化旅游节
时间：7月

中国民间艺术节暨大同云冈文化艺术节
时间：9月

朔州市

九曲黄河灯会
时间：2月

中国·应县释迦塔国际旅游文化节
时间：5月

中国·右玉西口风情生态旅游节
时间：9月

阳泉市

藏山国际忠义文化节
时间：6月

长治市

中国沁州端午民俗文化节暨全国龙舟邀请赛
时间：6月

长治中华祈福文化旅游节
时间：6月

太行山大峡谷国际攀岩节
时间：8月至9月

晋城市

中国·珏山道教文化艺术节
时间：4月

炎帝农耕文化节
时间：5月

中国（晋城）太行山国际文化旅游节
时间：6月

王莽山避暑旅游节暨帐篷节
时间：7月至10月

陵川红叶节
时间：10月

忻州市

保德县黄河文化艺术节
时间：3月

五台山国际旅游文化节
时间：6月至7月

中国雁门关国际边塞文化旅游节
时间：8月

晋中市

晋商社火节
时间：2月

介休·中国清明（寒食）文化节
时间：4月

平遥古城文化国际旅游节
时间：6月

牛郎织女文化旅游节
时间：8月

平遥国际摄影大展
时间：9月

临汾市

中国洪洞大槐树寻根祭祖大典
时间：4月

中国·山西·蒲县东岳文化旅游节
时间：4月至5月

中国·古县牡丹文化旅游节
时间：4月至5月

广胜寺古庙会
时间：5月

乡宁油糕会
时间：5月

山西侯马·晋国古都文化节
时间：5月

黄河壶口国际旅游月
时间：9月至10月

运城市

盐湖区元宵节民间社火表演
时间：2月

五老峰登山节
时间：4月至5月

中国运城国际关公文化节
时间：9月

吕梁市

吕梁年俗文化节
时间：1月至2月

内蒙古自治区

呼和浩特市

回民区旅游文化节
时间：5月

古城玉泉旅游节
时间：5月

回民区农家旅游采摘节
时间：6月

中国呼和浩特市昭君文化节
时间：7月

中国·内蒙古草原文化节
时间：7月

呼和浩特中华名小吃美食节
时间：7月至8月

大召夏季庙会
时间：7月至8月

盛乐金秋文化节
时间：8月

蒙古风情旅游那达慕
时间：8月至9月

包头市

中国包头黄河湿地风情节
时间：5月至10月

三娘子旅游文化节
时间：6月

中国·固阳秦长城国际热气球节
时间：8月

达茂联合旗那达慕大会
时间：8月

五当召嘛呢经会
时间：9月

乌海市

"黄河明珠"乌海文化节
时间：8月

中国乌海沙漠越野赛暨全国汽车场地越野赛乌海分站赛
时间：9月

赤峰市

赤峰市冰灯艺术节
时间：1月

黑里河杜鹃花节
时间：5月

贡格尔草原文化旅游节
时间：6月至9月

马鞍山登山节
时间：7月

赤峰国际红山文化节
时间：8月

中国巴林石节
时间：8月

王府文化旅游节
时间：8月

林西野果采摘节
时间：9月

达里湖冬捕节
时间：12月

蒸汽机车摄影节
时间：12月

美林谷滑雪节
时间：12月

通辽市

青龙山登山节
时间：6月

科左后旗阿古拉"双合尔·楚古兰"节
时间：6月

奈曼旗青年文化节
时间：6月

宝古吐沙漠文化旅游节
时间：7月

奈曼西瓜节
时间：8月

大青沟民俗文化旅游节
时间：8月

中国科尔沁国际马文化节暨哲里木赛马节
时间：8月

科尔沁区金秋采摘节
时间：9月

库伦安代艺术节
时间：9月

开鲁古榆旅游文化节
时间：9月

胡硕庙文化旅游节
时间：10月

呼伦贝尔市

巴斯克节
时间：4月

呼伦贝尔杜鹃节
时间：5月

丹敖节
时间：6月

莫旗敖包节
时间：6月

巴尔虎民俗旅游文化节
时间：6月至9月

鄂伦春自治旗篝火节
时间：6月

鄂温克瑟宾节
时间：6月

雅鲁河漂流节
时间：7月

中国内蒙古满洲里中俄蒙国际旅游节
时间：8月

中俄蒙国际选美大赛暨中俄蒙国际冰雪节
时间：12月

扎兰屯金龙山滑雪节
时间：12月

牙克石冰雪节
时间：12月

呼伦湖冰捕节
时间：12月

中国·达斡尔冰钓节
时间：12月

中国·根河使鹿部落冰雪文化节
时间：12月

内蒙古冰雪旅游节暨呼伦贝尔冰雪那达慕
时间：12月

呼伦贝尔冰雪节
时间：12月至次年3月

鄂尔多斯市

鄂前冬季旅游摄影节
时间：1月

鄂托克前旗元宵民族文化旅游节
时间：2月至3月

准格尔召嘛呢会
时间：4月

杭锦旗千峰骆驼节
时间：4月至5月

中国·内蒙古响沙湾沙漠度假摄影旅游节
时间：4月至9月

成吉思汗陵旅游区春季查干苏鲁克大祭
时间：5月

成吉思汗陵旅游区夏季淖尔大祭
时间：6月

榆树壕蒙古长调旅游节
时间：6月

响沙湾沙漠风筝节暨黄河国际邀请赛
时间：6月

乌审召查木文化节
时间：7月

成吉思汗旅游文化周
时间：7月

东胜区文化旅游节
时间：7月至9月

漫瀚调艺术节
时间：8月

中国萨拉乌苏民间艺术节
时间：8月

成吉思汗陵旅游区草原那达慕大会
时间：8月

察罕苏力德旅游区鄂尔多斯民族民俗风情节
时间：8月

鄂托克前旗旅游文化艺术节
时间：8月

成吉思汗察罕苏力德那达慕
时间：8月

鄂尔多斯国际那达慕大会
时间：8月

伊金霍洛那达慕
时间：8月至9月

越野e族库布齐英雄会暨T3沙漠挑战赛
时间：8月至9月

鄂前旗"鄂托克第一敖包"盛会
时间：11月

乌兰察布市

脑木更苏木骆驼文化节
时间：5月

传统旅游那达慕大会暨乌兰察布市那达慕大会
时间：7月

岱海温泉冰雪节
时间：12月

巴彦淖尔市

华莱士节
时间：7月至8月

中国五原河套番茄节
时间：8月

乌拉特前旗、中旗、后期草原文化旅游节暨那达慕大会
时间：8月

潮格温都尔镇草原边塞文化节
时间：8月

河套文化艺术节
时间：8月

兴 安 盟

神山旅游节
时间：6月

阿尔山杜鹃节
时间：6月至7月

中国兴安盟科尔沁民间文化艺术节
时间：7月

图什业图赛马节暨中国马速度大赛
时间：7月

兴安盟红城文化艺术节
时间：8月

阿尔山圣水节
时间：8月

五角枫情旅游文化节
时间：10月

白狼林俗文化节
时间：10月

阿尔山国际冰雪节
时间：11月至12月

阿尔山雾凇摄影节
时间：12月

锡林郭勒盟

多伦淖尔冰雪节
时间：1月

杰仁马文化艺术节
时间：1月

苏尼特骆驼文化节
时间：1月

国际游牧文化节
时间：6月

太旗草原那达慕
时间：6月

明安图敖包祭祀
时间：6月

成吉思宝格都山民俗文化节
时间：6月至7月

察哈尔民歌文化节
时间：6月至9月

多伦县乡村那达慕
时间：7月

哈日阿都文化节
时间：7月

苏尼特右旗旅游那达慕
时间：7月

"吉鲁根"苏尼特文化艺术节
时间：7月

月亮湖钓鱼节
时间：7月

中国元上都文化旅游节
时间：7月

草原皇家御马文化节暨全国马术绕桶冠军赛
时间：7月

乌拉盖湖钓鱼节
时间：7月

乌兰牧骑艺术节
时间：8月

毕鲁图庙敖包祭祀暨千盏灯会
时间：8月

察哈尔旅游文化节
时间：8月

浑善达克骆驼文化节
时间：10月至11月

"吉祥·乌珠穆沁"草原冰雪节暨冬季那达慕
时间：12月

阿巴嘎旗别力古台祭祀活动
时间：12月

阿拉善盟

阿拉善盟贺兰山广宗寺丁香节
时间：5月

古丝绸北路探秘自驾车旅游节
时间：6月至10月

月亮湖七夕情人节
时间：8月

中国蒙古族服装服饰艺术节
时间：8月

那达慕文化旅游节
时间：8月

奇石文化旅游节
时间：9月

巴丹吉林沙漠文化旅游节
时间：9月

国际金秋胡杨生态旅游节
时间：9月至10月

辽宁省

沈阳市

中国沈阳国际冰雪节
　　时间：1月至2月

关东庙会
　　时间：1月至2月

盛京灯会
　　时间：1月至2月

沈阳皇寺庙会
　　时间：春节、"五一"、"十一"期间

卧龙湖观鸟节暨鸟类摄影展
　　时间：4月

怪坡槐花节
　　时间：4月至5月

沈阳五龙山槐花节
　　时间：5月至6月

沈阳国际旅游节
　　时间：6月

辽宁旅游摄影节
　　时间：6月

锡伯族民俗旅游节
　　时间：6月至9月

关东民俗文化节
　　时间：7月

中国（沈阳）国际树莓节
　　时间：7月

新民市荷花节
　　时间：7月至9月

五龙山葡萄采摘节
　　时间：8月至9月

绿岛空港原生态采摘节
　　时间：10月

朝阳市

北票大黑山杜鹃花节
　　时间：4月至5月

国际化石节
　　时间：9月

阜新市

中国阜新敖包文化节
　　时间：8月

铁岭市

铁岭冰雪旅游节
　　时间：1月至2月

中国铁岭生态休闲旅游节
　　时间：7月至8月

抚顺市

踏青赏花旅游节
　　时间：5月

中国抚顺满族风情国际旅游节
　　时间：7月至10月

本溪市

南芬区奇石文化节
　　时间：7月

满乡枫情节
　　时间：9月至10月

中国本溪国际枫叶节
　　时间：9月至10月

鞍山市

鞍山玉佛苑民俗旅游文化节
　　时间：1月至2月

千山文化民俗庙会
时间：2月

千山梨花节
时间：4月至5月

岫岩玉文化艺术节
时间：7月

中国（鞍山）国际啤酒节
时间：7月

丹 东 市

第六届（丹东·东港）草莓文化节
时间：4月

"鸭绿江之春"宽甸河口桃花节
时间：4月

丹东市杜鹃花节
时间：4月至5月

鸭绿江口湿地观鸟节
时间：4月至5月

中国东港海鲜节
时间：5月

丹东·宽甸漂流旅游节
时间：7月至8月

丹东·宽甸枫叶节
时间：9月至10月

中国丹东鸭绿江国际旅游节
时间：9月至10月

大 连 市

金州区百花会
时间：2月

中国大连烟花爆竹迎春会
时间：2月

大连婚庆旅游节
时间：3月

大连市（银石滩）杜鹃花节
时间：4月

大连国际马拉松赛
时间：4月

大连·庄河市草莓节
时间：4月至5月

大连国际徒步大会
时间：5月

金石滩春季风筝节
时间：5月

大连赏槐会
时间：5月

大连旅顺樱桃节
时间：6月

中国大连金州国际樱桃节
时间：6月

大连·李官龙王庙海滨旅游文化节
时间：7月

广鹿岛马祖旅游文化节
时间：7月

大长山岛镇渔家风情旅游节
时间：7月至8月

国际蓝莓节
时间：7月至8月

大连国际沙滩文化节
时间：7月至8月

中国国际啤酒节
时间：7月至8月

大连长海国际钓鱼节
时间：8月至10月

大连国际服装节
时间：9月

大连国际冬泳节
时间：10月

大连（瓦房店）国际苹果节
时间：10月

中国大连（安波）国际温泉滑雪节
时间：12月至次年3月

营 口 市

辽宁冰雪温泉旅游节
时间：1月

营口望儿山国际母亲节
时间：5月

中国营口国际海滨温泉节
时间：8月

盘 锦 市

卧龙湖捕鱼文化节
时间：2月

2011中国最美湿地观鸟月
时间：3月至5月

中国盘锦国际湿地旅游周
时间：8月

锦 州 市

义县大奉国寺春节庙会
时间：2月

古塔庙会
时间：2月

锦州古玩文化节
时间：4月

闾山赏花会
时间：4月至5月

北镇梨花节
时间：5月

北普陀山采桑节
时间：6月

笔架山海会
时间：7月

闾山文化旅游节
时间：9月至10月

锦州民间文化节
时间：9月至10月

葫芦岛市

葫芦岛民俗艺术节
时间：5月

葫芦岛市风筝文化节
时间：5月

国际葫芦文化节
时间：8月

吉林省

长 春 市

长春冰雪旅游节暨净月潭瓦萨国际滑雪节
时间：1月至2月

长春国际动漫节
时间：5月至6月

净月潭国际森林徒步节
时间：6月

长春·双阳旅游节
时间：6月

中国（长春）华夏文化艺术节
时间：6月

长春消夏节
时间：6月至9月

松 原 市

中国吉林查干湖冰雪捕鱼文化旅游节
时间：1月

中国·松原伯都讷端午文化旅游节
时间：5月至6月

中国吉林查干湖蒙古族民俗旅游节
时间：7月至10月

吉 林 市

中国吉林冰雪温泉旅游节
时间：1月至2月

吉林蛟河冬捕旅游节
时间：1月至2月

吉林北山庙会
时间：2月

世纪广场风筝会
时间：3月

吉林松花湖开江鱼美食节
时间：6月

中国吉林松花湖休闲度假旅游节
时间：6月至8月

吉林市雪花啤酒节
时间：6月至8月

中国吉林长白山金秋红叶旅游节
时间：9月至10月

中国吉林国际雾凇冰雪节
时间：12月

通化市

中国通化冰雪旅游节
时间：1月至3月

中国·吉林龙湾野生杜鹃花卉旅游节
时间：5月至6月

白山市

长白山鸭绿江边境风情旅游节
时间：6月至10月

中国长白山国际旅游节
时间：7月至10月

中国松花石文化节
时间：8月

长白朝鲜族民俗文化旅游节
时间：9月

中国长白山国际雪文化旅游节
时间：12月至次年5月

延边朝鲜族自治州

金达莱文化旅游节
时间：4月至5月

延边之春苹果梨花节
时间：6月

安图"中国朝鲜族第一村"民俗文化旅游节
时间：6月

中国·龙井松茸文化旅游节
时间：9月

延边阿里郎冰雪旅游节
时间：12月至次年2月

黑龙江省

哈尔滨市

中华巴洛克民俗文化节
时间：1月

兆麟公园冰灯游园会
时间：2月

松北太阳岛旅游文化节
时间：5月

太阳岛风筝旅游节
时间：5月

极乐寺文园庙会
时间：5月

黑龙江万人登山活动
时间：5月

哈尔滨摇滚节
时间：5月

哈尔滨之夏旅游文化节
时间：5月至10月

依兰漂流文化节
时间：6月

中国·哈尔滨松花江湿地旅游文化节
时间：7月

通河铧子山登山节
时间：7月

哈尔滨森林音乐节
时间：7月

中国哈尔滨之夏国际啤酒节
时间：7月

方正莲花节
时间：7月至8月

延寿养生文化节
时间：9月

中国黑龙江五花山森林观赏节
时间：9月至10月

中国黑龙江国际滑雪节
时间：12月

中国哈尔滨国际冰雪节
时间：12月至次年2月

齐齐哈尔市

齐齐哈尔观鹤节
时间：8月

齐齐哈尔关东文化旅游节
时间：12月至次年2月

黑河市

黑河江畔元宵节烟火晚会
时间：2月

黑龙江国际火山旅游节暨五大连池圣水节
时间：6月

大庆市

大庆之冬艺术节游园灯会
时间：2月

帐篷节
时间：7月

中国（大庆）湿地文化节
时间：7月至9月

伊春市

中国（伊春）冬季摄影节
时间：1月

中国黑龙江森林生态旅游节
时间：6月

鹤岗市

中国·黑龙江鹤岗国际界江旅游节
时间：6月

佳木斯市

中国富锦幸福送水节
时间：4月

中国佳木斯三江杏花节
时间：4月至5月

三江国际旅游节
时间：8月

黑龙江佳木斯国际泼雪节
时间：12月至次年2月

鸡西市

兴凯湖沙雕艺术大赛暨鸡西养生度假旅游节
时间：7月至9月

牡丹江市

黑龙江中国雪乡旅游节
时间：1月

牡丹江朝鲜民族文化节
时间：5月至6月

牡丹江镜泊湖金秋节
时间：8月

中国牡丹江雪城旅游文化节
时间：12月至次年2月

绥化市

中国（兰西）亚麻旅游文化节
时间：6月

绥棱生态文化节
时间：7月

大兴安岭地区

中国漠河北极村国际冰雪汽车越野赛
时间：3月

漠河夏至节
时间：6月

大兴安岭漠河北极光节
时间：6月至7月

黑龙江国际养生度假旅游节
时间：6月至8月

中国大兴安岭国际蓝莓节暨山特产交易会
时间：8月

上海市

黄浦区

豫园元宵灯会
　　时间：1月至2月

上海国际文学节
　　时间：3月

上海旅游美食节
　　时间：4月

上海国际首饰时尚节
　　时间：7月

徐汇区

迎新春撞龙华晚钟
　　时间：1月

上海植物园迎春花展
　　时间：1月至2月

龙华庙会
　　时间：4月至5月

上海桂花节
　　时间：9月至10月

长宁区

上海东方女儿节
　　时间：4月

静安区

上海电视节
　　时间：6月

虹口区

海泰地产6公里健康跑
　　时间：1月

上海集邮节
　　时间：3月

宝山区

顾村公园樱花节
　　时间：3月至4月

嘉定区

嘉定区外冈蜡梅节
　　时间：1月

嘉定紫藤花节
　　时间：4月

上海汽车文化节
　　时间：4月至5月

竹荷文化艺术节
　　时间：6月至10月

上海马陆葡萄节
　　时间：7月

浦东新区

东方明珠元旦登高暨迎新长跑活动
　　时间：1月

上海国际服装节
　　时间：3月

上海桃花节
　　时间：3月至4月

浦东三林民俗文化节暨"三月半"圣堂庙会
　　时间：4月

滨江公园杜鹃花展
　　时间：4月至5月

"上海之春"国际音乐节
　　时间：5月

金山区

上海灯谜艺术节
　　时间：1月至2月

337

金山海鲜文化节
时间：7月至10月

金山蟠桃节
时间：8月

金山旅游节
时间：9月至10月

上海宝山国际民间艺术节
时间：10月

松江区

佘山元旦登高活动
时间：1月

上海佘山兰笋文化节
时间：4月至5月

新浜荷花节
时间：7月至8月

上海欢乐谷狂欢节
时间：7月至8月

上海松江旅游节
时间：9月至10月

青浦区

上海淀山湖梅花节
时间：2月

福寿园清明文化节
时间：3月至4月

青浦白鹤草莓节
时间：4月

上海朱家角古镇旅游节
时间：9月

上海淀山湖旅游节
时间：9月至10月

奉贤区

上海奉贤菜花节
时间：3月至4月

崇明县

崇明森林旅游节
时间：9月至10月

江苏省

南京市

江心洲旅游节
时间：2月

夫子庙灯会
时间：2月

中国南京国际梅花节
时间：2月至3月

南京民国美食节
时间：2月至3月

莫愁湖海棠花会
时间：3月

南京·玄武文化旅游节
时间：3月

南京·溧水梅花节
时间：3月

湖南路旅游时尚节
时间：3月

江宁文化旅游节
时间：3月至4月

南京雨花踏青节
时间：3月至5月

高淳油菜花节暨乡村旅游节
时间：3月至5月

南京妈祖庙会
时间：4月

魅力江宁田园文化节暨横溪西瓜节
时间：5月至6月

明孝陵文化节
时间：6月至7月

江南·高淳荷花节
时间：6月至8月

江心洲葡萄节
时间：7月至8月

溧水采摘节
时间：7月至8月

江苏国际服装节
时间：9月至10月

中国·南京固城湖螃蟹节
时间：9月至10月

中国南京国际桂花节
时间：9月至10月

南京栖霞红枫艺术节
时间：10月至11月

徐 州 市

邳州桃花节
时间：3月至4月

汉文化景区市民旅游节
时间：8月

中国徐州汉文化旅游节
时间：10月

连云港市

灌云美食街迎新春美食节
时间：2月

连云港乡村旅游节
时间：4月至10月

灌云·王圩西瓜节
时间：7月

连云港·国际西游记文化旅游节暨江苏沿海（连云港）
 国际旅游节
时间：7月至8月

宿 迁 市

楚街庙会
时间：2月至3月

泗洪县青阳梨花节
时间：3月

沭阳县旅游文化节
时间：5月

西南岗民俗文化节暨上塘欢牛节
时间：5月

西楚文化节（两年一届）
时间：6月

中国（泗洪）洪泽湖生态旅游节
时间：7月

淮 安 市

盱眙野菜节
时间：3月至4月

中国涟水中华缘文化节
时间：3月至4月

中国·盱眙国际龙虾节
时间：6月至8月

金湖县荷花艺术节
时间：8月

中国涟水白鹭节
时间：8月至9月

中国淮安淮扬菜美食文化节
时间：9月至10月

盐 城 市

建湖县城龙飞狮舞踩街游园活动
时间：2月

盐渎风情新春灯会
时间：2月

大纵湖渔家风情节
时间：4月至10月

中国·大丰麋鹿生态旅游节
时间：5月

中国盐城中国海盐文化节
时间：5月

大纵湖螃蟹节
时间：10月

扬 州 市

中国扬州"烟花三月"国际经贸旅游节
时间：4月至5月

凤凰岛桑葚采摘节
时间：4月至6月

中国芍药节
时间：5月

兴化李中水上森林万鸟观赏节
时间：5月

邵伯湖龙虾节
时间：5月至10月

中国瓜洲音乐节
时间：9月

泰 州 市

凤城河桃花节
时间：3月至4月

中国·兴化千岛菜花旅游节
时间：4月

中国苏州平江之春文化旅游节
时间：4月

海陵区农业观光旅游节
时间：4月至5月

中国泰州水城水乡国际旅游节
时间：4月至5月

中国泰州国际旅游节暨经贸洽谈会
时间：4月至5月

中国湿地生态旅游节暨中国姜堰·溱潼会船节
时间：4月至5月

溱湖水乡采菱节
时间：8月

南 通 市

如东旅游美食文化节
时间：3月

南通江海美食节暨中国海安河豚节
时间：4月至5月

中国南通国际江海旅游节
时间：9月

镇 江 市

句容宝华山迎新年祈福撞钟活动
时间：1月

金山庙会文化节
时间：2月

扬中河豚美食节
时间：3月至4月

句容茅山旅游文化节
时间：3月至12月

句容宝华山泡山节
时间：4月至6月

镇江旅游节暨中国镇江金山湖龙舟大奖赛
时间：6月

中国（镇湖）刺绣文化艺术节
时间：9月

常 州 市

"花都水城，浪漫武进"旅游节
时间：4月至5月

中华龙城（常州）旅游节
时间：4月至5月

天目湖旅游节
时间：5月

江苏乡村旅游节
时间：9月

无 锡 市

梅村镇梅村庙会
时间：2月

阳山（国际）桃花节
时间：3月至4月

中国徐霞客国际旅游节
时间：3月至5月

中国（无锡）吴文化节
时间：4月

无锡太湖山水文化节
时间：4月至5月

梁祝文化旅游节暨观蝶节
时间：5月

江苏宜兴陶瓷艺术节
时间：5月

太湖慧谷茶文化节
时间：5月

水韵月城生态旅游节
时间：6月

无锡太湖生态旅游节
时间：10月

中国陶都（宜兴）生态旅游节
时间：10月

中国太湖农家菜美食节
时间：11月至12月

苏州市

寒山寺除夕听钟声活动
时间：1月

欢乐木渎年
时间：1月至2月

金亭镇梅花节
时间：2月

穹隆山新年祈福文化节
时间：2月

重元寺新春敬头香活动
时间：2月

江苏省春兰展
时间：2月

苏州太湖梅花节
时间：2月至3月

苏州树山梨花会
时间：3月

苏州小吃美食文化节
时间：3月至4月

"同里之春"旅游文化节
时间：3月至4月

太平桥民间文化旅游节
时间：3月至4月

苏州国际风筝节
时间：3月至5月

春季虎丘艺术花会
时间：3月至5月

木渎古镇踏青旅游节
时间：3月至5月

中国常熟尚湖牡丹花会
时间：3月至5月

拙政园杜鹃花节
时间：3月至5月

白马涧风筝节
时间：3月至5月

沙家浜阿庆嫂民俗风情旅游节
时间：3月至6月

苏州·吴中洞庭山碧螺春茶文化旅游节
时间：4月

沧浪区亲水文化艺术节
时间：4月

平江晒书节
时间：4月

张家港凤凰桃花节
时间：4月

张家港旅游节暨河阳山歌节
时间：4月

阳澄湖油菜花节
时间：4月

江苏省惠兰展
时间：4月

千灯旅游文化节
时间：4月

锦溪文化旅游节
时间：4月

中国江南牡丹文化节
时间：4月至5月

太仓旅游文化节
时间：4月至5月

中国昆山国际文化旅游节
时间：4月至5月

昆山琼花艺术节
时间：4月至5月

中国木渎国际旅游节
时间：4月至5月

"东方水城"中国苏州国际旅游节
时间：4月至5月

中国（常熟）江南文化节
时间：4月至6月

双塔凤凰美食狂欢节
时间：5月

孙子兵法文化节
时间：5月

金仓湖风筝节
时间：5月

金阊民俗文化旅游节暨轧神仙庙会
时间：5月

木渎国际旅游节
时间：5月

沙家浜端午文化节
时间：5月至6月

洞庭山枇杷节
时间：5月至6月

巴城阳澄湖民间文化艺术节
时间：5月至6月

中国周庄国际旅游节
时间：5月至9月

苏州太湖龙舟赛
时间：6月

张浦镇西瓜节
时间：6月至7月

江苏常熟虞山森林旅游生态观光节暨宝岩杨梅节
时间：6月至7月

江南采莲节
时间：6月至9月

苏州白马涧冰雪狂欢节
时间：7月

平江七夕文化风情节
时间：8月

中国（苏州）太湖开捕节
时间：8月至9月

昆山国际啤酒节
时间：8月至9月

中国常熟沙家浜旅游节
时间：8月至10月

沙家浜阳澄湖大闸蟹美食节
时间：8月至10月

中国苏州美食节
时间：9月

甪直水乡服饰文化旅游节
时间：9月

相城区阳澄湖旅游节
时间：9月

昆山阳澄湖蟹文化节
时间：9月

中国盛泽丝绸文化节
时间：9月至10月

常熟尚湖太公美食节
时间：9月至11月

吴江金秋美食节
时间：9月至11月

奇石文化节
时间：10月

苏州（平江）状元文化旅游节
时间：10月

中国·东海温泉旅游文化节
时间：10月

中国苏州民间手工艺艺术节
时间：11月

浙江省

杭州市

西溪探梅节
时间：2月

东方文化园祈福节
时间：2月

杭州超山梅花节
时间：2月至3月

九峰山梅花节
时间：2月至3月

中国新安江草莓节
时间：2月至4月

天目山赶春旅游节
时间：2月至4月

中国（萧山）花木节
时间：3月

新登半山桃花节
时间：3月至4月

桐庐山花文化旅游节
时间：3月至4月

拔山高峰茶叶节
时间：3月至4月

中国临安百笋宴美食文化节
时间：4月

千岛湖音乐节
时间：4月

中国临安茶祖文化旅游节
时间：4月

中国茶圣节
时间：4月至5月

中国杭州西溪花朝节
时间：4月至5月

中国国际动漫节
时间：4月至5月

中国杭州塘栖枇杷节
时间：5月

富阳新沙岛桑果节
时间：5月

西溪国际龙舟文化节
时间：5月至6月

西湖音乐节
时间：6月

萧山杜家杨梅节
时间：6月

余杭蜜梨节
时间：7月

建德·里叶荷花节
时间：7月

千岛湖漂流节
时间：7月

双溪水上狂欢节
时间：7月至9月

中国萧山七夕文化节
时间：8月

富春江水上休闲大会
时间：8月

中国·建德新安江旅游节
时间：8月

千岛湖·安阳葡萄开采节
时间：8月至10月

杭州龙门古镇民俗风情节
时间：9月

杭州千岛湖秀水节
时间：9月

中国国际（萧山）钱江观潮节
时间：9月

富春江运动节
时间：9月至10月

西溪火柿节
时间：9月至10月

西博会国际旅游节
时间：10月

杭州国际丝绸旅游文化节
时间：10月至11月

仓前羊锅节
时间：12月

湖州市

安吉江南天池滑雪节
时间：1月

太湖放鱼节暨南太湖增殖放流活动
时间：2月

长兴和平白茶节
时间：3月至5月

中国·湖州国际生态（乡村）旅游节暨浙江山水旅游节
时间：4月

湖州含山蚕花节
时间：4月

安吉白茶开采节
时间：4月

安吉春笋美食节
时间：4月至5月

中国南浔魅力古镇旅游文化节
时间：4月至9月

德清·莫干山国际休闲旅游节
时间：4月至10月

中国长兴（二界岭）樱桃节
时间：5月

雷甸枇杷文化节
时间：5月至6月

长兴·和平采桃节
时间：6月

长兴渚山杨梅特色旅游节
时间：6月

中国长兴葡萄文化旅游节
　　时间：7月至8月

中国湖州国际湖笔文化节
　　时间：9月

中国（安吉）休闲农业与乡村旅游节
　　时间：9月至10月

新市羊肉节
　　时间：10月至11月

嘉兴市

嘉兴生态文化旅游节暨南湖桃花节
　　时间：3月至4月

中国嘉善古镇·西塘国际文化旅游节
　　时间：4月

中国嘉兴南湖旅游节
　　时间：5月

中国·嘉兴端午民俗文化节
　　时间：6月

中国海盐南北湖文化旅游节
　　时间：6月至11月

乌镇童玩节
　　时间：7月

碧云葡萄节
　　时间：7月

中国海宁国际钱江观潮节
　　时间：9月

中国平湖西瓜灯文化节
　　时间：9月

舟山群岛新区

中国普陀佛茶文化节
　　时间：4月

"普陀山之春"旅游节
　　时间：4月

舟山群岛·中国海洋文化节
　　时间：6月至7月

嵊泗贻贝文化节
　　时间：7月至8月

桃花岛中国侠侣爱情文化节
　　时间：8月

中国舟山国际沙雕节
　　时间：9月至10月

中国普陀山南海观音文化节
　　时间：10月

宁波市

中国·奉化布龙文化节暨尚田草莓节
　　时间：1月至4月

宁波元宵美食节
　　时间：2月

宁海胡陈桃花节
　　时间：3月

中国·奉化桃花节暨萧王庙桃花节
　　时间：3月至4月

宁海杜鹃花节
　　时间：4月

宁海桑洲品茶节
　　时间：3月至4月

象山"三月三"民俗文化节
　　时间：4月

鄞州茶文化节
　　时间：4月

赏花摄影户外运动文化节
　　时间：4月

宁波江东美食节
　　时间：4月至5月

天宫庄园桑果节
　　时间：4月至5月

横街竹乡生态休闲旅游节
　　时间：4月至5月

江南牡丹花会
　　时间：4月至5月

宁波四明山红枫樱花节
　　时间：5月

洞桥镇"八戒"西瓜节
　　时间：5月

中国（奉化）雪窦山弥勒文化节
　　时间：5月

中国（宁海）徐霞客开游节
　　时间：5月

象山国际海钓露营文化节
　　时间：5月

中国余姚河姆渡文化节
　　时间：5月

慈溪大桥国际经贸旅游节
时间：5月至8月

五龙潭山水旅游节
时间：5月至10月

中国湖泊休闲节
时间：5月至10月

中国余姚杨梅节
时间：6月

宁波国际烧烤美食节
时间：6月

鄞州相亲旅游节
时间：6月

中国宁波国际港口文化节
时间：7月

宁海（大梁山）啤酒节
时间：7月

中国（奉化）水蜜桃旅游文化节
时间：7月至8月

宁海亲水节
时间：7月至10月

中国开渔节
时间：9月

中国（奉化）南岙长寿文化节
时间：9月

龙观（宁波）桂花节
时间：9月

鄞江澄浪潭垂钓文化节
时间：9月

宁波旅游节
时间：9月至10月

前童豆腐节
时间：9月至10月

四明山旅游节
时间：9月至10月

中华慈孝节
时间：10月

中国梁祝爱情节
时间：10月

宁波国际服装节
时间：10月

绍兴市

安吉古镇腊月风情节
时间：1月

王坛梅花节
时间：1月至5月

城山庙会
时间：2月

"盛大杯"西施故里书画节
时间：3月

吼山桃花节
时间：3月至4月

富盛乡村（森林）旅游风情节
时间：3月至5月

中国兰亭书法节
时间：4月

中国嵊州国际书法朝圣节
时间：4月

中国绍兴国际茶文化节
时间：4月

五泄·观瀑节
时间：4月

覆卮山攀浪节
时间：5月

上虞生态休闲旅游节
时间：6月

上虞二都杨梅节
时间：6月

嵊州丰泥杨梅节
时间：6月

"四季仙果"上虞野藤葡萄节
时间：7月至8月

中国新昌天姥山文化旅游节
时间：11月

金华市

婺城油菜花节
时间：3月至4月

仙华山樱桃采摘节
时间：5月

中国方山柿之乡文化旅游节
时间：10月

义乌红糖节
时间：11月

台州市

仙居浙江油菜花节
时间：3月至4月

桃花源踏青节
时间：4月至5月

中国（温岭）石文化旅游节
时间：4月至5月

天台山云锦杜鹃节
时间：5月

天台山济公文化旅游节
时间：6月

仙居杨梅节
时间：6月至7月

括苍山山地车挑战赛
时间：11月

中国玉环海岛文化节
时间：11月

中国江南长城节
时间：11月

温州市

瑞安旅游节
时间：3月至9月

瓯海仙岩绿文化节
时间：4月

中国·洞头妈祖平安节
时间：4月至5月

寨寮溪山水文化旅游节
时间：5月至9月

中国（温州）森林旅游节
时间：6月

平阳红色旅游节
时间：6月至7月

文成百丈飞瀑观瀑节
时间：6月至8月

高楼杨梅文化节
时间：6月至9月

中国（温州）网络旅游节
时间：6月至12月

楠溪江旅游节
时间：9月

中国雁荡山夫妻节
时间：11月至12月

万种枫情节
时间：12月

丽水市

中国景宁畲乡三月三风情旅游节
时间：4月

中国遂昌汤显祖文化节
时间：4月

云和梅源梯田芒种开犁节
时间：6月

仙都杨梅节
时间：6月

青田杨梅节
时间：6月至9月

中国仙都公祭轩辕黄帝大典暨仙都旅游文化节
时间：10月

中国龙泉青瓷、宝剑节
时间：11月

中国·丽水国际摄影文化节
时间：11月至12月

安徽省

合肥市

三河古镇民间文化艺术节
　　时间：1月至2月

徽园春节民俗庙会
　　时间：2月

"二月二"吴山庙会
　　时间：3月

岱山湖山水桃花旅游节
　　时间：3月至4月

长丰草莓节
　　时间：3月至4月

合肥长丰陶楼桃花节
　　时间：4月

中国羊岩勾青茶文化节
　　时间：4月

三国遗址公园牡丹节
　　时间：4月至5月

中国（合肥）徽菜美食旅游节
　　时间：4月至5月

合肥市乡村旅游节
　　时间：4月至6月

安徽（肥东）红色旅游文化节
　　时间：4月至7月

紫蓬山登山节
　　时间：5月

山南镇"三·二八"庙会暨农根文化节
　　时间：5月

庐阳区三十岗西瓜节
　　时间：6月

安徽·撮镇建华荷花节
　　时间：7月

大圩葡萄节
　　时间：7月至9月

白龙鲜枣文化节
　　时间：9月

长丰美食节
　　时间：10月

合肥三国文化节
　　时间：10月

包公文化节
　　时间：10月

宿州市

砀山梨花旅游节
　　时间：3月至4月

砀山酥梨节
　　时间：8月至10月

淮北市

相山公园三月十八古庙会
　　时间：5月

阜阳市

阜阳生态园游园大型灯会
　　时间：2月

椿樱旅游文化节
　　时间：4月至5月

阜阳旅游文化节暨颍州西湖桃花樱花节
　　时间：4月至5月

杜鹃旅游文化艺术节
　　时间：4月至6月

管仲文化旅游节
　　时间：5月

颍州西湖景区荷花节
　　时间：7月至8月

亳州市

涡阳天静宫老子庙会
    时间：3月

中国（亳州）芍花养生旅游文化节暨亳州旅游产品推介会
    时间：4月

中国（亳州）酒文化节
    时间：4月

中国（亳州）养生旅游文化节
    时间：9月

蚌埠市

蚌埠"淮上之旅"休闲文化旅游节
    时间：4月

中国固镇梨花节
    时间：4月

淮南市

中国淮南桃花·草莓节
    时间：3月至4月

中国·淮南国际少儿艺术节
    时间：8月

八公山旅游节
    时间：9月

中国豆腐文化节
    时间：9月

淮河风情文化节
    时间：11月

滁州市

中国·全椒走太平民俗旅游节
    时间：3月

中国（明光）文化旅游武术节
    时间：5月

白鹭岛生态文化旅游节
    时间：5月

小岗村葡萄文化旅游节
    时间：8月

中国·凤阳花鼓文化旅游节
    时间：10月

明皇陵祭祀活动
    时间：12月

马鞍山市

当涂护河园艺桃花节
    时间：3月

马鞍山李白国际户外旅游节
    时间：4月

中国马鞍山国际吟诗节
    时间：10月

芜湖市

皖南旅游购物节
    时间：4月

中国（南陵）牡丹文化节
    时间：4月至5月

凤凰美食文化节
    时间：10月

铜陵市

铜陵凤丹文化旅游节
    时间：4月

安徽省民俗文化节
    时间：5月

铜陵青铜文化节
    时间：10月

安庆市

野生玉兰节暨全国摄影大赛
    时间：3月至4月

大别山（安徽·岳西）映山红旅游文化月
    时间：4月

桐城文化节
    时间：10月

中国花亭湖金秋旅游文化节暨皖西南山货节
    时间：10月

中国（安庆）黄梅戏艺术节
    时间：10月

天柱山登山节
    时间：11月

黄山市

中国黄山油菜花节
时间：3月

山野菜美食节
时间：3月至4月

太平猴魁茶文化旅游节
时间：4月

中国黄山休宁松萝茶文化旅游节
时间：5月

歙县三潭枇杷节
时间：6月

中国黄山翡翠谷七夕情人节
时间：9月

中国黄山国际旅游节暨徽文化节
时间：9月

歙县徽州古城民俗文化节
时间：11月

中国黟县国际摄影节
时间：11月

六安市

六安市茶旅游文化节
时间：4月

寿县梨花节和梨花诗会
时间：4月

巢湖市

庐江茶文化旅游节
时间：4月至5月

无为县艺术节
时间：10月

池州市

安徽石台茶叶节
时间：4月

九华山庙会
时间：9月

宣城市

太极文化旅游节
时间：5月

中国宣城文房四宝之乡文化旅游节
时间：7月至10月

水东蜜枣旅游节
时间：8月至9月

中国绩溪徽菜美食节
时间：11月

福建省

福州市

福州温泉旅游节
时间：1月

闽清十八坂古民居文化旅游节
时间：2月

"两马同春闹元宵"活动
时间：2月

海峡两岸民俗文化节
时间：2月

福州南后街元宵灯会
时间：2月

闽都民俗文化节
时间：2月

陈靖姑民俗文化节
时间：3月

福州美食旅游文化节
时间：5月

福州（贵安）温泉文化旅游节
时间：5月

福州（长乐）郑和开洋节暨海峡两岸经贸交易会
时间：5月

福州三坊七巷文化旅游节
时间：5月

永泰亲水旅游文化节
时间：6月至8月

平潭沙滩文化节
时间：7月

南 平 市

拔烛桥
时间：2月

蜡烛会
时间：3月

柴头会
时间：3月

武夷山国际旅游节
时间：5月

朱子文化节
时间：6月

南平樟湖坂捕蛇节
时间：8月

海峡两岸齐天大圣文化旅游节
时间：9月

中国武夷山国际山·水·茶旅游节
时间：12月

三 明 市

中国丹霞（泰宁）文化旅游节
时间：8月

大金湖（国际）帐篷节
时间：8月

永安笋竹文化旅游节
时间：10月

世界客属石壁祖地祭祖大典
时间：10月

中国（沙县）小吃文化旅游节
时间：12月

莆 田 市

常太镇枇杷文化旅游节
时间：5月

中国·湄洲妈祖文化旅游节
时间：10月至11月

泉 州 市

海峡两岸闽南文化节
时间：2月

泉州永春北溪桃花节
时间：3月

泉州闽南文化旅游节
时间：5月

闽台对渡文化节暨蚶江海上泼水节
时间：6月

厦 门 市

厦门国际马拉松赛
时间：1月

海峡两岸元宵民俗文化节
时间：2月

厦门元宵民俗文化节
时间：2月

开闽王旅游文化节
时间：2月

海峡两岸厦门思明民俗文化节
时间：4月

郑成功文化节
时间：4月至5月

赏花观瀑节
时间：5月

厦门同安青岛啤酒节
时间：7月至8月

厦门自驾旅游节
时间：8月

中秋博饼文化旅游节
时间：9月至10月

厦门花车巡游
时间：10月

海峡摇滚音乐节
时间：10月

2011厦门国际动漫节
时间：10月至11月

漳州市

海峡两岸关帝文化旅游节
　　时间：6月

漳州旅游节
　　时间：6月

海峡两岸（南靖）土楼、兰花、茶文化节
　　时间：7月

国际茶壶茶文化节
　　时间：9月

龙岩市

新罗区乡村旅游节
　　时间：4月至12月

龙岩海峡客家旅游欢乐节
　　时间：9月

中国星子（庐山）温泉旅游节
　　时间：9月至10月

宁德市

畲族祭祖节
　　时间：2月

中国白水洋文化旅游节
　　时间：8月

尝新节
　　时间：农历八月、九月

江西省

南昌市

中国·南昌金塔小吃文化节
　　时间：1月

八大山人梅湖景区庙会
　　时间：1月至2月

江西（黄马）樱花节
　　时间：3月至4月

南昌杨梅节
　　时间：6月至7月

中国（梅岭）国际都市森林休闲节
　　时间：9月

朝仙会
　　时间：9月至10月

九江市

三洲杨梅文化旅游节
　　时间：6月

景德镇市

景德镇浮梁茶文化旅游节
　　时间：4月

景德镇瓷文化旅游节
　　时间：9月

鹰潭市

中国龙虎山道教文化旅游节
　　时间：10月

龙虎山国际帐篷节
　　时间：10月

新余市

中国（新余）仙女湖情歌节暨七夕情人节
　　时间：8月

萍乡市

莲花油菜花文化旅游节
　　时间：3月至4月

安源葡萄文化旅游节
时间：7月至8月

中国武功山国际帐篷节
时间：9月

赣州市

中国·赣州客家生态文化节
时间：3月

江西兴国特色旅游文化节
时间：4月

上饶市

婺源——中国乡村旅游文化节
时间：10月

宜春市

铜鼓客家文化节
时间：2月

中国"百合之乡"白水百合文化节
时间：5月

中国宜春·明月山月亮文化节
时间：9月至10月

樟树国际药膳养生文化旅游节
时间：10月

吉安市

渼陂旅游文化节
时间：2月

庐陵文化旅游节
时间：3月

中国·井冈山国际杜鹃花节
时间：4月至5月

中国遂川狗牯脑茶文化节暨经贸洽谈会
时间：6月

山东省

济南市

济南民俗风情旅游节
时间：2月

趵突泉迎春花灯会
时间：2月

大明湖春节文化庙会
时间：2月

九顶塔山歌节
时间：3月至4月

山青世界农耕节
时间：3月至4月

水帘峡清明文化节
时间：4月

中国（平阴）玫瑰旅游节
时间：4月

济南红叶谷郁金香节
时间：4月至5月

济南市王家峪大樱桃采摘节
时间：5月至6月

大明湖荷花艺术节
时间：7月至8月

遥墙荷花文化节
时间：7月至8月

圣母山紫云珠葡萄采摘节
时间：8月

济南千佛山庙会
时间：10月

聊城市

冠县梨园文化观光周
时间：4月

阳谷千年古城水浒文化旅游节
时间：4月

中国江北水城运河古都（聊城）文化旅游节
时间：4月至5月

植物园荷花文化艺术节
时间：7月至8月

德 州 市

黄河故道森林公园葚果文化采摘节
时间：5月至6月

东 营 市

中国黄河口桃花旅游节
时间：4月至5月

中国黄河口文化旅游节
时间：8月至10月

东营吕剧文化艺术节
时间：10月

淄 博 市

山东淄博花灯艺术节
时间：2月

淄博·鲁山登山旅游节
时间：4月

山东沂源汇泉桃花节
时间：4月

淄博淄河生态旅游观光节
时间：4月至5月

国际聊斋文化旅游节
时间：5月

博山采茶节
时间：6月

马踏湖民俗风情旅游节
时间：8月

牛郎织女景区中国七夕情侣节
时间：8月

中国孝文化旅游节
时间：8月至10月

国际齐文化旅游节
时间：9月

周村旱码头旅游文化节
时间：9月

潍 坊 市

潍坊国际风筝节
时间：4月

青州高山槐花节
时间：5月

昌乐国际宝石节
时间：5月至6月

中国（诸城）大舜文化节
时间：6月至7月

诸城国际烧烤节
时间：7月

山东寿光荷花节
时间：7月至9月

国际风筝冲浪赛
时间：8月

烟 台 市

烟台毓璜顶庙会
时间：2月

莱阳梨花节
时间：4月

长岛县渔家乐民俗文化节
时间：4月

塔山山会
时间：4月

南山大佛开光庆典暨南山春季庙会
时间：4月

昆嵛山踏青登山节
时间：4月

牟氏庄园民俗旅游节
时间：4月至5月

崆峒岛海洋旅游节
时间：5月至7月

山东海阳沙雕节
时间：7月

山东烟台国际动漫艺术节
时间：8月

烟台蓬莱"和平颂"国际青少年文化艺术节
时间：8月

山东招远黄金节
时间：8月

烟台国际葡萄酒节
时间：9月

中国国际美食节
时间：9月至10月

莱阳梨文化节
时间：9月至10月

威海市

中国（乳山）母爱文化节
时间：5月

西霞口国际沙滩篝火节
时间：5月至9月

中国威海（文登）国际温泉节
时间：9月

中国威海国际人居节
时间：9月至10月

中国（文登）国际长寿美食节
时间：9月至10月

青岛市

青岛海云庵糖球会
时间：2月

青岛萝卜会、元宵山会
时间：2月

青岛田横祭海节
时间：3月

青岛市全民健身户外登山节
时间：4月

青岛游艇帆船节
时间：4月

崂山茶文化节
时间：4月至5月

青岛樱花节
时间：4月至5月

青岛李沧区民俗文化节
时间：4月至5月

青岛红岛蛤蜊节
时间：4月至5月

青岛葡萄酒美食节
时间：5月至6月

青岛城阳市民节灯会
时间：6月

平度云山大樱桃节
时间：6月至7月

中国青岛国际海洋节
时间：8月

青岛国际啤酒节
时间：8月

中国青岛凤凰岛（金沙滩）文化旅游节
时间：8月至9月

平度大泽山葡萄节
时间：9月

灵山湾拉网节
时间：9月至10月

中国崂山旅游文化节
时间：10月

日照市

七连山民俗旅游文化节
时间：4月

"五莲之春"杜鹃花节
时间：4月

海洋迷笛音乐节
时间：5月

夏日林海风情旅游节
时间：7月

中国（日照）国际海滩旅游文化节
时间：7月至8月

中国日照绿茶节
时间：8月

浮来山福寿文化节
时间：10月

刘家湾赶海节
时间：10月

临沂市

沂州海棠节
时间：4月

中国临沂诸葛亮文化旅游节
时间：5月

蒙山长寿旅游节
时间：10月

枣庄市

中国（滕州）马铃薯节
　　时间：4月

龙阳樱桃采摘节
　　时间：4月

中国（滕州）国际墨子文化节
　　时间：5月

龙阳镇民俗文化旅游节暨登龙山赏槐花活动
　　时间：5月

中国·枣庄峄城榴花节
　　时间：6月

中国（滕州）微山湖湿地红荷节
　　时间：8月

枣庄抱犊崮红叶节
　　时间：10月

济宁市

泗水桃花旅游节
　　时间：4月

中国汶上宝相寺太子灵踪文化节
　　时间：4月至5月

中国运河之都（济宁）大运河美食文化艺术节
　　时间：5月

孟子故里（邹城）中华母亲文化节
　　时间：5月

中国（金乡）国际大蒜节
　　时间：5月

中国大运河美食节暨渔家文化节
　　时间：7月

曲阜孔子修学旅游节
　　时间：7月至8月

中国泉乡（泗水）泉水节
　　时间：8月

中国（曲阜）国际孔子文化节
　　时间：9月

中国（曲阜）孔府菜美食节
　　时间：9月

中国（梁山）水浒文化节
　　时间：9月

中国（嘉祥）石雕艺术节
　　时间：9月

泰安市

中国肥城桃花节
　　时间：3月至4月

祭拜中华商圣范蠡蠡典礼
　　时间：4月

泰山东岳庙会
　　时间：4月

肥城金秋品桃节
　　时间：8月至9月

泰山国际旅游文化登山节
　　时间：9月

莱芜市

大舟山旅游节
　　时间：5月

莱州月季花节
　　时间：5月

中国国际航空体育节
　　时间：10月

滨州市

惠民胡集灯节书会
　　时间：2月

博兴丈八佛生日庙会
　　时间：2月

阳信刘家阁庙会
　　时间：2月

惠民火把李庙会
　　时间：3月

中国滨州惠民国际孙子文化旅游节
　　时间：9月

中国（博兴）国际厨具节
　　时间：9月

董永文化艺术节
　　时间：9月

沾化冬枣节
　　时间：10月

邹平雕窝峪山会
时间：10月

菏泽市

菏泽国际牡丹花会
时间：4月至5月

河南省

郑州市

郑州商都民俗庙会
时间：2月

郑州炎黄文化周
时间：3月至4月

黄帝故里拜祖大典
时间：4月

巩义雪花洞拍手定情节
时间：4月

郑州樱桃节
时间：5月

郑州葡萄文化节
时间：8月

三门峡市

老子诞辰祭祀活动
时间：3月

三门峡国际黄河旅游节暨投资贸易洽谈会
时间：5月

洛阳市

白马寺钟声迎新年
时间：1月

香山寺盛世钟声迎新春
时间：2月

洛阳河洛春节庙会
时间：2月

宜阳灵山文化庙会
时间：3月

西亳文化艺术节暨中华圣贤·玄奘故里瞻仰系列活动
时间：3月至4月

伏牛山登山节
时间：4月

民俗博物馆文化庙会
时间：4月

绿竹风情节
时间：4月至5月

红山樱桃节
时间：4月至5月

洛阳黛眉山旅游文化节
时间：4月至5月

河南汝阳杜鹃花节
时间：4月至5月

洛阳牡丹花会
时间：4月至5月

李楼蔬菜采摘节
时间：5月

新安樱桃节
时间：5月

黄河小浪底观瀑节
时间：6月至7月

全国帐篷音乐节
时间：7月至8月

孟津会盟镇荷花节
时间：7月至9月

中原伏牛山夏日冰雪旅游节
时间：7月至10月

孟津红提葡萄节
时间：9月

河南上戈苹果节
时间：9月至10月

中国洛阳河洛文化旅游节
时间：9月至10月

栾川伏牛山红叶节
时间：10月

洛阳关林国际朝圣大典
时间：10月

洛阳伏牛山滑雪节
时间：12月至次年3月

焦作市

焦作神农文化节
时间：4月

中国焦作国际太极拳交流大赛暨焦作山水国际旅游节
时间：8月

新乡市

关山景区连翘黄花节
时间：3月

比干诞辰纪念活动
时间：5月

八里沟休闲避暑亲水文化节
时间：7月至8月

鹤壁市

中国鹤壁民俗文化节
时间：2月

浚县正月古庙会
时间：2月至3月

军事文化节
时间：7月至8月

安阳市

中国安阳蜡梅节
时间：2月至3月

中国安阳（国际）航空运动旅游节
时间：6月

安阳殷商文化旅游节
时间：9月至10月

濮阳市

濮阳中华龙文化节杂技艺术节
时间：9月至10月

开封市

朱仙镇木版年画艺术节
时间：1月

清明上河园民俗文化节
时间：2月

开封大宋年文化节
时间：2月

轩辕黄帝祭祖庙会
时间：2月至3月

东京禹王大庙会
时间：4月

中国开封清明文化节
时间：4月

开封市荷花艺术节
时间：6月

开封菊花花会
时间：10月至11月

商丘市

商丘火神台春节庙会
时间：2月至3月

中国·宁陵葛天文化艺术节暨梨花节
时间：4月

中国商丘国际木兰文化节
时间：10月

中国·商丘国际华商节
时间：10月

许昌市

禹州灯会
时间：2月

襄城县风筝节
时间：3月

许昌桃花节
时间：3月至4月

中国许昌三国文化周
    时间：4月至5月

大鸿寨红叶节
    时间：11月

平顶山市

马街书会
    时间：2月

尧山紫荆花节
    时间：3月至4月

舞钢水灯节
    时间：9月至10月

石人山红叶节
    时间：10月

南阳市

中国南阳张仲景医药科技文化节
    时间：9月

信阳市

中国茶都信阳茶文化节
    时间：4月

周口市

龙都朝祖庙会暨太昊陵祭拜大典
    时间：3月至4月

中国淮阳荷花节
    时间：7月至9月

驻马店市

南海禅寺庙会
    时间：4月

中国泌阳盘古文化节
    时间：4月

中国上蔡重阳文化节
    时间：10月

济源市

五龙口踏青节
    时间：3月

全国群众登山健身大会暨中国王屋山群众登山比赛
    时间：4月至5月

湖北省

武汉市

长春观中国年民俗庙会
    时间：2月

武汉植物园新春花节
    时间：2月

中国武汉东湖梅花节
    时间：2月至3月

云雾茶节
    时间：3月

中国武汉木兰旅游文化节
    时间：3月至4月

武汉东湖端午文化旅游节湖北龙舟大赛
    时间：5月至6月

东湖荷花节
    时间：6月

十堰市

武当山庙会
    时间：4月、10月

中国·十堰女娲暨宝石文化旅游节
    时间：5月

中国（郧西）天河七夕文化旅游节
    时间：8月

武当山国际旅游节
时间：9月

襄 阳 市

保康野生蜡梅文化节
时间：1月

荆 门 市

荆门油菜花旅游节
时间：3月至4月

黄 冈 市

中国·麻城杜鹃文化旅游节
时间：5月

中国·黄冈大别山旅游节
时间：10月

鄂 州 市

鄂州西山春节庙会
时间：2月

梁子湖捕鱼节
时间：9月至10月

咸 宁 市

九宫山避暑旅游节
时间：6月至9月

崇阳水果采摘旅游节
时间：8月

三国赤壁文化旅游节
时间：9月

中国咸宁国际温泉文化旅游节
时间：10月

荆 州 市

荆州关帝庙会
时间：2月、6月

中国·荆州关公刀会
时间：6月

宜 昌 市

中国榔坪木瓜旅游文化节
时间：4月至5月

屈原故里端午文化旅游节
时间：6月

湖北宜昌端午文化节
时间：6月

长阳土家文化旅游节
时间：6月

中国宜昌三峡国际旅游节
时间：9月至10月

随 州 市

随州市桃花节
时间：3月至4月

中国随州（万和）兰花节
时间：4月

世界华人炎帝故里寻根节
时间：6月

神农架林区

神农架滑雪节
时间：1月至3月

中国神农架高山杜鹃花节
时间：5月

神农架国际生态文化旅游节
时间：5月至10月

恩施土家族苗族自治州

巴东中国三峡纤夫文化旅游节
时间：4月

利川市杜鹃文化旅游节
时间：5月

来凤中国土家摆手舞文化旅游节
时间：5月

恩施"女儿会"
时间：8月

湖北清江国际闯滩节
时间：8月

湖北恩施生态文化旅游节
　　时间：8月至10月

中国龙船调艺术节
　　时间：10月

湖南省

长沙市

火宫殿庙会
　　时间：2月

千龙湖生态油菜花节
　　时间：3月至5月

浏阳河乡村休闲观光节
　　时间：3月

湖南郁金香樱花杜鹃花世界名花生态文化节
　　时间：3月至4月

中国长株潭生态休闲旅游节
　　时间：4月

长沙市大围山杜鹃花旅游文化节
　　时间：4月至5月

"约会独竹漂"活动
　　时间：5月

浏阳河国际花炮节
　　时间：5月

长沙市漂流节
　　时间：6月至8月

中国长沙（靖港）器乐节
　　时间：6月至9月

湖南·浏阳大围山水果旅游节
　　时间：7月

中国（星沙）七夕文化节
　　时间：7月至8月

橘子洲沙雕艺术节
　　时间：9月

长沙湘绣文化艺术节
　　时间：9月

中国·宁乡佛文化节
　　时间：10月

中国岳麓生态红枫节
　　时间：12月

长沙温泉节
　　时间：12月

张家界市

土家族赶年
　　时间：2月

湖南灯谜节
　　时间：2月

社巴节
　　时间：2月至3月

中国湖南张家界国际森林保护节暨湖南省生态文化节
　　时间：3月

张家界中国山歌节
　　时间：4月至5月

张家界国际乡村音乐节
　　时间：5月

张家界黑神会
　　时间：8月

火把节
　　时间：8月

中国湖南国际文化旅游节
　　时间：10月至11月

常德市

桫巴花源秒占花节暨游园会
　　时间：3月

中国常德桃花源旅游节
　　时间：3月至5月

湖南常德荷花节
　　时间：7月至9月

岳阳市

中国岳阳台湾美食文化节
时间：4月

岳阳端午旅游文化节
时间：6月

中国汨罗江国际龙舟节
时间：6月

中国（岳阳）野生荷花节
时间：8月

株洲市

株洲油菜花旅游节
时间：3月至4月

中华茶祖节祭炎帝神农茶祖大典
时间：4月

衡阳市

中国南岳衡山国际寿文化节
时间：10月

郴州市

春分药王节暨安仁油菜花节
时间：3月

中国湖南杜鹃花节暨郴州莽山高山杜鹃花节
时间：4月

中国（湖南）红色旅游文化节
时间：5月至7月

万华岩西瓜节
时间：7月

永州市

中国·阳明山"和"文化旅游节暨杜鹃花会
时间：4月

中国（道县）周敦颐国际理学文化节
时间：6月

怀化市

黄岩杜鹃节
时间：4月至5月

湘商寻祖洪江古商城旅游文化节
时间：5月

歌会节
时间：8月

藕团芦笙场
时间：8月

中国芷江国际和平文化节
时间：9月

通道芦笙节
时间：10月

广 州 市

石门国家森林公园石门黄金花海节
时间：1月

王子山油菜花节
时间：2月至3月

广州民俗文化节暨黄埔"波罗诞"千年庙会
时间：3月至4月

从化流溪河竹笋节
时间：3月至5月

太和镇龙泉乡村旅游节
时间：4月

荔枝湾民俗旅游节
时间：4月

广州南沙妈祖文化旅游节
时间：4月至5月

请龙节
时间：5月

萝岗香雪荔枝文化节
时间：6月至7月

凌边乞巧节
时间：8月

广东国际旅游文化节
时间：9月

广州市中秋灯会
时间：9月

番禺旅游文化美食节
时间：10月

广州国际美食节
时间：11月至12月

清远市

广东英德油菜花旅游文化节
时间：2月

中国岭南清远牛鱼嘴野生禾雀花观赏节
时间：3月至4月

广东清远漂流文化节
时间：6月

清新登山旅游节
时间：10月

连南盘王节
时间：11月

韶关市

广东翁源赏花节暨广东自驾旅游节
时间：1月至3月

广东禅宗六祖文化节
时间：9月

新丰枫叶节
时间：11月至12月

河源市

万绿湖亲水节
时间：7月

广东（河源）国际温泉旅游节暨河源市客家文化旅游节
时间：10月

龙川客家艺术节
时间：11月

梅州市

梅州客家民间艺术节
时间：3月至4月

梅州客家美食节
时间：3月至4月

汕头市

中国（汕头·澄海）国际兰花旅游文化节
时间：1月

濠江桃花节
时间：2月至3月

2011潮阳·西胪杨梅节
时间：5月至6月

惠州市

惠州龙门县旅游美食节
时间：5月

惠州国际旅游节暨东坡节
时间：7月

惠州国际温泉旅游节
时间：11月至12月

东莞市

洪梅花灯节
时间：2月至3月

石龙镇龙舟文化节
时间：6月

中国（道滘）美食文化节
时间：6月

东莞桥头荷花文化艺术节
时间：6月至7月

小香港旅游节
时间：9月

万人登观音山活动
时间：10月

深圳市

世界葡萄酒文化节
时间：4月

山地采茶节
时间：4月

深圳南山荔枝文化旅游节
时间：6月至7月

深圳欢乐谷玛雅狂欢节
时间：7月至8月

深圳珠宝节
时间：10月至11月

深圳国际旅游文化节
时间：10月至11月

公园文化节
时间：11月

珠海市

珠海国际风筝文化节
时间：5月

珠海斗门沙田水乡旅游文化节
时间：5月至6月

中山市

中山市旅游文化节
时间：5月

古典家具文化节
时间：9月

岭南水乡旅游文化节
时间：9月至10月

中山小榄菊花会
时间：10月

江门市

中国（江门）侨乡华人嘉年华
时间：3月

中国（江门）侨乡旅游节
时间：9月至10月

佛山市

岭南民俗文化节
时间：1月至3月

长鹿农庄啤酒文化节
时间：5月

农耕文化节
时间：5月

中国（顺德）岭南美食文化节
时间：7月至10月

顺德（万家乐）岭南美食文化节
时间：9月至10月

佛山旅游文化节
时间：9月至11月

肇庆市

"请到肇庆过大年"系列活动
时间：1月至2月

肇庆读书节
时间：4月至6月

肇庆国际龙舟锦标赛
时间：6月

悦城龙母诞
时间：6月

怀集燕岩燕子节
时间：7月

金秋十一肇庆生态旅游欢乐节
时间：10月

云浮市

南江（连滩）文化艺术节
时间：3月

阳江市

阳江旅游文化节暨山水游文化节
时间：7月

南海阳江开渔节
时间：7月至8月

湛江市

广东安铺特色美食文化节
时间：1月

湛江东海岛人龙沙滩旅游文化节
时间：6月

廉江红橙旅游文化节
时间：11月

广西壮族自治区

南宁市

中国·广西马山百合嘉年会暨生态旅游节
时间：1月

南宁青秀山桃花艺术节
时间：2月

宾阳炮龙节
时间：2月

"二月二"广西"壮族抢花炮"
时间：3月

南宁花花大世界山水桃花节
时间：3月

南宁赏花旅游节
时间：3月

"爱鸟周"系列活动
时间：3月

石门龙母文化旅游节
时间：4月

三月三武鸣壮乡歌圩
时间：4月

嘉和城温泉泼水节
时间：4月

中国国际商务文化节暨中国（南宁）国际时尚博览会
时间：4月

南宁水街美食节
时间：4月至5月

南宁唐人文化节
时间：4月至5月

吴圩西瓜节
时间：5月

吴圩二王庙会
时间：5月

中国国际茉莉花文化节
时间：5月

昆仑关民俗文化旅游节
时间：6月

南宁大明山养生旅游节
时间：6月

南宁啤酒文化节
时间：6月至7月

伊岭岩壮文化旅游节
时间：7月至8月

南宁科普节
时间：7月至8月

南宁国际民歌艺术节
时间：10月

马山文化旅游美食节
时间：12月

桂林市

桂林恭城桃花节
时间：2月至3月

灌阳千家洞瑶族文化旅游节暨"二月八"农具文化节
时间：3月

龙胜红衣节
时间：4月

广西兴安桂林米粉节
时间：4月至5月

榕津老街文化旅游节
时间：5月

龙脊金坑红瑶"晒衣节"
时间：7月

资源河灯节
时间：8月

刘三姐文化旅游节
时间：9月至10月

永福养生旅游福寿节
时间：10月

金秋龙脊梯田旅游文化节
时间：10月

瑶族盘王节
时间：11月

桂林山水文化旅游节
时间：11月

阳朔漓江渔火节
时间：12月

柳州市

柳州苗族坡会
时间：2月

古宜镇"三月三"花炮节
时间：4月

"三江春"茶文化节
时间：5月

高友韭菜节
时间：5月

民俗坡会节
时间：5月

柳州森林旅游节
时间：5月

闹鱼节
时间：7月

"多耶程阳桥"文化旅游节
时间：10月

梧州市

广西（梧州）春茶节暨六堡茶博览交易会
时间：4月

藤县沙滩狂欢节
时间：9月

梧州国际宝石节
时间：10月

贵港市

南山文化艺术节
时间：5月

桂平西山"浴佛·祈福·泼水"旅游文化节
时间：5月

贵港市平天山登山节
时间：9月

玉林市

大容山生态旅游节
时间：1月

罗政裴圣娘旅游文化节
时间：3月

沙田柚观光采摘节
时间：10月

勾漏洞旅游节
时间：10月

玉林国际旅游美食节
时间：10月

钦州市

灵山春茶节
时间：3月

灵山荔枝节
时间：6月

钦州三娘湾观潮节
时间：7月

北海市

北海国际海滩旅游文化节
时间：9月至10月

防城港市

防城港市国际龙舟节
时间：6月

防城港市京族哈节
时间：7月

上思县十万大山森林旅游节
时间：9月

百色市

百色市敢壮山布洛陀文化节
时间：4月

凌云县茶文化旅游节
时间：4月

朝里那巴歌圩节
时间：4月

中国·百色乐业国际山地户外运动挑战赛暨全国攀岩精英赛
时间：4月

靖西端午药市系列活动
时间：6月

百色田东杧果文化节
时间：7月

百色旅游美食文化节
时间：12月

河池市

东兰国际铜鼓文化节
时间：3月

中国南丹·丹文化旅游节
时间：5月

中国毛南族分龙节
时间：6月

中国天峨红水河聚龙文化国际旅游节
时间：8月

巴马国际长寿养生文化旅游节
时间：11月

凤山神奇洞穴探游节
时间：12月

来宾市

金秀圣堂旅游节
时间：5月

贺州市

广西昭平茶王节暨生态旅游文化节
时间：4月

海南省

海口市

元宵换花节
时间：2月

中国（海口）冼夫人文化节
时间：3月

龙泉文昌鸡（国际）美食节
时间：4月

海南韩国美食文化节
时间：4月至5月

海口热气球节（旅游婚庆节）暨中国热气球挑战赛
时间：6月

三亚市

三亚南山撞钟迎新年
时间：1月

三亚南山庙会
时间：2月

中国三亚龙抬头节
时间：3月

公期
时间：4月

鹿城生态旅游节
时间：6月

天涯海角中秋欢乐节
时间：10月

中国海南岛欢乐节
时间：11月

新丝路模特大赛
时间：11月

中国三亚市天涯海角国际婚庆节
时间：12月

三亚（国际）海洋文化节
时间：12月

文昌市

油菜花节
时间：4月

世界文昌乡亲恳亲节
时间：4月

万宁市

海南万宁冲浪节
时间：11月

澄迈县

澄迈县福山咖啡文化节
时间：4月

国际老人文化博览会暨海南盈滨龙水节
时间：6月

定安县

海南文笔峰七夕情人节
时间：8月

保亭黎族苗族自治县

中国南海七仙温泉嬉水节
时间：8月

乐东黎族自治县

"三月三"暨香蕉节
时间：4月

重庆市

蜡梅文化节
时间：1月

五宝年猪节
时间：1月

荣昌年猪文化节
时间：1月

中国铜梁龙灯文化旅游节
时间：1月

统景温泉旅游文化节
时间：1月至2月

巴南温泉旅游文化节
时间：1月至2月

中国重庆金佛山冰雪旅游节
时间：1月至2月

重庆禹王庙会
时间：1月至2月

武隆仙女山林海雪原旅游节
时间：1月至2月

走马观花文化旅游节
时间：3月

二圣梨花温泉节
时间：3月

阿蓬欢歌·碧水金海旅游节
时间：3月

潼南菜花节
时间：3月

重庆金凤梨花节
时间：3月

重庆寨山坪名花观赏季
时间：3月

万盛茶文化节
时间：3月

耀州生态年猪节
时间：3月

永川百里果乡赏花节
时间：3月

沙坪镇油菜花乡村旅游节
时间：3月

梁平桃花节
时间：3月至4月

重庆虎峰山桃花节
　　时间：3月至4月

垫江牡丹文化节
　　时间：3月至4月

重庆·忠县中国柑橘文化旅游节
　　时间：3月至4月

重庆·綦江乡村旅游节
　　时间：3月至4月

南山生态旅游节暨樱花节
　　时间：3月至5月

重庆万州"太白银针"茶文化节
　　时间：4月

合川涞滩古镇油菜花节
　　时间：4月

南岸江南枇杷节
　　时间：4月

中梁山徒步登山节
　　时间：4月

中国长江三峡国际旅游节
　　时间：4月

玉峰山樱桃节
　　时间：4月

万州罗田古镇观光节
　　时间：4月

大足石刻国际旅游文化节
　　时间：4月

中国大足宝顶香会旅游节
　　时间：4月

铜梁县双山樱桃节
　　时间：4月

江津晚熟柑橘采果节
　　时间：4月

荣昌三层岩采果节
　　时间：4月

重庆忠县柑橘节
　　时间：4月

荣昌海棠香国旅游文化节
　　时间：4月至5月

中国（开县）三色旅游节
　　时间：4月至5月

中国·奉节国际摄影节
　　时间：4月至5月

重庆后花园节
　　时间：4月至5月

苗族踩山会
　　时间：4月至6月

重庆黔江旅游美食文化节
　　时间：5月

偏岩古镇魅影摄影节
　　时间：5月

大足枇杷节
　　时间：5月

云阳枇杷节
　　时间：5月

中国重庆丽水文化节
　　时间：5月

綦江东溪古镇文化艺术旅游节
　　时间：5月

中国（重庆）金佛山国际旅游文化节
　　时间：5月

中国·重庆国际花雕艺术节
　　时间：5月至6月

合川古楼枇杷采果节
　　时间：5月至6月

渝北兴隆杨梅节
　　时间：6月

酉阳后溪古镇龙舟赛
　　时间：6月

重庆金银花文化旅游节
　　时间：6月

重庆铁山坪森林之旅健身节
　　时间：6月

中国重庆三峡国际旅游节
　　时间：6月

华岩荷花节
　　时间：6月至8月

合川涞滩古镇文化节
　　时间：7月

涪陵大木花谷葵花节
　　时间：8月

重庆·酉阳桃花源国际休闲旅游文化节
　　时间：9月

重庆山水都市旅游节
　　时间：9月

中国武陵山民族文化节
时间：9月

钓鱼城旅游文化节
时间：9月至10月

铜罐驿金秋采果节
时间：11月

中国重庆长江三峡红叶节
时间：12月

巫山红叶摄影赛
时间：12月

成都市

双流冬草莓节
时间：1月

中国成都梅花节
时间：1月

西岭雪山南国冰雪节
时间：1月

成都诗圣文化节
时间：2月

成都金沙太阳节
时间：2月

黄龙溪国际龙狮文化艺术节
时间：2月

成都大庙会
时间：2月

农科村海棠节
时间：2月至3月

崇州街子兰花会
时间：3月

新都木兰会
时间：3月

成都市海棠花会暨双流县兰花交易会
时间：3月

成都·青白江桃花诗会
时间：3月

蒲江采茶节
时间：3月

王泗风筝节
时间：3月

温江文化旅游节
时间：3月

成都（青白江）国际樱花文化节
时间：3月至4月

金堂县油菜花节
时间：3月至4月

天府水城梨花节
时间：3月至4月

中国·成都乡村旅游节
时间：3月至4月

平乐古镇清明河灯会
时间：3月至4月

水城新津梨花节
时间：3月至4月

中国成都保利石象湖郁金香旅游节
时间：3月至5月

彭州市龙门山田园赏花节
时间：3月至5月

中国成都国际桃花节
时间：3月至5月

都江堰放水节
时间：4月

中国成都石象湖花菱草旅游节
时间：4月至5月

金堂县天府水城登山赏花节
时间：4月至5月

张大公馆柚花节
时间：4月至5月

彭州国际牡丹花会
时间：4月至5月

烟霞湖花船节
时间：4月至5月

成都樱桃节
时间：4月至5月

中国死海黑泥狂欢节
时间：4月至10月

都市休闲旅游节
地点：4月至12月

枇杷节暨民俗文化周
时间：5月

望丛古蜀文化节暨世界蜀商恳亲大会
时间：5月

临邛古城白鹤山放生会
时间：5月

天台山景区高山萤舞节
时间：5月

成都·龙泉枇杷节
时间：5月

成都国际非物质文化遗产节
时间：5月至6月

青白江杏果采摘节
时间：5月至6月

金堂国际龙舟大赛
时间：6月

金堂龙虾美食养生节
时间：6月

林盘乡灯节
时间：6月

成都啤酒节
时间：6月

中国客家水龙节
时间：7月

都江堰虹口国际漂流节
时间：7月

新都桂湖荷花节
时间：7月至8月

南丝路国际旅游节暨文君文化旅游节
时间：7月至8月

成都欢乐谷旅游狂欢节
时间：7月至8月

中国四川国际文化旅游节
时间：9月至10月

中国·成都森林文化旅游节
时间：9月至10月

成都石象湖百合花旅游节
时间：9月至10月

中国国际美食旅游节
时间：10月

广元市

中国苍溪梨花节
时间：3月

中国·广元女儿节
时间：9月

绵阳市

老龙山桃花会暨西蜀相亲节
时间：3月

北川药王谷辛夷花节
时间：3月至4月

绵阳梓潼迎文昌八月庙会
时间：9月

德阳市

中国绵竹年画节
时间：2月

四川绵竹梨花节
时间：3月

广汉保保节
时间：3月

农家乐文化旅游节
时间：9月

南充市

高坪区乡村旅游节
时间：4月至5月

嘉陵区乡村旅游节
时间：4月至6月

南充丝绸节
时间：9月

中国升钟湖钓鱼湖·桂花旅游文化节
时间：9月

广 安 市

中国四川华蓥山旅游文化节
时间：5月至9月

岳池农家文化旅游节
时间：9月

遂 宁 市

遂宁中国观音文化旅游节
时间：4月

内 江 市

千年梨乡——梨花文化旅游节
时间：3月

天峰寺赏花节
时间：3月

中国内江大千龙舟经贸文化节
时间：6月

大千美食文化节
时间：6月

乐 山 市

"万盏明灯供普贤"大法会
时间：2月

峨眉山普贤文化节
时间：3月至4月

中国四川·古犍之旅文化旅游节
时间：3月至10月

峨眉山朝山会
时间：5月

自 贡 市

自贡盐帮菜美食节
时间：1月至2月

自贡国际恐龙灯会
时间：2月至3月

贡井区梨花节
时间：3月至4月

飞龙峡桃花会
时间：3月至4月

自贡市乡村旅游节
时间：4月至5月

飞龙峡石榴花会
时间：5月

泸 州 市

玉蟾春会
时间：4月

孝文化旅游节
时间：9月至10月

尧坝古镇旅游文化节
时间：10月

宜 宾 市

蜀南竹海春笋节
时间：4月

江安橙花节
时间：4月

宜宾消夏啤酒节暨山城啤酒节
时间：7月

宜宾荷花节
时间：7月至8月

攀枝花市

中国攀枝花国际长江漂流节
时间：5月

巴 中 市

中国四川光雾山红叶节
时间：10月至11月

达 州 市

中国达州元九登高节
时间：2月

大竹·庙坝桃花节
时间：3月至4月

中国·宣汉杜鹃花节
时间：4月至5月

百里峡漂流节
时间：7月

渠县消夏（山城）啤酒节
时间：7月

资阳市

简阳冬草莓节
时间：1月

中国·简阳樱桃节
时间：4月至5月

简阳羊肉美食节
时间：12月

眉山市

仁寿曹加乡梨花文化节
时间：3月

彭祖山"三月三"朝山节
时间：4月

中国四川瓦屋山杜鹃节
时间：4月至5月

洪雅·柳江古镇旅游文化节
时间：4月至5月

玉屏之夏浪漫节
时间：4月至6月

雅安市

蒙顶山国际茶文化旅游节暨茶祖吴理真祭拜仪式
时间：3月

龙井山桃花节
时间：3月至4月

中国鸽子花旅游节
时间：4月至5月

阿坝藏族羌族自治州

九寨沟冰瀑旅游节
时间：1月至2月

中国汶川大禹文化节
时间：7月

甘孜藏族自治州

"四月八"康定跑马山国际转山会
时间：5月

丹巴嘉绒藏族风情节
时间：10月

凉山彝族自治州

中国西昌踏青节
时间：2月至6月

中国·越西文昌故里油菜花节
时间：3月至4月

西昌樟木樱桃节
时间：3月至4月

四川省首届农家乐旅游文化节
时间：5月

马湖孟获文化旅游节
时间：7月

中国西昌凉山彝族火把节
时间：8月

贵州省

贵阳市

贵阳市（修文）梨花节
时间：3月至4月

贵阳永乐桃花艺术节
时间：3月至4月

开阳"十里画廊"乡村旅游文化节系列活动
时间：3月至9月

清镇市激情穿越系列活动
时间：5月

"2011 中国·贵阳避暑季"系列活动
时间：5月至10月

阿栗杨梅节
时间：6月

红岩葡萄文化节
时间：8月

乌当永乐蟠桃节
时间：8月至9月

贵阳温泉文化节
时间：11月至12月

六盘水市

梭戛箐苗民族跳花节
时间：1月至2月

水城南开苗族跳花节
时间：3月

水城百车河桃花艺术节
时间：3月至4月

四月八苗族节庆活动
时间：5月

老城庙会节
时间：8月

玉舍海坪彝族火把节
时间：8月

玉舍国家森林公园旅游节暨森林生态文化艺术节
时间：8月

韭菜坪健康登高活动节
时间：10月

遵义市

"茶海之心·凤冈"春茶开采节暨2011年旅游节
时间：2月

金海水车·农耕文化节
时间：3月

中国贵州（务川）仡佬族文化旅游节
时间：4月

中国·贵州桐梓乡村旅游节
时间：4月

遵义·绥阳农耕文化节
时间：5月

遵义·桐梓乡村旅游节
时间：6月

中国酒都品牌文化节
时间：11月至12月

安顺市

贵州安顺龙宫油菜花旅游节
时间：3月

平坝樱花旅游节
时间：3月至4月

贵州平坝高峰葡萄节
时间：8月

紫云旅游文化节
时间：8月

中国贵州黄果树瀑布节
时间：9月至10月

毕节地区

中国贵州国际百里杜鹃花节
时间：3月至4月

大方支嘎阿鲁湖祭水节
时间：4月至5月

织金国际溶洞文化节
时间：7月

乌江源百里画廊旅游文化节
时间：9月

中国贵州威宁草海国际观鸟节
时间：12月

铜仁地区

德江傩文化艺术节
时间：2月

中国武陵山·松桃闹年会
时间：2月

中国书法大赛暨梵净山佛茶博览会
时间：4月

铜仁古城文化旅游节
时间：5月

铜仁梵净山生态文化旅游节
时间：5月至6月

乌江喀斯特地质公园（思南石林）文化艺术节
时间：6月

铜仁石阡温泉文化节
时间：11月

黔东南苗族侗族自治州

中国凯里甘囊香国际芦笙节
时间：3月

侗族摔跤节
时间：3月至4月

贵州民族体育旅游节暨贵州台江苗族姊妹节
时间：4月

中国贵州原生态民族文化体育旅游节
时间：5月

施秉杉木河漂流节
时间：6月

镇远传统龙舟节
时间：6月

贵州·剑河仰阿莎文化节
时间：7月

榕江三宝侗族"萨玛"节
时间：9月

原生态民族文化艺术节暨黎平鼓楼文化艺术节
时间：11月

中国雷山苗年节
时间：11月

黔南布依族苗族自治州

中国·荔波万亩梅花报春节
时间：1月至2月

都匀剑江旅游欢乐节
时间：2月

龙里草原苗胞正月跳月
时间：2月

福泉"金谷春雪"梨花节
时间：3月至4月

贵定金海雪山旅游文化节
时间：3月至4月

长顺杜鹃湖·白云山旅游文化节
时间：3月至7月

都匀毛尖茶文化节
时间：5月

龙里"十里刺梨沟"赏花节
时间：5月

贵州三都·中国水族卯文化文化节
时间：7月

平塘水龙节
时间：8月

黔西南布依族苗族自治州

兴义顶效桃花节
时间：3月

中国·望谟"三月三"布依族文化节
时间：4月

安龙荷花节
时间：7月

云 南 省

昆 明 市

普米族吾昔节
时间：1月

金殿庙会
时间：2月

云南民族村泼水狂欢活动
时间：4月

三月三，耍西山金殿庙会
时间：4月

中国昆明国际文化旅游节昆明狂欢节
时间：5月

富民县杨梅节系列活动
时间：5月

宜良旅游文化花街节
时间：5月至6月

昆明市郑和文化节
时间：7月

滇池泛亚文化艺术节
时间：7月

昆明市山歌文化节
时间：8月

昆明石林国际火把节
时间：8月

昆明市苹果节
时间：9月

曲靖市

罗平国际油菜花文化旅游节
时间：2月至4月

曲靖布依二月二
时间：3月

云南师宗千花会文化旅游节
时间：3月

罗平布依族三月三泼水节
时间：4月

布依族、壮族三月三
时间：4月

会泽钱王之乡旅游文化节
时间：8月

玉溪市

新平夏洒花街节民俗体验活动
时间：1月

玉溪米线节
时间：2月

玉溪新平花街文化旅游节
时间：2月

玉溪新平沐浴节
时间：5月

抚仙湖立夏节
时间：5月

玉溪抚仙湖铜锅美食节
时间：5月

中国·元江红河谷金杜果文化旅游节
时间：6月

玉溪华宁柑橘节
时间：10月

玉溪江川开渔节
时间：12月

保山市

保山刀杆节
时间：3月

中国保山南方丝绸古道商贸旅游节澜沧江狂欢啤酒节暨端阳花市
时间：6月

保山昌宁千年茶乡商贸文化节
时间：9月

腾冲火山热海文化旅游节
时间：10月

保山金布朗民俗节
时间：12月

保山龙陵民族民间艺术节
时间：12月

昭通市

彝族猎神节
时间：3月

云南昭通鲁甸樱桃文化旅游节
时间：4月至5月

红色文化旅游节
时间：5月至9月

昭通大关文化旅游节
时间：8月

昭阳区苹果文化旅游节
时间：9月

昭通巧家金沙江国际漂流节
时间：11月

丽江市

丽江纳西三朵节
时间：3月

转山节
时间：8月

普洱市

普洱拉祜族扩塔节
时间：2月

普洱苦聪畲芭节
时间：3月

中国佤族木鼓节
时间：4月

普洱拉祜族葫芦节
时间：4月至10月

中国孟连娜允神鱼节
时间：5月

哈尼太阳节暨双胞胎旅游节
时间：5月

普洱佤族新米节
时间：9月

临 沧 市

中国云县澜沧江啤酒狂欢节
时间：2月

永德俐米人桑沼哩节
时间：3月

临沧耿马傣族水文化旅游节
时间：4月

中国沧源佤族司岗里狂欢节
时间：5月

中国临沧杜果节暨文化节
时间：7月

德宏傣族景颇族自治州

德宏陇川县目瑙纵歌节
时间：2月

德宏阿昌族阿露窝罗节
时间：3月

瑞丽中缅胞波狂欢节
时间：10月

怒江傈僳族自治州

独龙族卡雀哇节
时间：1月

尚旺节
时间：3月

如密期节
时间：3月

怒江怒族鲜花节
时间：10月

怒江东方情人节
时间：5月

怒江傈僳族阔时节
时间：12月

迪庆藏族自治州

迪庆欢乐香巴拉
时间：2月

传统赛马节
时间：6月

香格里拉弦子节
时间：6月

大理白族自治州

大理三月街民族节
时间：4月至5月

大理蝴蝶会
时间：5月

大理绕三灵
时间：6月

大理荷花会
时间：7月

大理白族火把节
时间：8月

大理石宝山歌会
时间：8月

大理洱海开海节
时间：8月

中国大理漾濞核桃节
时间：9月

楚雄彝族自治州

永仁彝族赛装节
时间：2月

中国双柏彝族虎文化节
时间：3月

楚雄插花节
时间：3月

狮子山牡丹花会
时间：3月至5月

中国牟定左脚舞民族文化节
时间：4月

楚雄紫溪山樱桃节
时间：4月至5月

楚雄三月会
时间：5月

红河哈尼族彝族自治州

彝族阿细祭火节
时间：3月

泸西阿庐古洞农历二月十九观音会
时间：4月

红河石屏杨梅节
时间：5月

哈尼族·扎扎节
时间：6月

蟠桃会中国开远蜜桃节
时间：7月

建水燕窝节
时间：8月

阿细跳月节
时间：8月

红河建水孔子文化节
时间：9月

哈尼族扎勒特节（十月年节）
时间：10月

红河石屏花腰歌舞节
时间：11月

红河哈尼梯田文化旅游节
时间：11月

文山壮族苗族自治州

文山苗族花山节
时间：2月

文山普者黑壮族祭龙节
时间：4月

壮族陇端节
时间：4月

文山广南壮族花街节
时间：5月

文山彝族跳宫节
时间：5月

中国·广南句町文化旅游节暨壮族花街节
时间：5月至6月

中国云南普者黑彝族花脸节
时间：7月至8月

文山瑶族盘王节
时间：10月

文山丘北辣椒节
时间：12月

西双版纳傣族自治州

版纳嘎汤帕节
时间：1月

基诺族特懋克节
时间：2月

西双版纳傣族泼水节
时间：4月

版纳关门节
时间：7月

盘王节
时间：7月

西双版纳开门节
时间：10月

西藏自治区

拉萨市

驱鬼节
时间：1月

传召大法会
时间：2月

拉萨、山南藏历新年
时间：2月

酥油花灯节
时间：2月

当吉仁赛马节
时间：8月

西藏纳木错徒步大会
时间：8月

嘎吉林青稞酒节
时间：8月

中国拉萨雪顿节
时间：8月

那曲地区

那曲赛马节
时间：8月

昌都地区

昌都仲确节
时间：7月

康巴艺术节
时间：10月

林芝地区

错高湖转湖节
时间：2月、5月

林芝桃花节
时间：3月

西藏高原驴友节
时间：3月至8月

达达马术节
时间：4月

"相约5月"黄牡丹文化旅游节
时间：5月

仁布圣水节
时间：5月

珞巴民俗暨藏药文化旅游节
时间：5月

巴尔曲德松珠节
时间：5月至6月

西藏杜鹃花旅游节
时间：6月

工布原生态文化节
时间：6月

西巴斗熊节
时间：6月

孜列次久节
时间：6月

巴松错工布民俗旅游文化节
时间：8月

僜人民俗文化节
时间：8月

望果节
时间：8月

沙俄节
时间：9月

波密县民俗文化节（赛马节）
时间：9月

林芝雅鲁藏布大峡谷文化旅游节
时间：10月

工布新年
时间：11月

日喀则地区

江孜赛马（射箭）节
时间：5月

扎什伦布寺展佛节
时间：6月

珠峰文化节
时间：8月

山南地区

西藏牧人节
时间：9月

阿里地区

姆朗钦姆大法会
时间：2月

阿里象雄文化旅游节
时间：8月

陕西省

西安市

玉华宫冰雪节
时间：1月至2月

大唐西市春节文化庙会
时间：2月

西安城墙灯会
时间：2月至3月

庚寅年清明公祭轩辕黄帝典礼
时间：4月

西安市洪庆山槐花节
时间：5月

中国诗歌节
时间：5月

华清池七夕中华情人节
时间：8月

西安兵马俑石榴节
时间：9月

中国唐人节
时间：10月

延安市

西安采摘节暨白鹿原樱桃文化旅游节
时间：5月

延安万花山牡丹节
时间：5月

铜川市

铜川药王山养生文化节
时间：3月

铜川樱桃旅游节
时间：5月至6月

渭南市

中国白水仓颉文化旅游节暨汉字之根祭祖大典
时间：4月

渭南文化旅游节
时间：4月

少华山蝴蝶旅游节
时间：7月

六月六古庙会
时间：7月

咸阳市

民间花馍艺术节
时间：2月

礼泉御桃园旅游文化节
时间：3月至5月

咸阳市踏青赏花旅游节
时间：3月至6月

咸阳中华养生节
时间：9月

宝鸡市

古大散关文化节
　　时间：4月

鸡峰山登山节
　　时间：4月

中国宝鸡太白山旅游登山节
　　时间：5月

中国宝鸡法门寺国际文化旅游节
　　时间：5月

关山草原旅游消夏节
　　时间：8月

太白县雪域蔬菜节、夏都避暑节
　　时间：8月

汉中市

中国朱鹮自然保护区梨花节
　　时间：3月

中国最美油菜花海汉中旅游文化节
　　时间：3月至4月

中国·西乡茶文化节暨樱桃旅游节
　　时间：4月

中国汉中诸葛亮文化旅游节
　　时间：4月

佛坪秦岭大熊猫旅游节暨茱萸花海踏春游活动
　　时间：4月

橘园橘子花节
　　时间：4月至5月

紫柏山登山节暨栈道漂流节
　　时间：7月

秦岭清凉帐篷节
　　时间：8月

柑橘旅游文化节
　　时间：9月

榆林市

榆林旅游文化艺术节
　　时间：7月

安康市

中国汉阴油菜花节
　　时间：3月

中国紫阳富硒茶文化节
　　时间：4月

中国安康汉江龙舟文化节
　　时间：6月

商洛市

中国秦岭（金丝峡）兰花节
　　时间：3月至5月

中国秦岭生态旅游节
　　时间：4月至6月

甘肃省

兰州市

西固大型迎春灯会
　　时间：1月至2月

兰州安宁桃花旅游节
　　时间：4月

榆中青城古镇民俗文化旅游节
　　时间：4月

兰州·什川之春旅游节
　　时间：4月至9月

中国玫瑰之乡·永登苦水旅游节
　　时间：5月至6月

陇莱美食节
　　时间：7月至8月

丝绸之路国际旅游文化节
　　时间：7月至8月

安宁蟠桃会
时间：7月至10月

嘉 峪 关 市

甘肃嘉峪关国际滑翔节
时间：7月

白 银 市

中国·会宁红色旅游节
时间：8月

白银景泰黄河文化风情节
时间：8月

天 水 市

天水伏羲公祭大典暨天水伏羲文化旅游节
时间：6月

清水县轩辕文化节暨经贸项目洽谈会
时间：6月

武 威 市

香古寺旅游经贸文化节
时间：5月

古浪"丝路明珠"旅游节
时间：7月

酒 泉 市

中国·敦煌飞天国际文化艺术节
时间：5月至10月

中国敦煌葡萄节
时间：8月

张 掖 市

四月四佛山民俗旅游文化节
时间：5月

明花大漠明珠·裕固族传统文化艺术节
时间：5月

文殊寺文化庙会
时间：5月

六月六焉支山风情旅游节
时间：7月

湿地之夏·金张掖旅游节
时间：7月至8月

张掖马蹄寺观光旅游节
时间：8月

庆 阳 市

庆阳端午香包民俗文化节
时间：6月

中国庆阳农耕文化节
时间：9月

定 西 市

老子文化节暨公祭老子典礼
时间：4月至5月

洮岷花儿会
时间：6月

陇 南 市

凤凰山民俗文化节
时间：4月

中国乞巧文化节
时间：8月

陇南花椒节
时间：9月

临夏回族自治州

黄河三峡观鸟节
时间：1月

甘肃莲花山五月观鸟节
时间：5月

和政县松鸣岩花儿会
时间：5月

莲花山花儿会
时间：7月

永靖红枣中秋旅游节
时间：9月

甘南藏族自治州

临潭万人扯绳活动
时间：2月至3月

夏河拉卜楞寺大法会
时间：2月、8月

甘南博峪采花节
时间：6月

中国九色甘南香巴拉旅游艺术节
时间：8月

玛曲格萨尔赛马大会
时间：8月

青海省

西宁市

丹噶尔秋冬季民俗文化旅游节
时间：2月

湟中塔尔寺元宵灯节
时间：2月

塔尔寺四大法会
时间：2月、5月、7月、10月

中国·青海丁香郁金香节
时间：6月

中国青海民族文化旅游节
时间：6月至7月

三江源国际摄影节
时间：7月

环青海湖国际公路自行车赛
时间：7月

中国·青海老爷山"六月六"原生态花儿会
时间：7月

中国黄河源徒步探险大会
时间：7月至8月

青海湖国际诗歌节
时间：8月

海东地区

民和欢乐社火
时间：2月

土族波波会
时间：3月

中国撒拉族旅游文化节
时间：6月至7月

七里寺花儿会
时间：7月

中国土族旅游文化节
时间：7月

中国青海国际抢渡黄河极限挑战赛
时间：8月

三川土族纳顿会
时间：9月至10月

海北藏族自治州

青海湖观鱼放生节
时间：6月

青海湖国际沙雕与大地艺术节
时间：6月至10月

门源油菜花文化旅游节
时间：7月

海南藏族自治州

青海贵德黄河文化旅游节
时间：4月

贵德梨花节
时间：4月

黄南藏族自治州

热贡藏乡六月会
时间：7月

果洛藏族自治州

格萨尔王旅游文化艺术节
时间：8月

玉树藏族自治州

玉树藏族歌舞康巴文化艺术节
时间：7月至8月

海西蒙古族藏族自治州

盐湖城旅游文化艺术节
时间：6月

青海海西柴达木民族文化艺术节
时间：7月至10月

海西那达慕大会暨柴达木孟赫嘎拉文化节
时间：8月

宁夏回族自治区

银川市

银川国际风筝节
时间：4月至5月

中国休闲旅游垂钓节
时间：6月

贺兰山岩画艺术节
时间：6月

银川国际赏石旅游节
时间：7月

中国宁夏国际自驾车旅游节
时间：7月

宁夏绿色农垦旅游文化节
时间：8月

中国银川国际汽车摩托车旅游节
时间：8月

中国银川清真美食节
时间：8月

中国宁夏国际文化艺术节
时间：9月

中国宁夏国际清真食品穆斯林用品节
时间：9月

宁夏冰雪旅游节
时间：12月至次年2月

石嘴山市

"沙湖杯"国际龙舟邀请赛
时间：6月

北武当庙九九重阳登高旅游节
时间：10月

吴忠市

中国吴忠回乡文化旅游节
时间：8月

固原市

六盘山山花旅游文化节
时间：4月至5月

固原须弥山文化旅游节
时间：5月

全国群众登山健身大会暨宁夏六盘山登山节
时间：8月

红色旅游节
时间：9月

中卫市

中国宁夏大漠黄河国际旅游节
时间：7月

中国宁夏中卫枸杞硒砂瓜节暨沙漠文化旅游节
时间：7月

新疆维吾尔自治区

乌鲁木齐市

中国新疆国际摄影节暨新疆国际胡杨节
时间：9月至10月

克拉玛依市

克拉玛依市水节
时间：8月

克拉玛依旅游文化美食节
时间：8月

石河子市

军垦文化冰雪旅游节
时间：12月至次年2月

喀什地区

英吉沙杏花节
时间：3月

丝路明珠－喀什噶尔国际旅游文化节暨新疆旅游商品大赛与展销
时间：8月

伽师瓜旅游文化节
时间：8月

和田地区

和田玉石文化旅游节
时间：8月

吐鲁番地区

沙漠探险旅游摄影节
时间：3月

丝绸之路吐鲁番葡萄节
时间：8月至9月

哈密地区

中国哈密甜蜜之旅哈密瓜节
时间：7月

中国新疆国际胡杨节暨伊吾胡杨节
时间：9月

博尔塔拉蒙古自治州

环赛里木湖自行车赛
时间：5月

昌吉回族自治州

中国新疆冰雪旅游节暨天山天池冰雪风情节
时间：1月

冰灯艺术节
时间：1月至2月

北庭国际民间文化艺术节
时间：7月至10月

巴音郭楞蒙古自治州

努肉孜节
时间：3月

东归那达慕节暨罗布淖尔民俗文化旅游节
时间：6月

博斯腾湖捕鱼节
时间：6月

伊犁哈萨克自治州

新疆伊犁国际杏花旅游节
时间：4月

中国·察布查尔"西迁"国际经贸文化旅游节
时间：5月

新疆伊犁天马之乡国际旅游节
时间：6月至7月

薰衣草旅游节
　　时间：6月至10月

中国昭苏国际马术拉力赛
　　时间：7月

塔城地区

裕民百日山花节
　　时间：4月至6月

新疆乌苏啤酒节
　　时间：7月至8月

阿勒泰地区

新疆喀纳斯冰雪风情旅游节
　　时间：1月

图瓦民俗文化节
　　时间：2月

喀纳斯金秋摄影节
　　时间：9月

责任编辑：杨志敏
责任印制：冯冬青
封面设计：中文天地

图书在版编目（CIP）数据

中国节庆会展旅游商务手册：2011~2012年版 /《中国节庆会展旅游商务手册》编写组编. --北京：中国旅游出版社，2011.12
ISBN 978-7-5032-4343-1

Ⅰ.①中… Ⅱ.①中… Ⅲ.①节日-介绍-中国②展览会-介绍-中国 Ⅳ.①K892.1②G245

中国版本图书馆 CIP 数据核字（2011）第 269233 号

书　　名：	中国节庆会展旅游商务手册（2011~2012年版）
作　　者：	《中国节庆会展旅游商务手册》编写组
出版发行：	中国旅游出版社
	（北京建国门内大街甲9号　邮编：100005）
	http://www.cttp.net.cn　E-mail：cttp@cnta.gov.cn
	发行部电话：010-85166503
排　　版：	北京中文天地文化艺术有限公司
经　　销：	全国各地新华书店
印　　刷：	三河市灵山红旗印刷厂
版　　次：	2011年12月第1版　2011年12月第1次印刷
开　　本：	889毫米×1194毫米　1/16
印　　张：	28
字　　数：	850千
定　　价：	150.00元
ISBN	978-7-5032-4343-1

版权所有　翻印必究
如发现质量问题，请直接与发行部联系调换

三亚大小洞天
Sanya Dongtian Park

国家首批 5A 级景区
First Batch of National 5A Scenic Areas

三亚大小洞天位于三亚市以西40公里，始创于南宋（公元1187年），是海南省历史最悠久的风景名胜，是我国最南端的道家文化旅游圣地，为国家首批5A级景区。旅游区自古因奇特秀丽的海景、山景、石景与洞景被誉为"琼崖八百年山水名胜"。目前，旅游区年接待游客逾百万人次，是一个以古崖州文化为脉络，汇聚中国传统的道家文化与龙文化，融滨海风光、科普教育、民俗风情、休闲度假于一体的国际化旅游风景区。

Located 40 kilometers west of Sanya City, Dong Tian Park was founded in the Southern Song Dynasty (AD 1187) with the longest history among tourist attractions in Hainan Province. It is a Taoist cultural destination at the most southern tip of China as well as one of the first AAAAA National Scenery Sites in China. Since ancient times, Dong Tian Park is called "unparalleled scenic spot in Hainan's history" for its rarely beautiful sea view, mountain scene, picturesque rocks and cave. At present, it is an international zone with a yearly number of tourists over one million that takes the ancient Hainan Culture as the thread, combining with Chinese traditional Taoist culture and Dragon culture, including costal scenery, science education, customs and leisure holiday.

| 灯塔斜阳 |  太极广场 |  南山不老松 |  三亚自然博物馆 |

地址：海南省三亚市崖城大小洞天旅游区　　电话：(86+898) 88830188　88830029　　网址：www.sanyapark.com
邮编：572000　　　　　　　　　　　　　　　传真：(86+898) 88830199